HERMES

在古希腊神话中,赫耳墨斯是宙斯和迈亚的儿子,奥林波斯神们的信使,道路与边界之神,睡眠与梦想之神,死者的向导,演说者、商人、小偷、旅者和牧人的保护神……

西方传统 经典与解释 HERMES
Classici et Commentarii
古典学丛编
刘小枫 ● 主编

表演文化与雅典民主政制
Performance Culture and Athenian Democracy

[英] 戈尔德希尔 Simon Goldhill / 奥斯本 Robin Osborne | 著
李向利 熊宸等 | 译

华夏出版社

本成果受到中国人民大学"985工程"的支持

"古典学丛编"出版说明

近百年来，我国学界先后引进了西方现代文教的几乎所有各类学科——之所以说"几乎"，因为我们迄今尚未引进西方现代文教中的古典学。原因似乎不难理解：我们需要引进的是自己没有的东西——我国文教传统源远流长、一以贯之，并无"古典学问"与"现代学问"之分，其历史延续性和完整性，西方文教传统实难比拟。然而，清末废除科举制施行新学之后，我国文教传统被迫面临"古典学问"与"现代学问"的切割，从而有了现代意义上的"古今之争"。既然西方的现代性已然成了我们自己的现代性，如何对待已然变成"古典"的传统文教经典同样成了我们的问题。在这一历史背景下，我们实有必要深入认识在西方现代文教制度中已有近三百年历史的古典学这一与哲学、文学、史学并立的一级学科。

认识西方的古典学为的是应对我们自己所面临的现代文教问题：即能否化解、如何化解西方现代文明的挑战。西方的古典学乃现代文教制度的产物，带有难以抹去的现代学问品质。如果我们要建设自己的古典学，就不可唯西方的古典学传统是从，而是应该建设有中国特色的古典学：恢复古传文教经典在百年前尚且一以贯之地具有的现实教化作用。深入了解西方古典学的来龙去脉及其内在问题，有助于懂得前车之鉴：古典学为何满足于"钻故纸堆"，与现代问题了不相干。认识西方古典学的成败得失，有助于我们体会到，成为一个真正的学人的必经之途仍然是研习古传经典，中国的古典学理应是我们已然后现代化了的文教制度的基础——学习古传经典将带给我们的是通透的生活感觉、审慎的政治观念、高贵的伦理态度，永远有当下意义。

本丛编旨在译介西方古典学的基本文献：凡学科建设、古典学史发微乃至具体的古典研究成果，一概统而编之。

古典文明研究工作坊
西方典籍编译部乙组
2011 年元月

目 录

中译本说明 …………………………………………… 1
插图说明 ……………………………………………… 7
作者介绍 ……………………………………………… 8
编者前言 ……………………………………………… 9
缩写对照表 …………………………………………… 10

导　言（戈尔德希尔）………………………………… 1

第一部分　戏剧的表演
借表演传播价值（塔普林）…………………………… 37
奥乐斯在雅典（威尔森）……………………………… 71
肃剧中的演员之歌（霍尔）…………………………… 120

第二部分　表演的戏剧
希腊肃剧中歌队声音的表演层面（卡拉莫）………… 160
演员与声音（伊斯特灵）……………………………… 196
《公民大会妇女》中的乌托邦表演（赛特林）……… 213

第三部分　修辞术与表演
雅典演说术中反修辞术的修辞术（赫斯克）………… 254
演讲台上的荷马解读（福特）………………………… 295
柏拉图与对话中的表演（冯瑞登　戈尔德希尔）…… 334

第四部分　仪式与邦国：视觉性与公民身份的表演

游行表演与民主城邦（考沃拉奇） ……………………… 377
雅典宗教中的壮观与隐秘（詹姆森） …………………… 412
镌刻表演（奥斯本） ……………………………………… 435
公共性与表演（利萨拉格） ……………………………… 459

引用文献 …………………………………………………… 476
索引 ………………………………………………………… 512

中译本说明

李向利

英国古典学家戈尔德希尔和奥斯本合编的这本文集，是1996年在剑桥大学召开的一次古典学研讨会的结晶。文集中担任撰稿人的是欧美各大高校古典学学者，他们大体围绕公元前五至四世纪古典时期的雅典，从"表演"角度详尽分析了雅典民主政制的各种元素。阐释雅典城邦民主制下的"表演文化"，是他们共同的出发点。

"表演文化"不仅是文集提出的一个全新概念，也是文集的一大特点。这个概念的提出有着鲜明的当代学术背景。文集编者指出，"在现代学术的文化分析中，'表演'俨然占据了中心位置"（《导言》，页11［按］指原文页码，下同）。"（表演）这个词并不衍生自希腊语，也很难有充分理由把'表演'看作古希腊的概念范畴"（《导言》，页1），它只是一个颇为现代的概念。毋庸讳言，这个颇为现代的"表演"概念，以及文集提出的与之相关的"表演文化"概念，都与晚近"表演研究"（Performance Studies，一译"人类表演学"）在西方学界的兴起和走红密切相关。

作为一种跨学科研究，"表演研究"虽然上世纪六七十年代才在表演艺术和文化人类学中兴起，却迅速波及了社会学、民俗学、心理学、历史学、文学、哲学、文化研究等诸多领域。欧美各大高校纷纷设立了与之相关的课程，美国纽约大学和西北大学还分别于1979年和1984年正式设立了"表演研究系"……至此，"表演研究"一时成为显学，甚至成了一个新兴学科。

"'表演研究'及其对文化的分析，让表演成了一个核心的阐释性术语，用以解释与社会规范和实践相关的主体"。然而，对于年轻的"表演研究"，文集编者的态度并非完全没有保留。他们看到，"尽管希望'表演研究'成为一门学科的呼声很高，但它依然是一个堆砌物，松散地聚集在一个中心术语周围"（《导言》，页15）。既然如此，把"表演"概念引入古典学研究，用以分析、阐释雅典古典时期的文化，是否合理和可行？参与本文集的古典学学者是否有"赶时髦"的嫌疑，以致"表演的概念不仅将把古代的材料生拉硬扯套进情况迥异的现代框架之中，还将以对民主制文化来说太过耀眼的方式，重点突出与古典时期雅典社会密不可分的一系列相关术语、制度、态度和实践"（《导言》，页1）？

其实，本文集编者并非没有意识到存在上述风险的可能性，但却认为，只要厘清与当今研究表演的理论方法之间的异同，在探究对理解雅典民主文化有重大意义的不同活动领域间的联系和重叠方面，"表演"将大有用武之地——"'表演'提供了一个有用且颇具启发性的范畴"（《导言》，页1），"有意识地广泛思考文化体系及其与表演的联系，将有助于我们理解城邦各个方面之间的相互影响"（《导言》，页10）。

如果说借用"表演"的概念研究雅典民主文化的做法可取，而且"表演文化"这一概念能够很好地概括雅典民主文化的特点，那么我们或许会问，为什么雅典民主城邦如此注重"表演"？对于这一问题，不妨试着从古希腊传统文化和雅典民主制两方面寻找答案。

文集编者在《导言》中提到，古典时期的希腊文化"是一种高度竞争性的文化"，"雅典尤其如此"（《导言》，页2）。其实，古希腊文化的这种竞争性并非古典时期才有，而是有着深厚的传统积淀：神话中，雅典娜和海神波塞冬就为争夺雅典城而展开竞争；荷马史诗中关于竞争的例子同样屡见不鲜，例如奥德修斯和埃阿斯为争夺阿喀琉斯死后留下的盔甲进行的竞争；现实中，古希腊世界著名的四大运动盛会，是古希腊传统文化中竞争精神和竞争文化最直接的体现。某种程度上说，古希腊传统文化中这类公开的竞争与表演非常相似，甚至很难区分，而到了古典时期的雅典，这种情况越发明显，尤其戏剧节上的戏剧竞赛，二者的关系可以用一体两面来形容——竞赛就是表演，表演就是竞赛。

戏剧节是古典时期雅典民主城邦表演最为核心的内容，而且本文集有一半篇幅基本都是围绕戏剧而展开。有的是关于戏剧的传播，如塔普林的《借表演传播价值》；有的是戏剧演出等场合广泛用到的一种乐器，如威尔森的《奥乐斯在雅典》；还有的是戏剧的某个具体的方面，如霍尔的《肃剧中的演员之歌》探究了肃剧中哪种类型的演员才能够被赋予歌唱的角色，卡拉莫的《希腊肃剧中歌队声音的表演层面》解读了肃剧表演中歌队的角色，伊斯特灵的《演员与声音》分析了拥有一副好嗓音对演员来说的巨大优势。

此外，传统文化中的宗教文化同样与表演关系密切。古希腊的宗教崇拜往往表现为节日庆典的形式，"所有节日名义上都受神的保护，而且几乎都明显与能被称为宗教的事物相关"（《导言》，页20）。雅典在这方面尤其突出，她拥有比其他古希腊城邦多得多的节日，这些节日大都以盛大的游行拉开序幕，并继之以种类繁多的各种仪式，而"仪式，就其本质而言，是表演性的"（《雅典宗教中的壮观与隐秘》，页321）。

值得注意的是，古希腊传统文化中的这种表演性，在古典时期的雅典民主城邦得到了极大地强化，并产生了最具表演性的艺术形式——戏剧。以肃剧为例，在肃剧产生之前，雅典原本没有明显属于自己的诗歌类型，但是在肃剧中，雅典人发明了一种无所不包的新艺术样式，把其他文艺类型统统吸纳了进来。对于肃剧的发明，塔普林认为是出于雅典民主政制的需要，"对政体的'宣传'依靠的正是肃剧的存在本身。这一惊人的艺术形式是雅典人的成就，并且正是激进的民主制养育并鼓励了它的发展"（《借表演传播价值》，页52-53）。霍尔则将这种艺术类型与雅典帝国的世界观念联系了起来，认为正是这一观念"在肃剧中催生了韵律和音乐风格层面上的泛希腊主义",主张"看待肃剧的方式,可以不单单将之视为美学上的'泛希腊化',还可以是帝国主义在形式层面的有效表达"(《肃剧中的演员之歌》,页121–122)。如此看来,雅典民主城邦对具有表演性的古希腊传统文化的继承和强化,就不仅仅是出于文化上的考虑,更是雅典民主制自身的一种内在需求了。

"民主体制的建立,使公共辩论、集体决断和共有的公民参与思想,成为政治实践的核心要素"(《导言》,页5)。可以说,正是雅典民主城邦政治实践的特点,使她天然地产生了对表演的强烈依赖,而本文集中的各篇文章之所以都大体围绕公元前五至四世纪的雅典展开论述,部分原因就是要探究"雅典及其民主制度如何具体且独特地依赖于表演"(《导言》,页1)。

在古典时期的雅典,公民在追逐权力时需要有自我意识地利用表演。公民大会和法庭是两个典型的民主机构,是获得城邦政治领域的地位和权威的途径。在公民大会中,带有不同政治诉求的城邦精英们,无论是关于城邦官员选举、提出法律动议,还是力主发动战争或缔结和约,都要面对人数众多的公民观众展开激烈的竞争表演,台下的公民观众们则根据眼前的表演做出最终的决议。因而,表演是雅典民主城邦政治精英们谋取权力的重要手段,这在阿里斯托芬谐剧《公民大会妇女》中有最为直接的体现,赛特林《〈公民大会妇女〉中的乌托邦表演》对该剧在性别、政治、乌托邦方案等不同层次上的表演,做了精彩的分析。法庭上的表演同样事关重大,直接关涉能否在控告中达到自身目的,或在抗辩中成功捍卫自身利益。福特《演讲台上的荷马解读》一文,通过分析演说家埃斯基涅斯《驳提马库斯》这样一篇演说辞,向我们揭示了埃斯基涅斯如何在民主法庭中对古老的荷马诗歌和梭伦法律进行符合民主语境的转化,来为自己的目的服务,而这种转化不过是他在法庭表演中运用的一种手段。

雅典民主城邦的政治精英们在公民大会和法庭上表演时,凭借的主要手段是言辞。言辞在雅典具有很高的地位，这使得与言辞有关的演说术和修辞术在那里极为发达，各种演说和修辞策略源源不断地被开发出来，并应用于实际的政治表演。赫斯克在《雅典演说术中反修辞术的修辞术》中，就重点考察了埃斯基涅斯及其对手德摩斯忒涅在法庭演说中各自施展修辞术发动攻击以及进行反击时，对"反修辞术的修辞术"的运用。而前面提到过的《演员与声音》一文，同样以埃斯基涅斯和德摩斯忒涅两人为例，重点关注了演员言辞的声音层面具有的巨大修辞潜力，认为"一个表演者，无论演员还是演说家，拥有一副卓尔不凡、经过专业训练的好嗓子，会在露天剧院和公民大会这样的场合，为数量庞大的观众带来极大的愉悦"（《演员与声音》，页160）。无疑，这将有助于他博得观众们的好感，从而更容易通过表演达到自己的目的。奥斯本的《镌刻表演》则涉及的是另一类的言辞——镌刻法令，作者在文中论证，这些镌刻下来的法令，其内容既不是对公民大会上立法主体发言的实录，也不是对随着法令的颁布实施而来的未来行动的完整叙写，而是一种独立的表演——"公开展示的雅典法令文本，并非在记录或撰写一种表演，而是一种独立的镌刻表演"。实际上，言辞在雅典的重要地位，还可以通过一个反例体现出来。威尔森在《奥乐斯在雅典》一文中告诉我们，虽然奥乐斯这种吹奏乐器被广泛应用于雅典人生活的各种场合，但却始终声名狼藉，原因就在于它阻碍了言辞的使用，是反言辞的。

需要指出的是，雅典民主城邦对表演的内在需求，不仅仅体现在表演者的层面，还体现在表演的对象——即公民观众——层面，观众是雅典民主制下表演文化的一个重要组成部分。一方面，民主制赋予了公民个人参与政治事务的权利，把观众塑造成了民主制文化不可或缺且具有竞争性的方面。例如在法庭和公民大会上，正是众多的公民观众组成了雅典政治精英们表演的"竞技场"。"成为一名观众，不只是成为城邦社会的一分子，它是一项基本的政治行为。坐下来当一名评估、评判的观众，就是在以政治主体的身份参与。"（《导言》，页5）另一方面，表演也是形成公民意识和公民身份的重要途径，"政治主体在表演中并通过表演得以构建"（《导言》，页25）。雅典民主城邦之所以设立那么多的节日，跟"节庆是公民身份表演的舞台"是分不开的（《导言》，页23），不断上演的表演还可以起到对形成的公民意识和公民身份进行强化的作用。因而不难看出，雅典民主城邦的表演不仅需要在公民观众面前上演，而且还在表演中打造着符合自身需要的公民，节日、表演和公民意识、身份的打造紧密联系在一起。

本文集编者曾在《导言》中说，"我们希望并期望，扩展开来细致研究特定时期中的一种极为复杂、重要且范围广泛的情况，这将让我们对或许能称为'表演文化'的事物的复杂性，有更深入、细致的理解"（《导言》，页20）。纵观本文集中各篇文章，无不有针对性地对古典时期雅典民主城邦的不同表演元素进行了详尽的分析和研究，并且尽可能充分地揭示了相关表演元素的复杂性。对于编者在《导言》中提出的这个期望，可以说得到了较为充分的实现。

2013年7月

插图说明

1. 双耳喷口杯（krater），红彩陶（red-figure），巴黎（卢浮宫 inv. CA 1947），*ARV* 240 no. 44，约公元前480年。(Paquette [1984] A54)

2. 盘子（plate），红彩陶，巴黎（法国国家图书馆。Cabinet des Medailles no. 509），*ARV* 77 no. 91，约公元前520—前510年。(Paquette [1984] A28)

3. 雅典提水罐（hydria），红彩陶，波士顿（美术馆 03.788），*ARV* 57 no. 75，约公元前470年。巴特利特（Francis Bartlett）1974年捐献。Courtesy，美术馆。

4. 双耳细颈瓶（pelike），红彩陶，柏林（3223），*ARV* 586 no. 47。照片：劳伦狄乌斯（Johannes Laurentius）。

5. 双耳细颈椭圆土罐（Amphora），红彩陶，柏林（1966.19），*Para.* 323/3，约公元前510年。照片：劳伦狄乌斯（Johannes Laurentius）。

6. 杯子（cup），红彩陶，巴黎（卢浮宫 G82），*ARV* 98.18 和 103.6。

7. 杯子，红彩陶，纽约 09.221.47，*ARV* 91.52。

8. 双耳细颈椭圆土罐，红彩陶，伦敦 E270，*ARV* 183.15。

9. 杯子，红彩陶，柏林 F2314，*ARV* 336.14。

10. 酒坛（oinochoe），慕尼黑 2447，*ARV* 425。

11. 装饰瓶（lekythos），柏林 F2252，*ARV* 263.54。

作者介绍

卡拉莫（Claude Calame），（瑞士）洛桑大学希腊语教授。

伊斯特灵（Pat Easterling），剑桥大学纽纳姆学院，钦定讲座教授。

福特（Andrew Ford），普林斯顿大学古典学副教授。

戈尔德希尔（Simon Goldhill），剑桥大学国王学院希腊文学和文化教授。

霍尔（Simon Hall），牛津大学萨默维尔学院古典语言和文学讲师。

赫斯克（Jon Hesk），（英国）圣安德鲁大学希腊文学讲师。

詹姆森（Michael Jameson），斯坦福大学人文研究克罗塞特荣休教授。

卡沃拉奇（Athena Kavoulaki），任教于克里特继续教育外设中心。

利萨拉格（François Lissarrague），巴黎社会科学高等学院教授。

奥斯本（Robin Osborne），牛津大学圣体学院古代史教授。

冯瑞登（Sitta von Reden），（英国）布里斯托尔大学古代史讲师。

塔普林（Oliver Taplin），牛津大学莫德林学院古典语言和文学教授。

威尔森（Peter Wilson），（英国）华威大学古典学研究员。

赛特林（Froma Zeitlin），普林斯顿大学希腊语言与文学查尔斯·尤因教授。

编者前言

1996年7月,剑桥大学国王学院举办了一场研讨会,本文集是该次会议热烈讨论的成果。在为期4天的会议中,应邀出席的30位学者,围绕16篇事先发放的论文,展开了漫长又激烈的讨论。与会者只被邀请参与讨论,并不陈述材料,大家都饶有兴致地做到了这一点。鉴于对本文集至关重要的影响,在此,让我们记下他/她们的名字:除了本文集的撰稿人之外(其中Michael Jameson和Athena Kavoulaki因故未能与会),还有Leslie Kurke、Carole Dougherty、Helene Foley、Richard Seaford、Eric Csapo、David Wiles、Rosanna Omitowoju、Danielle Allen、John Henderson、Johannes Haubold、Paul Cartledge、Katerina Zacharia、Ewen Bowie、Rosalind Thomas、Ian Ruffell和Tim Whitmarsh。本文集既然产生于对话,则皆望其能抛砖引玉。

感谢国王学院研究中心、剑桥大学古典文学系和牛津大学Craven基金的资金支持。感谢国王学院研究中心的大力协助,以及他们对古代项目的热情支持。

全书保留了论文作者喜用的希腊人名拼写方法,并未另行统一格式。

1998年3月

缩写对照表

希腊作者名的缩写，大体遵循 LSJ 的做法，除了补充一些过于简短的缩写。

AC	《古典的古代》(*L'antiquité classique*)
AJP	《美国语文学杂志》(American Journal of Philology)
Ann. Nap	《拿坡里东方研究所年鉴》(*Annali del'Istituto Orientale Napoli*)
ABL	C. H. E. Haspels,《阿提卡黑彩陶装饰瓶》(*Attic Black – Figured Lekythoi*) (Paris, 1936)
ABV	J. D. Beazley,《阿提卡黑彩陶花瓶》(*Attic Black – Figured Vases*) (Oxford, 1956)
ARV	J. D. Beazley,《阿提卡红彩陶花瓶》(*Attic Red – Figured Vases*), 2nd edn (Oxford, 1963)
Beazley Addenda	T. H. Carpenter with T. Mannack and M. Mendonca,《阿登达》(*Beazley Addenda*), 2nd edn (Oxford, 1990)
BICS	《古典研究学会通讯》(*Bulletin of the Institute of Classical Studies*)
C···M	《古典与中古》(*Classica et Medieualia*)
CP	《古典语文学》(*Classical Philology*)
CVA	《古代容器》(*Corpus Vasorum Antiquorum*) (Paris and elsewhere, 1922—)
FGrH	F. Jacoby ed.,《希腊史家残篇》(*Die Fragmente der*

	griechischer Historiker)（1923—）
Fornara	C. W. Fornara ed.，《从古风时代到伯罗奔半岛战争后期》（*Archaic Times to the End of the Peloponnesian War*），2nd edn：《希腊和罗马文献选译》（*Translated Documents of Greece and Rome*）I（Cambridge，1983）
GRBS	《希腊、罗马和拜占庭研究》（*Greek, Roman and Byzantine Studies*）
HSCP	《哈佛古典语文学研究》（*Harvard Studies in Classical Philology*）
HThR	《哈佛神学评论》（*Harvard Theological Revue*）
IG	《希腊铭文》（*Inscriptiones Graecae*）（Berlin，1913—）
JHS	《希腊研究杂志》（*Journal of Hellenic Studies*）
L–P	E. Lobel and D. Page，《女同性恋诗人残篇》（*Poetarum Lesbiorum Fragmenta*）（Oxford，1963^2）
LIMC	《古典神话词典》（*Lexicon Iconographicum Mythologiae Classicae*）（7 vols. In 14 pts.，Zurich，1974—）
LSJ	H. G. Liddell and R. Scott，《希腊语英语词典》（*A Greek–English Lexicon*），9th edn，rev. H. Stuart-Jones（Oxford，1940）。Suppl. 1968
ML	R. Meiggs and D. M. Lewis,《希腊历史碑文选》（*A Selection of Greek Historical Inscriptions*），rev. edn（Oxford，1988）
M–W	R. Merkelbach and M. L. West,《赫西俄德残篇》（*Fragmenta Hesiodea*）（Oxford，1967）
MDAI（R）	《德国考古研究所通讯》（*Mitteilungen des deutsches Archäologisches Instituts*），Rome
Para	J. D. Beazley,《沿海地带》（*Paralipomena*）
PCPS	《剑桥语文学学会学报》（*Proceedings of the Cambridge*

	Philological Society)
RA	《考古学评论》(*Revue Archéologique*)
RE	Pauly's《古典古学实用百科全书》(*Real-Encyclopädie der klassischen Altertumswissenschaft*) (Stuttgart, 1894—1963)
REG	《希腊研究评论》(*Revue des Etudes Grecques*)
RhM	《莱茵博物馆》(*Rheinisches Museum*)
RPh	《语文学评论》(*Revue de Philologie*)
*SIG*³	W. Dittenberger,《希腊铭文集》(*Sylloge Insriptionum Graecarum*) (Leipzig, 1915—1924³)
TAPA	《美国语文学协会会刊》(*Transactions of the American Philological Association*)
Tod	M. N. Tod,《希腊历史碑文》(*Greek Historical Inscriptions*) vols. I² and II (Oxford, 1946, 1948)
TrGF	《希腊肃剧残篇》(*Tragicorum Graecorum Fragmenta*), I: ed. B. Snell,《肃剧小品》(*Tragici Minores*); III: ed. S. Radt,《埃斯库罗斯》(*Aeschylus*); IV: ed. S. Radt,《索福克勒斯》(*Sophocles*) (Göttingen 1971、1985、1977)
TRI	《国际戏剧研究》(*Theatre Research International*)
W	M. L. West,《古希腊双行诗和诉歌》(*Iambi et Elegi Graeci*) (Oxford, 1971)

导　言

戈尔德希尔（Simon Goldhill）撰

李向利　译

一

[1] 为什么（选择）"表演"？这个词并不衍生自希腊语，也很难有充分理由把"表演"看作古希腊的概念范畴。因而，本文集的风险在于，表演的概念不仅将把古代的材料生拉硬套进情况迥异的现代框架之中，而且还将以对民主制文化来说太过耀眼的（illuminating）方式，重点突出与古典时期雅典社会密不可分的一系列相关术语、制度、态度和实践。政治家的演说、足球运动员的比赛、音乐家的演奏会、爱人的搞笑动作，在当今的英语交谈中，都能通过"表演"的范畴直接联系到一起。这种联系的说服力，往往依靠一套不甚明了——至少很少得到清晰界定——的假设，即关于主体以及主体与社会规范和议程（social norms and agendas）关系的假设。当雅典公民在公民大会上发言、在健身房锻炼、在会饮中欢唱或者向一个男孩献殷勤时，他们的每样活动都有自身的展示方法和规范，每样活动都是践行公民身份的必要组成部分。本文集认为，在探究这些不同活动领域间的联系和重叠方面，"表演"提供了一个有用且颇具启发性的范畴；此外，这些联系和重叠，对理解雅典的民主文化有重大意义。

本文集的时间和空间范围，大都——尽管不完全——围绕公元前五至四世纪的雅典。这部分因为，相比希腊古典时期的任何其他城邦，雅典留存有数目可观的证据；部分是想要探究，既然健身房、会饮、政治集会和节庆日在希腊文化中比比皆是，那么，雅典及其民主制度如何具体且独特地依赖于表演。对于这一知识领域的研究课题，需要更明确地加以介绍。首先，我将试着用希腊语划出一些范围。我们期望探究的领域，[2] 可初步用四个至关重要的希腊语词来概述，它们是 agōn、epideixis、schēma 和 theōria（以及它们的相关同源词）。Agōn 通常译为"竞争"，其实它的应用范围非常广泛。它是与重大的国际体育赛事——像奥林匹克运动会——相关的一个标准的常见的词语，在这个意义上，它既可用于整个节日，亦可用于节日上的具体比赛项目。它可以指称竞争本身的领域，如一处竞技场。尽管在荷马和赫西俄德的例子中，该词的严格意义可能意味着一群"聚集在一起"的人，① 但在古典时期，它几乎不可避免地含有竞争体系的意思，并且常常指男性的竞争领域。因此，该词是对法庭和公民大会辩论的标准表述（在这些地方，男人们为了公共职位和赢得特定议案而展开竞争），但也是专门用于战争冲突的一个词（它是检验男子气概的绝佳场合）。因此，当希腊人与波斯人在战时遭遇时——这一冲突，不仅仅限于军事方面，还涉及意识形态、文化和生活方式——埃斯库罗斯让军队发出了著名的呐喊："今日的较量（agōn），事关全局！"（《波斯人》，行 405）它也经常用来表达任何修辞术方面的冲突，尤其是肃剧（又译悲剧）核心、正式的辩论场景，或者广泛意义上的谐剧（又译喜剧）冲突。以上介绍尽管简略，但已涉及该民主城邦

---

① 例如，参《伊利亚特》（*Iliad*）18.376，而且在《伊利亚特》23 中，该用法既指帕特洛克罗斯（Patroclus）葬礼赛会的观众（例如，行 258、617），又指竞赛的场所（例如，行 685、799）；《神谱》行 91，West 对这里做了注释；关于该词在公元前五世纪的转变，参 Fraenkel 对《阿伽门农》行 513 和 845 的注释，他说，埃斯库罗斯（Aeschylus）明显的用法，意味着 a-gora "很可能被埃斯库罗斯和他的观众理解为一种荷马主义"。

的主要公共体制——公民大会、法庭、运动会、剧场和战争,这并非是巧合。古典时期的希腊文化——雅典尤其如此,这点我们已多次提到——是一种高度竞争性的文化,在这种文化中,通过一系列等级化的和相互制衡的体制以及人为活动,权威和地位在男人、家族和城邦间竞争、争夺和维持。作为形式和期望对象的 agōn,为希腊男性联系起公共展示的不同领域。的确,雅典文化浸染了如此浓厚的竞争性,不仅体现在修辞术和机构的组织中,而且体现在社会本身的构成中。不同等级对 timē[个人荣誉]的追求,伴随着精致的狂妄(hubris)之辞,围绕施惠或为害的指令发生在 philoi[朋友们]与 ekhthroi[敌人们]之间的相互影响——依照经过深思熟虑的互惠经济学原则,这些都在社会交往中扮演着不可或缺的角色,正是在这些社会交往中,雅典[3]公民的身份得到了落实。① 对于所有这些,agōn 是基本的文化背景。

　　Epideixis[展示]一词在这个古典城邦的思想启蒙中更为引人注目(参 Lloyd [1987])。公元前五世纪的新派智识人(以及公元前四世纪身份更加明确的智识教师们 [intellectual teachers]),利用城邦公共生活的争胜品质,以及制度上对言语活动的重视,使修辞展示不仅成为民主社会追求功名的主要标识和象征,而且对劳埃德(Geoffrey Lloyd)所谓的"智慧革命"同样如此。这里的"智慧革命"指的是如下转向:转向对言语城邦的进程(processes)的自觉沉思,或者说转向所谓的对元话语系统的详细阐述。最迟到公元前四世纪,epideixis 已完全被确立为修辞术的一个分支,成为一门正式的学问——具有固定程式的展示性演说。不过,它也与辩论的证据和论证相

---

　　① 关于荣誉,参 Cairns (1993), Adkins (1960), timai[荣誉]一词用于民主制中的公共部门;关于 hubris,参 Fisher (1992), Cohen (1991), Herman (1993)、(1994)、(1996),关于 philia,参 Herman (1987), Konstan (1997), Blundell (1989);关于互惠互利,参 von Reden (1995), Millett (1991)。以上各书均有大量相关的参考书目。

关——展示,同时也炫耀。① 然而,对希罗多德来说——他称他的整部史书是一种 apode［i］xis,即"论证式展示"——一个女人赤裸着展示给疼爱她的丈夫,也是一种 epideixis(《原史》1.11,又译《历史》),如同军队的展示(色诺芬《上行记》[*Anabasis*,又译《远征记》] 1.2.14)。展示既可以是身体性的,也可以是言辞上的,这是一种体现权威、风采和立场的行为。因此,军事展示是权力游行的一部分,历史学家和演说家在分析政治行为时,往往用 epideixis 的语言对其进行描述。波斯人展示财富,与之相对,雅典人则展示冷峻的男子气概。在民主社会,城邦大张旗鼓的财富展示,与个人的家产或国王的富足形成了对比,因为消费的场面在政治化的物质繁荣的话语中变得铺天盖地(imbricated)。② 从健身房到公民大会,民主制下的机构统统离不开展示,与之相应的是繁缛的礼节和具有自我意识的讨论,其中唯有有关 epideixis 的修辞理论(和实践)最为显著和发达。Epideixis 需要有观众;竞争的时候——这是 epideixis 几乎不可避免的——需要的是涉及观众的三方的角逐。它建立了一个自我呈现的活力机制,[4] 在这个机制下,自我推销只受制于胆怯和观众团的限制。在言语的城邦中,epideixis 成了公民自我宣传的场所。

Schēma 一词很复杂,当今学界尚未对其历史加以充分研究。这里,我将探讨其意义范围的个别方面。在攻击斯蒂凡努斯(Stephanos)时,德摩斯忒涅(Demosthenes)描述说(45.68 – 69)他的对手在城中走动时总是表情严肃,目击者或许会合理地认为这是"他有节制的标志"(sophrosunēs…sēmeia),但其实却是他愤世嫉俗的标志,因为,据德摩斯忒涅说,他正是试图通过拒人于千里之外的走姿

---

① 例如,参亚里士多德《修辞术》卷一 3.3 及以下,关于论证,参卷二 22、卷三 17。
② 参 Hall(1989),Miller(1997);即将出版的 Kurke、Seaford 和 von Reden 的关于金钱的著作,都很值得期待。目前可参 von Reden(1997)。

和神情，来逃避社交或他人的求助。德摩斯忒涅的结论是，"这种 schēma 不是别的，而是他性情（tropou）的一种防护（problēma）"。Schēma 是呈现出来给公民们看的身体表象（appearance）——可能就是所看到的表象，即"外貌"（form），但也可能仅仅是一种表象，是真相的相似物或隐藏物。把走姿（badisma）、表情和态度结合起来，很好地体现了一个人的 schēma。① 在描述当众受到攻击的感受时，德摩斯忒涅辩解说，一个受害者很难向他人表述攻击者的"schēma、表情和声音"（21.72）。色诺芬（Xenophon）描述了苏格拉底离开法庭时的崇高形象，"他的眼神、schēma 和走姿，光芒四射"（《申辩》27）。的确，色诺芬的苏格拉底这样向画家帕拉西乌斯（Parrhasius）概括相面术：

> 高尚和宽宏，卑鄙和褊狭，节制和清醒，傲慢和无知，不管一个人是静止着，还是活动着，都会通过他们的容貌（prosōpon）和举止（schēmata）表现出来。（《回忆苏格拉底》，卷三 10.5）②

荣誉和地位的竞争，在公民的注视下进行，注视塑造了公民的身体外观，它作为一种 schēma，允许评价、规范和审察。正是 schēma 在作为外貌和作为表象时的差异，为自我表演提供了可能。这种自我表演也就是自我呈现、自我规范和自我隐藏，它们构成或扮演（stage）了公众眼中的公民。

如此一来，在充满竞争的城邦世界，schēma 是 epideixis［展示］

---

① 对此一个非常简短的介绍，参 Bremmer（1991）。［译注］为便于理解，当 schēma 一词后文与个人行为相关时，统一译为"举止"，尽管它本身的意思要更为丰富。

② ［译注］引文参色诺芬《回忆苏格拉底》，吴永泉译，北京：商务印书馆，2009，页 121。括号中西文为译者所加。

的主要体现。不过，它的意义范围要更为宽泛。它能更宽泛地用于代指政府的"形式"或"结构"（例如，"民主制的 schēma"［修昔底德《伯罗奔半岛战争志》6.89］，或更宽泛的，"宪法的 schēma"［柏拉图《治邦者》291d］。[5] 然而，这样的表达甚至容易带有否定意味，比如，把伟大君主的统治描述为"并非毫不起眼的权力的 schēma"——君主统治的"盛况"［柏拉图《法义》658c］)。用欧里庇得斯让人耳熟能详的话来说，它甚至指代一种"生活的方式"，一种"生命的形式"——当美狄亚（Medea）准备亲手杀死自己的孩子时，她悲痛地说："你们也就要去过另一种生活（schēma biou），不能再拿这可爱的眼睛望着你们的母亲了"（行 1038—9）。① 狡诈的、修辞味儿十足的美狄亚，一位被希腊人激怒了的野蛮人，转用 schēma 的、（误导）形式的语言，并不是一种偶然。或许，schēma 很可能已具有相当的技术含量。它正规且一般用于舞者的移动，或姿势或"位置"。的确，伊索克拉底（Isocrates）也这样描写体育教师的目标，"传授用于竞技（agōnia）的 schēmata"（*Antid.* 183）。一个 schēma 是一种姿势，可以习得、研究、事先构思，是一个有待扮演和落实的模型或样板。此外，schēma 也指构思自身的技术"形式"，不仅用于遣词造句（phraseology）——比如亚里士多德这样描述散文，"一种无韵律的表达 schēma"（《修辞术》卷三 8.1），也用于音乐理论中，指音乐作曲的"样式"（figure）。修辞术中 schēma 的用法，等同于罗马作家所说的"figura"，一种演说样式。② 因此，schēma 表示对一个观察到的现象的创作形式。Schēma 既突出一种正规的和规范化的形式，也强调某种构思、效仿、习得和制作的东西，这两方面使

---

① ［译注］引文参《罗念生全集》第三卷，上海人民出版社，2007，页 117。
② 从公元前四世纪起，schēma 在修辞术中的运用，变得越来越普遍和注重技巧，参 Kennedy（1963）；相关传统段落例子的搜集，参 Russell 和 Winterbottom（1972）索引中的"figures"词条。

schēma 化的语言,成为公民表演的基础。

我已数次提到"公民们的注视"。民主体制的建立,使公共辩论、集体决断和共有的公民参与思想,成为政治实践的核心要素。成为一名观众,不只是成为城邦社会的一分子,它是一项基本的政治行为。坐下来当一名评估、评判的观众,就是在以政治主体的身份参与。① Theōria 一词很适合用来讨论风云变幻的政治场面。

和前面的几个词一样,theōria 的词义也很宽泛,涵盖观看的各个方面。在一个层面上,它意味着观看行为本身。可以是某位 [6] 探险家的游览(sight‐seeing)②:演说家伊索克拉底在《特拉培泽提库斯》(*Trapezeticus*)中介绍说(4),自从他萌生了认识世界的想法,他的父亲就送他去"经商并见识世界",kata theōrian(确实,据希罗多德说 [1.29],梭伦离开雅典也是出于同样的原因)。尤其在柏拉图影响下,观看行动这种表达方式,被用于哲人对世界的理智沉思活动(英语"theory"一词就是这样来的:"观看"与"理论"的联系,在当前的理论写作中已经再平常不过)。更普遍的是,theōria 已经形成了一个体制框架(尚未引起现代理论家的广泛注意)。成为一个 theōros [观众],或者进行 theōrein [观看],是对参与运动会或宗教节日的标准叫法。因此,德摩斯忒涅将埃斯基涅斯(Aeschines)的政治生活和自己的进行比较后,铿锵有力地表示轻蔑说,"你做文书时,我就出席了公民大会;你当演员时,我则是观看者

---

① 参 Goldhill (1995),(1997)尤其与剧场观众相关;Lanni (1997) 论述了观众的类型;更广泛的论述,参 Sinclair (1988)、Ober (1989)。

② "旅游"(tourism)一词具有历史的特殊性,因此我回避了这一点,参 Buzard (1993);关于早期的旅行样式,参 Campbell (1988)、Greenblatt (1991)、Pratt (1992)。关于希罗多德,参 Redfield (1985)。关于朝圣之旅和艺术观光的发展,参 Hunt (1982)、Sivan (1988)、Ousterhout (1990)、Elsner (1992)。关于"世界图画"和一般寻求希腊元素的旅行,参 Romm (1992)。

(etheōroun)"。德摩斯忒涅的修辞，很好地体现了观看具有的积极政治地位，以及它的制度框架。该修辞把在剧场看戏比作公民大会上的政治参与，而且——就像这位演说家说的那样——当演员就如同做记录的书记员。当德摩斯忒涅用一个重要的并列短语，把自己描述为"评判的对象，注视的对象"（krinōmai kai theōrōmai 18.315）时，他就让自己成了一个由评判的观众定义的形象。

实际上，theōros 有一个更正式的意思，把它与意思相近的"观看者"（theatēs）一词区别开来。① 因为成为 theōros，就成了城邦官员，从而能够以官方代表的资格，获委任且有偿出席运动会或节庆——因此常把它译为"城邦使节"（[译按]：在这种意义上，theōros 意为"观礼员"）。所需资金通过崇拜仪式（liturgy）筹集，崇拜仪式是向富人筹资的体制，他们是民主制经济的支柱，而且 theōros 本人经常需要履行特殊的宗教职责，时常头戴王冠、衣着华丽、前呼后拥——因而他自身就构成了一道景观（theōrēma）。其实，在某种意义上，每位公民都扮演了这样的角色：看戏基金（to theōrikon）的设立，使每一位公民都能够去剧场看戏（或出于其他相似目的），并且该项基金有法律为后盾，以确保万无一失。成为 theōros 是雅典公民的一项权利和义务，[7] 它在城邦制度中履行，并且得到资金和法律方面制度性的支持。

由于观看行为定义了民主制的政治主体，因此它引起了广泛的关注和争论。修昔底德笔下的克勒翁（Cleon）（3.38），指责雅典人仅仅是"发表演说的 theatai［观看者］"——其对立面为：愿意行动和采取"措施"（erga），对言辞（logoi）做出响应。克勒翁之所以这样指责民众，是因为他未能说服他们维持早先的决议，毁掉密提林（Mytilene）城邦，同时也典型地表现了修昔底德娴熟且辛辣的叙事技巧。从另一个角度看，theōros 的角色成了阿里斯托芬谐剧的素材，一

---

① 这两个词是否存在词源上的联系，还存在争议。

举揭穿了关于阶级和特权的声称。当布得吕克勒翁（Bdelycleon）试着教菲罗克勒翁（Philocleon）怎样才能装得像个富人时（"看——theō——我的schēma［举止］"，他说，"看我像哪个富人"），布得吕克勒翁建议后者讲些"冠冕堂皇的话"，"怎样跟安德洛克勒斯（Androcles）和克勒斯忒涅斯（Cleisthenes）一块儿去观礼（theōros）"（二人因在为人和性行为方面名声不佳，成为谐剧惯用的笑柄）。菲罗克勒翁回答说，"我从未跟随城邦观礼团（te theōrēka）去任何地方，只是到过帕洛斯（Paros），还是看在两个欧波尔（obols）的份上"。① 两个欧波尔的薪酬，暗示菲罗克勒翁是城邦船只的桨手，而非城邦代表，阿里斯托芬尤其喜欢让他的"小人物"（common man）背离上层人士的预期。再来看政治理论，色诺芬的《希耶罗》（Hiero）（10-13）认为僭主和公民个人（idiōtēs）的第一个不同在于，公民能够在履行职责的同时享受theōria［观赏］的快乐，而僭主由于不能公开露面或旅行，无法欣赏"视觉上的美景"（τά διά τῆς ὄψεως θεάματα）②。在色诺芬这位非民主人士看来，在观看的意识形态中，乐趣和政治地位都岌岌可危。同样，尽管情况更为复杂，柏拉图还是区分了（《王制》475d1及以下）philotheamon（热爱场面者/热爱观看者）和philosophos，前者为了找乐子而忙于尾随各种艺术表演（他们以"美妙的声音、色彩和schēmata"为乐），后者天生是"热爱观看真理者"（《王制》475c4）。光学作为一种新的科学在这一时期的发展（参Simon［1988］），肃剧对视觉和知识的表述（尤其在《俄狄甫斯王》［*Oedipus Tyrannus*］、《酒神的伴侣

---

① ［译注］引文参《罗念生全集》第四卷，前揭，页304。略有改动。
② 对"值得看"的事物的追求，遍及从希罗多德经色诺芬到泡萨尼阿斯（Pausanias）的作品和希腊小说，参Elsner（1992）、Bartsch（1989）、Goldhill（1996a）。

[*Bacchae*]一类戏剧中),① 新型知识分子［8］对感知和知识存在必要联系的假设的攻击,都导致了对把观看的观众作为民主制固有的一种社会和政治元素的广泛讨论。如同 epideixis［展示］凸显了发表演说在民主社会(像德摩斯忒涅指出的［19.184］,a politeia of logoi)以及在民主社会政治主体构建中的作用,theōria［观看］则强调观看者的评估、判断角色,这是民主文化构建中的关键因素。这两个词显示,在雅典民主制话语中,视觉和言辞的展示,如何成了自我反思关注的话题。

agōn、epideixis、schēma 和 theōria 这四个词,以及与它们同源和相关的词,显示了某种复杂性,雅典民主制的公共话语,就是这样构造、表达和思考的。这些词语之间显而易见的联系,已经出现在 epideixis［展示］的竞争性语境中,或者在对公民的 schēma 的评判式观看中。接下来,我想扼要强调四个具体的概念,它们不仅贯穿于此前的讨论,而且有助于解释"表演文化"的观念(idea)对古典时期雅典社会具有的有益影响(instructive power)。

一、场面(spectacle)。雅典的民主文化始终在炫耀其政治的场面,体现在以下两方面:在最一般的意义上,像色诺芬笔下的希耶罗(《希耶罗》1.11)所说,"不同国家当然有着不同的值得观看(axiotheata)的东西";② 在体制和政治意义上,公民大会、法庭和剧场(更不用说宗教游行和仪式),都基于呈现一种可供观看、品评和愉悦的景观。老寡头(3.8)说,雅典的节日比任何其他城邦的都多;

---

① 肃剧"拓展了视觉和可视性的实践问题,这些实践问题属于这样的传统,它的 mis en scène［置身舞台］,连同洞察力、知识、真相和真理,都成为认识论关切的对象",Zeitlin (1955a),页 176。相关的讨论和书目,参 Goldhill (1986) 章 8 和章 11。

② 关于对竞争性展示的政治学的理论探讨,比较《希耶罗》11。

阿里斯托芬说，（雅典）有更多的法律案件。① 德摩斯忒涅和埃斯基涅斯想象他们的演说要"面对全体希腊人"发表。柏拉图攻击雅典是剧场政制（theatocracy），是被如下危险统治的社会——场面中的民众凭喜好统治。人们广泛意识到了雅典文化的特殊性，及其相应的对公民的要求。因此，在酒神大节（Great Dionysia）上演戏剧前，要一锭锭地公开展示盟邦的贡金（相关讨论和证明，参 Goldhill [1990]）——对雅典城邦权势和威望的隆重表达，[9] 但是，反过来，伊索克拉底（《论和平》[de pace] 82）则看到，该仪式正是盟邦越来越仇恨这个民主城邦的一个原因。与此类似，修昔底德笔下伯里克勒斯（Pericles）的葬礼演说——一项重大国家仪式的核心 epideixis [展示]，由民主制设立（参 Loraux [1981]；Clairmont [1983]）——也反映了（2.38）雅典民众对竞争和宗教仪式的态度，它们本质上是雅典节日文化的一部分，与斯巴达的情况非常不同。民主制不停地制造属于自己的场面。

二、观众（audience，或观看者[spectators]）。任何场面都需要观众，需要观看者。就像有大量不同类型和形式的场面可供分析（相关分析见后），观众的不同构成，也是场面功能和民主制运作的根本动力。思考观看者的角色，将涉及集体的边界问题（民主政策的基础），即如何定义自己人和外人的问题（包括什么人和排除什么人）。这涉及权力在民主社会公共事务中流动的议题，除了大众与精英的相互影响之外，还需考虑观看者的主动和被动、公共知识的角色、这些定义类别的（自我）认识和掌控。具有讽刺意味的是，在阿里斯托芬的《阿卡奈人》（Acharnians）中，狄开俄波利斯（Dicae-

---

① 关于雅典的节日历法，参 Mikalson（1975）；其他城邦的（节日历法），参 Nilsson（1957）；一般介绍，参 Cartledge（1985）、Bruit Zaidman and Schmitt Pantel（1992）；关于一般案件，参 Seaford（1995）。更多有关节日的著作，参下文所引文献。

opolis)开场时坐在公民大会观众之中,对自己的角色品头论足,最后却通过与斯巴达人达成的一项私人性质的和平条约(在他打入政治领域,撕下归来的使节们的面具,揭发了他们的腐败后),把自己与集体分离开来。这部谐剧中的政治,全方位地刻画了个人欲望与集体程序之间的张力,因为它上演了一系列的节日活动(游行、盛宴、乔装打扮),然而却是一人欢喜,全区人遭殃。通过在城邦大众面前上演,这部谐剧嘲笑了到场的人。① 民主制赋予了"个人参与集体程序"的权利,那种意义上的集体与个人间的能动机制把观众塑造成了民主制文化不可或缺且具有竞争性的一个方面。

三、自我的建构(the construction of the self)。我开篇分析过的几个希腊词,在民主社会政治主体的建构中,都扮演了至关重要的角色,认识到这一点很重要。可能会有人反对把"表演"范畴用于古代文化,其中的一种理由可能会是:"表演"这个现代词难免会向自我(the self)暗示并强加一些与时代不符的、歪曲的观念;自我作为一个政治和社会实体(entity),含有本性(inwardness)、隐私和个体人格等概念,[10] 这些可能会在古代雅典显得不伦不类(对这些问题的讨论,参 Pelling[1990]、Gill[1996])。然而,本文集想要表明,表演文化这一概念,能借助一系列具体的社会实践和话语,呈现作为政治主体的公民在构成方面的演变情况,且不乏历史史实和细致解释。这反而能为当今的表演研究提供某种借鉴,要知道当今的研究并不总是与表演范畴的史实相符。②

四、自我意识(self-consciousness)。我想借助这个短语表达的是,我思考过的每句话,当我说出它们的时候,说的过程基本上都包

---

① 我已经讨论过这一点,更多书目见 Goldhill(1991)。
② 例如,对普遍性的混乱解读,在 Turner(1990)、Schechner(1990)和 Blau(1990)中都有体现;还有如下文集:Diamond(1996a)、Parker 和 Sedgwick(1995),后者的跨学科研究虽值得肯定,但却缺乏充分的历史框架。

含反思。把修辞术当作辞藻华丽的演讲的修辞性 epideixis［展示］理论，对视觉如何起作用的广泛讨论，或在诉讼盛行的城邦中，关于互惠和正义的哲学理论，或体现在公民行为中的伦理学理论，所有这些，都标志着公元前五世纪转向了对自我意识的理论化。民主文化与［民主的］理论化休戚相关（这一理论化超越了狭隘定义的关于宪法事务的政治理论）。公民的自我代表和自我管理，在自我反思性的批评话语体系中得以完善。

本文集认为，在研究雅典社会上述领域间的相互关系上，"表演文化"是一个很有启发价值的范畴。因此，有意识地广泛思考文化体系及其与表演的联系，将有助于我们理解城邦各个方面之间的相互影响——人们往往认为这些方面之间界限分明，但却是发展中的民主城邦不可缺少且相互关联的元素。

二

历时性地记述注重表演因素的雅典民主社会的发展，并非一件难事。比如，从僭主庇西特拉图（Peisistratus）以及他得以执掌大权的故事讲起，他戏剧性地由一位装扮成雅典娜的庄严优雅的女人带入了城里；或者，从梭伦在市场（agora）发表他倡导革新的政治诗开头；紧接着讲述公共表演的民主体制的发明，城邦节日的演变，［11］到修辞术对城邦的控制，以及通过一项帝国建设计划实施的物质美化政策，① 诸如此类。但在转而补充这些方面的一些相关背景，以及记述

---

① 关于此类历时性的瞬间，参有关斐厄（Phye）、庇西特拉图和希罗多德的相关文献，参 Sinos（1993）；关于城邦节日，参 Connor（1987）、Osborne（1993）、Sourvinou-Inwood（1994），以及更广泛的论述，参 Osborne（1996）；关于帝国建筑，参 Castriota（1992）、Rhodes（1995）。［译注］：斐厄即那个扮作雅典娜领庇西特拉图进雅典城的女人。

古典时期雅典的演出情况之前，我想概述某种当前的思想，它认为本文集有概念化之嫌。由于在现代学术的文化分析中，"表演"俨然占据了中心位置，因而厘清本文集与当今研究表演的理论方法之间的异同，将不无裨益。

"表演研究"本身成为一门学科，是晚近才有的现象（参 Schechner［1977］、Zarilli［1986］、Dolan［1993］、Case［1990］页1-13、Diamond［1996］）。如果说它始于戏剧、音乐和舞蹈等学科——它们的范围一方面拓展到了人类学对仪式的研究，另一方面又涵盖了社会学对日常生活表演的分析——那么，进一步吸纳进来的精神分析词汇，像"感觉"（基本的和其他的）或"角色扮演"（acting out），则意味着当今的"表演研究"目标往往涵盖巨大的社会交往范围（若表演一词最终到了无所不包的程度，它也就很难继续作为一个有用的和专门化的分析范畴了）。① 没有一个"基础课程"（founding text）或"学院"，是针对这个包罗万象的领域而设的，就拿美国的修辞学系来说，同一院系的不同从业者之间，以及不同的院系之间，都存在牢不可破的巨大差异。尽管如此，提出某些共同的理论起点，仍将不无益处。巴赫金（Mikhail Bakhtin）就是这样的人物，他对西方学术界产生了不可估量的影响。他在对"狂欢节"习俗（及"美学"上的"狂欢化"概念）的分析中，把一种特殊的仪式和社会现象看作一种表演类型。② 在巴赫金看来，狂欢节是一种带有强烈政治色彩的表演，同样重要的是，这一表演必然涉及一种语言的社会功能视角和一种政治主体的视角。社会庆典如何成了［12］社会规范和僭越行

---

① 至于试图把"表演"看作一个无所不包的概念，参 Turner（1990）、Schechner（1990）、Blau（1990）。一个内容特别广泛的文集，参 Diamond（1996a）。

② 参 Bakhtin（1968）、（1981）；相关评论，参 Todorov（1984）、Hirschkop 和 Shepherd（1986）、Stallybrass 和 White（1986）、Holquist（1990）以及将巴赫金杰出地置于俄罗斯语境中的 Emerson（1997）。

为的竞技场——一个呈现并演绎文化秩序的张力的场所？巴赫金的解读激发了一些不同寻常的研究，都围绕与这类表演有关的场所和创作。的确，无论是"猪和公正"（the pig and the fair）——伦敦十八世纪的化装舞会，还是阿里斯托芬的谐剧节，巴赫金对特定空间的建构——为了观看、言说和参与社会权力——的论证，都具有显著的成效。①

当社会制度摇摇欲坠，秩序难以为继时，巴赫金的著作一再关注权力的冲突。特纳（Victor Turner）则更关注各种仪式——它们赋予并构成了社会的凝聚力和秩序，而他所用的典型材料，则主要来自其在非洲恩丹布人（Ndembu）中进行的田野调查。不过，对他来说，表演是一种绝对基本的范畴（他最后的著作，视之为一种文化的普遍现象）（参 Turner [1967、1969、1990]）。他把仪式看作一种"社会剧"（social drama），把仪式的角色扮演或表演看作文化价值的呈现（staging），[因此] 也就成了建构社会主体的根本方式。仪式的表演，向公民们传达了一种文化价值。特别是，社会规范的结构要求界限分明，这使得"阈限性"（liminality）② 对特纳来说（正如对道格拉斯 [Mary Douglas] 来说，参 Douglas [1966]）成了呈现秩序的关键。特纳一再把仪式视为上演某种类型的区分与整合，因受转变过程中某个阈限（liminal）时间的连接和区分，并认为这种类型的表演对社会的自我管理和自我表达至关重要。这一类型非常接近根纳普（van Gennep）对入会仪式（initiation）和 rites de passages

---

① 例如，参 Castle（1986）、Stallybrass 和 White（1986）、Davis（1987）、Bristol（1989）；关于阿里斯托芬，参 von Möllendorf（1995）、Carrière（1979）、Rösler（1986）、Goldhill（1991）页 176–188。

② [译注] 特纳的"阈限性"概念，以根纳普的"阈限"（liminal）概念为基础。他认为，"阈限"就是从预设好的社会角色中逃离出来，共同的"阈限性"可能导致进入其所谓的"大同社会"。

(过渡礼仪)① 具有开创意义的研究,是一种明显的涂尔干式议程(Durkheimian agenda)(Van Gennep[1960])。特纳成果的运用范围,远远大于调查传统社会中的仪式。② 近来大量表演研究的出发点在于:以仪式化为独特标志的表演,填补着社会和主体概念的空白,而且参与这样的表演,是形塑社会主体的重要组成部分。巴赫金、特纳以及追随他们的学者的核心观点是:社会行动,尤其仪式化的社会行动,是一种交流形式。[13]古典研究广泛采纳了这一观点,尤其仪式研究和戏剧研究。③

戈夫曼(Erving Goffman)的研究与特纳很接近,不过,他认为应该把行动进一步理解为交流。他通过为日常行为——它依赖戏剧性和角色化的思想——设计一种社会学模型,从而挑战了仪式空间定义的边界(Goffman[1969、1975])。"当然,不可能整个世界都是个舞台,但它之所以不是的关键,却不那么容易弄清楚",他经典地写道([1969]页78)。对戈夫曼来说,世界中的感知和参与,依赖于"框架"(framing)、角色和面具的结构,以及"共谋"(collaboration)——对境况的定义上的串通一致,像社会的境况(作为"自然的"对立面)。把"表演"置于日常生活中而不是专门化的体制语境中(或外国),更确切地说,在日常生活和显著的体制性事件之间建立联系而不是对立,这种尝试提供了一种社会的相互作用的结构模型。在这个模型中,社会主体恪守传统和所扮演的社会角色——恪守文化的脚本(script)。

---

① [译注]"过渡礼仪"是根纳普在其《过渡礼仪》(*Les Rites de Passage*,1909)一书中提出的概念,主要指那些与人生的转折点有关的仪式,这些转折点包括出生、成年、结婚和死亡等。

② 例如,参 MacAloon(1984)、Castle(1986)、Schechner 和 Appel(1990)、Schechner(1993);至于戏剧本身,参 Burns(1972)。

③ 例如,参 Osborne(1985)、Goldhill(1990)、Dougherty 和 Kurke(1993)、Connor(1989)、Henrichs(1978、1984)、Burkert(1983)。

巴赫金对语言——尤其语言交换方面（通过他影响巨大的多声部［heteroglossia］和对话性［dialogism］思想）——的危险和管控的理解，以及戈夫曼对文本雷同的剖析，都把社会语言学置于表演的中心。自从奥斯汀（J. L. Austin）奠基性的著作问世以来，语言学学科在"表演研究"方面变得越来越重要。奥斯汀取得了可喜的进步，他试图区分表述和施为话语（constative and performative utterances），即区分那些报道、描述、建议的话语，和"做"的、借助言说实施的话语（Austin［1962］）。如果说在特纳看来行动是交流，那么对奥斯汀来说，交流是行动。他简洁明确的主张，经过塞尔（Searle）的推演和理论化（Searle［1969］），引起了激烈、有力的争论,① 不仅是由于奥斯汀淡泊名利的处事方式。（很典型地，他说："我想声明，唯一的成绩，［我打算说］是真实性，至少部分如此"。这种谦逊的限定，成了［14］认识论上的陷阱［Austin（1962）页1］。）尽管理论论争仍在继续，但是语言的施为（linguistic performative）的观念，即"用话语做事情……能塑造和还原（make and unmake）我们的世界"（Petrey［1990］页21），却被迅速地应用于文学研究，以揭示"诗歌如何是其自身处境的呼号"（the cry of its occasion），史蒂文斯（Wallace Stevens）写道（参 Petrey［1990］、Pratt［1977］、Fish［1980］、Felman［1980］）。另外，在语言学自身之中，"语用学"和"关联理论"（relevance theory）通过重点关注作为一个事件的对话的共谋（complicity）和框架，进一步研究了社会语言表演的条件。② 有趣的是，针对这个领域最激烈的一些争论，集中在区分日常生活的述行和仪式化、体制式的表演的可能性方面——对"我愿意"这句话，

---

① 当然，尤其围绕德里达（Derrida）的评论。参 Derrida（1988），Searle（1977、1983）。亦参 Petrey（1990）、Felman（1980）、Fish（1980）、Pratt（1977）。我本人的观点，参 Goldhill（1994）。

② 参 Grice（1975），Cole 和 Morgan（1975）一书的文章；Sperber 和 Wilson（1986），Levinson（1983），其中附有更多的文献。

要区分它是用在舞台的婚礼戏中,还是用于回答你是否喜欢吃冰激凌这样的问题上;要区分文学"独特的神圣性"(奥斯汀语),和文学作为一个被认可或未被认可的立法者所具有的权力。如同对仪式本身的研究一样,表演的范畴最终必然导向述行的边界问题。因此,无论是从语言还是从仪式入手,社会分析都使表演成了一个核心的、竞争性的范畴。

当焦点转向行动者们(agents)的内心生活时,这同样有效。尽管戈夫曼的演员像特纳的一样,大多没有内心生活,或至少没有精神分析认可和证实的那类内心生活,然而近年来,表演研究也采用了一种明显的精神分析风格。在某种程度上,这引出了弗洛伊德语言颇迷人的一个方面——或许尚未得到充分发掘,即他对戏剧术语的运用(不同于俄狄甫斯 [Oedipus] 或埃勒克特拉 [Electra] 那样的戏剧人物模型)。① 对弗洛伊德来说,存在一个心灵的剧场,在那里上演和观看"剧情",银幕立了起来,想象在其间穿行,演出开始了,角色扮演(acting out)能够产生某种形式的 catharsis [宣泄、净化]。由于电影理论(曾为表演研究的一部分)依赖一种拉康式的凝视模型——这种凝视模型在他的自我建构的模型中具有核心地位,"自我表演"的意义得到了极大地拓展。② 而在另一个层面,巴特勒(Judith Butler)谨慎、缜密地声称,可将性别看作一种扮演(performative)——"性别始终是一种做(doing),[15] 尽管不是某个主体的做,因为主体可能会被认为是先于行为的存在"(Butler [1990] 页25. 亦参 Butler [1993、1997])。这种观点为近来大量的女性主义写作(必然也包括大量的表演研究)设定了某种议程。然而,巴特勒

---

① 参 Murray(1997),关于至少某位"French Freud"和戏剧性的一个混合论文集。

② 例如,参 Doane(1987)、Silverman(1988)、Penley(1988)、Mulvey(1989)、Copjec(1994)。

的性别分析不是简单的精神分析式的,它极大地得益且根植于语言哲学、人类学理论以及政治社会学。对当代学界来说,这种路径很有借鉴意义,正是在这种路径中,"表演"一词连接了多个学科,并且相当多产。

因此,部分地也为了回应所谓的"表演艺术",艺术史和表演研究不仅一同着手处理艺术展示的表演转向(克里斯托[Cristo]对德国国会的包裹,斯文顿[Tilda Swinton]睡在一个玻璃柜里①),而且处理了或许可以叫作物质文化的表演性。因此,一方面,图像(以及话语)如何发挥效力(do things)——再现的表演性——的问题激起了学术著作与社会政策之间热烈的互动,尤其在色情业、政治和广告方面。② 另一方面,通过表演的范畴,地形学(topography)也被纳入到了分析当中。作为一个约会地点的博物馆——它被设计成能够制造一种文化的权威形象,其中包括公民的权威形象(例如,参见参Karp 和 Lavine [1991]、Bal [1996],附带有进一步阅读的更多的文献);使瞻仰者与过去产生联系的纪念碑(例如,参 Young [1993],附有更多的文献);使用者对建筑物方位和标准的要求;③ 这些都导致了以下声称,即要认识到物质文化中含有的表演的活力——尽管这种活力非常隐蔽。

知识材料的堆砌物(bricolage),可以清晰地在范围和深度上得

---

① 一个有用的对表演艺术介绍,参 Goldberg (1988)。克里斯托在 1995 年包裹了德国议会大厦,参 Christo 和 Jean – Claude (1996);在举办艺术展"梦想成真"期间,斯文顿睡在一个玻璃箱中,在色缤提纳(Serpentine)画廊展览了一周。
② 例如,参 Kappeler (1986), Itzin (1990), Mackinnon (1993), Hunter、Saunders 和 Williamson (1993), Hunt (1993), Gibson 和 Gibson (1993), Steiner (1995)。
③ 作为初步的阅读,参 Bachelard (1964);或关于巴黎(例如),参 Clark (1984),页 23 – 78。

到拓展，并且设定不同的研究路径。的确，尽管希望"表演研究"成为一门学科的呼声很高，但它依然是一个堆砌物，松散地聚集在一个中心术语周围。然而，有足够证据表明——总而言之——"表演研究"及其对文化的分析，让表演成了一个核心的阐释性术语，用以解释与社会规范和实践相关的主体。

就在"表演研究"力图成为一门学科的同时，"表演"也日益成为 [16] 戏剧研究中的嘹亮口号——提倡不能仅仅视戏剧为文本，而是事件。这一方面强化了对戏剧演出的重视，因而凸显了技术和诠释方面的问题；另一方面，它增强了对戏剧社会—政治情景的重要性的认识。按照这些方法，文艺复兴时期的戏剧得到了相当到位的研究，例如像欧戈尔（Stephen Orgel）《权力假象》（The Illusion of Power）这一类作品，准确地说，正是舞台演出细节与政治寓意的结合，才对文艺复兴表演的文化如此具有启蒙意义（亦参 Tennenhouse [1986]、Berry [1989]、Greenblatt [1980]）。近来关于歌剧（和电影）表演中女性声音角色的讨论，恰恰应以同样的视角来看待。[1]

"表演研究"，以及当代的戏剧、歌剧和电影研究，构建了一个极其宽泛的表演概念，这在本文集中有所反映。不过，还有为数众多的学术著作，尽管不是严格意义上的"表演研究"，或对表演性艺术的研究，但对本文集的概念化方面也十分重要。在本文前文部分，我简要分析了一系列与古希腊文化有关的表演元素。在此，我想有必要对一些方式简要地追根溯源，这些方式也是"场面"和观看者的建构向精确的历史分析开放的方式。看别人表演，和看到自己被别人看——观察和参与，通过观察参与——让"表演"成了在理解文化

---

[1] 关于歌剧，参 Clément（1988）、Abbate（1991），Poizat（1992）采用了不同的视角；关于电影，参 Silverman（1988）、Lawrence（1991），Barthes 的文章《嗓音的质地》（The Grain of the Voice）在这方面很有影响（Barthes [1977]）；关于女性的"声音"，更多方面，参 Dunn 和 Jones（1994）。

时的一个充满活力的范畴。

如今，福柯（Michel Foucault）用其独特的个人风格——精辟的概括和令人忧虑的细节缺失——写道："我们远不是我们自认为的那种希腊人。我们不是置身于圆形竞技场中，也不是在舞台上，而是处于全景敞视机器中"，"我们的社会不是一个公开场面的社会，而是一个监视社会"。① 一方面，福柯指出了现代权力框架与古代的体制和话语之间的一个重大差别。研究古典时期的雅典，期望之一是比较现代和古代的参与思想，以及它们对构建公民身份的意义。福柯把对弑君者达米安（Damiens）残酷的公开惩罚，与边沁（Bentham）的全景敞视建筑——一种完美和彻底地监视囚犯的机器——相提并论，大大促进了 [17] 其他学者对权力的行使与知识体系之间的变化关系的研究。② （这里，*theōria* [观看]与理论 [theory] 的联系非常明确。）另一方面，民主制对场面一如既往的热衷，至少在利用权力的公共形象方面，或者在体育或娱乐世界（这是文化影响分析的基础，像法国左翼人士德波 [Debord] 分析的那样 [Debord（1967）]），暗示了场面和监视的对立面，几乎不可能被排除或统计。更重要的是，对十九世纪文化的详尽研究，不仅显示了现代的身体概念、自我概念和政治主体概念，在发展过程中如何与现代的科学、观察和精彩演出明显相关（随后我将做进一步的解释），而且，致力于古代世界研究的文化批评家们，也强调了古代自身如何易于不断受到带有敌意的严密监视（尤其参 Hunter [1994]、Gleason [1995]）。

然而，福柯突出强调的是，把散漫的智识的发展与社会历史结合起来。这已见于一系列有关十九世纪文化转向的杰出研究，该转向围

---

① 福柯（1977）页 217。[译注] 中译文参米歇尔·福柯，《规训与惩罚》，刘北成、杨远婴译，北京：三联书店，2007，页 243。
② 在这方面，对于传统的初步研究来说，已经积累了大量的文献，可参 Hoy（1986）、Dreyfus 和 Rabinow（1983），以及新近的 Rouse（1994）。

绕场面和观察者（the observer）的概念展开。例如，克拉雷（Jonathan Crary）非常详尽地研究了变化的视觉模型——在1810—1840年间，这一模式得到了科学家、哲学家和心理学家的推动——如何不仅影响了这些学科的发展，而且根本上改变了对观察者的概念化，以及他或她在社会秩序中的位置（Crary [1990]）：

> 甚至在实际发明电影院之前……不难看出，人类认知的条件，就已被重组进一些新的成分。在很多场合，视觉都被重塑成动感的、转瞬即逝的和综合性的——那类守时的或铁杆的古典观察者在十九世纪早期开始消失，逐渐由不稳定的爱好主体取代……这样的主体，综合了激增的各种各样的"实际效果"，既是消费者，又是经纪人，而且还将成为二十世纪一切图像工业和场面的对象。（Crary [1994]，页44）

因此，克拉雷从解释视觉科学的历史细节，转向理解不断变化的场面概念，以及它 [18] 对二十世纪中的社会主体的含义。考察观察者扮演的角色，以及认识结构如何对这一角色施加影响，把我们从"场面"分析带到了对"图像工业"的社会—政治解读，后者是现代西方文化的核心。"表演"暗示，事件是建构和组合的。克拉雷表明，为表演概念本身的建构提供一种文化和历史的详细解读至关重要。

这种分析，必然对现时代高雅艺术的生产、展示和效果具有重大意义。在我上面引述的那篇文章中，克拉雷把马奈（Manet）的画作《酒馆侍女》（A Bar at the Folies Bergères）看作全新表现专注或非专注——主观性的一种标识——的代表作。克拉克（Tim Clark）的《现代生活绘》（The Painting of Modern Life）一书，也详细地讨论了这幅画，其阐发的解释包括展示和再现的政治学两方面，后一方面主要关于阶级身份元素（和时尚元素——具有较强的自我表现的 *schēma*

的意味)。克拉克很好地展示了,一幅绘画如何能成为现代都市悠闲世界的"场面的温顺观看者",但在这样的再现中,偶尔也能"流露不安和欺骗"。① 克拉克引述十九世纪理论家维布伦(Veblen)的话说,悠闲是"一种表演",并且补充说"所表演的东西是阶级"(克拉克[1984]页205)——他做出了对该画的书面反应,当这幅刻画了这样的阶级地位的绘画被展出时。这幅画对观看(和镜像)的世界的刻画,如今声名远扬,因此加入了对现代生活的场面的表达,通过公开的展览,它成了著名的陈列品和批评的对象。

因此,维多利亚时代的伦敦街道,作为阶级和性别的一种展示,对它的研究极富吸引力,尤其通过再现艺术画廊中的娼妓、通俗刊物、司法体系和剧场。② 通过街上的行人展示街道(巴黎的闲人对此尤为钟情),从展示和再现的政治学角度来看,变得层次极其分明。街道剧场的社会剧……

把"场面"和"观察者"当作具体的历史和文化概念来研究,在早前的几个时代被证明效果非常好。启蒙对一种视觉模型的钟情,结合了一套对观察者身体有自我意识的规范,结合了阶级和性别的社会参与模型,[19]以及一种自然的眼光——不仅为十八世纪文化(它在艺术画廊、娱乐公园和豪华宅第中均有体现)中的场面创建了一系列场所,还创建了一套观看的话语,这种话语出现在大量的文本中。③ 因此,弗里德(Michael Fried)认为,"戏剧性"是理解十八世纪法国艺术生产的一个关键词(Fried[1980]);或者,对卡斯特(Terry Castle)来说,在参与英式化装舞会的狂欢场面中,"戏剧性精

---

① 克拉克(1984),页204。亦参 Cohen 和 Prendergast(1995),尤其关于 Matlock、Schwartz 和 Garelick 的章节。
② 例如,参 Nochlin(1989)、Walkowitz(1980)、Nead(1988)、Davidoff(1983);关于巴黎人的同侪,参 Bernheimer(1989)和 Corbin(1990)。
③ 相关书目和讨论,参 de Bolla(1989)、de Bolla(1996)和 de Bolla(即出)。

神尽管无处不在",但在它的僭越性的装束和角色扮演中,"毫无章法可言"(Castle〔1986〕页20)。简言之,"这个时代"

> 困扰于与观赏性的举止和行为相关的问题。这是当时的一种文化,在这种文化中,最重要的出版物之一被命名为《观看者》(*The Spectator*),而且所有公共事件的风格,从绞刑到假面舞会,都深入地涉及场面一类的概念。(De Bolla〔1996〕页74)

或许可以意料的是,在克利福德(James Clifford)看来,这类分析某些方面的含义,完全被后现代(或许只是讥讽)的人种志扭曲了。克利福德不仅质疑了作为社会场面观察者的人类学家的立场——特纳及其追随者不假思索地持有这种立场,而且质疑了场面本身的文化一致性:

> 二十世纪的身份,不再预设一脉相承的文化或传统。无论任何地方,个人或团体,都在利用外国的传媒、符号和语言,即兴创作过去流传下来的具有地方色彩的表演。[1]

对克利福德来说,根据典型的二十世纪后期的策略,观察意味着施加影响的同时也被现象影响。因此,对"场面"的重新思考,激发了批判性的研究——既针对观察者或分析者的表演,又针对文化自身参与者的表演。

总之,晚近的文化史及其对"场面"的关注,一再借助社会和智识的力量,探究各种再现活动的分界面,并且在表演的概念中,发现了一个适用于社会体验的建构的基本分析范畴。本文集对古典时期

---

[1] Clifford(1986),页19。该观点在后续的人类学著作中得到了广泛讨论。

雅典城邦不同的表演元素的详尽分析，遵从了对理论工作的如下指令（injunction）：深入思考相互连接的[20]智力、社会和体制等情况——它们构成了具有历史和文化独特性的场面和观看行为。

我为一个复杂的领域粗略地设置了这些路标，部分是为了将随后（和正进行）的讨论置于当前理论论争的背景之中，部分是想为读者们提供一些便利，他们可能希望探究这些基本的理论问题中的一部分。另外，它也与本文集编者的决定有关。在策划这本文集时，我们决定不选择一般的且常常无可非议的策略，即戴着比较文学学者的眼镜研究表演问题。[从恩丹布人到斯普林克（Annie Sprinkle，[译按]美国妓女、色情影星），仿佛它是……]这并非由于从这种方法中难有斩获——不可否认，我提到过的那些理论论争的影响，在随后的大部分内容中都显而易见，而是由于，我们希望并期望，扩展开来细致研究特定时期中的一种极为复杂、重要且范围广泛的情况，这将让我们对或许能称为"表演文化"的事物的复杂性有更深入、细致的理解。

三

随后的具体研究，需要以雅典文化为总体背景。在这个部分，我介绍一些雅典民主元素的简单特征，正是它们引领我们转向了"表演文化"这个概念。尽管这部分对古典文化专业的学生来说可能没什么新意，但是潜在材料的分量，以及不同地区和形式的表演的复杂性，依然十分值得注意。

我前面引述过老寡头的评论，说雅典的节日比任何其他希腊城邦的都多。我们就从认识雅典的节日文化开始吧。尽管所有节日名义上都受神的保护，而且几乎都明显与能被称为宗教的事物相关（牺牲、祷告、神庙或圣所仪式），但若认为"宗教"是城邦生活独立的一个方面,则是种误导(直到基督教对其信众的不同要求出现为止)。城邦生活的各个方面都与神相关(以各种方式),并且宗教活动的各个方面都受城邦及其长官的监督。可以肯定地说,如果有人想尽力列举日历上(一百二十多个节日)包含的节庆活动,将会是五花八门的。举一些简单的例子,包括赛马,赛船,士兵赛跑,饮酒比赛,戏剧演出,[21] 全副武装的孤儿游行,诗歌表演,手持雨伞、巨大的阳具模型、盒子及圣物的游行,与神的仪式婚礼,装扮成萨提尔、酒神女祭司游行,歌队的歌、舞,以及秘传宗教的全部隐秘活动。尽管诸如此类的活动异常丰富,但仍有望概括出一些更加普遍的特点。

很多节日都包含游行(pompai),游行通常拉开节日的序幕(或主导整个节日),因此,它通过场面和对观看者或表演者机制的清晰表达提供了一个框架。除了共同体,游行还清楚地呈现了空间,① 最著名的是在泛雅典娜节(Panathenaia)上,其游行沿着闻名遐迩的泛雅典娜大道(Panathenaic Way)进行。作为雅典民主社会象征的帕特侬神殿(Parthenon),有一块再现了游行的雕带(frieze)绝非是一种偶然。对于这块雕带再现的是何种人物形象,人们产生了激烈的争论,但时常忽略的一点是,对纪念性建筑来说,选用[表现]游行[的内容]极其罕见(尽管不是在还愿浮雕上),而且本身意义重大:它刻画了在一个社会—宗教背景下,一个代表团体的构成(人员)的表演,它被显著地安放在一个神殿上——之所以设计该神殿,是要在高高的卫城上传递雅典文化的正统(normative)信息(参 Osborne [1987]、Connelly [1996])。游行是(仪式性)表演,意识形态化地呈现了共同体的联系和区分。

很多节日都含有竞技(参 Osborne [1993])。即使在没有正式竞

---

① 一个很有说服力的模型,参 De Polignac(1995)。另参 Cole (1993), Sourvinou - Inwood(1995)。关于 pompai 的类型学,参 Nilsson (1957),页 166 - 214。

技的地方,展示也不可避免地涉及竞技和地位。例如,为阵亡战士举行的公共葬礼——这种制度和仪式由民主政权最先引入(Loraux [1981]、Clairmont [1983])——会挑选杰出的演说者,获选之人在公共场合的与众不同,不仅在其他公民面前提高了 *timē* [地位,荣誉等],也使他的 epideixis [展示]与曾经获选的其他演说家形成了(竞争性的)对比。(修昔底德的伯里克勒斯这样开始演说:"这里之前的绝大多数发言者……"[修昔底德《伯罗奔半岛战争志》2.35.1])很多节日用精心设计的竞技程序,把不同形式的竞技串联了起来。泛雅典娜节——晚近得到了深入的研究和分析①——在为期 8 天的庆典中,串联了数目众多且种类多样的活动。[22] 它以去卫城的盛大游行拉开序幕,不仅向城邦展示了城邦(用公民社会—政治团体和非公民团体,可借助服饰和位置在空间和仪式上对它们加以区分),而且在大规模的献祭(和盛宴)中达到高潮。随后几天会上演诗歌和音乐竞赛,包括在游吟诗人中间进行的两部荷马史诗的吟诵比赛。其他还有以部落为基础组织的划船比赛(部落是该民主城邦的社会—政治单位),男性在力量和身体优越性上的较量(也按照部落来组织),男孩、青少年和男人们的体育竞技(和音乐比赛一样,是开放性的国际项目),赛马,与夜间庆祝相关的火炬赛跑,身穿重装步兵装备的舞蹈和赛跑。奖品包括著名的泛雅典娜节双耳细颈油罐,内盛雅典的橄榄油(也有金钱和桂冠)。像内尔斯(Jennifer Neils)所写的那样,泛雅典娜节"是一个盛大的场面,即使在经常举行精心筹备的宗教典礼的古希腊也是如此"(参 Neils [1992] 页23)。勒奈亚节(the Lenaia)和酒神大节(两个都是狄奥尼索斯节)都持续一周多,都同样拥有丰富且形式多样的表演,包括迅速成为国

---

① 尤其参 Neils(1992)一书中的文章,或参稍显枯燥的 Neils(1996)。

际性的雅典文化展示的肃剧和谐剧演出。① 这些节日绘制了城邦的"地图",形成了历法,并成为共同体构建中——公民身份的表演中——不可或缺的一部分。

节庆的资金,部分通过圣餐仪式筹集。在该仪式上,城邦挑选的部分公民会大笔地捐献(参 Wilson,即出)。精英阶层在法庭上自我辩护时,该义务扮演了重要的角色。然而,对参与节庆的评估和讨论,则要视情况而定。筹备节庆活动的官员,与所有民主选拔的官员一样,任期结束时,会受到公开和正式的评估。城邦挑选剧作家、演员和歌队,并由公共任命的评委(以及公共意见)对他们的比赛进行评判。埃斯基涅斯在法庭上嘲笑提马库斯(Timarchus),在他本应该参与泛雅典娜节游行的时候,却因在一个酒馆里和一群异邦人喝得酩酊大醉而吃官司(埃斯基涅斯1.43)。他还嘲笑德摩斯忒涅,对出席酒神大节的外国使节大肆献媚(埃斯基涅斯3.76)。[23] 就德摩斯忒涅来说,他则回忆了对手美迪亚斯(Meidias)出现时观众的敌对反应(德摩斯忒涅21.226。参 Wilson [1991])。节庆是公民身份表演的舞台,因此,作为地位竞争和自我代表的政治——它构成了民主社会的公共生活——中的一种因素,表演被不断上演。

节庆为所谓的艺术表演提供了难得的机会。肃剧和谐剧主要在酒神大节和勒奈亚节上演,对理解戏剧在城邦中的角色而言,节庆背景至关重要。演员们通常由公民充当(而非像很多文化中那样是些狡诈的不正派之人),但公元前五至四世纪以来,他们变得日益职业化且声名显赫;② 还发现有一些外邦的演员,有时甚至被授予了公民权(参 Csapo 和 Slater [1995];本文集中 Taplin 的文章)。同样在这些节

---

① 关于酒神大节,参 Goldhill (1990);关于其他狄奥尼索斯节,参 Pickard - Cambridge (1968),以及稍微脱离实际经验的 Daraki (1985)。Csapo 和 Slater (1995) 搜集了相当有用的材料。

② 参 Ghiron - Bistagne (1976)、Sutton (1987)、Csapo 和 Slater [1995] 页 221 及以下。

庆和其他场合，也进行合唱竞赛，经常以部落为单位（例如在酒神大节上），在表演及准备期间，会有大量公民参与。前面提到，在泛雅典娜节上，也有游吟诗人表演荷马史诗（不过，整年都能在一些差不多正式的场合听到这些，从学堂到宴会，到街道，到私人宅第）。除了正式的表演场合外，市场（agora）是一个公共却不很正式的空间，在那里，智术师、杂耍者、演员和魔术师，与香水摊上的道听途说、鱼摊的场景以及城邦其他商业活动相互竞争。然而，歌唱、音乐和运动训练，是公民教育中的正规和基本部分，而且在会饮时唱歌——既有合唱又有独唱——使该表演成为男子气概的社会表演的一个方面（参 Robb［1994］索引 mousikē 词条；Marrou［1956］）。虽然也有奴隶和 metics（定居的外邦人）创作音乐的情况（个别作品也很受欢迎，但整体来说明显"知名度不高"），然而公民从事 mousikē［音系］，是公民 paideia［受熏陶、受教育］的标志。

随着亚历山大帝国的扩张，希腊化的文化传遍了整个东地中海地区，剧场成了希腊性（Greekness）明确的标识。健身房和会饮是希腊文化另外两种重要的机构符号，二者在雅典也极为重要（尽管像上面提到的，它们都不能被称为专门的"民主"机构）。尽管民主制提倡公民间的政治平等，而且相应的社会表演极为复杂，［24］但会饮和健身房总是与社会精英和某种社会排他性相关。会饮中仪式化的氛围和服饰，很适合歌唱表演，但更为重要的，也适宜展示情色追求和与男性相关的其他一些方面——从政治敌对团体到哲学圈子等（参 Murray［1990］、Slater［1991］、Levine［1985］）。会饮展示的礼仪，表现了核心文化机构的典型特征。有趣的是，它也是写作中经常运用的主题，不仅出现于道德家们（moralists）的散文作品，诗人笔下也同样如此，很多诗歌要在会饮中表演。这种自我反思性的规范化声音，在它评论［这种］表演的时候，也就成了表演的一部分（就像会饮上使用的器物上的大量装饰画，描绘的是会饮活动的场景。参 Lissarrague［1990］）。会饮中采用的声音，在第一人称的、极为精致和高雅的会饮抒情诗表演中,极为显著。当一个公民用第一人称吟唱萨福(Sappho)燃烧的激情或阿纳克瑞翁(Anacreon)反讽的自嘲时,会意味着什么?(参 Stehle[1997])情色追求[和情色表达]在他人的叙事性虚构中得到了节制。诗歌对公民的教化,部分通过提供可资效仿的榜样进行。这种效仿证明了有情人(lover)表演时的自我意识。

健身房是男子气概竞赛的主要地点,这种竞赛既可通过竞争性的训练来体现,也可通过情色或其他情形的展示和追求来体现。① 公众注视下的身体展示、评价和养护,结合了规范的 diaitai[生活方式、生活习惯]课程或关于养生的书籍,这些在福柯(及其他学者)那里得到了充分的研究(参福柯[1987、1988])。健身房是上演"自我呵护"和"身体话语"的地方,这是一种特权性的、遵循规律并接受管理的时尚。这在重大的运动节庆(例如奥林匹克运动会和规模小一些的泛雅典娜节及其他节日)上达到了顶点,在那里可以赢得在全希腊的盛名。然而,健身房也被明确地用于战备,以期战时能有良好表现。人们期望公民能在军事活动中充分发挥作用,这很可能意味着单调和艰苦,尤其在公元前五世纪。② 一个人在战事中的表现,[25]是评定男子气概的决定性特征。正如柏拉图对话恰到好处地描述的那样,健身房是打听消息、进行论辩和从事锻炼的地方,最

---

① 关于 testimonia,参 Miller(1991);更多解释性的内容,参 Sansone(1988)(带有更多的文献)。

② 参 Vernant(1980),页 19-70。Finley(1983),页 60-61;

> 大多数希腊城邦(尤其斯巴达和雅典),历史上很少有年头不卷入战事,几乎没有连续和平的年份。我们也必须牢记,战斗的主力由公民民兵组织(militias)组成……做出战斗决定的,大都是那些亲自参战的人们。

亦参 Davies(1978),页 31 及以下。

重要的，是男子间相互争胜的地方，这使得它不仅是锻造男性身体的地方，更是雅典公共话语构造过程中的重要表演场所（参 Lewis [1996]，及本文集中 von Reden 和 Goldhill 的文章）。

法庭和公民大会是典型的民主机构，至少在雅典是这样。为数众多的公民观众（而且只能是公民），根据面前的竞争性表演做出决议，尤其对于精英们的竞争来说，他们构成了典型的竞技场。晚近的研究已经揭示出，精英演说家如何在广大观众面前演戏和利用自身的地位，以及在表演的诸因素方面这两个机构如何被认为类似于剧场（而且采用戏剧语言来表现他们的"戏剧"）。① 不仅在历史学家和其他理论家当中，而且在法庭和公民大会上，修辞术都是监视和较量的对象（subject）。它作为一门学科，[很有说服力地] 把说服表演和演说家们的身体、声音、行为和姿态理论化了。尤其是，这两个机构都是获得城邦政治领域的地位和权威的途径，因而此类表演成了[谋取] 权力的重要手段。政治主体在表演中并通过表演得以构建；在追逐权力时，公民需要有自我意识地利用表演。

最后，在思考艺术史与表演的关系，尤其涉及物质文化时，伯利克勒斯的建设计划，是用石头为帝国增辉（glorification）的绝无仅有的著名事例——帝国之城（及其公民）的创造。位于市场一侧的柱廊（Stoa Poikile）里，雕刻有一系列的浮雕，包括军事胜利、战争事迹和政治人物，它们向公民传递着这些表现军事职责的常规内容（见 Castriota [1992]）。阵亡者的 *stēlai* [墓碑]（及它们的政治意味），② 带圣坛和献词的长墙，包括连接比雷埃夫斯（Piraeus）港的政治和军事工事以及他们随之对自治权的声明，尤其重要的是，本身

---

① 例如，参 Eden（1986）、Ober（1989）、Hall（1995）、Todd 和 Millett（1990）、Foxhall 和 Lewis（1996）。

② 见 Loraux（1981），页 31 及以下；相关描述参 Clairmont（1983）页 46 – 59、Bradeen 1969。

作为一个场所的卫城及其与市场的联系,① 所有这些,[26] 构成了对公民来说意义非凡的纪念物和场所。的确,雅典是一座雕像之城(如同它是一座言语之城),在公民身份观念的形成过程中,这些可资效仿的雕像所扮演的角色不容忽视。

更充分地回顾泛雅典娜节或酒神大节的表演,无疑将占用大量篇幅,更不用说概述宗教背景下的仪式,政治生活中的展示,或者通过健身房、会饮以及文化生活的其他场所实现的社会自身的建构了。这里,我仅想尽量给出一个框架,便于随后进行细致研究,并扼要介绍一些构成本文集的优秀文章。② 然而,需要特别强调的是,在雅典文化中表演的不同层次和场所——这种复杂性和广泛性使得古典时期雅典的例子极富启发性,而且比表演研究中用过的众多例子更有活力(dynamic)。

四

在本文集随后的章节中,我们最初希望达到两方面的目的:首先,针对特定的表演领域,分析具体的细节、策略、技术问题或历史关切。例如,塔普林(Oliver Taplin)关注戏剧如何向不同的城邦传播,以及如何变成一种国际艺术类型。霍尔(Edith Hall)则考察了何时且因何演员在肃剧中演唱(而不是说话)。其次,研究不同的表演舞台、类型或地点之间的重叠。因而,福特(Andrew Ford)考察了在法庭上援引荷马的作用;冯瑞登(Sitta von Reden)和戈尔德希

---

① 例如,见 Rhodes(1995)、Pollitt(1974)、Loraux(1993)页 148 - 236。

② 或许应更准确地说,上文提供的参考文献,是有意选择的且具有代表性。

尔(Simon Goldhill)考察了哲学对话中描述健身房场景的用意。无论如何,该意图取得了一种显著且颇受欢迎的进展,即便在我列举的例子中,最初的区分也被打破了。有些看似范围有限的问题,随即牵连出别的问题和体制框架。因此,伊斯特灵(Pat Easterling)虽然最初集中研究的是演说家的声音问题,却很快发现它与扮演和表演的观念(以及公民身体的观念)密切相关。威尔森(Peter Wilson)的课题是研究奥乐斯(aulos,一种双簧管)的特色,最后却发现,它不仅仅是个音乐学的问题,而且涉及一个广泛的政治体系——自由、教育[27]和对男性身体的管控(regulation)。赛特林(Froma Zeitlin)感兴趣的谐剧表演,一方面需要对神话模型有所理解,另一方面还要理解着装和身份的 *schēma* 的观念。这些课题的复杂性,反映了雅典表演文化本身的复杂性。

不过,本文集的结构却相当简单,全书分四个部分。在第一部分戏剧的表演中,我们把注意力放在城邦表演最为重要的核心之一,也是人们讨论最多的,即戏剧节。塔普林以开阔的视野研究了雅典肃剧向外输出的原因,以及它如何变成一种国际艺术类型。表演环境中的细节问题,如何与戏剧主题的普遍性相互作用,才能产生出广泛传播且长演不衰的表演?威尔森对肃剧乐器奥乐斯(aulos)进行了相当出色的研究,这种带簧片的乐器经常被错误地翻译成"笛子"(flute)。他发现,若要探究这一乐器在雅典文化中的地位,需涉及众多的文化观念——从身体到教育再到神话,而且,他证明了表演的技术层面如何深深地植根于无比宽泛的文化意识形态的范围之中。最后,至于演员的声音,霍尔考察了阶级和性别方面的因素,它们贯穿整个演唱的生产(作为一种再现和实践),与高声说话(declaiming)明显不同。

霍尔的文章起了连接第二部分——表演的戏剧——的桥梁作用,在这一部分,主题转向舞台表演的元素如何与社会(the social)衔接和相融。卡拉姆(Claude Calame)首先探究了合唱表演对相关群体的权威和自我定位的意义。集体表演和个人权威——后者几乎不需要加以强调——构成了民主社会中的核心张力,因而集体演唱的歌队(choros)成了一种特权化的表达。因此,霍尔和卡拉姆从不同的角度研究了歌唱的政治学。这可与伊斯特灵对演说家(以及作为演说家的演员)"声音"的研究相对观,其文章研究了表演的关键工具([译按]:即声音),如何在城邦中成为具有自我意识的反思的对象以及训练的对象。最后,赛特林在一篇涉及面极广的文章中,研究了谐剧表演如何与理想的社会形象和身体形象相联系。表演研究常常声称,表演"反映"、"编码"了各种文化模型。阿里斯托芬谐剧对表演与此类模型之间关系的分析,既充满戏谑,又富于机智和自我反思,赛特林将这一分析揭示了出来,很有启发意义。

第三部分,修辞术与表演,转向了不同的 [28] 表演模式(frames),尤其修辞术和哲学。赫斯克(Jon Hesk)研究了修辞如何变得日益沉溺于有意识地耍弄各种限制(limits)和实施欺骗。一旦修辞术认识到说服和欺骗与民主社会的公共生活密不可分,那么,如何去控制、看待和忧虑语言交流的场景呢?演说家的表演,成了引发激烈辩论的方式和缘由(matter)。福特研究了精英的、特权式的史诗类型如何进入了政治论争领域。什么人引用了荷马,出于什么目的,或为了达到什么效果?在法庭上表演诗歌意图何在?不同表演类型的交叉地带,成了权力和威望的擂台。最后,冯瑞登和戈尔德希尔研究了作为一种表演且描述了表演的柏拉图对话。柏拉图对话的类型,不仅在明确反对其他的政治表达形式(因此让这位哲人在民主社会中的地位显得颇为暧昧),而且也在其中提出问题,因为哲学有能力处理它提出的话题。因此,这位哲人的表演被置于问题之中。

第四也是最后一个部分,仪式与邦国(State):视觉性和公民身份的表演,主要涉及场面问题。卡沃拉奇(Athena Kavoulaki)撰写了一篇关于游行的研究报告,它是民主社会公民世界的一个重要组成部分;詹姆森(Michael Jameson)进一步研究了雅典的仪式世界如何也涉及了如下问题：什么类型的消息能向观众和参与者公开，仪式应该怎样被当作一个"壮观的"事件来分析。而奥斯本（Robin Osborne）和利萨拉格（François Lissarrague）则关注于物质文化。雅典民主社会中，无论城邦还是个人，都以展示记录了决议、荣誉、投票和胜利内容的镌刻（inscriptions）来装饰城市。这种树碑立传的（epigraphic）习惯意味着什么？纪念物的展示属于什么类型的表演？利萨拉格重点对比研究了刻有 kalos［美］一词的杯子和罐子。在这种公共文化中，以这种方式呈现一个人的美和高贵——或要呈现的仅仅是一位不知名的人的"美和高贵"——意味着什么？而会饮的群体文化，具有专门的戏耍礼仪和地位，为思考一个社会价值的形成和普及（circulated）提供了独特的背景。

尽管划分了这样的结构，但各部分之间依然存在诸多显著的联系：塔普林对肃剧传播的论证，与利萨拉格对图像传播的论证相关联；当然，伊斯特灵研究演说家声音的文章，与霍尔和卡拉姆对演员和歌队声音的研究产生了强烈的共鸣——也呼应了赫斯克和福特对[29]演说家自我定位的研究；奥斯本对民间镌刻的研究，对应于冯瑞登和戈尔德希尔对公民空间和哲学在其中的地位的研究；把卡沃拉奇和詹姆森的仪式研究，与威尔森对一种重要的仪式工具的研究相对观，会很有用。如此等等。这样的一系列联系并非出于偶然（同时希望，不要将其视为武断组合的结果）。相反，它有力地证明了，有必要把看似迥异的研究领域整合到一起（interconnections）。正是此种类型的整合，让我们把研究的对象称为"表演文化与民主政制"。

第一部分　戏剧的表演

借表演传播价值

塔普林（Oliver Taplin）撰

熊宸 译 李向利 校

[33] 正如戈尔德希尔（Simon Goldhill）在前言中所做的精彩概述，表演研究已经成了一种"知识材料的拼凑品……松散地堆砌在一个中心词周围"。表演研究的"实质"，也许可以定义为"一种场合，在这种场合下，一些特定的人员上演一些什么，遵循某种公认的习俗，有更大的社会群体的围观，而且某种意义上也对他们自身有益"（尽管我们不难举出与这一粗略概括相悖的例子）。我们愈是忠实于"表演"的核心概念，就愈会明显地看到古希腊社会不同寻常的表演性（performanceful）——远远超出我们所处的社会。宗教仪式、游行、体育竞技、音乐竞赛、智力展示（intellectual epideixeis）、政治和法庭演说、运动赛会、军事检阅、战前誓师、葬礼哀歌（thrēnoi），以及形形色色的合唱歌舞——考虑到当时它们中的大部分的分布情况，甚至可能会引发这样的质疑：是否如前言中断言的那样，在公元前五至四世纪，民主的雅典拥有一种非凡的表演文化？①另一方面，毋庸置疑，戏剧是表演的典范，实际上，正是雅典把戏剧

---

① 这个观点在 1996 年 7 月的剑桥会议上受到了质疑。会上同与会学者们的交流，很有建设性和启发性，我深表感激，尤其要感谢 Peter Wilson、Eric Csapso 和 Robin Osborne 先生。同时 Martin Revermann 和 Roger Brock 先生的评论也很有帮助。

纳入了古希腊的文艺宝库,并由此在相当程度上纳入了欧洲和全世界的文艺宝库。戏剧被认为是古代雅典最有活力、传播最广泛的成就之一,甚至堪称紫色王冠上的明珠,而且当仁不让地成了政体形式的一种装饰。正是在这种政体形式下,肃剧(又译悲剧)和谐剧(又译喜剧)逐渐兴盛了起来。整个古代时期,雅典都当之无愧地被誉为戏剧的发源地和首府,尽管人们对其政治温床的色彩所知有限。

然而,还有一个问题尚待解决:即从很早的时候起,戏剧,尤其是肃剧,有多大潜力传播到雅典以外[34]并且突破了雅典特有的民主制。① 起初,肃剧在多大程度上专属于雅典? 引用赛特林(Froma Zeitlin)对该问题的表述,肃剧"声称能够进行价值普及……它最终的地位证实了这一声称,它成了一个得到广泛传播的出口产品",而这与"肃剧同雅典城及其同自我表现的原初融合"如何相关联?② 只有少数人在肃剧的早期爱好者(original public)中辨认出了非雅典因素,霍尔(Edith Hall)是其中之一,他谈及了暗含在肃剧中的一个"固有矛盾",因为它(肃剧)既是宣扬雅典霸权的好机会,又能歌颂泛希腊理想。③ 但这又是一个怎样的"矛盾"呢?

首先,我将提出一个"实际"的史学问题:关于雅典肃剧传播的年代学、机制及范围,我们了解多少? 我认为,它很早就开始传播了,比我们通常所设想的要更迅速、更广泛。这使我们有机会弄清楚

---

① 本文将尽力绕开谐剧,以便专一地探究肃剧的情形。在 Taplin(1993)中,我曾经举例说明了雅典旧喜剧在大希腊地区的传播,这发生在阿里斯托芬(Aristophanes)在世时。如果情况属实,它将比同时期肃剧的传播更令人惊异,因为谐剧有更鲜明的地方性和时事性。

② Zeitlin(1993),页 147 注释 2。她主张,最终的传播"不应掩盖"最初的融合:我这里的目的并不是为了要掩盖它,而是对其进行限定和多样化。

③ Hall(1989)页 162 注释 8 指出,Loraux 或 Goldhill 对雅典的描述,有陷入过于简单的沙文主义的危险。整个"一个泛希腊理想的剧院"(A theatre of Panhellenic ideas,页 160 – 165)一节,尤其具有启发意义。

这种"纯然的古物研究"（merely antiquarian）问题，与思想、文本和意识形态的不可分性。如果肃剧的感染力超出了雅典，那么何以会如此？为什么其他城邦会如此热情地接纳这种异邦的"国诗"（national poetry），而这个城邦又绝非一个受到普遍欢迎的大都市？或许，那些对后独裁主义（post-authoritarian）不再心存幻想的学者们，过度强调了雅典的排外和霸权形象，而低估了文化成果对政治和军事藩篱的渗透？

一

我将通过回顾肃剧的发轫时期，了解它的早期传播情况。让我们从毋庸置疑的坚实基础出发。直到公元前三世纪，肃剧都完全是泛希腊的，也就是说，多少具有流行的意味，而且在希腊世界中广为流传。① 对于一个城邦来说，拥有一座剧场至关重要，[35] 就像要拥有市场（agora）和健身房一样。与戏剧相关的艺术和工艺品随处可见，从埃及的废弃品和木乃伊棺椁中还发现过（戏剧）文本。表演者行会碑铭的实物证据，即 Technitai，始于公元前 280 年代，记录了其活动传播的广泛度以及得到了怎样丰厚的酬劳。② 他们的行会中有

---

① 探讨这一时期的戏剧及其政治内涵的一篇精彩的文章，见 le Guen (1995)。

② 关于这一点及相关内容，主要著作有 Pickard-Cambridge (1988) 章 7，Sifakis (1967) 书中各处，Ghiron-Bistagne (1976) 页 154 及以下，Stephanis (1988)；在 Csapo 和 Slater (1995) IV A ii（页 239-255）中，所选的材料都有翻译。在页 530-556，Stephanis 为戏剧及其相关艺术形式中的表演者们做了一个"族源"（ethnic origins）目录，其中显示，在雅典之后，拥有最多条目的地方，还包括阿尔戈斯（Argos）、波俄提亚（Boiotia）、伊菲索斯（Ephesos）、泰斯庇斯（Thespiai）、忒拜（Thebes）、希齐昂（Sikyon）和（反映了我们材料来源的）奥克西律库斯（Oxyrhynchos）。

一个在雅典,但五个人中只有一个享有卓越的声望。

早在公元前四世纪,一些不是很正规化的巡演演员的剧团,已经开始活跃起来,像埃斯基涅斯(Aischines)参加的那种。此外,公元前四世纪的表演行业中,一些最著名的演员都不是雅典人,包括图里澳的阿基阿斯(Archeas of Thourioi)、斯基罗斯的涅奥普托勒摩斯(Neoptolemos of Skyros)以及埃吉纳的珀罗斯(Polos of Aigina)。伟大的梅塔珀提奥的阿里斯托德摩斯(Aristodemos of Metapontion)似乎早在公元前370年代就赢得了他的第一场胜利(例证参 Ghiron – Bistagne[1976]页174–179,Stephanis[1988] *sub nominibus*[按姓氏])。不过,在公元前五世纪,唯一一个非雅典的著名演员,似乎只有喀尔基斯的米尼斯克斯(Mynniskos of Chalkis),其职业生涯始于埃斯库罗斯(Aischylos)时代,并一直持续到了公元前420年代。情况很有可能是,公元前四世纪的演员们(thespians),尽管明显是受了"母邦"(mother–city)的召唤才开启了自己的职业生涯,但是至少他们是在自己家乡(home–cities)的演出中初次邂逅了肃剧。

那些非雅典剧作家的证据反而更加令人惊异。*TrGF* 卷一一直记录到了公元前四世纪末的情形,但在前94位肃剧家中,有超过十分之一是"异邦人"。即便抛开那些年代太久远的或者可能存在疑问的,比如弗利奥斯的普拉蒂纳斯(Pratinas of Phlious)(排第4位)和他的儿子阿里斯特阿斯(Aristeas)(排第9位)以及一些无法证实的名字,[①] 我们也还能看到一些著名的人物,如公元前五世纪的基俄斯的伊翁(Ion of Chios)(排第19位)和埃雷特里亚的阿凯奥斯(Achaios of Eretria)(排第20位)以及公元前四世纪的来自吕齐亚(Lykia)地区法塞利斯的特奥德克特斯(Theodektas of Phaselis)(排第72位)。其他盛产肃剧作家的城邦还包括忒该亚(Tegea)、图里

---

① 例如希奇昂的尼奥丰(Neophron of Sikyon)(排第15位),或者赫拉克勒亚的斯芬特(Sphinther of Herakleia)(排第40位)。

澳、叙拉古（Syracuse）、锡诺帕（Sinope）、埃吉纳和哈利卡玛索斯（Halikarnassos）。患有强迫症的叙拉古的狄俄尼索斯声名狼藉，尽管他最终在公元前368年的勒奈亚节（Lenaia）上获得了桂冠（crowned）。显然，所有这些诗人进行肃剧创作时，用的都是希腊的阿提卡方言（尽管他们很可能也用其他方言创作了其他类型的作品）。即便不是全部，他们中的绝大部分也都曾在其职业生涯中参加过雅典的比赛，但要说他们都在雅典首次邂逅肃剧，就不怎么可信了。

[36] 公元前四世纪的下半叶，肃剧因为大场合而花销巨大，这既为它的泛希腊的威望提供了佐证，又证明了它逐渐游离了雅典的主导地位和雅典的政治。大量故事围绕下述人物展开：斐莱的伊阿宋（Jason of Pherai）、卡利亚的莫索洛斯（Mausolos of Karia），尤其是马其顿（Macedon）的腓力（Philip）和亚历山大（Alexander）。通常，这些场合汇集了来自四面八方的演员、剧作家和其他表演者，这意味着这些从业者具有流动性和国际化特征。①

如果我们回溯到公元前四世纪早期，甚至公元前五世纪，来追踪肃剧的传播，它就变得不那么确定了。那时的证据十分零碎，或多或少都有点可疑——的确，之前从未有人写过这个时期的戏剧史，主要原因就在于证据大量流失而变得极不充分。尽管如此，我还是坚持认为，如果把那些主要类型的证据收集起来，便可以拼缀成一幅明晰且具有说服力的图景——尽管有些支离破碎，地点也得靠推测，但的确能够形成一个可信的（probable）而非仅仅可能的（possible）情景。

雅典之外的剧场建筑为我们提供了一条线索。几乎所有的主要

---

① 主要材料，见 Pickard–Cambridge（1988），页 279–281，比较 Csapo 和 Slater（1995）页 231–238。普鲁塔克提供了一个很好的说明，他在《亚历山大》（*Alexander*）29 中，描述了腓尼基人在公元前 331 年举办的一次酒神颂和肃剧竞赛，由塞浦路斯的国王们提供相互竞争的歌队（choregoi）。

(major)城邦和圣所,都在公元前 300 年之前,建成了它们的第一个具有纪念意义的剧场。据我所知,虽然近来没有对考古证据再做调查或重新鉴定,① 但人们一致认为,有一些可以追溯到公元前四世纪早期,甚至更早。除了叙拉古——那里的剧场建筑能够追溯至公元前五世纪,最好的候选地似乎是伊斯特米亚(Isthmia)——它是离雅典城最近的泛希腊赛会(agon)举办地(后来成了某一个演艺者剧团的基地),以及埃雷特里亚(Eretria)——雅典的得力盟友且与北海岸的阿提卡村社(demes of Attica)相距不远。② 墨伽洛波利斯(Megalopolis)也是一个非常有意思的例子,因为它是公元前 360 年代建立的一个新的邦联制城邦。③ 那里巨大的剧场看起来就像原始城市规划中的一部分,在建筑形式上与议会类似。

无论这些"异邦"剧场具体建于何时,毋庸置疑的是,公元前五世纪阿提卡地区举办的乡村酒神节(the Rural Dionysia)上,就已经有了肃剧表演。碑文和其他考古证据证实,[37] 这些地区包括伊卡利昂(Ikarion)、特里科斯(Thorikos)、厄欧吕摩斯(忒拉科尼斯)(Euonymos [Trachones])、阿纳巨鲁斯(Anargyros)和厄琉西斯(Eleusis)。公元前四世纪早期的证据中还包括艾克西翁(Aixone)、阿卡奈(Acharnai)、克律托斯(Kollytos)和拉姆努斯(Rhamnous)。④ 修昔底德《伯罗奔半岛战争志》(又译《伯罗奔尼撒战争

---

① 关于这类调查,可参 Moretti(1991、1992、1993)的一系列文献学著作。卷帙浩繁的三卷本 Possetto 和 Sartoro(1995),在年表学方面一直比较薄弱;而 H. P. Isler(页 86 – 125)所进行的编年学研究,根本没有涉及该问题。

② 关于叙拉古,参 Polacco(1981、1990);关于伊斯米亚,参 Gebhard(1973);关于埃雷特里亚,参 Auberson 和 Schefold(1972)。

③ 根据 Hornblower(1990),这是公元前 370 年之后不久的事。比较 Wiles(1997)页 36 – 38。

④ 有用的材料,见 Whitehead(1986)页 215 – 220;Csapo 和 Slater(1995)页 121 – 132;Wiles(1997)页 23 – 33。

史》) 8.93 还证明, 公元前 411 年的比雷埃夫斯剧场 (Peraieus theatre) 紧挨着摩奴奇亚 (Mounychia)。

我们不确定通常在村社剧场上演的剧目, 是当地作家写的新剧, 还是重演城市酒神节中的热门剧, 或者——这个或许看似最合理——两者都包括。重演将有助于解释谐剧的观众何以有望熟稔一些古老的肃剧。还有一项很重要的证据通常被人们忽略。希罗多德曾记录了一则著名的轶事 (6.21), 是关于佛律尼科斯 (Phrynichos) 的《米利都的陷落》(Sack of Miletos) 一剧, 该轶事不仅告诉我们佛律尼科斯怎样被罚了一千德拉马克, 而且还补充说 καὶ ἐπέταξαν μηκέτι μηδένα χρᾶσθαι τούτωι τῶι δράματι [他们明文禁止任何人再上演这部剧]。如果不是仍有表演的方式和机会, 我们便难以理解这一附加条款的意义何在。即便这个故事不是真实的 (罚款的数目令人怀疑), 也仍然很好地说明了希罗多德时代的做法。

同样, 我们也无法确定, 公元前五世纪的乡村表演, 通常是由当地人出演, 还是由巡回剧团演出, 抑或最可能的是二者兼有, 只是会随着时间和地点的不同而有所改变。然而, 我们能确定的是, 从德摩斯忒涅 (Demosthenes) 的《论花冠》(On the Crown) 以及公元前四世纪中期甚至公元前 360 年代的一些相关演说来看, 埃斯基尼斯表演的是乡村酒神节的巡回剧目, 那时已经确立了常演剧目。很有可能, 那些志向远大的演员首先得在乡村地区崭露头角, 而且志向远大的剧作家同样如此。另一方面, 为了避免同一些业余爱好者在乡村礼堂的戏剧表演相提并论, 我们得知阿里斯托德摩斯自己有时也和埃斯基尼斯在同一个剧团演出。

一旦有准专业演员带着他们高质量的作品在阿提卡的村社间活动, 我们就不难想象, 它们将迅速且容易地传播至希腊世界的其他地方。有大量证据表明, 在公元前五世纪晚期的城市酒神节中有非雅典人的参与 (例如, 参 Pickard - Cambridge [1988], 页 58 - 59, Taplin [1993] 页 4 - 6), 而到了柏拉图《会饮》(Symposium) 175e 的时代，阿伽通（Agathon）的观众被认为是"希腊人"，而非仅仅是"雅典人"。这些造访者多久后才会想到要在他们自己的家乡安排戏剧演出呢？这首先会发生在那些与雅典关系密切的地方，甚至那些分配给公民的征服地（cleruchies），但是，正如我们将看到的，[38] 政治联盟并非喜欢上肃剧的前提条件。虽然我们缺乏这一系列情况的直接证据，但它确实合乎情理，我们也没有什么好反驳它的。

我们也不确定的是，这些巡游的剧团通常是否包含歌队（choros）。鉴于歌队通常体现了当地的秩序和共同协作，它很有可能由当地的能人（talent）提供。这为一个古老的问题提供了新的解答。演唱"插曲"（interlude songs）——而不是剧作家的原创抒情诗（或许这有时太难？）——有可能成为当地训练歌队的好机会。而这就会导致剧本中的一些抒情诗被一个简单的指示词χόρου（μέλος）（"歌队的抒情诗"）所替代。① 换句话说，这个常见的标志词χόρου［歌队的］，或许并非意味着，至少最初并非意味着，剧作者没有为那个地方谱写任何歌曲，而是出于重演的目的，留给当地的歌队填上他们自己的合唱歌。

让我们看一些更有把握的证据，公元前四世纪上半叶，柏拉图清楚地见证了戏剧的传播。首先，在《法义》（Laws，又译《法律篇》）中，这部对话多次抱怨"现代剧场政制"（modern theatrocracy），提到了"近来在西西里和意大利"发生的糟糕实践（659c）。正是由于这种政制，戏剧奖项由全体观众而非由挑选的裁判员评定——我们注意到，这一制度甚至比雅典的更加"民主"。此外，随后在《法义》（817b - c）中，"雅典人"设置了官员来直接应对戏剧的传播者

---

① 我这个观点来自 Martin Revermann。当然，χόρου 一词出现在阿里斯托芬目前现存谐剧中的最后两部以及新谐剧和一些肃剧莎草文献中。如果 TrGF 1 中的 60 T1h 的确来自小雅斯提达玛（Astydamas II）《赫克托耳》（Hektor），那么就应该是在公元前四世纪中期。

(purveyors),警告他们不要指望能获得许可,"在市场上搭建舞台(σκηνάς τε πήξαντας),也不会允许有魅力的演员诱惑孩子、妇女和全体民众(ὄχλον)"。值得注意的还有那些临时拼凑的舞台,与谐剧相关的瓶画显示,它们在公元前四世纪的大希腊地区(Megale Hellas)十分常见。① 因此,这个段落与上文重建的柏拉图时代那些巡演剧团广泛活动的图景十分吻合。

还有两段十分有意思的柏拉图对话,[39] 常常被用来作为有关阿提卡节日的参考资料,不过它们包括的是一个复数的"城邦"(cities)——它的意旨远不在于此。《王制》(*Republic*,又译《理想国》)475d 处提到,格劳孔认为,爱热闹和爱声响的人不应算作爱智慧者(φιλοθεάμονες ... φιλήκοοι ... φιλόσοφοις):他们奔走于每一个酒神节,οὔτε τῶν κατὰ πόλεις οὔτε τῶν κατὰ κώμας ἀπολειπόμενοι [绝不错过任何一个,无论在城市举行或者在乡村举行]。通常认为,这指的是城市酒神节和乡村酒神节。但正如亨里奇(Albert Henrichs)所察觉到的,κατὰ πόλεις 是个"令人困惑的复数形式,除非他关注的范围超出了雅典"(Henrichs [1990] 页 272 注释 8)。若是如此,那么显然,一些极度爱热闹者甚至会奔走于各个"客场比赛"(away-matches),更不用说环游于阿提卡各地了。而在《拉克斯》(*Laches*) 183a–b 处声称——作为主要论证的一个类比,一个有才华的肃剧家,会将其作品直接带往大都市雅典,οὐκ ἔξωθεν κύκλωι περὶ τὴν Ἀττικὴν κατὰ τὰς ἄλλας πόλεις ἐπιδεικνύμενος

---

① Hughes (1996) 认为,瓶画中的舞台是永久性的,而非便携式或临时性的。比起那些年代较早的花瓶,他的观点更适合年代较晚的那些。另外一个可能的证据,即柏拉图考虑到的雅典城外的表演,是柏拉图将女性也算在了观众之列。如果允许她们参加雅典城外的表演,但却把她们排除在城市酒神节之外,那么就能解释柏拉图的那些段落了,尤其是《高尔吉亚》(*Gorgias*) 502d,它似乎与主流的不支持她们在雅典城内的出席情况相左。[译注] "大希腊"是指公元前八世纪到公元前六世纪,古希腊人在意大利半岛南部建立的一系列殖民城邦的总称。

περιέρχεται［不会巡游于阿提卡地区，在不同的城邦上演自己的作品］。短语κατὰ τὰς ἄλλας πόλεις通常被认为指的是阿提卡的村社剧场；而πόλεις的用法以及整个文本，所指涉的地点均超出了雅典的范围（对比《王制》568c τὰς ἄλλας περιιόντες πόλεις）。那么，如此看来，好像希腊意味着"环游在阿提卡之外"。① 所以直到《拉克斯》的时代，大概在公元前390年代，肃剧诗人有可能在雅典之外谋生，只不过任何一个有野心的诗人都还是渴望能在那里扬名。

另一类证据——在非雅典式瓶画上呈现的雅典肃剧——更加广为人知，但也更有争议。不过首先值得一提的是，一些绘有戏剧题材的雅典陶器被用于出口。在科林斯（Corinth）发现了一些水罐残片，它们可以追溯到公元前五世纪中期之前，展现了东方文化中火葬柴堆的情景。而布罗诺莫斯花瓶（Pronomos vase）则发现于北阿普利亚（northern Apulia）的鲁沃（Ruvo），而在维尔茨堡（Würzburg）［发现的］绘有妇女歌队的残片，则来自南阿普利亚的塔拉斯（Taras）。② 这些残片或许意味着存在一大群热衷于戏剧的民众，尽管也有一些其他的解释。

［40］有一个问题引起了热烈的讨论：公元前四世纪南意大利看到这类瓶画的人（如果有的话），多大程度上会因为喜欢那些神话中的场景而对肃剧产生兴趣。这实在是个过于庞大且复杂的问题，无法

---

① 或者如果这不能被排除在περί之外，那么需要在κατά之前添加一个καί，或者替换掉κατά。Emlyn-Jones（1996）对此处的注释为，"阿提卡之外（邻近的）诸城邦"。

② 关于这些残片的详细情况，参 Taplin（1993）页119-120，7.119A和7.120A。关于布罗诺莫斯，参 Handley 和 Green（1995）页111-112 no. 5。关于科林斯，Macdonald（1982）页113-123记录了雅典在公元前五世纪大量进口陶器的情况；同时他还发现，在那个世纪最后三十年的敌对状态中，即便［进口量］有所减少，也绝没有完全终止。

在此做充分的讨论，希望以后再对其做一些适当的研究。① 但至少可以肯定的是，自那个世纪早期开始，就已经有了绘制的肃剧面具，这些面具通常由演员或者酒神佩戴。②

就目前来说，有必要反驳一下在近来的讨论中被过度重视的两个观点，它们不利于（go against）对肃剧的任何有意义的呈现。一种观点认为，戏剧是一种高档的、专属于上层阶级的活动，那些日常流行的陶器的爱好者根本接触不到。这种观点与那些规模巨大的剧场建筑相抵牾，也不符合柏拉图和亚里士多德对肃剧的庸俗接受的不满——结尾的时候我会重提这一点。另一个观点认为，瓶画"仅仅是在讲故事"，并不含有精心选择的文学典故。但是，肃剧既非文学的，也不是精心选择的，而是广受欢迎的用表演的方式讲故事（story - telling）。因此，朱利亚尼（Giuliani）（1966）为一场有趣的讨论作总结时，认为"那些图像试图呈现的，既非史诗，亦非肃剧，而只不过是'瑞索斯之死的故事'"（强调是他加的），我则对"只不过"这个短语不以为然。

一些图像（iconographies）最初必定从肃剧那里获得了灵感，无论它们变得多么独立，因为那种版本的故事是由戏剧家创造的。因此，高度流行的俄瑞斯忒斯（Orestes）在德尔菲的场景（有四十多个已知例证）必定来自埃斯库罗斯的《和善女神》（*Eumenides*）。更直接的例子是，伊菲革涅亚（Iphigeneia）作为陶洛人中的一名女祭司，将信交给皮拉德斯（Pylades）的故事，来源于欧里庇得斯（Euripides）的《伊菲革涅亚在陶洛人里》（*IT*）。目前有六幅关于这个场景的阿普利亚图画。当格林（Green［1994］页 52）认为"没有任何

---

① 这个问题在 Taplin（1993）章 3 中才提出来。此后，有两部著作进行了精彩的讨论：Green（1994）页 51-62，Giuliani（1996）。

② 参 Trendall（1988），尤其注意页 140 的 nos. I. 1 和 2，追溯到了公元前 400 年，比较 Taplin（1993）页 92。在那里也有一幅早期的绘画，绘制有三个穿着萨提尔剧（satyr - play）服装的演员，参页 152，III. 1。

一幅画……表明舞台表演提供了任何直接的灵感,它们只是些历史—神话事件"时,他做出了一个错误的区分:欧里庇得斯的戏剧就是(was)这个"事件",而这最有可能就是观众熟知它的原因。不过,即便我们不去反复研究那些有争议的例子,也不难发现,在戏剧和一些瓶画之间的确存在着某种程度上的关联,欧里庇得斯是被表现得最多的剧作家,而《特勒福斯》(*Telephos*)、《安德洛墨达》(*Andromeda*)和《伊菲革涅亚在陶洛人里》是被表现得最多的剧目。这正好和其他一些证据相一致,那些证据证明欧里庇得斯在公元前四世纪风靡一时。

在这里我们有必要仔细看一组十分特别的罐子(pots),因为有证据显示,可以 [41] 将它们追溯到公元前 400 年。它们是 1963 年从波利科罗(Policoro)一个坟墓中发掘出来的,波利科罗即古代的赫拉克勒亚(Herakleia),一个与图里澳相关联的城市,不过与塔拉斯关系更加密切。① 在埋藏于那里的 17 个瓶子中,12 个绘有神话场景,其中至少 3 个可能与欧里庇得斯肃剧相关。"波利科罗的美狄亚"——它展示了美狄亚(Medeia)对伊阿宋(Jason)的胜利,似乎强烈地体现了公元前 431 年欧里庇得斯的这部戏结尾部分的空间力学,同时代的"克利夫兰的美狄亚"(Cleveland Medeia)也是如此(比较 Taplin [1993] 页 16 - 17、22 - 23)。其次,伊奥拉奥斯(Iolaos)与赫拉克勒斯(Herakles)年幼的后代一同在祭坛上的场景,也有一个关系密切的同时代对应物。要对该场景进行解读,同样需要参考欧里庇得斯在公元前 420 年代早期的剧作《赫拉克勒斯的儿女》(*Herakleidai*):这就是我们正在讨论的"神话—历史事件"。② 第三,

---

① 由 Degrassi(1967)出版,Trendall(1967)页 51 - 52 进行了年代鉴定。比较 Taplin(1993)页 16 - 17。

② 比较 Taplin(1993)页 16 - 17,Wiles(1997)页 191 - 194。Wilkins(1993)xxxi - ii 毫不怀疑绘画和肃剧之间的紧密关系。

或许也最具启发性（suggestive）的，就是狄尔克（Dirke）的受罚——被安提俄珀（Antiope）的儿子们绑在一头公牛上。在这幅图中没有与戏剧相关联的任何迹象，但这个故事的首次讲述，却很有可能是在欧里庇得斯大约公元前 409 年创作的《安提俄珀》（*Antiope*）中；我们还有关于这同一图像的另外两种版本，它们来自同一世纪的晚期，有显著的迹象表明，它们确实源自欧里庇得斯的这部著名的肃剧。① 从中我们可以得出一个鲜明的推论，那些波利科罗图画的灵感来自某部戏剧，它首次在雅典上演不会早于二十年前，或许要近得多。这一切都符合这样一个可能情况：到了公元前五世纪末期，一部新剧大概很快就能从雅典传播出去——否则很难有另外的解释。

最后，而且也最容易被忽略的一类证据，是公元前五世纪那些伟大剧作家本人在雅典之外的活动。这类奇闻轶事通常是茶余饭后的谈资，受到诸般质疑，但这并不意味着它们毫无根据。② 因此，我们应该有理由相信（beyond reasonable doubt），埃斯库罗斯曾去过西西里，并死于葛拉（Gela）；他创作了一出叫《埃特纳妇女》（*Aitnai* 或 *Aitnaiai*）的戏，庆祝希耶罗（Hieron）在公元前 470 年代新建立的埃特纳（Aitne）城，"为城市的居民们祈求幸福的生活"（ὑπεδείξατο τὰς Αἴτνας οἰωνιζόμενος βίον ἀγαθὸν τοῖς συνοικίζουσι τὴν πόλιν）。③ 至于他是在西西里培训了一个剧团，还是随身带的有雅典的表演者，

---

① 我曾在 Taplin（1998）中谈论过三个相关的花瓶。收藏于柏林（Berlin）的瓶画家狄尔刻（Dirke Painter）的双耳喷口杯（krater）（约公元前 380 年），已经在 Csapo 和 Slater（1995）页 60–62 中与盘子 3A 一起得到了充分的讨论。而后一个由下层社会瓶画家绘制的双耳喷口杯，是在 Trendall（1986）中被首次公布。比较 Green（1994）页 57，图 3.4a–b。

② Lefkowitz（1981）时常会做出这些过激的反应，例如在页 96、103，她倾向于怀疑欧里庇得斯是否真的与马其顿人有任何关系。

③ 《希腊罗马名人对比列传》§9 = *TrGF* III 中页 34。关于 Aitnai 或 Aitnaiai，参 Radt *op. cit.* 页 126–130。

这是个很有意思的问题。

[42] 另外一个有趣的话题是，马其顿的国王们从什么时候开始，将肃剧视为一种享有声望的艺术形式，他们的支持使肃剧在希腊主流文化中受到了尊敬。可以确定的是，阿伽通在公元前405年之前就离开了雅典，正如《蛙》（*Frogs*）行85（及其旁注）所示。① 欧里庇得斯在马其顿的故事，在亚里士多德（Aristotle）的时代就广为流传，《政治学》（*Pol.*) 1311b30（= T61K）记录了他的一则愚蠢的轶事。② 但是，比这个或者其他类似传说都更为详实的故事，例如欧里庇得斯之死，则可以作为戏剧《阿基拉奥斯》（*Archelaos*）的佐证，他创作的这部剧是为了 χαριζόμενος αὐτῶι（"取悦他"，即阿基拉奥斯王），就像《希腊罗马名人对比列传》（*Life*）描述的那样（= T. 1. 11 on p. 2K）。正如哈德（Annette Harder [1985]）煞费苦心的论证，该剧讲述了特米诺斯（Temenid）后裔阿基拉奥斯——公元前五世纪晚期和他同名的阿尔戈斯王（公元前413—前399年在位）的祖先——在该剧发生的背景色雷斯（Thrace）流放时的种种冒险。最终，解围之神（apo mechanes）阿波罗让他跟随着一只山羊（αἶγα）找到了新的都城。③ 如果这段重现是真实的，那么从起源上就要追溯到艾垓（Aigai），那里应该最有可能被设定为最初演出的背景。④ 所以，该剧

---

① 其他证据，见柏拉图《会饮》172c；亦比较 *TrGF* 1 39T9、11、22a、22b、25。
② 对欧里庇得斯的证明，引自 Kovaks（1994）。
③ Harder（1985）页 174 – 175，主要基于 "Hyginus" 219：*inde profugit ex responso Apollonis in Macedoniam capra duce, oppidumque ex nomine caprae Aegeas constituit*。
④ Harder（1985）页 126 – 127 在这一点上似乎过于谨慎。根据 Diod. Sic. 17. 16，阿基拉奥斯在迪昂（Dion）创办了戏剧大赛，来纪念宙斯和缪斯女神（公元前335—前334年，亚历山大的庆祝更为奢华）。Bosworth（1980）认为 Arrian 1.11.1 误将这些节日设定在艾垓，即便他是对的，也不能使欧里庇得斯的作品脱离它所庆贺的地方。Wiles（1997）页 38 – 39 讨论的戏剧是在艾垓，但是却没有提及《阿基拉奥斯》。

很有可能是为了某个特定的戏剧场所而创作的，在那里，约七十年后上演了腓力刺杀案。但无论第一部作品是在马其顿的什么地方创作的，从大量的残片中我们还是能清楚地看到，《阿基拉奥斯》曾在希腊的阿提卡地区上演，并遵循着雅典肃剧的传统。

因此，《希腊罗马名人对比列传》提供的证明（T. 1. 10 on p. 2K）——即欧里庇得斯在马格尼西亚（Magnesia）（位于忒撒利[Thessaly]）生活过，并且在那里享有特权——并不完全是虚构。① 类似地，亚里士多德《修辞术》（*Rh.*) 1384b15（= T94K）提及的"欧里庇得斯对叙拉古人的答复"（友谊一开始都是美好的），也没有不可信到让我们非要将欧里庇得斯的名字从该段落中删去。毕竟有一则轶闻与此相符，即在公元前413年，雅典俘虏凭靠背诵欧里庇得斯 [的戏剧诗] 才得以在采石场获得释放。萨提洛斯（Satyros）（公元前三世纪亚历山大里亚的 [Alexandria]；T4. 21 on p. 24K）讲述的，[43] 与普鲁塔克《尼西阿斯传》（*Nikias*）（T92 on p. 122K）中记录的，两个版本的异同，或许暗示了一个更早的共同的来源。整个故事或许是虚构的（fiction），但其中没有什么是不可信的。萨提洛斯讲述的他们教育俘虏他们的人（captors）的儿子这一细节，以及普鲁塔克记录的他们表演欧里庇得斯的歌曲的细节，都显得十分可信。那些叙拉古人操的是多利斯方言，即使在公元前415到前413年发生血腥冲突之前，他们也从未与雅典交好。尽管如此，肃剧还是明显地很早就在那里扎下了根，实际上正是始于希耶罗时代。从瓶画来判断，雅典肃剧在特拉斯一样——甚至更加——受欢迎，而特拉斯是拉哥尼亚人（Laconians）的 apoikia [殖民地]，绝非雅典的盟友。

---

① 比较 Easterling（1994）页76，"在学者们信以为真的虚构建筑中，看起来像为数不多的几个可能真实的信息碎片之一"。

二

到目前为止，我的首要目标是从外部证据着手，说明在公元前五世纪时，肃剧已在雅典城外相当程度的范围内传播开来，尤其是最后四十年。如果事实如此，或者即使是可能的，那么我们便不免会问，这一输出过程是否在现存的戏剧中留下了任何内部痕迹？当然，主要的观众必定是雅典人——尽管《埃特纳妇女》和《阿基拉奥斯》已经被确认为是例外情况。不过，现存的剧作中是否可能暗含着些许痕迹，表明其对潜在的阿提卡之外的观众亦有所关注？也许，我应该提前申明（health-warning），这个部分不可避免地会含有较大程度的猜测成分，或者无法得到验证的重构，但是这个议题依然值得探究。无论如何，本文的整体论证，绝不会仅仅基于片面的揣测（local speculation）。

最可靠的内部线索，当然是对某一城邦的观众，或者对其他某个地域性社会—政治团体的或多或少的明确颂扬。我称这一现象为"地方化"（localization）。很明显，某些类型的诗歌已经具备了牢固的地方化传统，尤其是合唱歌。在阿尔克曼（Alkman）、西蒙尼德斯（Simonides）、巴曲里德斯（Bakchylides）以及其他人的残篇中，不仅仅是酒神颂歌（dithyrambs），而且在少女合唱歌（partheneia）、凯歌（paians）、颂歌（hymns）和游行歌（prosodia）中，都明白无误地含有浓重地域特色的赞美主题的痕迹。在完整保存下来的诗歌中，将会看到——也许不那么明显——品达（Pindar）凯歌（epinikia）对诗人自己的城邦以及胜利者的城邦的讴歌，尽管描写的是比赛的地点。

至少，讲述一则发生在某个地方的神话故事，会为此地带来某种荣耀，而且不必是个快乐的故事。因此，在《皮托凯歌》（*Pythian*）3.86 及以下，品达讲述了卡德摩斯（Kadmos）和 [44] 赫莫尼亚

(Harmonia)的婚礼及前来贺喜的众神圣宾客(与《伊利亚特》[*Iliad*]第24章中佩琉斯[Peleus]的故事极为相似)。但是,他说道,卡德摩斯的好运却毁在了他的三个女儿手里——尽管第四个女儿确实和宙斯睡在了一起。虽然好坏参半,这则神话仍然是对忒拜的颂扬。在《奥林匹亚凯歌》(*Olympian*) 13.49-54,品达赞美科林斯时,引用了一些在雅典戏剧中并不受欢迎的故事:ἐν ἡρωΐαις ἀρεταῖσιν("凭借着那些英雄的事迹"),他吟唱到,西绪弗斯(Sisyphos)和美狄亚展现了科林斯的卓越。

更清楚的是,还有一些诗歌直接提到了当地的地形,尤其是母亲河(nurturing rivers);提到农业和畜牧业的丰产;提到精美的建筑与壮观的城墙;提到寺庙、祭坛、膜拜仪式和节庆。总之,这些就是地方的原因论(local aetiology)①,可能会涉及所有这些特点,或者当地的世系(dynasties)。

很明显,在肃剧中存在这种地方化趋势,既涉及雅典,也涉及许多其他的地方。所以,至少看起来值得探索下述可能性:即他们(这样做)的目的部分是为了吸引当地人的关注。令人鼓舞的是,伊斯特灵(Pat Easterling [1994])就曾做过这样的思考,并且指出欧里庇得斯剧作中的一些段落,似乎就是为一些非雅典的观众而创作的——至少是其次要目的。她的论证基于两段十分相似的抒情诗:《赫卡柏》(*Hekabe*)行444-483和《特洛伊妇女》(*Troades*)行197-234。在这些段落中,特洛伊女奴们历数着她们可能的归宿(end up)之地,言辞中或颂扬或否定。在《赫卡柏》中,她们赞美了忒撒利(和阿匹达诺斯河[river Apidanos])、得洛斯岛(Delos)和雅典。而在《特洛伊妇女》中,则有更为详细的(优劣)顺序:

---

① [译注]原因论是一门研究事件发生的因果关系的学问,在医学界较为常见,被称为"病原学"或"病因学",在其他学科中则被用于解释多种现象的起因。

首先是雅典（而不是斯巴达，她们补充说），然后是有佩涅奥斯河（river Peneios）且物产丰饶的忒撒利（行 214 - 219），或者埃特纳的西西里（Aitnaian Sicily）——它靠在全希腊竞技会中的获胜者而享有盛名（行 220 - 223）。最后，她们还想到了卡拉提斯河（river Krathis）灌溉的富饶的土地（行 224 - 229）：这就是非荷马（时代）的图里澳，建立于这出剧上演的三十多年前，并极有可能是举办雅典肃剧表演的首批地区之一。①

除此之外，伊斯特灵的注意力还转向了马其顿，尤其是《酒神的伴侣》（*Bakchai*）行 565 - 575 典型的地方化。② 不过，让我印象更深刻的，是《赫卡柏》和《特洛伊妇女》都赞美过忒撒利的段落。它们绝非是仅有的对忒撒利地方化的肃剧。[45] 例如，在《阿尔克斯提斯》（*Alkestis*）中，最初的场景含混地设在斐莱城（city of Pherai）（例如行 235）；但是当仆人将阿尔克斯提斯的下葬地点告知赫拉克勒斯时，那个地址却十分精确：ὀρϑὴν παρ' οἶμον, ἥ 'πι Λάρισσαν φέρει, τύμβον κατόψει ξεστὸν ἐκ προάστιου（行 835 - 836，"在通向拉丽萨 [Larissa] 的路上，当你快离开市郊时，将会看见一个新刻的石头坟墓"）。这就是赫拉克勒斯与塔纳托斯（Thanatos）决斗的地方。据我所知，没有被记录在案的是，它精确地指出了古代斐莱（如今的菲勒斯汀那 [Velestina]）主要的北方墓地所在地，在过去的六十多年里，在这个地方进行了部分考古发

---

① 公元前四世纪早期的二流肃剧家帕特洛克勒斯（Patrokles）来自图里澳；当然，一流谐剧家阿列克西斯（Alexis）也是如此。值得注意的是，欧里庇得斯《囚犯墨拉尼佩》（*Melanippe Desmotis*）的背景设在墨塔庞提昂（Metapontion）。

② Easterling（1994）页 77 - 79。但是，我要使用同一种方法学来说明，《酒神的伴侣》最初的接受者是雅典人，而非马其顿人。这是由于该剧对基泰戎（Kithairon）的地方化。

掘，它似乎是整个忒撒利的一个重要的宗教中心（cult - center）。①
在戏剧的结尾部分，阿德墨托斯（Admetos）创立了一套庆祝仪式，纪念赫拉克勒斯的功绩，向 ἀστοῖς ......πάσηι τε...... τετραρχίαι（行 1153 - 1156，"全国四乡的人民"）宣告。如果阿尔克斯提斯最终埋葬在那里，那么这也可能暗示了对她进行英雄崇拜的原因论。②

另外一部带有浓重忒撒利地方色彩的戏剧是《安德洛玛刻》（Andromache）。在这部剧的开场白中，安德洛玛刻将她的故事设定在佛提亚（Phthia），位于法萨洛斯（Pharsalos，历史上曾是弗提奥蒂斯［Phthiotis］四人统治时期的首都）附近，更准确地说是在忒提得昂（Thetideion，行 16 - 20，尤其是 Φθίας δὲ τῆσδε καὶ πόλεως Φαρσαλίας, ξύγχορτα ναίω πεδία［我住在佛提亚和法萨洛斯城交界处的平原上］），并且还进一步提到了忒提斯崇拜（行 43 - 44、115）。③ 佩琉斯在戏剧结尾的哀歌中强调说，涅奥普托勒摩斯死在异邦人手中，对于整个 πόλις Θεσσαλία（"忒撒利地区［或城邦]"，行 1176，比较行 1187、1211）都是一场灾难。最后，忒提斯清楚地说明了塞皮阿斯海角（Cape Sepias）的佩琉斯崇拜的原因论（行 1263 - 1269）。④ 当然，有个旁注（行 445）说出了《安德洛玛刻》一剧并不是在对雅典人进行 didaskaliai［教育］。若不是这个令人惊喜的发现，我不会擅自揣测这样的可能性：即主要的观众或许并不是雅典人；而即便没有这个旁注，也有可能暗示出忒

---

① 参 A. Dhoulgeri - Indzessiloglou，见 Midhrahi - Kapon（1994）卷二，页 71 - 92，尤其页 79，提及了早期的出版物。在此我很感激 Maria Stamatopoulou（Somerville 大学），她正在做关于忒撒利葬仪问题的博士论文。

② Larson（1995）页 147 含有对阿尔克斯提斯"可能的崇拜"。

③ 在 Lloyd（1994）页 9 - 10 有精彩的讨论。他详细地更正了 Easterling（1994）页 79 的观点，后者认为"并未给予忒撒利的背景任何特别详尽的关注"。

④ 就是在这个海岸，波斯舰队遭遇了毁灭：参希罗多德《原史》（又译《历史》）7. 188 - 191，在那里玛哥斯僧（Magi）最终向忒提斯献了牺牲。

撒利观众是第二位的。①

[46] 在着手研究雅典剧团带着他们的戏台（skēnai）在忒撒利平原游历的图景之前，首先需要看一下索福克勒斯（Sophokles）现存的两部剧作对南忒撒利的地方化。在《菲洛克忒忒斯》（*Philoktetes*）中，赫拉克勒斯在奥依塔山（Mount Oita）上的火葬和整个周边的地区都十分重要，②尤其是行 490–492 和 721–729，马里斯（Malis）、奥依塔（Oita）和斯佩尔科奥斯河（river Spercheios）都被包含其中；而最后在行 1428–1433，则强化了对接受了火葬的赫拉克勒斯的英雄崇拜的原因论。关于此地，在《特拉基斯少女》（*Trachiniai*）中的表述，给人的印象更深刻，像行 200、436–437、1191 及以下和其他段落。但是，行 633–639 的合唱抒情诗最为突出，因为它是以典型的地方性颂歌开场的：

> ὦ ναύλοχα καὶ πετραῖα θερμὰ λουτρὰ καὶ πάγους
> Οἴτας περιναιετάοντες, οἵ τε μέσσαν
> Μηλίδα πὰρ λίμναν
> χρυσαλακάτου τ' ἀκτὰν κόρας,
> ἔνθ' Ἑλλάνων ἀγοραὶ Πυλάτιδες κλέονται ...

啊，你们这些居住在港口与峻崖之间的

---

① 在行 1243–1249 中，对忒撒利的地方化明显比对摩洛西亚（Molossian）的地方化更重，不过这也许暗示了观众的范围更广（Easterling [1994] 页 79）。欧里庇得斯剧作中更多的忒撒利材料，例如，参 *HF* 行 364–374；《酒神的伴侣》行 410、565 及以下；《伊菲革涅亚在奥利斯》（*IA*）行 234、808、954 和 1031 及以下。

② 这个火葬柴堆并不像人们通常认为的那样是在山顶（海拔 2116 米），而是在现今 Pavliani 村附近约 1800 米的地方。参 Béquignon（1937）页 204–230（在 VII.2 有图片），以及 P. Pantos 的文章，见 Midrahi–Kapon（1994）卷二，页 227。

温泉附近的人们,以及你们这些
居住在奥依塔山之下的人们啊!
还有,你们这些居住在莫里斯湾,
那献给金箭的处女神的海岸上——
希腊人曾在这里举行过著名的
温泉关会议——的人们啊!①

这里提到了一些在温泉关(Thermopylai)附近的圣所举行的例行会议,参加者是 Amphiktyones［参加邻族联盟的各城邦代表］或者 Pylagorai［十二支希腊民族(亦即城邦)派去温泉关开联族会议的代表们］。这个在奥依塔山上的火葬地点就离此地不远,当地人能够方便地采摘生长在这里的罕见白藜芦(White Hellebore),将它们拿去集市上出售。② 在阿里斯托芬的《吕西斯特拉特》行 1131 及其他地方,提到 Pylaia［关前会议(或联族会议)］是一个十分重要的泛希腊聚会;但是实际上以当地人为主,尤其是南忒撒利人,尽管也包含雅典和西库昂(Sikyon)的代表。肃剧最终得以在整个忒撒利地区上演之前,似乎首先会在这个节庆上演出,而观众们(如果有的话)则会为它的忒撒利化感到高兴。但是,据我所知,没有任何外在证据表明,在温泉关地区曾有过戏剧表演。也没有发现任何考古方面的证据,不过这种障碍并非不可克服——戏剧场地可以就地取材(natural),也可以临时搭建。③

---

① ［译注］参《古希腊悲剧喜剧全集》卷二,张竹明译,南京:译林出版社,2007,页 572 – 573。稍有改动。

② 参 Theophrastos, *Hist. pl.* 9.10.2。从温泉关观看奥依塔山的景象,见 Müller (1987) 页 347 中的图片。

③ 这个地方侵蚀得厉害,也鲜有考古发掘工作,但是那里有过一个实体体育场。参 Béquignon (1937) 页 181 – 204,Müller (1987) 页 303,Midhrahi – Kapon (1994) 卷二页 227 中的 Pantos 的文章,尤其 Thalmann (1980),他有一张航空照片。

这样一来便引出了这样的问题：所有这些可能部分为了取悦忒撒利人的材料，是否含有政治或者外交方面的考虑，无论是在联族会议上，还是在更少投机性的［47］雅典酒神节上。显然有可能存在权力政治的情况，也确实出现过，但是不应因此就假定这里也必定如此。我们已经看到肃剧在叙拉古的高度流行，在特拉斯同样如此，而它却非常警惕成为拉哥尼亚人的 apoikia［殖民地］。在解读"隐秘的"动机之前，需要弄清楚古希腊对诗人和诗歌——以及对很多其他艺术领域和智慧成果——的喜爱，总体上具有多大程度的全希腊性。对一首品达诗歌的欣赏，甚至是表演，并不一定局限于那个受荣耀者的家乡抑或忒拜（参 Nagy［1990］，尤其是页 113 - 115）。

在某种意义上，荷马就是这种跨国界文化的开山鼻祖。史诗在各地传唱，无论我们讨论的地方（locality）是否在诗歌中出现——的确，许多主要的中心城邦，包括雅典和基俄斯，在这个问题上都不得不收敛起它们的骄傲之心。西库昂的克利斯提尼（Cleisthenes of Sikyon）（希罗多德《原史》5.67）反对阿尔戈斯人和阿尔戈斯（Argives 和 Argos）的史诗庆典——实际上，这在很大程度上是一种肤浅的误解——他似乎是证实规则的一个反例。在荷马史诗中，明显较少具有任何类型的地方化，尤其是与后来的一些抒情诗类型相比，而这也许就是诸多史诗得以迅速和大范围普及的一个因素。如果说为了取悦某个具体地方的观众，而悄悄加入一些零散、低调的原因论，且偶尔提到某个地方，那么他们这样做的时候，肯定也会以非常稀疏的和小心翼翼的方式。① 因此，作为其诗歌传遍了整个希腊的典范，荷马

---

① Janko（1992）饶有兴致地强调《伊利亚特》的材料具有潜在的地区偏爱。不过，尽管我认同他的如下观点，即"荷马史诗中已经隐含有 aition［责难］的想法"（页396），但是他声称"谱系构成了整个史诗类型的基础，荷马对此了然于胸"（页184），便似乎有些牵强了，这是因为，如果这是真的的话，那么这个"基础"就应该被系统地隐藏起来。

似乎某种程度上变得有些泛希腊化,① 这与其被笼统地认为出于"政治"原因,不如笼统地认为出于"美学"原因。(我并非有意要如此强调二者的区别,更不会认为二者是相互排斥的。)至少,荷马似乎是在探索普遍的人类关切,而不是局限于某个特殊观众的特定心态(mind‐set)。

让我们回到肃剧的话题。无论忒撒利人在多大程度上会出于"美学"品质的原因喜欢上戏剧,毫无疑问,[48] 雅典人都有着更实际的寻求友善的原因:他们的联盟具有战略和军事上的重要性(例如,参修昔底德《伯罗奔半岛战争志》1.102.4、2.22);有一条十分重要的道路,从安菲萨(Amphissa,和德尔菲[Delphi])通往温泉关和奥依塔山之间;安菲萨人(Amphyktiones)很有用,因为他们对德尔菲有影响力。在伯罗奔半岛战争早期,很多外交和军事活动在这里进行,最明显的标志是,斯巴达试图在这个区域建立一个新的殖民地。《伯罗奔半岛战争志》3.92.3 讲述了特拉基斯人(Trachinians)对赫拉克勒阿(Herakleia)的建造和失败,它距离史上列奥尼达斯(Leonidas)的最后一个据点仅有四十希腊里(stades)。②

因此,似乎很有可能,索福克勒斯和欧里庇得斯剧作的忒撒利化,至少在某种程度上,推动了雅典在这一地区事业的发展。也就是说,它们也许被视为一种"文化宣传",向玛丽安人(Marians)、特拉基斯人、普提亚人(Phthiotians)、菲莱昂人(Pheraians)及其他地方的人表明,他们应该期望与那个诞生了如此杰出的新艺术形式的城

---

① 这个受到 Nagy (1979) 影响的说法,即荷马总是"泛希腊"的,几乎已经成了老生常谈。但是,仍然不清楚的是,在那个形成时期,从观众和反响的角度来说,这到底意味着什么。这个"泛希腊"是较弱意义上的"全体希腊人共享的",还是较强意义上的"促进了全体希腊人的友好合作"?

② 参 Hornblower (1991) 页 501–508,他认为至少斯巴达人的动机之一,是在安菲萨人的大会上获得发言权。[译注] 1 希腊里合 600 希腊尺,约 184.2 米。

邦保持密切关系，何况它（肃剧）还赞美过他们的那些地区（localities）。另一个较弱的观点——或许它更加传统——认为，（肃剧中）有关忒撒利的内容，至少部分是为了取悦那些多少因各种原因对忒撒利有好感的雅典人，或者那些恰好在雅典的个别忒撒利观众。但是，如果之前能够认可肃剧曾于公元前五世纪在伊斯特米亚或艾忾重演过，那为什么就不能在温泉关，或者忒撒利的马格尼西亚（Magnesia）重演呢？（参页42）

三

我十分谨慎地将那些潜在的非雅典观众归为"第二位的"（secondary）；几乎毫无例外地，雅典公民无疑是最主要的观众，而且从任何意义上说，他们都是最主要的评审人。那么，这种"最主要"在戏剧中到底表现得有多显著，尤其对雅典的地方化达到了怎样的程度？这个问题也许能有助于我们了解雅典肃剧到底有多大的排他性（exclusively）。就好比在品达的诗歌中有很多内容都为了取悦忒拜人（Thebans）一样——即使很多并非由忒拜人赞助。所以乍一看，人们也许会以为，雅典肃剧从头至尾灌注的材料，都直接或间接是爱国主义或民族主义的。而最近很多的研究也的确给人们留下了这样的印象。但有趣的是，当我们仔细观察时，却发现情况其实要单纯得多。

[49] 据我估算，在现存的（戏剧）材料中，三分之一都有着显著的雅典元素，甚至有一出肃剧就把故事设定在这个城市的中心——一个带有原始民主建制的雅典——并且充满了爱国主义的原因论和情怀。但是，在许多其他方面，《和善女神》被认为是没有成为惯例（norm）的典范之作：大肆祝福雅典未来的公民不是获奖的常规途径。我们还知道另外一出把故事设定在雅典的戏，即欧里庇得斯的《厄瑞克透斯》（*Erechtheus*），对于它的结尾也有很多种解释，尽管其

中大部分都是宗教方面的（cultic）。但是，很明显这出戏与《和善女神》非常不同，除了原因论产生的慰藉让雅典人明显深感不安之外。①

现存戏剧中，有三出设定于阿提卡地区，即欧里庇得斯的《赫拉克勒斯的儿女》和《请愿妇女》，以及索福克勒斯的《俄狄甫斯在克洛诺斯》（*OK*）。它们都有很多爱国主义的地方化和原因论，包括忒修斯在《请愿妇女》行426及以下对民主的称赞，以及《俄狄甫斯在克洛诺斯》中的"克洛诺斯颂歌"（Kolonos Ode）。② 一些设定于其他地区的戏剧，也有强烈而明晰的雅典因素：《伊翁》（*Ion*）最为明显，在《希波吕托斯》（*Hipp.*）和《埃阿斯》（*Aias*）中也有，尤其如果埃阿斯的罗依特（Rhoitean）崇拜的原因论与埃阿斯部落相关的话。③ 除《和善女神》之外，最明显的地方化颂词在《美狄亚》行824及以下。不过，这段抒情诗——除了因美狄亚杀害儿子却仍然升入天堂的处理方式起到了削弱的作用外——明确表明这类情况在我们的肃剧中十分罕见，也不是人们通常想象的那样。此外，在与其他地方相关的一些戏剧中，也有一些阿提卡原因论，例如《疯狂的赫拉克勒斯》（*Herakles*，行1324及以下）和《伊菲革涅亚在陶洛人里》（行1449及以下）。还有一些肃剧，无缘无故地简短涉及了（阿提

---

① 在这一方面，新版 Cropp（1995）很有帮助。或许，我应该利用这个机会，纠正我在 Taplin（1996）页202注释37中的一个小错误，在那里我暗示说，我们对《厄瑞克透斯》结局的了解比我们实际知道的更少。

② 关于阿提卡显著的地方化的一些有趣发现，参 Krummen（1993）。或许尤其令人惊讶的发现是，在南意大利的瓶画上绘有《赫拉克勒斯的儿女》——参上文页41——它或许会在赫拉克勒斯节（Herakleia）有着特殊的吸引力？

③ 与这支部族同名的英雄并非雅典人，见希罗多德《原史》5.66。对《埃阿斯》结局的解读，在 Henrichs（1993）那里得到了极大拓展。值得一提的是，在《希波吕托斯》行28-30的开场白中，出现了一种雅典的宗教原因论——参 Halleran（1995）页22。

卡),例如我们在《赫卡柏》和《特洛伊妇女》中已经见到的那样,或者出现了间接的原因论,像在《海伦》行1670–1675那样。但是,仍有四部埃斯库罗斯的戏剧、四部索福克勒斯的戏剧、七部欧里庇得斯的戏剧(而这竟是相对较低的比例)以及两部匿名肃剧,(就我所知)或者不太明显地暗示了雅典,或者根本没有任何直接的暗示。

很明显,让剧作家在每一出(every)戏中融入各种对雅典的颂歌和致意,并未超出他们的技艺所能达到的范围:[50]相反,他们却似遵守规则一般,在一定程度上保持了沉默。也许合适的雅典式神话的确相对较少,但我认为这个事实并不能够阻挡我们去追求一个更完整的答案,尽管这个理由或许确有实证。考虑到得到允许和鼓励的神话诗创作的自由性和独创性程度,向雅典引入任何数量的神话都势必是可能的(正如索福克勒斯的《俄狄甫斯在克洛诺斯》)。我们既没有足够的理由断言肃剧"不应如此",也不能说爱国主义的地方化违背了这一艺术类型的传统,因为正如我刚刚列举的那样,还存在一些相反的例证。

在雅典,那些较少或者根本没有提及这座城市的戏剧完全有可能获奖。甚至可以说,大多数肃剧都设定在其他地方,无论如何进行处理,都为那些神话背景的所在地增添了无限荣光——对于一个城邦来说,能借助诗歌得以不朽,即便是作为悲惨故事的发生地,也总好过完全不被提及。但更为积极的解释是,即便出现了关于其他地方被地方化、被歌颂和受到喜爱的原因论等,也显然没有使雅典公众与之疏远。时常有人认为,这仅仅反映了雅典当时的政治面貌,但事实并非总是如此。例如,没有(其他)理由认为,在《七雄攻忒拜》(*Seven against Thebes*)的时代,即公元前467年,(雅典)与忒拜人有着良好的关系。在《蛙》行1023–1024,狄奥尼索斯使用了didaskein[教育]这个概念的超字面含义,也许这里的确存在有真相的源头,因为他抱怨说,《七雄攻忒拜》之所以颇受异议,就在于它可能会激起忒拜人的胆气!

恰好能说明其他的地方化的例子（除了忒撒利之外），还包括埃斯库罗斯《乞援人》中的阿尔戈斯，尤其行 625 - 709 的赞美诗部分，四十多年之后还见于欧里庇得斯的《俄瑞斯忒斯》（关于阿尔戈斯，参 Saïd[1993]）。此外，还有《埃阿斯》中的特洛德（Troad）、《美狄亚》中的科林斯、《希波吕托斯》中的特洛曾（Troizen）、《伊翁》中的德尔菲等等。甚至《海伦》中还有相当一部分亲斯巴达的材料，包括行 1666 - 1669 的原因论（当然，也有一些反斯巴达的恶毒评论散落在其他戏剧之中，尤其是《安德洛玛刻》）。

但是，最为显著且有争议的例子是忒拜。很多地方，作为一个整体的忒拜人确实受到过中伤，尤其是在欧里庇得斯的《请愿妇女》中（尽管我们注意到，在索福克勒斯《俄狄甫斯在克洛诺斯》行 919，忒修斯区分了克瑞翁[Kreon]的恶行和作为整体的忒拜人）。但在《七雄攻忒拜》、[51] 欧里庇得斯的《腓尼基妇女》（Phoinissai）和《疯狂的赫拉克勒斯》中，也存在大量带有嘉许态度的地方化例证。① 对我而言，这已足以反驳那些简单而极端的亲雅典或反忒拜（Athens - positive/Thebes - negative）的模式，这通常源自于赛特林的细致论述，见她十分有影响力的文章 Zeitlin（1990），并在 Zeitlin（1993）中进一步深化。对这个问题的适当回应，会引出一系列关系重大且有意思的话题，这需要研究彼俄提亚（Boiotian）的宗教崇拜、基泰戎山（Mount Kithairon）的神话以及欧里庇得斯那出极有意思的戏剧《安提俄珀》，该剧的故事背景设在厄琉忒拉（Eleutherai）。关于这些，我将会另做论述。

忒拜人在多大程度上曾经被视为或者不被视为"反雅典"的一

---

① 注意 Bond（1981）对《疯狂的赫拉克勒斯》行 784 的看法："在这里我们发现了对地理环境的赞颂，这在品达的诗歌中比比皆是。" Mastronarde（1994）记载了对出现在《菲尼克斯》（Phoenix）中的忒拜细节的关注，尤其参页 647 - 650。

类，即便我们抛开这个问题不谈，至少我希望到目前为止以下这个观点已经得到了充分的证实：即绝非所有肃剧都为表现雅典，其中有相当一部分反映的是对其他地区的赞美。无论这些戏剧在事实上是只为雅典（和阿提卡）观众服务，还是已经意识到除此之外还有更广大的观众，这一观点都依然有效。无论如何，我们都需要尝试去解释，（它们）何以不颂扬雅典，而对其他地区分外"慷慨"（generosity）。最好的解释或许是，这是在尝试将肃剧塑造为一种泛希腊的（在较低的意义上）艺术形式，而非一种地方性的艺术形式。换句话说，肃剧所试图拥有的视野更接近于荷马史诗，而非酒神颂或凯歌。肃剧的这个特点，必然会推动它向希腊世界的其他地方传播。（讽刺的是，正是这种泛希腊式的远大抱负，使得希耶罗和阿基拉奥斯为了其一时的目的，上演了极具地方特色的肃剧。）

如果认为这种程度的泛希腊主义的动机，纯粹是为了创造一种跨越空间和时间的艺术形式，那么未免天真地将其简单化了。另一方面，还有一种简化论，把任何形式的"文化出口"，单纯地还原为是由于受了剥削势力（exploitative power）的驱使。① 显然，肃剧不仅到达了那些素来敌对的地区，而且也到达了那些怀有善意——抑或可能怀有善意——的地方。在作为一个整体的古希腊，艺术、文化以及知识的"商品"的流通和传播，并没有直接遵守政治—军事界线。与此同时，几乎毫无疑问的是，雅典人将［52］肃剧视为他们最伟大的成就之一，除了他们自身以外，也得到了其他希腊人的鉴证和崇拜。它不仅"把城邦展示给她自己"，也同样向其他城邦展示。因此，值得注意的是，从整体而言，人们显然不认为公然为雅典唱颂歌是一种宣扬雅典的好方法。作为一种"商标"，整个肃剧行业被公认

---

① 例如，Hall（1989）倾向于这一点，如"一个向希腊其他诸邦炫耀雅典统治地位的机会……雅典霸权的这种展示，是为脑海中的泛希腊观众设计的"（页162 – 163）。

为是雅典的一种成就，似乎这就已经足够了。

四

假设对于雅典人来说，肃剧在某种意义上是一种含蓄的"广告"（但并不仅是如此），那么有什么可以提醒那些非雅典的观众，他们所观看的是雅典的产物，尤其是在那出戏中很少甚至没有明显提及雅典的时候？我认为最重要和常见的——或许潜意识的——对这一阿提卡创造物的提醒，必然是那种抑扬格口音的方言（dialect）。如果演员都是雅典人，那么无论演出在何地进行，这一点都无疑会被强化；但正如我们已经看到的那样，这个职业早就从别的地方招募演员了。关于方言重要性的一个很好的提示，就是尼西阿斯在叙拉古时对雅典盟军的训词（修昔底德 7.63.3）。他们因为模仿雅典人的生活和语言（τῆς τε φωνῆς τῆι ἐπιστήμηι）而受到全希腊的尊敬——具讽刺意味的是，证实这一点的，是欧里庇得斯的戏剧中救了那些被俘的囚犯的故事。事实上，比起史诗或者合唱歌（例如西蒙尼德斯和品达的作品），肃剧（和谐剧）通过方言更容易与一个特定的地方联系在一起。

那么，肃剧在多大程度上推动了雅典的民主（democracy）和民主政治事业——这种政体最有可能使诸城邦对雅典友好？迄今为止，它再一次——甚至一如既往地——没有借助对雅典政制体制（constitutional system）的公开赞美。正如《和善女神》和大量的地方化例证，这一次，忒修斯在欧里庇得斯《请愿妇女》（行 426 及以下）中的演说辞，成为能证明这一规律的例外。在许多戏剧中都含蓄地表达了民主制的倾向，例如埃斯库罗斯的《波斯人》、《乞援人》、《和善女神》，索福克勒斯的《俄狄甫斯在克洛诺斯》，欧里庇得斯的《安德洛玛刻》和《疯狂的赫拉克勒斯》，但是不能说它们全都明显地表达了这种意图。① 其实，对政体的"宣传"依靠的正是肃剧的存在本身。这一惊人的艺术形式是雅典人的成就，并且［53］正是激进的民主制养育并鼓励了它的发展。

但是，肃剧（和谐剧）对民主的推动也许还有其他的方式，而且很多都比直接的政治宣传更为微妙。我们计划中的文集的题目——《表演文化和雅典民主政制》(*Performance Culture and Athenian Democracy*)，引导我去探究这样一种方式，即肃剧——无论在何时上演——可能本质上就是民主性的，雅典城邦之中和之外（的肃剧）都是这样。

至于古希腊 poiēsis［诗歌］类型，由其场合（occasion）来定义，与其他因素相比，场合必然包含观众。出席一场排他性的会饮的与会者，与一场婚礼的与会者十分不同，也不同于一场当地祭仪的与会者，或是一场盛大的泛希腊庆典等场合的与会者。为这些场合所创作的诗歌，或许也曾（或许至今如此）在其他场合为不同的观众重演，但是这并没有削弱它最初那批风格适合的观众的有效性和真实性。② 在雅典，肃剧，当然也包括谐剧，对所有男性公民开放（关于女性和奴隶是否被允许参与的问题，并非这里讨论的当务之急）。没有公民被拒之门外，相反，绝大部分有资格参与戏剧节的人，无论城市的还是乡村的，都很可能出席。令人惊奇的是，在酒神剧场，剧场场地的容量至少是公元前五世纪的普尼克斯（Pnyx）的两倍。③ 而我想要说

---

① 另一方面，我绝不相信肃剧以某种方式服务于贵族事业，正如 Griffith（1995）在精彩的讨论中所主张的那样。

② 我将在几个方面，与 Barbara Goff 在 Goff（1995）页 19–20 中自信的断言进行商讨，他说："当然，作为表演的一个附属品，这个与历史必然相关的概念完全漏洞百出"。

③ 这本身就是反对 Alan Sommerstein（1997，页 63–73）论文的一个极佳的论点，该论文认为观众明显受制于财产的多少。关于入场费的问题，我更倾向于 Wilson（1997，页 97–100）的另一种解释，即 theōrikon［看戏津贴］的目的，正是为了保证贫穷的公民也不被排除在外。[译注] 普尼克斯是雅典公民大会会场，位于卫城西边，是在山坡上开辟出来的一个半圆形的露天会场。

明的是，肃剧这个基本类型的定义的重要部分是，它应该是在一个非常大的场所上演，大到可以容纳绝大多数的当地公民。它对参加者也应该是开放的，而非有所限制。这就是雅典的情况，并且很有可能在其他任何地方也都是如此。诚然，希耶罗和阿基拉奥斯将进场权限制在一个范围较小的上流社会；但也有可能是，他们将那些他们特别委托的戏剧，转变为大型的公共庆典。

未被排除在外的观众的"普遍要求"（generic requirement）这个概念，得到了如下事实的支持，即当其他城邦建造它们自己的剧场时，将其规模建得足够大，以便能容纳其大多数[54]公民。墨伽洛波利斯这个新兴城邦中的剧场（参上文页36），被认为能够容纳2万人以上，是最明显的证据。此外，来自大希腊地区与戏剧有关的陶器，很明显不是专门为那些有钱的精英定制的——而且恰恰相反。这些都与柏拉图反对戏剧相关，其部分原因便在于，它所容纳的观众群体过于庞大，没有任何人（甚至在他看来还包括妇女和奴隶）会被拒之门外，或者不受其保护。

我认为，在某种意义上也是其固有的是，戏剧的经验（experience）以类似的方式（alike）传播并影响了它所有的观众。希腊剧场的建筑，渴望给予剧场（theatron）中的所有人平等；而观看的经验，也给观众一种平等分享经验的感觉。的确，无论是在雅典还是其他地方，都有荣誉席位（prohedria），但那只是一种荣耀的象征；它并没有给那些坐在荣誉席位上的人一种对戏剧本身的特有的或者强化了的权利。若按种类而非仅仅按习俗来看，肃剧是一项为了多数人而非少数人的活动。如果这一系列论证是正确的，那么它在本质上就推动了民主的发展。即便是在后世，在像希腊君主制或罗马帝国这类已变得大相径庭的政制环境中，那些旧的和新的戏剧的演出，都不失为公民的一种自豪——它增强了公众的独立意识（a sense of communal independence），对此古恩已做过精彩的论述（Le Guen [1995] 文中各处，尤其页74-80、82-87）。

事实上，对于一直试图展开的有关公元前五世纪雅典肃剧的多章节接受史的第二章，为了得出某种结论，至少还要解决这样一个问题：是什么如此强烈而迅速地吸引了雅典之外的希腊观众？要得到完整的答案，必然还需要层层分析；如果有可能得到一个完整答案——当然这是不可能的——毫无疑问，它将会提供大量信息，让我们看到肃剧对于雅典本身的意义所在。至于现在，我将尝试总结出我认为十分重要的两条线索，其中一个（要做一个简单的区分）主要是舞台或物质方面的，另外一个则主要是诗歌或感知方面的。

那么首先，用于表演的戏剧是一种令人激动而新奇的（novel）叙述形式。人们很容易忘记它到底有多新颖。肃剧会把老故事以一种激动人心、引人入胜且生动活泼的形式演绎出来，不仅结合了史诗和叙述抒情诗的诸多特点，还加上了实体扮演（physical enactment）这个至关重要的新特点。虽然赫灵顿（John Herington）可贵地指出了肃剧根植于一种早已存在的 [55] 体裁类型，但他没有说明，是怎样一场重要的改革废除了其叙述性的框架，而让表演者直接饰演他们的角色。① 当演员离开时，他们的身体就从视线中消失了；当他们死了，他们就静静地躺在地上；当他们拔出利剑，他们就会在手里握一把真剑（或者仿制品），诸如此类。我们对这一切都太熟悉了，以至于没有意识到，这对于戏剧发展初期的人们而言，会是多么新鲜和生动。

此外，肃剧还演出极端激动人心和令人惊骇的场面——将它们演绎得可触、可见又可闻：祈祷、俘获、阴谋、营救、失散亲人的重逢、暴力谋杀的场面、欣喜若狂、痛不欲生。所有这一切，都以其引人入胜的连贯性（solidity）和华丽呈现出来。有大量的证据——尤其是但不仅仅是那些瓶画——表明了那些奢侈地花费在服装、鞋子、小

---

① 这将是我对 Herington (1985) 的主要批评，这是本十分重要的书，但却还没有得到它应得的认可。Herington 对面具的忽略正是我有所保留之处：（在我看来）面具的主要功能，是在没有叙述框架的时候，标识出全部的模仿行为。

道具和舞台用品上的开销和各种麻烦。刀剑、权杖、祭坛、信件、服饰、雕像、花环、尸体……那些激动人心的叙述，被赋予了更有说服力、更加迷人、更加动人和扣人心弦（psychagogic）的角色扮演。随着时间的推移，对于雅典人而言，这一类表演不可避免地会变得不再那么新颖，但是对于希腊各地或远或近的人们而言，这仍然是一场艺术的革新，（使这类表演）在公元前五到四世纪的传播势不可挡。

其次，关于雅典肃剧中到底有什么因素如此吸引所有其他地方的希腊人。我认为，其中首要的原因必然是——概括地讲——他们相信，肃剧以某种方式提供了一些关于人类境况的深刻见解。只要看看公元前四世纪的证据就能知道，大多数引用了肃剧的轶事，都将肃剧视为某种智慧的来源。柏拉图认为，大众眼中的肃剧是哲学（philosophia）的一个重要对手，他也花费了大量精力去挫败它。在阿普利亚，那些委托制作或获得了瓶画——尤其像达利乌斯（Darius）和冥界画师们这些生活在公元前四世纪的四分之三的时间里的那些能工巧匠绘制的瓶画——的希腊人认为在葬礼场合特别适合援引肃剧。我们能够推断出，对他们来说，肃剧似乎能够彰显某种不朽的意义，能够提供某种慰藉，并为人类的苦楚赋予尊严，甚至美丽。

在起初的演出中暂时地吸引雅典人的注意，并不会引起 [56] 公元前四世纪的非雅典人的兴趣。目前学术圈中的历史主义和文化特殊论（"culturally specificist"）运动，在导言部分和整本文集中都有体现。我个人十分赞同这一运动，但是我们不应就此佯称，这在公元前四世纪的希腊世界也风靡一时。在公元前五世纪这个创造性的时代，政治时事，甚至是雅典的精神体系和意识形态，都不大令人感兴趣。从那些演说家们那里可以得知，公元前四世纪的雅典人自己，也都期待着从伟大的肃剧那里获得普世的和永恒的见解，而非其前辈们的暂时性和地方性特点（参 Wilson［1996］）。人们相信肃剧应该具有普世价值，就像荷马（史诗）那样。

现在，我们将这些明显跨文化和跨时代的洞见，视为可以与

"人性"或"永恒的真理"或"人类境况"(这类概念)等量齐观的创举。这些想象出来的"普世概念"(universals)都与文化相关,其中一些甚至比霸权者的蒙骗好不到哪儿去。但是无论我们对这些说法理解到什么地步,无论我们会对其如何谴责,事实依然是:对于那些接受雅典肃剧的人,无论何时何地,他们都会坚信(believed)它具有普世的深刻内涵。这就回到了与戏剧接受有关的第二部分,而不是第一部分。在最后的分析中我们看到,传播肃剧并使其保持鲜活的,并不是其最初创作时的思想和意识形态,而是其扣人心弦又发人深省的戏剧性,它涉及男人和女人那些最深刻的问题、恐惧和各种痛苦。这似乎是在向每一个人讲述,而不仅仅针对那些公元前五世纪雅典有着自由出身的男性。那些非雅典人将这些演出引入其城邦的中心,为它们树立了堪与荷马相匹敌的名望,既不是因为"肃剧时刻"(the Tragic Moment),也不是因为"原始融合"。

我当然不能否定那些具体的、有时限性的文化语境的重要性,也不否认研究它的价值。相反,我相信,历史的语境化,对于我们了解那些跨时空的价值的固有潜力十分关键。但我要说的是,独特的创作语境需要和普遍潜在的意义放在一起思考。"视角的转变可以是自由的"(Easterling [1994] 页 80)。"我们"终究——就我们的多样性而言——还是会被那些作品打动、吸引并引发思考,尽管它们来自无论在时间还是空间上都与我们相距甚远的某个具体的社会。我认为,从一开始,其传播的潜力就已经一目了然。

当修昔底德声称他的作品将是 *κτῆμα [τε] ἐς αἰεὶ μᾶλλον ἢ ἀγώνισμα ἐς τὸ παραχρῆμα ἀκούειν* [千秋万世的瑰宝,而不是为了迎合人们一时的兴趣] 时,[57] 他是在把他自己的抱负,与以措辞见长的智术师的展示(epideixis)进行对比。近来的学者倾向于将肃剧视为一种"得奖的作品,仅在某个热闹的场合才会听到它"。但是肃剧同样被证明是一项"永久的遗产"。重要的是,它不仅在过去而且在现在依然二者皆是。

奥乐斯在雅典[①]

威尔森（Peter Wilson）撰

王芳 译 李向利 校

一

[58] 雅典（Athens）其声如何，现已不得耳闻。此城邦建于其日常言语之上，同样也因其民主面貌而彰显：这是一个演说者和听众的城邦。但是，除了"理性的"雅典的声音，即公民言辞体制内的言说和论辩的声音，还有一个不假言辞的世界。实际上，音乐显现在雅典生活的各个方面，在这个"言辞的城邦"中占据着特殊的重要地位，缪斯的艺术也是在雅典达到了巅峰。尤其是其中的一种乐器，几乎在城邦活动的各个角落都能见到：在不计其数的节日上；在宗教、祭祀的核心活动上；在每一艘三层桨战船上；在会饮上；在婚礼和葬礼上。奥乐斯那颇具穿透力的声音，是雅典人生活中大多数重要集体活动的压轴之曲。

[①] 衷心感谢 Pat Easterling、Simon Goldhill、Robin Osborne、Oliver Taplin 及所有剑桥学术讨论会的与会者给予的帮助。[译注] aulos 是古希腊一种带簧片的吹奏乐器，中译多译为"箫"或"笛子"，然而，尽管形状上类似，但根本的不同之处在于箫或笛子没有簧片。另外，鉴于本文集编者之一的戈尔德希尔（Simon Goldhill）在"导言"中提到译为"笛子"是种错误的译法，故本文一律采用音译。

在雅典，到处都可以看到奥乐斯。而雅典人对奥乐斯的看法却有分歧。因为在雅典，奥乐斯是一件被抛弃的物品。从守护城邦的女神到当时的知识领袖，掌权者都禁止雅典人演奏这件乐器。奥乐斯是个危险的东西，它威胁人的自控能力，毁坏躯体的美感，引进外邦的诱惑。因此，奥乐斯常被喻为言辞（logos）的死敌和对手，它封住了唇舌，而言辞能够最理性化地描述公民的举止、身体和政治等所有特征。而当时，这样一种语用学并未在雅典人身上失去社会—政治的反响。

因此，这一"发出陌生音调的"乐器是雅典人生活的中心，在雅典人的生活中占据了一个矛盾的地位，演奏该乐器的乐手也是如此。乐手一般都是外邦人，常常是奴隶。雅典城邦驾驭着这一来源于与其他城邦的交往的可感知到的价值，[59] 让它服务于自身的利益。忒拜（Thebes）是古典时期雅典的邻邦，两者一直关系紧张，而这里是广受赞扬和贬抑的奥乐斯乐手的中心，这一事实也增加了（可能还有助于形成）雅典对奥乐斯的复杂态度。

这篇研究分为三部分。第一部分考察雅典人言谈中的奥乐斯、雅典娜（Athena）与马尔苏亚（Marsyas）① 的传说的基本模板。奥乐斯已经融入了城邦的神话—宗教想象世界之中，虽然这种融合被呈现为一种僭越的行为。

第二部分主要描述再异化（Realien）的过程：描述了该乐器的物理性质和乐手的情况；调查了表演的环境，考察了奥乐斯乐手的地位。没有一项对文化活动的记述可以完全脱离价值评判的因素，无论是社会的明确评论，还是场所中——它把受到讨论的活动与社会的各

---

① ［译注］马尔苏亚是传说中的一个萨图尔（satyr），曾带着奥乐斯参加音乐比赛挑战阿波罗（Apollo），结果失败，遭到训斥。萨图尔是希腊神话中半人半羊的林神，极为好色。

价值中心和权力关系结合在一起——暗含的迹象。本文对奥乐斯在雅典的"功能"角色的描述,不会试图把演奏奥乐斯同这些评价割裂。因为雅典人自身也没有这么做。

关于奥乐斯的描述中,批判性最强的是第三部分,主要叙述了雅典的公共演说和哲学家们的思考。① 在公共演说中,奥乐斯清清楚楚地以反言辞的面貌出现。在这里,它被喻为欺骗性的演说、政治的不道德和漠然——而这些主题都是哲学家们坚持要重新解释的。有一个强大的纽带把公元前五世纪问题丛生的批评和之后更理论化的批评联系起来,那就是阿尔喀比亚德(Alkibiades)。关于他的说法很多,有些相互矛盾,有些则保持一致。有一个说法把这个雅典民主的怪胎(enfant terrible)描绘成最卓越的(par excellence)奥乐斯的人类反对者,他自己拒绝"扮演萨图尔",而且为和他同龄的青少年做出了榜样。另一个说法认为他能演奏奥乐斯,是受教于伟大的普罗诺摩斯(Pronomos)。阿尔喀比亚德相互矛盾的形象,为考查人们对奥乐斯复杂而冲突的看法,提供了绝佳的模型。难怪他会成为测试雅典人对这一乐器的忧虑的方式,因为他是这样一个雅典人:他所有的自制力——或者说自制力的缺乏——成了最著名的引起普遍忧虑的东西。

一 一个雅典神话:雅典娜与马尔苏亚

[60] 公元前五世纪中叶,一个关于城邦守护神雅典娜的神话,在希腊广为流传——或者换一种方式说,这个故事所讲的正是城邦想要听到的。这个熟悉的故事情节很简单,叙述的是处女神(parthenos)对好举止(comportment)的持续关注,既包括她自己的也包括她的城邦民的。雅典娜发明了奥乐斯——至少是她"发现"了它

---

① 进一步的研究将会包括考察奥乐斯在肃剧和谐剧中的重要作用。

(这类神话对两者的区分总是很模糊)。① 她试着演奏，因此也就发明了 aulētikē，即演奏奥乐斯的技艺。之后，她在一个反光的表面看到了自己演奏时的脸庞。她被演奏时扭曲的形象吓坏了，厌恶地丢掉了乐器。这位城邦的守护神把奥乐斯驱逐出了端庄得体的国度，但一个叫马尔苏亚的萨图尔却把它捡了起来。② 因此，通过违背女神废弃它的愿望，奥乐斯就为神话中最缺乏端庄和自制力的族类所有，用利萨拉格（Francois Lissarrague）的话来说，其特点就是"永远居无定所，就像他们无法控制自己的身体"（Lissarrague［1993］页 212；比较 Lissarrague［1990a］、[1990b]）。

要考察这则关于丢弃（奥乐斯）的雅典故事，第一个要去的地方就是（雅典）卫城，那是个充满宗教和神话意义的地方。奥乐斯在这里的出现，有力地证明了它在当时的雅典集体再现中的重要性，而且在古典时期中叶，女神是在她的圣地拾到了奥乐斯这一点无可置疑。在古典时期早期雕刻家米隆（Myron）的作品中，有一个叫"雅典娜与马尔苏亚"（Athena and Marsyas）——一尊不朽的群雕，现代学者通常认为这就是泡赛尼阿斯（Pausanias）提到的那件："在此处［在卫城上，泛雅典大道附近］，西勒诺斯③·马尔苏亚（Silenos Marsyas）被雅典娜打伤了，因为他捡起了那些奥乐斯，而女神出于

---

① Kleingünther（1933）; Huchzermeyer（1931）页 14 - 15；Leclercq - Neveu（1989）页 255。

② 另有论及上述材料的讨论，参 Hyginus *Fab.* 165, Apollod. *Bibl.* 1.4.2, Diod. Sic. 3.58–59, Ovid *Ars Am.* 3.505 及以下, *Fasti* 6.699 及以下。关于视觉证据，参 Weis（1992）。ARV^2 里古典时期之前没有马尔苏亚，而且约有 13 处提到它。

③ ［译注］"西勒诺斯"这个名字经常与萨图尔混用，一说是萨图尔们的父亲，更多的时候就等于萨图尔们，被尊为林神，样子奇丑，经常喝得烂醉。在雕像作品中是个有马耳朵、长尾巴的老人，西勒诺斯像作为工艺品通常摆在店铺门前，因为他的肚子里藏着各种神像。这里，作者似乎把西勒诺斯和马尔苏亚混同了起来，或许因为他们都是萨图尔。

善的目的想把它们抛弃"。①

没有必要加入关于从现代的瓶绘及后来发现的残片中重建这组雕像的争论。② 人们一致认为，这组雕像中两个人物注意和争夺的焦点就是那些奥乐斯。[61] 一边是年轻的雅典娜，她离开了她刚丢下的乐器，高傲地站着，虽有轻视之意却姿势优美，冷静沉着，她注视着后下方的那些奥乐斯。而用斯图亚特（Stewart）的话说，马尔苏亚"脸上戴着兽形面具，只能看到四分之三的脸，他踮着脚尖朝向它们——同时又在雅典娜威严的注视之下往回缩，一副犹豫又好奇的样子"（Stewart [1990] 页 147）。他退缩了，但有一只脚向着被禁物体慢慢移动，身体的激动说明了他不能自已的好奇欲望……一个人在奥乐斯前的举止能说明一切：在经历了片刻无意识的扭曲之后，雅典娜迅速地恢复了她的高贵；马尔苏亚则把自己出卖给了由兴奋引起的极度扭曲。

这组雕像的目的和意义常被简化为某一特定秩序。例如，它被看成一次拙劣的尝试，为了调和两个相互矛盾的发明奥乐斯的故事——一个是忒拜的版本，说是雅典娜在忒拜发明的；另一个认为不是在希腊发明的，而是在弗里吉亚（Phrygia）。③ 另一些人认为是齐特拉琴

---

① 泡萨尼阿斯（Pausanias）1.24。Pliny *HN* 34.57 – 58。Arias（1940）将该作品追溯到约公元前 457 – 447 年。

② Metzger（1951）页 163 – 164；Arias（1940）；Schauenberg（1958）；（1972）；Daltrop（1980）；Daltrop 和 Bol（1983）；Demargne（1984）；M. - Klein（1988）。不知是否受米隆雕塑的影响，此神话在同时期瓶画中的流行也证实了它明确的立场。

③ 这种"矛盾"自然只是被看作神话中的非神话观点：Leclercq - Neveu（1989）页 253、256。显然，同样的"矛盾"确实存在于狄俄尼索斯自身，这位神来自东方，却是忒拜的土生子。语言学家和考古学家一致认为，是广为流传的传说让奥乐斯成了希腊的局外人，但就现代的狄俄尼索斯崇拜史来看，我们必须把神话中的半自主性的力量和逻辑，放在与考古学家、历史语言学家发现的事实同等重要的位置。Frontisi - Ducroux（1994）页 242 强调了希腊作品中奥乐斯的外邦来源的重要性。

(kithara)的支持者因反对奥乐斯而做出的偏颇之词,因为两者具有相关的音乐价值,甚至更广泛的伦理和"教育"价值(Huchzermeyer[1931]页60-61;Lasserre[1954])。还有人认为这是反拭拜宣传,仅仅把雕像中的乐器作为一个国家身份的隐喻(Kasper-Butz[1990]页184);又或者如墨拉尼庇德斯(Melanippides)写的酒神颂《马尔苏亚》(*Marsyas*)一样,是诗人或chorēgos[歌队赞助人]为纪念胜利而作的(Metzger[1951]页163;Boardman[1956];Webster[1970]页132-133)。

所有这些解释都有一定的道理,但也许我们应该从图像中富于表现力的姿势着手。表示否定、拒绝、压抑、抛弃甚至鄙视(而这些至少从字面上看来正是雅典娜的行为)的言语或行为,常常最能表现它们意欲消除的是什么——而这些正是神话中明明白白叙述的。可以肯定地说,这组雕像用青铜永久地定格了[62]女神抛弃时——她丢掉了两支乐管——爆发出的瞬间。此外,还重现了奥乐斯从雅典所有公民(civic)和神圣空间中最引人注目的位置被驱逐的姿势,似乎那一刻它就永远定格在那里了。在公民环境下,在这个神话中起作用的似乎是一个双重的过程,该过程同时"正式"地——通过女神准确无误的命令——把奥乐斯定位为会对身份和控制力产生威胁的被拒绝之物。那些继续在雅典演奏奥乐斯的人,此后无疑就和萨图尔比肩而立了。而这一过程也用同一姿势,把奥乐斯所有的堕落和实用力量融入公民生活之中,只有在这个(狄俄尼索斯的)王国中,它才能真正找到"合适的"位置。①

最后一点是关于米隆的《雅典娜与马尔苏亚》:把雅典卫城的这组雕像归为米隆的作品,即使无法证实真伪,也显然相当合适(ben

---

① 其中提示了一个关于鄙视的心理学概念的比较,参Kristeva(1982)。

trouato）。因为米隆是厄琉忒莱（Eleutherai）当地的人，① 这个地区就在临近玻俄提亚（Boiotian）边界的阿提卡范围内，在"酒神大节"的开幕仪式上，每年都会从这里输出"自由者狄俄尼索斯"（Dionysos Eleuthereus）崇拜。米隆生于这一"前沿地区"，② 完全适合成为这一作品的创造者，该作品围绕一件饱含重大文化重要性和冲突的物品，其意义引发的争论跨越了（本身的）边界。

雅典娜与马尔苏亚是诗歌和具有可塑性的神话的主题。阿特纳奥斯（Athenaios）保存下了这些处理手法中具有重要意义的残篇，让其成为历来茶余饭后关于奥乐斯这个主题的谈资的一部分。③ 阿特纳奥斯盗用（raids）了这些［63］约七百年前的作品，而且在他的对话中使用了他在其中发现的一个"论争"。

第一位诗人是墨拉尼庇德斯，他来自米洛斯（Melos）一个叫基克拉迪（Cycladic）的小岛，以创作酒神颂闻名，与所谓的早期"新

---

① Pliny HN 34.57–58。他的儿子来自厄琉忒莱，见 IG I³ 511。其他人（泡萨尼阿斯 6.2.2）则认为他是雅典人。因厄琉忒莱并入了阿提卡，两种说法并不矛盾。

② Zeitlin（1993）页173。这种对立——就奥乐斯而言，狄俄尼索斯跨越边界从忒拜来到阿提卡——为雅典和忒拜之间在肃剧话语中的象征性的对立，又加入了另一元素，Zeitlin 对此有深入的研究（比较［1990］）。这一对立也通过下列方式使那种分析的概念焦点变得更尖锐：在肃剧本身的实际例子层面引入了一种对立，即歌队和 theatron［剧场］中"高贵的"雅典公民，与 orchēstra［歌舞场］中心的外邦人（outsiders）之间的对立，这些外邦人借助奥乐斯"引进了"异质性的狄俄尼索斯。这些人中多数也跨越了阿提卡西北部的边界。

③ 我省略了对帕拉提那斯（PMG 708）的重要且困难的一个片段的讨论，因为虽然据说他活跃于公元前五世纪早期的雅典，但是这一片段的日期、表演背景和风格存在很大的争议。无论在那个疯狂的场景中发生了什么，这一片段都重现了相当一部分的奥乐斯主题。我们把抛弃作为对奥乐斯的首要回应；我们可以看到它据称侵入了其他人的领域；我们发现它是天然的奴隶或机器。

音乐"有关。韦斯特（Martin West）认为他的诗歌创作活动约在公元前 440 到 415 年，因此这个大概属于某篇酒神颂的片段，其创作时间可能相当接近米隆的作品（West［1992］页 356 - 372、399）。正如我刚提到的，有些人认为这尊雕像是件供品，为的是庆祝某次在雅典的诗歌胜利，可能就在泛雅典节上。① 如果确实是在泛雅典节上表演的，那么有趣的是，它的主题，至少其中一部分，应该会是雅典娜与狄俄尼索斯音乐世界的关系。出自《马尔苏亚》的 PMG758 这样说道：

ἁ μὲν Ἀθάνα
τὤργαν' ἔρριψεν θ' ἱερᾶς ἀπὸ χειρὸς
εἶπέ τ'· "Ἔρρετ' αἴσχεα, σώματι λύμα·
ὕμμε δ' ἐγὼ κακότατι δίδωμι.

雅典娜一手甩开了这些乐管，
说道："滚开，你们这些无耻的东西，
搅得我身体不得安宁！我命你们永受鄙视。"
［或——"我决不允许自己堕落。"］

4，维拉莫维茨（Wilamowitz）：ἐμὲ δ' ἐγὼ codd., ἐμὲ δ' ἐγὼ ⟨οὐ⟩ Maas.

这一片段捕获了米隆那组雕像固定下来的永恒瞬间，这是个非同一般的巧合。也许这一刻正是任何塑型的或诗歌的古典 poiētēs［制作者］，（或是接近墨拉尼庇德斯时期的引用者），所认同的讲述这个故事时的精要。身体上抛弃的行为得到了表述，此外我们还听到了雅典娜的理由。

---

① Boardman（1956）。Froning（1971）页 40 及以下。论述了其他瓶画和酒神颂中雅典娜与马尔苏亚可能有的关系。

阿特纳奥斯有一个饱学的食客，曾把这一片段作为墨拉尼庇德斯蔑视奥乐斯的证据，但是我们不应该过分草率地把诗人的观点和女神的混为一谈。所有认为墨拉尼庇德斯持"反奥乐斯"立场的人，在此必须与这样的事实相妥协，即这首诗本身几乎必定由奥乐斯伴奏。① 人们不免好奇，听众在听到这些伴着奥乐斯演唱的诗句时是否会感到不解。雅典娜和狄俄尼索斯世界的某些方面有冲突，[64] 这一点很可能为人熟知。再发挥一下想象力的话，人们会好奇，是什么让为歌队服务的奥乐斯乐手，把他技艺凭借的工具当作了 kakotas [邪恶的东西]。令人奇怪的是，在雅典，酒神颂显然可以说是最世俗、最"民主"的诗歌表演，单单"酒神大节"（的酒神颂）就要从十个克利斯提尼部落（Kleisthenic phylai）中挑选大约 1000 名雅典的男性参加合唱比赛，② 但是其中只有极少数雅典当地的乐手，③ 可能其中最著名的是金尼西阿斯（Kinesias），他却总是遭到谩骂——而且骂他的还不止阿里斯托芬一个人。④ 之后，作为一种惯例，酒神颂把

---

① 有观点认为，这个神话反映了演奏酒神颂的乐器方面的矛盾，据说有人认为是里拉琴（比较 Boardman [1956] 页 19），对此还缺乏有力的证据。

② 在大小泛雅典娜节和塔尔格利亚节（Thargelia，[译按]：在塔尔格里昂月举行的纪念阿波罗（Apollo）和阿尔忒弥斯（Artemis）的节日）上也有表演，可能火神节（Hephaestia）和普罗米修斯节（Promethia）上也有；可能一些乡村节日也不定期举行这样的表演。Zimmermann（1992）页 37。

③ 可能就是以下几位：Lamprokles、Telesias、Lysiades 和 Speuseades，Sutton（1989）。还要加上 Diophon；SEG 41 no. 141。在 Pherekrates 155 KA 中，金尼西阿斯被称作"该死的阿提卡人"；但是阿里斯托芬《蛙》行 152 和 1437 中 ΣΣ 处怀疑他是雅典人，认为他来自（行 152）忒拜。

④ 见上个注解以及阿里斯托芬《鸟》行 1372 及以下和 Σ，《蛙》行 152-153、366 及 ΣΣ，行 404 及以下。Σ 提及斯特拉忒斯（Strattis）一部名为《金尼西阿斯》（Kinesias）的谐剧（比较 Athenaios 12.551a-552b），其中有一个有趣的片段："这就是金尼西阿斯的寓所（σκήνη），这个歌队杀手"。

雅典的公民歌队与外邦（即非雅典的希腊人，不是非希腊人）诗人紧密联系在一起，让他们伴着由外邦奥乐斯乐手在"发出陌生音调的"乐器上演奏的异邦曲调进入 orchēstra［歌舞场］（斐洛斯忒拉托斯 *Vit. Soph.* 1.16）。从广义的角度看雅典的酒神颂，从文化上大规模地将外邦的诗歌和音乐天才据为己用，我们几乎能看到雅典的奥乐斯神话留下的痕迹依然在起作用，或者能看到对它的运作的广泛的类比：因它被建构为一种外来者和被驱逐者，从而使雅典城邦和雅典的公民身份更加荣耀。奥乐斯在雅典扮演了文化上的实用角色，但这是通过其他机制才具备的。

这一片段的语言在表现策略上具有极强的暗示性。乐器中使用的名词 αἶσχος［丑陋］既有道德上的含义，又有身体上的含义，恰巧与这则神话相符——它将审美的、生理的和社会—政治的举止紧密联系在一起。因为 αἶσχος 可用来指代思想、行为或身体的变形，丑陋。这里，奥乐斯被雅典娜泛指为此类变形以及从"适当的"举止变得扭曲的物体和代表——在生理的、审美的、道德的和社会的方面。κακότας，"低贱"，也有类似广泛的意义，它包括了审美、社会和生理上的缺陷。在女神眼中，奥乐斯正是属于这一劣等的世界。至此，我们知道了生理完善［65］和拥有自制力在理想的雅典公民行为中的重要性（例如 Foucault［1987］、Winkler［1990］、Halperin［1990］）。这一活动扭曲了雅典娜的身体，她对这点的强调算是给她的人民的一次教训，很可能就是她的构成歌队的人民（用节日语言说就是 χορός ἀνδρῶν），在井然有序地跟着诗歌唱歌跳舞。σώματι λύμα，即"亵渎我的身体"（或者可以广义地理解为这个），其隐含的意义就是虐待，通过摧残身体的完整性和"美"来残害。①

这个神话的核心是对身体的控制，这是女神最关心的。毕竟，正是为了纪念她，雅典的男性每年才在城邦面前竞争美和对身体的控制

---

① λύμη，"虐待"、"发怒"，常隐藏着 λῦμα "不洁净" 之意。

的奖项。① 而正如这个片段所述，奥乐斯是这种控制力的敌人。② 然而，它同时还为公民表演这一特殊的空间，具体提供了界限分明、自律节制的音乐秩序：在雅典的演出文化中，这一如此威胁控制力的乐器也常用于维持秩序。

另一个片段再次关注了抛弃那一刻，也可以说是抛弃前的那一刻。这里，我们发现当雅典娜试吹奥乐斯时，萨图尔向她建议说她应该丢掉它们，因为：

οὔτοι πρέπει τὸ σχῆμα· τοὺς αὐλοὺς νέθες
καὶ θῶπλα λάζευ καὶ γνάθους εὐθημόνει

这种姿势不适合你——放下奥乐斯
拿起武器，把下巴恢复原貌（*TrGF* II Adesp. 381）

只有在萨图尔剧中，雅典娜才被某个萨图尔教育要举止得体，不越出她合适的活动范围——战争（Seaford［1988］页36）。萨图尔有效地担任了神话中的镜子的角色，雅典娜从他脸上看到了奥乐斯让自己产生的不自然扭曲。③ 这段引文来自普鲁塔克（Plutarch），他继续

---

① 这特别让我想起了 euandria，即泛雅典娜节上关于"男性美"的竞赛；更神秘的是 eueixa［身体健康］：Crowther（1985、1991），Boegehold（1997）。大多数泛雅典娜节的部落赛事，都会奖励身体的强健、协调与优雅。

② 到公元前四世纪，专业的奥乐斯乐手（相互之间）通过模仿尽情地使用他们的身体，把奥乐斯的潜力发挥到极致（并引起了更多的批评）。见忒奥弗拉斯托斯（Theophrastos）残篇 92 W，泡萨尼阿斯 9.12.5–6，亚里士多德《政治学》章 26，Dio Chrys. *Or.* 78（2.281 Dind）。

③ Leclercq – Neveu（1989）页 255。Vernant（1985）和 Frontisi – Ducroux（1994）中探讨了雅典娜变形的脸和 gorgoneion［戈耳工的头］之间的关系。

讲述常规的结局。[66] 在河里看到自己的脸之后，雅典娜发怒了，她确实丢掉了奥乐斯。

阿特纳奥斯提供了另外一组与奥乐斯有关的重要片段，特勒斯提斯（Telestes）的《阿尔戈》（Argo），他是多里安的瑟里诺斯（Selinous）人，（PMG 1 [a、b、c] [805]）:①

> †ὃν† ἀοφὸν σοφὰν λαβοῦσαν οὐκ ἐπέλπομαι νόωι
> δρυμοῖς ὀρείοις ὄργανον
> δίαν Ἀθάναν δυσόφθαλμον αἶσχος ἐκφοβη-
> θεῖσαν αὖθις χερῶν ἐκβαλεῖν
> νυμφαγενεῖ χειροκτύπωι θηρὶ Μαρσύαι κλέος·
> τί γάρ νιν εὐηράτοιο κάλλεος ὀξὺς ἔρως ἔτειρεν,
> ᾆ παρθενίαν ἄγαμον καὶ ἄπαιδ' ἀπένειμε Κλωθώ;
>
> ἀλλὰ μάταν ἀχόρευτος ἅδε ματαιολόγων
> φάμα προσέπταθ' Ἑλλάδα μουσοπόλων
> σοφᾶς ἐπίφθονον βροτοῖς τέχνας ὄνειδος.
>
> ἂν σθνεριθοτάταν Βρομίωι παρέδωκε σεμνᾶς
> δαίμονος ἀερθὲν②πνεῦμ' αἰολοπτέρυγον
> σὺν ἀγλαᾶν ὠκύτατι χερῶν.

我深信聪明的女神雅典娜
不会带着这精巧的乐器到山上的灌木丛中，
又害怕被它的丑陋污染了眼睛

---

① 翻译基本来自 Campbell（1993）。
② 为ἀερθὲν的辩护，参 Comotti（1980）。

而将它甩手丢开,让它成了仙女所生
鼓着掌的半神马尔苏亚的荣耀:
为何如此渴求美的愿望会让她沮丧,
难道是克罗托①赋予她无婚无子的处子之身?

不,这个神话漫不经心地飘到了希腊,
由缪斯的追随者无意间谈起,
这是一个对歌队舞蹈充满敌意的故事,
一种让凡人敌视精湛技艺的招人怨恨的方式。

它被作为最得力的仆人交给布罗米欧斯②,
通过威严的女神吹出的带羽翼的气息
和她载满光辉的轻盈双手。

在由餐桌上的健谈者引起的这场争论中,作为对墨拉尼庇德斯《马尔苏亚》中这段的回应,一位食客回答说,特勒斯提斯"拿起短棍挥向墨拉尼庇德斯,然后在《阿尔戈》中做了讲述,提到了雅典娜"——之后就是第一个片段。特勒斯提斯对墨拉尼庇德斯的回应,很可能远多于这位虚构的食客的传统虚构。《派洛斯岛碑》(*Marmor Parium*,[译按]:刻在大理石上的一个希腊年表)(尤其行 65)[67]记录了公元前 402 年在雅典的一次胜利,依靠的是人们能够想象的一位酒神颂诗人对另一位诗人可能的"回应",他也许距墨拉尼庇德斯(大体的)活跃时期(floruit)不远,因此确实可以用诗歌回应他。当然,希腊诗人的竞赛性互动当然可能跨越了很长一段时间都还很强烈——有人会想起欧里庇得斯(Euripides)对埃斯库罗斯

---

① [译注] Klotho,三位命运女神之一。
② [译注] Bromios,吵闹神,即酒神。

（Aeschylus）的"重写"——而这些段落，提出了很多有趣的问题，关于作品的暗示，以及共时和历时地进行的难懂的酒神颂类型的诗歌竞赛。①

特勒斯提斯似乎颠倒了这个神话传统的源头。他的"回答"实际上如此系统化，以至于暗示了智术师环境的可能影响，对"传统"采取了激进的、反直觉的立场，声称这才是正常的。② 该乐器之所以能够恢复名誉也是由于遵循了"新音乐"的信条，其演奏者也毫无疑问最大限度地挖掘了奥乐斯的潜质。这里我只提几点：现在奥乐斯很聪明（sophos），就像它的制造者雅典娜一样。开头强调的所有或多或少经过谋划的并置，表现在对女神和她的发现的吸收方面，即表现在同一性而非不同性方面。奥乐斯表现了雅典娜 tekhnē［技艺］的优良品质（比较残篇 b.3）；而在其他地方，它的"技术性"特质是（对它的）一种诋毁。③

更有趣的是，抛弃的主题变成了遗赠和赞助的行为（人们会想到《和善女神》［*Eumenides*，又译《报仇神》］开场的神话诗，它把阿波罗暴力获取德尔斐圣地的故事，"转变"成了一种和平的说法：

---

① 我要强调的是，墨拉尼庇德斯的《马尔苏亚》和特勒斯提斯的《阿尔戈》，其体裁及创作地点严格来说还无从得知。但是，认为他们是创作于雅典的酒神颂这一观点，并非惊世骇俗的假设，比较 Webster（1970）页 133、Zimmermann（1992）页 131。

② "智术师"和"乐师"的关系需要进一步研究。多处文献认为，许多重要的智术师把音乐作为他们活动的"掩护"，其中包括来自开俄斯（Keos）的奥乐斯乐师皮托克莱德斯（Pythokleides），他是伯利克勒斯的老师；还有达蒙（Damon）和阿伽托克勒斯（Agathokles）。这一关系进一步揭示了柏拉图对同时期 mousikē［乐师］的厌恶。

③ 例如 Pratinas *PMG* 708.13。也可在 *Anth. Pal.* 13.20 找到。在以忒拜为背景的品达的《皮托凯歌》12，雅典娜对 aulētikē［奥乐斯艺术］的发明，被描述成一种编织行为（8，比较 19）。

阿波罗从与他同名的地神那里作为礼物接受了它①）。第三个片段的描述是，她根本没有把它甩手扔掉，②马尔苏亚也没有僭越地把它拾起，而是雅典娜"把它作为最得力的同伴递给了布罗米欧斯"。现在奥乐斯艺术不仅仅是附属的，而是狄俄尼索斯的同伴——而罕见的 συνέριϑος［做活的女伴］一词是用在荷马的雅典娜自己身上，[68] 在荷马《奥德赛》（*Odyssey*）第 6 章（行 31 - 32）的洗衣场景中，雅典娜化作了瑙茜卡（Nausikaa）的同伴和助手。③事实上，女神的"气息"（πνεῦμα）似乎被想象成把奥乐斯艺术"递给"了狄俄尼索斯——这就是"吹出的带羽翼的气息，和她载满光辉的轻盈双手"中的气息。④对雅典娜的气息和手指动作的强调（注意这两者是密切相关的——气息本身就被描述成"带羽翼的"，说明了手指的快速运动，快过呼吸空气的鼻孔⑤）指明了雅典娜递出去的是整个艺术，即整个奥乐斯演奏的技艺，而不仅仅是一个丢弃的物品。

现在被抛弃的就是这个关于抛弃的故事本身。歌队的演唱让人回

---

① [译注]《和善女神》一开场，德尔菲圣地的女祭司依次向先后在这里发布预言的四位神祈祷，按照女祭司的说法，德尔菲的第一位预言神是地神该亚（Gaia），其次是地神的女儿忒弥斯（Themis），第三位是地神的另一位女儿福珀（Phoibe），最后是阿波罗。关于阿波罗预言权的取得，一般的说法是他杀死了在那里看守神示的蟒蛇皮同（Python），并赶走了地神后夺取的，剧中女祭司则说是福珀作为生日礼物送给阿波罗的。阿波罗别名福玻斯（Phoibos），这个名字是从女神福珀的名字演化而来（Phoibos 只是 Phoibe 的阳性写法），因女神福珀是阿波罗的外祖母，因此说二者同名。参《罗念生全集》（补卷），上海人民出版社，2007 年，页 87 及注释。

② 据 Athenaios 617a 所述，ἄν 指代的是 ἡ αὐλητική。

③ 然而该词也可能唤起了这一乐器更为狂暴的性质：它里面潜伏着 ἔρις [争斗]。（发现这点的是 Robert Fowler。）

④ 比较 Kinesias 在阿里斯托芬《鸟》行 1387 - 1390 中描述的酒神颂的 tekhnē [技艺]。

⑤ 关于奥乐斯演奏者的手指如何灵巧，比较阿里斯托芬残篇 57.15 (KA)、柏拉图残篇 209 (KA)。

想起品达（Pindar）《第一首奥林匹亚凯歌》（*First Olympian*）或西特斯库洛斯（Stesikhoros）《翻案诗》（*Palinode*）的翻案姿态，而这一"争论"依然以雅典娜的面部为焦点。这个版本把传统故事中雅典娜对面部扭曲的恐惧，解释为一种受爱欲驱使的审美关切。这对女神来说完全是无稽之谈，命运女神克罗托已经分给雅典娜的命运，注定她永守处子之身，无婚无子。当然，唯一的原因，对于一位善良的希腊女人来说——更不用说一位女神，可能在于希望获得"可爱的美"（lovely beauty）。δυσόφθαλμον（a. 3）一词本身严格的矛盾性——既是"外在的"力量，"让（他人）看了不舒服"，又有"反观的"力量，"扭曲（某人自己的）眼睛"——抓住了对这个故事相当重要的凝视的多重作用。在特勒斯提斯看来，雅典娜不会惧怕别人看见的丑陋，也不会惧怕她自己眼中的丑陋。① 在这个故事中，两者当然完全重合，她看见的自己和其他人所见的她都扮演了重要的角色，在早期希腊文化中更普遍的观点是，某人所见的自己和其他人见到的自己是紧紧绑在一起的。

第二个片段认为，传统的（现已驳斥的）版本是从外面输入希腊的，像品达所写的佩罗普斯（Pelops）的传说和坦塔罗斯（Tantalos）之宴一样，这则关于抛弃的故事一开始就是谣言。这不是邻里的闲谈，而显然是从外面"飞到希腊"的。关于奥乐斯的外邦起源的消极涵义，被用在了雅典娜抛弃奥乐斯的虚假传说中——这是利用外邦的又一次转换。

纯粹把这个故事描述成ἀχόρευτος［没有舞蹈的］颇有启发意义：[69] 它敌视 choreia［舞蹈］，即歌队的歌舞，因为它认为最重要的乐器有一个不光彩的起源——被雅典娜抛弃的；直到公元前五世纪末，雅典娜的城邦还是希腊世界中最重要的 choreia（舞蹈）中心，并引以为豪。

---

① 注意再次使用了αἴσχος［丑陋］一词，现在仅限于审美领域。

二　乐器与表演

对奥乐斯的物理属性和技术要求，音乐"器官学家"和音乐史学家有过许多深入的研究。① 这里仅简要列举一部分。奥乐斯显然是所有希腊人中最重要、流传最广的管乐器。通常成对演奏，② 成圆筒状的管体，③ 由骨头、芦苇、空茎、木头、象牙或金属制成，前端吹口处含有簧片，即成"管舌"（γλῶσσα）。④ 簧管通常由相连的几个部分构成；固定簧片的一个特殊球状部件叫作"槽臼"（ὅλμος）。指孔的数量随着时间的推移各不相同。古典时期的乐器似乎常为五孔，包括背面的拇指孔。

很少有证据证明古典时期的作家曾用一些"中性的"词汇描述过奥乐斯，他们对该乐器物理性质的描述常常模棱两可，比如在描述它的材质与技术的结合时。⑤ 它在埃斯库罗斯那里是"镟刀劳动"，即 τόρνου κάματον（*TrGF* 57）；它因有缺乏美感的连奏而在帕拉提那斯

---

① West（1992）页 80 – 109 及更多参考文献；Anderson（1994）页 179 – 284；Schlesinger（1939）与 West（1992）页 96；Neubecker（1990）页 125 – 130。关于奥乐斯的音乐学论文的写作，至少不晚于阿里斯托克赛诺斯（Aristoxenos）时期。

② West（1992）页 103 – 105 谈到了两支簧管的关系。

③ 关于管体及其意义，参 West（1992）页 83。

④ 可能是双簧片，含在演奏者口中，见 West（1992）页 83。关于古代簧片的制造，见忒奥弗拉斯托斯 *Hist pl.* 4.11.1 – 7 & Barker（1984）页186 – 189。

⑤ 注意这种方式：一种材质（特别是 λωτός［洛托斯木］）经常被用于制造奥乐斯时，这种植物就直接代表了这一乐器。例如欧里庇得斯《埃勒克特拉》行 716、《特洛伊妇女》行 544、《海伦》行 170、《伊菲革涅亚在奥利斯》行 1036。比较 *Anth. Pal.* 13.20。

(Pratinas)那里被称为具有"钻头下制成的身体";① 在斐洛斯忒拉托斯(Philostratos)的《图象》(Imago)中,奥林普斯(Olympus)② 是用铁制孔钻描绘的,这个铁制孔钻就放在奥乐斯旁边,在制作的时候会用到,与那里的乡村画面似乎有些不协调(斐洛斯忒拉托斯 Imagines 1.20)。奥乐斯和技艺世界之间的密切联系,与雅典娜发明了它相一致,这是诸神中最先进的技术,但这些联系也成了奥乐斯受到相互矛盾、充满论争的评价的线索。③

[70] 有各种各样的奥乐斯,其在物理上最主要的区别就是簧管的长度。古人倾向于以演奏场景作为区分的标准来给奥乐斯命名,④ 比如"少女"奥乐斯(parthenioi)是给少女歌队表演伴奏的。但是已建立的五种最好的类型(已知至少可以追溯到亚里士多德的学生塔兰图的阿里斯托克赛诺斯)也可按声区划分("少女"类似于高音,参 West [1992] 页 89)。这两种标准很可能是兼容的。有趣的是,听说"婚礼奥乐斯"由两支不同大小的簧管构成,一支"男",一支"女"——"暗示了一种谐和,但也用长度说明男的重要性"。⑤ 这一乐器的社会

---

① *PMG* 708.13。这一描述也许还有性的含义,把奥乐斯比喻为阳具。见 Garrod(1920)页 135,Seaford(1977—1978)页 84 – 85。

② [译注] 传说奥林普斯是马尔苏亚的学生(学唱歌)和有情人,后成为著名的乐师,对奥乐斯技艺的发展多有贡献。

③ 比较谐剧故事中说伊索克拉底(Isokrates)的父亲忒奥多洛斯(Theodoros)是一位'奥乐斯钻工'(αὐλοτρύπης)。见普鲁塔克《伦语》(*Moralia*)836e – f,斯特拉忒提斯残篇 3 K. – A。斐洛斯忒拉托斯 *V S* 1.17.4 针对这一诋毁为忒奥多洛斯辩护:αὐτὸς δὲ οὔτε αὐλοὺς ἐγίγνωσκε οὔτε ἄλλο τι τῶν ἐν βαναυσίοις。显而易见,在雅典,支持奥乐斯作坊之人,自己将暴露在攻击之下。

④ Pollux 4.81。比较 Ath. 618c 及 Barker(1984)页 275 – 276,某些情况下的演出单(如 *gingras*)也暗示了奥乐斯有不同种类。与 Ath. 176 – 177、182 相似,包括"少女"、"儿童"、"男性"、"上层男性"、"竖琴伴侣"、"指上奥乐斯"、"肃剧式"及其他种类。

⑤ Pollux 4.80;比较普鲁塔克 *Coniug. Praecept.* 139c – d。

和性别含义,及其发出的声音,与它的物理形式密不可分。肃剧中的奥乐斯,① 可能与酒神颂中的奥乐斯相同或非常相像,通常高声区的"歌队奥乐斯",可以在五十人以上的成年男性组成的歌队上听到(Poll. 4. 81; Aristid. Quint. P. 85. 6 – 8)。

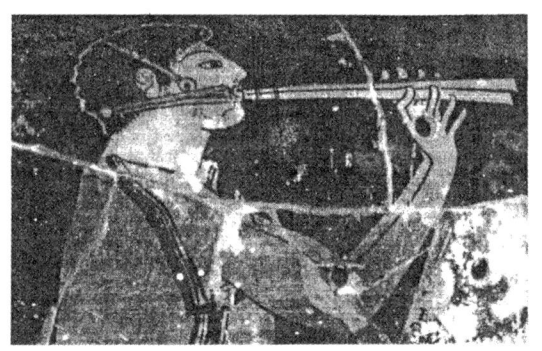

图 1

奥乐斯乐手有许多其他的装饰,这些古老的形象,从语言和视觉上,都再次表现了音乐实践的各方面如何与希腊生活的广泛社会政治环境不可分割。拿 phorbeia [口套]来说:这是环绕在演奏者头上的一根皮带,嘴边的地方留着一个(或几个)洞便于吹簧管,而且从面颊绕过。另一条皮带常从演奏者的头顶垂下,以固定第一条带子(图1)(Bélis [1986]; West [1992] 页 118 – 119)。口套控制了演奏者的面颊,有助于保证口部持续地紧紧衔着乐器,这在诸如剧场等身体需要大量移动的户外场所中尤其重要。但是无论它的实际功能多么明确,"器官学家"还是指出了其中的怪异之处。口套有效地限制了脸颊的满胀,但是从严格的音乐技术上看,[71]则是演奏者获得的空气保存在口腔中越多越好。有人因此匆匆下结论说,这个例子说

---

① Athen. 182c – d,引用了厄普弗罗斯(Ephoros)(*FGrH* 70 F3)、毕达哥拉斯派的欧普弗拉诺(Euphranor)及亚列克西斯(Alexis)著作《论奥乐斯》的内容。

明实用性让位于审美,① 我却不这么认为,虽然这一减少或隐藏了面部扭曲的控制装置备受雅典娜鄙视,但是它确实从某一方面有效地区分了萨图尔与演艺之星。② 口套是否仅有技术作用还无法预料。索福克勒斯的一个片段对此有所揭示(768 Radt):

φυσᾶι γὰρ οὐ σμικροῖσιν αὐλίσκοις ἔτι,
ἀλλ' ἀγρίαις φύσαισι φορβειᾶς ἄτερ.

他不再对着他那些小巧精致的奥乐斯猛吹,
而是发出狂野的号声,没有带口套。

口套作为一种限制手段出现,来帮助控制奥乐斯乐手体内的狂野力量 (ἀγρίαις),以免它们被人觉察。③ [72] 这是普鲁塔克(《伦语》456b-c)对马尔苏亚自己使用口套的原因所作的推断:"马尔苏亚似乎用口套和嘴箍来控制气流的力度,以此美化他的脸,隐藏脸部的扭曲。"之后,他引用西蒙尼德(Simonides, 115 Edmonds)的一段话来证明这个观点:

---

① Paquette (1984) 页33; Romer (1983)。其他人认为口套增加了进入簧片的气压。

② 会饮——一个脱离控制的地方——中的演奏者一般不会戴口套,见Bélis (1986) 页208-209。萨图尔也许会为了炫耀而戴着 (ARV^2 页585第34号 [Pelike c. 470] = Paquette [1984] A 12),但这似乎只是正常现象的一个玩笑版本;比较西蒙尼德在文中引述的段落。戴口套的妇女更是罕见,CVA Geneva 1 (Ⅲ) 插图18, no. 2 (Oinochoe 470-460) = Paquette (1984) A 56 中,一位戴着口套、穿着"竞赛"演奏服的女奥乐斯乐手是个特例。

③ φῦσα/φυσᾶν极其频繁地用于描述演奏奥乐斯这一动作。这个动词在别处常被用于令人讨厌的骄傲、傲慢的"自夸"(例如欧里庇得斯《伊菲革涅亚在奥利斯》行125),常有消极的社会政治内涵,例如德摩斯忒涅19.314。

奥乐斯在雅典　91

χρυσῶι δ' αἰγλήεντι συνήρμοσεν① ἀμφιδασείας
κόρσας, καὶ στόμα λάβρον ὀπισθοδέτοισιν ἱμᾶσιν·

他给蓬乱的脸颊配上了炫目的金色，
他那急遽涌动的嘴上加了条绑在后面的带子。

马尔苏亚用口套控制着"强有力的嘴"，他的嘴里噙着奥乐斯。"急遽涌动"（λάβρον）一词在荷马那里仅用于形容风、浪这些自然力量，这里却转而形容一个狂野生物的嘴，一张与奥乐斯等同的嘴。

甚至连用来装奥乐斯的简易皮袋子"西毕尼"（sybēnē），也在语言②和视觉上具备了性的意味。由于（皮袋子）悬挂在萨图尔勃起的阴茎上（图2），在两种难以控制的"器具"之间进行类比就无法避免了。

图2

还要简单提一下奥乐斯演奏者在节庆中使用的花瓶上的呈现；这将

---

① （συν）αρμόζω常用于里拉琴，见 LSJ 词条ἁρμόζω 1.5。我怀疑，整个场景清楚地说明"阿波罗"在给萨图尔上马具时的角色。闪耀的金色，特别适合用于阿波罗构造并强加的口套。

② 在阿里斯托芬《地母节妇女》行 1215 中，这则笑话是一个关于συβήνη（这里用于斯基泰人弓箭手的箭匣）和βινεῖν［通奸］的文字游戏。见 Sommerstein（1994）页235。弓箭手（用Sommerstein的话来说）"作践别人时不见了自己的箭匣"——当时他就是在作践一位奥乐斯女。

引入十分重要的关于地位的议题。他们穿着一种特制礼服，非常高贵，甚至可以说异常华丽（图3）。① 在酒神大节上为肃剧合唱伴奏，显然不同于深夜在街上疲惫地为一群醉醺醺的狂欢者演奏。对与奥乐斯相关的不同社会定位和身份的敏感性很重要。但是雅典关于奥乐斯的传说有某种一致性，似乎非常宽泛地再现了它感知到的某种色彩——可能最好描述为是在意识形态的层面。[73] 这样的话，奥乐斯乐手所穿礼服的"高贵"，可能展示了活动中的层级特权问题，而这也是我一直在证明的。然而，这种高贵，都和雅典出于为城邦争取更大荣耀的考虑而将奥乐斯据为己有相一致。② 显然，证据表明的这两种具体场景，见证了专门的奥乐斯礼服的使用。在泛雅典娜节时的乐器比赛上，酒神大节时的歌队也穿这种礼服。在女神的节日上使神话中丢弃奥乐斯的女神获得荣耀，以及协助重新引入作为女神特殊客人的狄俄尼索斯，正如实际那样，每年如此，而且还是用戏剧的形式——无论在阿提卡内外，戏剧都已成为这个城邦最大的荣耀。的确可能暗示，[74] 专业的、公共的表演者所穿的华服，有助于把他与其他地位悬殊的表演者区分开来。③

---

① Beazley（1955）；Taplin（1993）页7、71、77–78。所有奥乐斯乐手中穿着最奢华的是忒拜的普罗诺摩斯（Naples H3240），有许多复制图（例如West[1992]插图27）。亦参独奏奥乐斯乐手——可能是泛雅典娜节上的——穿着礼服，在一个红彩陶阿提卡双耳细颈瓶上（London E270），复制图见West（1992）插图25。

② Anderson（1994）页56–57强调了服饰的祭祀特性，和它所反映出的暂时的重要性。比较Loraux（1990）的更全面的介绍。

③ 事实上，自公元前五世纪末开始，歌队赞助人决定在他们的胜利纪念物上记录奥乐斯乐手的名字和种族，这种情况证实，在特定情况下，外邦的奥乐斯乐手具有一定威望，他们被雅典人看作自己文化成就的一部分。没有资料表明城邦保存有关于节庆中的奥乐斯演奏者的记录，也没有关于酒神颂诗人的记录。他们的区别非常明显：外邦奥乐斯乐手能通过个人为他的歌队赞助人赢得荣誉，而城邦（一如既往地保持着雅典娜的"官方"看法？）并不认为他是值得永久记录的人物。

图 3

有证据显示,雅典的奥乐斯演奏者的身份绝大多数为外邦人、女性和奴隶,或者是兼有这些身份的人。在雅典节庆服务的乐器演奏者,来自公元前五世纪后期和前四世纪庞大的"忒拜团体"(Theban School)(Roesch [1982、1989]),来自阿尔戈斯、西库昂(Sikyon)、埃吉纳(Aigina)、忒该亚(Tegea)、埃皮达摩诺斯(Epidamnos)[75] 及其他地区(Stephanis [1988])。实际上看不到雅典人。① 正

---

① 很多民主机构需要奥乐斯乐手的服务,如 boulē [议事会],因为有许多以城邦名义举行的祭祀。大约从公元前 225 年开始,奥乐斯乐手就是议事会中的小官,作为最后一名(不定期地)排在被表彰的人之后列在主席团法令上(*Athenian Agora XV* 页 127、128、130,比较页 117)。一位哈莱的德吉拉奥斯(Dexilaos of Halai)从公元前 223 年干到约公元前 215 年,肯定成了公民。《雅典政制》(比较 62.2)中没有提及这一职位,可能是在古典时期之后。我认为早期这个任务是由公共奴隶完成的。雅典的其他奥乐斯乐手部分可信,如吕西阿斯(Lysias)的一篇演说《答奥乐斯乐手尼卡克欧斯辞》(πρὸς Νίκαρχον τὸν αὐλητήν)中所指的尼卡克欧斯(Harp. v. ἀκμάζεις, Ἀντιγενίδας);克莱塔尔科斯(Kleitarkhos),公元前 366—前 338 年期间奥罗普斯(Oropos)大安菲阿劳斯节(Great Amphiareia)上获胜的奥乐斯乐手(*IG* vii. 414.6 – 7)。公元前三世纪:Diogenes Theodorou(*FD* III. I. 477);Timogenes Ath [moneus](*IG* ii² 3085);Khariades Khariadou(*SIG* 424);Opis(?)(*Anth. Pal.* 13.20);失轶的名字(*SIG* 424 col. II.75);另一个(*IG* II² 3086/3087)。公元前二世纪还出现了一些。

如阿里斯托芬的《阿卡奈人》(Akharnians) 所示（行 860 及以下），这些专业演奏者出席的活动，可能涉及对以下方面的 mise - en - scène［场面调度］：雅典人对忒拜的奥乐斯乐手的看法和他们来到阿提卡的"跋涉"(crossing)。在这部谐剧中——在狄开俄波利斯 (Dikaiopolis) 的市场上，"一位忒拜人" (a Theban)① 被一群同族的奥乐斯乐手围着——最能看清楚，在雅典，奥乐斯是忒拜人最典型的身份特征。

在"低层"的表演中，鉴别身份更加困难。但是女性"职业乐手"，即 aulētris，肯定处于奴隶地位。家奴也许会被召唤，为家中的祭祀活动演奏奥乐斯。就我们所知，其他会演奏这种乐器的雅典人，只有高层精英，他们的身份毋庸置疑。他们的身份如此之高，以至于可以不时地冒着被主流社会意识形态批评的危险，而在会饮的受到限定的空间里演奏这一僭越性的乐器。

场　景

奥乐斯是推动阿提卡的城市和乡村每年数以百计的合唱演出的首要乐器。单单每年酒神大节上的二十首酒神颂、五场谐剧合唱和三场肃剧合唱，就是靠奥乐斯支撑的，而酒神大节只是众多包含合唱演出的节庆活动的高潮。我们对雅典节庆活动知之甚少，保守估计还有许多节庆时需要靠奥乐斯的表演几乎没有留下任何记录。② 奥乐斯是[76] 肃剧、谐剧和酒神颂中的音乐来源。此外，上述三类演出对它的作用都有所思考，使它成了自己话语的一部分。

---

① ［译注］原文如此，而阿里斯托芬《阿卡奈人》原文为玻俄提亚人。
② 阿特纳奥斯还提到了雅典人生活中出现过的许多各种各样需要奥乐斯演奏 (aulēsis) 的节庆。比如把 tetrakomos［四联欢］(618c) 和法勒隆 (Phaleron) 地区的 Tetrakomia［四村社联合体］联系起来，"四村社联合体"是当地纪念赫拉克勒斯 (Herakles) 的一种宗教组织，其中有竞技舞蹈。参 Parker (1996) 页 328 - 329。

很容易忘记奥乐斯是肃剧中的乐器,因为评论家长期在谈论"肃剧合唱的抒情诗"。但是,"所有的 baccheia［酒神信徒的狂欢］以及此类活动,尤其适合吹奏乐器中的奥乐斯……"（亚里士多德《政治学》卷 8,1342b）如果说肃剧中使用了里拉琴（lyre,［译按］：古希腊的一种七弦琴）,那只是地方性的或是为了特殊效果,而这种效果基于奥乐斯的假设到场,以及里拉琴和奥乐斯之间根深蒂固的对立——时常可以说是敌对。① 在阿提卡图像中,在肃剧角色中出现一位"官方的"奥乐斯乐手,是最安全的"戏剧"场景或关系的标志（Beazley［1955］; Taplin［1993］）。这证明奥乐斯乐手是肃剧世界和日常世界的重要中介,视觉上他看作"异质性的引入者"（图 4）。肃剧家们——他们自己也是作曲家——似乎采用了跨度相当大的各种调式或 harmoniai［和声］,包括"高贵的"多利斯调式,"酒神颂式的"弗里吉亚调式,"软绵绵的"或"松松垮垮的"伊奥尼亚和吕底亚调式,以及"情绪化的"混合吕底亚调式。

奥乐斯的角色,在涉及肃剧的体制时,都大致相似,但也与作为对应物的酒神颂有所不同。在酒神颂中,根据民主的部族成员身份结合为一组的五十位雅典公民,接受大型的叙事性的合唱训练,通常具有"爱国"性质。他们不戴面具,而（几乎肯定）是戴常青藤和茂盛的树藤。不管早期的酒神颂多么喧闹,古典时期节庆上的酒神颂似

---

① 关于肃剧的音乐伴奏：Roos（1951）页 216; Pickard – Cambridge［1988］页 165 – 167、257 – 262、322; Snyder（1979）; West（1992）页 351 – 355; Richter（1983）; Anderson（1994）页 113 – 124。里拉琴在肃剧中很可能主要用于为演员伴奏,或者事实上是由演员在扮演实际需要用里拉琴的角色时为自己伴奏（但比较色诺芬《会饮》6.1）。最著名的例子是关于索福克勒斯（Sophokles）扮演塔米里斯（Thamyras）的传说,他用齐特拉琴给自己伴奏。抒情独唱曲及演员与歌队的交流（特别是 kommoi［轮唱哀歌］）,肯定会使用奥乐斯。

图 4

乎比较克制（Pickard‑Cambridge［1962］页77），至少从实际层面来说，公民们与他们所在城邦之外的世界的联系比较有限，仅限于在围成一圈时与外邦奥乐斯乐手及（经常地）与外邦诗人的联系。另一方面，在肃剧中，十二或十五位公民，[77] 似乎不再根据公民主体中更具体的部族来挑选，接受的是具有激进模仿形式的合唱训练。他们通常用面具和着装表明他们的群体身份，这种群体身份可由他们文化的配套服装来解释，而这些对他们自己来说也是非常陌生的：那些妇女的——通常是少妇——服装，那些外邦人（不管是非雅典人的希腊人，还是非希腊人）的服装，那些奴隶或者那些兼有奴隶身份的人的服装，或者是那些结束了政治生涯的老人的服装，甚至还有极少数是半神一类的人物的服装（比较 Gould［1996］、Goldhill［1996］）。他们进入了狄俄尼索斯的世界，[78] 在不戴面具的外邦奥乐斯乐手——他引导他们登台和离场——的协助甚至某种程度上的"引诱"下，这种进入比他们唱酒神颂的同伴更狂热。由于歌队成员的身份总是不同于他们真实的雅典人的身份,而且由于常常会有对集体感情主义的戏剧化极端表达,在表演中,他们至少更接近位于他们中间的这个外邦人——他没有佩戴面具因而是可见的。①

奥乐斯本身就是泛雅典娜节竞赛上的中心,虽然在雅典,在这个比赛(agōn)中获胜不如在诸如齐特拉琴比赛中获胜影响大。其中的奖项更少,当然价值更低,而且所有年龄都在一组。② 可能通常获胜的是非雅典人。③ 有奥乐斯演奏比赛(aulētikē),也有在奥乐斯伴奏下的歌唱比赛(auloidia),可能还有叫作 synaulia 的多种乐器的音乐会表演。④ 而在节庆中,虽然我们可能会把表演称作体育竞技而非音乐竞赛,但是奥乐斯为竞争最激烈的歌队"盔甲舞"或 pyrrhikē[战斗舞](Kyle[1992]页 94 - 95)及一些纯粹是体育竞赛的活动伴奏,比如跳远、铁饼和五项全能中的其他项目。图像证据也表明,奥

---

① 从图像判断,口套并没有遮住脸,而奥乐斯乐手会因其面部的表现力而被人记住。

② IG II^2 2311. 20 - 22。Shapiro(1992)页 58。有关于(公元前六世纪末至前五世纪初)齐特拉琴手向卫城捐赠的证据,他们(很可能)是在泛雅典娜节上获得的胜利(IG I^3 页 666、754),却没有关于男或女奥乐斯乐手方面的证据: Kotsidu(1991)页 76 - 80。关于图像,见 Vos(1986)。

③ 一个例子是:阿克拉格斯的米达斯(Midas of Akragas)(品达《皮托凯歌》12),Clay(1992)页 519 认为他处于社会底层。

④ 关于 synaulia: Pollux 4.83; Athenaios 618a - b,见 Barker(1984)页 274 - 275; Taplin(1993)页 109 - 110。一个有趣却很少有人提及的事是,至少根据普鲁塔克(Per. 13),关于民主城邦的表演文化应该如何起作用,伯利克勒斯的部分远见(vision)包括具体的规定,例如在最大的城邦节庆中,哪些(或怎样?--καϑότι)比赛者要演奏乐器——这暗示了某种程度上对音乐文化立场明确的控制,非常有意思地与柏拉图在几乎不带有民主色彩的《法义》(Laws,又译《法律篇》)中规定的方法类似。比较 Nagy(1992)。

乐斯至少用于体育学校或健身房的训练。① [79] 因此，它在雅典人的体能训练和展示中最重要。

奥乐斯那具有穿透力的声音，肯定是希腊生活中最重要的集体活动中——祭祀——最常听到的（Haldane［1966］），而它的这一功能，最能证明它在联系神圣的他性（otherness）中的强大作用。在叙述波斯人的祭祀活动时（1.132.4），希罗多德（Herodotos）把波斯人不使用奥乐斯这一事实，作为定义他们的不同之处的一个标志（Cartledge［1993］页161-162）。因此，奥乐斯是希腊祭祀中的常规必备品之一：还有筑起的祭坛、点燃的火、祭酒、花环、大麦粒。② 然而令人遗憾的是，很难确定地说奥乐斯乐手在诸如雅典的祭祀等重大事件中也有地位，也不确定是否任何祭祀都需要奥乐斯乐手，甚至是家庭祭祀，或者只有大型公共场合才需要。得到广泛应用是可能的；至于地位，我们的记录中只有极少数提及，这说明这类奥乐斯乐手可

---

① 约公元前520年（Berlin F2262，ARV^2页46，第14［6］号，West［1992］插图10）的阿提卡红彩陶杯，展示了一幅在体育学校练习标枪、铁饼、拳击的画面，有穿着长袍、戴着口套的奥乐斯乐手在旁伴奏；*ABV* 页369第115号（泛雅典娜双耳细颈瓶）（比较 *ABV* 页365第64号）有一位 *akontist*［投掷者］、一位奥乐斯乐手和一位训练员。另一个阿提卡红彩陶杯可追溯至公元前505年后（Tarquinia RC 2066，ARV^2页101，第2号），展示了体育学校中的一位负重跳远的年轻人、一位奥乐斯乐手、一位标枪手、一位铁饼手以及年轻的拳击手，中间还有一位拿着叉棍的训练员。比较泡赛尼阿斯5.7.10，6.14.10；［普鲁塔克］*De mus.* 26 叙述了它在五项全能中用于伴奏，但提到的却是为 Stheneia［力量比赛］中的上了年纪的阿尔戈斯人伴奏，和为当时的他自己伴奏（to his on day）；比较 Philodemos 1.26.3-5，p.14（Kemke）；Pollux 4.44。

② 比较普鲁塔克《伦语》16c。祭祀游行似乎是阿提卡图像（花瓶和帕台农雕带上的）的一种背景，显示奥乐斯经常与齐特拉琴一同出现：Maas 和 Snyder（1989）页68-69。

能所处的是奴隶地位。外邦奴隶，不论男女，其奥乐斯演奏技巧，很可能是购买他们的邦民追求的品质之一。而祭祀中进行表演的奥乐斯乐手，是否被认为是祭祀中的参与者，这尤其难以回答。尤其谐剧的关于奥乐斯式食客（parasite）的传统主题，说明他们充其量恰好处于祭祀的边缘。①

当狄开俄波利斯斥责一位叫作凯里斯（Khairis）的忒拜奥乐斯乐手时，他这么做是由于缺乏音乐智慧（《阿卡奈人》行15-16②），而且担心会有人不请自来，在祭祀时演奏奥乐斯，并因此"为他的吹奏和艰辛表演"索取回报。与其认为在雅典表演而且可能还生活在雅典的外邦乐人［80］也许会定期在祭祀中充当奥乐斯乐手，不如说这些批评更能证明，在承担祭祀和节庆任务的奥乐斯乐手之间有非常严格的等级制度。因为前者在谐剧中被呈现为有吸引食客的魅力（比较《鸟》行858及以下），而且在这里表演的很可能正是超越了"现实生活"中截然断裂的威望和地位的连续性的乐器编曲，直到谐剧滥用的结尾。

奥乐斯与表露强烈情感密切相关，既包括喜悦之情——比如在婚礼游行时它的角色，③ 又包括在哀悼和哀嚎中极度的悲伤。它出现在

---

① 在记录表彰性地分配献祭的牺牲、皮毛和特殊祭品的铭文中，奥乐斯乐手有时是备受尊敬的人，但在阿提卡找不到例证。见Sokolowski（1962）no. 38A（公元前五世纪安德里亚的［Andrian］神学传教到了德尔菲［Delphoi］）；Sokolowski（1969）no. 151 A53（公元前四世纪公案教［Koan cult］日历），比较156 A30。

② 亦参行866。全部证明文献，参Stephanis（1988）页455-456。

③ 已经出现在荷马的《伊利亚特》18.491-492；比较Pollux 4.80。正如在阿提卡古典时期图像中的会饮和狂欢场景中一样，在婚礼中参加奥乐斯演奏的人物通常是女性；而客人多半拿着里拉琴。Maas和Snyder（1989）页86、114-115。

葬礼游行中，它的神话也与哀嚎关系紧密。① 奥乐斯的哀悼性尤其与弗里吉亚的环境相关，在雅典，它们主要在肃剧中露面。确实，鉴于雅典城邦锻炼控制力的方式高于公开表露悲伤，集体观看肃剧中他人（主要由男性扮演）的悲伤，也许是雅典人能公开经历悲伤的主要场景，而表演这一悲伤时伴奏的正是奥乐斯。② 图像填补了这方面材料的空缺，但是在雅典仪式性的"私人"悲伤经历中——在家庭葬礼的语境下——关于奥乐斯所扮演角色方面材料的缺乏，可能与在这些场景中对"过度"感情的压制有关，与古典时期的城邦认为自己在守护亡灵——至少在守护战亡将士——方面扮演的领导角色有关，与显然把作为葬礼伴随仪式的恰当形式的言辞置于突出的地位有关——这样的仪式与过度的女性化的哀嚎和奥乐斯的悲鸣这类"反言辞"相对立。

奥乐斯为三层桨战船的尾桨手（stroke）提供节拍，③ 三层桨战船是雅典帝国权力的支撑，与民主制的意识形态紧密相连；它可能也用于重装步兵方阵的进军，[81] 虽然支持这一观点的文献尚不明确。④ 特别是

---

① 品达《皮托凯歌》12；普鲁塔克《伦语》394b‑c。Reiner（1983）页 67‑70；Vernant（1985）；Frontisi‑Ducroux（1994）；Segal（1995）。泡赛尼阿斯（10.7.3‑5）详细记述了 aulodic [伴着奥乐斯演唱] 和 auletic [奥乐斯演奏] 竞赛是怎么在公元前 586 年被介绍到皮提亚（Pythia）的，但是下次节庆时取消了 aulodic 竞赛，因为太"哀伤"。见 Bowie（1986）页 23‑27。奥乐斯与悲恸和死亡相连这个"问题"，不仅仅是雅典人的问题。

② 梭伦对参加葬礼的女人作出限制，禁止她们唱"特定的挽歌"（set dirges）（普鲁塔克《希腊罗马名人对比列传·梭伦》[Solon] 21.4），而这种特定的挽歌肯定需要奥乐斯伴奏。参 Foley（1993）。

③ 阿里斯托芬《阿卡奈人》行 554；*IG* II^2 1951.100‑101、335；Pollux 4.56。

④ 最早（公元前七世纪中叶）说明它有这一作用的形象，在著名的原科林斯齐几（proto‑Korinthian Chigi）瓶上。但是不清楚雅典人是否曾在陆地上使用过奥乐斯。斯巴达人和克里特人在陆地上用过。见希罗多德 1.17.6；修昔底德 5.70；色诺芬 *Lak. Cons.* 13.8；普鲁塔克《希腊罗马名人对比列传·吕库古》22.2‑3；忒奥弗拉斯托斯《人物素描》8.5；Polyb. 4.20.6。比较 West（1992a）页 34。

在刚才的这两个例子中，它的"技术"优势显而易见：它是古代世界为数不多的能穿越奔赴战场的厮杀声而为人所听到的器具之一，不管是铜器的嚓嚓声或沉闷的脚步声，还是巨大的波涛声或成百上千支桨划动的哗哗声。它那具有穿透力的音调，远比任何弦乐器更适合在民主制下激增的这种集体的户外活动。它把命令性的节奏的力量，赋予了这些大型战斗。海军的发展和大型城市节庆，是与民主制的发展关系特别密切的两个现象，一方面，出现了大量的观众，另一方面，是史无前例的大部分公民的移动。然而，不能肯定地说，划桨时演奏这一穿透之音的上千位奥乐斯乐手，就是雅典公民或城邦的奴隶。①

奥乐斯用同样的风格为城市和乡村中各种各样的重要劳动提供建设性或破坏性的动员旋律，包括收割庄稼、谷物去壳，可能还有女性织布（West ［1992］页 28 - 29）。以历史上一个极其重要的时刻为例，拆毁雅典城墙的重要工作就是在奥乐斯的声音中展开的。在伯罗奔半岛战争结束时，雅典和比雷埃夫斯（Peiraieus）之间的长墙，就是在奥乐斯的伴奏下"怀着极大热情"被摧毁的。② 这里，出现了技术用途和文化意义的一种联姻，因为，如我上文所述，奥乐斯也是悲恸的伙伴，因此，从雅典的角度来说，这一时刻（吹奏奥乐斯）正合适。当然，它也和喜悦的庆典有关，特别是因释放而产生的喜悦，[82] 在色诺芬（Xenophon）的描述中，就出现了该乐器的这种主导

---

① 现在似乎一致认为三层划桨战船的 hyperesia ［水手］由公民组成。见 Gabrielsen（1994）页 106、248，Morrison（1984）。但是，参 Dem. 18. 129，*IG* II² 1951 的乐手中有一位（100）是西弗诺斯人（Siphian），另一位（335）看起来一点儿不像雅典人。这种情况似乎是伯罗奔半岛战争末期的一次例外，当时奴隶也应招划船。

② 色诺芬《希腊志》（*Hell.*）2. 2. 19 - 23 和普鲁塔克《希腊罗马名人对比列传·莱山德》（*Lysander*）15 补充道，当盟军戴上花环庆祝时，莱山德从雅典城中雇用 aulētrides ［女奥乐斯乐手］，在奥乐斯乐中（πρὸς τὸν αὐλόν）烧毁了整个舰队。其他地方认为，传说中或历史上的城墙是伴着奥乐斯的声音而建造的，例如，泡赛尼阿斯 4. 27。

旋律，对于斯巴达人来说——我要强调的是，在忒拜人的眼中也是如此——它在希腊自由的"首日"不可或缺。

最后一点也很重要，即奥乐斯是会饮不可分割的伙伴。① 奥乐斯是所有会饮仪式和娱乐的中心，是备酒、倒酒和饮酒时的旋律（Lissarrague［1990］；Frontisi - Ducroux［1991］页80、86 - 87）。在畅饮开始之前唱的祷文中，也能听到奥乐斯的声音。它也在饮酒时演奏，既可以作为宾客们欢唱、交流和相互竞技时的伴奏，也可以是以专业乐手的独奏形式。

（会饮）这一男性的社会和政治纽带的精英机制，显然是雅典前民主甚至可以说是反民主的奥乐斯之家。会饮是一个释放公民身份所带来的压力的场合，为暂时抛开深植于公民道德的克制提供了一条途径——因为可以暂时"扮演他者"（Lissarrague［1990］页12）。在这里，奥乐斯的演奏者地位等级悬殊：有上层精英，他证明了演奏奥乐斯并不意味着就是"奥乐斯乐手"（aulētēs）；也有受到双重排斥的女奴身份的女奥乐斯乐手（aulētrides）。

雅典公民少有演奏奥乐斯的机会，而会饮则是其中之一。亚里士多德（《政治学》8.1339b9 - 10）把自由民亲自演奏这一乐器的场合，想象成唯有"喝醉了或寻欢之时"——在会饮上当然是两者兼有。演奏过这一乐器的人，除了传说中阿尔喀比亚德的奥乐斯演奏（aulētikē），我们还听说有克里提阿（Kritias）和卡里阿斯（Kallias）。② 这是与我讨论的多数材料一直围绕的那些场所——比如雅典卫城和剧院——相当不同的（removed）一个世界。在某种情况下——给予精英成员一种界限分明的特定场合来"以局外人身份演

---

① 如参色诺芬《会饮》，特别是2、3、6、7、9章；普鲁塔克《伦语》713a - d。

② Athen. 184d = Khamaileon 残篇5（Giordano）；West（1992）页350中还添加了关于伯利克勒斯和达蒙的证据。

奏",我们在那里发现,"官方"的说法无疑并不完全适用于会饮,或者实际上被主动地玩弄了。在这种想象性的极端的释放中,雅典人变成了萨图尔,这个形象一直隐藏在奥乐斯的演奏、创造和发展中。① 就像萨图尔一样,奥乐斯是探索雅典男性身份的工具。[83] 但是和萨图尔不同的是,奥乐斯从来不是只存在于想象之中,也不是只存在于纯粹的陈述之中。

图 5

会饮尤其是女性奥乐斯演奏者——即 aulētris [奥乐斯女] ——的家园。"职业化"的含义明显依据的是演奏者的性别。女性专业乐手最清楚地表明了奥乐斯在公民中的"乐器"功能。因为兼为女性和奴隶而受到公民身份双重排斥的奥乐斯女,是相对于雅典社会中心的另一位边缘形象,她为雅典社会演奏和解放了奥乐斯。我猜想,一些女奥乐斯乐手(aulētrides)有可能和在节庆中演奏的男性一样,是

---

① 最简单的,例如,参约公元前 510 年的红彩陶双耳细颈瓶,所画图像是一个演奏奥乐斯的萨图尔,标签为 *TERPAULOS*——"因奥乐斯而魅力四射的人",也许还是"沉醉于奥乐斯的人"(Beazley *Para*. 323/3)(图 5)。

自由的外邦人（我没有确定的例子）。① [84] [亚里士多德]《雅典政制》(*Ath. Pol.*) 50.2 显示，有十位称作 astynomoi［治安长官］的市政官员，负责把女奥乐斯乐手、女竖琴手（psaltriai）和齐特拉乐手的演出费用限制在两个德拉克马之内。只提及女性表演者，暗示她们很可能同时提供性服务和音乐演奏，但是无论如何显然指的是奴隶。集中控制价格可能说明（正如柏拉图《普罗塔戈拉》347c3 – e1 进一步暗示的那样），会饮取乐的"货币化"抬高了女奥乐斯乐手的价钱。而有趣的是，雅典城邦让"城邦的父辈"（参见 Dem. 24.112）来管理女奥乐斯乐手，而他们的职责是维护雅典街道的基本秩序，在公共和私人（空间）的大致边界巡逻：比如确保清道夫做了清洁，街道不会因凸出来的阳台和下水道堵塞而有隐患。这些方面的关切之间的联系，肯定位于对公共安全造成威胁的领域，而围绕女奥乐斯乐手产生的激烈争执，是一种真正的危险。②

这里，音乐和性之间显然是一个连续体。奥乐斯女在某种程度上仅是身体性的，没有言辞（logos），或者她是非本人的"声音"（phōnai③）的传递者。她被（从某种意义上说和她身体连在一起的）乐器所定义，这一乐器与言辞的关系十分矛盾，常常被喻为（言辞

---

① 柏拉图《会饮》中，阿尔喀比亚德的言论证明，男性和女性演奏者有明显不同的评价。阿尔喀比亚德说的是马尔苏亚和奥林波斯的曲调及其强有力的效果，"无论是奥乐斯演奏大师还是拙劣的（φαύλη）的女乐手"（215c）。这里按照性别区分技术水平并不是特例，尤其是用来形容奥乐斯女的诸如"拙劣的"（φαύλη）这样的词汇，既能作为对技艺的判断，也能作为对社会价值的判断。"拙劣的女奥乐斯乐手"（φαύλη αὐλητρίς）的演奏，"确认"了这种"天生的"联系。

② 德摩斯忒涅 21.36。感谢 James Davidson 在这点上启发了我。

③ φωνή 多次被用于奥乐斯的"声音"（voice）。这和不用言辞（logos）来形容具有声音（phōnē）的动物相同。

的）敌人或对手。① 她靠提供声音来愉悦她的男性奴隶主或雇主，而（后者）这些拥有"自由之口"的好公民，他们自己是不可能认真地吹奏这一乐器的；然而，他们也许会在他们文化中的技能竞赛中，一反他们平时的说法来展示这方面的技艺。

奥乐斯女是提供性服务和性用途的代名词。她的性使用价值，就像她的"音乐"价值一样，主要集中在口头技巧上。在谐剧中，具有音乐—性交双重含义的词是 λεσβιάζειν［学勒斯博斯女人］。勒斯博斯女人（Lesbians，［译按］：即现在的"女同性恋者"）以她们的音乐技艺著称——特别是作为齐特拉琴的演奏者，也是著名的奥乐斯演奏者。但是在阿里斯托芬那里，lesbiazein［学勒斯博斯女人］有性的含义，指"由女性施于男性的性行为，可能要握着他的阴茎，很可能把阴茎放入她的口中……"（Dover［1993］页351）在《蛙》中，欧里庇得斯的缪斯的形象，让狄俄尼索斯对她"学勒斯博斯女人"（λεσβιάζειν）的技巧产生了疑问（行1308），而在这之前，埃斯库罗斯明确认为欧里庇得斯不适合里拉琴，而以奥乐斯和陶片做的响板代之。[85] 欧里庇得斯的缪斯在音乐和性方面的堕落，使她在狄俄尼索斯的想象中成了一个谐剧中擅长"学勒斯博斯女人"（λεσβιάζειν）的奥乐斯女（诸如此类）。那些在会饮上以奥乐斯的音乐来愉悦他人的人，也会——或者被想象成会——提供"学勒斯博斯女人"（λεσβιάζειν）的口交之愉也就不足为奇了。在希腊文化中，性行为与个人作用及权力之间的强烈关联显而易见，而这在外人对这件乐器的使用中得到了最佳的诠释。奥乐斯女可能代表了雅典人把奥乐斯和它

---

① 在图像中，奥乐斯演奏者常常是为男人们的活动助兴的"人类机器"。见 Lissarrague 和 Frontisi‑Ducroux（1990）页222–223。

的演奏者看作"器乐"这一具有局限性的观点。① 尽管女性演奏奥乐斯,但是雅典人关于奥乐斯的话语所关注的总是"男性"问题,女性在其中只是扮演了从属和反射(reflective)的角色。没有问题把女性和奥乐斯进行类比,这相当于说女性公民身份不存在。

三 再现与批评

雅典人关于奥乐斯的言辞

奥乐斯在雅典的话语地位,与受到高度重视的诗歌语言相去甚远,这恰巧证明它引起了一些根本的焦虑,也让我们窥见了主流雅典人的态度。我们已经遇到把奥乐斯乐手比作食客的谐剧性修辞。《苏达辞书》(Suda, Prov. 4438)这样为谚语"你在过奥乐斯乐手的生活"做注释——我们几乎不用怀疑该谚语源于阿提卡——"指那些依靠他人生活的人。因为奥乐斯乐手时刻注意着那些举行祭祀的人,好逸恶劳(live gratis)"。食客的主题再次出现在与祭祀的特定关系之中。但是作为反映雅典人观点的修辞,这则隐喻——它确定了奥乐斯乐手最低下的共通性——很难能更有说服力地概括奥乐斯乐手的边缘性意义。

---

① 但是这一谐剧形象并不总是直接呈现,奥乐斯女的形象可以作为对男性身份含义的谐剧性批评。当《马蜂》(Wasps)剧末用最粗鲁的方式展现了对奥乐斯女的器物化(objectification)时,它也展现了一个出于性冲动而失控的男人的悲哀,他不一定能得到他需要的东西来满足它们。尚不清楚菲洛克里昂(Philokleon)是否确实得到了达尔达尼丝(Dardanis);但他肯定不只是谈价还价,还要承诺为她赎身,并让她成为自己的pallakē[妾]。无论如何,这点都无关紧要,因为他"什么也做不了"(行1380-1381)。这种无能,削弱了他通过使用奥乐斯女描述的作为一个性能力强、精力充沛的男性形象。

[86] 如果发现有人在雅典的法庭上把对手比喻为奥乐斯,这根本不足为奇。埃斯基涅斯(Aiskhines)和德马得斯(Demades)两人,分别把德摩斯忒涅(Demosthenes)和全部雅典人比作奥乐斯——"因为,如果失去了舌头($\gamma\lambda\tilde{\omega}\sigma\sigma\alpha$一词可同时用于指代乐器的簧片和人的舌头),那么剩下的一切就毫无用处"。① 这一批评把雅典人与奥乐斯做了这样的比较,认为雅典人无所不在的口舌之功,反映了他们因其演说技巧而自我认同甚至自我崇拜,而同时也证明了这种力量对政治领域造成的危险——雅典人演说的效果可能不是出于理性说服,而是强行的、暴力的,尽管不乏诱惑力的主宰,但只是一种模仿和不断调整的权宜之计,并不一定与理智或公共关切相关。②

有一则箴言保存了该主题的一个有趣变体,斐洛斯忒拉托斯用它来概括他为克里提阿的一生绘制的黑色画像——雅典的哲学家、肃剧作家、挽歌作家、僭主。我非常怀疑斐洛斯忒拉托斯也许用的是克里提阿自己的一句言论来批判他(斐洛斯忒拉托斯 *Vit. Soph.* 1.16 [DK 88]):

> ἀνδρὶ μὲν αὐλητῆρι θεοὶ νόον οὐκ ἐνέφυσαν, ἀλλ' ἅμα τῶι φυσῆν χὠ νόος ἐκπέταται, σχήματος.

> 如果演说与习俗不符,我们看上去将会像在用别人的舌头说话一样——就像那些奥乐斯。

---

① 埃斯基涅斯 *In Ktes.* 229;德马得斯:Stobaeus *Flor.* 4.69。参阿里斯托芬《阿卡奈人》行681中的相关隐喻。
② 这些性质也与ἔναυλος [有奥乐斯伴奏的] 一词背后的语言学发展有关,它在阿提卡散文中逐渐用于形容演说人的话语或声音"余音袅袅"(比较柏拉图《默涅克塞诺斯》[*Menx.*] 235b8,《法义》678c),以及声音特别"尖锐"的事物(比较埃斯基涅斯3.191)。

外貌与模仿的危害力量,公共生活领域中的表述与习俗令人恐惧地不一致,这些正好被比作这一乐器——直接作用于情感,呈现出众多他人的声音,而且只会这样做,甚至使用两条舌头(在雅典使用的奥乐斯,几乎总是有两种形状)。①

阿特纳奥斯(337e)保留下来的某则警句片段,更简明地概述了雅典人的另一类观点:

ἀνδρὶ μὲν αὐλητῆρι θεοὶ νόον οὐκ ἐνέφυσαν
ἀλλ' ἅμα τῶι φυσῆν χὠ νόος ἐκπέταται

[87] 诸神没有赋予演奏奥乐斯的人智慧,
但是智慧随着吹奏从他身上流出。

在雅典,奥乐斯是理智的敌人。因此才有了安提西尼(Antisthenes)的妙语(普鲁塔克《希腊罗马名人列传·伯利克勒斯》[*Perikles*] 1.5),他是一个极关心自制力的苏格拉底学派和犬儒派成员。当听说伊斯门尼亚斯(Ismenias)(一位忒拜人)是位技艺精湛的奥乐斯乐手时,他回答说"确实如此,不过他是个卑劣的人;否则他不可能是一个一根筋儿的(serious)奥乐斯演奏者"。作为一个奥乐斯乐手的优秀,妨碍了作为一个人的优秀。道德、社会和智力上的低劣,是"雅典的"奥乐斯乐手的标志。

在雅典,奥乐斯俨然是个隐喻,这个事实,以及我们了解到的情况,有丰富的内涵。它的批评家和拥护者总是把它看作最具模仿力的乐器,能够模仿范围极广的声音,诱使听者"欣喜若狂",让他们不

---

① 参 Frontisi – Ducroux (1994) 页 250。由于缺少用双舌代表迷惑性演说形象这一含义的明确证据(比较欧里庇得斯《瑞索斯》[*Rhes.*] 行 394 – 395、422 – 423),这一点尚不可下定论。

再是正常的自己。这样一来,它自己就是一种深刻的"隐喻"或"新陈代谢"乐器。①

被驱逐的奥乐斯:哲学的焦虑

阿尔喀比亚德的一则童年轶事,围绕这个民主制的怪胎(enfant terrible),蕴含了许多与我所研究的奥乐斯有关的关切。普鲁塔克详细记述了这一事件,来说明阿尔喀比亚德早年就表现出强烈地"热爱竞争和卓越"(2.1)。阿尔喀比亚德扮演了雅典娜,通过好像突然从卫城降临,以及想象性地进入更大的城邦的范围,有些暗含在神话中的社会和政治结果清晰地浮出了水面:

> 他开始上学的时候,用恭敬的态度服从老师的指导,唯独拒绝学习吹奏奥乐斯,认为这件事很低贱,不符合自由民身份。他说,演奏琵琶(plektron)和里拉琴,不会有损一个自由民应有的举止($\sigma\chi\acute{\eta}\mu\alpha\tau\sigma\varsigma$)和面孔($\mu o\varrho\varphi\tilde{\eta}\varsigma$),但是当一个人用嘴吹奥乐斯时,甚至连他自己的熟人都很难认出他的脸($\pi\varrho\acute{o}\sigma\omega\pi o\nu$)了。(§5)此外,演奏里拉琴的同时可以说话和歌唱,但是奥乐斯却堵塞、阻碍了嘴,剥夺了演奏者的声音和言语($\tau\acute{\eta}\nu\ \tau\varepsilon\ \varphi\omega\nu\grave{\eta}\nu\ \varkappa\alpha\grave{\iota}\ \tau\grave{o}\nu\ \lambda\acute{o}\gamma o\nu$)。"所以让忒拜的年轻人去吹奥乐斯吧",[88]他说,"因为他们不知道如何交谈。但是正如我们的父辈说的那样,我们雅典人有雅典娜作为奠基人,有阿波罗作为守护神,而雅典娜丢弃了奥乐斯,阿波罗则剥了奥乐斯演奏者的

---

① 若不论篇幅大小,最早描述奥乐斯的是品达的《皮托凯歌》12,里面提到奥乐斯艺术源于雅典娜对戈耳工(Gorgon)哀悼其被杀的姊妹的模仿——顺便说,这位姊妹活着时能让看见她目光的人永远定格,无法复原。这则关于奥乐斯的趣闻来自忒拜,不在我这里考虑的范围之内,尤其参Frontisi - Ducroux(1994)的精彩论述,比较 Ahl(1991)、Gentili 和 Luisl(1995)。

皮。"(§6)阿尔喀比亚德用这种半玩笑、半认真的方式,把自己和其他男孩从这一科目中解放了出来。不久,下面这种说法就传开了,说阿尔喀比亚德非常正确,因为他反感奥乐斯演奏技艺,取笑那些学习它的人。结果是,奥乐斯和自由民的娱乐完全脱节,彻底为人所不齿。(普鲁塔克《希腊罗马名人对比列传·阿尔喀比亚德》[Alkibiades] 2.4-6)

在阿尔喀比亚德的教育模式下,奥乐斯成了一个问题,而阿尔喀比亚德则是高度"表演性"的人物,是给公元前五世纪末雅典的民主造成困扰和问题的罪魁祸首。阿尔喀比亚德把他自己对奥乐斯的厌恶,与当时雅典人的自我呈现中起作用的一系列反对因素结合了起来。与奥乐斯和马尔苏亚站在同一边的,是 aneleutheroi [卑贱的]、kakoi [丑陋的]忒拜的青年(比较柏拉图《会饮》182b);与里拉琴、雅典娜、阿波罗站在一边的,是 eleutheroi [高尚的]、kakoi kagathoi [美丽尊贵的]雅典的青年。奥乐斯堵住了嘴巴,里拉琴能让言语和音乐在演奏者的身体控制下愉悦地并存。这里,言语不仅仅是言说的才能,它暗示了全部的理性力量,和雅典人引以为荣的清晰谈吐。

雅典的奥乐斯传说,从根本上和字面上看都是一个关于自我观照(self-regard)的故事。在一个像古希腊那样的社会,自我观照的概念意味着与观照同侪的概念不可分割。这一点可以通过阿尔喀比亚德拒绝奥乐斯的基本理论的细节得到清楚说明,这一细节是,演奏奥乐斯时,"甚至连他自己的熟人都很难认出他的脸"。在人类和社会层面看,这是女神在演奏奥乐斯时产生的自我启发的等价物。①

---

① 普洛克鲁斯(Proclus,[译按]约公元410—485,希腊哲学家)(对柏拉图《阿尔喀比亚德前篇》106 的评注)提出的观点是,阿尔喀比亚德避开奥乐斯是出于对自身美貌的考虑。他进一步把这解释成是阿尔喀比亚德轻率的责难,因为这样没有考虑到避免吹奏该乐器是所有出身贵族的人——实际上是所有"正直的公民"——的通常做法。

但是，正如我一开始就提到的，在雅典娜的护佑下，阿尔喀比亚德的音乐生涯不但不孤单，而且一目了然。在他和奥乐斯的关系上，我们的文献相互出入很大，这一点——相反地——并没有让我困扰。对于阿尔喀比亚德拒绝学习如何演奏奥乐斯所产生的影响，我们有普鲁塔克的全部记录。① 但是另一方面，据说杜里斯（Douris）曾在一部相当有趣的关于欧里庇得斯和索福克勒斯（Sophokles）的著作中写道，阿尔喀比亚德"并不只是从某个人那里，而是从最有名的普罗诺摩斯那里"学会演奏奥乐斯的（Athenaios 184d）。[89] 让普罗诺摩斯成为少时拒绝学习奥乐斯的阿尔喀比亚德的老师，这种解释太过乏味。从普拉塔克《希腊罗马名人对比列传》中的塑造来看，阿尔喀比亚德对奥乐斯的拒绝，可以被看作是对公元前五世纪雅典主流态度的顺从，而强调这发生在他年轻时，显然意味深长。在阿尔喀比亚德的例子中，似乎正是以对顺从的颠覆或者暂时脱离顺从，而与具有顺从形式的年龄产生了联系。还可以从（古代描述的）阿尔喀比亚德那里看到更进一步的转变。而关于他少时拒绝奥乐斯的叙述——这个拒绝大概是要影响和他同龄的整代人的态度——当然还可以在柏拉图《会饮》中关于阿尔喀比亚德的部分读到，那里的阿尔喀比亚德完全长大成人，他在同龄人中重新接受而不是拒绝了奥乐斯。特别是在雅典的奥乐斯问题中，发现阿尔喀比亚德是一位矛盾而又相当有作用的焦点人物不足为奇。

苏格拉底和阿尔喀比亚德、马尔苏亚一起，组成了一个围绕奥乐斯的不同寻常的三人小组。这个小组并不是我自己的创造，因为阿尔喀比亚德试图"通过多个形象……而且这个形象是为了阐明真相"（215a），让苏格拉底（阿尔喀比亚德着重使用了 hybristēs［放纵者］一词②）能够极易被他在柏拉图《会饮》中的听众所理解。阿尔喀比

---

① 这可能是柏拉图《阿尔喀比亚德前篇》106e 的一部分。
② 尤其《会饮》215b；比较 175e。

亚德的形象主要产生于奥乐斯的世界中。

在(《会饮》)这个对话中,戏剧形式、修辞结构和再现的复杂性,对传达哲学"讯息"而言相当重要,① 早期(在医生的建议下)(176e)对"当时刚刚进来的"奥乐斯女的驱逐,决不仅仅是随意的舞台指示。这与会饮的参与者决定不再遵从任何饮酒的常规类似,他们前一天为纪念阿伽通(Agathon)的首次肃剧表演胜利而举办了狄俄尼索斯庆祝活动,喝得酩酊大醉。"……她可以吹给自己听,或者如果她乐意的话,吹给这院里的女人们听,这样,今天我们就可以在一起好好侃。"② 女奥乐斯乐手被驱逐了,她们只能为自己怪癖地表演,为院里的女人们吹奏。而正处于性别另一极的男人们,则会"以言辞为媒介相互为伴"。言辞取代了它的敌人,因为大家一致认为"我们应该在言辞中共度愉快时光"(177d)。纯言辞的会饮,其非凡的含义在某种程度上是以(似乎是"传统"的)对奥乐斯的拒绝为信号的,但是他们说的却是爱若斯(eros)的言辞和关于爱若斯的言辞,这听起来立即就矛盾了。

[90] 当苏格拉底陈述狄俄提玛描述的向"真正的"爱若斯上升时,阿尔喀比亚德和他的 kōmos [狂欢队伍] 闯了进来,这也代表了奥乐斯(连同酒、常青藤花环和 tainiai [束发带])破坏性的回归。"突然有人在外面大敲前门,传来一阵嘈杂,好像是一帮醉醺醺的夜游神,还听见女奥乐斯乐手的声音。"(212c)(似乎)与狂欢者发出的噪音($φόγος$)别无二致,人们听到了奥乐斯女的"声音"($φωνή$)。这些声音的意义很明显:在这群从"外面"闯进来的人中没有言辞。狂欢者制造了一种无言的声音,女奥乐斯乐手也没有发出

---

① 例如,参 Halperin (1992);Nussbaum (1986) 第 6 章;Rutherford (1995) 第 7 章。

② [译注] 引文参刘小枫译,《柏拉图的〈会饮〉》,北京:华夏出版社,2003。下同。

(一句）言语。但是她确实发出了声音。① 而那个声音无疑不是"她自己的"。那是奥乐斯的声音，他者（others）的声音，来自外面和对立面（other）的声音。这个声音正把阿尔喀比亚德"引向"会饮（212d），让他以奥乐斯乐手大师的身份为苏格拉底作颂词。《会饮》中有多种多样的领导与追求的形式，有身体的、爱欲的和智力的。只有阿尔喀比亚德在身体上由一位奥乐斯女引导，而他继续用奥乐斯式的语言，来叙述"苏格拉底—西勒诺斯"（Sokrates - the - Silenos）施加于他们之上的彻底强势的领导。

苏格拉底最像那些西勒诺斯的形象，他们像雕刻家一样坐在那里，拿着牧管（syringes）或奥乐斯。把他们打开以后，里面会露出诸神的形象。"而且，我说他最像马尔苏亚"（215b）。"你不是一位奥乐斯乐手吗？当然是，而且吹得比奥乐斯乐手高明多了。"因为马尔苏亚用嘴巴的力量演奏奥乐斯来愉悦他的听众，他做的事甚至今天的奥乐斯乐手还能通过演奏乐曲做到。但是苏格拉底"不用乐器，仅凭质朴的言辞"就能达到同样的效果（215c）。苏格拉底的话语愉悦了听者，也强迫、引导听者更接近神，更接近长相怪异、像萨图尔一样的苏格拉底内心的他性，以此使获得美的启示成为可能。

阿尔喀比亚德勾勒了在苏格拉底言辞中奥乐斯演奏的精神病理学，后来的苏格拉底会认为，它无法与理想城邦内部对身份的严格控制兼容。但这是所有奥乐斯隐喻中最著名、传播最广的一个隐喻，它在主要的非言语的雅典文化品物（item）和单个杰出的雅典人体现的言辞之间，建立了一个高度矛盾的等式，特别是它伪装成了演绎的、"科学"的知识。[91] 这样产生的强烈的悖论，不应通过下述假定的方式进行解决——即假定阿尔喀比亚德把哲学言辞和它的一个传统

---

① 可能有一个双关语，把发出声音的地点和声音本身的奥乐斯因素联系在一起（τὴν αὔλιον θραν...αὐλητρίδος），似乎奥乐斯的演奏者和声音都完全是"外在的"。

敌人形象化地（imagistic）混同，是作品的结构和活动设计好的——以至于谴责它毫无作用，它不过是一个无助地被误导的、冥顽不灵的、危险的难以控制的个人的产物。

阿尔喀比亚德把苏格拉底的话语力量，理解为超越词语本身界限的力量。理性主义者的方案，即上升到位于苏格拉底/狄俄提玛哲学核心的净化了的爱若斯，通过一种媒介和一种关系形式起作用，这种关系形式对立于根据理性生活的人生。阿尔喀比亚德——以及苏格拉底的其他听众，不论男女老少——因苏格拉底的话语而惊奇，并被它们控制了（215d），不论这些话语出自苏格拉底之口还是其他人之口（就像马尔苏亚的曲调一样）。他的心比神灵附体的库柏拉祭司（korybants）① 跳得还狂野；他已泪流满面。会饮上所有在场的人，都被这一"哲学的疯狂与 baccheia［酒神信徒的狂欢］"感动了（218b）。阿尔喀比亚德的灵魂陷入一片混乱之中，沦为了奴隶（215e）。矛盾的是，这样一种病理学暗含的控制力的丧失，完全不同于对苏格拉底话语传授的知识的欲求。只有让被驱逐的奥乐斯回到会饮中，真正回到它的神话范式，才能完全解决这一方案棘手的另一面——制造一个井然有序的、克制的、不受激情摆布的（passionless）世界。

作为一名奥乐斯乐手，苏格拉底一开始似乎羞于用奥乐斯的世俗话语的矛盾性，来反对哲学真理的确定性。这个观点在两个事实中得到了强调，即阿尔喀比亚德的讲述未受到挑战（虽然他公开要求苏格拉底在他偏离事实时纠正他），以及这是所有听他讲述的人的共同体验。② 然而，通过另一个隐喻的转换，奥乐斯有可能转而变成了哲

---

① ［译注］库柏拉（$K\bar{u}\beta\acute{\epsilon}\lambda\eta$）是小亚细亚弗里吉亚地方的女神，代表自然界的生长力，在小亚细亚和希腊受人崇拜，其教仪与酒神的教仪相似。

② 比较 215e、216c。重要的是，苏格拉底的奥乐斯式言辞的效果，并不是阿尔喀比亚德独一无二的和与众不同的体验。就此而言，需要与以下说法进行仔细区分：Nussbaum（1986）强调苏格拉底—阿尔喀比亚德关系的独特性，是阿尔喀比亚德演说中心的、正确的"知识"。

学的仆人,(出现的)"好像"(as if)这个比较,允许修辞性地使用该比较的力量,而不过于激进地暗示苏格拉底或他的方案的一致性。苏格拉底"朴实的话语"迷住并且控制了他的听众的灵魂,虽然用的是具有威胁性的非理性话语,这是一种情感的控制,可能对于上进之人在追求"美"(τò καλόν)的艰难过程中不可缺少。[92] 奥乐斯依然是《会饮》中的生成性的,甚至是多产的或决定性的力量。后来,柏拉图和苏格拉底在奥乐斯的力量上就没这么公开了。

要清楚的是,哲人的焦虑植根于其中的种种关切(concerns),在公元前五世纪就已经明确地谈到了。有一个故事说,达蒙碰到一位奥乐斯女,她正在用弗里吉亚式调式为一群年轻醉汉演奏,他们的行为几近疯狂。他让奥乐斯女改用多利斯调式,"于是他们马上停止了任性的行为"。① 奥乐斯受到的批评,常常小到它所演奏的音乐和调式。保守、传统的多利斯调式被所有人接受;亚里士多德则不得不因为苏格拉底的理想城邦接纳了弗里吉亚调式,而批评他的老师(或者至少是《王制》中的苏格拉底):

> 在《王制》中,苏格拉底在多利斯调式之外选取弗里吉亚式是错误的,尤其既然在乐器问题上他不接受奥乐斯。因为在所有调式中,弗里吉亚调式的潜力和乐器中的奥乐斯一样:两者都充满刺激且情绪化。(《政治学》1342a32 – b12)②

苏格拉底看待弗里吉亚调式反常的悲观态度,不该被看作是他在管理城邦的音乐秩序方面一个过于令人忧虑的疏忽:因为,正如我们

---

① Galen *de Hipp. et Plat.* 9.5。毕达哥拉斯也说过同样的故事。见西塞罗(Cicero)*De Consiliis suis* fr. 3 p. 339 Müller, Sext. Emp. *Math.* 6.8, Iambl. *De Vita Pythagorica* 112。

② [译注] 中译文参亚里士多德,《政治学》,吴寿彭译,北京:商务印书馆,2012。有改动,下同。

将看到的那样,无论如何,城邦中将不会出现用来演奏弗里吉亚调式的奥乐斯。

这则轶事清楚地证明了达蒙对音乐的理论态度,他是把和谐(harmoniai)作为"风尚"(ethos)的积极组成部分的主要倡导者。这是对传统概念的发展的更有意识的说法,即"音乐"(mousikē)构成了个人和集体的社会身份。据说他在其他地方所持的观点是,"在演歌和弹奏里拉琴时,男孩应该适当显露他的勇气和正义"(*Mus.* 3.77.13 – 17 B4 Diels)。雅典青年显露"正义"所借助的乐器是里拉琴而非奥乐斯,这绝非巧合。

柏拉图对模仿(mimēsis)的忧虑特别集中在奥乐斯上,它的模仿力被多次强调。苏格拉底在《王制》第三卷中,讨论了"守卫者"要成为"城邦自由的专业艺人",应该避免模仿什么以及为什么不能模仿(315c,[译按]:应为395c),这从根本上说明了"模仿论"引起的恐惧,是恐惧失去理想的公民身份的稳定性:

> 如果[守卫者]要模仿,他们应该从孩提时代就模仿得体的事物——勇敢、节制、虔诚、自由,以及所有与此相似的品德;[93]但是他们不该做也不该自作聪明地模仿那些与自由民不相称的东西,以及任何卑鄙的事物,以免他们在模仿中竟然陶醉于现实……我们将不让那些人,那些我们说将受到我们的照料并且必须成为高尚者的人,身为男人,去模仿女人,不管是少妇,还是老妪,辱骂丈夫,或与天神竞争、妄自尊大,自以为幸福,或面临种种不幸事件,充满了痛苦和悲哀;在病中,在恋爱中,在临产中,这就更不应该……也不可让他们模仿女奴和男奴,干那些属于奴隶干的事…… (395b – d,[译按]:应为395c – e)①

---

① [译注] 中译文参柏拉图,《理想国》,王扬译,北京:华夏出版社,2012。有改动,下同。

这里是对雅典娜有力地回应，当乐器的模仿性公之于众时，两者的一致就更为明显了。我认为，雅典的雅典娜传说和奥乐斯，在城邦拒绝（奥乐斯）的旗帜下，"有效地"把它的力量注入了城邦之中。柏拉图笔下的苏格拉底甚至更严厉。他进一步表明，只模仿勇敢、节制、高贵的人的需要，意味着所有泛声部或者多声部的音乐调式都应该被取缔，而要取消这些，奥乐斯的存在就成了一个问题：

"那么，你会允许城邦中存在奥乐斯的制造者和演奏者吗？或者，奥乐斯难道不是最具有'多音'的乐器的性质，'带各种音调的乐器'本身模仿的不就是奥乐斯吗？" "当然如此"，他说……"因此我们并没有做什么新奇事，朋友啊，我们喜欢的是阿波罗和属于阿波罗的乐器，而不是马尔苏亚和他的乐器。"（399d－e）

奥乐斯是音乐多样性的模型，以至于最"多音的"① 乐器都是对多功能的、模仿力强的奥乐斯的模仿。它在柏拉图的"理想城邦"（kallipolis）中没有位置。但是，苏格拉底在把神话转换成残酷的现实时，要了些修辞花招，诉诸了传统的文化范式，即引入了对阿波罗乐器而非萨图尔乐器的喜爱。

但是，亚里士多德也没有妥协，他在《政治学》第 8 章中讨论关于给城邦的自由少年理想的教育时，在体育和——尤其是——音乐教育方面，讨论得比苏格拉底更具体，表面上也更可行，而他确实用历史实践的模糊事实，让他的讨论有了细微的差别。他被专业性的污

---

① 对奥乐斯的 $\Pi o\lambda v\chi o\rho\delta o\varsigma$ ［多音的］运用，在西蒙尼德 46（Bergk）已提到；比较欧里庇得斯《美狄亚》（*Medea*）行 196，《瑞索斯》行 548，普鲁塔克 *Quaest. conv.* 2.4.3。

名所困扰,极其关心自由民到底应不应该演奏乐器,最终决定支持主动学习,因为他注意到,培养具有批判性的判断技巧对公民来说很重要。要防止"某些人"反对说这会让人们变得庸俗,其方法是[94]小心严格地控制允许学习的旋律和乐器,以及把这种教育形式限制在受到密切监视的儿童时期。这里,所有形状的奥乐斯都是首要的忌讳之物(offenders),因为这种乐器产生的是"令人兴奋的"($\partial\varrho\gamma\iota\alpha\sigma\tau\iota\varkappa\acute{o}\nu$)影响,而非"道德教化"的影响($\mathring{\eta}\vartheta\iota\varkappa\acute{o}\nu$ 1341a)。奥乐斯的另一个缺点是,它"阻碍了言辞的使用"(1341a25)。在雅典人看来,这让它成为公民所深恶痛绝的东西,因为"自由之口"是公民在身体上和政治上所有得体举止的最理想的特征之一(例如,比较埃斯库罗斯《乞援人》[*Hiketides*] 行 948 – 949)。

亚里士多德谈论了更早的时代采用和之后拒绝奥乐斯的事,他勾勒的这一历史模式,反映了雅典的奥乐斯神话——发现、试验、被城邦的护佑女神亲自命令性地拒绝。事实上,当提出自己对雅典娜拒绝一事的观点时,他还赞扬了这个"关于奥乐斯的古代神话"(1341b1及以下),认为之所以拒绝,更像是因为关于奥乐斯演奏的教育"没有提升智力的功效",而不是出于她"因脸部丑陋的扭曲而气愤"(1341b4 – 5)。

然而,在早前的那些年代——大约是在波斯战争之后,随着闲暇的增多和财富的增长,产生了一种"旨在追求卓越的高昂精神",希腊人开始不加区分地学习一切,甚至吹奏奥乐斯。亚里士多德继续写道:

> 在拉刻代蒙(Lakedaimon),某位歌队赞助人亲自为自己的歌队奏起了奥乐斯,而在雅典,它风行一时,以至于几乎绝大多数自由民都热衷于演奏它;这可以从忒拉希普斯(Thrasippos)在成为歌队赞助人之后为厄刻凡提德斯(Ekphantides)所立的碑上找到证据。(1341a33 – 37)

这一对雅典上流社会狂热演奏奥乐斯的描述极富暗示意义。在引用阿提卡歌队的铭文来证明自己的观点时,亚里士多德当然是要让他的读者理解,忒拉希普斯是谐剧诗人厄刻凡提德斯的歌队赞助人(因此显然是一位慷慨的人),也是他的奥乐斯乐手(Csapo 和 Slater [1995] 页 151-152)。如此一来,这就提供了一个不同寻常的例子:一位作为谐剧歌队赞助人的富裕雅典公民,竟然亲自吹奏奥乐斯把他的歌队引入了歌舞场(orchēstra)。① 对雅典人来说,这确实是惊世骇俗的(high-spirited)一幕,而且这类事情可能也只有靠具有僭越风格的谐剧才能实现,因为它常常会挑战"美"自然具有的最高地位。[95] 神话和历史孰轻孰重,我们在这里无法定论。但清楚的是,因这篇铭文而感到震惊的戏剧方面的史学家,会发现在书写心目中的"自由民"的教育时,雅典的奥乐斯神话更具有启发性。

---

① 由于他没有戴面具,忒拉希普斯的出现将会是最显眼的,比起他扮演某个歌队成员的角色来说。

肃剧中的演员之歌

霍尔(Edith Hall) 撰

李向利 译

一

[96] 为什么肃剧（[译按]：又译悲剧）中歌队演唱时，既不按"副多里亚"（hypodorian）调式，也不按"副弗里基亚"（hypophrygian）调式？……这两种调式都不适合歌队（choros），而是更适合舞台上的演员。因为舞台上的演员模仿的是英雄，在过去只有首领们（rulers, hēgemones）是英雄，而其余的人（hoi de laoi），包括歌队，只是普通人（anthrōpoi）。（亚里士多德，《问题集》[*Problems*] 19.48）①

《问题集》有两个特点很让人感兴趣。第一个特点是对歌队成员对肃剧贡献的定义，因为作者进一步区分了舞台上活跃的演员角色和相对被动的歌队。② 第二个特点，也是音乐学者引用最多的，它提供

---

① [译注] 译文参苗立田主编，《亚里士多德全集》卷六，徐开来译，北京：中国人民大学出版社，1995，页398。略有改动。
② 例如，参 Flashar（1967）页 625-626；他认为这是施莱格尔（A. W. Schlegel）影响巨大的概念——歌队是"理想的观众"（ideale Zuschauer）——的源头，参本文集 Kalame 的文章。

了不同的音乐调式具有不同听觉效果的证据（例如，参 West［1992］页 183 - 184）。不过，《问题集》也提供了肃剧中各种社会阶级观方面的证据。它声称，"过去"肃剧中存在各种社会区分（social distinctions），而且，它含蓄地承认，这些社会区分与音乐表达相关。在过去的肃剧中，会把 anthrōpoi［普通人］——歌队即其中的一部分——与首领们（hēgemones）区分开来，这种区分解释了为什么把不同种类的歌曲分别赋予不同类型的人。受《问题集》的启发，本文从密切关注歌唱体现的戏剧角色的社会身份这一角度，思考了肃剧中的演员之歌。

在流传下来最早的肃剧埃斯库罗斯（Aeschylus）的《波斯人》（Persians）中，薛西斯（Xerxes）从未说过一句短长格［iambic］三音步诗，这让他在现存肃剧的重要角色中显得极为与众不同。他简短地同歌队对答了几句短短长格（anapaests）抒情诗（行 908 - 930）（关于短短长格的言说方式［delivery］，见本文第二部分），随后便悲惨地和他们唱起了交互轮唱的挽歌（dirge）。① 他们一共唱了 15 节抒情诗，情绪越来越失控，直到戏剧的结尾。然而，[97] 伟大的波斯君主的声音，只是用歌唱的方式来表演，跟说话迥然不同，这种情况似乎从未见过。

如果往后推大约一个世纪，在很可能是现存的创作最晚的希腊肃剧《瑞索斯》（Rhesus）中，我们会发现另一个装扮成不知名的缪斯的演员。② 她和她色雷斯儿子的尸体，一同出现在机械装置上，她对

---

① ［译注］英文 dirge、elegy 和 lament 意思相近，都可以指在重要人物或心爱的朋友死时吟唱的歌曲。文中分别译为"挽歌"、"诉歌"和"哀歌"，以示区别。

② 对于该缪斯的身份，无论是第一种假设的作者的叫法（把她叫作卡里欧珀［Calliope］），还是拜占庭的阿里斯托芬（Aristophanes of Byzantium）在第三种假设里说的特尔普希克瑞（Terpsichore），都不能从戏剧文本中找到相关证据。然而，Ebener（1966）页 114 则采用了阿里斯托芬的说法。

着儿子的尸体唱了一首独唱哀歌（lament）（行 895 – 903，906 – 914）。这位缪斯是歌唱艺术自身不朽的习艺者（practitioner），曾与游吟诗人塔米里斯（Thamyris）进行过比赛（行 917 – 925）。在这部特殊的戏剧中，她也是第一个唱独唱歌（monody）的人物，而且是已知最早的唱肃剧独唱歌的永生者（immortal）。在公元前五世纪的肃剧中，永生者们几乎从不唱抒情歌，这本身暗中表达了古典雅典的宗教信仰和意识形态——诸神与凡人在表演时情形有别。① 然而，这位肃剧缪斯在显现时却忘情歌唱，这些细节（ramifications）好像没有引起什么人的兴趣。② 而且，关于它对公元前四世纪肃剧表演发展的意义，也鲜有人花过心思。③

然而，古希腊音乐太有魅力。对古代作家笔下音乐的讨论，包括

---

① 在现存的一份纸草文献中，赫拉（Hera）伪装成一个行乞的（凡人）女祭司，可能表演了六音步抒情诗，这些诗句被认为属于埃斯库罗斯的《克珊特里埃》（*Xantriai*），和他的《塞墨勒》（*Semele*）或《许德罗佛洛》（*Hydrophoroi*）（埃斯库罗斯残篇 168. 16 – 30）。关于伪装与这段令人吃惊的"悼诗"之间可能存在的联系，参 Taplin（1977）页 427。在《酒神的伴侣》（*Bacchae*）中，紧接着第二合唱歌，狄奥尼索斯（也伪装成凡人）和歌队在"地震"中轮流唱了几句抒情诗（在行 576 至行 603 之间）。有趣的是，位居神列的波吕斐摩斯（Polyphemus）和西勒诺斯（Silenus），在萨提尔剧中可以唱抒情诗句（《圆目巨人》行 503 – 510；埃斯库罗斯的《迪克图尔基》[*Dictyulci*] 残篇 47a. 799 – 820）。

② Ritchie（1964）页 340，在他（这本）很有影响的著作中，极力贬低该场景的非同一般性，因为他要论证这部肃剧是欧里庇得斯的真作。但即便如此，他也不得不承认这首悼诗的奇特之处："我们无法从任何其他留存下来的肃剧中，发现离场时（exodos）的悼诗，而且出自机械上的神（deus ex machina）之口。"

③ 当然，到了公元前二世纪，狄俄尼索斯神在《酒神的伴侣》中的角色，可能被认为是一首 aisma［歌］，在 kithara［竖琴］的伴奏下，由表演明星萨摩斯的萨图鲁斯（Satyrus of Samos）表演：SIG^3 648B。参 Gentili（1979）页 27 – 28；Eitrem，Amundsen 和 Winnington Ingram（1955）页 27。

肃剧作家在内，引起了广泛关注（例如，参 Moutsopoulos［1962］）。重新创作的古代音乐，一个世纪以前就广为流行，① 这些再现作品如今已灌制成 CD 发行。② ［98］马尔克斯（Friedrich Marx）1933 年论希腊肃剧音乐的文章认为，能够在乐曲《伏尔加船歌》（*Volga Boat Song*）中听到希腊肃剧音乐的痕迹（Marx［1933］）。1951 年勒罗伊（Mervyn LeRoy）指导的米高梅（MGM）影片《暴君焚城记》（*Quo Vadis*），由罗饶（Miklós Rózsa）作曲，他是一位钟情于重新谱写真实的古代旋律的音乐史专家。罗饶说服乌斯季诺夫（Peter Ustinov）（饰演尼禄［Nero］）演奏《塞基洛斯之歌》（Song of Seikilos），这是一首挽歌，连同乐谱一起刻在一世纪卡里亚（Caria）的一块石碑上。③ 埃斯库罗斯《波斯人》的 parodos［进场歌］，1995 年秋在牛津召开的三年一届的希腊与罗马社会大会（the Triennial Meeting of the Greek and Roman Societies）上上演（由韦斯特［M. L. West］伴奏），因而最终证明了谐剧（［译按］：又译喜剧）有颠覆肃剧的能力。然而，对古希腊音乐的持续好奇，却并没有在肃剧诗歌听觉影响力方面产生同等的兴趣，而自从塔普林（Taplin）《埃斯库罗斯的戏剧艺术》（*The Stagecraft of Aeschylus*）（1977）一书出版以来，人们的兴趣已经转移到这种艺术类型的视觉方面。

---

① 关于参考文献，例如参 Stumpf（1896）页 49 注释 1。Macran（1912）页 12 用感人的坦诚笔触，记录了对都柏林三一学院组织的一次国外和古希腊音乐实验创作的失望之情："一直断定……在绝对地缺乏意义和无可救药的丑陋方面，希腊式的赞美诗显得绝无仅有。"

② 最近一本论希腊音乐的书，除了提供有"参考文献"外，还乐观地夸口一种"唱片分类法"。见 Anderson（1994）页 239。

③ 参 Palmer（1975）页 38 - 40。关于留存下来的这四行古希腊音乐例子的抄写，参 West（1992）页 301 - 302。对《宾虚》（*Ben - Hur*）（1959）来说，幸运的是，当被要求伴随出生场景（获奥斯卡奖的得分处）插入"噢来吧，你们所有忠实的人"（Oh come, all ye faithful）的调子时，罗饶曾威胁要罢演。

文法家狄俄默德斯（Diomedes）曾说过，我们在读希腊抒情诗时应当唱出来，即使不知道或记不住调子。① 除了在重读音节上提高我们的音高外，该怎么唱并不清楚（Pearson [1990] xlix）。不过狄俄默德斯的建议表明，在歌唱和朗诵（spoken）的诗句之间能感觉到强烈的不同，以至于即使是一种杜撰的（invented）旋律，都有助于读者寻回对吟唱式抒情诗的体验。

然而，当一个现代的学生阅读（coming to）希腊肃剧时，可能不会轻易尝试狄俄默德斯建议的富有想象力的阅读。她很可能知道，合唱颂诗是要唱出来的。她也可能知道，一些演员饰演角色的某些段落是要唱出来的。但是，除非她修了高级希腊语格律的课程，她不会知道要唱的都是哪些部分。即使修了这样的课程，她也会对"长短短长格回响"（choriambic anaklasis）这个术语，和已经解决的抒情的四短音节音步（prokeleusmatic）困惑不解，以至于只见韵律之树，不见表演之林。很少有译著指明哪些部分需要歌唱，而希腊语教材又专注于复杂的韵律分析（colometry），未能从表演的角度传达最关键的信息，也就是哪些小节需和着音乐歌唱。因此，绝大多数人在阅读 [99] 希腊肃剧时，都被剥夺了解密肃剧表达逻辑（logic）的最重要的解释工具，很难相信会允许同样的疏忽发生在例如莎士比亚（Willian Shakespeare）的作品上。②

在公元前五世纪，人们就已经认为演员唱的歌值得关注。在阿里斯托芬的《马蜂》（Wasps）中，菲罗克勒翁（Philocleon）倚着窗户

---

① *Dei meta melous anagignōskein*：Hilgard（1991）页21、19 - 21。狄俄默德斯的建议，出现在他对色雷斯的狄俄尼修斯（Dionysius of Thrace）*Ars Grammatica* 一段话的笺注中，他在那里推荐说，抒情诗要 emmelōs [高雅地] 读，哀歌则用一种凄凉的挽歌一样的风格：Uhlig（1983）页6，段2.8 - 11。

② 当然，我并非在宣称学者们忽略了理解肃剧中演员之歌的重要性。不过，无可争辩的是，至少在英语或法语学界，无限多的出版物是关于 agōn [竞争] 的。

滑稽地模仿了一支肃剧歌（行316-333），或许最早是肃剧里的达娜厄（Danaë）被幽禁在塔中时唱的（参 Rau［1967］页 150-152；MacDowell［1971］页 176）。欧里庇得斯的歌曲，无论独唱或合唱，都产生了巨大的影响。① 在《地母节妇女》（*Thesmophoriazusae*）中，欧里庇得斯的姻亲戏仿了安德洛墨达（Andromeda）的独唱歌——欧里庇得斯在同名剧中为她创作的（行 1015-1055），而《安德洛墨达》（*Andromeda*）的瞬间成名，可能部分由于那个精彩的肃剧场景，即女神艾柯（Echo）② 附和了安德洛墨达的歌唱（参 Gilula［1996］页 163-164）。此外，在《蛙》（*Frogs*）里，歌曲是得到仔细审查的肃剧的两个特点之一（另一个是开场白）。应狄俄尼索斯的要求，欧里庇得斯答应证明埃斯库罗斯是一位颠来倒去都是一个调的（repetitive）的歌作者（melopoion，行 1249-1250）。紧接着，在埃斯库罗斯对欧里庇得斯音乐的戏仿中（见下文），歌曲《从舞台而来》（"from the stage", apo skēnēs），或《演员之歌》（"actor's song"），受到了彻底的分析。

当肃剧的一个方面被学者们忽略时，它通常也透露了亚里士多德对此不感兴趣。肃剧歌也不例外。亚里士多德论诗和修辞术的理论著作，明显对戏剧（theatrical）和演说文本的朗诵（hupokrisis）和表演

---

① 关于欧里庇得斯歌曲的受欢迎度，相关论证不计其数（参 Michaelides［1978］页 117-119），尽管常常不清楚指的是合唱颂歌还是演员唱的歌（或者二者都如此）。例如，普鲁塔克记述说，在西西里的雅典人公元前 413 年遭受叙拉古之难后，其中的一些人靠唱一些这个诗人的歌（melē）而获救（*Vit. Nic.* 29）；在阿基奥尼库斯（Axionicus）的谐剧《欧里庇得斯热爱者》（*Phileuripides*）（残篇 3）中，一个角色谈到了那些除了欧里庇得斯的抒情诗其他一概厌恶的人们。在斯特拉提斯（Strattis）残篇 1.1（出自 *Anthroporestes*）中，说话人似乎说他不喜欢任何诗人的歌（melē），除了欧里庇得斯的，尽管不清楚就哪一点来比较。

② ［译注］希腊神话中的山林女神，暗恋美少年那喀索斯无果，其哀鸣化作了山间的回声。

方面带有偏见（参 Hall [1995] 页 40–41）。然而，即便如此，亚里士多德也把歌曲创作看作肃剧的一个比场面更为重要的提高（enhancement）（《论诗术》[*Poetics*，又译《诗学》] 6.1450b 15–16）。此外，尽管亚里士多德《论诗术》的目的是要剥除肃剧中的表演和社会—政治方面的内容（参 Taplin [1977] 页 24–26；Hall [1996] 页 295–309），但无论如何，他都留下了一条关于歌曲的意识形态细节（ramifications）的线索。该线索证实了一种看法，[100] 这在上文对《问题集》的引述中清晰可见，即在上演的 mousikē [音乐、诗歌] 中，为饰演的角色选择言说还是歌唱的自我表达方式，是基于对社会角色的理解。

这条线索位于第 15 章，该章举出了两个性格刻画不当的例子。第一个是奥德修斯（Odysseus）在《斯库拉》（*Scylla*）中的悲叹（thrēnos），它很可能是提摩忒乌斯（Timotheus）创作的酒神颂歌（dithyramb），亚里士多德后来把它和奥乐斯演奏（aulos-playing）联系了起来（《论诗术》15.1454a 29–30 和 26.1461b 29–32 = *PMG* 残篇 793）。亚里士多德并未告知我们为什么奥德修斯的哀歌有失妥当，但这个例子同"墨拉尼珀（Melanippe）的演讲"（rhēsis）一同出现。这几乎肯定暗指欧里庇得斯《聪明人墨拉尼珀》（*Melanippe Desmōtis*）中（残篇 499N^2）墨拉尼珀著名的对厌恶女人者的修辞（短长格，口头）的拒斥，"男人对女人的苛责，是不值一提的弓弦声和恶毒坏话"等等（译文引自 Lefkowitz 和 Fant [1992] 页 14）。奥德修斯唱的哀歌和墨拉尼珀的长篇抨击，如果按照性别话语及其表现手法中暗含的标准判断，是"不得体"的。但奥德修斯的悲叹不得体，是因为他是个男子汉，或一个地位显赫的英雄，或一个希腊人，还是因为所有这一切？

埃斯库罗斯的薛西斯除了悲叹什么也没有说，然而因为通过表演形式对波斯（Persia）进行了肃剧化加密（encrypting），学者们并未意识到这种表达的含义。为什么他没有说话（他的话也以间接引语

[oratio obliqua]的方式,出现在报信人的叙述里,例如,行 365 – 371、469 – 470。参 Hall [1996a] 页 363)? 是因为他是一个野蛮人,或者因为作为波斯国王和希腊(Hellas)曾经的入侵者,他是这个野蛮人? 是由于他出场那一幕的仪式定位(orientation)——那一幕表现的是一个丧葬 kommos [(由歌队和演员轮唱的)哀歌],尽管没有尸骸? 鉴于在希腊人的观念中丧葬哀悼无不与女人相关,这样做是一种形式上的策略,要通过诗体类型、语言表达和韵律选择把他女性化吗? 是因为他情绪失常,像欧里庇得斯《赫卡柏》(*Hecuba*)中疯疯癫癫唱歌的另一位不节制的野蛮人波吕墨斯托尔(Polymestor)一样? 如果薛西斯是个奴隶,他还会歌唱吗? 在《索福克勒斯的一生》(*Life of Sophocles*)中(6),据说肃剧家在创作肃剧时,会考虑到演员的能力:薛西斯这个不同寻常的角色,意味着表演者需要有一副显著的如歌般的嗓音?① 这个因素可能已经涉及欧里庇得斯《奥瑞斯忒斯》(*Orestes*)中精致的咏叹调(arias)的创作(参 West [1978a] 页 38;Hall [1989] 页 119、210;Damen [1990] 页 141 – 142)。已有人提出,欧里庇得斯《酒神的伴侣》(*Bacchae*)和《伊菲革涅亚在奥利斯》(*Iphigenia at Aulis*)中相对缺乏演员抒情歌,[101] 可能是由于它们创作于马其顿(Macedonia)的结果,那里也许缺乏歌剧人才(operatic talent)。②

目前,尽管贝弗利(Jane Beverley)很快将完成一篇重要的关于

---

① 参 Pintacuda(1978)页 31。关于按照嗓音情况挑选演员的例证,参 Hunningher(1956)。

② Owen(1936)页 153。Owen 进一步发展了他的理论,即构思音乐角色要根据演员在歌唱方面的才能:例如,他认为,当一个角色只用一个抒情诗格律(比如,克瑞翁 [Creon] 在《安提戈涅》[*Antigone*] 中三短两长的五音节音步 [dochmiacs]),它就可能是"为一位音乐才能有限的演员"定制的(页 150)。

欧里庇得斯独唱歌的博士论文,① 但是对这些问题讨论得（aired）还不够充分。之所以造成这种情况，有几个方面的原因。一是术语的复杂性：很难信心十足地区分"轮唱哀歌"（kommos）、"戏剧对话"（amoibaion）和"带间断的独唱歌"（monody with interruptions），即使我们能肯定古人确实关心这一类的定义（参 Barner [1971] 页 277 - 279）。另一个问题是，关于演员之歌的证据模棱两可（下面还会谈到这个问题），尤其是考虑到所谓的既非短长格诗又非抒情诗韵律的"吟诵"表演。这种困惑文艺复兴时期就很明显，且创造性地卷入了欧洲歌剧的诞生：意大利十六世纪末的歌剧之父们，想象所有希腊肃剧都是唱出来的。

然而，更确切地说，对肃剧歌的社会—美学细节的忽视，最重要的解释需要在古典学界自身的历史中寻找。我们生活的这个世纪，在肃剧的形式主义分析和渊博的人类学研究之间存在隔阂，后者主张消除过去所称的"艺术"与"现实"之间的区分。德语界语言学传统生产了大量重要的研究肃剧形式因素和韵律因素的书，像《独白与自我对话：对希腊悲剧的形式历史的研究》（*Monolog und Selbstgesprach: Untersuchungen zur Formgeschichte der griechischen Tragödie*），或《合唱曲：对希腊悲剧形式与内容的研究》（*Stasimon: Untersuchungen zu Form und Gehalt der griechischen Tragödie*），或（更晚近的）《希腊肃剧的结构》（*Die Bauformen der griechischen Tragödie*）。② 另一方面，

---

① 本文这方面的内容，最初以《疯狂、哀伤和外国口音：为何角色在希腊肃剧中歌唱》（"Mad, sad, and foreign voices: why characters sing in Greek tragedy"）为名，提交给了由范恩（Patricia Fann）于 1990 年 5 月在牛津圣十字学院（St Cross College）主持召开的一次跨学科戏剧研讨会。最近，我看到贝弗利论《伊翁》（*Ion*）和《腓尼基女人》（*Phoenissae*）的精彩章节，还听到她对《希波吕托斯》（*Hippolytus*）中忒修斯的讨论。以此看来，我相信我们都非常独立地得出了相似的结论。

② 分别是 Schadewaldt（1926）、Kranz（1933）和 Jens（1971）。

法国人和美国人（至少从1960年代起）的著述，则围绕性别、城邦集体身份、民主制、神话，以及像戏剧和瓶画一类文化制品间的相互渗透，而且更加公开地使用了公民话语。① 在英国，[102] 直到近来都是牛津的学者大量阅读分析性的德语著作，而剑桥的学者则青睐综合性的法语著作。② 若认识到不仅形式自身，而且肃剧诗人选择形式时依照的道德习俗（codes），都受意识形态支配，那么肃剧研究原本应受益于韵律、分析学派与社会导向的综合方法之间的联姻，尤其如果这种联姻能够带来丰富的学术成果的话。③

二

尝试重建古典希腊肃剧演员的抒情诗演唱，不再是种赶时髦。学者们把希腊肃剧的短短长格，与亨德尔（Handel）歌剧中的叙唱部（recitative），或舒曼（Schumann）《曼弗雷德》（*Manfred*）和贝多芬（Beethoven）《艾格蒙特》（*Egmont*）前奏曲进行比较的时代，已经一去不返了（Greenwood [1953] 页138–139；Stumpf [1896] 页73）；如今，（出版物中）没有人会再问，希腊肃剧歌是更像十九世纪演员慷慨陈词式的"咆哮"（declamatory ranting），还是更像天主教神父的祷告吟诵（Helmholtz [1885] 页238）；拿着施莱辛格（Schlesinger）论奥乐斯的书，询问"希腊肃剧歌队唱的歌，是否会让我们想起圣

---

① 尽管关于肃剧中演员之歌的少量讨论有三个是在十九世纪的法国：Gevaert（1875–1881）卷二页501–562；Décharme（1893）页522–540；Masqueray（1895）。
② 研究肃剧歌的书，其方法最符合这种看法的，实际上是意大利的Pintacuda（1978）。
③ 关于三联剧形式的意识形态意涵，参Rose（1992）页185–197；关于作为民主形式的肃剧，尤其是agōn，参Goldhill（1997a）。

保罗（St Paul）的唱诗班，或想起生活在安达卢西亚（Andalusia，[译按]西班牙南部地区）山地的农民"（Schlesinger［1959］xvii），将会一无所获。绝不可能缔造（achieve）一门"耳朵考古学"，使我们脱离文化塑造的情感和审美反应的积习（barnacle），代之以古代观众的相关反应。①

不过，可以确定的是，古代演员的声音要洪亮。早已有人提出，（使用）面具的传统之所以得以流传，是因为它能让演唱者专心于发声，而无需兼顾面部表情（Hunningher［1956］页326－328）。一个广为流传的古代轶事，就是通过描述一些西班牙土著第一次听到一个肃剧演员巨大的歌唱声时惊恐不定的反应，来表现他们的原始状态（primitivism）；有一则材料说，尼禄时代一个不知名的 tragōidos［肃剧］巡演演员，从欧里庇得斯《安德洛墨达》中选唱了一首歌。②[103] 也有证据表明，演员声音的训练非常艰苦（亚里士多德，《问题集》11.22）：波吕克斯（Pollux）描述说，阿里斯托芬同时代的谐剧演员赫尔蒙（Hermon），有一次因为做发声练习，去剧场迟到了（*Onomastikon* 4.88）（参 Hunningher［1956］页324、329）。不过，现在已经不可能重新获取古代肃剧演员所发的声音（noise）的质量。断言他们用的是低音声区，而非音高更高的男高音，并不是无懈可击（例如，Gevaert 和 Vollgraff［1901－1903］卷二，页204－205）。在

---

① 关于现代以西方为中心的审美判断，能够容易地溜进其他文化的音乐研究，一个简洁的讨论，参伟大的人种音乐学家梅里亚姆（Alan Merriam）的《人种音乐学》（*The Anthropology of Music*）（Merriam, 1964），章十三，页259－276。

② 欧纳庇乌斯（Eunapius）残篇54，见 Dindorf（1880－1881）卷一，页246－248。在斐洛斯忒拉托斯（Philostratus）的 *Vita Ap.* 5.9 中有另一种版本。卢奇安（Lucian）的《如何写作历史》（*How to Write History*）卷一，认为这个故事发生在阿布德拉（Abdera）。这里，演员阿凯劳斯（Archelaüs）表演的《安德洛墨达》，诱发了一场流行病，症状包括出汗、发烧、流鼻血，以及疯狂地唱独唱歌！

《地母节妇女》中，尽管欧里庇得斯告诉他的连襟说话要更女里女气些（tōi phthegmati/gunaikieis eu kai pithanōs，《地母节妇女》行 267 - 268），我们依然不知道演员们在饰演女性和少女角色表演抒情诗时，是否用的是类似于我们称作"假声"的方式，① 更不用说他们是否区分童贞未失的女孩子和成年妇女的声音。②

古希腊人对长、短音节的明确区分，甚至很可能让歌唱和说话在同一种方式中呈现，而不用像大部分现代欧洲语言那样相互分开（参 Monro［1894］页 113 - 126；Pearson［1990］xxix）。而且，在古代后期，表演短长格的台词，甚至可以有音乐伴奏。到了公元前三世纪，戏剧表演发生了显著变化，歌曲数量的增加显得势不可挡（inexorably）。公元前四世纪的材料，已经证实了专业演员的出现，像涅奥普托勒摩斯（Neoptolemus）和忒奥多罗斯（Theodorus），他们作为杰出的主角、不断重演的演员和大师级的（virtuoso）表演者（例如，忒奥多罗斯是饰演坤角儿的专家），在各地巡回演出（德摩斯忒涅 19.246。参 Dihle［1981］页 29 - 31；本文集 Easterling 的文章）。希腊的戏剧实践，越来越多地关注于个体的肃剧台词、场景和咏叹调的表演，经常由专业 tragōidoi［肃剧演员］的新式音乐提供伴奏。例如，这样的演员，可通过公元前三世纪头五十年德尔菲索特利亚（Soteria）戏剧团成立时的碑铭（inscription）得到证实。［104］在

---

① 参 Pintacuda（1978）页 31。古人的确讨论过男性青少年变声的现象：Hippocratic *Coän Prognoses* 1.321 说，它发生在男孩十三岁的时候。据说，男孩和男人唱歌的标准是，他们的声音相差一个八度（《问题集》19.39）。

② 古代医学书籍证实了一种观念，女人一旦失去了童贞，她们的声音的音高就会降低（参 Hanson 和 Armstrong［1986］）；更晚近以来，有时会声称，声喉的大小与性活动有关，因而认为妓女们说话声音较为低沉，而滥交则会危及女高音和男高音们的歌唱生涯。参 Ellis（1929）页 101 - 102；Baron（1986）页 73 - 74。

kithara［竖琴］或 aulos［奥乐斯］的伴奏下，这些善于歌唱的肃剧演员提供大师级的抒情诗和戏剧表演（参 Sifakis［1967］页 75 – 79、156 – 165；Gentili［1979］页 22 – 27）。到了罗马帝国时代，卢奇安抱怨到，他那个时代的肃剧演员咏唱（chant）短长格三音步诗，甚至唱（sing）报信人的台词（*de Salt.* 27；亦参 Suetonius《尼禄》页 46）。但是如果不那么苛责，我们能较为公平地确定，在民主雅典的肃剧中，一首短长格三音步诗依然意味着清晰地说话（spoken）。①

亚里士多德在《论诗术》中声称：在把对话引入肃剧之后，短长格又取代了长短格的四音步诗，因为短长格韵律最适合说话（malista…lektikon）；他补充说，在交谈中，我们容易不知不觉使用短长格，而很少用六音步交谈（4.1449a 19 – 28）。在《修辞术》（*Rhetoric*）中，亚里士多德表达了同样的看法，某种程度上甚至考虑到了社会阶级因素："短长格台词恰是属于杂众（masses）的节奏（hē lexis hē tōn pollōn），这也正是为什么在所有的韵律中人们使用短长格谈话的原因"（3.1408b 24 – 26）。另一方面，用短长格三音步说话，之所以听起来自然悦耳，也是得益于一项技术成就。亚里士多德说，忒奥多罗斯之所以能够做到出类拔萃，仅仅只有在欧里庇得斯创作了由日常词汇组成的短长格诗之后才成为可能（《修辞术》3.1404b 18 – 25）。

在公元前四世纪后期进行写作的音乐学家亚力士托克努斯（Aristoxenus），有一个明确的区分台词和歌曲的标准。他认为，说话是持续不断的（continuous），而歌曲则有不连续的间隔。根据五百年后的算数家尼科马库斯（Nicomachus）的说法，这一理论源自毕达哥

---

① 后来，有一条证据证明，在古典时期，已经可以唱短长格的三音步诗。归到普鲁塔克名下的第二个智术师文本《论音乐》（*On Music*）（1140a – 1141a）声称，肃剧演员们从阿尔基洛库斯（Archilochus）那里"借用"了为他们的短长格配乐的做法，甚至还对其中的一些进行演唱。

拉斯学派（Pythagoreans）（*Encheiridion harmonikēs*，p. 4）；尼科马库斯补充说，如果允许说话声音的音调和间隔相互分开且明显不同，那么这种说话的形式就变成了歌唱。

亚力士托克努斯描述的台词与歌曲的区别，对肃剧很有启发意义，因为他把情感纳入了这样的方程式之中：当我们说话和歌唱时，都会在声音的高位和低位之间发生运动，只是运动的形式有所不同：

> ……持续不断的运动（motion），我们称为话语的运动，因为在说话时，声音运动着，从不会显得要停滞下来……因此，在日常谈话中，我们避免让声音停滞，除非偶尔受强烈情感（*dia pathos*）所迫而用到这种运动；而［105］在歌唱时情形却恰好相反，避免持续不断的运动，使声音尽可能变得绝对恒定不变。我们越成功地使我们发出的每个音恒定不变且完全相同，歌唱就听起来越正确。（*El. Harm.* 1. 9–10，译文选自 Macran［1912］）

这种区分可以证实，雅典法庭的陪审员们曾抱怨，发表演说蹩脚的被告犯了"唱"演说的罪（aidein［歌唱］，阿里斯托芬残篇 101）：或许强烈的感情使被告失去了话语"持续不断的运动"，并且恢复了如歌般的"恒定不变"的语调，我们可能把它叫作"呜咽"。①

除了短长格式、抒情式和短短长格式，偶尔也会见到其他类型的歌。传统的索福克勒斯传记声称，他在《塔米里斯》（*Thamyris*）中亲自演唱，因此在"长廊绘画"（Painted Stoa）中被画成正在演奏七弦琴（*Vita* 5，索福克勒斯 T Ha）；《塔米里斯》的一个片段由两行内

---

① 这可能也解释了，根据阿里斯托芬《云》的手稿（时常被修订），为什么斯瑞西阿得斯（Strepsiades）——他让他的儿子说（lexai）几句埃斯库罗斯戏剧诗——用了来自欧里庇得斯《风神》（*Aeolus*）名句中的动词 aidein（行 1371），这个剧由普菲狄庇得斯（Pheidippides）实际表演。或许斯瑞西阿得斯想让他儿子（说话的）方式具有哀号的特征。

容与英雄有关的长短短格诗组成,表明六音步诗可以用来表演(残篇242)。欧里庇得斯《安提俄珀》(*Antiope*)的开头与此风格相似,神话中的七弦琴手安菲翁(Amphion)自弹自唱他的六音步独唱歌(残篇182 N^2)(Webster[1970]页168)。为数众多的其他以神话中的游吟诗人为主角的戏剧,暗示kitharodic[自弹自唱的]六音步诗表演,在肃剧中比在我们现存的剧作中含有的更为常见。① 另一种非典型的歌,由欧里庇得斯《安德洛玛刻》(*Andromache*)一剧中安德洛玛刻的诉歌式对句组成(行103-116),相对于现存肃剧,这一韵律的独特性部分支持了佩奇(Page)的观点,即该剧最初创作于阿尔戈斯(Argos)。

　　肃剧的讲话(delivery)方式,除了几乎肯定是说的(短长格三音步诗)和那些唱的(抒情韵律)部分,很可能还有另外一种完全不同的形式。它被称为"伴乐念白(speaking)"、"咏唱"(chanting)、"吟诵"(intoning)、"朗诵(reciting)"、"叙唱(recitative)"或甚至[106]"歌唱(singing)",取决于恰巧读到的那本书。通常与"叙唱"这种发声类型相联系的韵律单位,是短短长格(基本上是,⏑⏑—)。一般认为,这种短短长格源自诗人——像提尔泰奥斯(Tyrtaeus)——创作的斯巴达行军歌(embatēria)(例如,PMG 856.6、857)。② 与之相关的是游行,和一种步调一致的军事步法

---

① 在埃斯库罗斯失传的《巴萨利兹》(*Bassarids*)中,俄耳甫斯是一个核心角色;不只是索福克勒斯,埃斯库罗斯也创作了一部名为《塔米里斯》(*Thamyris*)的戏,改编了该吟唱诗人与缪斯之间的歌唱比赛;欧里庇得斯的《许普西皮勒》(*Hypsipyle*)刻画了竖琴手欧那乌斯(Euneus),他创建了雅典的音乐家派;他的《安提俄珀》的特色之处是关于七弦琴演奏的完整争论——安菲翁(Amphion)和他的兄弟泽托斯(Zethus)就诗人对共同体的贡献持有不同意见:参Webster(1967)页207-208。关于肃剧中竖琴的使用,亦参Koller(1963)页165-173。

② Cole(1988)页169(亦参页117、118)走得更远,以至于认为短短长格是"多里斯肃剧遗产的一部分"。

(参 Raven［1968］页 56－61，West［1987］页 29、48－49），尽管帕尔克（Parker）已告诫过不要把肃剧中所有的"叙唱"短短长格，都贴上"行军式（marching）短短长格"的标签（Parker［1997］页 56－57）。在所称的"行军"或"叙唱"短短长格，和"歌唱性的（melic）"短短长格之间，有一个传统的区分，后者更像是完全"歌唱"的。但在实践中，这种区分往往具有很大的弹性（wobbly）：它取决于（贯彻）多里斯主义（Doricism）的程度，以及更重要的解答（resolution）的程度，因而肃剧中一些据称是歌唱的短短长格段落，"节奏上几乎无法与叙唱相互辨认"（Parker［1997］页 57）。这种区分的确需要社会学方面的调查，因为崇高的社会地位可能是更多"抒情式"短短长格的前提，① 但是本文主要关注的是演员的抒情歌。

可以明确地认为，肃剧中的短短长格不同于抒情歌，主要原因是：仆人们，像《美狄亚》和《希波吕托斯》中的保姆，用的均是短短长格，而除了两个不同寻常的特例，下层角色从未唱过抒情歌（见下文第三部分）。另一方面，有理由相信肃剧中所有短短长格都由奥乐斯伴奏，它们的言说方式接近于歌曲而不是说话。阿里斯托芬《马蜂》行 582 可作为一条旁注（scholion），表明在肃剧的退场（exodoi）中，aulētēs［吹笛手］在引导排列有序的歌队成员时，过去一直演奏奥乐斯曲（auloi）。② 由于短短长格（不像短长格）遵循的音乐序列（line），不同于希腊语音调的自然音高（Pötscher［1959］页 79－98），所以它们的言说方式听起来不同于日常说话。因此，它们

---

① Webster（1970）页 117 认为，"歌唱性的"短短长格最初用于游行，像"行军式"短短长格一样，不过它们独有的特点，是专门在葬礼上表演的结果。

② 在谐剧中，短短长格（至少在 parabaseis 中）有奥乐斯伴奏，这在阿里斯托芬《鸟》行 682 的一条旁注有所暗示。［译注］：parabaseis 指在旧谐剧演出中，歌队走到前面，以谐剧诗人名义直接向观众讲话的那部分穿插。

很可能用这样的方式表演,即理所当然地被称为"吟诵"或"朗诵"。

在古典时代,动词 katalegein [述说] 所指的言说类型,很可能与短短长格有关,尽管 [107] 支持这一观点的文本,实际是一条对奥乐斯伴奏下的四音步诗引发效果的评论。在色诺芬(Xenophon)的《会饮》(Symposium)中,赫墨格涅斯(Hermogenes)向苏格拉底提议边听奥乐斯音乐边聊天,"就像演员尼克斯忒拉特斯(Nikostratos)在奥乐斯伴奏下述说(katelegen)四音步诗一样"(6.3)。因此,可以安全地假设,无论是对于四音步诗还是短短长格,述说(katalogē)都意味着一种说话(utterance)形式,它比谈话(speech)更显著却没有谈话"流利",与自然的谈话相去甚远,却不一定接近歌曲。①

与根据材料能够重建的相比,或许实际可供演员使用的声音表达(vocal delivery)模式要广泛得多。② 但是,显而易见,这些方式之间的差异——"不相像"(unlikeness)——制造了一种情绪效果。亚里士多德《问题集》(19.6)问,为什么叫作 parakalogē [旁白] 的发声形式,当位于(或"插入")歌中时,是肃剧式的:

---

① 这是 Pickard - Cambridge(1988)页 156 - 164 得出的结论。亦参 Christ(1875)页 163、166 整理的依然有效的证据。

② 拜占庭论文《论肃剧》可以追溯到公元 1300 年左右(很可能是 Michael Psellos 所作),不过内容中含有一部分希腊的材料,它描述了肃剧中的说话方式,认为它既不同于歌曲,又不同于叙唱(段9):

　　一些其他事物按肃剧音乐和格律进行分类,例如……anaboēma("大声嚎哭")……anaboēma 非常像歌唱,不过有时介于歌曲和述说(katalogē)之间。

萨提尔剧和肃剧相比,显然允许更多的喧闹声(epiphthegmata):参 Browning(1963)页 79。

是由于含有对比吗（dia tēn anōmalian）？在巨大的不幸或悲伤中，对比可以引起强烈的感情波动；对于悲伤来说，规则（to homales）也难以发生效力。

这里，parakatalogē［旁白］的意思存在争议。是"有器乐伴奏的吟诵式叙唱"？它与时常先于抒情诗的短短长格前奏有关吗？（例如那些引出薛西斯的轮唱哀歌，其他例子见 Parker［1997］页57。）或者，在一首歌开始之后，它涉及插到这首歌中的一种不同种类的韵律形式和（或者）声音表达？① 不过，这本充满疑难问题的《问题集》却表明，古人对抒情歌与其他类型言说方式的差异非常敏感，而且已经感觉到这种差异能制造适合肃剧的情感冲击力。"不相像"，即在嘈杂声与（或者）韵律之间的变动，本身就产生了一种肃剧效果。

综上所述：短长格三音步原本就在说话中使用，而且比起其他音步，听起来更接近日常话语；抒情歌（lyric song）听起来不像［108］说话那么顺畅和连贯；抒情诗（lyrics）听起来动人心弦（emotional）；肃剧歌（tragic song）与另一种未得到正确理解的肃剧的声音表达方式的对比——后者不同于抒情歌和无伴奏的说话——本身就很有情感效果。为避免受困于对叙唱的争论，或受困于对抒情诗（lyric verse）种类的区分，我们最好关注于这一很有启发性的能激发感情的对比的概念，并把抒情歌与其他言说类型的"不相像"作为对肃剧演员之歌进行社会学研究的参照点。

---

① 一个更进一步的可能性是，这种"反常"（anomaly）标明了伴奏的奥乐斯音乐——它引起了人们对歌唱方式的期待——与（插入）歌中的实际叙唱或说话的不一致之处（Flashar［1967］页602）。多了解些音乐理论家达蒙（Damon）的"相似"（komoiotē）的规则将非常有好处，对此，参 Anderson（1966）页40。

三

诗人(metrician)玛阿斯(Paul Maas)曾构想了一条与希腊肃剧有关的原则:

> 身份较低的角色(除了《奥瑞斯忒斯》中的弗律基亚人),没有用来歌唱的诗句,但一定有短短长格诗——像《希波吕托斯》中的保姆,或有六音步格诗——像《特拉基斯少女》(*Trachiniae*)中的老人。①

玛阿斯说,肃剧中社会地位低下的角色,不唱抒情诗。换句话说,在肃剧中,歌曲是表演高社会地位(角色)的标志。"地位"掩盖了不正确(inexactitude):几乎每一个唱肃剧抒情诗的人都是王室成员。从埃斯库罗斯的薛西斯、卡珊德拉(Cassandra)、厄勒克特拉(Electra)和奥瑞斯忒斯,到索福克勒斯的厄勒克特拉、赫拉克勒斯和安提戈涅,再到欧里庇得斯的淮德拉(Phaedra)、海伦(Helen)、克瑞乌萨(Creusa)和伊翁,抒情诗几乎总是王室血统的一个标志。它象征了剧中出生地位和情感角色两方面的特权。

因此,在能包含歌唱的肃剧角色,和那些能适合短短长格却不适合抒情诗的角色之间,存在着一个观念上的界线。含有相关信息的段落,是《瑞索斯》(*Rhesus*)中歌队与瑞索斯驭手角色的互换。瑞索

---

① "Personen niederen Standes (ausgenommen den Phryger in Orestes) erhalten keine Singverse, wohl aber Anapäste, wie die Amme in Hippolytos, oder Hexameter, wie die Alte in den Trachinierinnen." Maas (1929) 段76, 页20。玛阿斯的原则,由于Lloyd-Jones的翻译,即Maas (1962) 页53-54,近来更多地受到了英语学界读者的广泛关注。

斯遭谋杀身亡后，驭手前来宣告这个消息，他自己也身受重伤，并表演了一段感人至深的角色互换（行 728－753）。然而，作为驭手和下属，他被有意地赋予了短短长格，而一个负伤并丧失了亲人的上层角色，在这种情况下将会被很典型地赋予抒情诗。①

[109] 抒情韵律是出生地位的一个标志：希腊肃剧中，奴隶可以歌唱——他们确实也时常歌唱——倘若他们是自由民出身。关于肃剧中的奴隶，玛阿斯原则中暗含着一个普遍的含混：他可能会确信无疑地认为奴隶不能歌唱。确实，天生的奴隶（欧里庇得斯《奥瑞斯忒斯》中的弗律基亚太监可能是一个最大的例外）都未被赋予抒情诗。假如一出肃剧被如此上演：甚至其中重要的奴仆，像《科俄普佛洛》（Choephoroe）中的希里萨（Cilissa）、《俄狄甫斯王》（OT）中的科林斯牧羊人，或者《伊翁》中的老仆（paidagōgos），都唱起了抒情诗，那将会是多么的匪夷所思，更不用说一个无关紧要的随从。② 但肃剧中频繁出现这样的情况，当曾经的自由民沦落为奴时（例如，赫卡柏和安德洛玛刻——《赫卡柏》和《特洛伊妇女》[Troades] 中的，以及许普西皮勒 [Hypsipyle]），他（她）们的高贵出身，使他（她）们得以在苦役生涯中保留用抒情诗自我表达的"特权"。的确，许普西皮勒就明确地对比了她唱给婴儿厄普菲尔忒斯（Opheltes）的卑下的歌，和她曾经在利姆诺斯（Lemnos）做女主人时唱过的歌。③

---

① 一份带音乐注解的莎草文献证实，一个年代不详的肃剧表演显示，在古代后期，身为下属的角色——这一点可在他们使用的呼格 despoti [主人] 一词得到证实——当然可以向他们的女主人声情并茂地唱台词；参 Eitrem、Amundsen 和 Winnington－Ingram（1955）页 10。不过有趣的是，这个下层的歌手，用的依然是短短长格。

② 唯一的例外是 østerud（1970），他似乎对玛阿斯的假说毫不知情，坚称那些抒情的短长格更适合《希波吕托斯》中的保姆，而非淮德拉。

③ 残篇 1 ii 9－16，见 Cockle（1987）页 59。关于许普西皮勒唱给厄普菲尔忒斯的歌，亦参 Wœrn（1960）页 6－7，他认为这首歌是给孩子们逗乐（entertain），而非摇篮曲。

因此，围绕肃剧歌，传统观念仅仅重视亚里士多德《论诗术》卷一定义的"自然"阶级界线，它是在出生时强加的。

在阿里斯托芬的《蛙》中，欧里庇得斯的缪斯被唤到了舞台上（行1305 – 1307）。狄俄尼索斯认为她是这样一个人：永远不会被说过去常常 lesbiazein［像勒斯博斯女人那样放荡］（行1308）。这可能意味着，她不像是从勒斯博斯（Lesbos）来的大抒情诗人（阿瑞翁［Arion］、忒尔潘德［Terpander］、阿尔凯奥斯［Alcaeus］、萨福［Sappho］等），或者可能是对她轻佻举止的评论（Dover［1968a］页351 – 352）。不清楚她是被打扮成一个丑陋的老女人、一个邋遢的少女，还是一个下流的妓女，但是"我们能肯定……她既不高贵也不让人神魂颠倒"（Dover［1968a］页351）。她（当时）的社会地位不高，这让欧里庇得斯抒情诗的化身，与《蛙》对欧里庇得斯的描述很相称，它把欧里庇得斯描述成这样一个诗人：毫无英雄气概的小人物（行959），言语平平（行978 – 979），而且把肃剧"民主化"了——其中女人和奴隶们说话就像"家中的男主人"（行949 – 952）（关于这一点，参 Hall［1997］）。

这位缪斯翩翩起舞，显然配合着埃斯库罗斯对欧里庇得斯抒情诗的揶揄表演。第一段看似在戏仿［110］欧里庇得斯的合唱风格（行1309 – 1324），但从第1331行起，埃斯库罗斯唱的歌明显是以他归于欧里庇得斯的独唱歌的方式（ton tōn monōidiōn diexelthein tropon，行1330）。多弗（Dover）说，这样的女性形象（persona），像毫无风度的缪斯，"社会地位低下"：① 他的证据是，她唱的是去集市上卖亚麻（行1350 – 1351）。不过，她肯定不是料理家务的奴隶：她有自己的侍从（amphipoloi），在她的吩咐下为她点灯和取水（行1338）。这个戏仿的欧里庇得斯式歌唱角色，英雄气短，思虑的只是柴米油盐，可

---

① Dover（1968a）页358。关于欧里庇得斯的缪斯，更多地参 Hall（即出）。

能还不得不亲自劳作。但没有证据表明她违反了玛阿斯的原则。像欧里庇得斯《厄勒克特拉》中的厄勒克特拉，① 许普西皮勒②和伊翁，她可能已经家道败落，所以才在劳作的时候唱歌，但没有证据表明她出身"社会下层"。

所以这种自由或不自由的阶级界线，甚至得到了阿里斯托芬戏仿的支持，他戏仿了有争议的欧里庇得斯"民主化"肃剧中演员的独唱歌。因此，肃剧家感发（evoked）剧中刻画过的社会大众的一种途径，是动用一个禁忌——天生的奴隶染指抒情韵律。这一肃剧现象，大概反映的不是雅典的生活现实。没有理由假设，在古典时期的雅典，奴隶不像自由民那样，时常歌唱抒情音乐。《云》中，受过智术师教育的菲狄庇得斯（Pheidippides），在一次会饮时拒绝演唱，理由是他不是一个磨麦子的女人（行1358），而且有证据表明，其他智识人（intellectuals）可能会同意他的说法（参《云》行1358，柏拉图《普罗塔戈拉》347c–e，普鲁塔克 Alc. 2.6）。在精英圈子里，有时会把唱歌视为一种实用性活动，不适合 eleutheros［自由人］。无论如何，亚里士多德认为，斯巴达人（Spartans）理解得很对（《政治学》8.1339a41–b10）：他们拥有的是听别人演唱的良好鉴赏力。自由人，不是要学会自己表演，相反，应该欣赏他人的学习成果。在此，亚里士多德举了诗人描述宙斯（Zeus）的例子：

---

① 观众已经对这种标新立异的剧作留下深刻印象，自从前文对欧里庇得斯合唱抒情诗的戏仿中，埃斯库罗斯引用过它之后（欧里庇得斯《厄勒克特拉》行435–437 = 《蛙》行1317–1318）。

② 欧里庇得斯的这位缪斯拿着些破陶片在表演（ostrakois，行1305），几乎肯定直接戏仿的是许普西皮勒给婴儿厄普菲尔忒斯表演的响板或拨浪鼓（krotala），当她在欧里庇得斯的《许普西皮勒》残篇 1 ii 9 中给他唱歌的时候。亦参《蛙》行1211–1213 对《许普西皮勒》（残篇 $752N^2$）的引述。因为《许普西皮勒》在公元前412和前407年之间上演（《蛙》行53这条旁注说，它与《腓尼基妇女》和《安提俄珀》一同上演），对于公元前405年雅典的任何经常看戏的人来说，相对都会记忆犹新。

诗人没有描述过宙斯亲自弹奏或歌唱的样子。事实上，我们认为，专业的表演者属于较低下的阶级，尽管一个人 [111] 会为了自个儿娱乐，或在宴会上喝到兴头儿上时演奏和歌唱。

前肃剧诗人们甚至不把很多神描述为在唱歌（只有阿波罗和缪斯女神们是重要的例外），这本身应该能够解释为何在《瑞索斯》之前的肃剧中，鲜有神灵演唱抒情诗。在《献给阿波罗的荷马赞美诗》（*Homeric Hymn to Apollo*，行 189 – 206）中，缪斯们唱歌，几位妙龄女神跳舞，阿波罗弹奏竖琴，而宙斯和勒托（Leto）却只是观赏，或许因为他们年长且更有尊荣。

不过，其他材料则证实，男公民们有望在会饮的场合唱歌。赞美歌和奠酒完毕之后，用于表演的知名保留曲目，包括伟大抒情诗人的作品、精彩的肃剧片段和谐剧中的抒情歌。尽管那些篇幅较长的精彩表演，只限于那些音乐技巧不同寻常的客人，但每一位参与者在拿到桃金娘枝的时候都有望表演一段（Pellizer [1990] 页 179；Parker [1997] 页 3 – 4）。在忒奥弗拉斯托斯（Theophrastus）的《人物素描》（*Characters*）中，粗暴 [authadēs] 之人的一个特征是，他在会饮时"一概拒绝唱歌、发言或跳舞"（15.10）。① 欧里庇得斯萨提尔剧《圆目巨人》中，波吕斐摩斯（Polyphemus）醉酒后唱的独唱歌（行 503 – 510），正是在滑稽模仿会饮的情景。但是波吕斐摩斯几乎尚未开化，《人物素描》在别的地方指出，文雅之士不应因心血来潮沉溺于唱歌，歌曲的类型、唱歌的背景以及尊严都至关重要。

---

① 阿里斯托芬《云》行 1355 – 1358、1364 – 1372，《马蜂》行 1222 这个地方的旁注，色诺芬《会饮》7.1，这里苏格拉底带头唱歌。据西塞罗，忒米斯托克勒斯（Themistocles）拒绝在宴会上演奏竖琴，为他赢得了 indoctior 的美誉（*Tusc. Disp.* 1.2.4）。参 Ussher (1960) 页 133。

仿照其他参与会饮者,唱一段高雅的 skolion [拐来拐去的歌]①是一回事,而记住与下层阶级的娱乐——比如变戏法者的表演(thaumata)——相关的歌,则是相当不同的另外一回事。这些歌很受孩子们欢迎,特色之处在于有女性边吹奥乐斯边跳舞(色诺芬《会饮》2.1)。在《人物素描》中,那个受教育过晚的人,即那个 opsimathēs,经常观看这些表演,就是为了把表演中的歌曲牢牢地记在心里(ta aismata ekmanthanein, 27.7)。厄谢尔(Ussher)认为,或许这些歌类似于那些由"低俗歌曲诗人们"(poets of shameful songs)创作的歌,马其顿的腓力(Philip of Macedon)身边就聚集了一批这样的诗人,据说他还对这些诗人们的作品很痴迷。② 在不适宜的公共场合唱歌会受到谴责,这正是忒奥弗拉斯托斯对 agroikos [粗鄙之人]的定义,该词在别的地方与定义 aneleutheros 的术语一先一后出现,③[112] aneleutheros 的意思是:举止粗鄙的人易于"在浴室中唱歌(aisai)"(《人物素描》4.14)。④

---

① [译注] 指古希腊人在宴会后饮酒时大家轮流和着琴声唱的一种歌曲,基本意思是"拐来拐去的歌曲",即"不依次序的歌曲"。在这种酒会上有一枝桃金娘枝,由一个唱歌的人传给另一个人,只传给会唱歌的人,传给谁谁就唱歌,因为跳过不会唱歌的人,传递时"拐来拐去不依次序",所以叫作"拐来拐去的歌曲"。见罗念生、水建馥编,《古希腊语汉语词典》,北京:商务印书馆,2005,页796。

② Ussher(1960)页230。关于被称为 thaumata 的表演:伊索克拉底《论交换财产》(*Antidosis*)213。

③ 在阿里斯托芬残篇706中,既 agroikos 又 aneleutheros 的人,不能当众有尊严地讲话。

④ 这种看法很容易在其他地方找到:阿尔忒米多鲁斯(Artemidorus)断言,在浴室中唱歌不是件好事情(1.76),而野蛮的特里巴里安人(Triballians),据说在浴室中就有这样粗野的举止(《语源学》[Etymology] *Triballoi* 词条)。亦参塞涅卡(Seneca)*Ep.* 56.2 (…et illum cui vox sua in balneo placet),佩特洛尼乌斯(Petronius)*Sat.* 73,Ussher(1960)页61–62。

四

关于《蛙》中对欧里庇得斯独唱歌的戏仿，埃斯库罗斯假定演唱者的身份（persona）是个女人。在埃斯库罗斯剧作中，女性歌者（许珀墨斯特拉［Hypermestra］、安提戈涅［Antigone］和伊斯墨涅［Ismene］、卡珊德拉、厄勒克特拉、伊娥［Io］）多于男性（薛西斯、奥瑞斯忒斯）。在欧里庇得斯剧作中，唱歌似乎是女性（和野蛮人）的特权——只有极个别的例外（最著名的是《希波吕托斯》中的忒修斯，见下文），抒情话语尤其与女人密切相关（淮德拉、厄勒克特拉、赫卡柏、安德洛玛刻、卡珊德拉、珀吕克塞娜［Polyxena］、埃瓦德涅［Evadne］、海伦、安德洛墨达、许普西皮勒、克瑞乌萨、尤卡斯塔［Jocasta］、安提戈涅、阿佳维［Agave］、两部伊菲革涅亚戏中的伊菲革涅亚）。唱歌的男性包括，野蛮人珀吕默斯托尔（Polymestor）和《奥瑞斯忒斯》中的阉人，《阿尔刻斯提斯》和《安德洛玛刻》中女主角的孩子们，年轻的希波吕托斯和伊翁，上了年纪的《安德洛玛刻》中的佩琉斯（Peleus）和《腓尼基妇女》（*Phoenissae*）中的俄狄甫斯（Oedipus）。[①] 索福克勒斯英雄主角特征的显著不同之处在于，当他们身体疼痛或情感极度混乱时，他们就歌唱抒情诗，明显不考虑性别因素。埃阿斯（Ajax）唱过一首著名的哀歌，索福克勒斯却反讽地在开场时说，这位英雄把声嘶力竭地（high-pitched）痛哭看作"缺少男子气"（unmanly）（行317-320）。赫拉克勒斯（Heracles）在《特剌喀斯少女》（*Trachiniae*）中歌唱，同样歌唱的还有安提戈涅、克瑞翁（Creon）、厄勒克特拉、菲罗克忒忒斯（Phi-

---

① 在欧里庇得斯的《帕拉墨得斯》（*Palamedes*）中，奥义阿克（Oiax）为他的兄弟唱了一支哀歌：参残篇 $588N^2$ 和 Webster（1970）页162。

loctetes）和俄狄甫斯（参本文集 Calame 的文章），尽管《俄狄甫斯在科罗诺斯》（*OC*）中俄狄甫斯简洁的富有音乐性的抒情话语被归因于他的老人身份，不能指望他"在生命的黄昏饱含激情地演唱"。① 但是埃斯库罗斯和欧里庇得斯的歌者，一般是正值盛年的享有自由的希腊男人中的"另类"（others）。②

[113] 古代（现代更是如此）思想明显倾向于把歌曲女性化（Segal [1994] 页 17 - 34），从缪斯们这一象征到昆体良（Aristides Quintilianus）归之于"古人"的图式化（schematization），在把音乐带入生活的途中，女性与旋律为伴，男性与节奏为伴（1.19）。③ 如果希贝赫纸草文献（Hibeh Papyrus）论音乐调式的论文残篇，是对同时代人达蒙（Damon）的回应，那么肃剧演员的男子气概和他们的歌唱，到了公元前四世纪早期就受到了专门的指责：人们不认为异名同音调式（enharmonic mode）能赋予肃剧演员们勇敢，因为他们不是

---

① Owen（1963）页 152：Owen 的文章详细讨论了索福克勒演员们唱的歌曲。而无论是演员之歌，还是其社会—政治方面的情况，都未在 Scott（1984）和（1996）中受到重视。

② Barner（1971）页 314 认为，埃斯库罗斯和欧里庇得斯剧中的歌者，都因同样的原因歌唱，而且属于相似的戏剧类型。当然，主要的不同是，埃斯库罗斯的歌者都是在同歌队交流时歌唱。不过，很有可能，这样的传统（paradosis）会让我们对埃斯库罗斯的歌曲产生歪曲的看法：根据斐洛斯忒拉托斯的《图亚那的阿波罗尼乌斯传》（*Life of Apollonius of Tyana*）6.11.219c，埃斯库罗斯对肃剧的改进之一，就是他"发明了演员之间的对话，抛弃了冗长的独唱歌"（to tōn monōidiōn mēkos）。

③ Winnington - Ingram（1963）。Tines de tōn palaiōn ton men rhuthmon arren apekaloun, to de melos thēlu etc. 这个理论依据的是亚里士多德哺乳动物的繁殖的观点："女性的"旋律是没有形式、没有生气而且没有活力的物质，它需要受到有活力的"男性的"节奏规则给予的形状和次序，因此产生了音乐。

"有男子气的一群人"。①

仪式,尤其仪式上的哀歌,在这里尤为重要。演员们唱的肃剧歌,一小部分是劳作歌曲(如伊翁所唱的),或者反常的(perverted)婚礼歌曲(如《特洛伊妇女》中卡珊德拉和《乞援人》[Supplices]中埃瓦德涅唱的歌)。但古人似乎认为,绝大部分肃剧歌基本上都是哀歌(threnodic)。② 在大量肃剧歌中,都存在仪式性的哀歌,传统上已成为女性的一项义务(尤其参 Foley[1993]页 101-143)。但在《王制》卷十中,柏拉图的苏格拉底对肃剧表演在性别方面的异议(gendered objection),在这里意义重大。他认为,肃剧鼓励的那些行为和情感表达类型,不适合发生在男人身上,仅适合女人;沉迷于观看遭遇不幸的英雄大段大段的诉苦,或"边唱边殴打自己"(aidontas te kai koptomenous,10.605c10-e2),也是一种典型的"女子气",尤其应受到遣责。柏拉图大概认为,肃剧哀叹(lamentation)是歌与动作的结合,像名词 kommos[捶胸(表示悲哀)]表明的那样。这段话很有启发意义,因为歌唱(aidein)被纳入到有关肃剧行为不宜发生在男人身上的词汇之中;正如我们所见,这将重现在亚里士多德《论诗术》对奥德赛和墨拉尼珀的区分中。

在古代后期上演的著名肃剧中,通常含有演唱的女性角色。在西班牙让野蛮人受到惊吓的演员,当时就是在表演一支欧里庇得斯的安德洛墨达唱的歌。公元纪年之初(Christian era),希腊(Argive)演员里昂托斯(Leontos)[114]为毛里塔尼亚(Mauretania)国王朱巴二世(Juba Ⅱ)表演欧里庇得斯的《许普西皮勒》(雅典奈奥斯

---

① Grenfell 和 Hunt(1906),第一部分,no. 13,页 45-58,栏二(col. ii)。更当代的英文译文,参 Anderson(1966)页 147-149。

② 因此,欧里庇得斯《安德洛玛刻》行 103 可作为一条旁注("独唱歌是一个角色在 thrēnos[悲哀]时唱的歌"),而且《苏达辞书》(Suda)对 monōidein 和 thrēnein 的解释:"肃剧舞台上的所有歌都可称为 thrēnoi[哀歌]"。

[Athenaios] *Deipnosophistae* 8. 343e – f)（参 Cockle［1987］页 41）。里昂托斯的表演非常不尽人意，以至于朱巴二世批评他的声音时，编了条警句骂他：里昂托斯贪吃洋蓟。① 朱巴二世说，因为他自己的歌唱天赋就是因贪吃给毁了，但是巴克斯（Bacchus）② 过去一直喜爱他的 gērun［嗓音］——该词与动词 gēruō［唱］同源，常见于与专业演唱相关的语境中。拥有俄耳甫斯的嗓音，就是拥有 gērus（欧里庇得斯《阿尔克斯提斯》，行 969）；在品达（Pindar）的诗中，gēruein 经常用来指抒情诗表演；单独使用中动态形式 gēruesthai 时，常常必定意味着"歌唱"。③ 里昂托斯饰演许普西皮勒的失败，引出了这条关于嗓音和日常饮食内在关系的警句，因而可以认为在表现许普西皮勒这个角色时，需要具备杰出的嗓音形式。纸草文献证实，许普西皮勒这个角色音乐的分量很重，类似于欧里庇得斯的《海伦》，当然，《蛙》中阿里斯托芬对欧里庇得斯演员抒情诗的戏仿，存在着同样的灵感。

另一个例子，来源于普鲁塔克对克拉苏斯（Classus）之死的描述（《希腊罗马名人传·克拉苏斯》［*Vit. Crass.*］33.2 – 4）。这位罗马将军遇害后，他的头被带到了帕提亚（Parthian）国王奥罗德斯（Orodes）面前，当时一名肃剧演员（tragōidiōn hupokritēs）——特拉勒斯的伊阿宋（Jason of Tralles）——正在表演"欧里庇得斯《酒神的伴侣》（*Bacchae*）中有关阿高厄（Agave）的那一部分"（aiden Eu-

---

① 关于某种食物对嗓音的影响，其他古代材料，参 Flashar（1967）页 546。［译注］洋蓟（artichoke），原产于地中海地区，一种大型蓟状多年生草本植物，未成熟的头状花序的肉质部分是一种美味菜肴。
② ［译注］罗马神话中的酒神，即希腊神话中的狄奥尼索斯。
③ 《献给阿波罗的荷马赞美诗》行 426 和 *Theocr.* 1.136（关于鸟鸣声的诗行），品达 *Isthm.* 1.34，欧里庇得斯《希波吕托斯》行 213（淮德拉的诗行，她唱的是抒情的短短长格，与她乳母吟诵式的短短长格相对），埃斯库罗斯《乞援人》行 460。

ripidou ta peri tēn Agauēn)。伊阿宋把他的"彭透斯"(Pentheus)戏服递给一名合唱队员,上去抓住了克拉苏斯的头。装扮成陷入迷狂的(frenzied)阿高厄,并用克拉苏斯的头营造了"一种恐怖的场景"(Braund [1993] 页 468 - 469),他唱起了阿高厄与歌队对答的抒情歌,"我从山上带着新采的鬓须回来了,这一场狩猎很顺利"(《酒神的伴侣》,行 1169 - 1171)。① 这个举动让在场的人兴高采烈。但是,当唱到歌队问"谁杀了他?",阿高厄回答说"这荣光首先归于我"时(行 1179),真正的杀人者迅速站起来抢走了克拉苏斯的头,他觉得他比伊阿宋更适合说这些话。《酒神的伴侣》这个与众不同的交互唱段,即通过阿高厄对着彭透斯的头歌唱的形式表现酒神信徒的癫狂,因此成为古代聚会时常演不衰的一个片段(party - piece)。②

或者以欧里庇得斯的《厄勒克特拉》为例。普鲁塔克描述说,[115] 在埃戈斯波塔米(Aegospotami)战役之后——发生在公元前 404 年的这场战役使雅典输掉了伯罗奔半岛战争,忒拜人厄里安图斯(Erianthus)提议将雅典夷为平地,并把所有雅典人卖为奴隶。但在莱山德(Lysander)和其他盟军将领共同出席的一个宴会上,有位福基斯人(Phocion)挽救了这个城市:他表演了欧里庇得斯《厄勒克特拉》中的歌队进场歌(tēn parodon),这首歌以由女人组成的歌队报信给悲伤的公主开头:"噢,厄勒克特拉,阿伽门农(Agamemnon)的女儿,我来到你这乡间的农舍……"(行 167 - 168)。这首歌需要与一个独唱演员共同完成:厄勒克特拉在第一节歌里向歌队作答,哀叹自己衣衫褴褛,不能参与赫拉(Hera)的节日(行 175 - 189)。因

---

① [译注] 译文参《罗念生全集》卷三,上海人民出版社,2004,页 368。

② 关于宴会上众多的戏剧娱乐,尤其在罗马帝国时代,参 Jones(1991)页 185 - 197。

此，普鲁塔克认为福基斯人表演了厄勒克特拉的哀歌。① 对厄勒克特拉可怜困境的重现（evocation），使赴宴的将军们深受感染；他们由此联想到雅典创建时的危险处境，决定不再毁灭这座城市（普鲁塔克《希腊罗马名人传·莱山德》15.2-3）。因而，普鲁塔克记录（remembers）了一位著名的女性肃剧角色，她凄楚的演唱感人至深。或许同样感人的，还有演员波鲁斯（Polus）对索福克勒斯的厄勒克特拉（另一个被赋予大量歌曲的角色）的出色扮演。他"表演有方"，用上了他"生活中真正的悲痛（luctu）和哀悼（lamentis）"，他手中捧的骨灰瓮里，装的是他自己死去的儿子的骨灰（Aulus Gellius 6.4）。

三大肃剧诗人涉及厄勒克特拉的四部剧作中，她都是一个歌唱的角色。这增加了如下可能性，即肃剧家们很可能更多地选择某类传说中的人物在剧中歌唱，而不是其他人。克吕泰墨涅斯特拉（Clytemnestra）就和厄勒克特拉不同，她好像从来没有唱过抒情诗，尽管埃斯库罗斯在《阿伽门农》中让她（像《和善女神》[Eumenides，又译《报仇神》]中的雅典娜[Athena]）同合唱队对话时使用了短短长格诗句（关于这一点，参 Peretti [1939] 页 181）。帕尔克说克吕泰墨涅斯特拉在这里恰好颠覆了人们的期望，因为她甚至没有使用抒情式的短短长格："在这一类型的反常（aberrant）人物中，这个死者的妻子，没有采用哀歌，而是使用了叙唱的短短长格"（Parker [1997] 页 57）。或许短短长格可用一种豪爽（grand）、雄辩的方式

---

① 狄奥多鲁斯（Diodorus）（16.92）记述说，一位因声音洪亮（megalophōnia）而知名的肃剧演员，在另一个重要的会饮上演唱，由于带有军事意图，被马其顿的腓力在发动进攻的前一天晚上抓了起来。涅奥普托勒摩斯（关于他，亦参 Stephanis [1988] no. 1797，页 321-322），被命令参加国王对波斯的远征。遗憾的是，尚不清楚他的歌最初的设计是由一位男性还是女性角色来演唱，而且不清楚它是独唱歌还是合唱抒情歌（TrGF 卷二，no. 127）。参 Pat Easterling 在本文集中的讨论。

朗诵,从而比抒情歌更适合男性化的意志顽强的女性。① [116] 引人注目的是,肃剧中其他"男性化的"女性——像欧里庇得斯的美狄亚(Medea)——被赋予的同样是短短长格,而不是抒情歌;② 另一方面,受妻子摆布的伊阿宋,在一个作者不详的肃剧《美狄亚》中,可能表演的是一首独唱歌(tr. fr. adesp. 6 N^2)。在欧里庇得斯的《伊菲革涅亚在奥利斯》(IA)中,克吕泰墨涅斯特拉作为一个道德上无可指摘的、极度忧伤的母亲,听着女儿所唱的令人心碎的独唱歌,甚至没有唱一句抒情诗,这肯定是她唱抒情诗的最佳场合(克吕泰墨涅斯特拉用于介绍真相的短短长格:行1276 - 1278。伊菲革涅亚的短短长格和独唱歌:行1279 - 1310)。

赫卡柏和安德洛玛刻是著名的歌唱角色吗?由于她们的情感潜能,她们的确都是《特洛亚妇女》(Trojan Women)中的著名角色。在《佩洛庇达斯传》(Life of Pelopidas, 29.4 - 6)中,普鲁塔克描述了传说中菲拉的亚历山大(Alexander of Pherae)的残忍。这位公元前四世纪的僭主,杀死了自己的叔叔;他过去总是把敌人活埋,或者让他们裹上兽皮,再放出自己豢养的猎狗撕咬他们。但是在上演《特洛伊妇女》时,"由于同情赫卡柏和安德洛玛刻的不幸",为了不让人们看到他伤心落泪,他不得不转身离去。他随后传消息给"那个肃剧演员"说,他的离开与那个演员的表演(agōnizesthai)无关(no reflection)。当然,这两个女性人物,在《特洛亚妇女》和其他肃剧中都是歌唱角色,或许这是对她们在二十四卷本的《伊利亚特》(Iliad)中为赫克托耳(Hector)之死表演了挽歌的一种继承。

某些女性角色好像几乎预设的(pre - programmed)要歌唱(厄

---

① 这个概念,后来当然出现在品塔库达(Pintacuda)对克吕泰墨涅斯特拉和美狄亚的讨论中(1978:页114、171 - 173)。

② 欧里庇得斯可能采取的这种做法,出现在恩尼乌斯(Ennius)赋予美狄亚的歌曲中,在她的孩子们死去的危急关头(残篇282,见 Vahlen [1903] 页70)。

勒克特拉、赫卡柏、伊菲革涅亚、卡珊德拉）。另外一些人物则不存在这样的一致性，选择说话还是唱歌，会部分地依据具体剧作对一个女人角色"内心处理"（interiorizaton）的程度，因为抒情独唱歌作者，尤其欧里庇得斯，喜欢深度化用和参照自己以前的作品（参 Damen [1990] 页 134 – 135）。同样，在《伊利亚特》第 24 卷中也唱过哀歌的海伦，在欧里庇得斯《特洛伊妇女》中很与众不同，她是唯一一个没有在特洛伊歌唱的女人：赫卡柏、卡珊德拉和安德洛玛刻都是抒情角色，而以一个愤世嫉俗的修辞家面目出现的海伦，用的却是短长格的三音步。而在几年之后，在欧里庇得斯的《海伦》中，情况有了很大不同：女主角的抒情表达滔滔不绝——至少在这部剧的前三分之一正是这样（行 164 – 178、191 – 210、229 – 252、348 – 385）。

如果表演挽歌有损一个男人的男子气，但新的问题是，多大程度上唱哀歌的肃剧男主角会是 [117] 实质上的"女性化"（effeminized）。毫无疑问，女性化的情况适用于薛西斯。他甚至可能用很高的声调歌唱，就像《奥瑞斯忒斯》中的弗律基亚阉人——他的"驭手旋律"（chariot melody，行 1384）用的正是高音调的弗律基亚调式：扮演阉人的这名演员，几乎肯定也演了厄勒克特拉的角色，后者也要求用高音调演唱（Dion. Hal. *Comp.* 11）。① 伪亚里士多德《问题集》11. 62 问，"为什么孩子、女人、阉人和老人，尖着（shrill）声音说话（phthengontai oxu）？"《波斯人》中的挽歌，甚至光题目就宣告了要据其演唱的高音调旋律（即"马里安迪诺伊式的"[Mariandynian]，行 937），和用来伴奏的器乐类型（传统的马里安迪诺伊式的奥乐斯是高音调）（参《波斯人》行 917 这条旁注和 Comotti [1989] 页 33）。因此，演薛西斯的那个演员，将通过实际表演证实

---

① 参 West（1978a）、Hall（1989）、Damen（1990）。《俄瑞斯忒斯》中的弗律基亚人，在古代晚期当然会被认为是一个阉人：参 Terentianus Maurus, *de Metris*（公元二世纪），行 1960 – 1962。

之前隐含的意义，即薛西斯很女性化，包括报信人报告说薛西斯抑制不住尖声恸哭（kōkuein）——这在 oxu 一词中体现了出来——也就是说，用适宜于女人的高音调哀嚎（参 Hall [1996a] 页 143）。

　　野蛮人中的男性常常唱歌（见下文），但在现存的肃剧及肃剧残篇（例如《厄瑞克透斯》[*Erechtheus*] 的残篇）中，成年的雅典男人们并不唱抒情诗，除了《希波吕托斯》中的忒修斯和索福克勒斯笔下的萨拉米斯人（Salaminian）埃阿斯。是因为城市酒神节（City Dionysia）的主办者们觉得，他们传说中的祖先应该忠于使用短长格三音步诗，这样才能合适地保持祖先们的尊严吗？然而，在《希波吕托斯》中，当发现淮德拉死了时，忒修斯唱了一些抒情诗句（行 817 – 851 之间）。但他可能实际是证明规则的例外者，因为他演唱的类型，是两行抒情诗和两行短长格三音步诗反复交替进行。抒情诗从没有连成一体，而只是一再地插进短长格（因此很可能是念白的）诗句之中。① 这种韵律类型可以经常在"抒情诗和说话连续交替的"（epirrhematic）场景中见到，此时，合唱歌与演员的三音步台词轮流使用，反之亦然。在男女"二重唱"中也很常见，其中女人们唱抒情诗，而她们的表演搭档则往往是短长格三音步诗。《伊菲革涅亚在陶洛人里》和《海伦》中的相认场景可以为例，而在索福克勒斯的《厄勒克特拉》中，厄勒克特拉唱歌，奥瑞斯忒斯说话，她未能说服他参与她（除了行 1280 单独的 bacchiac [酒神信徒的]）女人气的自我情感表达，[118] 这种表达的工具是抒情诗。② 在欧里庇得斯的忒修斯那里，抒情诗与短长格、唱歌与说话之间相似的搏斗（struggle），被置于同一个人身上。

---

　　① Schadewaldt（1926）页 147 – 151 对忒修斯独唱歌不同寻常的韵律结构，做了敏锐的评论。

　　② 对于这些"相认"的二重唱，Willink（1989）页 46 – 47 的评论很有见地。关于索福克勒斯《厄勒克特拉》中的歌唱，参 Webster（1970）页 173 – 174。

五

对玛阿斯的规则来说，只存在三处可能的例外。它们是欧里庇得斯《奥瑞斯忒斯》中的弗律基亚阉人、埃斯库罗斯《乞援人》中的埃及传令官、索福克勒斯《特拉基斯少女》中的保姆。后文将证实，几乎可以肯定地说，德阿涅拉（Deianeira）的保姆（［译按］：即《特拉基斯少女》中的那个保姆）没有歌唱；一些细微的校订，恢复了她所讲的短长格三音步诗（参 L. D. J. Henderson［1976］页19 – 24；Easterling［1982］页183）。

毫无疑问，埃及传令官唱了歌。达那奥斯的女儿们看到她们堂兄弟的船即将靠岸，惊恐万分。在行825 – 871之间，有很长一段抒情唱段。文中证据证实，这么多行中，有几组不可能是达那奥斯的女儿们唱的（行836 – 842、847 – 853、859 – 865）。她们与自己的一个敌人有对唱，这个敌人威胁要采取极端暴力手段对付她们，包括割下她们的脑袋。长期以来，为了去除宣称的身份低下的歌唱角色这一问题，批评家们都喜欢在此发明一种埃及式的歌队。① 然而，后面紧接着，埃古普托斯（Aegyptus）的儿子们派来的传令官，就咄咄逼人地用短长格三音步诗，对达那奥斯女儿们组成的歌队和佩拉斯戈斯（Pelasgus）说话。现在，很多学者推测，与达那奥斯女儿们的歌唱相对立的，是传令官的独唱。②

或许亨德尔森（Henderson）是正确的，他认为传令官的身份总

---

① 例如，Maas（1929）。唱歌的传令官，在 Johansen 和 Whittle（1980）中，被歌队取代了，他们试图在卷三第171 – 174页证明这样做的合理性。

② 例如，Popp（1971）页242；Taplin（1977）页217正确地拒绝了这种画蛇添足的歌队理论。

是很暧昧：既不是仆人，也与国王们不同（Henderson［1976］）。但是，这个唱歌者是一个野蛮人，这一点可能更为重要。他的抒情诗句代表着愤怒，和不可控制的身体性（physicality）。他的抒情诗既不是劳作歌、婚礼歌，也不是哀歌；他之所以歌唱，是因为他很暴躁（violent），而且不是希腊人。他是舞台上传统的唱歌的 barbaros［野蛮人］，这至少可以追溯到埃斯库罗斯的薛西斯，① 直到欧里庇得斯的弗律基亚阉人，［119］以及提谟忒乌斯（Timotheus）《波斯人》（Persians）中光彩夺目的萨拉米斯时代被赋予 oratio recta［直接引语］的野蛮人角色（参 Hall［1995a］页 60-70）。同样重要的是，扮演达那奥斯的演员，可能也饰演了传令官；在构建剧中演员间的关系时，剧作家可能挖掘了具体某个演员与众不同的声音特征。巴甫洛斯基（Pavloskis）认为，重复饰演暗示了达那奥斯和传令官的异域（foreign）身份，与希腊人佩拉斯戈斯形成了对照（Pavloskis［1977—1978］页 116。相似论证，亦参 Damen［1989］）。

然而，至于传令官的语言多大程度上体现了他作为一个野蛮人的特征，还存在较大争议：一些人认为，实际的吵闹声应该就是在模仿蛮族的说话，或者说带有蛮族口音的希腊语，类似于阿里斯托芬《地母节妇女》中弓箭手使用的夸张的西徐亚（Scythian）发音。② 好像外来的说话方式暗含了某种象征性的特色，包括重复说相同的话（行 836、838、839、842、860、861、863，也是《波斯人》退场的一种特征）、句子结构上行 838-842 奇怪的谓语残缺句，以及 barin［（埃及的）平底船］和 ichar［译按：不详］的异国特征（Johansen 和 Whittle［1980］卷三，页 174）。

---

① 几乎肯定要追溯到埃斯库罗斯之前的佛律尼科斯（Phrynichus）。我们对他《米利都的陷落》（Sack of Miletus）的演员毫不知情，但是他《腓尼基妇女》（残篇 8）中开场时使用了短长格的阉人，后来有可能会唱歌，而且这出戏必定会包含波斯王室成员。

② Garvie（1969）页 56-57。关于西徐亚弓箭手的声音，参 Hall（1989a）。

欧里庇得斯《奥瑞斯忒斯》中的弗律基亚奴隶，不论他怎样归因于提谟忒乌斯的"新音乐"，都有助于维护（protect）埃斯库罗斯的与众不同——在排除下层的唱歌者方面，因为这个弗律基亚奴隶同样是一个性情暴躁（overwrought）的蛮族男性。非希腊性（Non-Greekness）似乎促使雅典的肃剧家想到了歌曲方面；希腊人认为在蛮族的专制统治中，不存在奴隶和自由人之间的截然（secure）区分，这一点可能至关重要。

珀吕默斯托尔（Polymestor）是能够想到的最接近于埃及传令官和弗律基亚阉人的角色。他勉强可称为一个统治者，因此有望在一个"被刺瞎双眼"的场景中歌唱，但是甚至他的国王身份都很暧昧：他是一个野蛮的色雷斯骑士（行710），居住在没有城市的大山里，而且没有声称有高贵的出身。他仅有一次被人称作"国王"，还是阿伽门农在一阵满腹狐疑的奉承中说的（行856）。不过，他被称为"野蛮人"和"那边那个人"，并且仅被称为"色雷斯人"就不下9次，这些称呼是有意识地要把他和雅典最常见的一个奴隶种族的名字联系了起来（Hall［1989］页109-110）。作为一个粗野的蛮族男性，[1]他的种族特征混合着身体的痛苦（agony），诗人依然让他唱歌的决定，显得几乎异常坚决。克拉尔德（Collard）认为，珀吕默斯托尔的［120］独唱歌是现存的一首很有洞见的肃剧歌，也是英语学界讨论最少的一首独唱歌之一：[2]

---

[1] 我想不明白，为什么近来仅有的对肃剧旋律适度的扎实研究，在分类时会把珀吕默斯托尔当作希腊人（Barner［1971］页262-263）。

[2] 一个重要的例外是克拉尔德对有关独唱歌文献的评论，和对埃瓦德涅所唱的歌的分析，见其所编的《欧里庇得斯的〈请愿妇女〉》（*Euripides' Supplices*）（Collard，1975）卷二，页358-362。Barlow 对欧里庇得斯独唱歌中的意象（Barlow［1986］页43-60），以及对它的措辞和风格的解读（Barlow［1986a］页10-22），也很有见地。Parker（1977）页514-518，提供的对欧里庇得斯独唱歌的韵律特色的评论，简练得令人称道。

> 自一上场，他伤残了的肉体的痛就伴随始终……现在换了一个血肉模糊的面具……时不时充满剧痛和绝望的尖叫、满腔仇恨地痛哭；断断续续、毫无逻辑的思绪，从字面看大多像满是哀求的问语；不连贯的歌唱（独唱歌在任何句子之间都没有连接词）。(Collard [1991] 页 187)

很难想象在口语的短长格三音步中，会如此夸张地省略连接词，而且让人想起亚里士多德反对的演说家缺乏连贯的演说，这样一个应受谴责的习惯，据亚里士多德说是从演员那里借用的 (《修辞术》3.1413b)。

六

韦尔南 (Vernant) 曾提出的最重要的问题之一是，需要考察雅典肃剧改变 (transformed) 现实的过程，就在它吸收现实的同时——文化唯物主义者可能会把这个过程称为艺术的"调节" (mediation)。

> 参照其他范围 (domains) 的社会生活……可能会有失恰当，除非我们也能说明，肃剧如何从它自身的视角吸收它借用的元素，进而在相当大的程度上改变它们。(见 Vernant 和 Vidal-Naquet [1988] 页 31)

重要的是，清楚那些特殊准则 (codes) ——它们是这种改变过程的条件，以及随后追问对于运作那些准则的社会，那些准则揭示了什么。

在肃剧的内容中，这类工作都已经完成：我们现在能更好地理解与民主城邦相关的议题,是怎样通过往昔英雄神话时代这一棱镜的折射得以阐明的。不过,我希望这篇文章也表明,对肃剧听觉形式——肃剧演员在音乐和韵律方面的表演准则——与创造了这种形式的社会之间的关系,我们还未给予充分的关注。

本文粗略地考察了一些演员的歌曲,即便如此,还是可以得出一些有趣的结果。歌曲与说话的区分,体现在情感和意识形态两方面。在公元前五世纪的戏剧中,歌唱似乎是人的自我表达形式,而不是神的。独唱曲(solo song)受社会地位的影响,因为它区分了统治者和[121]"普通人",以及天生为奴的人和那些因不幸受到奴役的人。独唱曲也涉及由性别决定的肃剧的区分:在索福克勒斯的剧作中(里面的男主角经常 aidein [歌唱] 和 koptesthai [捶打胸膛或头,表示极度悲哀]),柏拉图的苏格拉底有更多可抱怨的地方,而在欧里庇得斯的剧作中就没有这种情况。歌曲能够暗示蛮族身份。如果不算索福克勒斯的埃阿斯,雅典的男子一般不唱歌,除了《希波吕托斯》中忒修斯不经心地(half-hearted)唱了哀歌的例子。某类人物(尤其像厄勒克特拉这样的童贞少女)在肃剧中几乎被预设要唱歌,而其他类别的人物(尤其"男子气"的主妇克吕泰墨涅斯特拉和美狄亚)则不唱歌。具有重要歌唱色彩的女性肃剧角色,在古代后期经常被选来表演,尤其受欢迎。

因此,肃剧歌和韵律,不能与肃剧的社会学分割开来,而且与肃剧社会学相关的东西,就与城邦的社会学相关。承认言说方式和韵律形式的模式的意识形态含义,暗示了更深层次的问题,而不仅仅是与雅典的帝国主义政策相关。阿提卡(Attic)肃剧是一种著名的包罗万象的艺术类型,像海绵一样吸收了其他的文艺类型,而这些文艺类型都在希腊世界的其他地方得以传承。对于一个在公元前六世纪把自身定位为希腊世界的文化中心的城邦而且作为公元前五世纪首屈一指的强大帝国来说,这种特征肯定具有意识形态含义。看待肃剧的方式,可以不单单将之视为美学上的"泛希腊化",还可以是帝国主义在形式层面的有效表达。

雅典没有明显属于自己的诗歌类型，尽管庇西特拉图有独霸（hegemonize）荷马史诗的企图。多利安人（Dorians）有合唱抒情诗和短短长格行军歌，东爱琴海地区有独唱歌，伊奥尼亚人（Ionians）有iambos［讽刺诗体］，而在肃剧中，雅典人发明了一种无所不包的新艺术类型，把它们统统吸纳了进来。有关说话和歌唱的很多类型的言说方式，都与其他希腊共同体相关，它们存在于希腊（Hellas）各地，现在在雅典的狄俄尼索斯剧场的混合表演中，它们都被用到和听到。甚至更有可能，肃剧家们通过运用某种类型的歌曲，向别的（友好）盟邦明确表达的赞美，会比后世的我们意识到的多得多。① 因此，当［122］埃斯库罗斯决定通过轮唱哀歌使波斯大王女性化、不让他运用短长格的"理性"话语时，从文学方面来说，这个决定可能与公元前五世纪雅典帝国的世界观念保持了一致，这种观念在肃剧中催生了韵律和音乐风格层面上的泛希腊主义。所以，文法家狄俄默德斯说，我们读抒情诗时，要更多地学着去唱，即使我们不知道肃剧家最初创作的调子。②

---

① 很久之前，Denys Page认为，风格、形式和思想意识不可分割。根据他对欧里庇得斯的《安德洛玛刻》的看法，剧中选用的韵律形式和歌唱表演，与雅典的政治及其帝国计划牢牢地联系在一起。他认为，《安德洛玛刻》最初创作于阿尔戈斯，当时雅典正在寻求巩固阿尔戈斯人的支持以对付斯巴达。理由是：（1）阿尔戈斯具有"多里斯诉歌"（Doric threnodic elegy）传统，在这方面，阿尔戈斯诗人萨卡达斯（Sakadas）是主要的代表诗人；（2）这部戏不是在雅典创作的（行445可作为一条旁注）；因而（3）安德洛玛刻唱的那些挽歌，强烈暗示了它们首创于阿尔戈斯，而且通过采用肃剧中不常见的风格，用歌唱的形式赞颂了阿尔戈斯的诗歌传统：Page（1936）223~228。

② 我在1990和1996年写作这篇文章时，好几位友人提供了无私的帮助。一些重要的材料引自Helene Foley、Simon Goldhill、Peter Wilson和Oliver Taplin。尤其要感谢Pat Easterling，她的批评很有洞见，而且提供了大量文献。

第二部分　表演的戏剧

希腊肃剧中歌队声音的表演层面

——表演中的公民身份认同

卡拉莫（Claude Calame）撰

苏岩 马勇 译 李向利 校

[125] 演员和观众之间角色的分离、神话故事情节的确立、特定的集会地点的选择，这些特征渐渐将一种仪式变成了制度化的戏剧竞赛。从那一刻起，公众前来观剧，并且通过他所熟悉的神话，和戴着面具表演他的演员们"远远地"被感动。

一位戏剧符号学家在他最近的《戏剧词典》（*Dictionary of the Theatre*）一书的一篇文章中——该文章探究的是戏剧再现（dramatic representation）的仪式起源，用这种模糊的表达结束了关于古希腊的论述。① 在这种结论性陈述的语境中，我们可以理所当然地认为，最后的"他"指的是前面那个演员们表演的神话。然而，这位学者——意识到了古典时期希腊肃剧（又译悲剧）中演员们说话时所处的位置，把古典希腊肃剧视为是［一种］表演——在这里可能倾

---

① Pavis（1987）页 338 – 340，一篇题为《戏剧与仪式》（"Théctre et rituel"）的文章。本文以我的综合性论文《肃剧合唱的陈述与表演功能：酒神大节上的合唱歌》（"Foncyions énonciatives et performatives du choeur tragique: le je/nous choral aux Grandes Dionysies"）为基础，该论文是为 1996 年 5 月哈佛大学古典学系组织的题为 *Choreia*［舞蹈］的第六届"克拉莉"（Coralie）会议所准备的。其中的一部分，1998 年 3 月在安阿伯（Ann Arbor）的密歇根大学"G. F. Else 讲座"上讲过。

向于［把"他"］理解为指涉的是公众。雅典肃剧中的演员，尤其歌队，在他的面具下面代表的不正是公众？

一 肃剧中歌队声音的表演层面

"一言以蔽之，歌队就是理想化的（idealized）观众。"在对希腊肃剧中歌队成员承担的角色的考察中，施莱格尔（August W. Schlegel）得出了这个著名的结论。①［126］这一简要的结论经常被引用，但是需要仔细甄别。一方面，施莱格尔认为，歌队作为理想化的观众，在传递由戏剧引发的激情的同时，也减轻了激情所产生的影响。另一方面，歌队成员必须被认为是整个人类的代表。在这个角色中，歌队不像在更多地代表诗人及其思想的角色中那样去代表公众。歌队作为理想的（ideal）观众和肃剧作者的代言人，从根本上说，代表了"民族的共同精神，也就是普遍的人类共通感"。

那么，当上演肃剧合唱文本时，归根结底究竟是谁说出了它们？究竟是谁借歌队成员的声音在歌唱？是什么人借歌队的言辞（words）在与何种权威交谈？虽然这个问题可以有一长串的答案，但是在一种似乎通过表演来实现政治的和民主的目标的文化中，任何对肃剧场面中的角色的讨论，都必须面对这个问题。

除非每一种实现交流目的的手段同时涉及了身体和思维的活动，

---

① Schlegel（1846）页 76–77。Kranz（1933）页 219–225 特别讨论了施莱格尔这一对肃剧歌队的定义，然后是 Hose（1990）卷一页 32–37，亦参本文集 Hall 的文章（尤其注释 1）。当写到"作为一个整体的匿名歌队，其功能是表现……构成公民共同体的观众的情感"（le choeur, être collectif et anonyme, dont le rôle consiste à exprimer ... les sentiments des spectateurs qui composent la communauté civique）时，Vernant 和 Vidal Naquet（1972）页 14 就这同一观念给出了新的形式。

否则表演意味着什么？在一种"歌唱文化"中（希腊文化，尤其雅典文化，是一种歌唱文化），这种非常宽泛的表演观念，就像本文集导言中定义的那样，尤其适用于伴随着歌唱和舞蹈的音乐演出，这些歌唱和舞蹈组成了肃剧，并且表演的概念甚至与肃剧的合唱部分关系更为密切，在这个部分，声音产生（evokes）了（歌队）这个群体的权威，而且舞蹈的节奏必定涉及歌队的身体。① 本文研究了歌队行为的效果的问题，这种行为涉聚集在剧场的公民共同体，涉及他们的共同价值、他们的社会和制度（institutional）实践，我将把重点集中在表演的语言学方面，集中在本维尼斯特（Emile Benveniste）严格定义的语言中的"施为"（performative）层面。因而，如果一个陈述"表示这个做出的行为来源于以下事实，即自我（Ego）发出了一个包含相应的现在时第一人称动词的短语"，我将称之为施为性的。② 简而言之，一种施为话语（performative utterance）对应于一种言语行为（speech act）：[127] 当他们发出这些话语的时候，那些说话者完成了一种与语言相关的行为，他们将所有的权威都注入了说话的行为中。从语言学的观点来看，施为话语的标志有：使用第一人称（通常参照第二人称的某个人来定义第一人称），使用现在时或表示愿望和命令的带情态动词的时态（modal tenses），使用指示词"这里"，最重要的是使用那些明确地指代"说"的词——我命令、我发誓、我号召、我祈祷、我歌唱等。

---

① 与权威和模仿的观念相关，被理解为"戏剧的重演"（dramatic re-enactment），为了解释希腊诗歌不同形式的基础，纳吉（Gregory Nagy）最近发展了这个表演的观念，参 Nagy（1996）页 1-38。关于"对话语的体现"（embodying discourses）的观念，参 Goldhill 和 Reden 在本文集中的论文。

② 这是 Benvenniste（1963）页 3-12 给出的定义，重印本（1996）页 267-276。本维尼斯特继承并更细致地描述了 Austin（1975）页 4-7、67-71 发展的这一观念，对后者来说，在一个"施为句"或"施为话语"中，"说话就是在做一个动作"。关于表演的宽泛定义，参 Goldhill 前文第一页。

这些一般的思考，必须在两个方面更准确地进行说明：有关观众的观念和肃剧中歌队声音的复杂性质。

首先，当代那些关注文本和文本性的理论家们，已经开始注意到"理想化的观众"（idealisierter Zuschauer）的概念，并且将它重新确定（reformulated）为"模范读者"，或者将这个概念转移到剧院，表述为"理想的或虚拟的（virtual）观众"。① 在这种用法中，理想的读者或者观众是由一系列话语策略建构起来的纯粹文本性的形象。这些同样的策略，把这一虚构的形象与真实的（real）公众——（拥有）实际经验的观众——结合起来了。通过这些语言学的手段——它们建立了话语的内部面相（发音吐字）和外部面相（经验交流）之间的联系，在每一部剧本的新的表演中，观众都被引导着去感知和理解该剧本与他或她所属的信仰共同体的关系。理想读者或者观众的形象，就以这样的方式被加入了交流的方案中，尤其是像雅各布森（Roman Jakobson）设想的那样。随后，这个虚拟的形象被置于理想的作者之前，后者同样是一个纯文本的形象。② 在作为表演的雅典戏剧的特定例子中，在交流的传统方案中嵌入理想的观众，并且试图给他一个准确的位置，这样做将会证明陷入了一个严重的误解。然而，在图表 1 中，作为一种理论的可能性，我们将尝试这样做。

---

① Eco（1979）页 50 - 66 和（1992）页 67 - 88 尤其详细地阐释了"读者模型"（Lettore Modello）的概念。关于亚里士多德（Aristotle）——且不管他在《论诗术》（*Poetics*，又译《诗学》）1450b 15 - 16 的说法——将古典肃剧的观众看作一个读者的方式，参 Hall（1996）。

② Jakobson（1963）页 87 - 99［第一版是（1961）］。在应用于语言的时候，雅各布森的交流方案已经经历了实质性的重构；尤其参 Grize（1990）页 27 - 32。我在此借用了这个方案——Adam（1991）页 26 - 28 通过引进"虚拟的作者"和"理想的读者"的形象详细地阐释了这个方案，而且我在该方案中嵌入了"话语"和"发出的清晰声音"（uttered enunciation）之间的区分，对此我在 Calame（1995）页 3 - 26 做了解释。

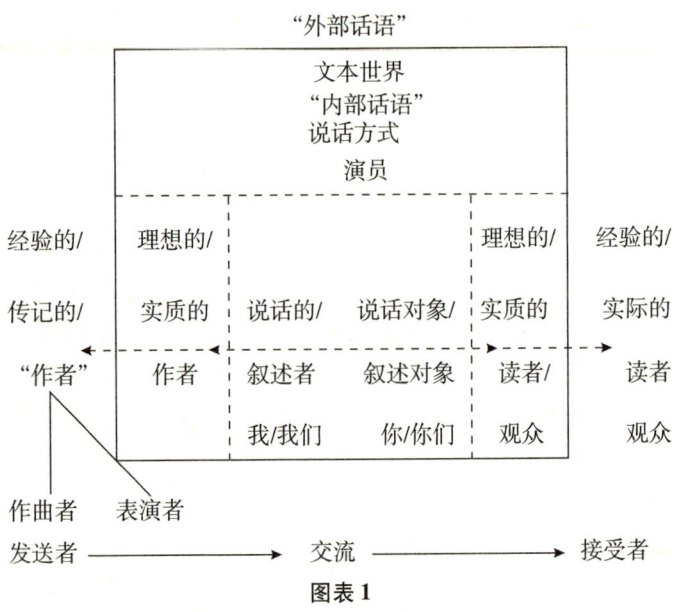

图表 1

其次，在一项关于抒情（melic）合唱歌与雅典合唱颂歌（choral odes）关系的早期研究中，我已经尝试参考和对比早期合唱和祭祀诗歌的实践，来定义一些肃剧中女性歌队声音的性质。①[128] 鉴于这些歌队成员声音的集体特点——他们一齐开口唱歌，分辨那些决定了歌队声音性质的特征，最终必定是虚假的。然而，我们还是有可能得出肃剧表演中歌队声音的三个互补性维度。

● 仪式的维度。它使歌队成员与戏剧情节以及在舞台上表演这些动作的演员产生互动（亚里士多德在《论诗术》中的用法是

---

① Calame (1994/1995)。我在那里就此处讨论的关于肃剧歌队声音的定义问题，给出了早期研究的完备的参考文献。在此，我仅仅指出亚里士多德对歌队和 katharsis [净化] 的作用的著名讨论：《论诗术》1456a 25–27、1449b 24–28。

συναγωνίζεσθαι［（歌队）参加剧中的行动］)。[129] 这一互动维度经常采取祭仪（cult）歌曲的形式，这些歌曲允许歌队成员通过仪式来影响面对事件的演员的态度。通过这种方式，这群歌队成员能够对戏剧情节的发展施加某种实际的影响。

• "解释的"维度。在歌队的歌词中，通常包含了叙述和描述。在观众看到的情节之前，choreutai［歌队的舞蹈者们］给出了要发生的事件的信息，或者关于情节发生的空间布景；他们也用简短晦涩的话语评论发生的情节。

• "情感的"维度。允许歌队成员表达（通常是强烈的）由舞台上发生的情节所引发的情感。根据亚里士多德的说法，公众必须体验的激情似乎被委托给了歌队。这一委托过程可以解释 katharsis［净化］这一神秘现象，在这种现象中，由肃剧引发的强烈的怜悯和恐惧之情，似乎在他们自身的言辞表达中得到了净化。

歌队成员共同体声音的情感层面，将我们带回到观众那里：通过戏剧表演，理想观众的反应——写在剧本上，对于一个虚构情节的——将会激发现实公众类似的反应，这些公众来到剧场是为了使狄俄尼索斯剧场（Dionysos Eleuthereus）获得荣耀。通过类比可以发现，这也许暗示，在解释的维度上，歌队的声音相当于理想的作者的声音，并且使其自身返回到真实的作者那里，回到传记作者那里：他是全知的叙述者，对自己操纵的情节知道得一清二楚。甚至更有可能，这不是古典肃剧中出现在舞台上的作者发出的，而是通过某种方式将权威委派给真实的（不过戴着面具的）表演者——即演员和歌队成员——的作者发出的。此外，毋庸置疑，在仪式化的情节中，歌队也是戏剧情节——戴着男性或者女性肃剧面具进行表演——的一部分，因此，歌队就像一个主角那样表演。歌队不再是理想的观众，也不再是虚拟的作者，而是演员。事实上，在戏剧化的文本中，即在用于表演的文本中，理想的或者虚拟的人物——例如在史诗中它们都属于"发出的清晰声音"，并且都只是文本形象——在舞台 mimēsis［摹仿]中变成了真实的;以相同的摹仿方式,叙事的和虚构的情节——主角们在话语中进行回应——也变成了真实的。作为这一摹仿的结果,仪式——歌队成员在 orchēstra[歌舞场]中完成的,当他们展现他们声音的表演层面时——就对戏剧化的虚构叙述做出了回应,因此也是一种虚构的情节。

二 肃剧中歌队的指涉和歌队的权威

[130] 在一项更为晚近的争论过程中,肃剧表演中歌队言辞(words)的角色和权威问题,也在话语(utterance)层面得到了检验。高尔德(John Gould)假设,"歌队把一种对英雄的经验的替代经验——它本质上既是'集体的'又是'他者的'——带到了肃剧的虚构世界中来";戈尔德希尔(Simon Goldhill)在回应中着重强调:

> [歌队的]集体声音,在上演构成肃剧的观点的 agōn[竞争]中,起到了十分特殊的作用。歌队要求观众参与到一种持续的重新协商(renegotiation)中去,权威性的声音就蕴含其中。(Gould[1996]页219;Goldhill[1996]页255)

那么,歌队声音——在我们知道的绝大多数索福克勒斯(Sophokles)和欧里庇得斯(Euripides)肃剧中,这种声音都由一组年轻少女或者妇女发出,通过戴着面具以显示距离的方式——的权威是什么?在那些通过言辞和情节来表现的带着性别、戴着面具的文本游戏中,在许多歌队声音扮演了角色的方面,肃剧歌队的角色,主要是与理想的观众一致,还是与实际的观众一致?与实质的作者一致,还是与作为表演者的真实的作者一致?或者只是与投身于戏剧情节的一个

(戴面具的）演员形象一致？

在一项以歌队声音的表演层面为中心的对歌队表演的研究中，非常关键的是，它再一次使我们想起，肃剧中的合唱颂歌不仅使用了古风时期合唱抒情诗的节奏、方言和词汇形式，而且还使用了其仪式形式。因为古风和古典时期的抒情诗都是仪式性和祭仪的言辞，所以肃剧中的合唱颂歌也可以被看作祭仪的言辞行为。从语言方面来讲，抒情诗遗传的表演性维度，通过我们已经提到的特征得到了揭示，这些特征包括：一般现在时和带情态动词的时态（祈愿的、祈使的以及最重要的"将来"）的使用；通过像ὅδε这样的指示词对这里（和现在）的空间指示；以及最重要的，我/我们和你/你们的替代形式，这些形式可用于支配表达话语行为——即仪式歌曲的行为——的动词。投身到这些仪式言语行为中，抒情诗歌队的成员，就像肃剧歌队的成员那样，伴随着音乐和舞蹈，被带领着去描述他们自身的歌唱行为（vocal action）。这种描述使荷因里希（Albert Henrichs）用"自我指涉性"（self-referentiality）这个恰当的术语来总结肃剧歌队的合唱活动的特征。① [131] 有了刚才引入的区别的帮助，就可以恰当地区分这种自我指涉的过程的细微差别。

关于语言使用，指涉的过程包含内部话语的（intra-discursive）和外部话语的（extra-discursive）指涉。通过多种途径——他们的颂歌就是按照这些途径进行自我指涉的，雅典肃剧的歌队成员既能指向他们言辞中文本的和"理想的"形象（存在于内部话语和文本的世界中），又能指向传记的和"真实的"此时此刻正在参加纪念狄俄尼索斯神的肃剧表演的人们（存在于外部的和外部话语的世界中）。鉴

---

① Henrichs（1994/1995）。在 Henrichs（1996）中，荷因里希扩展了他对抒情诗歌的探究，并在 Henrichs（1996a）中深入到更多细节之中。希腊诗歌中自我指涉的未来（self-referential future）的表演性力量，最近在 Faranone（1995）中得到了强调。

于肃剧的合唱形式拥有抒情的传统,重要的是不要忘记,在抒情合唱诗中传记性的作者或者作曲者(阿尔克曼[Alkman],品达[Pindar],巴克利德斯[Bacchylides])不同于那些实际的表演者,表演者通常是女性,在一个确定的仪式上边唱边跳。抒情诗人并不限于为歌队写歌,他还受雇指导歌队训练歌曲,即承担了(choro) didaskalos [(歌队)教师]的功能。在歌队工作的进行中,是 chorēgos [歌队赞助人],即歌队领队(choros - leader),负责监督实施诗人的教诲。在肃剧中,歌队领队的角色由 koruphaios [歌队长]担当,不考虑现代的区分,他的声音可能不会时常与歌队其他成员的声音区别开来。①

在这样的环境中,一个肃剧歌队表演的仪式和表演维度,就不纯粹是一个歌队成员在戏剧化情节中充当演员的问题了,因为这也是一个歌队是虚拟作者——在歌队成员是文本的实际表演者的意义上来说——和传记作者,以及他在结束时通过多种媒介向其致辞的观众的问题。如果呈现为我或我们形式的人称的身份,因而话语权威的位置在抒情合唱诗歌中难以确定,那么肃剧中歌队"主体"的权威的结构也就更难以把握了。②

尽管如此,我在这里试图解决的,[132]是"作者的"和表演的摹仿的复杂过程。我的论证基于对两部肃剧的分析。我之所以选择它们,是因为它们的歌队代表的形象,不同于"理想的观众",且不同于雅典公民共同体——人们认为歌队代表了雅典公民共同体。在索福克勒斯的《俄狄甫斯王》(*Oedipus the King*)中,歌队是由忒拜(Thebes)的长老

---

① 在传递诗人的真实声音方面,对于领队或 chorēgos 的角色,Nagy (1990) 页 360 – 381 有详细介绍,他接续并以 Calame (1977) 页 92 – 143、386 – 411 (= [1997] 页 43 – 73、221 – 243) 那里发展的主题为基础。歌队与 koruphaios 的复杂关系,是 Kaimio (1970) 页 31 – 35 一些合理评论的主题。

② 对于在抒情诗中呈现为我/我们的人称的问题,有很多自相矛盾的回答,对此,参看 Slings (1990) 搜集的不同研究和同时期 Gentili (1990) 的补充评论就够了。

组成，忒拜在肃剧中代表的是一种与雅典相对立的"反城邦"（anti-city）的类型。在欧里庇得斯的《希波吕托斯》（*Hippolytos*）中，歌队由具有"小雅典"之称的小城邦特洛曾（Tronzen）的一群妇女组成。①

三 《俄狄甫斯王》中的歌队与表演问题："神话和仪式"

利用最近具有启发性的研究成果，我将从索福克勒斯《俄狄甫斯王》中歌队和歌队长的介入（interventions）开始。进入 orchēstra［歌舞场］后，由忒拜长老组成的歌队向宙斯（Zeus）发出了祈祷。这是一次间接的祈祷，采用了品达的方式，因为它的接受者乃是众神之王（ἁδυεπὲς φάτι，行151）；并且在进场歌第一曲首节的末尾，（他们）围成一圈，（呼唤）宙斯的声音被（呼唤）阿波罗（Apollo）的声音（ἄμβροτε φάμα，行157）取代，后者在这一节的中间被当做德洛斯岛（Delos，又译"提洛岛"）的神和医神（god Paian）来呼唤。这段合唱颂歌开头的表演维度，以呼格的形式向两位神发出的祈祷——它构成了这一节诗的框架——和提出的要求一样多，而因为有利于"我"（εἰπέ μοι，行157），或者因为旨在引起德洛斯岛的医神（ἰήιε Δάλιε Παιάν，行154）关注的仪式化呼唤，这个要求变得很真实。②

---

① Zeitlin（1990）研究了雅典肃剧中作为"他者"（the other）空间的忒拜的功能。关于肃剧中作为"遥远的雅典"（remote Athens）的特洛曾，参 Vidal-Naquet（1992）。Easterling（1988）阐述了女性歌队声音的特殊性。亦参本文集中 Taplin 的论文。

② 无数类似的仪式副歌——它们突出了 paian［赞美阿波罗的颂歌］的不同形式，参 Kappel（1992）页65-70（亦参页31-42）。［译注］paian 一词在古希腊语中写作παιάν，该词的大写形式（Παιάν）是专有名词，指"众神的医生"，晚期亦用作阿波罗和医神阿斯克勒庇俄斯（Ἀσκληπιός）的别号；小写形式指"赞美阿波罗和阿尔忒弥斯（Ἄρτεμις）的颂歌"等意。

歌队的第一次介入所呈现的表演的仪式特征，通过下述事实得到了强调，即歌队的声音是紧跟着宙斯祭司的祈祷——它对开场构成了强调——出现的。祭司与俄狄甫斯的大部分交谈，都可以被描述为仪式化行为："我们围坐在你的圣坛前"（行 15-16），①"我们"包括了"我"，也就是祭司，以及在公众眼前、陪伴式拜高贵之人的"这些 [οἶδε] 青年精英"（行 18-19）。一个类似的形式在一段对俄狄甫斯的讲话中间再次出现，它采取了向神祈祷的形式（行 31-32）。俄狄甫斯面对全体青年答复了这个祈祷，[133] 就像歌队对待他们一样（ὦ παῖδες οἰκτροί, 行 58-59，比较行 78-79）。最后，在末尾的表演模式中（ὦ παῖδες ἱστώμεσθα, 行 147-150），祭司和青年再一次站起来表达他们的愿望：从他得到的神谕来看，阿波罗可能成为城邦的拯救者，就像俄狄甫斯第一次祈祷的那样（行 51）。最后一次提到瘟疫折磨着被拉伊俄斯（Laios）的死所污染的城邦，在某种程度上是为了引进合唱颂歌，它马上承接了提及的能净化并治愈城邦的神。

歌队先是向宙斯然后又向阿波罗发出了神谕的呼求，在这之后，进场歌的合唱颂歌沿着传统的祈祷诗句继续。在其诗性表达中，祈祷者的歌唱呈现出三重结构，这种结构自古就被认为是"克里特式颂歌"（cletic hymn）：直接向三位神发出的呼求，由于与主导整个颂歌的宙斯的关系而被谨慎指定的雅典娜，坐在市场中的阿尔忒弥斯，自然还有射手阿波罗，这些神祇曾经介入到城邦事务中以避免不幸降临，最终人们要求他们在这一场合下以同样的方式进行干预（ἔλθετε καὶ νῦν, 行 158-167）。② 因此我们正在处理一篇祭仪祷文，

---

① ［译注］本文所涉戏剧中译文，均引自张竹明译，《古希腊悲剧喜剧全集》，南京：译林出版社，2007。

② 很多项研究都处理了 cletic 颂歌的结构（invocatio, epica laus, preces）及其与祷文结构的联系；尤其参 Des Places（1959），Bremer（1981）。关于在《俄狄甫斯王》的合唱颂歌中宙斯确保其主宰的方式，Segal 给出了一个漂亮的证明，参 Segal（1995a）页 185-198。

即处理组成这篇祷文的口头仪式行为的语言和结构的特征。如果向预言神的祷告真的就只是涉及克瑞翁在德尔菲向阿波罗询问神谕（行85和95－97），而且如果雅典娜作为通向忒拜城的七座城门的守护者真的受到忒拜城邦的尊敬，并且像Eukleia［荣誉女神］那样受到崇拜的话，那么这篇祭仪祷文就与戏剧情节相关。但是这篇祷文也可以脱离戏剧情节而在雅典语境下理解：德洛斯的阿波罗——很明显在忒拜城中不为人所知——把我们指向德洛斯同盟的圣殿，并且作为宙斯的女儿和雅典保护神的雅典娜，占据了这篇合唱祷文的三分之二篇幅，她在开头（πρῶτα σε，行159）和结尾（行187－188）被恳求为一个从未明确指明的城邦做一些好事。① 因而，真实的观众更能够感到焦虑，[134]因为他们对神示所和祭仪言语的力量有一种确定不移的文化敏感性。

然而，在进场歌的末节（final strophe，[译按]：即第三曲首节）及其对照乐节（antistrophe，[译按]：即第三曲次节）中，宙斯的权威仍然占据主导地位，但却是狄俄尼索斯而不是雅典娜出现在对三位保护神的祈祷之中，这使我们回到忒拜，回到戏剧情节的语境中来。对狄俄尼索斯的呼请，将他呈现为给这片土地（τᾶσδε γᾶς，行210）命名的神。当俄狄甫斯紧接着歌队的祈祷（αἰτεῖς，行216，采用的是第二人称单数）向卡德摩斯（Kadmos）城（[译按]：即忒拜）的所有公民发出郑重呼吁的时候，他并没有犯错。俄狄甫斯的话，把第一

---

① 正是因为雅典娜保护着忒拜的城门，忒拜的雅典娜·奥卡（Athena Onka，[译按] 奥卡是雅典娜在忒拜的名字）崇拜才通过歌队与对雅典娜的吁请联系了起来，但也必须承认，很难将雅典娜的双庙与宙斯的祭祀在介入的开头（行1－20）提到的相等同。参Schachter（1981）页130－132，以及Zeitlin（1993）页160－161对雅典娜在《安提戈涅》（*Antigone*）中的角色的补充评论。关于阿尔忒弥斯与忒拜的阿尔忒弥斯·优克里亚（Artemis Eukleia）（Paus. 9. 17. 2）之间是否一致，还很难确定；参Schachter（1981）页104和Bollack（1990）卷二页98－100。

人称单数形式的表演性的承诺,和以第二人称复数形式说出的(ὑμῖν προφωνῶ,行 223,ὑμᾶς,行 256,ὑμῖν,行 273)对卡德摩斯人的命令联系了起来。歌队长接下来立刻加入到了这一发言中(行 276):忒拜公民的共同体中,城邦长老组成的歌队,以及领导他们唱仪式歌的歌队长,他们之间的界限断然是不固定的。公民共同体通过话语包含在歌队成员的群体中是很有可能的,因为他们的合唱颂歌不仅仅呈现了颂歌的具体特征,也不仅仅展现了祈祷的具体特征,还回应了由忒拜的妻子们和母亲们唱的颂歌,她们是席卷整个忒拜的瘟疫的受害者。①

一首合唱歌接着一首合唱歌(stasimon after stasimon),忒拜长老们的合唱不断地介入,不仅几乎完全是由宙斯权力的重要性所主导,更重要的是由德尔菲神谕的回应所主导。当歌队长将忒瑞西阿斯(Tiresias)领到舞台上时——这与他介绍那些没有通过面具显示出身份的演员的职责相适应——他也怀有这种困惑:由于受到神的启示,先知是唯一能够知道真相的人(行 297 – 299);歌队长甚至把他比作阿波罗自己(284 – 286)。② 但是,在介入的最后(行 461 – 462),面对疑惑的俄狄甫斯,忒瑞西阿斯甚至也怀疑起了自己占卜的说谎艺术。

歌队成员立刻利用了忒瑞西阿斯挑衅性的怀疑的表达,并使在戏剧开始时克瑞翁宣布的阿波罗神谕的命令,成为第一合唱歌的主题(行 463 – 467)。经过俄狄甫斯本人的宣布(行 86),面对歌队在引入进场歌时的求告(行 158),来自帕尔那索斯(Parnassos)雪山的这个神示,[135] 会毫不留情地追赶任何试图逃脱的人(行 473 –

---

① Rutherford (1994/1995) 着重强调了进场歌和颂歌之间的关系。
② 关于《俄狄甫斯王》中预言和预言的声音的作用,一般参 Segal (1981) 页 236 – 241,和 Pucci (1992) 页 16 – 30。关于与基于视力的知识有关的特瑞西阿斯的角色,参我在 Calame (1996b) 中给出的参考文献。

476）。但是面对宙斯和他的儿子阿波罗的智慧，歌队成员在轮到他们的时候也怀疑睿哲的先知所说的话，将它们看作仅仅是凭借人的相对智慧（对俄狄甫斯）的谴责（μεμφομένων，行 505－506），而非有根据的"正确的话"（ὀρθὸν ἔπος，行 505）。将受到神启的先知的话的真理性，降低到人的维度的相对性，使歌队对它自身的人类话语产生了质疑。由于拒绝攻击俄狄甫斯已经建立起来的名声，歌队成员只能以一种消极的方式界定他们表演性的声音："我不知道该说什么好"（ὅ τι λέξω δ'ἀπορῶ，行 486）。由于受烦恼和怀疑的摆布，面向公民共同体的仪式演说行为（行 513）——表现为克瑞翁将会借鉴的歌队之歌——似乎没有任何效果。从现在开始，歌队和歌队长只能表达对俄狄甫斯的忠诚，并且拒绝谴责他（行 660－663、689－691、834－835）。①

因此，正是在第二合唱歌中，歌队开始追问那个对自我指涉和表演性的声音来说都是基本的问题："我又何必来参加歌舞呢？"（τί δεῖ με χορεύειν;行 896）。它并非只是歌队的声音，也是在此遭到戏剧性质疑的作为仪式演员的歌队的活动。这个具有冲击力的短语——它从一个人的嘴里说出来，而这个人的任务恰好是在歌队中唱歌和跳舞——已经引起了许多争论。人们注意到，这一由歌队成员提出的关于他们表演的合法性的问题，源自伊俄卡斯忒（Jocasta）在前一幕中表达的关于预言真实性的怀疑（尤其参行 720－725、857－858）。那些怀疑促使歌队在第二合唱歌（第一曲）首节，再一次确认了宙斯——已经上升为单独的神——所保证的法律秩序（行 871、

---

① 请注意这一点：如果当作为公民的歌队结束歌唱时（行 513），克瑞翁是向歌队说话，那么在他的讲话结尾，他则单独向歌队长说话（σοῦ，行 522）——这位歌队长呈现了歌队刚刚宣称的不知情（οὐκ οἶδα，行 530）。但是接下来，在由于其抒情形式而一般被归于歌队的发言中，讲话人使用了我的形式（行 691－692），然而在最后一个发言中——由于其抑扬格的形式而被认为是属于歌队长的，使用的形式却是我们。

880、881)。歌队表演性的声音在服侍神的同时,也没有停止为了城邦的利益与暴君的傲慢(hubris)做斗争。两个建立了互惠关系的施为动词($αἰτοῦμαι, οὐ λέξω$,行880 - 881),对歌队的质疑行为持相反的立场,并且只有在渎神取得了压倒性优势、正义受到鄙视的情况下,才可以设想歌队活动的结束。①

[136] 第二合唱歌第二曲次节的发展,证实了歌队的言语行为符合神祇崇拜语境下的情节。在这里,它是向德尔菲的或者阿拜(Abai)的福基斯圣地的阿波罗,或者是向奥林波斯的宙斯致敬的一个例子。通过这种方式,歌队的空间视角就不仅仅限于忒拜或者雅典了,而是获得了一种泛希腊的视野。这一扩大的空间视角意味着,歌队的声音已经被置于参与虚构的戏剧的演员宣示的权威与实际公众的社会地位之间。但是合唱颂歌的结尾将我们带到了忒拜:对拉伊俄斯求得的神谕表示怀疑,就是在争夺宙斯的权力和阿波罗的荣誉。歌队停止跳舞的威胁,仅仅是对众神的崇拜正在衰落的一种回应($ἔρρει δὲ τὰ θεῖα$,行910)。这对戏剧情节的进程有着直接的影响,因为伊俄卡斯忒在她开口向阿波罗祈祷之前,几乎没有听到这段合唱歌($ἱκέτις ἀφῖγμαι$,行920),她代表共同体($ἡμῖν$,行921)向阿波罗祈求救赎。即使她以反讽的方式说出了神谕,她对神的力量也没有丝毫怀疑。($μαντεύματα$,行945 - 947、952 - 953)。

声称在自我指涉的意义上,歌队将其歌唱和跳舞视为一种崇拜行为,很难说是一件令人惊讶的事情。只要回想一下,在希腊古典时期,合唱活动是组成某位神的节日的四个基本组成要素之一就足够了(参 Calame [1992])。就像亨利克斯(Henrichs)已经很好地证明的那样,我在这里复述一遍他的分析:《俄狄甫斯王》第二合唱歌的阐

---

① 关于这个著名的段落,参 Burton(1980)页 160 - 169,Segal(1981)页 25 - 26,和 Henrichs(1994/1995)页 65 - 73。关于颇具争议的这段合唱歌与情节的联系的问题,近来 Sidewell(1992)进行了处理。

释者长期以来分为两派,一部分人认为,歌队成员只能以在某出戏中扮演的角色的身份质疑他们的合唱活动,而另外一部分人则揭下了歌队成员的面具,把他们等同于拒绝在歌队中服务的雅典公民。然而,戴面具的歌队成员自我指涉的声音的表演性功能,则允许这样一种主张:

> 作为仪式舞蹈的表演者,歌队同时存在于剧作的戏剧领域之内,和戏剧领域之外的此时此刻的政治和宗教崇拜领域。①

从在忒拜城中为了回应伊俄卡斯忒的怀疑而展开的戏剧情节来看,歌队的信心反映了崇拜肃剧音乐之神的观众们存在的一些问题。参与了在舞台和歌舞场之间上演的(内部话语的)虚构演员群体的合唱声音,[137] 还邀请(外部话语的)观众采取歌队的我/我们的立场——这正好对应了模仿的演员的表演性维度。这种酒神节的语境将自身导向了这样一种询问(interrogation),该询问通过崇拜行为,包含了演员和观众与神之间的关系。

戏剧的虚构情节潜入外部话语的情境中的方式,同样在第二合唱歌第二曲首节和次节变化的口头语体(register)中尤为明显。由于吁求宙斯扭转下述威胁,即阿波罗发出的神谕不再受到重视(weighing down)——第二合唱歌以这一吁求结束,呼应了对"奥林波斯之父"的呼唤(行 867)——所以,这些指示语($\dot{\varepsilon}\nu$ $\tau o\tilde{\iota}\sigma\delta\varepsilon$, $\tau o\iota\alpha\acute{\iota}\delta\varepsilon$ [$\pi\rho\acute{\alpha}\xi\varepsilon\iota\varsigma$] 和$\tau\acute{\alpha}\delta\varepsilon$,行 892、895、900)看起来将那些不虔敬的行为,与它们提到的观众眼前的那些行为联系了起来。但是通过使用泛指的

---

① 关于这两种截然不同的立场,参 Bain(1975)和 Stinton(1990)页 253 注释 45(他们主张这种指涉是内在的),与 Dodds(1996)的观点对立(他主张这种指涉是外在的)。Henrichs(1994/1995)页 65-71 就这个问题给出了详尽的讨论。也请注意 Bollack(1990)卷三,页 581-584,以及 Hölscher(1975)对这个问题的贡献。

形式（τις, τίς ἀνήρ, πᾶσι βροτοῖς，行882、892、901），歌队的谴责就有了一种箴言的作用，它的普遍有效性得到了对文本之外的指涉的强调，如我已经提到的，指向了德尔菲和奥林匹亚的泛希腊圣地。通过这种潜入，歌队的表演性声音具有了双重指涉，同时也获得了一种解释的维度。对指示词 hode 的重复使用，能够同时指涉内部和外部话语。① 信任问题的结果是——该问题由虚构性的环境提出，而通过指示词的使用，这些虚构的环境被赋予了一种普遍性的力量，并且能在文本之外得到应用——使理想的观众表达歌队的表演性的话语，而歌队即能够等同于真实观众的虚拟观众。至于作者的作用，由于原则上与歌队的解释性声音密不可分，因此合适的做法是暂时推迟对它的讨论。

经常听到的一个说法是，《俄狄甫斯王》中的第三合唱歌与第二合唱歌形成对比，并且前者是对后者的补充。在再次采用山的主题这个意义上说，前者是对后者的补充；但是，就像与伊俄卡斯忒交谈之后的俄狄甫斯和从科林斯来的报信人一样，就歌队关于忒拜国王的真实身份将犯一个严重的错误来说，二者又形成对比。尽管不乏明智，但是歌队与先知的形象自我指涉性的认同，将会把歌队成员置于如下境地，即与他们之前将真实的知识仅仅归于诸神相矛盾。[138] 俄狄甫斯令人宽慰的言辞中浓重的肃剧反讽，将在歌队的合唱中得到发展。由于对俄狄甫斯的错误信任，歌队的合唱用一曲乡村田园牧歌代替了逃避，这样做被证明是致命的，因为它忽视了这位英雄的真实命运。②

---

① 关于文本中建构的情景和真实的交流情景在《工作与时日》（*Works and Days*）中的类似用法，参 Pucci（1996）和 Calame（1996b）。关于古典肃剧中从局部到普遍的频繁转移，参 Segal（1995b）的讨论。

② 对这个合唱歌的肃剧性反讽的假设，参 Sansone（1975），以及 Bollack（1990）卷三页 698-723、Henrichs（1994/1995）页 71-73 和 Segal（1995a）页 190-194 的评论。另一方面，Pucci（1992）页 128-132 坚持认为，歌队认出了俄狄甫斯的半神起源。

实际上，不是通过召唤奥林波斯，而是通过召唤基泰戎（Kitharon），歌队才再一次将自己置于虚构情节的视角之中。它以表演性的声音许诺给忒拜的山一曲合唱颂歌（hymn）。基泰戎同时被呈现为俄狄甫斯的父亲、保姆和母亲。由于发言者呈现的合唱歌舞是用一系列将来时的形式描述的（χορεύεσθαι πρὸς ἡμῶν，行 1094），献给基泰戎的颂歌被设定在第二天的月圆之夜。通过这种延迟，不论是否带有反讽意味，歌队都展示了一种显著的清醒，因为它预料到俄狄甫斯在自己的身份被揭穿和刺瞎自己的双眼之后所表达的愿望：离开祖先的城邦去基泰戎山生活，"而著名的基泰戎山，我的母亲和父亲/在世的时候曾指定它作为我的坟墓"（行 1452 - 1453）。从这一点来看，凭借他们的洞察力，歌队接下来的颂歌必然会取悦福波斯（Phoibos）——他受到了引入欢乐颂歌的仪式化呼喊的召唤（行 1096）。利用这座山的纽带作用——通过对基泰戎的祷告暗示出了这一点，歌队引出的俄狄甫斯传说中的父母，与以下人物联系了起来：潘（Pan），洛克西阿斯（Loxias），赫尔墨斯（Hermes），甚至狄奥尼索斯自己与山谷中嬉戏的仙女们（Nymphs）（行 1098 - 1109）。第三合唱歌，其核心是对阿波罗的祈祷，为俄狄甫斯——他刚刚称自己是"幸运宠儿"（行 1080）——带来了对一个有洞察力的预言的回应：在阿波罗封锁了知识的情况下，当他的身份以一种毁灭性的方式被揭示出来之后，俄狄甫斯除了成为基泰戎之子外，再不可能也不会希望有其他结果了。① 不应忘记的是，这个简短的第三合唱歌正好出现在即将发生逆转的时刻，由拉伊俄斯的老仆提供的信息将要激发这一逆转过程。在献给基泰戎的颂歌中，choreutai［歌舞队的舞蹈者们］通过仪式化的言说行动，把我们带进了与仪式互补的领域，即神话的领域。这一神话，本身虽然是一种虚构——在这个例子中，虚构的重点在于一个外

---

① 关于俄狄甫斯的身份问题，参 Pucci（1992）页 78 - 89；另参 Ahl（1991a）页 145 - 152。

部空间,不过与戏剧的情节相关——却很快就显示出冷酷的有效性。

从这里采纳的观点来看,第四合唱歌需要两条注释。[139] 正好在俄狄甫斯意识到他的真实身份,并最终意识到自己犯下的双重罪行的时候,这首颂歌通过歌队声音的解释功能传达了出来。一方面,构成合唱歌的双重感叹——起初是唱给凡人的子孙,后来是唱给拉伊俄斯的儿子听(行1186、1216)——只是用一种表演性的方式,强调俄狄甫斯的命运对所有凡人都有效,俄狄甫斯的命运成了一个例证($παράδειγμα$,行1193)。通过把指代凡人的你们($ὑμᾶς$,行1187)转换为作为"不幸的俄狄甫斯"的你,歌队强调了其消极判断($οὐδὲν μακαρίζω$,行1195)和叹息($ὀδύρομαι$,行1218)中的表演性维度。choreutai[歌队的舞蹈者们]在合唱歌中提及他们称为"我的王"(行1201-1202)的人的命运,因此也暗中指向戏剧话语之外的威胁着所有人的命运的突转。在那些易于感受到从幸福到不幸的 metabolē[转变]的凡人中——亚里士多德将这种转变定义为优秀的肃剧情节,引用的正是俄狄甫斯的例子——当然也存在由理想的观众构成的观众,而这种理想的观众也涉及实际的(actual)公众。① 这是就合唱歌开头的代词你们($ὑμᾶς$)包含的双重指涉。另一方面,在最后一个合唱歌的末尾,歌队表示,该合唱歌遵循着命运的突转,就像它预言了——用那些指明了自己的不幸的话语——俄狄甫斯刺瞎自己的双眼一样(行1219-1221)。在这一语境中我们只发现了对宙斯——统治所有人命运的神——的祈祷。即便是能够破解斯芬克斯之谜的人,在宙斯面前也要屈服(行1196-1201)。②

---

① 亚里士多德《论诗术》1431a 13-15,1453a 7-22。关于亚里士多德"肃剧突转"的概念,参 Dupont 和 Lallot(1980)页 215-216、238-249。

② Segal(1995a)页 194-196 中肯地证明,在这首合唱歌中,与"能发现一切的时间"(行1213)相联系而对宙斯的吁求,体现了歌队在面对人的境况的不稳定性时,已经预先确立了宙斯的权力。关于这首合唱歌中"我"的使用和作者声音之间的关系,参 Kaimio(1970)页 95-96。

但是歌队的作用并没有随着第四合唱歌而结束。报告伊俄卡斯忒自杀消息的报信人,准确地向整个儿歌队做了通报。当他要求所有人必须听而且要听清时（ἀκούσεσθε, εἰσόψεσθε, 用的是第二人称复数将来时,行 1224）,所有"我国永远最受尊敬的长老们"（行 1223）都进行了回答（比较行 1232 ἤδειμεν 的形式）,而不仅仅是歌队长。类似地,在第二 kommos [（戏剧中由歌队和演员轮唱的）哀歌] 的开头,歌队用抑扬格（anapaests）的歌唱,回应了俄狄甫斯刺瞎双眼的场面（ὦ δεινὸν ἰδεῖν πάθος, 行 1297）。① [140] 当俄狄甫斯反过来用五音节音步（dochmiacs）的抒情节奏诉说自己的痛苦的时候,他首先朝向歌队长——用的是单数形式（ἰὼ φίλος, 紧接着就是一系列第二人称单数的形式,行 1321 - 1326）,然后才朝向所有的歌队成员——用复数形式（φίλοι, 行 1339、1341;ἀπάγετε, 行 1340、1341）。在俄狄甫斯对悲惨的双眼变盲的评论——这是他视力的悖论的后果——之外,歌队长坚持那些他所听到和看到的戏剧听觉和视觉场面（行 1312 回应了行 1224 和 1297）：他把这可怕的一幕视为既属于他自己也属于所有人的（ἐγώ, ἀνθρώποις, 行 1297 - 1298）。这就涉及了另一种理想的观众,但是这种理想观众处于我/我们的位置,而不是处于你/你们的位置,像对这种交流方案的严格实施使人期待的那样。

最后,报信人向歌队叙述了俄狄甫斯所经历的可怕的命运突转的场面,歌队和歌队长当面见到肃剧英雄后接受了这个事实,在肃剧结束的时候,歌队将他（俄狄甫斯）呈现在忒拜城的人民面前（行 1254 - 1530）。尽管一些人严重怀疑这些总结性的诗句的真实性,但是他们（还是）将德尔斐神谕预言的俄狄甫斯的命运,放在了人之

---

① 关于对复杂的抒情轮唱的韵律分析,参 Dawe（1982）页 229、255,和 Bollack（1990）卷一页 327 - 328。

命运的可改变性之上。① 这种处理已经决定了第四合唱歌中著名的第一曲首节中的行动,其中俄狄甫斯的命运成了凡人所经历的幸福($εὐδαιμονία$)的虚幻特征的样板(行 1186 – 1195)。歌队先是向不幸的英雄祈祷,后来又向宙斯祈祷,但是在戏剧的结尾处,在向"忒拜的居民"讲话的时候,歌队成员宣告了他们对"凡人的子孙"的德尔菲式的评论。通过戏剧的虚构发生于其中的共同体,歌队的话建构了理想观众的形象,而且肃剧的真实观众也可能成为这种理想观众。但是从话语的角度看,虚拟观众的形象在我/我们——在这方面他与歌队一致——与你/你们之间摇摆不定。在对话语外部言说的接受者的放大中,在讲话方面,歌队的我/我们就有了包括理想的作者——即全知的叙述者——的机会。在这里,歌队表演性的声音和阐释性的声音就结合起来了。

四 《希波吕托斯》中的女性合唱歌:诸神的威力

[141] 从亚里士多德起,人们就认为在欧里庇得斯的肃剧中,歌队已经失去了它曾在索福克勒斯肃剧中所处的中心地位。② 认为欧里庇得斯具有的把插入的合唱部分仅仅作为音乐性的幕间休息的倾向,当然不会在《希波吕托斯》中找到,在这部戏中不仅诸神和他们的力量在情节中扮演了主要的角色,而且歌队成员也都会在关键时刻出现。

---

① Dawe(1982)页 247 和 Bollack 卷四页 1038 – 1054 分别讨论了这部肃剧剧末最后几行的真实性。关于行 1321 后俄狄甫斯对歌队和歌队长的台词中由单数到复数的异常变化,参 Kaimio(1970)页 227 – 228;他在 171 – 172 页也讨论了剧末的那几行。

② 参 Hose(1990),他在注释 7 中引用了亚里士多德的思考,在歌队的 $συναγωνίζεσθαι$ [(歌队)参加剧中的行动] 上,反对欧里庇得斯,支持索福克勒斯。

《希波吕托斯》中的歌队由特洛曾——戏剧情节发生的小城邦——中上等家庭的年轻妇女组成。淮德拉（Phaedra）在讲话中称她们为"特洛曾高贵的女儿"（行710），接着这一称呼就变成了单数（ὑμεῖς，行710；ἔλεξας 或 ἐλέξατε，行715；σύ，行724；在歌队的回应中是ὄμνυμι，行713）。这种转换显示，歌队长可以代表整个儿歌队说话。① 然而，在第四也是最后的合唱歌中（行1267-1281），② 在忒修斯（Theseus）用一个行为动词（ἐλέγξω，行1267）宣称，他将使他的儿子感到惊讶，将他（希波吕托斯）命运的突转和即将到来的死亡解释为神对他的惩罚时（δαιμόνων συμφοραῖς，行1267，从歌队长嘴里说出的话，行1255-1256），这些公民的妻子们向阿芙洛狄忒（Aphrodite）唱了一首简短的歌。这首合唱歌由一个单一诗节的歌舞组成，五音节音步意味着强烈的感情。主导性的意见认为，这是一首献给阿芙洛狄忒和爱若斯（Eros）的颂歌。事实上，这首合唱歌只有一个赞美诗或者祈祷——即 invocatio——的第一部分。③ 通过这种方式，合唱歌定义了爱欲之神介入的方式，同时也描述了她所主管的领域：由于爱若斯对疯狂的心灵的魅力，因此她就具有对海洋和陆地的一切动物、人和神的不可分割的统治权。构成了这首合唱歌框架的第二人称动词（σύ...ἄγεις，行1271-1272；κρατύνεις，行1281）具有定语性的力量，毫无疑问，这种力量将颂歌的表演性力量转换成了戏剧情节的注疏。事实上，歌队的解释声音几乎不能圆满地解释颂歌，阿尔忒弥斯看起来更能解释情节的意义，[142] 从而使其仆人免受道德指

---

① 关于演员在对歌队长说话时的单复数转换，参 Kaimio（1970）页207-208；关于这个独特的段落，参 Barrett（1964）页294。
② [译注] 中译本未将该部分称为"第四合唱歌"，而是作为"退场"部分中的"哀歌"。参张竹明译，《古希腊悲剧喜剧全集》（卷四），前揭。
③ 关于这段作为颂歌的合唱歌，参 Barrett（1964）页391-393，他也就这段合唱歌给出了韵律方面的分析。关于这段颂歌的结构及其与祈祷的关系，参见187页注释①中的参考文献。

责：像淮德拉（指责的）那样，希波吕托斯是库普里斯（Kypris，［译按］：阿芙洛狄忒的别称）意志的受害者。这个名字已经将合唱歌的环形结构的两端都封住了，现在又继续强调阿尔忒弥斯长久的干预（行1304、1327、1400、1417）。当歌队宣布痛苦的希波吕托斯到来舞台上的时候——抑扬格的节奏贯穿了这位英雄话语的始终——她们显示她们明白淮德拉和希波吕托斯的死都是神的意志（行1346），就像忒修斯最后的演说那样，确认了女神库普里斯的可怕力量。①

然而，这种解释性的声音——它混合了歌队的表演性的声音，把未展开的情节与驱动它的神灵联系了起来——可以从剧作一开场就看到。在希波吕托斯的随从组成的补充性（complementary）歌队最初的几句话中，确实可以立即看到这一点。在某种第一进场歌中，这些年轻人在年轻英雄本人的带领下进入了舞台。希波吕托斯以自己带领的队伍的歌队长或者歌队赞助人的面目出现，通过施为的话语，使他的随从怀着集体的荣誉感（μελόμεσθα，行60）投入到了对阿尔忒弥斯的歌颂之中（ἕπεσθε ἀείδοντες，行58）；阿芙洛狄忒承担了不难辨认的通常属于歌队长的角色，在这一合唱队伍中看到了"用歌声赞颂阿尔忒弥斯女神（ὕμνοισιν，行54-56）的 kōmos［狂欢］"。（"狂欢"）这个指代歌队的品达式术语的运用，使我们想起了第一首献给阿尔忒弥斯的颂歌，正好与最后一首对库普里斯的合唱歌相对应。一种交叉的对立结构将这首颂歌放在了阿芙洛狄忒开场白的后面，而最后一首合唱歌则出现在剧末阿尔忒弥斯给出的长长的解释之前。②

---

① Hose（1990）卷二页128-130强调了这段与阿芙洛狄忒的权力有关的合唱歌的功能。对阿芙洛狄忒在《希波吕托斯》中扮演的角色的分析，参Zeitlin（1985），亦参Blomquist（1982）。

② Barret（1964）页167-169的注疏给出了好几个带有第二歌队的肃剧的例子，并强调希波吕托斯扮演的是歌队领队的角色，这个歌队由他的prospoloi［仆人］组成。古今的学者们都不能确定这段唱词的准确创作：参Diggle（1984）页209。关于κῶμος［狂欢］在品达那里的意义和用法，尤其参Burnett（1989）。

这首开场的合唱歌——它赞美的是阿尔忒弥斯，宙斯与勒托最漂亮的女儿的——无论从哪一点看都不是一首颂歌。尽管它祝福女神"欢乐"（χαῖρέ μοι，行64、70），但它只不过是仪式的引子，由希波吕托斯自己在接下来的诗节中（σοὶ τόνδε...στέφανον...φέρω，行73 - 74）用表演的方式呈现。纪念阿尔忒弥斯的颂歌和献祭行为，都直接与老奴仆的台词（ὡς πρέπει δούλοις，行115）形成了对比，[143] 他指出了库普里斯的存在和承认她的必要（行101），在对她的评论出现表演性的转向之前。与νέοι ［年轻人］（行114）截然相反，同时也与希波吕托斯形成了强烈的对照——他以个人的方式将库普里斯送走了（Κύπριν ... ἐγὼ χαίρειν λέγω，行113，很可能对χαίρειν一词玩了个小花样①），仆从以简短的仪式在向库普里斯女王及其神像致敬的时候，用了集合词我们的形式和施为的（performative）将来时（ἡμεῖς δέ ... προσευξόμεσθα ... δέσποινα Κύπρι，行114 - 117）。在开场白中，阿芙洛狄忒表达了自己对希波吕托斯及他对自己的蔑视的不满，在此之后她继续出现在舞台上和情节中；另一方面，多亏了歌队的仪式性语言，这些语言也召唤了阿尔忒弥斯的到来。

　　从这一立场来看，进场歌就表现出了某种犹豫（行121 - 75）。好像是为了增强驱动情节发展的戏剧的张力，这首歌中特洛曾的年轻妇女们只是召唤了淮德拉，直接把她当做一个年轻女孩来对待（ὦ κούρα，行141）。当提到正在折磨着痛不欲生的王后的疾病时，他们吁请了神圣的力量：潘、赫卡忒（Hekate）、科律班特斯（Korybantes）、狄克图娜（Diktynna）——所有这些力量都有控制人（ἔνθεος，行141）的能力，并且能够让人们魂不守舍。② 歌队在利用

---

　　① ［译注］作为不定式，χαίρειν既有"告别"的意思，又可以作问候语表示"向……致意"的意思。
　　② 关于歌队唤起的几种神圣力量与自然世界和所有物的关系，详见Barrett（1964）页189 - 190。Segal（1965）研究了希波吕托斯和淮德拉与外部世界的关系。

解释性声音时——使用的是过去疑问式——避免提到阿芙洛狄忒。当她们唤起更多的属人的理由,来解释噬咬着淮德拉的内心的烦心事时,她们建议求助于阿尔忒弥斯而不是库普里斯。歌队这里给出的失败的解释,当然是一种戏剧张力。

不确定性在歌队与乳母的对话中依然存在,其中歌队/歌队长将自己呈现为一个集体的个人（ὁρῶμεν,行 268; ἡμῖν,行 269; βουλοίμεθ' ἄν,行 270）,乳母用相似的词语进行回答（γυναῖκας,行 301）。但是一旦淮德拉坦白了她对希波吕托斯的爱,那么笼罩在她病根上的面纱就被揭开了:正是库普里斯。乳母最先认识到了这个事实——当她将女爱神归结为一种不仅仅是神圣的力量时（行 359 - 361;亦见行 443 - 445,它预示了歌队在最后合唱歌中将要唱的内容）;接着歌队长意识到,原先的疑惑（ἄσημος,行 371;比较行 269）烟消云散了,淮德拉的 tuchē［运气］与库普里斯的意志是一回事;最后,在她最后的讲话中,淮德拉毫不犹豫地将自己的疯狂归结到了库普里斯身上（行 397 - 402）——她最终向她的统治威力祈祷。[144] 确实,在三音步抑扬格的对话中,乳母以及淮德拉都向作为特洛曾妇女的集合体的歌队长吐露真情;至于歌队长,她在转向淮德拉并辨识出女主人公是阿芙洛狄忒强加的命运的受害者之前,毫无疑问地是在以一般的方式,用五音节音步对歌队中的一员说话（ἄιες ὦ,行）。① 欧里庇得斯肃剧中经常出现的这种一个歌队成员向另一个歌队成员说话和提问表明,虽然这些诗句是由歌队长一人演唱的,但这里的"我"（ἔγωγε,行 364）却是指的特洛曾妇女组成的歌队的整体,在这些妇女中间,淮德拉将不再将自身算作其中一员!（行 419）

---

① Barrett（1964）页 224 - 226 讨论了这一段合唱的插入形式,这是对淮德拉反过来抱怨她的命运并且怀疑自己应该向哪位神灵求助的抒情回应,Barrett 把这种插入形式归于歌队长, Kaimio（1970）页 140 也闪烁其词地举出了许多歌队内部可供参考的例证。

承认一位神的绝对权力,也是为了向其祈祷,为了用仪式化的方式呼唤其出现。因此,在淮德拉亲自陈述打击了她的灾难之前(行 522–523、565),第一合唱歌(行 525–562)回应了乳母前面向库普里斯求助的呼请。第一合唱歌是一首颂歌,采取了献给爱若斯的赞歌的形式,唤起了在从伊娥勒(Iole)到塞墨勒(Semele)的传统中众所周知的肃剧命运的记忆,并且祈求保护自己免于受到阿芙洛狄忒破坏性力量的伤害。① 由于是通过为自身祈求恩惠的方式说出这些施为的话语的($μή μοί... φανείης$,行 528),歌队成员就无法阻止淮德拉悲剧性的死亡。女主人公在自杀之前,将女神从一开始就想要并已经宣布的死亡(行 47–50),归咎于库普里斯。

自杀一发生,立刻就在构成第二合唱歌(行 732–775)的不幸与抱怨之歌的末尾描述了出来。特洛曾妇女们也将淮德拉对死亡的欲望,与女神阿芙洛狄忒激发的不圣洁的爱情(行 764–765)联系了起来。在这首颂歌的结尾,是歌队与自己进行的一场新的对话,歌队成员提出了最优秀的肃剧问题(关于她们自己的表演!):"我们该怎么办?"($τί δρῶμεν$,行 782,在行 788 换成了第一人称单数)。②

[145] 当这个问题被歌队成员提出来时,对这位肃剧英雄的这个最基本的问题的回答只能是合唱式的:一首对淮德拉的运气的简短哀歌(行 811–816),一种强烈的恐惧的表达——当他们瞥见随着忒修斯对他儿子的诅咒而来的更多的麻烦时,尤其是一首向诸神的威力诉苦的充满苦难的哀歌。这首短歌预示了第三合唱歌(行 1102–1150)。关于它的开头长期以来一直存在争论,因为在第一部分中关于神施加于人的灾难的双重召唤,是由男性声音发出的($κεύθων$,行

---

① 关于对合唱歌的戏剧功能的简评和完整的文献目录,参 Calame(1996d)页 13–16、167–168。亦参 Hose(1990)卷二页 156–159,以及 Cerbo(1993)。

② 第二合唱歌后面以三音步抑扬格形式的对话中,回答的区分和属性远不是确定的:参 Barrett(1964)页 311–313。Kaimio(1970)页 110–111 也给出了一些例证,在那些段落中回答是由不同的歌队成员说的。

1105；λεύσσων，行 1106），而在第二部分中则是由女性发出的（μοι εὐξαμένα，行 1111，μεταβαλλομένα，行 1117）。

虽然古代的评论者将整个颂歌都归结到由特洛曾妇女组成的主歌队身上，但最好的解决方案是，在希波吕托斯的随从组成的男性歌队与特洛曾妇女组成的女性歌队之间，划分第一组诗节与第二组对照诗节。对于那些指出女性演员经常运用希腊语中的阳性分词的人，我要说的是，这种划分太过系统化，以至于变成了任意之举。又有评论者指出，在所有我们知道的次要歌队与主要歌队交替的例子中，都明确唱了第一合唱歌。对于这样的评论者，我在这里要回应的是，介绍是希波吕托斯做的，当他在紧接着的诗节中向同伴讲话，要求他们跟着自己（προειπαϑ᾽ ἡμᾶς καὶ προπέμψατε，行 1099）并且显示他们是何种类型的人——与他同龄的年轻人（νέοι ... ὁμήλικες，行 1098）——时，他们因此具有了歌队的地位。这一点似乎得到了特洛曾妇女们的认可，这种认可发生在淮德拉自杀那一刻她们想起要介入时（πρόσπολοι νεανίαι，行 784）。至于几乎不曾出现的 γάρ（行 1120），如其所应被严格对待的那样，指示了第二曲首节和第一曲首节之间的因果关系，最好的解释似乎是，因为所见而失去的希望（根据手稿是 λεύσσων 或 λεύσσω，行 1121），只是人们目睹（λεύσσω，行 1107）的凡人命运遭遇的一个特殊的例子罢了。① [146] 值得补充的是，演唱者

---

① 这个问题没能逃脱认为阳性形式的运用代表诗人声音的注释者的眼睛（关于行 1102：11.117 Schwartz）。比较 Poll. 4.111。Kühner 和 Gerth（1989）页 83–84 给出了一般化的用阳性形式指代女性的例子，以及在肃剧中女人以第一人称复数谈论她们自己时使用阳性分词形式的例子。因此行 1103–1110（是由作为一个单数的歌队唱的，不是 Chorfürerin［歌队领唱女］唱的）依然是一个例外。关于将这个合唱歌分给两个合唱队——在此我尽力简短地处理了这点——的带有完整参考文献和详细论证的反对意见，参 Barrett（1964）页 365–369，Hose（1990）卷二页 16，和 Sommerstein（1988）页 23–41。关于这几行诗中，即对剧中事件的反应中，歌队声音的情感方面，参 Kaimio（1970）页 68–69。

是男性的第二曲首节,坚持了希波吕托斯作为猎手的男性气质,而第二曲次节则可以归于特洛曾妇女,引导我们进入了由缪斯激发的诗歌的女性世界和争先恐后想成为这位英雄的妻子的年轻女孩们的女性世界。

随着灾难的来临,希波吕托斯的母亲也因为儿子的命运而受到了打击,而且随着最后向夫妻关系的保护者美惠三女神——她们将男主人公赶出家门——提出批评性的质问,女性视角最终充满了第三合唱歌的末节(行1142 – 1150)。在向美惠三女神说话时,那种视角发生了表演性的转换,该视角肯定是已婚妇女们的,她们组成了由淮德拉的特洛曾友人构成的歌队,这正好与希波吕托斯的未婚随从及伙伴形成了对比。然而,很可能的是,根据视角的性别标准将第三合唱歌划分给男性和女性歌队,有巨大的优势:这节合唱歌毕竟是在全能的诸神面前对人类幸福的脆弱性的格言式评论,它保留了女性歌队的表演性介入——对 moira［命运］的祈求得到了回答(行1111 – 1113),并且最终诉诸美惠三女神,她们在某些方面与阿芙洛狄忒关系密切,尤其是在婚姻中(行1148 – 1150)。①

库普里斯主导了《希波吕托斯》的所有情节,就像她本人在开场的最初几行中呈现的那样,她说她控制着所有凡人和神(行1 – 2)。在第四合唱歌(行1267 – 1281)中才完全确认了阿芙洛狄忒的力量。正如我们所看到的,这首合唱歌没有祈祷,它用一首赞美歌的形式界定了女神行动的领域和方式。只有年轻的妻子们才能完全体会一位神的力量,她在婚姻的美满时刻以最强大的力量介入了进来。毫无疑问,歌队成员所处的"佩洛普斯国土大门前($\tau\acute{o}\delta'\ \acute{\varepsilon}\sigma\chi\alpha\tau o\nu$,行

---

① 关于阿芙洛狄忒与美惠女神之间的关系,参 *Kypr.* frr. 4 和 5 Bernabé,以及我在 Calame(1996d)页45 – 46、180 – 183 中给出的参考文献。这首合唱歌的一些读者错误地以为,末节是由一群未婚少女歌唱的,比较 Barrett(1964)页375 – 376。关于这整首合唱歌的解释功能,参 Hose(1990)卷二,页159 – 162。

373，比较行1159）"① 就是特洛曾，这一地理位置造就了不可预测的神圣力量给动物、人和神所带来的破坏性后果。但是，既将戏剧情节带回到观众生活的城邦土地上，[147] 又在最后向库普里斯说话，谴责她带来的灾难，这些都将留给忒修斯——雅典城的建立者——来完成（行1459 – 1461）。②

一旦痛苦降临到忽视它的人身上，所有公民都将共同分担这一痛苦，泪流成河。确实，当叙述到英雄时，这种悲痛更加深刻（行1462 – 1466）。不管歌队唱的总结全剧的抑抑扬格是否是真的，她们只是总结了教训，该教训在第三合唱歌中得到了表达，通过指出由全体公民都看到的情节激发的痛苦。③ 这是否意味着通过这些诗句，在这个从虚构的戏剧情节向一种具有外部话语意涵的普遍境遇过渡的段落，《希波吕托斯》的歌队变成了与真实观众有关的理想观众？这是一个复杂的问题。不管歌队是否将自己变成了教训的总结者，或是否仅仅以一位神的不可抗拒的力量的警告者出现，它总是虚拟作者的代言人，与传记作者有着一定联系——他选择女性组成歌队与自古以来对他厌恶女人的指责并不相符……④更重要的是，歌队声音的表演性

---

① 佩洛普斯的国土即伯罗奔半岛，特洛曾属阿提卡地区，但靠近伯罗奔半岛，所以说在它的大门前。参《古希腊悲剧喜剧全集》（前揭）原注，页599，略有改动。

② 尽管这个公式存在争议，但是行1459指的只能是雅典，比较Barrett（1964）页416 – 417；关于在第三合唱歌中（行1123）因提到雅典而带来的问题，参Barrett（1964）页373 – 374，和Diggle（1984）页256、271。Segal（1988）页110 – 135讨论了肃剧最后一场将私人苦难转变成公共场面的方式。

③ Barrett（1964）页417 – 418讨论了最后的抑抑扬格的真实性。Roberts（1987）提出了古典肃剧最后几行的真实性问题，参照外部话语的一般性问题。Easterling（1991）研究了《希波吕托斯》中戏剧的世界和剧场世界之间的关系。

④ 关于这一点，尤其参March（1990）。关于观众感知舞台上的情节的道德价值的方式，参Sourvinou – Inwood（1997）页175 – 184。

和仪式性维度,意识到了诸神的力量对人类生活的诸多危险的影响,并且命运中这种力量的转变增加了它需要解释的方面。表演的和仪式性的歌队声音,在某种程度上与前婚姻仪式有关,阿尔忒弥斯在希波吕托斯英勇地死去后预见到了这一仪式。这个制度和由成熟少女进行的仪式表演,是纪念希波吕托斯的一种方式,以弥补他所遭受的不幸(行1423-1430)。特洛曾的少女们在结婚的时候将自己的头发献给希波吕托斯,她们被要求用恸哭的方式来纪念他;但是这些哀歌唤起的是歌队自己的颂歌。①[148] 在希波吕托斯这个行为像少女的年轻人这一方面,以特洛曾的青年女子为目标的仪式,认可了主人公曾拒绝进入的婚姻状态。在淮德拉这一方面,特洛曾成年女子的仪式颂歌,在婚姻制度中树立了阿芙洛狄忒的权威。这出原因论戏剧给出的戏剧主人公的英雄化仪式,与歌队颂歌的仪式性意义之间奇妙的巧合,能够让我们得出一些暂时性的结论。

五 作为公民表演的肃剧合唱歌

对《希波吕托斯》再多说几句,将有助于这篇论文得出一个结论。从歌队言辞的意义的角度讲,尽管在两个关键段落中确立准确的主题(establishing the precise text)还具有不确定性,但是让歌队和忒修斯本人把作为阿芙洛狄忒牺牲品的年轻男主人公与雅典联系起来,还是颇为让人惊讶(行1121-1125、1459-1460)。淮德拉坚持肃剧

---

① Goff(1990)页105-129 接受了 Pucci(1977)关于《希波吕托斯》结尾处对暴力的修辞性解决的思考,和 Foley(1985)页30-56 关于欧里庇得斯肃剧中仪式的救赎效果的思考,他表明了被制定出来崇敬这位英雄的前婚姻仪式,如何取代了有利于公众利益和公民共同体利益的肃剧再现的仪式。

情节就发生在特洛曾的伯罗奔半岛边缘地区。① 可以在报信人的话中发现解决这一明显的矛盾的办法。报信人认为,希波吕托斯遭受的灾难将会影响到忒修斯,也会影响到特洛曾城边缘地区和雅典城中的公民(行1157–1159)。报信人这样说,不仅是为了建立今后两城之间的联系,而且因为雅典的公民与该戏的真实观众一致,所以他还提到了雅典——这同样可以被理解为外部话语。当歌队在最后的颂歌中说,这个悲剧引发的哀悼属于"全体公民"时(行1462),这种双重指涉的范围更加宽泛了。由于这里直接面向公众,这种复杂的指涉过程使人想起品达诗歌中的我和我们的形式的空间位置,它们按诗人的城邦与颂歌演唱者的合唱庆典发生的城邦进行划分。

同样,作为歌队/歌队长的我/我们在这里的肃剧中选择向其讲话的你/你们,对应着某种多重的位置。该位置被情节中的主人公所占据,对他们来说歌队经常要保持一种带有双重情感的解释性声音,既被诸神(占据)——他们通常仪式化地被一种自然施为的声音唤起,[149] 又通常被男人们(占据)——但从来不是直接地被观众们(占据)。观众们只是被以某种间接的方式召唤了进来,通过一些一般性的对公民或者凡人的呼叫,(让他们)像歌队那样观看或者感受;他们只是以体现为虚拟的接受者的理想观众或听众出现,而对于虚拟的接受者而言,俄狄甫斯像希波吕托斯这个虚构的形象一样,是提供的一个范例。

但是,歌队在直接交流中显示出来的审慎,绝对没有阻止真实的观众在此时此刻的戏剧再现中有效地行动和回应。这一再现本身是一个长期存在的节日里的 mousikos agōn [音乐竞赛],该节日由城邦献给狄俄尼索斯的不同的祭仪组成。因此,除了一般来讲少量间接的发言之外,实际的观众——由于他在剧场中所处的境地与歌队成员相

---

① 关于确立这些段落的主题时的困难,参 Barrett(1964)和 Diggle(1984)。

关——似乎会首先被邀请处于歌队的我/我们的位置。该位置是表演者的位置，表演者投身于模仿，因此也就是"虚拟的"。入戏（identification）的过程——在这一过程中，公众被要求用歌队的思想和情感向演员或者神表达自己——很有可能发生，因为古典时期雅典的观众主要靠合唱活动接受音乐教育。通过肃剧中歌队说话者的我/我们，在剧场参加纪念狄俄尼索斯的节日的观众们，以某种方式将自身的部分合唱权限和权威，委托给了处于戏剧再现的中心的歌队。① 通过合唱颂歌的表演性维度，并结合他们的情感因素，公众无疑被邀请到了通过戏剧情节呈现的 sunagōnizesthai ［（歌队）参与剧中的行动］中。尽管在话语方式的层面上，真实的观众缺少你/你们的位置（接受者/倾听者），但是它将自己置于了歌队的我/我们的位置上（说话者/叙述者）。

歌队声音的表演层面的效果，赋予了戏剧的虚构以现实性。如同献祭意义上的表演，肃剧歌队的颂歌将在狄俄尼索斯剧场中表演的 muthos［神话］，连同其实际功能和社会、伦理意义一起，放在了仪式的领域。② 在这些情况下，肃剧歌队表演中的我/我们，连同它的仪式和集体因素，［150］就更加适合将聚集到剧场—圣地向狄俄尼索斯献祭的公民共同体的外部话语的现实（extra-discursive reality）纳入到文本中来了。代表仪式的能力，部分地将观众与舞台上发生的情节相等同——通过戴着面具的戏剧演出的方式。正是在这个意义上，到了这样一个相当高雅的时刻，肃剧中的献祭行为与作为献祭行为的

---

① 尽管就音乐和合唱教育的问题没有提出任何新的视角，Lonsdale (1993) 页 44-75 还是就这个问题进行了大篇幅的讨论，只是没有提到 Marrou (1964) 页 69-81 的奠基性的工作。亦参 Bacon (1994/1995)。

② 关于产生社会效果的联结"神话"与"仪式"的逻辑，参我在 Calame (1996c) 页 162-177 的建议。关于神话和仪式之间的肃剧及其批评性的调停，参 Goldhill (1986) 页 265-286。

肃剧之间的巨大重叠，才能被理解。①

但是肃剧合唱中的我/我们——尤其是当它由描述和评论舞台情节的解释性的声音所承担时，这揭示了无法看到的方面——怎么能不首先指向理想的作者，即全知的叙述者呢？在这个话语形象之外，歌队中的我/我们难道能隐藏真实的作者——他的名字再也不能以古风时期诗歌中熟悉的 sphragis［印章］的形式出现在戏剧文本中——吗？联系到阿里斯托芬评论当时肃剧最根本的教育功能的著名诗句，几处证据都归到早前的肃剧诗人那里，像佛律尼科斯（Phrynichos）、埃斯库罗斯（Aeschylus），后来这种功能就由 khorodidaskalos［歌队教练］来承担了。② 因而，肃剧表演的实现，看起来就集中在筹备由年轻公民组成的歌队上了。从目前的文本来看，筹备歌队与 didaskein［施教］有关，也就是教导。③ 如果说真实的作者确实向公众说话，他这样做，就像希罗多德（Herodotos）所说的佛律尼科斯那样，是通过 poiein——即诗歌创作，以及 didaskein——也就是对歌队的训练。但是，如果因此就说诗人和他的公

---

① 从 Burkert（1966）到 Seaford（1994），很多研究都讨论了肃剧中表演的仪式和祭仪之间的关系。参 Easterling（1988a）的评论。

② 最明显地参阿里斯托芬《蛙》行 1009 – 1039 和 1500 – 1503，以及 Dover（1993）页 15 – 16 给出的参考书目。关于作为舞蹈家的肃剧诗人：普鲁塔克 *Quaestiones Convivales* 732 – 733（= Phryn. 3 T 13 Snell）、Athenaios 1, 21af（= 埃斯库罗斯 T 103 Radt）以及阿里斯托芬残篇 696 Kassel – Austin，埃斯库罗斯在这里说，他自己为他的肃剧歌队创造了舞蹈动作。这方面的其他证据，参 Pickard – Cambridge（1968）页 90 – 91、291、303 – 304。

③ 希罗多德《原史》（*History*，又译《历史》）6.21.2（= 佛律尼科斯 3 T 2 Snell），阿里斯托芬《蛙》行 1026（= 埃斯库罗斯 T 120，行 1026, Radt［关于《波斯人》］），柏拉图《普罗塔戈拉》（*Protagoras*）327d 等。διδάσκειν 这个词，是在与 διδασκαλίαι 同样的意义上使用的。参 Herington（1985）页 24 – 25、87 – 88、183 – 184。关于肃剧歌队，Winkler（1990b）甚至假设，歌队在古典时期肃剧中的角色，是由一群 18 至 20 岁的男青年扮演的。歌队在诗歌教育中的作用，近来 Nagy（1996）页 39 – 58 重新进行了定义。

众都是——通过虚拟作者和虚拟观众的形象——处于成为歌队中的我/我们的位置，则就出现了某种前后不一致。如本文开头重新形式化的那样，传统的交流方案将这两种形象对立了起来，[151] 但是相反，在肃剧合唱文本的话语中，它们似乎融合在了一起。另一方面，必须要指出的是，歌队既不能完全被视为理想的作者，也不能被完全视为虚拟的且因此是真实的观众。很多情况下，歌队对表演的情节并不比观众知道得更多，更不要说全知的叙述者了。这极有可能是一个贯穿全剧的戏剧张力和模仿的问题。①

有必要在这儿提示一下，在抒情合唱诗中，说话者/叙述者的位置往往被歌队占据，歌队实际上像"作者"一样表演诗。这使得人们注意到，古风和古典时期的合唱诗中，理想作者的形象，总是反映在传记作家和实际表演者中的外部话语层面。对于歌队来讲，真实的"作者"具有肃剧中的音乐大师相同的功能——他的权威性在于合唱和教育。因此，在古典时期的戏剧合唱歌中的我/我们，在对行动的主角、对诸神，或者对那些将自身当作其一部分的观众的吁请中，传递和发出了——在此时此地的颂歌表演中——（具有仪式角色的）真实观众的声音和（具有教育功能的）传记作者的声音。在抒情诗中，对共同体语言的运用，允许——例如——一个女性合唱团通过演唱男性诗人创作的歌表达自我；它解释了，尽管社会地位和性别不同，公众如何能呈现歌队的话语，不仅仅是作为"你"，而首先是作为"我"。

抒情诗和肃剧中合唱表演的典型特征，使得有必要放弃之前提出的交流方案，而代之以表2中的方案。

在文本中对虚拟的观众的建构——他通过虚拟的表演者的方式与理想作者的形象融合了起来——使得实际的公众得以占据歌队发言者

---

① 关于设想为"在过程、行动意义上的模仿"的 mimēsis［模仿］的概念，参 Else（1986）页104。

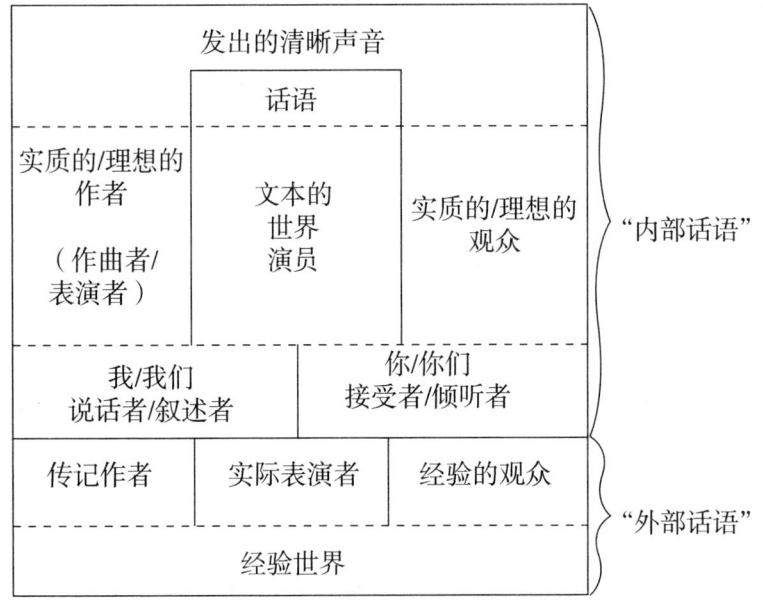

图表 2

的位置。特别是集体合唱声音的多态性（polymorphism），解释了歌队和听众如何在占据了不同的空间和时间的主角面前进行回应，并且参与进角色的行动中去，就像参与那些戏剧化的虚构故事。插入的肃剧歌队从事了真正的复调——在这个词的巴赫金的意义上。戴着面具的演出、对狄奥尼索斯的狂热崇拜的语境，二者都起到了将戏剧与作为观众——即作为"你们"——的公众联系起来的效果，[152] 而在戏剧中，公众作为歌队演员——即作为"我们"——被邀请参与其中，尽管存在社会地位和性别的区分。

从观看的情感的角度来说，多亏了对狄奥尼索斯的狂热崇拜，近距离的自我疏远的过程才能够被解释为 katharsis［净化］现象。关于 katharsis 我们可以大书特书：歌队通过仪式表达的各种感情，本质上与净化相关。这些感情能够被如下事实"净化"，即它们在某种意义上代表观众，并且出现在戴面具的歌队身上。感情上的合作——公众在通过歌队的中介参与戏剧情节时需要具备的,导致了对"交流"这一观念的抛弃,取而代之的是"主体间性"(intersubjectivity)这一更大的概念,该概念最近被用作定义《希波吕托斯》中歌队和演员之间的关系。"互动"可能是这里的核心概念。①

[153] 对西格尔(Charles Segal)来说,如果有人将肃剧中的合唱颂歌,当做澄清了戏剧情节意义的再现的假设,那么他就必须补充说,歌队的解释声音中带有的这些假设,一般相当于仪式性的话语行动。② 鉴于双重价值——来自从抒情诗歌中的我/我们,而且由歌队长和歌队之间偶尔的分离得到了强化——肃剧中合唱颂歌的歌唱者的位置,或者被作为诗歌大师的作者占据,或者被在狄奥尼索斯剧场表演膜拜行为的观众占据。二者被召集起来参与歌队中我/我们的集体戴面具模仿的声音,赋予在舞台上上演的"神话"情节一种仪式的和表演性的阐释,一种具有真实的社会效果的参与性的阐释。多亏了作为虚拟表演者的歌队的表演性声音,多亏了表演的维度——它将肃剧合唱歌的解释和情感维度排列起来,实际的观众不是被要求简单地采取理想听众的位置——就像交流的古典方案可能令人期待的那样,而是积极地站在虚拟的作者一边。通过这种仪式合唱表演及其构建的虚拟位置的技巧,肃剧诗人——遵照雅典的埃斯库罗斯、索福克勒斯和欧里庇得斯等人承担的职责——确实是雅典公民共同体自身"在表演上"的教育者。

---

① 比较 Zeitlin(1985)页 235-236 和页 250 注释 65。这个概念被 Nagy(1994/1995)扩展到"雅典城邦剧场的神圣场所"。
② Segal(1995a)页 196-198。注意这种联系中 Kranz(1933)页 220-223 的极为详细的微妙的评论,他下结论说"所以,[歌队]远远不是另一个'角色'"。亦参 Kaimio(1970)页 92-103,他发展了 Kranz 的假设,即诗人的声音在合唱歌的最后一个诗节中特别清楚,以第一人称单数来判断的话。

演员与声音

——埃斯基涅斯和德摩斯忒涅的言外之意①

伊斯特灵(Pat Easterling)撰
熊宸 译 李向利 校

[154] Καὶ νὴ τοὺς θεοὺς τοὺς Ὀλυμπίους, ὧν ἐγὼ πυνθάνομαι Δημοσθένην λέξειν, ἐφ' ὧι νυνὶ μέλλω λέγειν ἄξιον καὶ μάλιστ' ἀγανάκτειν. ἀφομοιοῖ γάρ μου τὴν φύσιν ταῖς Σειρῆσιν. καὶ γὰρ ὑπ' ἐκείνων οὐ κηλεῖσθαί φησι τοὺς ἀκροωμένους ἀλλ' ἀπόλλυσθαι, διόπερ οὐδ' εὐδοκιμεῖν τὴν τῶν Σειρήνων μουσικήν. καὶ δὴ καὶ τὴν ἐμπειρίαν καὶ τὴν φύσιν μου γεγενῆσθα: ἐπὶ βλάβηι τῶν ἀκουόντων.
Aeschines. 3. 228

首先，我必须郑重声明，在我收集的德摩斯忒涅的所有主张之中，没有哪一项比这个更令我愤怒。他竟然把我比作塞壬(Sirens)，他说，她们只会给听众带来灾难[而非喜悦]，而这也是其音乐名声败坏的原因。按照他的说法，我那滔滔不绝的雄辩之辞，就是这样损害了我的听众。(英译文：Saunders [1975])

在公开发表的关于花冠的论争中(18)，② 德摩斯忒涅(Demos-

---

① 提交研讨会的一些文章，帮助我对本文进行了完善，尤其是 Andrew Ford 和 Jon Hesk。Simon Goldhill 的一篇未刊稿，讨论了埃斯基涅斯和德摩斯忒涅之间的"声音竞赛"，与我的论题关系十分密切，很高兴能有幸拜读。另外，还要感谢那些提供了一些细节的匿名读者们。

② [译注] 关于花冠的争论，出自德摩斯忒涅的一篇著名演说《论花冠》。当时，鉴于德摩斯忒涅对雅典的贡献，公民忒西丰提议授予其花冠，政敌埃斯基涅斯则指控此举违法。

thenes)对埃斯基涅斯(Aeschines)的回应,并没有这样比喻的迹象;无论出于什么原因,德摩斯忒涅没有采用它——或许这只是埃斯基涅斯的虚构。① 在我看来,首创者是谁并不重要:无论如何,用塞壬的音乐比喻演员或演说家的声音,很令人难忘,而其附属品——魅力、权势、危险——则与我将要在本文中讨论的两个问题密切相关,即德摩斯忒涅对作为(qua)表演者的埃斯基涅斯的批判道理何在,它在多大程度上与对公共生活中同时代的演员们的看法相关。

有两组相关的演说:德摩斯忒涅 19 和埃斯基涅斯 2——涉及第二次出使腓力(Philip)的雅典团(公元前 346 年;这件事广为人知是在公元前 343 年),以及埃斯基涅斯 3 和德摩斯忒涅[155]18——《论花冠》(On the crown)发表于公元前 330 年。在出使这件事上,德摩斯忒涅是起诉人,埃斯基涅斯则勉强逃过一劫,而在此之前一年,后者在控诉德摩斯忒涅的助手提马库斯(Timarchus)时也获得了胜利。而后一次论争,尽管形式上看是埃斯基涅斯对忒西丰(Ctesiphon)的指控——后者提议授予德摩斯忒涅花冠,而德摩斯忒涅却为忒西丰辩护——但毫无疑问,这是两个对手之间力量的较量。② 这一次埃斯基涅斯落败了,此后便永远地离开了雅典。无论在哪一件事上,我们都不应该错过任何细节,无论它们看起来多么不相关、多么偶然或琐屑,事实表明,它应该被视为一场精心、巧妙的策划的一部分,而演讲者们用以呈现对方表现的方式,必然暗示着他们期待自己被理解的方式。

在德摩斯忒涅攻击埃斯基涅斯的两篇演讲辞中,最明确的目的就

---

① 比较 19.196 – 198 和埃斯基涅斯 2.153 – 157(下文,页 162 – 163 有一个可比较的[也更详尽的]错配[mis – match]。参 Wankel[1976]页 51 和注释 123)。

② 正如埃斯基涅斯指出的那样(3.56),法庭上座无虚席:"我给你你要的答案,德摩斯忒涅,当着陪审团成员的面,当着法庭上其他雅典公民的面,当着关心、重视这一事件的所有希腊人的面——我发现他们人数并不少,实际上,比任何人在公共事件中见识过的都多……"比较 Dyck(1985)页 42。关于其政治背景,参 Cawkwell(1969)、Ryder(1975)。

是要表明，尽管埃斯基涅斯标榜自己是一个爱国的雅典人，但却接受腓力的贿赂，背叛了城邦，德摩斯忒涅将这一类行为追溯到了公元前346年的出使。他在18中对埃斯基涅斯生活的辱骂，让人叹为观止，直接指向最核心的目的，即证实埃斯基涅斯的唯利是图。如果他幼年所受的教育，及其所有的早期经历，都能被证实是为了成为一个受雇佣的下属——一个 misthōtos［受雇佣的人］——而做的准备，那么他就不适合做一个政治领袖，因为他可能会被腓力收买，即便是在雅典自身安全岌岌可危的情况下。① 所以，演讲词含有明显的修辞意图，暗示埃斯基涅斯做了一系列有损身份的工作来锻炼政治才能：在他父亲工作的教室里做助手（19.249、281；18.129、258），出席他母亲主持的低俗的狂欢庆典，② 给小的地方法官当职员（19.70、95、200、249、314；18.127、209、261），参加一个在地方节庆上巡演的不知名的表演团（19.200、246–250、255、337–340；18.127、129、139、180、209、242、259–265、267、313）。当然，德摩斯忒涅用了很多方法 [156] 让这些事情听起来低贱或者荒唐，并运用了一系列侮辱的言辞来嘲讽埃斯基涅斯的工作（关于谐剧词汇，比较 Harding［1994］页215–216，grammatokuphos［弓着身子处理账目，18.209］、iambeiophagos［死记硬背抑扬格诗句，18.139］、③ autotragikos pithekos［猴一样完美地模仿肃剧，18.242]）；不过，在这两篇演讲辞中，可能还有一个潜台词（sub-text），它通过更为复杂的策略呈现出来，传达了一种不同的信息。

有意思的是，上述事例除了教室那个故事之外，都与埃斯基涅斯声音的重要性相关。当埃斯基涅斯帮助他母亲主持宗教集会时，正是他

---

① 比较 18.131、262、284；19.200、249 重点强调了作为一名"狗腿子"的埃斯基涅斯；Dyck（1985）页45。整个18中的257–265部分，通过对比两位演讲者的生活故事，很好地体现了这一策略。

② 19.199、249；18.259–260。18.122 似乎简要地提到了一些神话（καὶ βοᾶις ῥητὰ καὶ ἄρρητ᾽ ὀνομάζων）。

③ 读作 iambeiographos 的可能性较小；参 Wankel（1976）*ad loc.*

"大声朗读着书",同时他母亲执行仪式(18.259,比较19.199),并且为自己发出了"仪式上有史以来最大声的呼叫"而深感自豪(比较 Hall [1995] 页48)。"我对此深信不疑,"德摩斯忒涅不无讽刺地说道,"有了他这样具有穿透力的声音,这一定是个超级洪亮(huperlampron)的仪式呼号"(18.259-260)。而当他在议会当差时,他的工作就是向传令官发布每次公民大会开场时的祷告仪式指令(exegeito ton nomon touton toi keruki, 19.70)(Harris [1995] 页30-31。比较19.338关于传令官的评论)。在这样一个岗位上,拥有一副好嗓子会是一种优势吗?

当嘲讽作为演员的埃斯基涅斯时,德摩斯忒涅运用的策略尤为详尽。他紧紧抓住埃斯基涅斯的声音不放,而这在一系列相关内容中只是一小部分,这些内容意在毁损一个演员可能拥有的影响力。当然,潜台词是,表演者的声音(无论是演员还是演讲者)的确是一种不可小觑的力量。所以,对于对手而言,最有利的是将其与乏味的场合——例如不入流的宗教集会,或者那些所谓的无关紧要的官方杂务——联系起来,暗示在那些矫情的事例中,它显得尤其古怪且不合时宜。在这里,我较少地涉及史实问题——即埃斯基涅斯是否真的拥有一副格外令人难忘的嗓音,① 我更关心的是,如何 [157] 看待一个表演者声音的力量,而德摩斯忒涅提供了一系列值得关注的线索。

19.337 这一段便十分显著:它被安放在演讲结尾至关重要的位置,

---

① 整个古代传统肯定将其视为理所当然,但是德摩斯忒涅演讲的影响力,必然对这一传统的塑造至关重要;参 Wankel(1976)关于18.129的部分。最好的证据就是,德摩斯忒涅将之与自己的声音相对比时,十分重视埃斯基涅斯声音力量的威胁性,这在19.216-217中十分明显,在那里他提醒陪审团不要受声音的影响,"如果他的声音优美洪亮,而我的却很糟糕的话,你们今天要裁决的,并不是一场演讲或者演说竞赛";比较19.206-208。19.337-340、18.308-309和18.313中的语言,似乎蕴藏了一股强大的驱动力。埃斯基涅斯之所以赢得提马库斯对他的指控,并在出使一案中被判无罪,并非与此无关。概况参 Katsouris(1989)页57-60、97-109;Hall(1995)页46-49。

意在强调埃斯基涅斯作为一位演讲者所具有的威胁力。公元前336年，德摩斯忒涅就已经提议需要对埃斯基涅斯发起此类挑战，其中一点就是，他必须只能提供声音，而话语中不能有任何内容。但这还不够：还必须警告陪审团，要抵制埃斯基涅斯声音的诱惑。当关系到意义重大的公共事务时，他们对其迷人嗓音的态度就会异乎寻常，考虑到当他参与出演堤厄斯忒斯(Thyestes)和特洛亚战争的那些恐怖事件时，他们用嘘声将他轰下了台，差点朝他扔石头，结果他只好彻底放弃了戏剧生涯。这里或许有些含糊其辞：德摩斯忒涅也许讲述的是一两件整体上没能取悦观众的作品，而不是在特别强调埃斯基涅斯的表演，整个叙述都显得十分含糊。①

---

① 在 19.337, ὅτε μὲν τὰ Θυέστου καὶ τῶν ἐπὶ Τροίαι κάκ' ἠγωνίζετο 这句话，或者按一般读法，将κακά作为主语，即"当表演……恐怖事件时"，或者将埃斯基涅斯作为主语，"当他表演这些恐怖事件时……"埃斯基涅斯是一个失败的演员吗？这个问题和关于他声音的那个问题一样难以回答。对于作为第三主角的埃斯基涅斯而言，重点在于，他是个配角，是花钱雇来的(当然，这也是很多演员职业生涯起步的方式)。关于整个专业术语问题，参 Pickard – Cambridge (1988)页 132 – 135, 和 Wankel (1976) 对 18.129 的解读。在 19.247 中，提到 Theodorus 和 Aristodemus 表演《安提戈涅》(Antigone)，人们常常(错误地)认为，该段落暗示著名的表演者都在一个戏团中表演，而非各自领导一个团。很有可能是，他们各自的保留剧目中都有这出戏(在一则希腊文本中这样记录着：Ἀντιγόνην δὲ Σοφοκλέους πολλάκις μὲν Θεόδωρος, πολλάκις δ' Ἀριστόδημος ὑποκέκριται)，而埃斯基涅斯则两边都出演；即便是作为第三演员，无论被哪边选中，都无损他作为一名演员的声名。(关于这两类演员的政治关联，参看下文。)这一情况的要害在于，埃斯基涅斯扮演的是次要角色，以及道德的堕落：他原本有机会从索福克勒斯那里学到构成克瑞翁的演讲的完美法则，但是他显然没有学这些，这从他对待提马库斯的方式中可以看出来。在 19 中，只是在 337 – 340 处才声称埃斯基涅斯并不受欢迎，但那或许只是某些演出，而非其演技不精。在 18.262，更为详细地描述了"呻吟者"的失败演出，但对埃斯基涅斯的描写仍十分模糊，并再一次将重点放在了其成长历程中的败坏品性。我们知道他后来放弃了表演，但是正如 Harris (1995, 页 31) 所指出的，他以钱为妻，而这(与他的政治抱负有关？)或许就是他放弃这一职业的原因。有人试图质疑埃斯基涅斯作为演员的古老证据，参 Dorjahn (1929—1930)，而关于德摩斯忒涅试图制造的不实指控参(例如)Cawkwell (1969)。

无论如何,很难看出如此重视一个据说失败了的二流演员所具有的演讲能力有什么重要,而德摩斯忒涅却认为 [158] 再次这么做十分必要,因此做了两次:首先,区分了需要有一副好嗓子的传令官和不需要有好嗓子的大使;然后,最引人注目的是,建议听众们"拒斥"(shut out)埃斯基涅斯的声音,并要他们带着敌意去聆听。他这样圆满结束了他的诉讼:

> 也许大多数人的力量都被认为代表了他们自己,然而演讲的力量却被一群反对它的听众所击溃(diakoptetai)。你们有必要以这种方式,倾听一个字里行间都充满了恶劣、腐朽和虚伪的人。(340)

这样的语言十分强硬,而在整篇演讲辞中,这一段的位置表明,应特别关注对手的声音。

现在,要理清此前一些指涉的逻辑就容易多了:在 200 中提到,埃斯基涅斯曾经在他人的表演团作过第三演员(tritagonist),在 246–250 提供了一则著名的材料,更为详尽地介绍了埃斯基涅斯从一名饰演克瑞翁(Creon)的配角,到成长为一个像涅奥普托勒摩斯(Neoptolemus)和阿里斯托德摩斯(Aristodemus)那样的知名主演的过程。255 对埃斯基涅斯反提马库斯演讲时的练声(voice production, phōnaskia [练嗓音]),以及对其戏剧性诵梭伦的毁谤,严格来说都不是针对他的表演,而是为了营造这样一种累积效应:在所有这些情况中,都没有把声音与魅力和力量相联系,而是联系到诡计,抑或仅仅是一个传令官或受雇佣的第三演员的"商贩"技艺。①

18(258–264)运用了同样的策略,当谈及埃斯基涅斯低贱的工

---

① 为了贬低他性感的演讲嗓音,比较埃斯基涅斯对德摩斯忒涅的指控。

作——以演员的身份告终时,德摩斯忒涅暗示说,拥有着一副好嗓子的埃斯基涅斯,唯一适合做的,就是受雇于一个外号叫"呻吟者"(barustonoi)① 的二流剧团。两个不知名的演员领导着这个团,他们艰难谋生(很可能靠在部落节庆上表演),而且受到不友好的观众的刁难。(正如在 19 中那样,这些说法也都十分含糊,但是当涉及个别人物时,却给出了一些细节,还提到了埃斯基涅斯饰演过的一些角色——比如 18.180 和 242 中提到的克瑞斯丰特斯 [Cresphontes]、克瑞翁和奥伊诺马乌斯 [Oenomaus]② ——提到这些很可能是出于同一目的。)

正如在 19 中那样,关于埃斯基涅斯声音的内容,也放在了演讲辞结尾处的高潮部分(306 - 308)。德摩斯忒涅对比了 [159] 他自己的公共精神和埃斯基涅斯近来对政事的无所作为,(这样的)一次以退为攻(withdrawal),借助公民大会上突如其来(但却精心策划的)的演讲凸显了出来,或许十分引人注目,但却对任何人都毫无益处:

> 此时,他突然打破沉默,迸出了一阵暴风骤雨般的演讲。凭着最高级的发声训练(pephōnaskēkōs),只见他文思泉涌、口若悬河,甚至顾不上喘气……(308)

"顾不上喘气"(apneustei),进一步注意到了一个接受过演说术

---

① "咆哮者"(Roarers, Pickard - Cambridge)、"喧嚣者"(Ranters, Saunders)、"怒吼者"(Rrowlers, Harris),Pickard - Cambridge (1988) 页 169 引用了 Pollux (4.114) 罗列的一份长长的糟糕演员头衔名单,几乎都与他们的声音相关。有几则独立的记录,记载了据说曾和埃斯基涅斯一起出演过的两位演员,Simycas(如果这样拼写正确的话)和 Socrates。

② 此类演出肯定名声不佳。比较德摩斯忒涅讲过的一则故事,说埃斯基涅斯在饰演奥伊诺马乌斯时摔了一跤。

训练之人的技巧；在 309 中提及训练时（melete and epimeleia）延续了这一思路。德摩斯忒涅认为，如果这类事出自一个"正义的灵魂"，那么它便是有益的，但在埃斯基涅斯身上，却并没有任何好行为的迹象。唯一让他名显于世的语境，就是他对雅典人的伤害，恰好此时"你出色的声线和记忆力举世瞩目，你成了演员中的佼佼者，一个真正肃剧式的忒奥克利尼（Theocrines）"（313）。① lamprophonotatos［声音最洪亮的］，mnemonikotatos［记性最好的］，aristos［最高贵的］，这些最高级的使用，标志着一个强有力的高潮，把以下概念都包括了进来：洪亮而杰出的嗓音、煞费苦心的训练（对于演讲者来说，记忆力的重要性不亚于练声）和可疑的舞台生涯。在将"灵魂"或"心灵"（psuche）和"声音"（phone）作对比时，"正义的灵魂"这一表述，一定从一个相当高尔吉亚式（Gorgianic）的戏剧中，获取了一些共鸣。而在几个段落之前的一节慷慨激昂的论述，已经这样对比了两次（287 和 291，出现在 280-281 的内容已经做了铺垫）。在这里，把自己和埃斯基涅斯相对比，德摩斯忒涅指出，尽管埃斯基涅斯才华出众，人民还是选择了他（德摩斯忒涅）为死于卡伊罗尼亚（Chaeronea）的战士发表葬礼演说。人们期待的演讲者，要能够感受并表达"灵魂真正的悲痛"，而不是只会"口头上呈现悲恸"（287）；事实上，埃斯基涅斯更进一步证实了他灵魂的空空如也："他扯开嗓门，夸张而愉快地炫耀着他的演说术"（eparas ten phonen kai gegethos kai larungizon）。②

因此，演员的形象和声音具有巨大的修辞潜力：它可以用来表明一个演讲者（自然是指演讲对手，而非他自己）和他的声音的可疑之处。这也许就是为什么在两篇讲辞中，德摩斯忒涅运用那么多比喻

---

① Saunders（1975）译。参德摩斯忒涅文集中的《演讲》（Or.）58 关于忒奥克利尼的部分，后者一定是个出名的谄媚者。

② 关于 larungizein 一词的含义，参 Wankel（1976）*ad loc.*，它似乎表示一种虚伪的表达方式。

和戏剧语言的原因之一,此外他还直接说到了埃斯基涅斯的演员生涯。演员的职责就是学着饰演任何角色,无论多么羞耻,总怀着厚颜无耻的 [160] 自信,① 所以如果一个人以这样的方式训练使用自己的声音,将会变得十分危险。在 19.199,他讲述了一则关于埃斯基涅斯在一次宴会上醉酒后的暴力事件,据说当时一个来自奥林图斯(Olynthus)的女奴,因为拒绝唱歌而受到(他的)鞭笞,他抽打的时候,"仿佛还敢直视你的眼睛,用他美妙的声音讲述他的生活——这简直让我窒息"。②

饰演虚构角色的初衷,会被赋予细微的差别。例如,可以强调技巧性——正如德摩斯忒涅关于练声的说法,③ 全是训练和炫耀,没有实质内容——也可强调欺骗性,强调对观众迷惑性的误导。像 19.120 那样,他认为埃斯基涅斯对诉讼案件接受得如此欣然,仿佛它们是戏剧一般,甚至无需其他证人;④ 或者像 18(287、291)中的

---

① 不过,相比于墨涅拉奥斯(Menelaus)这样阴险的坏蛋,一流演员可能会更倾向于饰演克吕泰涅斯特拉(Clytemnestra)这样极其厚颜无耻的角色;关于影响三位有台词的演员之间角色分配的因素,参 Pavloskis(1977)和 Damen(1989)。

② 比较 19.206 - 209,那里把无耻和埃斯基涅斯的大嗓门联系了起来;在 19.126,埃斯基涅斯出使腓力的行为,被归因于带有腐败的动机:作为一名演讲者的权力,与其宣称要做一名爱国的政治家联系了起来,但人们发现并非如此("我们有着美妙嗓音的聪明谋士",英译:Saunders)。

③ 19.255、336;18.280、308 - 309。正如 Wankel(1976)就 18.280 所指出的,提到练嗓音也可能意味着缺乏经验:演说者正在练习,以便成为有影响的演说家。关于对演员的声音训练,参亚里士多德《问题集》(*Probl.*)11.22;Pickard - Cambridge(1988)页 167 - 171。

④ 比较 19.216 - 217;腓力就是 chorēgos [歌舞队长],在他的指导下,证人们进行表演;19.314:作为"腓力最亲密的朋友"之一,埃斯基涅斯的新生活方式和装扮;比较 Wilson(1996)页 321。muri' ergastai kaka(337 有重复)中的肃剧标签,无疑暗示了埃斯基涅斯的肃剧演员身份,并且这里的表达强加了一种虚假印象;18.15:埃斯基涅斯饰演一个角色;18.284:埃斯基涅斯自称是腓力的一个朋友,而不是一个受雇佣的经纪人。

段落那样，把"声音"和"灵魂"相对比；或者像埃斯基涅斯提到塞壬的段落那样（引文见上）。在精彩评论埃斯基涅斯作为演员的卓越之处时，还出现了虚构和现实的对比——因为埃斯基涅斯发表了有违雅典人利益的言论（18.313，比较19.337，引文见上）。所有这些细微差别，对于一个有意毁谤对手的演说家来说，都各有其用途。

但是，拥有一副好嗓子还是有好处。一个表演者，无论演员还是演说家，拥有一副卓尔不凡、经过专业训练的好嗓子，会在露天剧院和公民大会这样的场合，为数量庞大的观众带来极大的愉悦。既然决定要击溃埃斯基涅斯（或者挑起一场针对他的论战，无论正确与否，其中声音都是一个至关重要的因素），德摩斯忒涅就构思了一套十分精密的计划。他有可能想表明，埃斯基涅斯在戏剧方面，并不怎么吸引人或者富有魅力，[161] 恰恰相反，因为（对他来说）戏剧会有损其社会地位，它们是他欠缺政治才能的证据；与此同时，他还必须避免造成这样一种印象，即像这样的戏剧不好，或者演员的职业生来就不可信。他还得考虑到这样一个现实，即实际上一些明星演员的确拥有广泛的影响，远远超出阿提卡剧院观众的范围。① 有名望、富裕且极具影响力的表演者的魔力，是演说者要利用的东西，不能单纯予以否定，尤其是在这样一种文化环境中：其中，观众们已经习惯于将演员和演说家的功能相重合，并且在法庭审判上，引经据典也已是一种受人尊敬的行为。②

除了演讲辞中提及的"呻吟者"，还有一些其他的表演者，有意思的是，说到他们时，没有任何贬低他们演员身份的意思——无论德

---

① 相关证据，参 Pickard–Cambridge（1988），尤其是页 279–281；Csapo 和 Slater（1995）页 221–274。阿里斯托德摩斯作为使团的一员，必然不是一个孤立的事件。

② 参 Ford 和 Hesk 的论文（页 201–256）；Wilson（1996）。关于德摩斯忒涅的自编自导技术，参 Yunis（1996）页 268–277 关于德摩斯忒涅 18.169–179 的部分。

摩斯忒涅还是埃斯基涅斯。参演一部低劣的作品，或许会招致嘲讽，但是演员和表演行为却必然不会被贬损，也不会让他们的社会地位遭到质疑（就像加入一个秘密教派并无妨碍，如果你是发起人而非随从。）

演员阿里斯托德摩斯和涅奥普托勒摩斯的例子格外有趣，因为他们两个是德摩斯忒涅无论如何都要批判的人。毫无疑问，他认为他们绘声绘色地描述了腓力渴望和雅典人交朋友，误导了雅典人，他在 19（12、18、94、315）中对此多次提及。但是，他似乎没有办法利用他们的职业活动批判他们，除了在 94 说到阿里斯托德摩斯和忒西丰（他不是演员）在欺骗雅典人这件事上"扮演了主要角色"（ten proten epheron）。这也就是暗示，在向雅典人描绘腓力的友好态度方面，他们做得格外成功。的确，埃斯基涅斯声称，德摩斯忒涅本人起初就想让阿里斯托德摩斯请求能够获得花冠，作为对他汇报了腓力和平意愿的奖赏，并且他还带头提议让阿里斯托德摩斯免去本职工作，以便他能加入使团（2.15-19）。① 在公元前 346 年发表的《论和平》演说中，他对［162］涅奥普托勒摩斯的活动阐述得更为明确。其着重强调的一点在于，涅奥普托勒摩斯对雅典公众的说服力。德摩斯忒涅称，对他的过分关注应该归咎于雅典人自己：

> 如果你们曾在酒神剧院见到过肃剧演员，而且辩论的主题不是关乎安全和公共利益，你们就不会那么喜欢听他讲，却对我那么不友好。（5.7）

后来的一些事件证明，德摩斯忒涅正确认识到了涅奥普托勒摩斯

---

① 或许在这里我们没有理由去怀疑埃斯基涅斯，因为德摩斯忒涅避开了这一话题。

的真实意图：他变卖了在雅典的所有财产，移居到了马其顿。①

在回应德摩斯忒涅《论使节》时，埃斯基涅斯提到了众多的演员（尽管没有涉及他自己的演艺生涯），这证实了如下想法，即他们或许的确是带有政治影响力的公众名人，或者与大人物有接触，尽管埃斯基涅斯这样做意在取笑德摩斯忒涅，表明他也被阿里斯托德摩斯迷住了。（正如此前在 15–18 中提及的，在 51 中有一个细节，他回忆起德摩斯忒涅曾评论说，腓力并不比阿里斯托德摩斯好看。）尤其其中有一个段落似乎有意暗示，作为演说家的埃斯基涅斯，可以与他这个领域内顶尖的表演家——即受人尊敬的谐剧演员萨图鲁斯（Satyrus）——相媲美。在 156，他声称引用了德摩斯忒涅对他和萨图鲁斯的评论；我们有必要把埃斯基涅斯的说法，与德摩斯忒涅 19（其中一些词语——不出所料地——没有出现）中的相关段落相对照，来看看从一个著名演员的故事中能够得出些什么。德摩斯忒涅（当然）是要利用它来做一个不利于埃斯基涅斯的对比：

> 腓力攻取奥林图斯（Olynthus）之后，他在奥林波斯山（Mount Olympus [Dion]）举行欢庆，召集来了所有他能找到的艺术家，来参加庆典和一般的聚会，为他们提供晚餐，向那些赢得比赛的人授予桂冠。他问我们的朋友，那个谐剧演员萨图鲁斯，为什么只有他没有公开提出任何请求？他在腓力自己身上感受到了公共精神的缺乏？他察觉到了［腓力有］任何不悦？据说，萨图鲁斯的回答是，他无意拥有任何他人请求的东西，若腓力要做点什么让他高兴，那么他要提出的请求是极其容易办到的，只是他担心后者或许不会应允。腓力让他实话实说，并且带着一种年轻人特有的张狂，宣称他不会拒绝他的任何请求。（萨

---

① 更多关于尼奥普特勒默斯的情况，参 Stephanis（1988）同名词条；Easterling（1997）页 218–222。

图鲁斯请求赎回他朋友——皮得那的阿波罗法奈斯［Apollophanes of Pydna］——的女儿们。)"如今",他继续说道,"因为奥林图斯失陷,她们都成了战俘,落入了你的手里,她们都到了谈婚论嫁的年纪。我要向你请求的是,把她们交给我……我不会从中收取任何好处。我要为她们每个人准备一份嫁妆,给她们找到夫婿,不让她们的命运劣于我和她们［163］父亲的。"此时,宴会上的宾客们爆发出了雷鸣般的掌声,让腓力难以拒绝,尽管这个阿波罗法奈斯曾经是杀害腓力兄弟亚历山大（Alexander）的凶手之一。

让我们来比较一下萨图鲁斯的这场宴会和埃斯基涅斯在马其顿享受的那场宴会吧……（19.192-196,英译：Saunders［1975］)

然后,他叙述了埃斯基涅斯的骇人之举,他和他的朋友们试图强迫一个有着良好出身的奥林图斯女人为他们唱歌（见160页以上）。当埃斯基涅斯讲到这件事时（2.153-157）,是为了让人们回忆起陪审团是何其厌恶德摩斯忒涅的虚假指控,以致中途就打断了他,但埃斯基涅斯还是煞有介事地代德摩斯忒涅说了这样一番话：

但是你们是否还记得（埃斯基涅斯对陪审团说）,德摩斯忒涅那个不可告人的言语伎俩？他对年轻人用这招,现在又用来对付我。他为希腊伤心哭泣,又歌颂那个谐剧演员萨图鲁斯,后者在一次宴会上请求腓力释放他的几个朋友,因为他发现他们被囚禁着,带着锁链为腓力开掘葡萄园。序言之后,他又用最刺耳、最讨厌的声音继续喋喋不休,大意是：多么令人震惊啊,像卡利昂（Carion）和克珊提阿斯（Xanthias）这样的演员都能表现出应有的教养和高贵,而我,这个最伟大城邦的代表,还在阿卡迪亚（Arcadia）向成千上万人发表过规劝演说,却不能抑制住自己的暴力，竟在腓力的朋友色诺多库斯（Xenodocus）为我们举办的宴会上酩酊大醉，还陷入了争执……（2.156 – 157，英译：Saunders［1975］）

埃斯基涅斯提到"在阿卡迪亚成千上万"的听众，同时轻蔑地评论德摩斯忒涅的声音，看起来似乎是个不错的方式，它化解了对手对他作为表演者所拥有的力量的嘲弄，而无须详细辩解，同时还能利用与成功的萨图鲁斯之间的有利关联。在针对德摩斯忒涅的两次演讲中，埃斯基涅斯实际上都没有直接提及他自己的声音（3.228 处说到的"塞壬的音乐"，可能只是一个间接的、调侃性的暗示）。这一沉默似乎意味着，他将其声音视为一种无需辩护的重大优势，其价值自然会在演讲中得以呈现。正如他对作为表演者的德摩斯忒涅的针锋相对的批判，潜在的信息是表演很重要，而埃斯基涅斯在这个领域则技高一筹（比较本文集中 Hesk 的文章。页 206 – 207、210 – 211、224 – 225）。总的来说，需要考虑到演员，而埃斯基涅斯以不同于德摩斯忒涅的方式，巧妙化用了戏剧表演和现实世界的对比。

在 2.34 – 35 中，埃斯基涅斯描述了第一次出使时的表现：[164] 当轮到德摩斯忒涅在腓力面前发言时（人们期待着一场伟大的演讲），他却突然变得张口结舌（埃斯基涅斯用了一个戏剧用语 ekpiptei [干涸的]）。腓力意识到了问题所在，鼓励他继续说下去：他绝对不要认为，像在剧场中那样，这是一场灾难，而要冷静、系统地整理思路，把想要表达的东西说出来。然而，一旦德摩斯忒涅六神无主，对着讲稿乱了方寸，他就再也不能恢复镇定，当他再次试图开口时依旧如此。"当时全场鸦雀无声，传令官命令我们离开了。"（一个受过良好训练的演讲者，拥有训练过的强大记忆力，本不应依赖讲稿……）另外，在 111 – 112，埃斯基涅斯描述了德摩斯忒涅在腓力面前的第二场演讲，那一番恭维荒唐得令人尴尬，让他的大使同伴们羞愧难当，还在听众中激起了一阵异常的嬉闹。德摩斯忒涅那刺耳且令人不快的（anosion［惹人厌的］）声音（2.157）过于尖锐（似乎与3.209-210的意思相同），他还过分执着于在舞台上"表演"他的想法（3.167）。接下来在"塞壬"那个段落之后有一段声明，说这一切都指向德摩斯忒涅的口才（tongue）：没有了这个，他和一个无人演奏的乐器无甚差别（3.229）。① 这些讽刺的细节或许暗示，当人们提及失败的演讲者这个形象时，德摩斯忒涅比埃斯基涅斯更有过之而无不及。

对于任何对希腊表演文化感兴趣的人而言，公元前四世纪尤其重要，这个时期有两个重大的发展。人们对阿提卡戏剧的兴趣与日俱增，其从业者——西西里和南意大利的从业者有详细材料记载——受到了自阿基拉奥斯（Archelaus）以来的马其顿国王们的巨大鼓舞，而在伯罗奔半岛战争之后，记录得最为生动的戏剧事件，就是在公元前386年引进曾经在城市酒神节上演的老剧目。这一定意味着重演的需求在不断增长，毫无疑问，这是基于在一些德谟（deme）节日上的演出和戏剧在阿提卡之外的发展，并且很明显，个别一流演员也在不断改进他们自己的表演剧目。一旦演员们在希腊语世界的辗转演出成为常态，能够独立地与各节日主办方或赞助人打交道，戏剧的出演环境就会不再受限。巡演的演员及其剧团，或许要与［165］那些旧的或新的整出的（full-lenght）戏相竞争，或者演员可能会在公众场合，例如剧院或者私人晚宴后的娱乐活动中，上演一段独角戏（例如，那些广受欢迎的独唱曲）。为了适应这些安排，必须有足够多的改变，比如来访演员可能会借用当地音乐家和歌舞队的资源。当适合戏剧表演的场合变得如此灵活多样时，演员们就有了利用各种赞助关系的可能，并有可能接受一些组织模式和生活方式的类型，它们业已

---

① 这一段或许应该与埃斯基涅斯2.23和88相比较，在那里他以一种不太含蓄的方式，指控德摩斯忒涅从事口交，而且每次都强调他的声音是从那里发出来的。

由音乐家、运动员、叙事诗朗诵者和其他人建立起来。有意思的是，当技艺行会（guilds of Technitai）成立时，演员与其他类型的表演者们就逐渐形成了制度性的联系。①

虽然有些拐弯抹角、歪曲事实，德摩斯忒涅和埃斯基涅斯的文本还是反映出了这样一个世界，其中，在城邦关系的"真实世界"里，顶尖的演员们都是潜在的国际舞台上的表演者，而且正是这些巡回演出的传媒明星们，影响了复杂的社会群体对其文化价值的定义。② 但是，若回溯到古典时期艺术大师的巡演传统，难道那些演员不正是最新鲜的血液？有什么能把他们与其他表演者区分开？有两个方面能让他们脱颖而出：明显地，演员的技能和训练与公共演讲家十分相似（并且二者都与用言辞说服大量观众的圆滑艺术相关，其言辞的力量赋予他们独特的魅力和影响③）；比起其他一些表演者角色相对固定的媒体形式，由戏剧构建起来的虚幻世界，能更加有力地塑造公众的情感和体验。另外还有一个更广泛的因素，就是语言本身的力量。由于那些最受欢迎、戏剧中最令人难忘的观念（ideas），连同荷马和赫

---

① 相关证据和讨论，参 Csapo 和 Slater（1995），尤其是第四章；Easterling（1997），Ghiron - Bistagne（1976），Green（1994），le Guen（1995），Pickard - Cambridge（1988），Stephanis（1988），Taplin（1993），Trendall（1991），Wilson（1996）。

② 关于表演的政治意蕴也必然十分复杂，因为原本是为雅典民主政体的听众构思的文本，却被有着十分不同的传统的其他地区听众接纳了。

③ 尤其参 Hall（1995）；还有本文集的导言，以及 Ford 和 Hesk 的论文。关于演员们的声音，参 Pickard - Cambridge（1988）页 167－171，和亚里士多德的《修辞学》（*Rhetoric*）的著名章节（1403b），其中强调了声音及其音量、和谐度和节奏运用的重要性：那些关注到这些的表演者们，几乎捧走了戏剧竞赛的所有嘉奖，正如在今天的戏剧竞赛中演员比诗人更有影响力一样，在政治竞争中也有类似的现象，这是由于我们政体的弊端（也就是说，演讲者们的声音在法庭和公民大会上有着极不相称的影响力）。（亚里士多德，《亚里士多德全集·第九卷》，苗力田主编，中国人民大学出版社，1992 年 9 月，页 494）

西俄德的诗歌，以及早期"真理大师"们的格言一起，成了教育遗产的一部分，[166]因此演员们的话语也便拥有了重要性和权威性（参 Wilson [1996]，尤其页 315）。戏剧表演在国内外都意义重大，因而希腊语本身融入戏剧的意象，绝非一种偶然。

《公民大会妇女》中的乌托邦表演

赛特林（Froma I. Zeitlin）撰

马勇 译 李向利 校

一 表演

[167] 这个文集给定的题目——"表演文化与雅典民主政制"，集中于在宽泛的政制语境和多样化的实践中可能被称为公民经验的"戏剧化"（theatricalization），那么阿里斯托芬的《公民大会妇女》（*Ecclesiazousae*）或许是证实这些宣称的一个典范性的文本。[①] 旧谐剧（又译旧喜剧）可能是与公元前五世纪的这个民主城邦最和谐的艺术形式。作为公共表演的一个种类，旧谐剧完全植根于当时的政治和社会环境，这种艺术类型提出了一种放肆的自由，可以展示城邦生活的各个方面和场所，比如法庭、公民大会、市场、剧场、神庙、健身房和会饮。这些剧作也常常让我们从幕后一瞥这些场所和那些在其中活动的人们，很大程度上他们自身实际上就是演员，他们都准备好在类似于一个竞赛性的公共演出的等级社会中扮演自己的角色，当然也包

---

① 这篇论文是对先前的一次交流的扩展，原来的题目是《阿里斯托芬〈公民大会妇女〉中的乌托邦和神话》（"Utopia and Myth in Aristophanes' *Ecclesiazousae*"），那篇论文提交给了 1993 年在魁北克举行的国际古典学会（FIEC）会议。

括他们在谐剧剧场中的表演。在揭露雅典城邦特权阶层的自命不凡和招摇撞骗的过程中（也展示了普通民众被压抑的渴望和矛盾的幻想），旧谐剧——正如普遍评论的那样——也以对自身戏剧性的清醒的自我意识为乐，并利用了在搞笑的戏剧模仿和其他习俗中的自我再现的暗示。

《公民大会妇女》的开场就以范例的方式，同时在两方面展示了这种谐剧性。妇女们衣服的伪装、排练和角色扮演——这些妇女们穿着男人的衣服，为的是混进只有男人参加的公民大会中——首先面临着在公共舞台上表演的问题，其次面临着在一个两性之间被法律高度分离的城邦中性别差异的问题。[168] 凭借妇女们的伪装，这部谐剧清晰地显示了，"剧场的运行方式直接地与政府的运行方向相关"（Taaffe［1993］页103）。为了成功地完成她们的伪装，妇女们需要看上去像男人——衣服和举止都要像男人；她们也需要像男人那样说话，排练她们的言辞，形塑她们的风格，要让她们的修辞能力达到男人的标准。这场戏就如同阿里斯托芬的任何一场戏，展示了对男人和女人说话风格差异的一种觉察，这种差异既包括风格也包含实质，但恰是妇女们排练在公民大会上的发言这一想法暗示了：公民大会上的一切表象——正如在其他公共场所中那样——都可以被视为是表演的一个种类。因此，旧谐剧，尤其是《公民大会妇女》，很好地展示了体现这本文集意图的那些语词：schēma［举止］、epideixis［展示］、agōn［竞争］、theōria［观看］（关于这些语词，参本文集导言的讨论）。

谐剧在两个方面发挥着一系列映照（mirroring）和反讽式反映的作用。如果排演发言的场景意在取笑准备伪装成演说家的妇女们，那么她们的公开言说也取笑了真实的情形，揭示了"专业演说家们"的细心准备，和明显的要显得像即兴演说的意图，包括"在公共演说中不熟练的主题"（行110-123、150-153）（Ober 和 Strauss［1990］页264）。即便珀拉克萨戈拉（Praxagora）在公民大会之前热烈的演说——她的演说批判城邦当下糟糕的状态，也使用了一系列众所周知的修辞主题，① 呈现了这些主题纯粹的传统性质，尤其是被妇女不一致地讲出来的时候。然而，这些模拟性的练习，要比讽刺性地展示女人做出男人那样的举止具有更大的含义，因为排练演说的目标，即混入作为男人空间的公民大会——公民大会一般不允许女人参加，彻底颠倒了性别的角色和所有的政治事务。因此，易装（cross-dressing）本身就是采取行动和阴谋取得成效的关键，从而应该将其作为我们探究的核心。

但首先，我们应该注意到，关于这一伪装的重要性并不存在决定性的共识。塔阿夫（Taaffe）位于一个极端，他依赖于巴特勒（Judith Butler）关于性别的表演性的讨论。巴特勒的讨论是在当她思索以下问题时进行的，即妇女扮成男人的想法是否意味着，[169]"依赖于性别差异的传统的权威区分不再发挥功能"。她接着问道，这出戏是否因此表明了性别差异的逐渐消失，而这一点存在于公元前四世纪早期雅典的迅速变革中？进而，她走得如此之远以至于宣称，妇女伪装的那幕戏意在证明，"性别的定义和表征能够被轻易地建立和分解"（Taafee [1993] 页103）。这样看来，男性气质和女性气质的划分就被断言是不稳定的，易于通过有意识地采用一系列姿势、服装和行为，发生置换和颠倒。schēma [举止] 塑造了男人！

另外一个极端是，鉴于妇女们伪装的透明性，和她们在排练方面的笨手笨脚，就可以如赛义德（Saïd）那样讨论：无论如何，"服装的伪装除了能改变表面，不能修正任何东西，也没有力量转变性情"。他断言："即便装扮成男人，妇女们也没有能力以男人的方式表现自身，也永远不能停止像女人那样说话"，尽管如此，在珀拉克萨戈拉的指引

---

① Ober 和 Strauss（1990）页264-265。他们提到的修辞术主题有：（a）在这个城邦中，我拥有平等的一份，正如你们每个男人所拥有的；（b）这个城邦正在被毁灭，是由于人们甘愿跟从邪恶的领导者；（c）你们这些公民不信任真正热爱你们的人，而是信任那些毫不关心你们的人；（d）你们根本不关心城邦，反而最关心私利；（e）你们太过频繁地变更公共政策。亦参 Rothwell（1990）页82-92 的分析。

下，必须承认"她们改正了这些错误，并以令人确信的方式在公民大会上扮演了她们的角色，当然她们只是听了珀拉克萨戈拉的演说"。①从这个视角来看，这一表演具体在于证明逃避一种性别身份的不可能性，而这种性别身份既定义任何逃避这种身份的努力，也为这种努力所定义；这种逃避要么是通过服装的伪装，要么是通过言辞的模仿。

以一种不同的思路阅读，妇女的伪装行为同等地证明了这两种对立的观点，但其他人必定想知道，妇女们在公民大会上的成功，事实上是否要比其被设想的更加"自然"。毕竟，在模拟政治演说时，珀拉克萨戈拉作为一个演说家的技巧，是被下述事实偶然引起的：有魅力的修辞术本身，是按照已经女性化之后的方式被理解的，这一女性化过程借助的是对言辞的美化——让言辞具有了欺骗性的诱惑力（Rothwell［1990］页 77 - 101）。例如，当妇女们问，"千百年来女人的羞怯，叫我们怎能在大会上张口？"，珀拉克萨戈拉回答说："谁被男人玩的次数最多，谁就最能说会道"（行 110 - 114）。② 亦即，"在演说家中间，最具'女人气'的演说家就是最好的演说家"，这暗示"真正的女人应该是更好的"（行 90）。无论如何，阿古里奥斯（Agyrrhios），一个杰出的政治家，据说不得不从一个名叫普罗诺姆斯（Pronomos）的人那里借用胡子，因为"他"原来是一个 gunē（女人，行 102 - 103）。由于被贴上了鸡奸者这个轻蔑的标签，gunē［女人］可能暗示了把 erōmenos［情伴/被爱者］直接等同于一个女人，［170］这在下述事实中得到了强化：妇女们为了准备参加公民大会，正确地考虑到了胡子这个她们伪装成男人时必不可少的部分。与此同时，当别的妇女问珀拉克萨戈拉，她何以能够如此有技巧地演说，以及何以如此聪慧和雄辩时，珀拉克萨戈拉声称：她与丈夫在普尼克斯（Pnyx）暂居的时候，通过听取别的演说家的

---

① Saïd（1979）页 35，更全面的讨论，参 Saïd（1987）。

② 引文来自 Ussher 版（1973）。［译注］《公民大会妇女》的中译引文，引自张竹明译，《古希腊悲剧喜剧全集》（卷七），南京：译林出版社，2007 年。

演说学会了修辞术（行 241－246）。① 谁是谁的公共演说和修辞术模型？女人是男人的模型？还是男人是女人的模型？

依赖于强调易装或性别的颠倒，这些解读具备了一种局部的有效性。首先，谐剧舞台上变换服装的伪装对观众来说必定再明显不过，否则这种幽默的僭越特点就会消失，② 但在这种情形中，这一伪装对戏剧内部的观众来说也必定是成功的，否则这一阴谋在一开始就会失败。另外，既然妇女们的阴谋的首要目标是选举她们为城邦的统治者，因为她们宣称女性尤其具有领导者的品质（这是珀拉克萨戈拉在公民大会上的演讲的基本内容），那么她们的伪装就仅仅是一个暂时的应急之策，这意味着只要她们胜利地回到家，就会立刻放弃这一身伪装。即便如此，她们也从未能看起来像"真正的"男人。尽管她们尽力模仿男人的各类特征——通过尽可能早地站在公民大会的门口，不再拔掉身上的体毛（而拔掉体毛是女性美要求的标准），但公民大会上的男人们依然立刻注意到她们苍白的面孔，并将她们看作是鞋匠，因为鞋匠与别的工匠类似，总是在室内劳作（行 385）。在严格的性别定义的两极之间，有着明显的易于识别的层次变化，尤其就男人来说，可以延伸到工匠行业中的男人，以及更具体地延伸到女性化的男人，这是阿里斯托芬式讽刺最喜爱的噱头。

与此同时，这一情节——即那些舞台上的妇女已经从男人那里攫取了城邦的领导权——暗示了不仅男性化的政策是失败的，而且暗示了男子气本身的失败，③ 能够在谐剧舞台上得到表演的一个推论就是，男人反

---

① 他们是难民，可能是三十僭主时期，但这一说法不完全可信。
② 参 Gruber（1986）页 27，更全面的讨论参 Garber（1992）。对本文集导言中讨论过的表演艺术家来说，这些考虑也具有中心地位。
③ 例如，参 Zeitlin（1985、1995），页 336，与《蛙》（*Frogs*）联系起来看：阿里斯托芬典型地假设，当事情对男人和男性的利益来说变得越来越糟糕时，其原因就在于道德价值和美的价值的堕落，从这种堕落中男人轻易地就显得充满了女人气，这种堕落就暗示了这一点。

过来被迫准备穿女人的衣服。① [171] 因此易装的逻辑在相反的两方面发挥作用，但是以相互补充的方式加强了妇女的力量，同时使得男人陷于公开的窘迫之中。为了使这一点清晰地显示出来，《公民大会妇女》提供了大量这方面的信息：首先，由于妇女们偷了她们丈夫的衣服来伪装自身，男人们就只有穿着他们的妻子留下的女人衣服；其次，接下来的场景就是，人要拉屎这一自然需要迫使男人急切地要到房子外面来。男人活力的丧失和女性力量的过度紧密相关，不仅是在服装的交换上，而且还在相关的妇女们欺骗男人和证明他们易上当的愚蠢的行为上，而这对她们精明的阴谋来说是真实的。我在后面还要回到这些问题上来。

不管这部戏是被作为对当时的政治实践和哲学原理的讽刺，还是作为对男人统治的城邦中男子气衰落的一种令人惶恐的征兆，或者仅是狂欢化的颠倒娱乐，或者是三者的混合，② 应该强调的是：一旦女人的统治实现，并且这一阴谋显示出对男人和女人来说的社会后果，结果就会表明，性别的界限既被违反又受到了强化——这让我们回想

---

① 在《吕西斯特拉特》（*Lysistrata*）中，妇女们攻占卫城（Acropolis）为的是应对男人在涉及战争事务时的处置不当，妇女们仅仅依靠女性的支持就向城邦的官员确证了她们战胜了他（行 550 – 555）。《地母节妇女》（*Thesmophoriazousae*）中是男人装扮成女人，其目的不是政治本身，而是欧里庇得斯（Euripides）。关于这出谐剧，参 Zeitelin（1981、1995）。

② 这出戏（及其教训）的评价标准的范围依然很宽泛，很多观点都位于这四种情况之间，当然也包括其他的观点，比如说这部戏是对当时的乌托邦理论的讽刺（常常要提及柏拉图于 20 年后创作的《王制》，尽管这一观点现在很大程度上不能使人信服了）。无需说，阿里斯托芬自己的观点，对那些坚持质疑的人来说，是一个从未间断的争论的主题，正如关于晚期旧谐剧的风格的争论。参 Rothwell（1990）页 1 – 25，尤其是页 7 – 10 处简洁的概述，和 David（1984）页 1 – 2。更近的，参 Ober 和 Strauss（1990），他们指出了雅典当时一系列合法的政制改革，并重新强调：凭借三十僭主的血腥统治，在极端两极分化的公民之间，重新获得了一种社会—政治的共识。完整的论述，参 Ober（1998）。

起，阿里斯托芬的谐剧，包括所有雅典的戏剧，都是由男演员向男性观众演出的，而不管戏剧中是否有女人出现。

因此，我这篇论文的目的不是集中于这出戏的表演方面，正如上述讨论所示，而是集中于我们从妇女的阴谋中就其意识形态的类型可能学到的东西。[172] 我意在将注意力转向乌托邦自身——作为一个关于"如果什么"（what if）的想象世界——的表演性质，及其与剧场中的"戏剧世界"的巧合，这个"戏剧世界"在戏剧表演的真实空间和时间中，为雅典社会建构了另一种整体化的社会现实的谐剧版本。然而，《鸟》（*Birds*）将其建国幻想建立在一个想象的天空中的鸟的王国，《公民大会妇女》来到了地上。进一步说，《公民大会妇女》中的政制革命发生在雅典，它通过妇女的计划，让她们统治并合法地废除私有财产和婚姻制度，从而面向雅典的观众建议一种彻底新式的政制类型。因而，这出戏直接向公民观众呈现了集体自身在舞台上的图景，但从一种相反的观点来看，对当时生活的忧虑，通过一个谐剧阴谋的滑稽表演给过滤掉了，这一阴谋将它的假装（make-believe）转换成了戏剧的急迫性（immediacy），并赋予抽象的理念和概念性的行动框架以生命和形式。珀拉克萨戈拉，加上作者的默许，会让我们相信她的革新的新奇性。但这是旧谐剧风格的典型特征，即目前的一种令人吃惊的创新也着眼于过去，着眼于城邦存在的神话—仪式方面的基础。我认为，恰恰存在这样一种隐藏于戏剧虚构背后的神话，该神话在城邦的意识形态及其想象的史前史中具有深远的意义。这个神话的默然存在，不仅清晰地呈现了阴谋的矛盾之处及其令人忧虑的议题，而且确保（underwrites）了整个情节。事实上，它的重要性远远超越了谐剧的舞台，而把两种重要的城邦艺术联系了起来。对塑造那一时期的文化态度而言，怎么强调这两种城邦艺术产生的影响都不过分：埃斯库罗斯《奥瑞斯特亚》（*Oresteia*）中的肃剧剧场，和帕特侬神庙的众多雕像，我将表明，其总体的肖像方案，直接与《公民大会妇女》中的妇女政治（gynaecocratic）情形及其法令用语相关。简言之,我的问题是:"《公民大会妇女》中被表演的东西是什么?这出戏要表演的是什么?"

二 珀拉克萨戈拉的阴谋

在诸多各式各样的对《公民大会妇女》的阐释方法中,一直以来公认的一点就是这出戏的一个悖论之处:妇女们刚投入行动就获得了权力。这个悖论是双重的:一方面,它围绕保守和创新之间的冲突;另一方面,它围绕个人利益和公共精神以及对城邦的关心之间的冲突。珀拉克萨戈拉作为妇女革命的煽动者,[173] 她争辩说妇女才是城邦传统和持久性的基石。与男人相反——男人受热情的支配,热衷于任何一种新出现的愚蠢的方案——妇女们能确保城邦的拯救,因为她们"完全是保守的传统自然而然养育的。"①

珀拉克萨戈拉在她对妇女们的第一次规劝中宣称:我们的 tropoi [生活方式/性情] 更好,因为我们一直依据古老的礼法行事,正如我们一直做的那样。我们用热水漂洗羊毛,坐着做饭,用脑袋顶着重物。妇女们像以前那样庆祝地母节——她们特有的节日,同样地烘烤厚饼,烦扰她们的丈夫,在屋里与情人幽会,偷偷地从市场上买少量额外的货物,依然爱喝不掺水的酒,最后,依然像以前一样喜欢被泡(行 214 - 228)。在这一自我描述中——它将家庭任务的日常细节,与谐剧舞台上关于女人的弱点长久以来的陈腐套语混合在一起——珀拉克萨戈拉能够指出有助于女人统治的其他更坚实的美德:对她们当兵的儿子持久的关心,有技巧获得更多的财富从而将城邦治理好,以及她们本身就是欺骗的高手,不会被别的政治诡计轻易欺骗。总之,

---

① 这个词组出自 Parker (1967) 页 21,在阐释行 221 - 228 时所用。

妇女们本能够向所有公民承诺一种幸福和繁荣的生活，而这个目的是城邦从未实现的。

这个法案之所以能通过，不仅是由于伪装的妇女——她们挤走了很多参加公民大会的男人——赢得了大多数投票，而且是由于现行的政治政策。这个法案的吸引力在于：这是一个雅典城邦之前从未尝试过的极为简单的方案。换句话说，以为了城邦的稳定的名义将城邦转交给妇女，与一系列拯救城邦的令人绝望的其他尝试比起来，依然是一个极为新奇的方案。这个方案究竟有多么新奇，将在珀拉克萨戈拉极为聪明的计划中（sophou tinos exeutrēmatos，行577）显示出来，但这个方案之前从未被公开地制定成法律，不管是在政治行为中还是剧场中（行578-580）。政治政策和谐剧的精巧汇聚在了一处。作为城邦公民的观众，在这两个事例中，要求他们的诗人们和政治家们提出一些新奇怪异的思想，以刺激他们的兴趣和引起他们的注意。

这个聪明的女人没有让期望落空。她激进的城邦改革方案提出了财产公有制度，其目的是确保所有人利益均享，甚至包括身体的公有。[174] 这个传统价值的守卫者，以 oikos [家庭] 的名义，通过使城邦和家庭之间的界限消失，从而使整个城邦变成了一个统一的家庭（mia oikēsis，行674）。以彻底民主化的名义，以最极端的程度实施平等主义理想，从而产生了一个和谐的共产制度，在这个制度中所有人将满足于分享他们的物质需要：充足的衣物、房屋、食物、酒和性（ἀλλ' ἕνα ποιῶ κοινὸν πᾶσιν βίοτον, καὶ τοῦτον ὅμοιον，行594）。政治生活、经济生活和社会生活将经历激烈的变革：不再有诉讼、法庭、贪污犯和告密者；不再有贫富的差别，但城邦中依然存在婚姻制度和父系的亲属关系。

这一幸福的方案意味着消除私利，支持公共分享。实际上，这个新法律旨在创造经济的满足以及和平的生活，让所有生活在一种仁慈的女性权威下的人们，都有充足的机会满足性欲。在这出戏的第二部分,将个人家庭器具交予公共仓库的要求,碰到了一个疑虑极深的人的抵制,这个人试图劝阻他的邻居不要遵守新法律,但他失败了,最后他希望与那些遵守法律的公民们混在一起骗得一顿免费的晚宴(行729–875)。但是,作为这出谐剧展现的结论,新政制似乎在两个场景中——这两个场景展现了几个老女人为了获取性的享受争夺一个年轻的俊男——含糊地暗示了更多严肃的东西。第一个场景是关于一个老女人和这个年轻人的心上人之间的争斗(行877–1048),第二个场景是关于这个年轻人和一对丑老太婆之间的争斗,那两位丑老太婆都在争夺他的注意,几近于拉扯他到自己身边来(行1049–1111)。为了确保年轻人和老年人在性欲满足上的公平,珀拉克萨戈拉早先就颁布法令:老年人在年轻人彼此成双成对享受性爱之前,享有优先满足性欲的权利(行611–633)。

但是通过将照顾老女人的利益的原则在舞台上付诸实践(这在谐剧中极为常见),立刻出现了各种各样的问题。正如很多人指出的,我们似乎回到了妇女当政方案的社会性弊端上来,而这个方案原本是为了消除城邦的弊端才提出的。妇女们夸耀的团结破产了。在公民大会上,珀拉克萨戈拉宣称,妇女们与男人不同,她们能够保守秘密;她们之间的交易无需签订契约,也无需保证人,因为她们总是自由地借还各种物品(行441–454)。现在妇女们似乎准备祈求法律专制的制裁,这是为何?当然是因为性。本能的欲望取代了温和的分享,正是后者使得一个女性共同体成为城邦的典范。

然而,我们该如何理解这个结局呢?她们对男人的权力和特权的篡夺,是否对应着她们行为中的转变,[175]因而妇女们现在恰恰是在她们之前谴责的私利的争夺方面效仿她们的男性同胞?换句说话,等级制的政治地位是本质性的要素,这种要素要求其作用得到展示。或者反过来说,难道agōn[竞争]——它使得一个女人为了追求满足而与其他女人竞争,不管是老女人和年轻女人之间的争斗,还是在两个丑老太婆之间的争斗——仅仅证实了男人们的怀疑,即妇女们的性欲将导致此类竞争,难道性欲不需要通过社会的强制规则使其得到规范吗?再次强调,这种情况是不确定的(undecidable)。谐剧一般坚持妇女的性本质的视角,正如它也一以贯之地期待男性政治家们会对其他公民乱用他们的权力。重要的是这出戏的民主政治的版本。紧随新政策——它不仅确保自由吃喝和自由性交,而且强制实施财产公有——而来的是,此处的情节似乎已经到了堕落的最低点,即名义上的高度平等主义被证实只屈服于混乱和暴力,而不是城邦一致在寻求的拯救(sotēria)。

但是依然有一个双重的悖论。第一个悖论位于古老和新奇、传统和创新、稳定和革新之间;第二个悖论是短命的共产理想,这一理想屈服于一种头脑简单的对私利的追逐,大多数人会说,这一悖论不能通过这出戏结尾处显示的女仆被邀请去参加令人愉快的公共宴会而得到缓解。且不管情节结构对正式的谐剧惯例的遵守,至少剧末的含混性就暗示,"这出戏就妇女的新政是成功还是失败了没有提供任何答案"(Ober 和 Strauss [1990] 页 269)。

对某些批评者来说,这种明显的矛盾,在某种极端形式的意义上,与谐剧著名的戏剧性前后矛盾一致,这种前后矛盾名义上表现为滑稽的表演和纯粹的搞笑。然而,如果不把一个逃避现实的人看作是搞笑,这出戏就会被看作谐剧诗人阿里斯托芬在创作生涯晚期丧失力量的一种标志,甚至被看成是丧失力量的证据。阿里斯托芬被视作"衰老的或是过度劳累的",或是"上了年纪的或易怒的",诗人被描述成"被败坏的人,他在《公民大会妇女》中堕落到展示令人厌烦的肮脏"。[1] 就像一位天才的批评家推测的那样,或许阿里斯托芬甚

---

[1] 代表是 Murray(1933)页 181、198;Macdowell(1995)页 308;Taylor(1926)页 210。

至有可能得了中风。①

[176] 其他人则坚决将这出戏看作是评价其时代氛围的晴雨表，其强调的重点，落在一个道德沦丧的雅典在十三年前伯罗奔半岛战争失败后所持有的观念上。即便历史事实表明当时的雅典城邦处于一个更好的状态，但在这出戏中，雅典城邦被表现成一个处于社会和经济困境中的城邦。这个城邦的公民由于受贫穷的刺激，都自私自利，更一般地说，根本不会求助于城邦的德性和法律的约束。② 尤其是，这出明显疯狂和缺乏逻辑的戏，被看作是对公共政策中可悲的无序的讽刺和象征——不可信赖的和愚蠢的立法者，一连串不成熟的想法接连迅速出现又被抛弃，不管是在公共政策上，还是在智识精英的哲学乌托邦思索中。在这个谐剧性反转的狂欢的世界中，幻想不仅为公民提供了一种从日常悲痛中解脱出来的缓解剂，而且这种影响城邦自身状况的幻想旨在娱乐。现实总是超过这种诗的再现，谐剧惯例和对现实问题的指涉，混合起来反映了共同体及其风气的堕落。然而，一个自由且正义的社会的乌托邦方案，与物质需要极大地丰富和满足的黄金时代的梦想，构成了旧谐剧情节的基础框架——旧谐剧是节日庆祝和政治性讽刺的结合，《公民大会妇女》就被很多人判做是整个谐剧类型最后的归谬法（Reductio ad absurdum）。

---

① Dover（1972）页195注释7。至少这些过分简单的判断被归于陈腐的批评标准，一种最近的批评甚至更进一步抱怨说，"公民大会上妇女们的两个论题，与财产和性的共产组织"没有内在的联系。他将这看作是

> 一个明显的假设：阿里斯托芬原本计划写一个关于妇女参加公民大会的戏，但在写了557行之后，发现已经穷尽了这个话题；因此阿里斯托芬想出了第二个论题——共产主义，目的是达到一出戏应该有的长度，但却没有费心去改变前半部分中的任何东西以适应第二部分。

他继续说，这样做是错误的，"但这是一个不太可能让观众感到困惑的错误，因为两个论题本身都极其搞笑"。MacDowell（1995）页320。

② 关于自私自利，参Rothwell（1990）和Saïd（1979），以及本文集的导言。

总之,人们坚持认为,在一个想象的随便某个地方,和雅典城邦这个真实的地方之间决定性的界限被抹去了。在一种具有创造性却颓废不堪的力量的运行中,这种联结不会带来所期待的政治体的复兴。它也不会在谐剧英雄生气勃勃且自由的方案中,在物质和社会两方面使止步不前的经济状况得到改观。相反,正如奥格(Auger)评论说,这废除了基于合法交易的城邦的象征体系,不管这种交易是发生在市场上、圣坛旁(整部谐剧没有提到任何神)还是在政治中。婚姻被暗中废除了,还有献祭,以及由奴隶管理的农业(Auger[1979]页90)。[177]公共和私人之间的界限也被抹去了,正如被抹去的家庭和城邦之间的界限。① 所有的差异都消失于集体中,所有象征的意义都被"简化为消费品的物质性",② 都在那个场景中得到了举例说明,即厨房器具都被拟人化了,列队戏仿参加泛雅典娜节的雅典人庄严的游行(pompē)(行 730 – 745)(参 Ussher[1973]页 178)。总之,在这个阿里斯托芬现存的最污秽不堪的作品中,身体的原始冲动支配着高贵的东西,并屈服于一种混合了口腔、生殖器和肛门的令人眼花缭乱的幻想,这些幻想以各种各样混合的形式被诱发出来。③

---

① Saïd(1979)页 47。她进一步指出,字母表中的字母——它们曾经象征性地被用在陪审系统中,用来分配法庭席的位置和法官的等级——已经变成仅仅指它们本身所具有的意思,现在字母表中的每一个字母,代表供应饭食的宴会大厅的首字母(例如,B = Stoa Basileia)。

② Auger(1979)页 90 – 95。亦参 Carrière(1979)、Saïd(1979)和 Saxenhouse(1992)。

③ Ober 和 Strauss(1990)以及 Ober(1998)给出了对这部谐剧最正面的理解:这部谐剧的主旨论题是"平等主义及其界限",强调了公元前四世纪早期的公共日常事务(如何"使用政治的平等去医治社会性的不平等,既有法律方面的不平等,也有意识形态上的不平等"),并说,诗人的目的是让观众面对他们的政治系统和意识形态目标中的矛盾。但它几乎扰乱了对《公民大会妇女》所传达的信息更一般的负面评价,从而得出结论说,"这出谐剧没有结束于彻底的灾难这一事实,或许可以被看作是对一种平等的社会—政治秩序的支持"。Ober 和 Strauss(1990)页 266 – 267。

在阿里斯托芬现存的全部谐剧中,《公民大会妇女》是以女性为主题的剧目中的第三部,也是最后一部。这三部讨论女性的谐剧,似乎以上升或下降的顺序构成(这要看读者如何理解妇女对城邦权力的要求的结果),《公民大会妇女》是其中最极端的一部。这部谐剧将易装提升到具有自我意识的戏剧表演的新水平,使得社会对男性和女性身份的定义变得复杂起来。最重要的是,它采取了让妇女获得权力去实现她们的乌托邦方案这一不寻常的方法——她们的措施是消解婚姻制度和个体家庭制度——从而确保她们在新政治秩序中永久的统治地位。

角色颠倒的谐剧活力一般只是种临时性的存在,它是一种止于男女元素的调和的恢复性能量的源泉,更重要的是,它是一种在恢复男性的统治时向已被接受的标准的回归。在《吕西斯特拉特》和《地母节妇女》中,妇女可以挑战男性同胞,并迫使他们满足女人的要求。但最终的场景是男人之间的交易,[178] 不管是《吕西斯特拉特》中的雅典男人和斯巴达男人之间的交易,还是在《地母节妇女》中欧里庇得斯和他的亲戚合谋让后者从斯基泰警察那里逃跑。在《地母节妇女》中,欧里庇得斯的那位亲戚早先已被妇女们包围,妇女们揭穿了他的伪装,并威胁给予其身体上的伤害。但男性法律和秩序的官方代表却接管了(事件),尽管是以女里女气的克勒斯忒尼斯(Cleisthenes)这个人物形象——他帮助妇女们发现了欧里庇得斯亲戚的反常装束,并派那个斯基泰警察看守犯人直到城邦的代表到来。相反,在新法律的分配下,《公民大会妇女》中年轻男子被丑老太婆争夺,是男人受奴役的一种表征,即便他进行了抗议,现在或未来也都不能推翻或避免这种奴役。

最后,这三部谐剧都强调了 sōteria [拯救] 的主题。《吕西斯特拉特》和《公民大会妇女》谋划的方案都是为了拯救雅典城邦,首先是要将其从战争的深渊中拯救出来,其次是将其从贪婪和贫穷的深渊中拯救出来。《地母节妇女》调整了主题,让欧里庇得斯和他的亲戚为了自身的拯救，需要重新设置这位肃剧诗人著名的拯救情节。《公民大会妇女》中的年轻男子事实上同样有这种要求，当他被两个丑老太撕扯时，他直接呼唤"救主宙斯"（Zeus sōtēr）来拯救他，但却没有任何用处，尽管妇女们的计划的目的——正如珀拉克萨戈拉最开始主张的——是将城邦从痛苦中解救出来。这一点明白无误。那个年轻男子可怜的呼喊"啊，我这个十二分可怜的人"（o dusdaimōn, trikskakodaimōn，行1098），与女仆对有福的公民（makarios dēmos）、幸运的大地（eudaimōn gē）（行1112 - 1114）的呼语相配，而她已经被邀请去参加令人欢乐的宴席。男人们必须为快乐的吃喝付出的代价，似乎首先是必须经受不愉快的性。如果男人们打算享受丰盛的宴席以填饱他们的肚子，那么妇女们或许会强求男人给予她们性的享受以作为回报。

准确地说，性强迫的后果是，珀拉克萨戈拉的丈夫——布勒庇洛斯（Blepyros），遇到他的邻居科勒墨斯（Chremes），听说了公民大会已经投票将城邦的统治权交予妇女的消息后，就感到恐惧不已（行465 - 470）。他心里想的实际是另外一种表演。但珀拉克萨戈拉随后就消除了他的忧虑，并一再向他保证，作为一个又老又丑的男人，他将从新法律中获益，并可以优先享受与年轻女子上床（行611 - 629）。布勒庇洛斯最后可能会与跳舞的少女们一起离开，去享受庆典，[179]在女仆的引领下。① 在这样做时，这部戏就可能简要地表示出那种使得男性力量重新恢复的典型的谐剧模式，这种男性的力量象征着城邦中不断更新的生殖力，并为身体政治注入一种新的活力，而在别的谐剧中，这些事实上常常是在婚姻形式中得到展现的。但一个老女人和一个不愿意屈就的少年结合，这一颠转形式似乎在相反的方向上暗示不育，并且从这个少年极为不快乐这一点看来，它甚至预

---

① 有人假设布勒庇洛斯是主持仪式的人，但是无法证实。

兆着死亡。①

那么，为何阿里斯托芬要将性许诺给老男人们，实际却又在舞台上展示了相反的一面？何种逻辑联结了女人政治与我已经指出的那两个悖论？这两个悖论，一方面是在保守和新奇之间明显地不一致，另一方面，公民和谐的共产理想转向了另一种更生动的自私贪婪的情况，即升级到了一种身体的暴力，用相反的狄俄尼索斯式 sparagmos [撕扯] 的模式，取代了欲求的公民整全的形象。我的回答是某种长期存在的文化情境，可能暗藏在这一政治性的乌托邦方案的背后，这一乌托邦方案在雅典的公开展示（和恐惧）中，发现了其最完满、对某些人来说最具有自我辩护能力的范本，并且其男性公民将城邦完全交予女人去统治。因此，我提议我们去听应答的和声，我们在神话式情节的谐剧传统和哲学性的乌托邦方案中，能听到这一和声的回音，正如它们是在剧场中被演出一样。即便是更贴近家庭，在自由谐剧貌似新奇的方法背后，我们或许能发现雅典城邦讲述的关于它自身——它自己的传统和城邦基础——的故事的共鸣。总之，在《公民大会妇女》中令人印象深刻的对雅典公民的谐剧式处理，有一个更加久远、更加古老的故事，这个故事是这出谐剧不可避免要模仿的。余下几节关注的正是关于表演的这个方面。

---

① 例如，参 Saïd（1979）页 60；Auger（1979）页 94；Carrière（1979）页 106。关于旧谐剧中使事物更新的主题，参 Cornford（1914）页 90-93，而近来关于神话和乌托邦中的老年和逝去的时光的相互关系，参 Carrière（1979）页 90-92。一些人更加正面地将这个结尾看作是一个野性的谐剧能量的爆发：Konstan 和 Dillion（1981）页 382；比较 Sommerstein（1984）页 320，和 Henderson（1987）页 119-120 和（1996）页 150。Bowie（1993）敏锐地建议，"一个人应该能够不在这两种极端之间选择"，但他关于妇女在希腊文明中的地位的所有讨论，在我看来，无法克服她们漫骂的野蛮，以及她们性欲方面的负面交往。

三 乌托邦和神话

[180] 以这样的方式接近《公民大会妇女》，我强调的重点在于情节的结构和概念，而这种情节能体现出女权政治的术语和结果。如果一出戏剧的前提是抹去城邦中差异之间的界限，我更喜欢维持想象和真实之间的差异的界限，从而评估戏剧背后的动机是什么，既不屈服于一种完全的"社会性幻觉"，也不会如那奎特（Vidal - Naquet）明显地做的那样，屈服于一种简单的"文本性幻觉"（Vidal - Naquet [1979] 页5–6。亦参 Loraux [1991] 页19）。既非对现实的真实反映，也非纯粹的形而上的符号，剧场中上演的"女人"形象，必须在过去和现在、传统和起源、主题和变种——旧谐剧就依赖于这些——之间更加模糊和更模棱两可的协商中去考虑。

在想象和现实之间居间性的力量，恰恰是神话与乌托邦、回到过去和为未来定制社会规则之间双向的相互作用，而未来会神奇地使一个颓废的社会复兴，在某些伟大的谐剧观念的主题和实现中，城邦从现在一种不幸的和无序的状态中解脱出来，在未来获得自由。正如我们已经理解的那样，过去是典型的前奥林匹亚时代的代表，或是克洛诺斯时代的代表，这个时代在宙斯获得权力之前（尤其参 Carrière [1979] 页85–118）。这个时代的特征通过古体的诗歌得以呈现，例如在荷马的诗作中，尤其是在赫西俄德的诗作中：在"五个时代"（Five Ages）的神话中——正义城邦和不义城邦之间的比较视角——以及关于普罗米修斯和潘多拉的叙述（尤其参 Auger [1979] 页72–78）。这些相同的主题和模式也反映在某些特殊的节日中（包括雅典的克罗尼亚节），这些节日都是在一年中的某个特定时间庆祝角色（如性别、社会等级和地位）狂欢的颠转，并且是以有限度的混乱无序的形式进行的，而不像《公民大会妇女》中的很多类似的细节那样。① 克洛诺斯时代也是双重的。这个时代参与了人类发展的一种文化模式，这一发展使人类从野蛮进入到文明，从茹毛饮血进入到吃熟的食物，从无序的混乱状态进入到社会法则的确立。但由此付出的代价是放弃了一种简单朴素的原始自然状态，以及自由、自发性、丰盈、和平和正义，青睐具有以下特征的政体：约束欲望、社会等级制度、不平等的分配，以及辛劳、痛苦和衰老的不可逃避的必然性——总之，青睐具有德性的政体。② [181] 乌托邦，这一反现实的精巧地捏造出的东西，分担着克洛诺斯时代同样具有的渴望和矛盾。在它们对复兴的探索中——或说的更好听一点，是为了创造一种正义社会，正如通过当时的民主理念体现的——回应了当时的政治关切的乌托邦方案，将神话古老的权力套到了一种有目的的政治设计上。③《鸟》，另外一部充分展现（full‐blown）乌托邦幻想的谐剧，直接地使用了这种模式，因为它的新政治依赖于诸神被置换掉而崇拜鸟类，据说鸟类在权力方面优于奥林匹斯神族。这都是对天神与巨人族之战（Gigantomachy）的重复，并且普罗米修斯在结束时出现在舞台上。在恢复到更早时代的神谱（theogonic）状态时，谐剧英雄佩斯特泰罗斯（Pisthetairos）甚至是通过让自己取代宙斯成为新世界的王而结束。总之，如果我可以使用精神分析学的术语，旧谐剧用不受压制的欲望的"本我"——克洛诺斯时代的特征——取代了奥林匹斯世界的"超我"，并将一种对清白无辜的起源的乡愁般的渴望，与一种自我

---

① 关于颠转的礼仪，参 Versnel（1994）的充分讨论，附有丰富的参考文献。

② 关于克洛诺斯，参 Vidal‐Naquet（1986）页 363–364，以及 Versnel（1994）页 90–99、106–114 详尽的讨论和文献。

③ 关于谐剧中的乌托邦、黄金时代和克洛诺斯时代，尤其参 Carrière（1979）页 85–118 的卓越分析；亦参 Auger（1979）。

中心的对统治的意志混合了起来。① 在作为获得新社会的条件的新律法的强制中,谐剧乌托邦因此或许倾向于——如卡莱尔(Jean-Claude Carrière)已经指出的——产生一个令人担忧的最好世界,或一个不是终结于进步而是终结于退步的危险的 dystopia [糟糕的社会],或者至少是一种讽刺的关于无限的人类欲望的矛盾心理(Carrière [1979] 页101)。这些概念要求更加充分详细的阐释。但在有限的篇幅里,我想继续讨论一个属于克洛诺斯时代的故事的特殊版本,这个版本直接属于阿提卡当地的传统,并且我希望能为理解《公民大会妇女》中的乌托邦计划及其悖论式的谐剧表演的逻辑提供有益的帮助。

四 科刻洛普斯时代

在这个神话中,我们处于科刻洛普斯的时代,即雅典第一个王的时代。他来自雅典本地,他的外形是混合的:一半是人,一半是蛇。他在确立雅典人生活方式——其打通了从自然到文化、从野蛮到文明的道路——最基本的制度安排中,发挥了核心的作用。从保持混合的外形来看,[182] 科刻洛普斯似乎代表着分裂的两边。他通过建立敬奉宙斯时代之前的诸神的礼仪,强调了或者说纪念了更早的时代。尤其突出的是,他为克洛诺斯和瑞娅建立了第一个祭坛,并确立了克罗尼亚节庆,这个节日的典型特征是角色的暂时颠转:主人和奴隶、男人和女人之间的颠转。同时,在科刻洛普斯统治时期,他改变了人们已经聚集成一个定居的部落的社会组成形式,如注解家对阿里斯托芬的《财神》(*Ploutos*)行773的说明,他"为人们创建了很多法

---

① 关于怀乡病的起源和掌控的意志,参 Konstan(1990)的激烈评论,他对《鸟》中的乌托邦进行了精细的分析。

律"。在我看来,这个独特的传说为奥林匹斯世界的秩序设置了一种过渡的框架。其来源是后起的,奥古斯丁(Augustine)在《上帝之城》(City of God)(18.9)引证了瓦罗(Varro),但其类型学非常类似于古风和古典时期的神话叙述,而支配着这一类型学的那些假说,则仅仅能归之于一个民主城邦的运作方式(workings)。①

这个神话的表面动机是为雅典城命名,这个城邦的名字源于雅典娜(Athena)和波塞冬(Poseidon)为了控制这个城邦而引起的纷争。两个迹象宣告了他们的对抗:一棵突然出现在卫城(Acropolis)的神秘的橄榄树,和一汪不断涌出的泉水。科刻洛普斯派人去求问德尔菲神谕,以弄明白这预示着什么,以及应该做些什么。阿波罗(Apollo)回复说,橄榄树代表雅典娜,泉水代表波塞冬,那两个迹象是在让人们决定哪位神(这里有他们的标志)该成为城邦的守护神。科刻洛普斯随后将城邦的男男女女召集起来——那个时候的习俗是女人参与公共事务的商议。男人们选举波塞冬,女人们则选择了雅典娜,因为女人们的人数比男人们恰好多一个,所以雅典娜赢得了胜

---

① (奥古斯丁)的引述来自瓦罗的《论罗马民族》(de gente populi Romani)(残篇7,H. Peter [1837—1914],《罗马历史遗迹》[Historicorum Romanorum Reliquiae],卷二,13)。Pembroke(1967)页27,评论了瓦罗故事的出处:

> 可以肯定的是,这些神话的变种和融合流传了几个世纪。流传过程主要是凭借口传还是文字,没有多大区别。没有任何理由不将这个故事的瓦罗版本,或更早的版本,当作范本而非副本。

无论如何,正如Castriota(1992)页148所说,在色诺芬的《回忆苏格拉底》3.5.9-10处提到了这个说法,在那里对争论的裁决涉及了科刻洛普斯。借由苏格拉底,这个评论或许正好暗示这个神话在公元前五世纪众所周知。更多情况,参下文对帕特侬神庙西面三角楣饰上的雕塑的讨论,以及Castriota更深入的讨论。

利。然而，女人们似乎没有赢得胜利，而是恰恰相反。在回应波塞冬的愤怒时（他让洪水淹没了土地），科刻洛普斯宣布说，"女人们必须失去她们的选举权，孩子们也不再用母亲的名字，她们自身也不能被称为雅典女人，即 Athenaiai"。为《财神》做注的同一个注解家——他宣称科刻洛普斯"使雅典人脱离了野蛮（agriotēs）状态，[183] 变得温顺（hēmerotēs）"——明确地说，这个土生土长的王是婚姻习俗的创建者：

> 一些人说他发现男女常常很随意地交媾，以至于没有哪个儿子可以弄清楚谁是他的父亲，也没有哪个父亲能弄清楚谁是他的儿子。科刻洛普斯因此制定了让男人和女人成双成对共同生活的法律。他也发现了父亲和母亲的不同天性。

或者，如别的材料表明的，"科刻洛普斯用法律要求女人以婚姻的形式委身于一个男人，在那之前她们像野兽（thēria）那样与男人们交配"。①

这个传说是关于"父权制建立"的典型版本，父权制教会了男人们在两性生育中的角色，并在一夫一妻婚姻制度系统——这一制度使得女人处于她们性伴侣的控制之下，她们的子女也服从于其父亲的权威的管辖——中，确立了父系亲属的规则（尤其参 Pembroke [1967] 页 26－27, Tryyell [1984] 页 28－30）。我们应该注意到，

---

① John of Antioch in *FHG* 卷四，页 547，F 13.5。除了对《财神》行 773 的注解，其他资料，包括阿忒尼乌斯（Athenaeus）引证索朗的科勒科斯（Klearchos of Soloi, 亚里士多德的学生），13.555d（=*FHG* 卷二，页 319，F 49）；Justin 2.6；帕加马的卡拉克斯（Charax of Pergamum）（FGrH 103F38）；Nonnus,《狄奥尼西卡》（*Dionysiaca*）41.383。还有对《伊利亚特》18.483 的注解。关于讨论，参 Pembroke (1967) 页 26－27、29－32；Vidal－Naquet (1986) 页 216－217, Tyrrell (1984) 页 28－31。

这个传说突出的重要意义，在于所有术语的相互关系——在政治、社会和宗教诸领域中的术语的相互关系。选举权在政治生活中相当于或等于要求后代的权利；在这个还未曾确立两性劳动分工的规则，或未确立公共和私人领域、家庭和城邦之间的区分，甚至还没有确立有死的女人和女神之间的区分的原始城邦中，女人比男人拥有更大权力。女人由于仅仅多一人而拥有的优势，不仅仅是一种保全面子的策略，以解释一位女神的反常的胜利——这种胜利随后使得城邦变成了一个男人的城邦，这一优势也假设了两性之间明显的差异，并且他们各自不同的利益，促生了一种毫无疑问的针对各自性别的忠诚。但"更多"也含有"更强的"意思，并且这个在男人和女人之间关于选举权利的表面平等的传说中，不仅是对女权政治的暗示，更准确说，母权制让我们回想起女人统治的时代，在那个时代女人拥有随心所欲进行交配的性自由，并且她们的孩子都随她们的姓氏。但家庭的建立，前所未有地将她们固定在她们应待的位置，并让她们处于某种从属的地位，她们再也不能与雅典男人（Athenaios）在性别对等的含义上被称为雅典女人［Athenaia］了。这一变化，既强调了她们被排除在政治活动的领域之外，又消除了与保护女神或城邦官方名称的语义的混淆。

[184] 这个传说与《公民大会妇女》的情节和标题的关联显而易见。① 妇女们去了公民大会。这是具有本质性的第一步。她们选自己来掌握城邦的权力——全体一致同意是一种假定（given），正如结局表明的，她们的计划也造成了这样一个结果，这个结果与科刻洛普斯统治时期的第一个阶段的环境相一致：取消个体的家庭，并且由于这个政策，使得私人财产权与一夫一妻婚姻制也被取消了。随着婚姻

---

① Rothwell（1990）页9注释43，即便是顺带提及，Rothwell似乎也是唯一持有如下观点的批评家：即科刻洛普斯时代也可能是《公民大会妇女》情节的可能来源。

的解体而来的性自由及其不可避免的后果就是,没有哪个男人能够认出自己的子女,也没有哪个孩子能认识自己的父亲。布勒皮洛斯立刻就表达了对这个会使得父亲的权威受到威胁的新政的担忧:"如果每个年轻人将所有老年人看作他们的父亲",他说,"那么,儿子们就会将这视作能够鞭打任何老年人的许可,因为这些年轻人已经鞭打过他们的父亲。"(行638-639)。① 最后,除了废除了父系血缘关系,还出现了乱伦的不祥之兆(spectre):在妇女的新政中,乱伦起因于这样一条法令——给予老年人在性享受上的优先权,正如那位少女愤怒说出的:"要是遵从这条法令,这块国土上将到处都是俄狄浦斯"(行1038-1042)。总之,妇女的法令将导致父系后裔的消失,但同时也提供了从不幸——这种不幸与克洛诺斯时代和远古的共同体的状况相同——中解脱出来的丰盈、繁荣和自由的许诺。

这一女权政治方案,就神话与乌托邦、保守与革新、简朴与颓废之间的辩证关系,给出了一个极为优雅的证明。让我们回忆一下,妇女们决定攫取城邦权力的基础,依赖于她们宣称所代表的保守的传统、直到如今都遵守的古老的生活方式,以及她们的母性对城邦的关心。我们好像回到了赫西俄德对白银时代的描述,在那个时代男人们永远不会长大,一直在他们的母亲身边待一百年。但那些女性的价值(以及妇女们在统治部落方面的经验),根源于她们在家庭中的地位,这也是在现在这个政治无能的城邦中可依靠的保守主义的标志。那被编排为神话和原始事态的东西,作为反对男性权威的叛乱,和要颠覆现存秩序的角色颠转的怪异情况,在这个情节中得到了呈现。[185]事实上,这出谐剧中诸多搞笑的和令人忧虑的东西,都依赖于颠转的

---

① 这一关于儿子打父亲的忧虑,代表了阿里斯托芬谐剧普遍关注的另一个问题,也是科刻洛普斯时代更具威胁性的一个问题(科刻洛普斯就曾经使用暴力手段取代了他父亲),如在《云》和《马蜂》中那样,在那里天平总是偏向支持老辈(男)人的胜利,尤其是在欲望的恢复方面。

镜面效应（mirror effect），比如当平等主义原则被证实恰恰是她们所想要的，以及老女人们要求曾经许诺给男人们的同样的特权时。当然，这个在性偏爱方面的分配的灵巧变化，之前并未得到布勒皮洛斯的认真考虑，他想的只是在新的分配方案中保护自己能与一个年轻貌美的少女（结合）的利益。① 那个已经接近死亡门槛的老女人，代表最具有威胁形式的老年人。在老年人与年轻人之间的对抗中，"新老冲突"这一问题现在以新的表现形式重新发生了，在那里妇女们通过揭露欲望的贪婪——它之前已经被社会性的约束制服——恢复了"本来面目"。准确地说，正是作为一种设计的乌托邦的框架，让女人们的法规同时具有了革新和保守的特点，我认为，这足以解释批评家们在评价这部谐剧的结构时所遇到的问题。而且，恰恰是对男性的欲望和担忧的混合未言明的矛盾心理，确定了现今的批判家们的大多数消极的回应，他们替换掉了实质的矛盾心理——这种心理确实颇成问题（对女性性欲的表现），转向对形式的批评（谐剧类型中的情节的各种类型）。②

在神话的视角中，男人没有获得父权和财产的社会性标识，正是这些定义了他们的男性身份。他们也没有学到阿里斯托芬的箴言——正如在《政治学》（Politics）中清晰阐述的那样：男人天生比女人更适合发号施令（《政治学》1.12.1，1259b 1 - 2），但这不是说男人天生要比女人优秀，即一方进行统治而另一方被统治（《政治学》1.5.7，1254a 13 - 14）。然而，从现代的视角来看，女权政治，正如

---

① 由珀拉克萨戈拉建议的关于性爱的新法规，用的是（倡导）平等的语词，但此处强调的（行 611 - 630）和随后珀拉克萨戈拉的胜利退场，集中于男人在性爱中的乐趣（行 689 - 709）。相反，从丑老太婆口中说出的官方的法令，被解释成只偏重女性的权利（行 1015 - 1020）。背景发生了明显的转换。

② 成问题的不是单个批评家的性别，而是批评家们内化（或"自然化"）他们旨在阐明的文化假设的程度。

先前已经注意到的,标志着在一个男人不再能成为完整意义上的男人的城邦中的逻辑后果。当妇女们偷走丈夫的衣服并安了假胡子,而男人们反而束手无策,只能被迫穿戴妻子们的橘红色的外套和波斯式拖鞋时,最初的易装策略已经证明了事态的状态,并且这出谐剧中几处偶然事件,搞笑式地清晰指出了男人们的柔弱不堪。[186] 观众们既看不到英雄,也看不到公民的价值;没有任何情节指向战争的技艺,或关于农业的技艺。除了在家庭和公民大会——在那里,惯于轻信别人的公民,被证明就像女人那样轻浮且靠不住——之间穿梭外,观众们看不到任何男子汉的生活,他们也不能洞察那些面色苍白的妇女的伪装,并且所有人都准备投票赞成妇女掌握城邦大权。毫无疑问,这个城邦需要真正的妇女,但与此同时也没有哪个男人能配得上男子汉的名声,而且我们可能还会想起,处于领袖地位的政治家本人被指控胡子是借来的,因为"他"原本是一个女人。这是在《吕西斯特拉特》中表达的一般原则的极端事例,在那部谐剧中妇女们宣称,她们听说男人们在市场上公开说,"在这个城邦中没有一个真正的男子汉"(行524)。这种预设的柔弱不堪,即缺乏男子汉气概的状况,是任何情节——无论肃剧还是谐剧——的前提条件,在这类情节中往往是妇女占据着上风。由于在反抗妇女们制定的社会规范时性别对立的逻辑就生效了,而且注定男人们必定会从尊贵的地位下降到卑贱的地位,他们男子气概的缺乏是通过对女性力量的展示来定义的(否则妇女们如何执行她们的意志?)。

在谐剧的惯用语中,权力游戏总体上是在性的领域中进行。这三部具有"妇女至上"特征的谐剧,把女性的权力宣称和对女人性欲的文化建构联系了起来,并将那种性欲用作推动情节发展的谐剧矛盾心理的隐秘来源。《吕西斯特拉特》在舞台上呈现的性斗争,其目的恰恰是将她们的丈夫带回婚床上;《地母节妇女》中的妇女,憎恨欧里庇得斯在肃剧舞台上揭露了她们的性秘密,因为欧里庇得斯的做法会激起观众去怀疑他们自己的妻子,因此就会设置种种限制阻止她们的偷情行为。《公民大会妇女》以珀拉克萨戈拉关于陶灯——即"室内的光"——的独白开场,它照亮了妇女们的所有隐秘,不管是闺房中的性爱、家庭储藏室中的偷窃,还是生殖器脱毛(行1-16)。作为阿里斯托芬所有谐剧中最公然淫秽的谐剧,女权政治的真正意义,在政治和性的解放之间建立的明显天衣无缝的联系中得到了揭示。这一联系暗示,妇女们一旦拥有政治演说的自由,她们将获得一种性自由,这种自由能胜过并且最终能一劳永逸地打败男性的权力。那同一盏知道如何保守妇女室内秘密的陶灯被带到了室外,作为一种指路的信号,召集所有的妇女在黎明前到达指定的聚会地点,[187]为的是实施她们潜入公民大会的计划。① 妇女统治带来的双重威胁,在既上演关于妇女怪诞身体的最坏可能的情节同时又需要填充所有这些焦虑时达到了顶点,女人怪诞的身体如丑陋的老太婆们,她们类似人间的妖怪(Empousas),满是白色的斑点,看起来像猴子,这些造物从死者或从更糟糕的恶魔般的形象那里来,向那些不情愿的牺牲品猛扑过去(如,行904、935、1056、1071-1072)。那个倒霉的小伙子只能期盼马上死去,并祈祷追逐他的人有更坏的命运:

> 但是,如果我注定要断送在这些淫妇手中,
> 在这污浊的港湾里折戟沉沙,
> 那就把我安葬在它的河汊旁;
> 再把这老妖婆全身涂满柏油,
> 活生生地栽插在我的坟头上,
> 往她的脚底下灌注熔化的铅水直没脚踝,

---

① 将陶灯比作灯塔,像 Bowie(1993)页 255 那样,可以恰当地让观众回想起在埃斯库罗斯《阿伽门农》(*Agamemnon*)开篇处克吕泰墨斯特拉(Clytemnestra)以火为信号的联系。关于《奥瑞斯特亚》和《公民大会妇女》(的联系),参下文。

让她像 lēkythos［油瓶］一样竖在那里引人瞩目！（行 1105 – 1111）

这种夸张的谐剧转折，胜过了舞台上拉扯之战的怪诞场景，该场景有一系列淫秽的暗示，它们将性行为和死亡等同起来，并把那个老太婆——她的脸上涂抹了很多美白的化妆品——比作坟头上的油瓶子，它像一个雕塑那样牢牢固定在那里，被作为一个纪念碑头朝下安放在他的坟墓上。① 在一个老太婆和一个年轻人的结合中，性欲和反生殖力结合的隐喻——这些隐喻探究了婚姻和死亡之间的文化联想——似乎暗示谐剧的复兴（rejuvenation）并未发生，就是在性方面这种复兴也没有发生，尽管情节充满了打闹——它会在谐剧剧场中得到很好的表演。妇女进行统治的新形势，被用来回转城邦的机运——既有道德方面又有经济方面——和实现使人人获益的丰盈和繁荣的承诺。但这似乎仅仅强化了城邦围堵再生力量的主题，这一主题具体体现在布勒皮洛斯的形象中：当他被迫以女人的装束出现，从房子里走出来时，他向助产女神埃勒忒娅（Eileithyia）祈求，祈求治疗他的便秘——让他能拉出一堆屎。②

珀拉克萨戈拉随后向她丈夫解释她不在时的借口是，[188] 她一直陪伴在一个怀孕的朋友身边，这位朋友刚刚生下了一个男孩

---

① 早前，在老妇甲和那个年轻人之间的场景，他就佯称她的情人会嫉妒，如果他亲吻一下她的话，他将老妇甲的情人描述为"一个替死人画冥器（lēkythoi）的匠作"（行996）。Slater（1989）认为，提到的这些化妆品和白底的瓶子，也适用于戏剧面具的绘制。[译注] 该注释中译引文行996中出现的"冥器"，即正文中的"油瓶"。
② 关于这个延伸出来的情节（行311 – 372）和其他令人恶心的暗示（例如，行 78、443、464、595、640、870 – 871、1059 – 1062），参 Bowie（1993）页258，他理所当然地认为，这些是男性世界的无序和缺乏生殖力的标志。

（行549）。当然，在这个例子中，珀拉克萨戈拉的借口是不真实的，但它指出了政治权力的一种普遍源泉——妇女在城邦中是作为城邦儿子们的母亲存在的。事实上，这是伪装的珀拉克萨戈拉谋划的让公民大会将政治统治权交予妇女的诸多论证之一，因为母亲们——而非父亲们——最关心当兵的儿子们的生命（行233－235），而且她说，有谁能比一个母亲更好地确保食物的充分供给呢？（行233－235）① 不管是赋予生命、救护生命还是维持生命，母亲的关心使得女人在家庭中的领导地位以及在新政权中确保繁荣的断言变得合法，但正如泰喇达特（Taillardat）指出的，这种新政权是一种基于"胃部欲望的政治"（Taillardat［1965］页395－398，和Saïd［1979］页43－45、49－50）。但在对母性的类比上，当妇女们对城邦福祉的无私关心转变成对性的自私偏爱时，在这种情形中产生的心理上的担忧，来源于对母性和性欲之间禁忌界线的颇具威胁的僭越。那个少女——她利己地宣称那个年轻的男子是属于她自己的——以极为模棱两可的话语表达了这种恐慌，从而赶跑了第一个丑老太婆：

> 他还没有老到能和你一起睡觉；
> 你应该是他的母亲而不是他的妻子。
> 如果你将这确立为法律，
> 你将发现这个城邦中到处都是俄狄浦斯。（行1039－1042）

---

① 关于谐剧中对母亲的尊敬，参Lévy（1976）页108；Henderson（1987）页111；Loraux（1993）页228。Auger（1979）也注意到母性在《公民大会妇女》中的重要意义，但却轻蔑地将这种意义解释成女性功能的下降。Auger（1979）和Saïd（1979）的分析——它们出现在同一个文集中，在一些重要的细节方面有重叠之处——在众多对《公民大会妇女》的讨论中是最好的。然而，他们似乎复制了雅典男人的意识形态观点，将女人看作是某种程度上雅典衰退和失败的一种不可避免的原因。

大多数批评简单地认为：一个老太婆和一个年轻男人的结合违反"自然"；这些情节形象地体现了一种用 nomos［礼法］来为 physis［自然］立法的平等主义方案的归谬法。① 但当我们听到这出谐剧中大量的法律和法令（nomoi 和 psēphismata）时，我们应该提防假设某种不可变的"自然"观念作为其对应物，尤其是在这样一个社会中：男人们凭借习俗倾向于与比他们年轻得多的女子结婚，并且花样的青春本身总被高度理想化。[189] 无论如何，值得注意 physis［自然］这个词，以及它的同义词，在这出谐剧中从未出现。这既不是要忽视淫荡的老女人们（而不是老男人们）在谐剧中常常被塑造得粗俗下流这个事实，② 也不是要忽视对私人本能的公共立法还没有变得岌岌可危这个事实。但这点要远比社会礼节要紧，正如俗话所言：

> 一个离开家庭的女人处于人生中这样的阶段——此时碰到她的人们，不是问她是谁的妻子，而是问她是谁的母亲。（Hypereides *apud* Stob. 74.33）。

因此，老人和年轻人、父母和孩子是极为混杂的，在公共和私人领域中也伴随着诸多混杂，但这恰恰证明了克洛诺斯（和科刻洛普斯）时代的混乱状态。这些都体现在一个性欲勃发的干瘪的老太婆的形象中，并且渐渐破坏和压倒了一个统一的原始共同

---

① 关于谐剧中"自然"和法律的冲突，参 Carrière（1979）页 90-93；Saïd（1979）页 58-60。

② 参 Oeri（1948）页 7-12，Taillardat（1965）页 49-50，和 Henderson（1987）。Carson（1990）页 144-148 非常出色地评论了希腊人的这一信念：

> 一个女人的生命中没有黄金时期，而是分为未成熟的处女期，以及随后衰萎的成熟期，破处（defloration）这个单一的条件是神圣的界限。

体令人欣喜的乌托邦梦想,而这一梦想是由一种善意的母性的想象培育出来的。①

如果这出谐剧在女权统治获得胜利时结束,它也能被打上"母权制神话"的印记,这类神话满载着与女人曾经如何统治相关的意识形态。这类神话一般存在于这样的社会中:"那里也存在一套文化规则和程序,用来决定社会和文化任务中的两性异形(sexual dimorphism)"。因此这个故事说明,妇女们一旦获得权力,就会以"欺骗和放肆的性欲"滥用权力,从而造成"混乱和暴政"。因此,男人就会反叛。他们会控制女人,并采取措施使女人的从属地位制度化。这个神话的要点,不是对某些历史的或是前历史的事件的记录——如巴霍芬(Bachofen)喜欢做的那样(而且在众多剧作中以本剧为例进行说明),而是关于女人不适合统治的证明,她们仅仅适合被统治(Bamberge [1974] 页 276、280)。这个神话也"不是历史的记忆,而是社会的写照(charter)",

> 它或许是社会历史的一部分,通过给出一个虚构的关于现实是如何产生的"历史的"解释,为一种现在和将来都将存在的现实提供合理证明。(Bamberge [1974] 页 267)

这个情节模仿的是科刻洛普斯时代,涉及对社会和政治安排的彻底改革,以及它的反面。如在阿里斯托芬的《公民大会妇女》中,[190] 当妇女们冒险离开家庭获得城邦的统治权时,仅仅是确认了同一类型的妇女的"暴政",并且是基于同样的原因。除了饥渴的欲望,妇女们还是欺骗高手。她们穿成男人那样,设下她们的阴谋,并宣称她们不会被统治者欺骗是一种美德,而之所以城邦无法欺骗她们,是因为她们本身就是欺骗的高手(行

---

① 关于乱伦的意义表述有些与众不同,参 Saxonhouse(1992)页 14。

236—238)。一些评论家在他们的描述中假定妇女在雅典战后的作用更大,① 或是对她们抱有更大的兴趣。② 甚至充满争议的是,凭借最初的易装,妇女们某种程度上转变成了男人。如果她们是通过看起来像男人而接管了公民大会,那么当她们获得城邦统治权时,她们也必须统治起来像男人(Tschiedel [1984] 页 39)。但如果当时的关切,包括新的法律形式和重新恢复城邦的和谐,使这出戏拥有了应景的氛围,那么我认为,毫无疑问,阴谋的构思受一个已经被设定好的情节的统治。在谐剧剧场中刻画的这些极具女性气质的妇女们,仅仅重提了珍藏在文化的想象中的那些可预知的话语,在这种文化的想象中,妇女们事实上太过靠近自然,太过迫切地要满足身体的欲求,无论是食物还是性。如果给予她们哪怕很少一点机会,那么,从母亲抚育到性猎取的转换,或是将这两者结合起来,妇女们也仅仅做了她们平时总是要去做的事情。因此,科刻洛普斯创立了婚姻制度。对于所有舞台上的易装和性别游戏而言,《公民大会妇女》的演出最终所传达的东西,也是关于两性行为规范的所有最古老的信息。

五 《奥瑞斯特亚》

这一"母权制神话"的模式,对某些人来说极为熟悉。我承认,

---

① 参 Lévy(1976)页 111。一些人主张,由于雅典男人在公元前 410—404 年的海战中伤亡惨重,所以女性在总人口中有更高的比例。参 Strauss(1986)页 70—86、82 注释 3,和 Taafe(1993)页 131。"女性占优"的谐剧开始于前 411 年的《吕西斯特拉特》,并持续到四世纪。

② Tschiedel(1989)页 47,他将这种兴趣归因于欧里庇得斯对阿里斯托芬的影响。

我在很久之前写的关于《奥瑞斯特亚》(Oresteia)① 的文章在一般的意义上使用过这个术语。那篇文章的目标，是证明这一三部曲的结构如何紧密地遵循着基本的框架。然而，后来我意识到，科刻洛普斯神话或许也可以使埃斯库罗斯的三部曲的结局处于一个更为地方性的参照结构中。[191] 一个人可以直接地将这个神话与雅典城邦和它的保护神雅典娜结合起来，因此也增加了雅典娜的城邦在解决阿尔戈斯人奥瑞斯特斯（Orestes）的案件时所采取的决定性部分的意识形态有效性。② 雅典娜的地位在这里是关键，因为不管雅典人是否荣耀雅典娜的威名，在以下事实中都存在一个悖论：这个父系血缘关系的城邦是以一位女神的名字命名并属于这位女神，而且不止一种神话传统尝试解释这一混乱的反常情形（Loraux [1981] 页 60-61，亦参 [1981a] 页 119-152）。阿里斯托芬在《鸟》中灵巧地将这一矛盾编织进谐剧："这哪儿像个规规矩矩的国家？一个娘们全副武装穿上盔甲，克勒斯忒涅斯（Cleisthenes，[译按]：一个女里女气的男人）反倒拿着针线？"（行 829-831）。尽管《和善女神》表明雅典娜拥有强大的权力，但雅典城邦的危机再现了科刻洛普斯神话中一些非常重要的因素，包括不同神灵之间的冲突，和既在人又在神的层面上男女兴趣的对立。如果我的推测是正确的话，这个神话的用语在模式上的相似性，就会更加有力地支持我们的假设：雅典娜成功地成为阿波罗和厄里倪厄斯（Erinyes，[译按]：复仇三女神的总称）的调解者，这种解决办法是埃斯库罗斯的"发明"。

巴霍芬用科刻洛普斯神话来支持他的母权制理论，如他对《和善女神》就是这么做的；但他仅仅在"母亲的权利"的基础上并列

---

① [译注]《奥瑞斯特亚》指的是埃斯库罗斯的三部曲《阿伽门农》、《奠酒人》(Choephoroi) 和《和善女神》(Eumenides)（又译《报仇神》）。在这一节中，作者提到的《奥瑞斯特亚》都指这个三部曲。

② 接下来的内容，是我对原来论文（1978）的一个轻微扩展，原来的论文经过修订后出版，见 Zeitlin (1995) 页 115-118。

了这二者，而没有注意到在它们之间更加宽泛的相似性（Bachofen［1867、1954］页158）。科刻洛普斯神话和《奥瑞斯特亚》都将妇女如何由于使用权力而失去权力与她们在家庭中的优越地位，和她们在性事中的自作主张联系起来。在对《奥瑞斯特亚》的这种理解中，克吕泰墨斯特拉对政治权力的争夺就与"选举权"内在相关，因为在第一部剧中，由于她丈夫远征海外，歌队尊崇她的权威（kratos），把她奉为城邦的摄政者（《阿伽门农》行258-260），而且在第二部剧中，奥瑞斯特斯在杀死他的母亲和埃吉斯图斯（Aegisthus）后，宣称他战胜了这一对僭主（《奠酒人》行973）。然而，在雅典人的祭仪中，对厄里倪厄斯的"驯化"（domestication），起到了减少她们对男人事务的裁决权的作用，当然，在捍卫一个母亲（［译按］：指克吕泰墨斯特拉）的权利时，她们失败了。得到雅典娜附和的阿波罗动人的论证——父亲是一位真正的生产者，母亲仅仅是一个被动的接受者——是科刻洛普斯法律的一个更加极端的版本，该法律规定从此以后孩子们只能被告知他们父亲的名字。

科刻洛普斯神话和《奥瑞斯特亚》，都包含［192］发生在竞争性的男人和女人权力诉求之间的司法争论的背景，同时包含坚持政治和家庭领导权之间有本质联系的逻辑。二者也都明确将母系统治权作为女人权力的基本来源。因此，其解决办法就是削弱（或否定）那种权力，与此同时尊崇一位处女神（雅典娜）。在这两种对抗中，雅典娜最终都是关键人物，不管是作为接受裁决的角色（在科刻洛普斯神话中），还是作为裁决者的角色（在《和善女神》中）。

在埃斯库罗斯那里，审判奥瑞斯特斯案件的陪审团由雅典的公民组成，像在雅典娜和波塞冬的争吵中那样，他们被召集起来裁断阿波罗和厄里倪厄斯之间的争端。但是，正如在更早期的神话中一样，也存在可能不会达成一个明确结果的危险，就如同科刻洛普斯的雅典的例子，假如没有多余的一票让天平朝有利于雅典娜的方向倾斜的话。《公民大会妇女》也出现了这样一种审判僵局，尽管它不再仅仅是从字面上给予女性解放。《和善女神》预先建立了一种解决票数胶着的办法，在面对现实性的困境时，迅速地予以解决。我们注意到，雅典娜既引导双方的陈述，又维护她自身利益。不管我们理解的这个文本是暗示她将会投一票——如果其他人所投的票数是相同的话，还是她将宣称票数胶着时无效，正是她确立了规则，而且正是她在审判中支持奥瑞斯特斯，当那种（票数胶着的）情形出现时，她就将这样宣称她的正当理由："除了结婚外（即对我自己来说，[译按]：此括号中内容为本文作者所加），男性更令我赞赏/合我的心意，我完全属于父亲"（《和善女神》行 737–738）。①

从审判的角度来看，打破票数胶着的规定，似乎是为了确保陪审团在法庭中恰当地发挥功能的必要的预防措施。但透过科刻洛普斯神话来看，这个规定本身和雅典娜实施这一规定的理由呈现出不同的意图。在对雅典娜战胜波塞冬的解释背后，有这样一个假设：男人和女人分别追求他们各自十分不同的利益，每个群体凭借自觉站在各自一方而维持了团结一致。② [193] 事实上，这仅仅基于这个基础：科刻洛普斯神话能够解决一个女性神如何能在一个男性城邦中掌权这个悖论。但在《奥瑞斯特亚》中，雅典娜似乎报答了这种恩惠。她拒绝与女性形成任何同盟关系（因为她不是由母亲所生），并明确宣称她对男人和男性习俗的偏袒。然而，尽管这位女神曾经得益于妇女的忠

---

① 雅典娜投票的情形，连同陪审员的数量的问题，引起了持续不断的争论。对这一争论双方的最近讨论，参 Sommerstein（1989）页 221–222；Seaford（1995）页 209–212。不管采取了何种解决办法（我倾向于认为陪审员的投票数相同这一观点），都不影响我的论证，因为这两个故事之间并不是严格相似。我的观点仅仅是，在票数胶着的情形中对设立规则的强调，代表了——或许暗示了——我们在更早的神话中发现的同类关切。

② 例如，埃斯库罗斯《乞援人》（*Supplants*），行 640–645；阿里斯托芬《地母节妇女》（*Thesmophoriazousai*），行 520–526；欧里庇得斯《海伦》（*Helen*），行 329。

诚而赢得了雅典城的统治权，现在她却既支持（和扩展）科刻洛普斯关于男性血缘优先和婚姻制度的重要性的法律，又使用她的决定性投票权（tie-breaking power）赦免奥瑞斯特斯的罪，从而明显站在了男人一边。因此，雅典娜再次认可了对城邦结构的重构，该结构延续自她最初赢得对雅典的控制权的胜利，那一胜利终结了女人在生育和政治生活中的重要地位，终结了母权制神话的这个独特版本。

奥古斯丁（《上帝之城》18.9）对这个终极结果的正义的回应极富启发，而且也很吊人胃口：

> 当雅典受到这位好战的男人的攻击时，就被迫去报复这位获胜的女人，因为男人们更畏惧尼普顿（Neptune）［波塞冬］的洪水，而不是密涅瓦（Minerva）［雅典娜］的武器。当然雅典娜也没有保护曾给她投票的妇女们；当她们失去对未来的投票权，并且她们的儿子们不再被允许使用他们的母亲的名字时，她本来至少应该注意到，妇女们曾拥有被称为雅典人的特权，和拥有女神的名字的特权，因为她们曾经投票帮助她战胜了那位男神波塞冬。要不是我的叙述需要匆匆转向其他主题，关于这个主题将会有多么冗长的讨论啊！①

面对与科刻洛普斯神话同样的困境，埃斯库罗斯的版本设计了不同的结局（法庭的建立及和善女神的祭仪）。与此同时，由于会令人们想起（而且部分地颠倒了）更早的起源神话的用语，《和善女神》获得了另外的权威，（这种权威的获得是）通过在编造神话的策略上打上一个与众不同的雅典人的印记，即求助于发生在奥林匹斯和前奥林匹斯（或冥府的）力量之间的、更广泛的关于宇宙起源和神的谱

---

① 参 Sanford 和 Green（1965）的译本。［译注］中译是译者依据作者所引英文自译。

系的对抗的影响力。如果《奥瑞斯特亚》的结局也证明雅典娜正当，如我在之前论文中的结论，我们可以补充说，它也证明了男性公民支持雅典娜从科刻洛普斯时代到当时对他们事务的统治权的正当性。

如果我的论证是正确的话，即《公民大会妇女》和《奥瑞斯特亚》上演的男人和女人在公共事务上的竞争，共享了同一种神话模式，[194]那么，作为戏剧类型的代表，这两部剧作也共享着这样的重演（re-enacting）观念：在城邦的公民观众面前，城邦两大表演舞台（arenas）上演的版本的竞争——在第一个例子中是公民大会，后一个例子中是法庭。两个舞台事实是这样的地方：在那里民主程序的原则被付诸实践，而且修辞性的竞赛辩论和竞争性的演说，在剧场本身的传统和经验方面有很多的共同点。公民大会、法庭和剧场都是形象展示的场所。现在回到建筑方面的雕刻艺术，这种技艺与剧场不同，在公元前五世纪雅典的观众文化中占据着永恒的位置，由此表演的问题就开始了一个不同的转向。但是视觉的艺术也需要在某个层次上被包含进一个更广泛的定义中，这个定义把希腊艺术的叙事倾向考虑成讲述故事——不管是在绘画艺术中还是在建筑雕塑艺术中（三角楣饰，① 排档间饰，② 雕带），说得更准确些，是在构建一个重要瞬间，从而在一个单独的场景中捕捉故事的本质，而这个单独的场景充满了大量的人物，他们的身份意味着要通过不同的特征或道具来辨认。与此同时，鉴于任何视觉艺术品的静态特征，也可以说，不朽的艺术自身提供了一种背景，一个永恒的舞台，在这个舞台上，上演着日常生活的戏剧，或公共仪式的庆典。帕特侬神庙恰好可以被视作这样的一个背景，一个独特的关于城邦对自身再现的，以及在视觉艺

---

① [译注] 希腊罗马时代和文艺复兴时期常用的建筑横梁上一种三角形的装饰形式，由柱子或壁柱支撑。
② [译注] 古希腊陶立克风格檐壁的三角槽排档之间的方形部分，多装饰有雕塑。

术中维护神话的异乎寻常的例证。

六　帕特侬神庙

《奥瑞斯特亚》和《公民大会妇女》相隔 65 年。前一部肃剧常常被看作是对希波战争胜利后梦想的乐观主义状态的表达，从而赞美雅典文明和法律制度的胜利。相反，后一部谐剧被看作是反映了公民士气的严重衰落，即便通过最近那些年经济的提升和三十僭主后民主制的恢复，也没有完全克服这种衰落。两部戏剧中任何一部的结局都不与另外一部相匹配，而且在《公民大会妇女》中无法发现诸神的存在。然而，在《和善女神》中的厄里倪厄斯以及她们会如何处置那位男性牺牲者（奥瑞斯特斯），和我们在《公民大会妇女》结尾处看到的一系列丑老太婆——其中的某个老太婆最终胜利地将年轻人拉下了舞台——之间，存在一种可疑的相似性。

[195] 这种比较能够而且应该更加深入地进行。① 但现在我要转向这个城邦中一处重要的历史遗迹，它的建造和完成年代跨越了肃剧和谐剧作品之间的时间间隔。这个历史遗迹毫无疑问是帕特侬神庙，并且我们关心的是西边的三角楣饰，上面描绘了雅典娜和波塞冬之间的竞争。由于在 1687 年的爆炸中遭到了严重毁坏，我们只能求助于一个前代留存下来的绘画作品来复原它的全貌。关于三角楣饰上人物的辨识，在考古方面没有一致的看法，除了中心位置的波塞冬、雅典

---

① 在阿里斯托芬晚期的谐剧《财神》（*Ploutos*）中，（穷神）佩尼亚（Penia）的出场，与丑陋的老妪和厄里倪厄斯产生了清晰的类比，这是一个显然借自悲剧舞台的形象。由于不知道她的身份，一个男性对话者大声叫嚷："好像是悲剧里来的复仇女神，相貌有点儿疯狂和悲剧味儿"（ἴσως Ἐρινύς ἔστιν ἐκ τραγωιδίας; βλέπει γέ τοι μανικόν τι καὶ τραγωιδικόν，行 423 - 424）。

娜和科刻洛普斯外,我们也不能确定所采用的神话的准确版本。① 但最近卡斯特里奥塔(David Castriota)提出的一个假设引起了我的兴趣。他注意到三角楣饰上女性人物不同寻常的优势,其中有七个或八个成年人物是女性。相反,其中只有三个或最多四个人物可能是成年的男性公民。如果角落里的人物代表着河流或春天,那么外围的人物数量依然由六个女人比两个或三个男人这样的比率构成。卡斯特里奥塔更进一步注意到,这些女性由孩子们陪伴,因此强调了女人作为母亲的重要意义。他问,如此安排人物构成是何种原因?除非这是一种"强调女人对雅典娜的过半数支持的方法,也暗示了为了安抚波塞冬她们遭受的一种惩罚——母系继承权的丧失"。按照这样的理解,卡斯特里奥塔看到了在西边的三角楣饰和同一侧的排档间饰之间更进一步的联系,后者描绘了阿玛宗之战(Amazonomachy)。因此,他下结论说,这两个主题代表了对男性统治权的各种各样潜在的威胁,一种来自外部(阿玛宗人),一种来自内部(雅典的母亲们)。② 因为东部的三角楣饰描绘了雅典娜从宙斯脑袋中的诞生,我们就重新回到了熟悉的领域,它涉及城邦的历史,以及坚持在繁殖和确保父系血统方面建立男性的优先性。

[196] 现存最早的关于科刻洛普斯在文化建基时期的角色的书面材料,最早出现在公元前四世纪,出自阿提多哥拉斐斯(Attidographers)的手笔,他意在建立关于雅典早期历史及其政治、社会制度的系统叙述。因此,关于一个共同神话的情况,我指出的《奥瑞斯特

---

① 关于这一争论的法官,在别的资料中是变化的:奥林匹斯十二主神(Apoll. *Bibl.* 3.14.1;比较 Ovid *Met.* 6.70 – 82),只有宙斯(Zeus)(Hyginus *Fab*, 169)或科刻洛普斯作为唯一的裁断者或见证者(色诺芬《回忆苏格拉底》[Memorabilia] 3.5.10;Callimachus 残篇 194.66 – 68)。参 Parker (1987)页 198 – 200。

② Castriota (1992)页 145 – 151,在关于三角楣饰上再现的人物和神话的辨识方面,附有大量的参考文献。

亚》和《公民大会妇女》之间形式上的相似性，可以被解释成是在这个事实之后建构的，要归功于后代历史学家们的推演，他们在现存的文本中根据暗示完成了一个连贯的叙述。但是，关于西边三角楣饰上的肖像，如果卡斯特里奥塔的理论是正确的话，那么在科刻洛普斯时代，有关妇女在雅典娜战胜波塞冬的竞赛中的作用的说法，到了公元前五世纪中期就会被证实。事实上，（可以证实这种说法的年代）一定更早，否则对一个凝视帕特侬神庙——城邦最辉煌的纪念物——的雅典人来说，（上面表现的）场景如何能显得清晰明了？

七　一个雅典（男）人想要什么？

《公民大会妇女》在不同的层次上展现了表演——性别的表演、政治的表演、乌托邦方案的表演。这部谐剧怀着巨大的谐剧热忱，展示和玩弄着雅典人的角色模型塑造术（role-modelling）。它开了公民（和性）表演的玩笑。但通过这篇论文，我也强调了一个神话情节的目的论和规范化的方面，这也见于肃剧和图像的文化产品方面，后者致力于创造和维持雅典男性气概坚实的意识形态基础。这种神话情节的力量，以令人压抑的规整性，将所有这些文化产品吸收进其轨道中。这一情节允许妇女掌权，以响应（或反抗）对社会秩序的僭越——这种僭越总是首先由男人发起，但随后就上演了一系列事件，这些事件暗示治疗可能要比疾病更坏。其结局要么证明了需要削掉女性的权力，支持一个以男性为中心的城邦，如在《奥瑞斯特亚》中那样，要么如在《公民大会妇女》（本文主要关注的对象）中那样，关于妇女立法的结果对整体目标（entire idea）的妥协——如果不是损害——存在太多的不确定性。

剩余的一个重要问题，是对阿里斯托芬谐剧剧场的解读，它更多地不是存在于作品中，而是存在于作品的表演过程本身。换句话说，存在于演出期间的表演本身,而不仅仅是存在于它的可预测性结论。那个剩余的问题总是会生出解释性的难题,该难题在于很难对既严肃又搞笑(spoudaiogelaion)的品质——即搞笑中的严肃——进行评价。然而,更困难的是判定一种双重讽刺的效果,[197]这种讽刺为所有相关的政治派别立了一面镜子,其镜面既有反射也有投射——对矛盾的欲望与恐惧的(反射和投射),而且是同时进行的。戈尔德希尔(Simon Goldhill)在对谐剧的多声部共振(polyphonic resonances)的辨别中,已经就这些问题中肯地谈到很多,尤其是那些再现了颠转的和诙谐打趣的世界的谐剧(Goldhill [1991] 页 167-222)。结果,谐剧表演带来的愉悦和搞笑,就与为戏剧的神话法律提供根基的规范的投射,处于一种持续的且不可解决的张力之中。在对城邦的演出中,《公民大会妇女》表演的正是这种张力,并且也是在对这种张力的回应中,观众们表演了他们作为多样化的公民观众的角色。最后,《公民大会妇女》就是以这种方式,成了对公民经验的"戏剧化"的证据。①

---

① 我非常感激戈尔德希尔先生,他是一位模范批评家和富有创造力的编者。

第三部分 修辞术与表演

雅典演说术中反修辞术的修辞术[1]

赫斯克（Jon Hesk）撰

王硕　李向利　译

[201] 今天早晨，我听到一些评论，说工党正在媒体上大肆忽悠（spining）。我知道，反对源自政治的本质。通过反对进行质疑，通过质疑探寻到使政治更好地运作的公益知识。但是，误导国民，描绘出一幅虚假的图景，却不是反对，而是忽悠（spin yarns）。忽悠并不是反对党的传统职责。在媒体上忽悠，是在误导公众以及商业团体。忽悠破坏了人们对国家的信心；它使国家看起来不够好，并令国际投资者心生疑虑。忽悠并不是什么聪明之举，它太过自私自利。选举时，选民们绝不会受此愚弄。[2]

当着坎宁安（Cunninghame）选区议员阁下的面，诺斯（威尔逊先生）（North ［Mr. Wilson］）带着他的电子设备离开了。发言人女士，你能否重申那个由你负责落实的关于电子产品的禁令？当某位议员阁下收到曼德尔森先生（Mr. Mandelson）发到他电子设备上的信息时——他会在公文递送箱（dispatch box）旁进行查看，我估计又将有一个人离开议院。[3]

---

[1] 非常感谢戈尔德希尔（Simon Goldhill）和斯科菲尔德（Malcolm Schofield）阅读本文初稿，并提出了宝贵的意见。我还要感谢本文集所基于的学术研讨会的所有参与者。

[2] Nirj Deva（布伦特福德［Brentford］和艾尔沃斯［Isleworth］选区的保守党下议院议员），引自《英国议会议事录》（Hansard），1996年11月26日。

[3] Ian Bruce（南多赛特［South Dorset］选区的保守党下议院议员），引自《英国议会议事录》，1997年3月11日。

布莱尔（Tony Blair）领导下的工党，是一个"摘要"（soundbites）和"媒体顾问"（spin doctors）党。梅杰（John Major）领导下的保守党，则被呈现为一个"无赖"（sleaze）党。或者，至少在最近两年中，梅杰政府给人留下了政治欺骗、诡诈以及腐败的印象，这些引发了政客及记者们的争论和研究。当今的政治学者们已经表明，不同的国家和迥异的政治气候，怎样使任何撰写庞大叙述——关于政治舞弊如何以及为何出现、增多或是成为议题——的企图化为泡影。① 然而，[202] 那些持反腐败立场（或者，更鲜见的，愿意承认接受了贿赂）的个人和机构，却在各种竞争环境中，出于自身的合法性和自身发展的战略原因，经常这么做（参 Levi 和 Nelken［1996］页2）。从这种意义上讲，对丑闻的曝光和追讨，难免包含在政治表演的过程中。今天的政治学家们清楚地意识到，腐败与欺诈决不能被认为是极权政体、"不成熟的"（developing）民主制的专属工具，或是"成熟的"（developed）民主制中的个别现象。他们还将补充说，即使在"成熟的"民主制中，也会发生"作秀审判"（show trials）。②

---

① 参下列文集：Ridley 和 Doig（1995）；della Porta 和 Mény（1997）；Levi 和 Nelken（1996）；Ridley 和 Thompson（1997）。有关雅典政治中的"贿赂"现象及演说家对它的呈现，参 Harvey（1985）。

② 当工党和自由民主党鼓励电视新闻工作者贝尔（Martin Bell）作为独立的"反无赖"候选人，反对塔顿（Tatton）选区的保守党下议院议员汉密尔顿（Neil Hamilton）时，近来反腐败运动的策略性和戏剧性，在英国得到了最新和最赫然的呈现。汉密尔顿因受贿正在接受调查。贝尔召开了一个关于塔顿公共利益（Tatton Common）的记者会，然而，当摄影师和记者们到场后，他却遇到了汉密尔顿及其夫人。两位候选人在媒体人声讨的光华中，上演了一场荒诞的辩论。电视画面里的两个男人和一个女人，在为出席的记者设置的空地上大肆争论。感谢雷诺兹（Neil Reynolds）博士提醒我想起了这一戏剧场面。在我写作（此文）时，事态越发清楚：工党过去一直通过"耍赖"掩盖自身的窘迫，而作为执政党，现在则在上演"漂白"措施。

但是，如果政治学家已经开始考察民主的"耍赖"以及（较轻程度上）腐败"话语"的实际情况的话，他们就不是同样为了"忽悠"。的确，我们已经拥有了无数描述"忽悠"是如何运作，以及"政治顾问"都做些什么的书籍和电视节目。① 但是，这些材料仅仅是需要解释的现象或"话语"的冰山一角而已。"忽悠"为何现在成了政客修辞或公共传媒（fourth estate）评估中的一个重要的惯用语（topos）？媒体上经常会出现专门应对大众传播的新闻官和政治声明。为何"忽悠"和"摘要政治"会一下子成为审查和没完没了的争论的对象？现代民主文化明显开始在乎起自身表演和交流的过程，这究竟意味着什么？

我无意郑重回答上述这些有关现代民主制的问题。但为了给本文真正感兴趣之处（concerns）提供一个清晰的框架，我还是提出了它们。② 我试图证明，[203] 雅典古典时期的民主演说，与它自身表演的模式和技巧存在着重大关联。雅典无疑是一种"表演文化"，但我称之为民主演说的"反修辞术的修辞术"（rhetoric of anti-rhetoric），可以向我们表明，雅典的精英和民众认为他们的表演文化，具有一种独特的品质——可以引出独特的问题和机会。这种"反修辞术的修辞术"是一种元话语（meta-discursive），且具有自我意识（self-conscious）。而我将要讨论的这种元话语策略，为雅典的民主"表演文化"的概念提供了论据，它作为一个"自我反思的、批判的松散

---

① 在1996年工党大会（Labour Conference）前夕，BBC播放了一个有关（主要涉及工党）"忽悠"技巧概述的纪录片。在同年更早的时候，4频道播放了一个美国纪录片，内容是关于民主党和共和党的伎俩。从一个局内人的角度，对威斯敏斯特（Westminster）的"忽悠"和"摘录"伎俩，以及媒体同他们的勾结的描述，参 Jones（1995）。由政治评论员虚构的有关忽悠行动的描写，参 Anonymous（1996）。

② 具体的"耍赖"和"忽悠"的修辞学案例，无疑很快就会淡出人们的记忆，但读者脑海中总不乏不断冒出来的时事事例。

系统",戈尔德希尔在本文集导言中进行了概述(参 Goldhill "导言",页10)。当我们聆听演说时,演说家通过有效利用对修辞表演的反思,帮助我们理解在构成雅典民主制的那些法律与政治竞争中,何者被视为是不测风云(at stake)。这些反修辞性的反思,确有助于解释为什么雅典民主制能够长久存在。在此,我要感谢奥伯(Josiah Ober)卓越的研究工作,但我希望能够提出一些他尚未处理的更为深入的问题(参 Ober [1989]、[1994])。

在转入雅典文本之前,我需要再说一些当代英国政治中的"忽悠",因为这有助于阐明我的论证。我援引的第二段引文,涉及在1997年即将进行大选的几周里,发生在下议院的一件事。工党下议院议员威尔逊(Brian Wilson)在用电子寻呼机接收信息时,被抓了个正着。这条信息后来以"议会程序问题"的形式,被他"赖"了过去。布鲁斯(Ian Bruce)指出,威尔逊当时接收的信息来自曼德尔森——工党中最有权势、最冷酷无情的"政治顾问"。① 另一位保守党下议院议员,则指控威尔逊接收的是来自工党"肮脏伎俩部"(Dirty Tricks Department)的信息,并要求知道威尔逊作为一个"纯粹的传声筒"(merely the messenger boy),究竟代表谁的利益。②

很明显,工党正在试图将自己呈现为一个现代政党,而保守党却借用"忽悠"这一概念所提供的一系列印象,破坏了工党的这一企图。第一段引文,仅仅是保守党及其支持团体寻求对抗工党"反无赖"策略的方式之一,他们将工党描绘成这样一个组织:[204] 它投身于科技和便捷(high - speed)的媒体交流的现代环境,为的是用谎言和空洞的修辞对它加以操控。那些有关使用移动电话和寻

---

① 曼德尔森成了工党政府中"没有头衔的部长"(Minister without Portfolio)。当时记者们担心,没有"头衔"让他不必对议会负责。《私人侦探》(private eye)杂志给他起的绰号叫"忽悠部长"。
② Nicholas Winterton(麦克莱斯菲尔德 [Macclesfield] 选区保守党下议院议员),引自《英国议会议事录》,1997年3月11日。

呼机的琐碎争吵，明显只是枝节问题。但是，这些争论被新闻媒体捅了出来，并且同第一段引文放一起看，它们表明了许多重要的问题。

首先，辨识和攻击"忽悠"，并不仅仅是指控对手撒谎或运用花哨修辞的又一种方法。它是一种修辞性和策略性的回应，为工党企图将自身包装为"新工党"——一个九十年代重生的中间道路（centrist）政党——的努力，蒙上了负面的"色彩"（gloss）。它试图重新表述工党所谓的"新"：这种"新"仅仅体现在，工党会利用现代技术，利用企业公共关系和广告业的修辞伎俩。"忽悠"成为一个流行的谩骂词，正是因为"新"的技巧和技术，被看成是工党公共表演的辅助手段。此处的"表演"包含两个方面。"头等重要"（first order）的表演，如下议院演讲、电视采访以及竞选巡回演说（battle-bus tour）。然而，"忽悠"的 technai［技艺］，还被更为普遍地看成是一种操控性的、狡诈的手段，工党利用它们美化其在民意测验与公共舆论中的"第二重要"（second order）的表演。因此，"反忽悠"的修辞，依赖于感知到一种新技艺的存在，以及它们对政治表演的模式和标准所产生的影响。甚至那些有关电子寻呼机的明显不那么重要的争论，也成了一系列重要的抨击、辩论以及有关表演的对抗策略的一部分。并且，这种对于表演的松散的关注，转变为一场关于民主政治应当如何实行，以及何人适合为民主政治服务的论争。

至关重要的是，"反忽悠"修辞武断地将这种对交流和表演的现代模式的运用，看成是政治的沦丧（bankrupt）。"忽悠"的运用，意味着一个政党将为了掌权而不择手段。这就意味着，一个政党会为了得胜这个短期目标撒谎或行为不端，而非为了国家利益和共同繁荣这一长远目标而论辩。正如戴瓦（Nirj Derva）所说的那样，进行"忽悠"，便是要以背离公平、正当和传统的方式实行"民主"。

此外，对"忽悠"的谴责，类似于对"丑闻"的指控，它们都引发了对责任和欺诈的关注。"忽悠"似乎经常使得参选的代表成为非参选人"纯粹的传声筒",后者躲在政治舞台的幕后,操纵策略和政策的制定。正如第一段引文所表明的那样,为了掩盖对谎言的巧妙散布以及对事实的歪曲,"忽悠"自身还可以被"忽悠"。

[205] 的确,戴瓦将"忽悠"解释为"编造故事"(the spinning of yarns),这体现了一个更深入的问题,我将结合雅典的演说进行说明。这一解释,看起来可能并不十分聪明或者具有独创性。如果有耐心浏览整部《英国议会议事录》的话,你就会发现,抨击工党进行"忽悠",是保守党显著的惯用语。忽悠与直接欺骗之间的关系,也是一个反复出现的主题。然而,戴瓦的双关语却极为独特。他判别"忽悠"以及将它解释为谎言的独特方式,是一种独创性的干预。我们可能仍然希望将这种方式描述成惯用语,但却不是刻板的。我们宁愿认为戴瓦的抨击很独特,而非怪异(idiosyncratic)。我将证明,理解下面这一点极其重要:雅典民主文化"反修辞术"的惯用语,也时常同样被赋予两种特征,既在某一层面上看来平淡无奇,又具有创造性。在一些情况下,演说利用极为独特的策略,"戳穿"对手的诡计。在民主的背景下,此乃精英演员(actors)间进行表演竞争的需要与动力,它加强了拓扑学(topology)与独创性之间的相互作用。

最后,虽然这种关切——将对手的政治表演,看成是一种新的、危险的欺骗性交流模式——无疑是一种策略性的诠释(一种关于"忽悠"的"忽悠"),但在保守党阵营,并没有把它看成是少数党派战略家的发明。在英国的政治争论中,"忽悠"的意义和流行也在不断发展,因为我们的媒体已经捕捉到了它的诸种运作方式,并将它们向我们做了介绍。在我们这里听说政治"忽悠"这个词语很久之前,美国的新闻工作者就已经对这一概念进行了命名和鉴别。当人们认为布莱尔领导的政党"克林顿化"了的时候,英国媒体同时开始关注工党的这个叫作"忽悠"的新嗜好。① 在英国，谋求对媒体进行政治操控的现象，已经存在了几十年了。但是，重要的是意识到，公开报告"忽悠"是某种"新"事物，与如下看法密切相关：工党已经驯服了表演技巧，尽管它在某种意义上与英国的政治话语略显"疏离"。尽管在英国人生活的各个方面，美国的产品和文化无处不在，而且尽管两国之间存在着"特殊关系"，英国政界［206］和媒体界的精英，却始终把某种行为模式看作"美国式的"，并发掘出对"美国化"根深蒂固的英国式恐惧和偏见。

雅典的民主制，与现代西方的诸种民主制迥然不同，我无意在此详述二者的所有差别。② 我只想指出，我决不会将英国的民主制等同于雅典那种完全不同的民主制，但是，注意到雅典法庭演说中展示的自我反思性的关切——它类似于上文一直讨论的那种有关"忽悠"的惯用语——却会大有帮助。

埃斯基涅斯（Aeschines）在他的演说《论出使》（*On the Embassy*）中，明确表达了对他的对手阴险、狡诈地玩弄演说和表演技艺的看法。该演说同它针对的德摩斯忒涅（Demosthenes）的演说一样，都充满着有关修辞和欺骗的元话语策略。

---

① 虽然现在工党执政，但技术、忽悠和"新工党"之间的身份认同始终在进行着。工党副首相普雷斯科特（John Prescott），通常被认为最接近"老"工党意识形态。接待厅的记者们（Lobby journalists）报道说，他憎恶曼德尔森的权力和手段。1997 年 8 月，普雷斯科特似乎公开表达了那种憎恶，一位电视记者这样概括这一情形："面对'普雷斯科特因素'，所有的寻呼机、笔记本电脑以及其他诸如此类的东西，都明显变得软弱无力。"

② 有关雅典民主制与现代西方民主制之间的异同，可看以下几位学者的出色论述：Finley（1973）；Ober（1989）页 3-10；Farrar（1992）；Cartledge（1993）页 175-176；Roberts（1994）页 47-48。另可参 Ober 与 Hedrick 主编的论文集，Ober 和 Hedrick（1996）。有关"参与"的问题，参 Osborne（1985）、Carter（1986）、Sinclair（1988）。

你听到了那些证人的宣誓以及他们的证词。这些演说的邪恶技巧（tas d'anosious tautas tōn logōn technas），被这个人拿来教授我们的年轻人，现在他又用它们来对付我……（Aeschines 2.56）

德摩斯忒涅教授雅典青年演说技巧，埃斯基涅斯却将这种技艺贬斥为是"邪恶的"（unholy）。在此，他可能援用的是亵渎宗教（religious transgression）的意义，就像防止欺骗民众的事先（pre-procedural）诅咒那样——它在 boulē［议事会］和 ecclēsia［公民大会］前宣告。① 埃斯基涅斯进而模仿了德摩斯忒涅对他的一次抨击，提到后者刺耳［207］且不虔敬的声音（157）。而德摩斯忒涅常常大加贬抑的，正是埃斯基涅斯作为演员的职业，及其受过训练

---

① 有关这一严禁欺骗民众的诅咒的有力证据，参 Andocides 1.31; Aeschines 1.23; Demosthenes 19.70–71、20.107、23.97; Dinarchus 1.47–48、2.16; Lycurgus 1.31；阿里斯托芬《地母节妇女》（*Thesmophoriazusae*）行 295–372。对于该诅咒的重构，见 Rhodes (1972)，页 36–37。此外，还有一条禁止"欺骗民众"（ἀπατή τοῦ δήμου）的法律。这与对奉承和不忠的"告发"（probolai）相关。参见亚里士多德《雅典政制》（*Constitution of Athens*）43.5，以及 Christ (1992)。有关告发时意识形态性的及象征性地引用法律，参 Demosthenes 20.100 和 135。另可参 Demosthenes 49.67，其中，引用这个法律来支持把对手的欺诈行为看成是宗教亵渎的观点。希罗多德 6.132–135 讲述了在马拉松战役之后，弥尔提亚德斯（Miltiades）将军"因欺骗人民"（τῆς Ἀθηναίων ἀπατῆς εἵνεκεν）而受到控告。评论家们对所用的诉讼程序看法不一，但都认为该程序同"欺骗人民"这一具体指控有关；Harrison (1974) 页 54; Hansen (1975) 页 69; Macdowell (1978) 页 179; Rhodes (1979) 页 105。有关这条法律唯一一个可以确证的案例，参色诺芬《希腊志》（*Hellenica*）1.7.35，阿基努塞岛战役（Arginousae）之后，一些人要求处死六名将军，其中被引用的法律就是为了反对这些人。

的声音。① 但在此处，埃斯基涅斯却企图将德摩斯忒涅欺骗性的修辞技艺，比喻成一场模仿的、矫揉造作的表演，暗中将这种技艺同智术（sophistry）的教育实践，以及代人写演说辞（颂词）的职业作家（logography）的殷勤联系了起来。

这种"自反性"（self-reflexivity）——其中演说家将其对手描绘成一个表演术士——具有一种策略的和敌对的性质。② 正如奥伯以及其他人所指出的那样，法庭演说家常常表现出对那些与演说训练和准备相关的各种程序完全不知情。③ 这种自我呈现，常常同对演说者的对手的抨击相结合，理由是，对手相比之下深谙修辞的诸种程序。奥伯正确地指出，声称对修辞准备无知或懵懂，是一种"戏剧性的

---

① 参看本文集 Easterling 的讨论、注释以及参考文献。亚里士多德对于将 hupokrisis（"朗诵"）看作修辞学一项重要因素的观点很不满，而这种将对手贬损为戏剧演员的做法，同亚里士多德的不满一致。参亚里士多德《修辞学》(Rhetoric) 1403b35-1404a13。另参 1403b20-35，亚里士多德在此表明，hupokrisis 事关声音应当如何被用于表达情感。他继而指出，那些能够恰当运用发声技巧的人，往往可以在戏剧竞赛中夺奖，并且在他那个时代，演员在舞台上的影响力比诗人大，政治竞技（politikous agōnas）同样如此，原因在于统治形式的腐败或道德败坏（dia tēn mochthērian politeiōn）。

② 近来有一种趋势（有时是合理的），就是去抨击有些批评著作，这些著作关注的是文本中明显的"自反性"元素，或"元话语"方面，这些被看成与历史无关或陈词滥调。参 Seaford (1994a)，他在对悲剧的评论中表示，"认为自反性已是穷途末路，不过是种空想"。我在这篇文章中所进行的分析，则将进一步阐明，这种希望之所以被误导，是因为散文及诗歌中的"元话语"因素，与头脑中的某些特定问题或背景关联在了一起。

③ 参 Demosthenes27.2-3，在那里，在声称自身的年少和缺乏经验以及对手的聪慧、能干和充足准备（paraskeuē）后，年轻的德摩斯忒涅要求公正的申辩机会。在现存的演说辞中，与此类惯用语（"要求申辩机会"和"我毫无技巧"）相关的其他例子，可参 Antiphon3.2.b2、c3; Andocides4.7; Lysias19.2; Isocrates8.5; Demosthenes18.6-7、38.2、57.1。有关这两种惯用语，以及"我的对手是一个技巧娴熟的演说者"这一惯用语的更多例子，参 Ober (1989) 页 170-177。另参 Dover (1974) 页 25-28; Ostwald (1986) 页 256-257。

虚构"（dramatic fiction）。在现存的资料中，没有任何演说可以称得上是由一个"不熟悉公共演讲"的半文盲即兴的创作。虽然奥伯没有将它们描述成是"元话语的"或是"自反性的"，但他认为，现存演说家的有关演讲能力和修辞训练的策略，与民主制的持久存在相关。同其他一些惯用语（例如，那些与财富相关的惯用语）一样，这些策略表明，"受过教育的精英成员参与表演戏剧，他们被要求饰演 [208] 普通公民的角色，并传达出他们一致持有平等主义的主张"。① 这种戏剧，对精英们的政治抱负起着监督作用。雅典民众让受过教育的人担负起城邦顾问的角色并从中受益，与此同时，他们又紧紧地约束着这些顾问，避免受过教育的精英倒向寡头制。

在法庭上，演讲者会攻击他的对手是一个骗人的智术师、一个"狡猾的演讲者"、一个职业演说辞作家（logographer）（或依附于一个职业演说辞作家）、一个玩弄文字的魔法师等等。用奥伯的话来说，这种说法的"逻辑推论"，就是让自己显得在演说方面毫不精通（Ober [1989] 页174）。为了牢记这些自我呈现或谩骂狡诈的和策略性的特征，我将它们命名为"反修辞术的修辞术"（the rhetoric of anti-rhetoric）。② 与此同时，我所进行的与现代"反忽悠"修辞术的粗略类比，也到此为止。下文前三节，将按照修辞术士的类型——如智术师、历史家等等——论述演说者对对手的攻击。而后两节则在更为宽泛的意义上，论述演说者对"修辞术"这一词语的关注。本文第四节，将表明演说者怎样揭露公民日常生活中呈现自

---

① Ober（1989）页190-191。亦参页153-154，Ober认为，雅典戏剧节中有规律的群众参与，在展现那些"戏剧性虚构"的同时，也对公民进行了教育。此外，演说者表演荷马史诗和戏剧诗，在策略上，与民众和精英的诗歌表演与教育观念相吻合，相关的论述参看本文集Ford的文章。

② 我从Valesio（1969）那里借用了这个词，他用该词描述文艺复兴时期的小册子，以及莎士比亚的台词中反复出现的一种比喻。

我的欺骗性修辞术。① 第五亦即最后一节，将重新回到"修辞术"的如下意义，即雅典法庭上的一种危险技艺。但是，本文所要揭示的演说家的这种"反修辞术"，并非是对手遵循的一种欺骗性"类型"，而是他对那些普通的论辩策略的欺骗性运用。

一　演说稿的撰写与"聪明"

在演说《驳梅迪亚斯》(*Against Meidias*) 中，德摩斯忒涅预见到了如下指控，他撰写了演说稿并练习了演说。② 他辩白说，[209] 如果他不进行准备，那他就是个傻瓜。他还补充说，事实上，正是梅迪亚斯通过犯罪，为他写下了这篇演说辞。③ 一篇归到兰普萨库斯的阿

---

① 在此，我有意借用了 Goffman (1969) 的书名。戈夫曼 (Goffman) 将现代西方社会中的自我呈现，理解为一种"戏剧性的"和"表演性的"过程，并认为它与雅典相关，参见本文集 Goldhill 的导言，页 13 – 14。

② 至于这一演说是否真的被发表过，目前尚有疑问。相关证据和论证，参 MacDowell (1990) 页 23 – 28；Wilson (1991) 页 187。亦参 Ober (1994)。

③ Demosthenes 21. 191 – 192：

> 或许他也会说这样一些类似的话，即我现在的演讲，也经过了精巧的构思和认真的准备。雅典人啊，我承认，我曾经构思了演说辞，我也没想过要否认这一点。是的，我为之殚精竭虑 (*memeletēkenai*)。假使我所有的错误，过去的以及现在的，使我在打算向你们讲述它们时漫不经心，那我就是一个卑鄙的人。然而，我演说的真正创作者是梅迪亚斯。从严格公正的角度来说，谁提供了演说所针对的那些事实，谁就应该承担起责任，而不应当是那个今天在你们面前为了诚实地述说事实而费尽思量的人。

尽管德摩斯忒涅乐于自己去尝试这种方式，但 $\mu\varepsilon\lambda\varepsilon\tau\acute{\alpha}\omega$ 及其同源词，意思是"练习演说"，在其他一些地方却是贬义词，用来指称那些老于世故、技巧娴熟的演说者。参 Demosthenes18. 308 和 19. 225 对埃斯基涅斯演说 meletē [练习] 的攻击。

那克西美尼（Anaximenes of Lampsacus）名下的修辞术论文指出，嘲讽演说者撰写演说辞，并嘲讽精心的准备或认真的训练，是一种常见的手段。① 然而，针对这种嘲讽，阿那克西美尼却建议了一种恰当的回应方式：

> 我们必须深入考察那类建议，用一种嘲讽的语气，以及考察写作演说辞，比如说，法律不会禁止某人照着写的演说辞发表演讲，就像不会禁止某人的对手发表无底稿的演说一样。②

至于那些针对学习并练习了演说的指控，阿那克西美尼给出了如下建议：

> 若是他们说我们学习且练习演说，我们就应该接受这一指控，并且说："我们这些学习演说的人，并非是因为热爱诉讼（philodikoi），但事实证明，你们这些不懂演说的人，却对我们

---

① Anaximenes *Ars Rhet.* 36. 37（页 88, 3 – 5），见 Fuhrmann（1966）：ἐὰν δὲ διαβάλλωσιν ἡμᾶς, ὡς γεγραμμένους λόγους λέγομεν ἢ λέγειν μελετῶμεν..."如果他们试图诽谤我们，说我们照着写好的演说辞念，或是事先进行了排练……"有关通常以 *Rhetorica ad Alexandrum* 知名的创作时间和作者的争论，参 Kennedy（1963）页 114 – 124。肯尼迪（Kennedy）遵循大多数人的意见，认为这篇论文是公元前四世纪晚期的作品。

② Anaximenes *Ars Rhetorica* 36. 37（页 88, 5 – 10）：χρὴ πρὸς τὰ τοιαῦτα ὁμόσε βαδίζοντας εἰρωνεύεσθαι καὶ περὶ μὲν τῆς γραφῆς λέγειν, μὴ κωλύειν τὸν νόμον ἢ αὐτὸν γεγραμμένα λέγειν ἢ ἐκεῖνον ἄγραφα· τὸν γὰρ νόμον οὐκ ἐᾶν τοιαῦτα πράττειν, λέγειν δὲ ὅπως ἄν τις βούληται συγχωρεῖν。智术师阿尔吉达玛斯（Alcidamas）指出，演说辞写出来后，要用心学，而不是在演说过程中照着手中的稿子念。参 Alcid. 15. 11、18、21、34，见 Radermacher（1951）。有关历史学家对发表演说提出建议，或是实际撰写演说辞的可能性，参 Dover（1968）页 151。另参 Lavency（1964）。

做出了恶意的控诉（sukophantēn），而且之前也曾做过类似的事情。"因此，很明显，如果有公民是一个博学的演说家（rhētōr）的话，那这将是他的优点，因为当他指控的时候，他不会成为这样一个邪恶的勒索者（sukophantēn）。①

［210］有趣的是，阿那克西美尼认为，人们只要回应说，每个人都会尽其所能帮助自己的朋友，给予朋友指导和建议，那么，哪怕是一项有关教授他人如何辩护或是如何写审判（dicanic）演说稿的指控，也可以被驳回（同注释23，36.42［页89，4-8］）。

在我们现存的公共演说中，找不到这种建议。没有人会承认为别人代写过演说稿，或是教授过别人，也没有人承认曾购买过他人代写的演说稿。但在某些情形中，演说者会公开承认，或是默认他们的对手给他们贴的一些咒骂性标签，例如"巧舌如簧"（deinotēs legein），或是"一个演说家"。在这些例子中（其中一些，奥伯已有精辟的论述），演说者对比了充满欺骗且对城邦有害的修辞术行动主义（rhetorical activism），和他（当然）始终坚持的那个诚信、有益的行动主义（Ober［1989］页187-191）。在演说《论花冠》中，德摩斯忒涅接受了埃斯基涅斯对他的精明（deinotēs）的指控，却反对其他几项指控，例如欺诈（apatē）、智术和巫术（goēteia），他认为这些指控不适用于他本人，而是适用于埃斯基涅斯（18.267）。他继而明确指出，与埃斯基涅斯不同，他经常在公共领域，且为了城邦的善，才利用他的技巧（277-284）。在演说《驳忒西丰》（*Against Ctesiphon*）中，当埃斯基涅斯"预见到"德摩斯忒涅会说他的天性好似拥有

---

① Anaximenes *Ars Rhetorica* 36.39–40（页88，14–20）: ἂν δὲ φάσκωσιν ἡμᾶς λέγειν μανθάνειν καὶ μελετᾶν, ὁμολογήσαντες ἐροῦμεν· ἡμεῖς μὲν οἱ μανθάνοντες, ὡς φῄς, οὐ φιλοδικοί ἐσμεν, σὺ δὲ ὁ λέγειν μὴ ἐπιστάμενος καὶ πρότερον ἑάλως συκοφαντῶν· ὥστε λυσιτελὲς φανεῖται τοῖς πολίταις κἀκεῖνον μανθάνειν ῥητορεύειν· οὐ γὰρ ⟨ἂν⟩ οὕτω πονηρὸν οὐδὲ συκοφάντην αὐτὸν εἶναι.

迷人嗓音却带来毁灭的塞壬时，他默认了他天生是一位演说者（3.228-229）。① 但他话锋一转，毫无根据地争论说，如果这一指责出自一位嫉妒他才能、不善辞令的将军（stratēgos）之口，那还可以理解。但是，他继续说道，他无论如何不能忍受上述抨击来自一个"工于辞令"（ex onomatōn sunkeimenos）的人，这个人若没了舌头，便跟没了簧片的奥乐斯管（aulos）一样没用。② ［211］上述这个例子，仅仅是埃斯基涅斯与德摩斯忒涅斯围绕嗓音的训练、特点与影响力展开的持久争论中的一个，在后面的论述中，我将回到他们对嗓音表演的关注。

---

① 有关同塞壬比较的重要性，参本文集 Easterling 的文章。虽然德摩斯忒涅斯现存的演说（18）在回应时，总是指责埃斯基涅斯是一个聪明狡猾的演说者，但他从来没有将埃斯基涅斯同塞壬关联起来。Adams（1919）页 487 认为，德摩斯忒涅斯为了公开发表演说，在修改演说辞时删掉了这一比喻。亦参 Dover（1968）页 178。确定公开发表的演说辞与其表演时"原稿"间的关系非常困难（在我看来是不可能的），也引起了许多争论，参 Kennedy（1963）页 206、Adams（1912）、Dover（1968）、Usher（1976）、Hansen（1984）、Harris（1995）页 10-15。Ober（1989）页 49 认为，演说家和职业演说辞作家不会修改自己的演说辞，主要是怕被对手或败诉的雇主嘲笑。

② Aeschines 3.229：

但是，如果真的非要指控的话，那也轮不到德摩斯忒涅斯，而应该交由某位将军来做，这位将军虽然为国家做出了卓越的贡献，但却不具备演说的天赋，正因如此，他会嫉妒法庭上对手的天赋，因为他知道，他没能力描述他所成就的任何一件事情，只有看着指控他的人——这个人能够向听众们详细阐述他如何处理那些他实际上从未做过的事情。而当一个工于辞令的人——他的话尖酸刻薄且毫无价值——以"坦率"和"事实"为掩护，谁还会耐心听他演说？如果你像对待一只奥乐斯管那样对他，把他的舌头拔掉，他就一无所有了！

这个和其他类似的与声音和姿态相关的段落，引自 Goldhill（未刊稿）。

对演说及前期准备中的聪明与能力这些概念,演说者认为可以适用于他们自身。德摩斯忒涅承认,他曾为自己写过演说辞。但是,却没有任何一个现存的演说遵照了阿那克西美尼的建议,即一个演说者应当承认曾教授过他人,或是代他人写过演说辞。① 根据我们掌握的证据,似乎只有当那些高姿态的演说家——如埃斯基涅斯和德摩斯忒涅——在亲自演说的时候,才会承认他们事先做了准备并运用了修辞技巧。尽管有(或正是由于)阿那克西美尼的建议,但为委托人撰写辩护辞,似乎并不包含在这种情况之内。而对那些著名的职业政客来说,他们的地位是如此之高,"虚构"(fiction)他们对演说毫无经验实在难以令人信服,因此,民众给予他们特许,以确保他们对演说技艺的明显使用完全是出于正义。

二 智术与巫术

除了针对代写演说辞的指控,还有一项指控针对的是所有精英演说家,无论他们同政治和法律话语的关联程度有多大。对此,演说家无论如何也不会承认,哪怕是隐晦地承认。这一指控是将演说家说成是智术师,其中涵括了"智术师"一词包含的所有明显的狡诈与欺

---

① 阿那克西美尼的建议,即承认这些特殊的指控,似乎引发了许多争论。学者们普遍认为 *Ars Rhetorica* 是"智术师"的作品,参 Kennedy (1963) 115-116。但我想指出,任何一个教授修辞术,或是为别人写演说辞的人,都可以被贴上"智术师"的标签(正因为如此,伊索克拉底和亚里士多德才极力辩驳,同智术师划清界限),阿那克西美尼试图找到并宣扬一种惯用语,它会对有关智术或演说辞写作的指控,持承认和中立态度。对他而言,这种行为并不是一种禁忌。这有助于解释他为何宣扬这种惯用语,而(像我们随后将要看到的)不像承认准备和写自己的演说辞那样,在现存的演说中,却找不到有谁承认从事智术和为他人操刀。

骗的含义。似乎不管是谁,都不可能承认这一标签,它也不可能包含任何褒义。同有关阿谀奉承以及为他人代写演说辞的指控一样,有关从事智术的指控也必须被否定、忽略,或是否定并用它回敬那些企图以此抹黑你的人。① [212] 在有关提马库斯(Timarchos)的审判、出使腓力和授予德摩斯忒涅花冠的五个演说中,埃斯基涅斯与德摩斯忒涅常常指控对方是智术师。

在宣称的修辞能力或智术的背景下,他们还用包含巫术和魔法意思的名称互相谩骂。② 德摩斯忒涅就曾屡次被埃斯基涅斯描述成是一个 goēs("法术师"),这个词意味着诡计和用魔法使观众产生幻觉,不过正如柏克特(Burkert)和鲍伊(Bowie)所强调的那样,它还与非雅典的身份和行为密切相关(Burkert [1962] 页 55;Bowie [1993] 页 114 - 115)。它是指控智术的最佳词汇,因为许多著名的

---

① 参 Aeschines 1.125、175,3.16 和 202;Demosthenes 18.276,19.246 -248 和 250。对于"他是一个智术师"的不同说法,参 Lysias 残篇 1.5,见 Thalheim(1901);相关翻译和讨论,见 Millett(1991)页 1 - 3。一位据称曾是苏格拉底弟子的人,被指控有预谋地欺骗大群债主。演说者把这种行为概括为"智术师的生活"。

② 在 Aeschines 2.124、153,3.137(与 magos [巫师] 一道)和 207,德摩斯忒涅被称为 goēs [法术师、骗子]。柏拉图《会饮》203d,用 goēs、pharmakeus [巫医师] 和 sophistēs [智术师] 称呼爱若斯(Eros)。德摩斯忒涅用了另一个意为魔法师的词——baskanos,来回敬埃斯基涅斯;参 18.132,以及 119、139、242、317 等处的形容词形式。亦参 21.209,25.80、83。这个词未见其他演说家使用过。而 goēs 似乎比较常见,意味着诡计和施法术,baskanos 则更具体地含有恶毒的意思,它从动词 $\beta\alpha\sigma\kappa\alpha\acute{\iota}\nu\omega$ 衍生而来,该动词的意思是"施魔法"或"邪恶地看"。像在 Demosthenes 18.242 那样,阿里斯托芬用 baskanos 指代谄媚和诽谤,参《骑士》(Knights)行 105,《财神》(Wealth)行 571。似乎德摩斯忒涅通过使用一个类比的、意思更具体的词,试图胜过埃斯基涅斯用的 goēs 一词。在 Demosthenes 18.257 - 259,嘲弄埃斯基涅斯在他母亲名声不佳的夜间崇拜仪式上朗读稿子,而且暗示他洪亮的声音是在这种情况下练就的。或许 baskanos 意在唤起过去的事情。

"智术师"都是外国人。雅典的公文（public texts）把表演的技术与"欺骗性交流"相等同，认为它与雅典人正常的身份不符。

正如在公元前五世纪末叶的雅典戏剧和历史中，斯巴达人因他们不诚实和欺骗性的演说而受到指责一样，公元前四世纪的演说家，也将公共审判与辩论中的"智术"，譬为一种"非雅典的"行为的渗透。但是，如果有关"智术"这一方面的表现，使我们想起了工党对美式"忽悠"的利用的话，还有另外一个独特的古希腊共鸣，它同修辞术与巫术之间的关联有关。狄纳尔库斯（Dinarchus）、埃斯基涅斯和德摩斯忒涅，都曾在智术和修辞术的骗术以及魔法的迷人作用——它们在高尔吉亚（Gorgias）、柏拉图和伊索克拉底的著作中被理论化了——之间，做出过文化上的类比。① 这些词语（goēs 和 baskanos）仍旧没有商量的余地，[213] 无论埃斯基涅斯还是德摩斯忒涅，都不会承认自己是演说的"巫术师"。

在那些现存的演说中，但凡"智术师"这一标签作为骂人的词语突然出现，埃斯基涅斯与德摩斯忒涅便会对对方的智术提供一些扩充性短评。德摩斯忒涅告诉陪审团说，埃斯基涅斯从不出演他之前曾在官司中援引过的一出戏。德摩斯忒涅四处"搜寻"别人说过的话，证明他（埃斯基涅斯）是个智术师，而且最无资格指控他人从事智术（19.246–250）。德摩斯忒涅这是在回应埃斯基涅斯的演说《驳提马库斯》（Against Timarchus），在这篇演说中，他被（埃斯基涅斯）比作"智术师"苏格拉底。在那个（《驳提马库斯》的）演说中，埃斯基涅斯提醒陪审团，他们之所以宣判苏格拉底死刑，是因为他是寡头政治家克里提阿（Critias）的老师（1.173）。而如果苏格拉

---

① 参 Dinarchus 1.66、99，在那里，德摩斯忒涅再次被称为巫术师。关于高尔吉亚、柏拉图和伊索克拉底文中魔术和修辞术之间的联系，参 de Romilly（1975）。关于柏拉图在 apatē [欺诈]、智术、修辞术和 goēteia [巫术] 之间设置的具体联系，参 Burkert（1062）页 50–51。

底因教过克里提阿而被处死,那么陪审团就不应该接受德摩斯忒涅的主张,因为这个人在向享有 isēgoria［言论自由］的 idiōtai［公民个人］和 dēmotikoi［人民之友］复仇。① 埃斯基涅斯继而生动描绘了德摩斯忒涅这个智术师,他以他在法庭上的表演为授课内容,教授他年轻的学生们骗人的修辞术。他想象德摩斯忒涅在他的学生面前,大肆吹嘘自己多么成功地行骗,极力要求陪审团对德摩斯忒涅严密控制,仿佛德摩斯忒涅是一匹赛马。② 奥伯对这一篇章的分析极为精辟,着重强调了埃斯基涅斯警告陪审团的方式——智术被说成是对作为民主理想的言论自由（isēgoria）的威胁（Ober［1989］页 172）。此外,还需强调的一点是,埃斯基涅斯呈现了一场对德摩斯忒涅的表决,就像是表决德摩斯忒涅的意图——将人民的法庭变成他教授修辞骗术的

---

① Aeschines 1. 173:

你们不是处死了智术师苏格拉底,公民朋友们,因为他被查出是克里提阿——推翻民制的三十人中的一员——的老师,在此之后,德摩斯忒涅会如愿地获得好感,从你们手中取得胜利么？他可是要向享有言论自由的公民个人和人民之友复仇啊!

② 同上,175 – 176:

因此,我无论如何请求你们,不要在这个智术师身上耗费感情和钱财。想想吧,你们目睹他从法庭回到家里,在课堂上对他的年轻学生装腔作势,述说他如何成功地从陪审团那里偷走了案子:"我亲自将陪审员们的注意力,从对提马库斯的指控那里引开,让他们关注原告、腓力和佛西斯人（Phocians）,听众们眼睁睁看我中止了此类可怕的事情,以至于被告翻身成了原告,而原告则要受审;对于所听的事情,陪审员们忘记了他们何事该裁断,何事不该裁断。"可是,你们的职责,就是要端正立场避免此类事情发生,而且要步步紧逼,让他没有机会转移话题,也无法夸夸其谈不相关的内容;相反,你们要像在赛马中那样,让他不离跑道——即议题本身。

私人学校。

常用策略和创造性策略的互相作用,使这些短评力量大增。德摩斯忒涅和埃斯基涅斯两人,[214]都用了"他是个智术师"这一惯用语(topos),但他们常常对这种普通策略进行扩展或是"具体化"。这种对对手"忽悠"技术的创造性"忽悠",具有双重目的。它使作者的表演显得与众不同。在此之前,陪审团已经听惯了所有这些反修辞术的惯用语,但这位演说者却令人眼前一亮。他熟知那些"套路"(script)但却没有墨守成规,而是做了进一步的发挥。同时,对"套路"的舍弃,为的是使演说者的抨击更具有权威性。对手是一个智术师,而对其活动的创造性简述,却似乎可以使抨击不仅仅停留在通常的"扣帽子"上。埃斯基涅斯想要使陪审团相信,他不仅仅是在利用一套常用的成见,尽管它们以往收效甚好。他通过描述这位特殊的智术师牺牲民众利益的所作所为,使他的指控听起来颇为"可信"。

虽然某些反修辞术指控的例子得到了承认,而且被赋予了褒义的色彩,但有关其是一个智术师的指控却不可妥协。在为他人捉刀的意义上,被指控为代写演说辞的职业作家,似乎同样不可接受。修昔底德(Thucydides)曾描述克勒翁(Cleon)批评他的观众聆听 ecclēsia [公民大会]的演说时,仿佛他们是智术表演的观众,而非在制定国家和国际政策(修昔底德《伯罗奔半岛战争志》3.38.7)。阿里斯托芬也将教授智术和写作演说辞,说成是对诚信、公正的法律和政治事务的威胁(虽然是可笑的)。① 我们由此可知,智术师的文化形象,包含了对以私利为导向的骗术的表演和教学,同时,"智术"也被当

---

① 与此有关的最精当的参考文献和最合理的讨论,参 Murphy(1938)页 71-78。大量的文献也不难提供。参 Dover(1968a)xxviii-xxvii,(1972)页 109 及以下;Cartledge(1990a)页 35-38;O'Regan(1992);Bowie(1993)页 112-124;MacDowell(1995)页 125 及以下。

作一种新技艺,和一种独特的教育形式。①

但是,奥伯虽然注意到,一个演说家可以承认 deinotēs [精明]或承认是个修辞学家,也可以对这些角色进行正面的描述,但他却没有区分那些含有修辞性欺骗的词语,它们有些可以中立,有些不可中立。对于奥伯来说,这一区分并不那么重要,因为他着重论证:被看作是修辞学家的小部分精英公民,拥有承认和捍卫他们自己口才和经验的特权,就像他们同时为此而受到攻击那样。他没有追问为何一个演说家可以接受被说成是 deinos legein [工于辞令],却不能被说成是一个智术师。我现在就转向这一问题。

三 "民主地"表演

[215] 我们看到,德摩斯忒涅很轻松地对他的精明(deinotēs)进行了正面、民主的重新定义。埃斯基涅斯也能够对他拥有塞壬天赋的指控,转变成适当的承认:他的口才确是一种天赋——一种具有积极意义的天赋,它意味着一种无法通过技巧或人为获得的能力。其他那些法庭上的演说者,也易遭受各种元话语的谩骂,但与修辞学家不同,他们始终只会操持"毫无经验"的说辞。然而,修辞学家能够且必须否认为他人代写演说辞,或是像智术师一样教授和卖弄修辞技巧,抑或是将法庭或公民大会变成智术的骗人实验室。修辞学家允许比其他人更善"修辞",但他却始终难以摆脱如下怀疑,即他的"修辞术"逾越了 isēgoria [言论自由]的界限。奥伯所提出的基本问题之一即:既然修辞术技能给民主制度带来了显而易见的威胁和欺骗,为何它最终还是被允许使用?答案并不像奥伯所阐述的那样简单,对

---

① 关于古典时期 sophistēs [智术师]一词的历史,及其日益增加的贬义,参 Guthrie(1971)页 24 – 37。

修辞术潜在的欺骗性的普遍怀疑，约束精英们有效地运用修辞术。毋宁说，拒不承认是演说辞写作和智术的兜售者或接受者，揭示并加强了对于民主的修辞特权的限制。

sophistēs［智术师］和 logographos［职业演说辞作家］并不是两个贬义的、难以接受的词，只是因为它们描述了精英人物的职业。出于离间和诽谤的策略，演说家在实践中运用了智术和演说辞写作，它们确保了在论辩中取胜，并且优于能够实现同样目的的其他手段和动机。埃斯基涅斯甚至将"德摩斯忒涅这个智术师"，说成是把法律程序当成一个论坛（forum），好在审判时展示他的欺骗力量。在《驳拉克雷图斯》（*Aaginst Lacritus*）中，德摩斯忒涅的委托人，同样指控他的对手是一个"不诚实的智术师"（ponēros sophistēs），是一个欺骗陪审团的大骗子，并且还收钱教别人这么做（35.40–43）（关于这一点，参 Ober［1989］页 170–171）。

当我们用这些对智术的抨击，来反对演说家对优秀、正直的演说家的定义时，智术和演说辞写作很明显都被妖魔化了，因为它们被认为在意识形态上缺乏一种优先对民众的忠诚。在演说《驳忒西丰》中，埃斯基涅斯警告陪审团，如果他们关注的只是德摩斯忒涅讨人喜欢的声音（sound），而不是他天性中的明显缺陷和真正的"事实"（alētheia）的话，他们将会受蒙骗（3.168）。[216] 埃斯基涅斯进而概括了 dēmotikos rhētōr［公共修辞学家］的一些可想见的品质：他必须天生自由（freeborn），他必须从先人那里继承有对民主制的爱，他应该"温和"（metrios）和"节制"（sōphrōn），拥有"男子汉式的勇敢"（andreia）且永不背弃人民（169–170）。他还应该具有敏锐的判断力（eugnōmōn），而且是一个有才华的演说者（dunatos eipein）。因为他内心（dianoia）应该喜爱高贵的事物，而且这位修辞学家所受的教育及其言语教育，应该都能够说服听众。但是，埃斯基涅斯继续说道，如果这位公共修辞学家不能两者兼得，则其所长（eugnōmosunē）应始终优先于言辞（logos）（170）。列举的这些特点，其目的当然是为了说明德摩斯忒涅一无所长。针对德摩斯忒涅的其他缺点，埃斯基涅斯将其前后身份进行了对比，德摩斯忒涅起初是一个三层桨战船的将官（trierarch），最后则成了一个职业演说辞作家，而且还是一个堕落的职业演说辞作家。除此之外，德摩斯忒涅或许称得上是 deinos legein［工于辞令］，创作了很多 kaloi logoi［美言佳句］，但是他的生活却乏善可陈（kakos），他的行为更是劣迹斑斑（phaula）（174-175）。

智术和演说辞写作造就了一个演说者，他千方百计地（尤其使用各种骗术）要确保赢得某一案件或论辩，使他与民主式演说者的理想形象格格不入，而一个理想的民主演说者的演说才能，应从属于他的政治才干（eugnōmosunē）。这种演说者被允许借助修辞术施教，以说明白他的好建议，但是，如果一个演说者还兼任孩童的教师或是顾问的话，那么就会假定，任何表面上的政治才干（eugnōmosunē）都只是一种不诚实的修辞效果：他优先展示他战无不胜的精明（deinotēs），而且通过修辞技艺成功地实施了欺骗（apatē）。可以肯定的是，埃斯基涅斯援引苏格拉底，表明了这位智术师和他的骗术可能同"寡头政治倾向"存在联系。但是演讲术对职业演说辞作家和智术师的不断妖魔化，构成了对如下做法的意识形态上的疏远：利用修辞术欺骗陪审团和公民大会成员以谋取私利，其他任何考量都不顾。修辞术必须被用来服务于吐露智慧，好的裁断以及对民主的真正忠诚。这不禁令人想起了戴瓦（Derva）在为了"普遍的善"而适当"提反对意见"，与仅仅是"编故事"之间所作的区分。

上述这些反修辞术的惯用语所描绘的思想地图，以及该地图揭示的可商榷的和不可承认的领域，可以帮助我们评估柏拉图和亚里士多德有关修辞术的讨论的影响力和语境意义。虽然很少有人注意到，但柏拉图谴责当时修辞术理论和实践的那些依据，形成了对政治和法律话语的元话语反思，[217] 而这些反思已经存在于修昔底德的演说和阿里斯托芬的谐剧中。① 柏拉图把当时的修辞术刻画成一种欺骗性的谄媚形式，将其比作烹饪术和化妆术，这是公元前五世纪末民主文化自身的反修辞术批评和自我赋权（self-authorizations）的理论发展。② 但是，当柏拉图试图在《斐德若》（Phaedrus）中试图描绘出一种"真正的"或是"哲学的"修辞技艺时，或是当他用那些 peithō［说服］的诱人手段来维护他理想城邦的法律与社会秩序时（正如他的诋毁者乐于指出的那样），他有效地将修辞术置于表述和实现"善"（the good）的从属地位，这隐含在演说家对可接受的精明（deinotēs）以及优秀演说家的定义中。③ 这不是说演说家们与柏拉图对智慧有着同样的定义，或是有着相同的政治理想或目标。我们也不能说，柏拉图为反对当时的修辞术所进行的复杂论证以及对"哲学的"修辞术的提倡，与演说家们的元话语所作的"工作"相同。但

---

① Yunis（1996）的解读尽管有其局限，但令人耳目一新。阿里斯托芬和修昔底德突出强调了谄媚、欺诈的蛊惑者的形象，以及喜怒无常、易受误导的民众的形象，Yunis 研究了柏拉图呈现这些形象时的方式。

② 参柏拉图《高尔吉亚》（Gorgias）463a-c、464c-d、481d、521a。关于谐剧中因受谄媚的蛊惑家欺骗而被误导的民众的形象，参阿里斯托芬《骑士》行763-1110、1340-1344。参阿里斯托芬《阿卡奈人》（Acharnians）行370-378 和634-635，我们看到，反讽的民众的"教导者"，易于进行欺骗性的蛊惑式谄媚，也看到谐剧作家充满怀疑的自我呈现——他揭露了这种谄媚的本质。亦参修昔底德《伯罗奔半岛战争志》2.65.8-10，在这里，修昔底德赞扬伯利克勒斯从未诉诸谄媚的修辞术，遣责了这样做的他的继任者们。修辞性欺骗的威力和危害，是雅典民主制难以回避的问题，关于修昔底德和阿里斯托芬对这一问题的具体贡献，参 Hesk（1997），页222-234。

③ 参柏拉图《斐德若》259e1-261a5。关于《斐德若》将修辞术复杂地从属于哲学和伦理的目的，参 Ferrari（1987），尤其页39-45 和204-232；Murray（1988）；Halliwell（1994）；Yunis（1996）页172-210。关于修辞术在《法义》和《王制》中的角色，参 Popper（1966）页138-146 和270-272，Vickers（1988）页143-144；Yunis（1996）页211-236。

是，演说家们的策略与柏拉图的哲学都认定同一观念：唯有以知识、智慧和法律（constitutional）现状为依归，才能抑制演说术潜在的欺骗性和破坏性。柏拉图希望揭露当时演说术和智术作为错误的知识话语的面目，并令说服的技艺以辩证的智慧与对自我的知识为依归。

演说家们对民主制的服膺，依据的是对某个修辞术观念的合理化，这一观念认为修辞术从属并服务于好的判断和建议。对演说家们和柏拉图双方来说，智术体现为一种话语，这一话语并不优先忠诚于"真理"或共同认可的道德与政治目的；智术唯一关注的是个人在任何辩论中的胜利，以及证明它确实能够做到这一点。[218] 演说家标榜说自己拥有重要的知识和政治上的忠诚，这塑造并限制了他对修辞术的使用，而柏拉图则认为所有演说家都缺乏真正的知识，甚至都只是智术的兜售者而已。但不论是柏拉图，还是演说家个人，都动用了他们好的、从属性（subordinated）的修辞术模型，并将之与他人错误、虚假且不顺服的（insubordinate）修辞术进行对比。

演说家对智术的妖魔化，以及将自己呈现为为了好的政治和道德目的才使用聪明才干（deinotēs）和演说才能，这一点也反映在亚里士多德创立合法的公民修辞术理论的努力中。亚里士多德认为，区别智术师和（他所谓的）修辞学家的，"不是能力（dunamis）而是道德目的（prohairēsis）的不同"。① 在他看来，只有当公共演说的意图和效果被认为在政治和道德上不可取的时候，公共演说的能力才变成了智术（参 Garver [1994] 页 208）。

我赋予奥伯反修辞术惯用语的特点的限定条件，证明雅典民主制的法律话语，并没有直接将修辞术的技巧与力量同欺诈关联起来。毋宁说，演说辞写作与"智术"这两种相关联的实践活动，被作为欺

---

① 亚里士多德《修辞学》1355b18–21，见 Kassel（1971）。Garver（1994）页 206–231 借助亚里士多德的伦理哲学，详细分析（unpacks）了这个不同。

骗活动挑了出来，因为人们认为它们把个人的胜利，看得比对城邦公民的价值与诚信的忠诚还重要，随之而来的是对合法劝说方式的蔑视。雅典人既利用了修辞术的技巧，又不断宣扬它欺骗、迷惑和蒙蔽的力量。如奥伯所言，他们尝到了修辞术的甜头，并且防止它威胁他们的政制体制（constitutional system）。在此我想补充一点，即这并不单单是奥伯所谓的"矛盾与平衡"的言说过程（Ober［1989］页187）。演说家在陈述智术和演说辞写作上，并无任何犹豫。相反，精英演说家发展并且回应了意识形态上的要求，即修辞术技巧应当以一个政体的政治和道德"真理"为依归。智术师和职业演说辞作家被想象和描绘（invoked）成不可接受的角色，因为他们代表的修辞术实践，不受对该政体长期忠诚的约束。

四　举止不端

雅典人如何维持和再生（reproduced）其民主制，以及显而易见的民众对精英的统治？为了回答这些问题，奥伯将焦点放在了阿提卡演说术提供的论据。但是，［219］对于雅典演说术，批评家们还持有另外一种观点，他们试图利用这些演说，作为阿提卡社会的"社会学"或"话语实践"的"证据"。[1] 倘若要全面阐述雅典文化同潜在欺骗之间的对抗——德蒂安（Detienne）所谓的"演讲的模糊性"，我们就需要处理私人争端协商中的政治和法律话语（Detienne［1967］页51-80）。那些引人注目的政治家，和低调的诉讼当事人，

---

[1] 这里，我尤其想到了如下著作：Dover（1974）、（1978）；Nouhaud（1982）；Humphreys（1985）；Foucault（1987）；Halperin（1989）；Millett（1991）；Cartledge（1990）；Osborne（1985a）、（1990）；Winkler（1990a）；Todd（1990）、（1993）；Cohen（1991）、（1995）；Hunter（1994）；Hall（1995）；Wilson（1997）。

都参与到了"民主话语"之中,然而,同时,他们又都为了在更大的共同体中获得地位和赞誉,而在法庭和公民大会上互相争斗。当然,在许多私人案件中,拥有大量的钱财明显处境不利。但是,那些有钱人还是要通过法庭,在事关男子气概和荣耀的精英较量中,获得补偿和维持利益。① 在该种情形中,公民之所以在法庭上表演,为的是巩固或恢复城邦眼中的常规(general)"表演"。

基于以上观点,我们必须考察一些非常个人化的策略和对抗策略,演说者通过这些策略,揭露对手五花八门的谎言和伎俩。这些策略不能被说成是惯用语,在我看来,它们相对是新颖和奇特的,其力量也正源自于此。它们的独特性,恰可凸显和孤立所针对的那些非同寻常的(往往杰出的)个人的"不法行为"。它们虽也都援引了文化规范和普遍认同的行为典范,但与我刚刚讨论的那些反修辞术的理由不同,它们决不能被看作是寻常之物。这些策略虽针对的是对手的不法行为,也当然属于元话语一类,但却不能将它们都描述成我狭义上使用的"反修辞术"策略。在下文中,我将讨论两个广义的"反修辞术的修辞术"的例子。

---

① 近来的研究凸显了利用法庭来解决宿怨和争夺公共地位和荣誉。现存的雅典法庭演说,大都加入了所谓的"零和"(zero-sum)游戏,不然就是利用了该游戏的语言和协定。按照社会竞争的规范,男性公民精英(主要是"公益服务阶级"[liturgical class]内部的富有精英)作为引人注目的公民,将他们的竞争和争吵提交到法庭这个公共舞台。之所以提交法庭,如同 Cohen(1995)页 141 所说,是为了"雪耻或用计谋战胜敌人"。参 Winkler(1990a)页 178 及以下;Cohen(1991)页 171-202、(1995)页 63-70。参亚里士多德《修辞学》1382b,其中亚里士多德在论述害怕时,清楚地说明了社会竞争的零和规则。亦参智术师摘录 *Anonymus Iamblichi* DK 89 17-20,它这里说,没有人愿意给予其他人荣誉,因为他们觉得他们自己受到了盘剥。[译注]"公益服务阶级":指雅典规定由富有的公民轮流负担公益服务,如出钱训练戏剧中的合唱队,给合唱队队员提供服装费或为海军提供军费等。此处暂译为"公益服务阶级"。

[220] 我要举的第一个非标准的、元话语策略的例子,出自德摩斯忒涅的演说《驳斯蒂凡努斯(一)》(Against Stephanus I)。这一策略没有过问对手在运用公共演说技巧过程中的诚信度。公元前五世纪末和前四世纪,雅典兴起一种探究"相面术"(physiognomic)的新方式,这为思索这种策略的力量,以及作为其基础的社会行为假说,提供了一个重要的框架。[①] 不管是否直接得益于这种新"科学"的理论和实践,或者仅仅是雅典"监视文化"的必然产物,德摩斯忒涅《驳阿里斯托格通(一)》(Against Aristogeiton I)的结束语,清晰地表明了法律演说可以很好地利用相面术的假说:

> 在我坐下之前,我还要再说一件事。你们很快就将离开这个

---

① Winkler (1990a) 页 199 - 200,这样定义古代的相面术"科学": "通过观察身体的特征和类型,来认识人们'性格'(nature)的非正式的活动"。关于定义某种古代实践为"科学的"的问题,参 Lloyd (1970) 页 125 及以下。这种实践,以及它所依据的假说,可追溯至荷马《伊利亚特》(Iliad) 13.275 - 287。Evans (1969) 罗列了荷马和其他古风诗人的作品中含有相面术假说的段落。

大多数流传下来的相面术文本,都可追溯到公元前二世纪及以后(Förster [1893],Gleason [1995],Barton [1994] 页 95 - 131)。然而,两篇论人类相面术的伪亚里士多德论文,可追溯到公元前四世纪。参 Lloyd (1983) 页 18 - 26;Armstrong (1958) 页 52 - 53。Galen *Anim. mor. corp. temp.* 7 声称,希珀克拉底(Hippocrates)发明了相面术,而且希珀克拉底文集中肯定含有相面术的材料:参希珀克拉底《流行病》(*Epidemics*) 2.5.1、16、23, 2.6.1。珀尔普斐律(Porphyry)《毕达哥拉斯传》(*Life of Pythagoras*) 13 声称,毕达哥拉斯曾运用相面术的分析方法。西塞罗《论命运》(*On Fate*) 5.10 和 *Tusculan Disputations* 4.37 提到一个故事,说泽皮鲁斯(Zopyrus)给苏格拉底相过面后,断定他很愚蠢,而且迷恋女人。第欧根尼·拉尔修(Diogenes Laertius)《明哲言行录》6.16 (= Caizzi 残篇 1)把《论智术师的相面术》(*Peri tōn sophistōn phusiognōmonikos*)列为安提斯忒尼(Antisthenes)的著作。

法庭了，你们将受到旁观者们的注视，既有外乡人也有公民；他们将查看出现的任何一个人，通过观察他们的表情（phusiognōmonēsousi）来判断谁投了无罪票。雅典人啊，你们若是违反了法律，再露面的时候，该如何为自己辩护呢？当以何种脸色和表情面对他们注视的目光？（德摩斯忒涅 25.98）①

这段文字罕见地曲折申说了一种惯用语，该惯用语意在提醒陪审团，他们的决定将受到旁观者以及其他公民的评判。② 演说者实际上是在警告陪审团，当他们离开法庭时，[221] 围观者甚至能够通过观察面相，分辨出他们当中谁投了无罪票。他甚至试图使他们自觉意识到，那些投票支持阿里斯托格通的人，面对这种检视将显露何种表情。对于公元前四世纪的诉讼当事人来说，相面术显然是一种策略资源。③

了解了这一资源，我们再来看《驳斯蒂凡努斯（一）》（德摩斯忒涅 45）。这篇演说由阿波罗多洛斯（Apollodorus）发表，控告的是

---

① 这个演说可能不是德摩斯忒涅所做。Kennedy（1963）页 207－208 和 Ober（1989）页 358 认为它是真的。

② 令人惊讶的是，不论 Winkler（1990a）或是 Gleason（1990、1995），都没有提到这个段落。Cohen（1991）或（1995）都也没有讨论这个段落，尽管它们都大量引用了该演说的其他部分。Hunter（1994）页 232 注释 41 所列举的参考文献中，引用了这个段落，这些文献都涉及旁观者的重要性：旁观者作为证人，见证了与审判相关的事件；作为目睹者，又亲见了诉讼当事人和陪审员们的法庭行为。Dinarchus 1.30、66 和 2.19 提醒陪审团，他们的判决受到旁观者们的监视。亦参 Bers（1985）页 8 对审判中旁观者 thorubos [喧哗声；喝（倒）彩声] 的论述。

③ 关于在罗马相面术与修辞术的关系，参 Barton（1994）页 99：

……这一体系的基本元素，具有道德说服力。相面术的方法，揭示出它们发展了传统的赞扬和斥责的惯用语，这些惯用语的作用在于，说服听众支持演说者，反对非同一阵营的（categorised）他者。

此前一场审判中的一位证人。① 斯蒂凡努斯被指控为他的朋友佛密俄（Phormio）作过伪证，佛密俄早前曾卷入一场与阿波罗多洛斯的法律争端。该演说的其中一点，是阿波罗多洛斯指控斯蒂凡努斯贪婪、为了钱财谄媚他人、利欲熏心且傲慢无礼。随后，他对斯蒂凡努斯在日常公共生活中的行为举止，做了如下的描述：

> 当这个人阴沉着脸从墙边走过，他的这些外表特征（appearances），没有一种标志着节制，倒不如说是愤世嫉俗。在我看来，一个从未遭受厄运，也不曾缺乏生活所需，却习惯地保持着这种行为（demeanour）的人，经过深思熟虑得出了这样的结论，即对于那些悠闲自然地散步且面带喜悦的人，人们会带着请求和建议毫不犹豫地接近他们，而对于那些敷衍和阴沉的人，他们却不愿意骤然靠近。这种举止（schēma）正是在掩饰真正的品性，体现了他性情中的野蛮与怨恨。(68–69)②

阿波罗多洛斯认为，他的对手在公共生活中的举止（schēma），同正在讨论的案件相关。正如戈尔德希尔在［222］本文集导言中探

---

① 这篇演说辞一般认为是德摩斯忒涅的作品，为阿波罗多洛斯而作。参 Trevett（1992）页 50–76。把这篇演说辞归到德摩斯忒涅名下似乎不妥，因为德摩斯忒涅文集中"阿波罗多洛斯"的其他演说辞，都归于在此之前一个默默无名的演说家，即阿波罗多洛斯本人。为什么阿波罗多洛斯写了其他的演说辞，却没有写这一篇？

② οὐ τοίνυν οὐδ' ἃ πέπλασται καὶ βαδίζει παρὰ τοὺς τοίχους οὗτος ἐσκυθρωπακώς, σωφροσύνης ἄν τις ἡγήσαιτ' εἰκότως εἶναι σημεῖα, ἀλλὰ μισανθρωπίας. ἐγὼ γάρ, ὅστις αὐτῷ μηδενὸς συμβεβηκότος δεινοῦ, μηδὲ τῶν ἀναγκαίων σπανίζων, ἐν ταύτῃ τῇ σχέσει διάγει τὸν βίον, τοῦτον ἡγοῦμαι συνεωρακέναι καὶ λελογίσθαι παρ' αὑτῷ, ὅτι τοῖς μὲν ἁπλῶς, ὡς πεφύκασι, βαδίζουσι καὶ φαιδροῖς, καὶ προσέλθοι τις ἂν καὶ δεηθείη καὶ ἐπαγγείλειεν οὐδὲν ὀκνῶν, τοῖς δὲ πεπλασμένοις καὶ σκυθρωποῖς ὀκνήσειεν τις ἂν προσελθεῖν πρῶτον. οὐδὲν οὖν ἄλλ' ἢ πρόβλημα τοῦ τρόπου τὸ σχῆμα τοῦτ' ἔστι, καὶ τὸ τῆς διανοίας ἄγριον καὶ πικρὸν ἐνταῦθα δηλοῖ.

讨的那样，schēma 这个词，在雅典竞争性的（agonistic）表演和监视文化中，是一个基本的表达用语——不仅仅是因为它发展出了含有学习和摆弄"姿态"及"仪表"的技术意义（参 Goldhill "导言"，页 4-5）。阿波罗多洛斯从一开始就明确指出，他认为斯蒂凡努斯在外表特征上矫揉造作。他说斯蒂凡努斯在城墙边散步时表情阴郁（ἐσκυϑρωπακώς），而且这种表情是他伪装出来的（ha peplastai）。阿波罗多洛斯设想（可能是故意和错误地），观众对于这一情形非常熟悉。修饰主语的形容词σκυϑρός［阴郁的］、σκυϑρωπός［愤懑的］，或动词σκυϑρωπάζω［显得愤懑、愁眉苦脸］，似乎涵括了一系列表现在皱眉的面部表情中的情感：庄重、悲伤、阴郁和愤怒。① 很难准确判断，哪一种表情是阿波罗多洛斯试图通过"ἐσκυϑρωπακώς"传达的。但是，很显然，斯蒂凡努斯被呈现为具有某种刻板的（fixed）严肃表情。阿波罗多洛斯认为，听众可能会将这种表情，以及其他未指明的造作姿态，看成是"节制的标志"（sēmeia sōphrosunēs）。斯蒂凡努斯显露出节制、温和及谦逊的表情，他的肢体语言顺理成章地同雅典文化高度赞扬的道德与政治性情关联了起来（关于 sōphrosunēs，参 North［1966］，尤其页 85-149）。

据阿波罗多洛斯所说，每个人都有可能通过一个人的面部表情和身体姿态，推断其内在品格和性情。当然，这是阿波罗多洛斯那方面的一种修辞术措施，只能让我们片面地了解到，雅典人在何种程度上把"民间的"相面术作为一种根深蒂固的社会实践。但是，对于阿波罗多洛斯来说，这个案件恰好可以用来提出这一问题，因为他知道，他必须应对那种普遍的看法，即斯蒂凡努斯的外表特征暗示着一种正直的道德品质。斯蒂凡努斯的外貌和举止看起来并不像个骗子，

---

① 比较欧里庇得斯《希波吕托斯》行 1152（悲伤和庄重）；阿里斯托芬《吕西斯特拉特》（Lysistrata）行 7（愤怒和阴郁）；埃斯基涅斯 2.36（愤怒和乖戾）、3.20（庄重）；柏拉图《会饮》206d5（不满地皱眉）。

对他的起诉人来说，得出这些结论需大费周折（a lot riding）——这些结论当然来自一种身体的社会符号学的共同实践。我们丝毫不能确定，雅典到底多大程度上算是一个真正"面对面"的社会，在这种社会里，陪审团里的每一个人都听说过斯蒂凡努斯，或亲眼目睹过他在日常事务中的表现。① 但是，阿波罗多洛斯［223］对斯蒂凡努斯的表情与行为表演性的详查，使人想到了"监视文化"这一概念（无论它是一种修辞学神话，还是一种残酷的社会现实），温克勒（Winkler）、科恩（Cohen）和亨特（Hunter）都认为这个概念对雅典法律话语至关重要。②

在将斯蒂凡努斯描绘成一个貌似正直的人之后，阿波罗多洛斯为听众提供了一种关于这位对手的外貌的别样诠释。斯蒂凡努斯从未经受过任何不幸，也从不缺少生活必需品。这样的传记，某种程度上，将斯蒂凡努斯排除出了对节制这种体态特征的诚实利用的行列。阿波

---

① 比较 Ober（1989）页 148－151 的论述：在演说家那里，传闻是民主的、可接受的证据形式；他们会使用"众所周知"这个惯用语。关于雅典作为"面对面"的社会这个概念是真实还是空想的问题，参 Finley（1973）页 17－18、（1983）页 28－29（真实性）；Osborne（1985）页 64－65 和 Ober（1989）页 31－33（空想性）。近期的著作，在城邦结构的层面上，论证了真正面对面的社会不太可能，这暗示有关诉讼当事人的流言蜚语，不可能总会从德谟，流向由不同的德谟成员组成的公民大会和法庭陪审团的观众耳中。雅典法律展现了一种转变，即从村落中的面对面关系，转变到这种关系现实中不再存在的城市，关于这种转变的影响，参 Humphreys（1985）页 350－351。但是存在这样的可能性，在社会真实性的层面，很少有什么与所有人都有关的绝对"共同的传闻"，不过最显赫的政治个体，似乎适合 Ober（1989）页 32 下面的分析："当一个富有的雅典人作为诉讼当事人进入民众的法庭，他不能指望陪审团中只有单独一个德谟熟人，其余的陪审员则都是陌生人。"

② 关于精英"监视文化"，参 Winkler（1990a）。关于邻里间的流言蜚语和监视，参 Cohen（1991）页 49－55、64－69、90－95。关于流言蜚语在雅典作为社会控制的手段，参 Hunter（1994）页 96－119。

罗多洛斯解释说，人们总乐意接近那些悠闲、自然地散步且面带愉悦或表情灿烂的人，并常常向他们提出请求和建议。而对于那些看起来很虚伪或是阴郁或严肃的人，人们便不愿意靠近他们。阿波罗多洛斯推测斯蒂凡努斯之所以有那般表现，就是为了拒斥其他公民的请求。他更进一步指出，斯蒂凡努斯一生中，无论私下里或是在公共场合，从未做出过任何慷慨之举（69 – 70）。那种原本同节制相关联的行为，不过是对别样的内在品性的掩饰（problēma）而已；事实上，它恰好证实了斯蒂凡努斯"愤世嫉俗"的脾性（misanthrōpias）及其"性情中的野蛮与怨恨"（to tēs dianoias agrion kai pikron）。阿波罗多洛斯此处的论证，同亚里士多德《相面术》（*Physiognomics*）中的某一节正相吻合，这一节探讨了相面术诠释中一种"表达方式"的缺陷；亚里士多德将这种方式区别于同样具有缺陷的"动物学"方法（参 Armstrong［1958］页 53 – 55）。亚里士多德清醒地指出，两个性情（dianoiai）迥异的人，可以表露出同样的面部表情；对于一个勇敢的人和一个粗鲁无礼的人，我们常常无法区别他们的表情。［224］类似地，一个通常性情阴郁的人，也可能有美好的日子，因此而面露喜悦（亚里士多德《相面术》3，见 Förster［1893］）。

阿波罗多洛斯切断了一系列具体的身体特征，与由身体特征体现出的性格类型之间的所有明确联系。但是他并没有扰乱那些为相面术的诠释奠基的种种假说的有效性（workings）。对于节制的特征如何可能暗含一种截然不同的（在此案中，完全对立式的）道德品性，阿波罗多洛斯极其谨慎地给出了一个看似有理的因果解释。斯蒂凡努斯并不是简单地被认为用温和、谦逊的面具，隐藏了自己的愤世嫉俗和恶毒。事实上，通常认为的节制表现，在愤世嫉俗的行为中被赋予了功能性的角色。显得难以接近，便是难以接近；想要在不改善个人处境的条件下显得难以接近，便是愤世嫉俗和粗鲁。因此，这种难以接近的特征——它恰与节制的特征相同，常常证明一个人不愿意参与日常公共生活的互帮互助（give – and – take）。用阴沉的表情避开他人的请求，这种愤世嫉俗可以使这个人的性格永存不变。同时，他可以隐藏这种性情，因为它的身体表现，通常意味着一种积极乐观的性格类型。简而言之，阿波罗多洛斯暴露了斯蒂凡努斯公共场合中的自我呈现，它是一场聪明却并不坦诚的戏剧表演。

雅典人的演说中，没有大量出现相面术风格的假设与诠释。① 但是，我们看到，在德摩斯忒涅与埃斯基涅斯的具体论争中，两人都乐于通过对方公开演说声音的质量与力量，来判断内在的性情、天性或 ēthos［习惯；性格］。② 他们在法庭的表演语境中，嘲笑、模仿和分析对方的身体姿态。他们甚至（通过语言和姿势）嘲弄和模仿对方（言语和姿态）的嘲弄和模仿策略。③ 对手的声音质量，或是所运用的模仿和姿态，常常被说成是在诱导听众远离真相或［225］眼下的真正问题。正如伊斯特灵（Easterling）在本文集中讨论的那样，德摩斯忒涅对埃斯基涅斯的演员生涯不依不饶（make particular play）。④

---

① 然而，Evans（1969）却悲观地声称，涉及相面术的假说或策略时，阿提卡演说术实际上保持了沉默。

② 参 Aeschines 2.34 – 35、3.228 – 229；Demosthenes 18.308 – 310、19.336。对于德摩斯忒涅强调埃斯基涅斯具有演员般的声音，参本文集 Easterling 的文章。

③ 参 Demosthenes 18.232 – 233。Goldhill（未刊稿）总结说：

> 当他指控埃斯基涅斯故作 schēmata［姿态］时，他模仿了一下这些 schēmata；因为语言论证缺乏力量。这是一种模仿性的 schēmata 表演，以此指控他对手的模仿性 schēmata 表演。表演本身成了争论的手段和内容。

亦参 Aeschines 2.156 – 158。更多德摩斯忒涅和埃斯基涅斯对表演的关注，参本文集 Ford 和 Easterling 的文章

④ 参 Demosthenes 18.232 – 233。亦参本文集 Easterling 文中的 19.120 和 337 – 338。Aeschines 2.156 – 158 把德摩斯忒涅刺耳的声音和模仿，比喻成中伤他人的工具。

此外，德摩斯忒涅还声称，埃斯基涅斯的嗓音和发音意味着不诚实与隐秘的罪恶（19.207-210）。

在某些情况下，诉讼当事人不得不否认不利的性格特征，这样的性格特征暗含于他在城邦中的言行之中。在德摩斯忒涅的演说中，原告不得不解释自己"疾步而行和高声说话"的习惯，并不像对手所说的那样，是品格不好的标志，而是一种无法克服的自然特点，他还诉诸自己平日的声誉（37.52、55-56）。就在阿波罗多洛斯揭露刚刚论及的斯蒂凡努斯行为中外在表征的欺骗性时，他却请求陪审团原谅他自己"疾步而行和高声说话"的习惯，把它说成是天性中一种不幸的痛苦（45.77）。他为了转移陪审团对他自身"面相名声"的注意力，便开始极其详尽地揭露斯蒂凡努斯有意骗人的外表（在 Demosthenes 54.32 及以下和 Lysias 16.18-19 中，"面相名声"也发挥了效用）。

在分析斯蒂凡努斯开庭前和法庭范围之外的日常举止（schēmata）时，阿波罗多洛斯并不只是简单地赋予他的对手一种固定的愤世嫉俗的坏性情。他还说，斯蒂凡努斯在同其他公民交往时，总是不诚实和耍两面派。对于控诉一个作了伪证的人来说，这显然是一个非常有力的论证。于是一个暗含可能性的论证与一个来自性格的暗含的论证合为一体了。在现存的演说中，尚无任何与此相似的论证。然而，它极不寻常的同时，又非常典型，因为它诉诸节制、粗野（agriotēs）和互利这些思想和道德上追求的概念。① 它还是一个古典（以及古典化地操作的）例子，有关监视文化与相面术假说的策略性表达之间的相互关系。最后，也是对我的主旨最重要的，这段文字展示了一个演说者如何应对和表述该公民的这个难题，他用一种明显与众不同的元话语策略对民众撒谎，因此留下了那种策略根本不是一种

---

① 关于节制，参 North (1966)；关于野蛮和"粗野"，参 Cartledge (1993) 50-55；关于互利，参 von Reden (1995)。

策略的印象。阿波罗多洛斯制造了这样的印象：传统的反修辞术惯用语，既像斯蒂凡努斯的描述一样不充分，[226] 又与典型的咒骂策略一样不必要。从斯蒂凡努斯身上，我们看到了一个为了保存社会难以接受的真实的自我而不诚实地生活的人。他愤世嫉俗，蒙骗其他人，让人误以为他是个节制的人。阿波罗多洛斯暗示，陪审团司空见惯的谩骂（"马屁精"、"智术师"等）毫无必要，而且这种漫骂把握不住斯蒂凡努斯以欺骗为生的非同寻常的实情。阿波罗多洛斯的欺骗性的相面术，试图通过显示它与抨击"不诚实"对手时的标准的惯用语之间的区别，来使自己变得可信。

五　撒谎的惯用语

阿波罗多洛斯通过聚焦对手在雅典街道和聚会场所中的（策略性）表现，为他塑造了一个不诚实的形象。这一抨击所针对的，不是斯蒂凡努斯在法庭这一有限范围内对修辞技艺的使用，就其本身而论，它明显背离了上文讨论过的那种反修辞术惯用语。但在某些情形下，演说者会通过强调对手对陈词滥调的使用，以及"揭露"这种惯用语掩饰的谎言，来使自己同修辞技艺的欺骗性内涵保持一定的距离。在现存的演说中，这种反修辞术的策略不乏其例，但限于篇幅，我在此将仅详细讨论其中的一个。① 它们处理的都是各种各样的惯用语，它们都通过以下方式削弱对手：将对手使用过的（或即将使用的）论证，说成不过是一种陈词滥调，而它之所以成为陈词滥调，恰恰因为它证明自己是一种掩饰罪责的有效手段。如果说惯用语是大众

---

① 其他例子：Antiphon 5.4 - 5（关于惯用语"恳请发言"），见 Usher 和 Edwards（1985）页 70；Demosthenes 21.136 - 137（关于惯用语"你看到过我做此事"）和 141 - 142（关于惯用语"无经验"）。

与精英在戏剧性的虚构（dramatic fiction）中进行共谋的手段，演说家偶尔会论证说，惯用语构成了对手无辜的假象。这是一种自我意识的"反修辞术"形式，注释者们却忽视了这一点。接下来，我将以德摩斯忒涅的演说《驳玻俄托斯（二）》（*Against Boeotus* II）为例，说明它的作用。

"众所周知"这一惯用语，是一种极为常见的陈词滥调，由一系列反复出现的词语引出。① 这一惯用语通过一般的传闻或谣传，把一条有关某个人的信息呈现为真实的。[227] 此外，它还用于引用一些经典诗句、法律条文或历史事件。② 在《修辞学》中，亚里士多德认为，演说辞的撰写者利用这种惯用语以竭力争得所有人的赞同，包括那些对被说成是常识性知识的信息毫无所知的人，因为这些人会羞于暴露自己的无知。③ 惯用语的作用及效力，还同以下情况有关，"整个城邦被虚构成面对面式的共同体，现实中只存在于乡镇的层面"，而且 Phēmē［传闻］被看作是一种高度民主和平等的证据形式的表现。④ 但是，评论家们在分析作为一种反复出现的虚构的和赋权性的（authorizing）策略时，却未能注意到惯用语的虚构性作用在雅

---

① 参 Ober（1989）页 147–149 的讨论和例子。"众所周知"这个惯用语最有趣的创造性拓展，见 Aeschines 1.127–130。关于对 *Phēmē*［传闻］的诉求，参本文集 Ford 的讨论。

② 关于演说家在历史方面使用"众所周知"，参 Pearson（1941）、Perlman（1961）、Nouhaud（1982）。关于演说家用该惯用语引用和参证戏剧和诗歌，参 North（1952）、Perlman（1964）、Ober 和 Strauss（1990）页 250–255。

③ 亚里士多德《修辞学》1408a32–36。Ober（1989）页 149 把该惯用语巧妙操控民众的这一解释，与 Hyperides 4.22 联系了起来，演说家在此处声称，即使孩童都知道雅典的修辞家接受贿赂。

④ Ober（1989）页 150–151。关于雅典作为一个"面对面"的社会的观念，是真实的还是一种空想，参上文页 312 注释①。

典修辞话语自身的实践中遭受的质问。① 在《驳玻俄托斯》的第二篇演说中，德摩斯忒涅的委托人曼提修斯（Mantitheus）提出了关于其对手修辞手段的如下警告：

> 他是这样一个罪犯：倘使他没有证人可以证明某件事情的真实性，他就会对你们——陪审团的各位陪审员——说，它对你们来说是多么熟悉。这是所有那些无法提供清楚论证的人都会做的事。如果他企图采用这种花招（technazēi）的话，不要容忍放过，而要揭发他。你们中的任何一个人所不知道的，让他假设他的邻居也毫不知情。让他（译按：指假称的邻居）要求，玻俄托斯需要为他的陈述提供清晰的证明，而不要不顾事实真相，声称你们知道那些他根本无法拿出合理论证的事情。因为我，对我来说，各位陪审员们，虽然你们都知道我的父亲怎样被迫地接受这些人的意见，我依然在起诉他们时，提供了能为其证言负责的证人。（德摩斯忒涅 40.53 – 54）

曼提修斯预料到玻俄托斯可能会使用"众所周知"这一惯用语，他将这种惯用语说成是技艺制作的（technazēi）某种东西，出自那些没有任何公正或合理的论据的人。这个惯用语被视为一种发明，在一群不明确的演说者中大行其道，他们用它来掩盖"真实"。该演说者明确将他的对手归入了运用这一惯用语的"众多人"当中，将他的对手［228］对它的可能运用，说成是"背离事实真相"（apodidraskein tēn alētheian）的方法。曼提修斯把这个惯用语，同无法提供有利的证人联系了起来。同德摩斯忒涅对埃斯基涅斯装模作样的修辞术的描述一样：通过将对手的修辞术说成是对提供证词的替代品，从

---

① 参 Dorjahn（1935）页 291，然而，他不经意地为我的这个段落提供了证据，即"众所周知"这个惯用语"最终被用滥了"。

而表明它的欺诈性。① 然而，在这个例子中，一个具体的策略被拆解了。

此外，曼提修斯不仅将"众所周知"这个惯用语，解释为是在掩饰把毫无根据的谎言说成广为人知的事实的做法，他还为听众提供了一套方法，以理解任何被说成是常识的信息的产生是否具有合理性。他请求每一位陪审员细细考虑，对于玻俄托斯所说的那种"众所周知的事情"，他们自己是否知情。倘若事实并非如玻俄托斯所说，陪审员就可以设想，不知情的人并非他一个，其他陪审员也同样不知情，由此即可推断出，"众所周知"这个惯用语，是在以实际上并不存在的一般谣言的方式，表达一个捏造的事实，或一个毫无根据的声明。在请求陪审员根据自己的不知情推断出其他陪审员同样不知情时，该演说者试图消除任何这样的可能性，即某个个体不会只是部分地拥有共同拥有的知识。因而，他利用了一个民主观念，即普遍的传闻必须被定义成知识，城邦中的所有个体都知道，不会有任何例外。上述引文可以被理解成，有意在社会现实与空想之间做文章（play off）。在城邦的层面上，如果实际上真有公民可能不清楚某个具体的传闻的话，那么通过引入理想的传闻的概念，作为某种绝对人人共知的事情，曼提修斯就摧毁了这种可能性，因为人们会认为它具有可论争的和民事的合法性；"真正的"传闻反对玻俄托斯变相地（topologically）编造传闻的企图（关于人人了解具体的传闻的可能性，参上文页 312 注释①）。

曼提修斯对"众所周知"这个惯用语的元话语式的质问，可以和安多基德斯（Andocides）概括的辩护说明——他为自己在公元前 415 年亵渎（或并未亵渎）秘仪作的辩护——形成有益的对照。在发表于公元前 399 年的演说《论秘仪》（*On The Mysteries*）中，安多基

---

① 参 Demosthenes 19.120，他暗示埃斯基涅斯的修辞术和戏剧技能，可以让对证人的需要变得多余，暗含了掩盖他没有证人的事实。

德斯以如下请求,完成了(rounds off)他对发生在十六年前的事件的长篇大论:"先生们,好好回想下我言语中的实情吧,你们当中的知情人,一定[229]要(将此)告诉那些不知道的人"(安多基德斯1.69)。在这个例子中,演说者并不害怕承认,并非所有人都知道发生在多年以前的他说的故事中的事情。他实际上是在引导那些知情的陪审员,提醒他们告知那些不知情的人。他依旧遵循了"众所周知的"这一惯用语的精神,因为他虚构了一群了解内情的人,暗示有些陪审员年纪尚小,他们难以详细了解这件发生在公元前415年的事情。但是,他细心地考虑到了听众们不同的能力,由此,他提供了一个范例:演说家不再需要总是简单地重复各种惯用语,或是必须使用他们重现和再造的那种"戏剧性的虚构"。对于演说者来说,揭露这样的虚构(展示对手如何利用已有的修辞术原理进行欺诈)作为他们自己的自我呈现策略的一部分,往往极为有利。

结　论

作为言语(logoi)竞技和表演的场所,雅典法庭引出了"演说的模糊性"的策略结构,既有冲突,又有解决之道。在残篇226中,演说家许佩里德斯(Hyperides)清楚地描述了这种"模糊性"及其引起的忧虑:"人们的意图没有写在他们的脸上"(charaktēr oudeis epestin epi tou prosōpou tēs dianoias tois anthrōpois)。在强调缺乏一种足以判定人们内在性情的外在特征(charaktēr)时,这个变化了的(dislocated)短语,听起来像是忒奥格尼斯(Theognidea)所作的一个格言式的告诫,更像是欧里庇得斯肃剧中的那些反思——不可能通过语言和外表特征判定谎言和"真实的"性格。① 此外，在另一个针对埃斯基涅斯的批评中，德摩斯忒涅指出，欺诈对雅典民主制是一个极大的威胁，因为它依赖言语的表演：

> 一个人对你最大的不义，莫过于撒谎。对于一个建立在演说基础上的政治制度而言，如果演说不可信，如何能安全地治理这种政治制度呢？（德摩斯忒涅 19.184）②

民主的演说者需要消除演说的歧义，需要标榜自己为人诚挚，而对手则是一个瞎话篓子，这种需要导致了［230］元话语策略的兴盛，这种策略产生出了多种可能性和骗人的技艺。其中的一些策略频繁地出现，并且固定了下来，被称为惯用语。还有一些陈词滥调，带有从惯用语中发展出来的独特的和富有创造性的描述。另外的一些，则在现存的材料中具有较高的原创性。上文讨论的那种独特的策略，似乎毫无例外地被用于那些我们无法将之归为演说家的公民身上。斯特凡努斯和玻俄托斯不是公认的或似乎是"职业的"骗人高手，因此，重要的是通过特殊的策略，而非墨守骗人的演说者的"类型"，塑造他们不诚实的形象。

从民主的公共话语的竞争本质中，产生出了它自己的与（歪曲）表达和表演有关的"理论"。演说家们评估了政治理论术语中新近形成的有关修辞术教学法和咨询的技艺，发现这些技艺不适合"民主"表演。他们提醒人们警惕演说的"模糊性"，同时提供了（尽管出于

---

① 参 Theognis 119 – 128；欧里庇得斯《埃勒克特拉》（*Electra*）行 367 – 368。在欧里庇得斯《美狄亚》（*Medea*）行 515 – 519，女英雄向宙斯呼告，为什么他不在人身上标上清楚的特征（charaktēr），来作为坏人的标志。

② οὐδὲν γὰρ ἔσθ᾽ ὅ τι μεῖζον ἂν ὑμᾶς ἀδικήσειέ τις, ἢ ψευδῆ λέγων. οἷς γάρ ἐστιν ἐν λόγοις ἡ πολιτεία, πῶς, ἂν οὗτοι μὴ ἀληθεῖς ὦσιν, ἀσφαλῶς ἔστι πολιτεύεσθαι;

自身的利益）对方式的反思，认为应当按照这些方式探查、监督和分类欺骗性的交流（无论语言的还是肢体的）。公元前五世纪的戏剧家和史家，强调了修辞术表演和"演说的模糊性"呈现出的危险与机遇。① 修昔底德的密提林辩论（Mytilinean Debate），阿里斯托芬的《骑士》和《阿卡奈人》，甚至邀请了一位观众观看反修辞术的辩论，这些辩论作为潜在的欺骗策略存在于他们中间（参 Hesk［1997］页 221 – 234）。公元前四世纪时，演说家似乎在他们的观众当中，维持并发展着这种怀疑的氛围。他们这么做，无疑是在互相竞争，拍别人马屁，并满足民主制的意识形态需要。但通过这样做，他们也使得民众对这些方式心知肚明：在城邦各种场所中，以这些方式进行的装模作样的和操纵性的表演，可能会剥夺他们表面上的统治权。在这种意义上，"反修辞术的修辞术"，便不再仅仅是一种策略性的元话语。正是这样一种元话语，加强了民众对那些以它作为修辞策略的人的警惕和怀疑。当英国保守党指控工党玩"忽悠"时，他们自己也好不到哪儿去。除了错误地指责美国发明了"忽悠"，英国民众也许还应当感谢美国的新闻工作者，因为他们最早鉴别出了这种表演，并将其纳入了监督。

---

① 最近，Halliwell（1997）强调肃剧包含了修辞的威力和危害，而非简单地利用它作为创造性资源的新方案和策略。

演讲台上的荷马解读

——埃斯基涅斯《驳提马库斯》中的诗歌与法律

福特(Andrew Ford)撰

熊宸　李向利　译

[231] 在现存的几篇公元前四世纪雅典(Athens)的演说辞中,演讲者们原封不动地(in extenso)引用了荷马或者其他诗人的诗句,并详细地进行评论。这样一些段落是一种宝贵的提醒:雅典人的文学教育(literary culture)不仅由那些官方节庆上的公共表演者来承担,而且由公民之间一系列多多少少非正式的诗歌重演来承担。本文关注的是法律环境下的此类诗歌再现——在这个民主的城邦中人们会如何看待文学教育的用途。本文旨在指出,向一群可谓雅典之左膀右臂的观众展示诗歌造诣是一件多么复杂的事情。如果我们从希腊人那里继承了如下观点,即古代的传统知识——尤其是像荷马(Homer)这类老派诗人的知识——有助于塑造好公民,那么我们也同样继承了该观点的某些问题。我们尚不清楚熟悉古代诗歌能带来怎样实际的好处,并且可能很难把对文学教育的追求与民主理论中的平等主义因素调和起来,因为前者通常要求闲暇与正规的教育。我将会尤其关注埃斯基涅斯(Aeschines)的《驳提马库斯》(*Against Timarchus*),因为它是这样一种演说:不仅大量引用诗歌,并且也展示了在向形形色色的观众呈现精英的文学教育

时的某种张力。① 此外,就其自身及其目标两方面而言,这个演说都与修辞表演息息相关。② 正是在这些如此涉及公共层面和高风险的作品中——而非在像柏拉图(Plato)那样隐遁的精英对诗歌的敌意中,或者像亚里士多德(Aristotle)那样游历丰富的外邦人(metics)抽象的和普遍化的形式主义中——我们才能看到何以诗歌方面的造诣会如此受到重视,以及它是如何与民主的意识形态协调一致的。

我的论证将分为三个阶段来进行。首先(在第一部分中),我将细致地描述被多次引用的那些古代言论——即荷马在雅典文化中具有中心地位,[232] 方式是通过聚焦这些言论的社会含义,考虑它们掩盖的现实。这将使我们看到,在人们一致认同荷马为希腊人共同的教师(paideia)的背后,存在着一场关于如何解读诗歌的持久论战,不同的社会团体对此有着截然不同的演绎。继而,我将转向(第二部分)论述修辞家和演说家在诗歌方面的实践活动。在这部分我将论证,某些精明的希腊人解读荷马的方式,非常类似于埃斯基涅斯那样训练有素的演说家解读梭伦(Solon)法律的方式:二者都必须处理的是,为对某一文本的某种特定"解读"据理力争,而这个文本本身通常又比较老旧,其含义不是十分明确。这将表明,获得文学知识至少有一个好处是,有助于演讲者更灵活地说服他人如何"解读"某些文本。最后(第三部分),我将对这个假说予以进一步的阐明,主要是通过比较埃斯基涅斯引用荷马和其他权威诗人时的策略,他通过这种策略,向雅典观众陪审员呈现自己及其对手。

---

① 相关评论及讨论,参 Ober (1989) 页 177 – 181。比较 Ober 和 Strauss (1989),尤其页 250 – 255。

② 关于雅典演说术中的"元话语"(meta‑discourse),参本文集 Hesk 的论文。

一 民主城邦中的荷马解读

鉴于荷马在历史、科学和伦理中的古老权威,将其与民主教育和文化相融合,或许初看上去显得相当顺理成章,而且确实难以避免。至少从庇西特拉图家族(Peisistratids)时代起,荷马诗歌的公共表演就已经成了雅典公民生活的一部分,而且民主政体也在泛雅典娜节(Panatheneia)和布劳洛尼亚节(Brauronia)① 这样的节日上保持着朗诵史诗的传统。荷马与民主节日的关系如此紧密,以致到了公元前四世纪,人们已经普遍忘了庇西特拉图家族在其中发挥的作用(但柏拉图没有忘记,参《希琵阿斯》[*Hipp.*] 228b),而将这些习俗归功于"我们的父辈"或者"先祖"(Lycurg. *In Leocr.* 102, Isoc. *Paneg.* 4.159)甚至是梭伦(Dieuch. *FGrH* 485 F 6)的杰作。在这个热衷于场面的社会里,节日表演,以及那些四处游走的史诗吟诵者的非正式的表演,必然会使一大批公民对荷马耳熟能详。谐剧对史诗的滑稽模仿间接证明了后者的中心地位,而荷马在如此众多的肃剧(又译悲剧)文本中的出现,也证实了"公元前五到四世纪,音乐、舞蹈及诗歌,尤其是荷马(史诗),很大程度上一直在早期教育中占有重要地位"。大体上,荷马的重要性基于这样一种诗歌观念,即"诗歌不是深奥的艺术或仅仅是娱乐项目,而是一种对城邦进行重要、普遍和真实的言说的媒介"。②

[233] 似乎"埃斯库罗斯"在《蛙》(*Frogs*)中也有这样的宣

---

① [译注] 在阿提卡海滨小镇布劳隆(Brauron)举行的纪念女神阿尔忒弥斯(Artemis)的节日,每五年举办一次。
② Goldhill(1986)页 140、141,其中第六章描述了荷马在当时雅典文化中家喻户晓的过程。比较 Todd(1990)页 164。

称（行 1054 – 1055）："老师们（didaskalos）在学校里对孩子们讲道德，我们诗人则是成年人的老师。"① 然而，并非阿里斯托芬的每一位观众都能从老师那里受教，众所周知，雅典教育基于私人方式和自发性。因此，将诗歌视为一种公共财产、将荷马视为公众教育家的观念，也许并不是对社会现实的一种精确描述，毋宁说是民主观众所期待听到的那一类事物。（对比，例如赫拉克利特［Heraclitus］的神秘主义，或者忒奥格尼斯［Theognis，行 681］和品达［Pindar，《奥林匹亚凯歌》2.83 – 92］的小团体［in – group］精英主义。）因此，雅典教师们的以下说法很有远见，即他们让自己的学生们记诵"好诗人们的诗作"，因为它们包含了"许多警言，还有不少古代君子（好男子）们的外传、颂赋和赞歌，使得孩子们受到激发要模仿［他们］，想望成为这样的人"（柏拉图《普罗塔戈拉》325e – 326a）。②

公共教育的缺席仅仅意味着，伴随荷马是每个人的诗人这种意识形态，在史诗学识上还存在着一种不可避免的层次化。仅仅依靠概念上的无所不在，史诗不仅可以被当做文化交流的一种手段，并且可以通过积聚"文化资本"成为赢取社会荣誉的竞技场。③ 至少那些在学校"填鸭式地"（διαχορεῖς，《法律篇》810e10）学习诗歌的年轻人很可能会发现，它在"聚餐和盛宴的社交场合"和在市场里一样有用。④ 当尼西阿斯（Nicias）教导他的儿子尼科拉图斯（Niceratus）

---

① ［译注］参张竹明译，《古希腊悲剧喜剧全集》（卷7），南京：译林出版社，2007，页106。

② ［译注］参柏拉图，《普罗塔戈拉》，刘小枫译，未刊稿。下同。

③ Guillory（1993）对此有精彩的论述。关于教育体制如何能够延续不平等，布迪厄（Bourdieu）在他的许多著作中都做了有价值的探讨，尤其（1984）；比较 Goldhill（1991）页 169：在公元前五世纪晚期的雅典，教育是"冲突的根源，而非保持社会稳定的根源"。

④ Connor（1971）页 29；比较页 163 – 168 关于"新政治家"中间的文化和教育。关于在这些方面对一个多里斯杯的有价值的解读，参 Lissarrague（1987）页 130、132。

说,他必须用心学习《伊利亚特》和《奥德赛》以成为一个"高贵的人"(anēr agathos,色诺芬《会饮》3.5–6)时,一个仁慈的旁观者必然会认为这是由于其中包含宝贵的公民经验。但是尼西阿斯则显然主张的是整体的(whole)诗歌,这些东西需要大量的闲暇、财富和对文本的亲近(access)。无论尼科拉图斯可能接受了怎样的道德教育,由于他对一般经典广泛的涉猎而被赋予的社会荣誉,必然不会妨碍他被人们视为一个优秀之人。那些没有接受学校教育的人(和大多数的文盲),① 则很有可能是在节庆上从那些史诗吟诵者口中获得了大量关于荷马的知识(尽管伊索克拉底自命不凡地估计,大概只有不到半数的观众能在这样的场合保持清醒;*Paneg.* 12.263)。市场中也时常有一些演出(色诺芬《会饮》3.6)。像教师一样,那些史诗吟诵者完全有理由扮演荷马的"颂扬者"的角色,宣扬[234]这位诗人是如何教育了全希腊,并值得认真学习以作为对人类生活的指导(《王制》606e;关于"荷马的颂扬者",对比《伊翁》536d、541e、542b,《普罗塔戈拉》309a–b,《法义》810e–811a,色诺芬《回忆苏格拉底》1.3.3)。但是尼科拉图斯见到并宴请苏格拉底、安梯斯忒尼斯(Antisthenies)及欧绪德谟(Euthydemus,一位荷马文本收集者)时,这些圈子中的流行说法是,那些史诗吟诵者是最愚蠢的人,因为他们不知道荷马史诗的深层含义,这些可以从塔索斯的斯忒希默布罗图斯(Stesimbrotus of Thasos)这类人那里(有偿)习得。② 如果文学上的优雅可以表现社会地位,那么我们就不必对这样一则轶闻表示惊讶(普鲁塔克《希腊罗马名人对比列传·阿尔喀比亚德》7),它描述了阿尔喀比亚德(Alcibiades)对荷马的狂热,说他曾经鞭打一位男教师——因为那位教师没有一部荷马的作品,而对

---

① Harris(1989)中一些较低的估计,保存了最为完整的讨论。
② 色诺芬《会饮》3.6;《回忆苏格拉底》4.2.10,就此参 Richardson(1975)页 74。更多关于把荷马作为文化象征的用法,参 Ford(1997)。

另一位老师则会大大赞扬——如果他能够修订荷马作品中的错误的话。当阿尔喀比亚德宣称他评判教师的权利时，荷马的伟大也就同时得到了再次肯定。

对名义上普通的文学教育了然于胸，十分有利于会饮等私人场合中精英团体内部的交流和竞争；但若是向公众进行炫耀，则会有更大的用处，无论是通过宣扬某位教师罕见的洞察力，还是作为某些家庭中特有的生活方式的象征。这种对文学教育的"更高"形式的公开炫耀，既会激起公众的愤怒，又会导致精英人士的轻蔑。① 尽管如此，还是有大量的雅典观众必然已经在某种程度上熟悉了这种老于世故的解读方式：《蛙》已经充分展示出，至少那些博学之士最鲜明的观点，已经从富有的且有强烈上进心的人家里、从健身房和学校流了出来，渗透到了市场中，在那里，苏格拉底发现不乏有人愿意去争论某一首诗的含义（柏拉图《申辩》22a–c）。

在这个民主城邦中，我为荷马的图景添加的这些细节，并非要降低下面这样一个更为普遍的事实的重要性：

> 城邦所赖以生存的再现系统，提取自荷马史诗中的事例，那些事例仍然具有现实意义……并且赋予雅典的历史一种反复的姿态，以这种姿态，当下的战争复制着以往的战争，又预示着将来的战争。（Loraux [1986] 页 145）

然而，它们的确让我们意识到，如果说荷马在观念的民主更替（exchange）中家喻户晓，[235] 那么每一次处理也同样是一次社会

---

① 关于愤怒：伪色诺芬《雅典政制》(Ath. Pol.) 1.13。关于轻蔑：伊索克拉底曾谈到那些"庸俗的智术师们"，他们"到处"宣扬那些关于荷马和赫西俄德（Hesiod）的相同的陈词滥调（Panath. 12.18–19）；柏拉图反讽地称赞"时髦的"教育，这种教育公开地向鞋匠一类的人详细解释诗歌中隐藏的真理（例子是《伊利亚特》16.201；《泰阿泰德》[Theaet.] 180d）。

的地位和意识形态的更替。许多不同层次的荷马专业知识被用于出售，而在其文本解读方面的竞争也吸引了众多公民，其程度并不比对其伟大的广泛宣传更小，从这个意义上来说，荷马融入了雅典的方方面面。的确，典型的雅典艺术形式——肃剧、谐剧，以及葬礼演说——的主要任务之一，就是对城邦的英雄传统进行改编，因为这些传统很难用来灌输民主的价值观或习俗。①

但是，当我们转向对修辞术的研究时，要理解荷马和其他诗人何以会持续受到关注，正如实际情况那样，就会变得更加困难。例如，我怀疑克勒翁（Cleon）是否会同意下面这个观点：

> 对一个男子来说，教育的最大部分在于诗句方面机灵（deinos）。这就是有能力透彻理解诗人们所说的东西——[理解]哪些是[诗人]正确地作成的诗，哪些不是；懂得怎样区分，要是有人问，则懂得给个说法[理由]。（柏拉图《普罗塔戈拉》339a）

毕竟，在实践上，对于一个有志于在城邦中出人头地的头脑管用的学生而言，荷马可以说是最没有（least）用处的文本（《普罗塔戈拉》318e）（比较 Gomperz [1912] 页 127）。他（荷马）那陈旧且多语言混用的语言风格，几乎无益于演说家去面对一群热衷于挑剔文法错误、蛮族语言和读音错误的观众。② 他的故事与伟大的民主和宗教神话关系不大，也并不讲述那些民主演说的主题，如马拉松（Mara-

---

① Goldhill（1986）页 143 及以下，（1991）页 167–176；Loraux（1986）页 145 及以下；Wilson（1996）。

② 由此我们或许可以理解，像 North 和 Perlman 表明的那样，为何继荷马之后引用最多的，是欧里庇得斯（Euripides）那些平庸的、阿提卡的、带有格言性质的 rhēseis [剧词]（ποιητῇ ῥημάτων δικανικῶν，阿里斯托芬《和平》[Peace] 行 534）。

thon）和萨拉米斯（Salamis）。

虽然如此，亚里士多德却评论说，演说家们常把诗人们作为权威和著名见证人来引用（《修辞术》1375b28 及以下），而以下这个假设也似乎并无不妥，即他在《修辞术》（*Rhetoric*）中大量的诗句例证（远远超过了他对演说家的引用）（North［1952］页 6 - 7、22），典型地展现出艺术是如何呈献给学生们的。也许有人会认为，演说家们需要对（所引用的）支撑其论点的诗人有所了解，但是我们尚不清楚，援引诗人的建议是否在实际上被广泛运用到了实践中。波尔曼（S. Perlman）的出色研究表明，在我们现存的演说辞文本中，引用诗句的情况相对来说并不常见，他尤其关注了四次演说。① 对于这种缺乏或许有多种解释，② 但仍然值得质疑的是，[236] 对诗人的熟悉是

---

① Perlman（1964），尤其页 162：埃斯基涅斯 1（《驳提马库斯》），它导致了德摩斯忒涅 19（《论出使》[*Embassy*]）的回应；还有德摩斯忒涅 18（《论花冠》[*On the Crown*]），尤其 315、322，以及吕库尔古斯（Lycurgus）《驳列奥克拉德斯》（*Against Leocrates*）。参 Wilson（1996）中的出色研究。

② 诗歌引用的相对缺乏，似乎会挑战一些人的观点，他们假设引用荷马就像引用《圣经》一样，必然会得到观众们的支持（例如 Dorjahn [1972]）。Perlman（1964）页 161 对这一稀缺现象的解释，混合了"对专家根深蒂固的敌对情绪"和一种独立的演说—散文体风格的发展。North（1952）页 24 认为，诗歌在夸耀性的演说中最有用，而法庭上的（即我们的大多数证据）和审慎的演说者的演说，则由于习俗和保守的偏见，被禁止引用诗歌。然而，面对这样的敌意和偏见，为什么整个公元前四世纪开始把诗人作为模范，而且为什么继续对他们的价值献殷勤？我自己的解释将脱离各种轶事，例如像 North 本人引用的那个（伪普鲁塔克《演说家生平》[*Lives of Orators*] 845c），在这个轶事中，德摩斯忒涅在奥林匹斯节上站了起来，通过引用古代荣耀忒拜（Thebes）和奥林图斯（Olynthus）的诗歌，让那些赞扬马其顿（Macedon）的演说家们住了嘴。我认为，引述诗歌显得是一个有教养和受过教育的公民的"自然"冲动时，它会给人留深刻的印象，因此，它在口头雄辩中比在书面雄辩中更为常见。

如何体现在有效的修辞实践中的。如果智术师们的冲击力，可以被描述为"对知识的控制、形成和传播具有革命性的影响"，并且"为接近民主权威的程式提供了全新而又截然不同的技术"，① 那么我们也许就能尝试着去说明，他们对荷马的传授是如何影响到这些结果的。令人敬佩的是，诺斯（Helen North）用材料证明了在修辞术教育中诗歌研究的重要性，但是也承认，"诗歌研究已经成了智术师课程及其修辞术教学中一个举足轻重的部分，精确地探索这些诗歌研究之间存在的关系，通常十分困难"（North［1952］页2）。

我想要表明的一点是，对于那些将会成为民主演说家的人，坚持不懈地研究荷马的确具有实践上的重要性，它有利于提高两项有用的技能。首先，诗歌的古老和晦涩，使某些雅典人学会了如何深入阅读并解释艰深的文本，而这项技能能够有用地被转化为对古老法律的解读和对新近法律的阐释。其次，对于雅典，荷马世界已经相去邈远而关系甚微，这强化了他们对传统进行再利用的技艺，从而与当时的社会和政治安排构成对话。为了看清这一点，我们有必要首先通过两个例子来考虑一下雅典人解读荷马时的实际情况。

阅读和背诵荷马的最基本的技艺就是要理解 glossai［方言］，这种植根于传统的语言，有时对于诗人或表演者本人来说，已经随着时间的推移变得不甚明了了。到公元前五世纪末期，荷马专业知识中最古老的情节线索，已经从史诗吟诵者的专门学问，变成了雅典男孩教育中沉闷的主要内容（Pfeiffer［1968］页12、41）。但是，我们不应把注解（glossing）的简单和古老当做理所当然。因为注解［237］当然是从古文到现代文的翻译，因此荷马要成为市民文化机制中的一部分，通常需要解释，而不仅仅只是记忆或背

---

① Goldhill（1986）页226、227；关于他们的技术，参 O'Sullivan（1992）章3。

诵。粗略地看一下柏拉图笔下的卡利克勒斯（Callicles），会发现对某些语词的注解如何迅速变成了民主城邦的意识形态。卡利克勒斯嘲笑玩"哲学"的男人，因为他"逃离城邦中心和市场，而在这些地方'男儿们才会变得卓越'，正如诗人所说"①（《高尔吉亚》[Gorg.] 485d：φεύγοντι τὰ μέσα τῆς πόλεως καὶ τὰς ἀγορὰς, ἐν αἷς ἔφη ὁ ποιητὴς τοὺς ἄνδρας ἀριπρεπεῖς γίγνεσθαι)。正如画线短语所示，卡利克勒斯正是通过解释菲尼克斯（Phoenix）描述阿喀琉斯（Achilles）的话来维护活跃的政治生活的，后者将阿喀琉斯描述为一个小伙子，"不懂得恶毒的战争和使人成名的大会"②：οὐδ' ἀγορέων, ἵνα τ' ἄνδρες ἀριπρεπέες τελέθουσι（《伊利亚特》9.441）。卡利克勒斯的注解部分是为了阐明——毫无疑问也是为了展示——他对荷马用词的精通：荷马的ἵνα，"在某个地方"，变成了散文用法的ἐν αἷς；ἀριπρεπέες被套用成了阿提卡的形式，而ἄνδρες还被加上了一个冠词；古风式的或诗体的τελέθουσι变成了γίγνεσθαι。但尤其值得注意的是，荷马的ἀγοραί——即"集会之地"——被保留了下来，③并巧妙地解释为τὰ μέσα τῆς πόλεως，以展示"市场"在公元前五世纪的涵义——即观点、知识和力量的交流之地。如果（赞颂）男人们"擅长长矛和议事"的诗人，会将市场誉为一个获取荣誉的竞技场，那么卡利克勒斯则只是因为太兴奋而将其理解成了对蛊惑人心的政客们的赞颂之辞——那些政客勇敢地亲临市场这个观点汇集之地来为自己赢取荣誉。因此，他时髦而不安分

---

① [译注] 参柏拉图，《高尔吉亚》，李致远译，未刊稿。据原文引文，略有改动。

② [译注] 参荷马，《伊利亚特》，王焕生译，北京：人民文学出版社，1994。下同。

③ 由于卡利克勒斯正在做注解，对于τῆς ἀγορᾶς [在这个集会的地方]可能有些东西需要说明一下，它可能是对史诗的复数形式用于单个集会的一个进一步的分类。

（对比500c）的野心，获取了传统的支撑和英雄主义的外表。①

另一个不诚实的注解的例子，向我们展示了在意识形态的斗争中它所可能具有的灵活性。色诺芬（《回忆苏格拉底》1.2.58–59）记录了对同一段《伊利亚特》文本的两种截然不同的政治解读。在一个反苏格拉底的小册子中，波利克拉底（Polycrates）②指控苏格拉底仇视民主政治，为了证明这一点，他说这位哲人"经常"引用《伊利亚特》第二卷中的诗句，因为其中描写了奥德修斯约束国王们的行为，还制服了军队。最引发争议的就是这样一组对比：奥德修斯对贵族的温和指责（《伊利亚特》2.188–191），[238] 和他对普通士兵的严厉责备（行198–202）。③ 后者的诗句是这样的：

> ὃν δ' αὖ δήμου τ' ἄνδρα ἴδοι βοόωντά τ' ἐφεύροι, 198
> τὸν σκήπτρῳ ἐλάσασκεν ὁμοκλήσασκέ τε μύθῳ,
> δαιμόνι', ἀτρέμας ἧσο, καὶ ἄλλων μῦθον ἄκουε,
> οἵ σέο φέρτεροί εἰσι. σὺ δ' ἀπτόλεμος καὶ ἄναλκις, 201
> οὔτε ποτ' ἐν πολέμῳ ἐναρίθμιος οὔτ' ἐνὶ βουλῇ, 202
> 但是当他看见一个普通士兵在叫嚷，
> 他就用权杖打他，拿凶恶的话责骂：

---

① 卡利克勒斯的独创性在于他选择的用作证据的文本，而不是他给出的歪解：在《云》（Clouds）行1055–1057中，歪曲的逻辑（Unjust Logos）说出了同样不可靠的看法："跟着你又反对市场里的辩论，我却赞成。如果那是坏事，荷马便不会叫涅斯托尔和旁的哲人到市场里去演说。"更多的参Dover (1968a)对《云》行991的分析。[译注] 引文参张竹明译，《古希腊悲剧喜剧全集》（卷6），前揭，页319。

② 色诺芬的对手几乎肯定是《对苏格拉底的指控》（Accusation of Socrates）中的波利克拉底；比较Schol. Aristeides III. 480. 29及以下Dindorf。

③ 色诺芬的引述省略了行192–197（不相关的情节概述），而且明显地刚好在反民主的地方之前打住："我们阿开奥斯人不能人人做国王，多头制不是好制度"（2.203及以下）。

> "我的好人,你安静地坐下,听那些比你
> 强大的人说话;你没有战斗精神,
> 没有力量,战斗和议事你都没分量。"

色诺芬(1.2.58)引用了这个我们正在讨论的段落,据此我们得知,波利克拉底使苏格拉底"把这节诗解释成好像诗人的意思是赞成责打普通人民和穷人":① ταῦτα δὴ αὐτὸν ἐξηγεῖσθαι, ὡς ὁ ποιητὴς ἐπαινοίη παίεσθαι τοὺς δημότας καὶ πένητας。用 τοὺς δημότας καὶ πένητας [普通人民和穷人] 来解释荷马的 δήμου ἄνδρα [一个普通士兵] (行198),生动地使苏格拉底成了一个反民主的精英主义者;而将 τὸν σκήπτρῳ ἐλάσασκεν [用权杖打] 和 παίεσθαι [责打] 并举,则不啻将奥德修斯的行为构造为一种针对一位公民的肆心(hubris)。对于把这些文本推荐给雅典的青少年的人来说,(这样做)实在可悲。②

色诺芬否认苏格拉底曾经提供了任何这类的解读,因为他自己本身就很穷困。他反击说,应该把这段话解读为苏格拉底是一个"民主的、热爱人民的人"(δημοτικὸς καὶ φιλάνθρωπος,《回忆苏格拉底》1.2.60)。这个苏格拉底以截然不同的方式解读这些诗句,"有必要通过任何方式阻止"(πάντα τρόπον κωλύεσθαι,也就是说,甚至包括用权杖来打击或引导)那些"既不能以言语又不能以行动对人有所裨益的人,不能够在必要时为军队、国家或人民服务的人"(τοὺς μήτε λόγῳ μήτ' ἔργῳ ὠφελίμους ὄντας μήτε στρατεύματι μήτε πόλει μήτε αὐτ' τ' δήμῳ, εἴ τι δέοι, βοηθεῖν ἱκανούς)。在这里,色诺芬以相反的顺序,解释了奥德修斯讲话中最后的两句(《伊利亚特》2.201-202)。

---

① [译注] 参色诺芬,《回忆苏格拉底》,吴永泉译,北京:商务印书馆,2009。据原文引文,略有改动。下同。

② 波利克拉底已经给苏格拉底扣上了"阿尔喀比亚德的老师"的污名:伊索克拉底《布西里斯》(*Busiris*) 5-6。埃斯基涅斯也因苏格拉底教过克里提阿而将他视为民主制的一种威胁(1.173)。

荷马的战争—议事会二分法（οὔτε ἐν πολέμῳ οὔτ' ἐνὶ βουλῇ，行202），变成了同时的容易理解的"言辞—行为"的对立（μήτε λόγῳ μήτ' ἔργῳ）。[239] 色诺芬将这种二分法与2.201中的前一种对立结合了起来（ἀπτόλεμος καὶ ἄναλκις，"在进攻和防御方面都没用"①），从而形成一个三段式的渐强效果，从荷马的尚武世界转移到了民主的雅典：μήτε στρατεύματι μήτε πόλει μήτε αὐτ' τ' δήμῳ［不能够为军队、国家或人民服务］（?!）。（我只能假设认为，最后一句话是由荷马行202的βουλῇ［议事会］转化而来的。）这也是一种微妙的缓和，从奥德修斯责备普通士兵的无足轻重（οὔτε ποτ''，2.202），变成了εἴ τι δέοι［在必要时］，这暗示着那些微不足道的人将会让城邦陷入危机。

通过将其对象从（内在、本质的）无价值转化为政治上的"无用"，从而为奥德修斯的严厉赋予民主的色彩，② 色诺芬的苏格拉底补充说道，那些无用之人必须被约束起来，无论其身份如何："即便他们很富有"（也就是在2.188出现的βασιλῆα καὶ ἔξοχον ἄνδρα［一个国王或一个显赫的人物]）或者"傲慢"。如果"傲慢"（θρασεῖς）是在暗指特尔西特斯（Thersites）（他在《伊利亚特》中的出场紧挨着奥德修斯的演讲：2.211及以下），那么苏格拉底也就是表明，他自己也同样反对精英人士和公民大会上的那些蛊惑人心的干涉。总而言之，这位青年人的教师表示，他自己赞成一个有秩序但仍然是民主的公民大会；这样一来，公民大会在公元前五世纪由西徐亚弓箭手而在公元前四世纪由典礼官（proedroi）担任警戒，就没有什么会败坏雅典人的孩子们了。

这些段落既展示了注解荷马诗句时的复杂性，也表明它很有可能会被机智的解读家曲解以服务于自己的目的。因此，当我们相信荷马

---

① ［译注］为便于理解，据原文引文直译，王焕生译文为"没有战斗精神，没有力量"。
② 色诺芬的μήτε...ὠφελίμους［既不能……有所裨益］，是以χρηστός［有用的］的民主意义为标志的那些价值的对立物，关于这一点，参 Ober (1989) 页13。

的伟大权威对这个民主城邦的古老的称颂时,我们还必须认识到,那些对荷马有着特殊研究的人,很有可能会更得心应手且更有说服力地使这些名义上很普通的文本服务于他们自己。

无论他们在经过初级教育之后还研习旧诗歌的原因何在,我接下来要说明的是,那些雅典人在修辞术学习中长期磨炼、并在同龄人中不断练习的阅读技艺,能够为他们在诉讼中提供一种实用性优势。一些古老的法律可能时常需要当下语言的解读,这在吕西阿斯(Lysias)10.16及以下可以看得很清楚,其中演说家仔细回顾了一系列古老的"梭伦"法律,并不得不利用当时法律词典中的同义词项来注解其中的一些条文。这是一个极其孤立的例子,① 但是像梭伦法这种祖传法典,其模糊性和复杂性 [240] 众所周知,甚至导致某些政治理论家总结说,梭伦这种故意的"模糊和复杂化",是为了让人民最终具有像法官一样的权威,但是也有人认为,那些公认的含混之处,仅仅是由于一般法律(general laws)的构建实在困难重重。② 文学的和法律

---

① 不过,比较阿里斯托芬《云》行1185及以下,在这里,斐狄庇得斯(Pheidippides)希望取消债务,靠通过诉诸"我们的老梭伦生来就是很仁民爱物的",和他用老的表达"kenē kai nea"(根据第欧根尼·拉尔修 [Diogenes Laertius]《名哲言行录》[Lives of Eminent Philosophers] 1.57,)传达的意思。

② 例如,《雅典政制》9.2(梭伦"既不haplōs [简单地] 也不saphōs [明确地]"),关于这一点,参 Ruschenbusch (1957),Rhodes (1981) ad loc,Osborne (1985a) 页40–44,Lewis (1993),Harris (1994) 页138。埃斯基涅斯谈到这个问题,是为了帮助他解释1.24处的一个"法律",但是对我们的目的来说,最相关的是这个观点在吕库尔戈斯《驳列奥克拉德斯》行102–103中的展开:

> 我想推荐荷马做你们的证人。因为在你们的父辈们看来,他是如此有价值的一个诗人,以至于他们制定了一个法律,规定在所有的诗人中,只有他的诗应该在每一届的"大泛雅典娜节"(Greater Panatheneia) 上表演。他们因此向希腊人展示他们如何看重那些最高贵的行为,而且这样做是恰当的。对于这些法律来说,由于他们的简洁,没能教导而是仅仅指示什么应该做;而诗人们——他们模仿人们的实际生活,描绘他们最高贵的行为——用全面的示范,说服人们遵从他们的教导。

的注解之间的关系，体现在一则著名的证文（testimonium）中，它证实了学校里对荷马方言死记硬背式的学习方式（Ari. *Dait.* 残篇 233 KA）。伊伦伯格（Ehrenberg）的发现很有价值，这个片段讲述的是，尽管当代的年轻人或许会对荷马感到厌倦，但是他们仍然乐于挑选像 iduous 和 opuein 这样的神秘的法律术语——我们注意到，这两者都曾出现在梭伦的遗产法当中（Ehrenberg［1962］页289）。

即便有争议的法律不是古代法，也还是可能会有人猜想，一个受过训练的文本操纵者，会更加擅长于从案卷法令中进行提取，只要它们与他的案例相关，或者能够通过某种解读使其相关。现在，这或许会被认为是一种微不足道的甚至子虚乌有的优势，因为只要任何公民能够自由地千方百计接触荷马（诗歌），也就没有什么会阻挡他们为自己寻找一个法律文本；① 而哈里斯（Harris）发现，在评审团的重复服务，能够创造出大量经验丰富的法官（Harris［1994］）。但是大多数的雅典陪审员获取法律经验的方式，却是通过一些演说家为他们所做的解读。并不存在解读法律的中立方式，也没有任何一种解读方式不带有党派色彩（正如对荷马诗歌的解读没有一种是"就事论事"，不带任何意识形态的框架）（更深入的研究，参 Hedrick［1994］）。因此，我认为，演说家的文学素养，有利于他们在法律方面教育公民大会和法庭时扮演重要的角色。为了说明这是如何实现的，我［241］将转向埃斯基涅斯，并考察他在《驳提马库斯》中是如何解读法律的。要将法律条文从这篇文本的解读中剥离出来并不是一件容易的事，尤其是因为这个演说通常是其讨论的法律事务的唯一或主要的材料来源。但是，如果我们稍微研究一下埃斯基涅斯如何组织他的论述以及他注解法律的几个实例，就会看到，这位校长之子向

---

① 关于诉讼当事人和陪审员对法律的接触，最近的研究参 Boeghold（1996），尤其页205－206，和 Lane Fox［1994］页140－141 对 West（1989）的论述。关于"雅典法方面的专家"，参 Todd（1996）。

一个民主陪审团"传授"法律的时候,并没有忘记他的技艺,正如他自己所说(1.196)。

二 《驳提马库斯》中的法律注解

约公元前 346 年左右,当埃斯基涅斯发现自己被政敌起诉时,他找到了能够依据雅典法律条款进行反击的方式,雅典法律禁止任何卖淫的市民以任何方式参与到公共生活中,包括在人民的公民大会上演讲。而碰巧那个告发了埃斯基涅斯的提马库斯(Timarchus)因生活放荡而臭名昭著,同时还活跃在城邦的政治舞台上,因此,如果在公民大会上谴责他是违反法律条款的男妓,并随后将他告上法庭,那么他似乎难以招架。① 埃斯基涅斯的《驳提马库斯》再现了他成功的控诉:② 尽管提马库斯是德摩斯忒涅的助手,但他还是遭到了拘捕,而且无论是他追求的诉讼还是政坛上的活跃,都将受到严峻的惩罚。③

从一个严格的法律视角来看,的确"埃斯基涅斯将他反驳提马库斯的诉讼,立足于旨在惩罚那些在公民大会上发言或者担任地方长官的男妓的法律"(Harris [1994] 页 133)。埃斯基涅斯也的确在演讲的开头部分,向法庭当众大声宣读了这项法令(1.2 - 3),并(在

---

① 关于这个法律及其程序,参 Harrison(1968—1971)2.171、204 - 205,Hansen(1987)页 117,Rhodes(1972)2.5,Dover(1978)页 20 - 29,Halperin(1990)页 4 - 5。

② 我在阅读《驳提马库斯》的时候,怀疑出版的演说辞与实际在法庭上所说的内容关系不是太紧密。然而,政治演说或小册子的"风格",目的明显在于再创造一种看似合理的口头表演。

③ 关于法律判决的结果:Bonner(1993)页 81 及以下,Harrison(1968—1971)2.205 和229 - 231,Hansen(1976)页 66 - 67;比较德摩斯忒涅 19.200、257。

后文) 多次提及它 (例如, 1.28 – 30、40、73、81、186、195)。但是, 在《驳提马库斯》中还存在另外一些情况, 因为实际上对这条法律的讨论 (1.28 – 32), 似乎被一场更为广泛的对诸法律的考察 (通常并不直接相关) 掩盖了, 这见于 1.6 – 36。甚至, 即便是认真的法律讨论, 也没有占到整篇演讲的六分之一。之所以如此, 原因在于 [242] 卖淫本身在雅典并非是非法的, 或者至少可以说, 对于我们所谓的同性恋行为, 雅典人的态度十分复杂。① 因此, 毫不令人惊讶的是, 埃斯基涅斯不会满足于只是根据提马库斯可能做过的什么见不得人的事情, 把他眼下活跃的知名形象 (正如我们在对其政治生涯的诽谤性考察中所看到的, 1.106 – 115) 从公众生活中驱逐出去。因此我在讨论《驳提马库斯》时, 将会把埃斯基涅斯对这些法律的处理, 置于更为精心设计的攻击性的背景中。在这个部分, 我将集中论述这位演说家如何从一大堆法律文本中, 构建了一个他所谓的有价值的公民兼演说家的梭伦式典范, 这样做远远超出了一桩法律案件的范围, 而是谴责对手的整个人生和道德品质。

对于当前的案件, 埃斯基涅斯将会需要一定数量的创造性解读, 或者对旧(法律) 文本的利用, 这体现在他在介绍梭伦、德拉古 (Draco) 和其他一些古代立法者时, 将他们视为"有先见之明者" (*ὅσην πρόνοιαν περὶ σωφροσύνης ἐποιήσατο ὁ Σόλων...*), 认为他们主要关心的是通过法律来教导"美德"② (1.6 – 7)。赋予梭伦这种先见之明, 是为了暗示这些明确的法律词句以极大的精准性切合于提马库斯一案, 甚至不需要任何解释性的调整说明。但事实证明并非如此。埃

---

① 关于《驳提马库斯》和雅典人的性态度, 见 Dover (1978) 页 19 及以下, Halperin (1990) 页 88 – 112, Winkler (1990) 页 45 – 70, Cohen (1991) 页 171 – 202, 以及 Wallace (1994) 页 145、151 – 152 的讨论。

② Sōphrosunē [节制] 肯定是这篇演说的基调, 它以不同的形式出现了 28 次。我时常在"美德"不同的变化处做标记 (Dover [1974] 页 119 – 123), 这种美德体现了对保守的性习惯恰到好处的模糊、高尚和暗示。

斯基涅斯不仅将会极力对他引用的法律进行阐释,而且还将把它们整合进他亲自创造的一部完备的戏剧中,表明梭伦是按照一个公民从婴孩到成年的不同人生阶段,系统性地创作了他的法典。他让我们相信,这种有组织的呈现只是为了［使表述］更为明晰（1.8）,并且在任何情况下他都遵守着法律的明确措辞（διαρρήδην［明确地］,1.7,这个词反复出现在后面的章节中）。① 但是,如果进一步观察,我们将会看到,他给出的是一个法律和解读的人工仿制品,旨在达成一种理想的（"梭伦式"）指导方针,以引导公民在其一生中的适当教育和得体言行。自不必说,提马库斯在任何方面都达不到这些标准,而他的告发者的角色却会慢慢与一个受尊敬的道德训诫者的角色融为一体。

当埃斯基涅斯收集了第一组法律时——它们主要与儿童有关,他那巧妙的建构能力（structuring）就立刻发挥了作用。[243] 这些法律分为两个部分：首先是那些处理早期教育的法律,其次是保护儿童不受性侵犯的法律。相当一部分的解读似乎要表明,这第一组法律（1.9-12）的目的在于"美德教育",列出了一个自由的儿童所必需的多种行动和教育（περὶ τῆς σωφροσύνης τῶν παίδων...ἃ χρὴ τὸν παῖδα τὸν ἐλεύθερον ἐπιτηδεύειν, καὶ ὡς δεῖ αὐτὸν τραφῆναι）。在1.12处书记员实际宣读的法律是什么,我们现在已经无从得知,② 但是从埃斯基涅斯的描述来看,法律"被公开镌刻（ἀναγράψαντες）并交予人民进行保管",由此我们可以假定,它们应该存在于国家档案馆,也有可能在公共碑铭上。这些条款（1.9-11）是一个大杂

---

① 文中引用的埃斯基涅斯,来自 Martin 和 Budé（1927）的版本。我接触最新的 Dilts 编的 Teubner 版太晚了,未能在研究中采用,尽管我在1.18处接受了"Timarchus"的与格形式。

② 像这个文本中的其他法律,在1.12处的版本是编辑制造的结果：Drerup（1989）页297、314。

烩，内容涉及从学校的运作①到歌队赞助人（chorēgoi）的最低年龄等各种规定，②但是所有这些都与他的框架相符合，因为在这些条款所涉及的场所中，男孩们通常会远离他们的父亲而面对其他男孩和男人。尽管如此，提马库斯的教育在法律上并不构成争议，无论它有多么卑劣。但是，这一组法律的确使埃斯基涅斯通过解读总结出，一个"立法者"关心的是抚养公民的正确方式。③ 例如，从那些对学校开放时间和成年人应该在场的"明确"规定中，他推测梭伦对教员的态度十分谨慎：ὅμως ἀπιστῶν φαίνεται, καὶ διαρρήδην ἀποδείκνυσι (1.9)。他总结的一系列反映了立法者信念（ὁ νομοθέτης ἡγήσατο）的规定，也是他自己的概括，即有用的公民都是由一种"好的教育"（καλῶς τραφέντα 1.11）造就的。当然，所有这一切都会与提马库斯出格的早期生活形成一种强烈的对比。与此同时，埃斯基涅斯自己也成了传统的代言人，为一度处于课程论争和不确定性的雅典公民，规定了适当的教育。④

在结束了关于教育的方面之后，埃斯基涅斯在13–18处转向了三个可能涵盖了针对儿童的性侵犯和刑事犯罪的法律，但准确来说其中没有一个与其主要指控有关。第一个法律（1.13）[244]明确（διαρρήδην γοῦν λέγει ὁ νόμος）规定，那些出售男孩性服务的父亲或者监护人应被判以死刑。另外一个（1.14）规定，任何为自由出

---

① 这些学校规则看起来是真实的，因为它们不应该被过度解释：Pélékidis（1962）页31–32，Schmitter（1972）页111。
② 歌队赞助人的规则似乎是公元前四世纪的一种发明，参Rhodes（1993）页625–626关于《雅典政制》56.3的部分。
③ 关于对不在场的立法者意图的动机、方法和必要性的推断，参Hansen（1990），Thomas（1994）尤其页123–124、（1995）。
④ 不难看出，这些论争结合了亚里士多德《政治学》7–8，和大量的柏拉图、伊索克拉底和阿尔希达玛（Alcidamas）等人的段落。

身的男孩或妇女拉皮条的人，都应被施以"最重惩罚"。① 最后，他在"总结所有这些法律"时，设法引入了针对肆心（hubris）的法律。尽管肆心通常都有性的含义，② 埃斯基涅斯还是需要将这条法律作一番解释而使其（与主题）相关：它"明确"（ἐν ᾧ διαρρήδην γέγραπται）了对那些针对孩子、妇女及男人的肆心的惩罚，其中"想必"也包括雇用他们提供性服务（ὑβρίζει δὲ δή που ὁ μισθούμενος, 1.15）。然后，埃斯基涅斯大声宣读了这个文本（1.16），从其惊人的条款——"某种会让听者感到好奇的东西"——中进一步得出对奴隶的保护。尽管这个条款在此显得相当离题，不过他却从中得出了另一个结论：立法者之所以允许控告对奴隶的肆心，并不是为奴隶们着想，而是因为"他希望使雅典人尽可能习惯性地远离那些针对自由人的犯罪"（1.17）。③ 紧随这个理由更为充足的（a fortiori）论证，出现了另外一个十分相关的法律：立法者"相信"，一个对他人心怀肆心的人，根本不适合成为一个公民。

多弗（Dover）认为，在这个法令混合体背后所运用的策略，在于混淆陪审员的视听，暗示提马库斯在当下的案件中应该被处以"最重的刑罚"，建议最好是死刑（关于1.72与1.14的矛盾，

---

① 关于这些位于1.13和1.14的法律，参 Dover（1978）页27-29。

② Cohen（1987）页5-8，（1989）页176-180，Fisher（1992）页109及以下。[译注] hubris 一词在古希腊语中意思较多，这里涉及它的"淫荡"、"强奸"等语意。

③ 关于埃斯基涅斯对 hubris 法的使用，参 Dover（1978）页34-39。德摩斯忒涅在引述它的时候，也从这个法律中推导出了一个充足的论证：如果对一个奴隶的 hubris 要得到惩罚，那么对歌队赞助人无礼就是一个更严重的罪行；比较 Murray（1990）页145，Wilson（1991），Fisher（1992）页58及以下。关于从演说家们的诠释中提炼原初的 hubris 法，我更认同 Harris 在 CP 87（1992）页77-78中的怀疑态度，而非 MacDowell（1990）页263及以下的乐观主义态度。

参 Dover（1978）页 27 - 28）。多弗的分析和往常一样敏锐，但是埃斯基涅斯只需要剥夺（提马库斯的）公民权（atimia）就能达到他的目的，这也是他最终所达到的。至少其策略带来的一个额外好处在于，他使梭伦法将公民肉体上的完整与政治团体的健康联系了起来（比较 Halperin［1990］页 94 - 95、102 - 105，Winkler［1990］页 56 - 61）。提马库斯的行为绝不可能是一种个人风格，他的生活正是立法者所预见、鄙视并试图用法律禁止的。在合适的时机利用这一点，埃斯基涅斯就能转入他的第二阶段，即管束青年人的法律，并最终转向剥夺那些在公民大会上发言的卖淫者的公民权的法律（1.19 - 21）。在列举这个法律强加的不利条件（disabilities）时（1.19），他选择性地掺杂了一些带有各种偏见的引述，显得立法者［245］彻底反对任何辩护。[①]通过评论说提马库斯竟然胆敢违犯这些"设定的、优秀而有道德的"法律，他再一次重申了他的三分方案（1.22），接着进行到了最后一个阶段，即那些涉及"其余雅典人"的法律。

对于善于分析的读者而言，埃斯基涅斯的"人的三阶段"的假象将很快走向崩溃，因为他在最后一部分的开头，陈述了一系列混杂的实践和公民大会运作的法律。但是，这些观众正在被卷入一个戏剧性的虚构中，其中梭伦（正如"众所周知的那样"，他写过一首关于人的各个阶段的诗歌）依次缔造了所有这些法律："首先"（1.7）他规定了早期的教育；然后是青少年时期，但"还不是他本人向男孩直接说话"（1.18）；而一旦他们成为公民，梭伦就通过法律来对这些年轻人说话（1.18 - 19）；最后，"一旦他完成了这些法律，他就

[①] 参 Dover（1978）页 24 - 25 的分析。德摩斯忒涅（22 Androtion 30 - 32）推测梭伦在这个法律中的目的，认为不是要严惩卖淫，而是要避免民主制落入一伙鲁莽、淫荡的男人手中。

会考虑如何以最好的方式指导公民大会"(1.22)。① 通过将这出戏剧巧妙地安置于他的一系列法律中，埃斯基涅斯将最后这些关于演说家和公民大会的法律，描述为梭伦为城邦的善设定的最后的条款。

在最后这个部分中，埃斯基涅斯通过聚焦于某个法律的开头来推演他的主题（1.22）："这个立法者是如何开始"他最高的立法的，他问道，并回答说：νόμοι...περὶ εὐκοσμίας［法律……关于行为端正］。紧接着就是一些明确的规定（1.23），其内容包括：公民大会之前的净化仪式，接待传令官和大使的程序（比较《雅典政制》43.1、26-27），以及发言者如何在公民大会上被认出来等。这些条款大多得到了证实，它们都毫无疑问地具有真实性，但在法律上却并无关联。不过其中一条却给了埃斯基涅斯可乘之机。在公元前四、五甚至六世纪，任何一条程序上的规定，都可以在标题 eukosmia 之下完美地刻录下来，该标题的古老含义即"良好的秩序，井井有条"。但是，埃斯基涅斯却想要将 περὶ εὐκοσμίας 当做"体面的"或"高雅的"行为，②因此他将这个短语解释为，立法者"首先处理的是关于美德行为的事务"（ἀπὸ σωφροσύνης πρῶτον ἤρξατο）（1.22）。埃斯基涅斯将牢牢抓住 eukosmia 的这一层含义来集成一系列条款［246］（包括一些新近的），这些条款表明，必须要以一套特殊的法典，对演说家的生活、身体及其态度予以指导。利用这最后一组法律，他将把提马库斯昔日的冒犯行为完全从 ta idia［私人利益］的领域内清除出去，并将其与他的公共礼节相结合，以表明这两者都对民主制度中"守秩序"的行为产生了威胁。他将利用 kosmos［秩序；礼貌；政体］这个词，

---

① 从描述到叙事性的虚构的转变，在 1.13 处一条投机性的原因论那里已经开始了："当不得体的行为实际发生时，古人无奈制定了这些［掩盖性犯罪的］法律"（尽管刚刚罗列了那些用于初等教育的优秀条款）。

② ［译注］eukosmia 有两层意思，一为"好秩序、整齐、井井有条"，一为"行为端正"。

将不正确的姿态和态度与不正确的民主统治联系起来。①

在另一篇演说辞《驳克忒西丰》(Against Ctesiphon) 中，埃斯基涅斯详细控诉了当下"演说家们的粗野举止"(τῶν ῥητόρων ἀκοσμία)，认为他们在这一点上违反了梭伦法 (οὓς ἐνομοθέτησεν ὁ Σόλων περὶ τῆς τῶν ῥητόρων εὐκοσμίας, 3.2-4)。一些评论家愿意相信这一点，②但是如果仔细看一看《驳提马库斯》中实际的引用和解读情况，我们会发现"关于修辞行为的法律"只是埃斯基涅斯的另一个建构，就像 περὶ τῆς εὐκοσμίας τῶν παίδων［关于孩子们的行为端正］(1.8) 的"梭伦法"一样，是将其他一些关于学校、运动场之类混杂的规定拼凑而成的。在 1.22-36 中"关于修辞礼节的法律"，似乎是由三部分法律构成的，它们包括：运作公民大会的规定程序，对公众演说家的资历审查 (dokimasia)——这也是当前案件被提起诉讼所依据的法律，以及近来一个涉及雅典公民大会主席 (proedroi) 的法律。

这个结合体最重要的支撑之一，就是传令官传统的宣布公民大会开始的宣告，其中会加上一个限定词："哪位五十岁以上的人愿意向公民大会做演说？"(1.23) 对年龄条件的限制，是一个罕见但显然真实的细节。③ 埃

---

① 因此，在 1.192 处认为，宣告提马库斯有罪，将会是"在城邦中建立 eukosmia"。比较《普罗塔戈拉》325d，说父母们送他们的孩子去学校，更多的是学 eukosmia，而非仅是语文或演奏基塔拉琴。

② 我同意 Ober *CP*（1989）页 325 注释 7 的说法，即 Hansen（1987）页 71-72 对这个法律的重构有些过犹不及。比较 Drerup（1898）页 307-308。

③ 此时，这种限定或许即将过时：比较《驳忒西丰》4：σεσίγηται μὲν τὸ κάλλιστον καὶ σωφρονέστατον κήρυγμα τῶν ἐν τῇ πόλει· 'τίς ἀγορεύειν βούλεται τῶν ὑπὲρ πεντήκοντα ἔτη γεγονότων；我认为，我们必须接受这个扩展了的版本，作为至少记忆中的某个时期实际做法的基础；除了法律，似乎难以诓骗一位观众相信一个修改过的（doctored）公告（它简洁、易记，而且在某种常规的休息时间公开上演）。埃斯基涅斯之外的证据非常有限；相关讨论，见 Griffith（1966）页 119-120，Lane Fox（1994）页 147-149，历史的重建，见 Hansen（1987）页 171 n.581。

斯基涅斯从中推断出,这个立法者想要教导年轻人尊敬长辈,同时鼓励年长之人分享他们的智慧,尽管他们不再像曾经那样满怀自信(1.24)。① 而这项(关于年龄的)条款显然早已被废弃或被忽略的事实,[247] 却使埃斯基涅斯得以借机发挥他的主题,即高贵演说家的黄金旧时代的衰落。②

在公元前四世纪,哀悼演讲风格的衰落已经成为一项传统。在埃斯基涅斯的演说中,这个故事是结合提马库斯讲述的,后者的角色就像修昔底德笔下的克勒翁。③ 埃斯基涅斯大胆表示,提马库斯在 bēma [讲坛] 上的行为——大吵大嚷,把胳膊露在斗篷外面——若是放在梭伦和伯利克勒斯的时代,会被视为傲慢（θρασύ）(1.25)。作为证据,埃斯基涅斯将萨拉米斯的那座雕像的肢体语言进行了曲解,（因为）在那里梭伦是将手放在斗篷里站着的,"表明他对希腊民众演说

---

① 这些观念——尽管不是这些年龄——可以和梭伦的"男人的年龄"一诗(27.7 - 8、13 - 16 West)相吻合。

② 在我看来可以争论的是,埃斯基涅斯在《驳忒西丰》2 中对"梭伦关于演说家的好举止的法律"的意译,不至于像对传令官的"五十岁"宣告那样夸大的推论（我在该宣告的要点下面加了下划线）：ἐξῆν πρῶτον μὲν τ' πρεσβυτάτῳ τῶν πολιτῶν. ὥσπερ οἱ νόμοι προστάτουσι, σωφρόνως ἐπὶ τὸ βῆμα παρελθόντι ἄνευ θορύβου καὶ ταραχῆς ἐξ ἐμπειρίας τὰ βέλτιστα τῇ πόλει συμβουλεύειν, δεύτερον δ' ἤδη καὶ τῶν ἄλλων πολιτῶν τὸν βουλόμενον καθ' ἡλικίαν χωρὶς καὶ ἐν μέρει περὶ ἑκάστου γνώμην ἀποφαίνεσθαι. 此外,最后这个短语可能是对传令官的 ἀγορεύειν [宣告] 的一个注解（比较亚里士多德《修辞术》1394a 21)。

③ 比较（亚里士多德）《雅典政制》28.3,在那里克勒翁大声嚷嚷,肆意辱骂,而且把斗篷束得很短,和早期优雅地（ἐν κόσμῳ）发表演说的演说家们比起来简直是一种堕落。参 Rhodes（1993）页 352 - 354 和 Connor（1971）页 132 - 134。

的方式"。① 相比之下,在最近的表演中,提马库斯甚至抛弃了他的斗篷,像个角斗士一样光着身子上蹿下跳,"他这种愚蠢而可耻地滥用身体的行为","至少使那些正派人士"感到厌恶(1.26)。这个关于修辞礼仪的"法律"的作用已经很明显了:利用一项保存在传统法则中的垂死的习俗,表明提马库斯那大胆的风格(毕竟,并不是每一位观众都对此感到厌恶)在政治上是有害的,在道德上是罪恶的。

针对演说家的梭伦法的第二个构成部分,"对演说家的资历审查(dokimasia)",② 是很重要的法律文本,埃斯基涅斯将其与梭伦的另外一个先见之明一并引入进来。据说立法者在拟定那个条款时,针对的是想象的像提马库斯那样的一些表现($\mathring{a}$ συνιδὼν ὁ νομοθέτης διαρρήδην ἀπέδειξεν οὕς χρὴ δημηγορεῖν καὶ οὕς [248] οὐ δεῖ λέγειν ἐν τῷ δήμῳ, 1.27)。埃斯基涅斯对该法律中那些"明确的"条款的解读,是以否定的方式开始的。这条法律没有对财富方面的要求,从这个事实出发他推论出,它的"明确的"教导目的在于普通的礼节,针对的是那些生活得"不体面的"人(aiskhros, 1.28)。这

---

① 埃斯基涅斯的"误读"是因为:(1)这尊塑像可能恰好是梭伦要狂热地拯救萨拉米斯(Salamis),比较 Solon 1 West 和 Schol. Aesch. ad loc. (20.62 Dilts);(2)像德摩斯忒涅 19.251 反对的,这尊塑像无论如何都不会超过 50 年。德摩斯忒涅也在 19.255 戏仿埃斯基涅斯全神贯注的姿态,和公元前四世纪埃斯基涅斯的雕像相比较会非常有趣,这个雕像显示了作为城邦真诚的建议者的埃斯基涅斯的形象——他的胳膊明显地在斗篷下面交叉在一起——他的雕像和吕库尔古斯委托制作的索福克勒斯(Sophocles)塑像在一起。参 Zanker(1996)页 42-50,并且比较 Goldhill 在"导言"中对 schēma 的讨论。

② 就像埃斯基涅斯 1.186 那里称谓的,它是我们的主要(材料)来源。我本人非常同意 Lane Fox(1994)页 149 及以下的分析。

条总结性的注解,① 有益地描述了一系列他在 1.28 – 32 处列举出来的具体罪行:忤逆父母、逃避军役、自我堕落或颓废。尽管用这其中的任何一条都足以对提马库斯提出指控,但是对埃斯基涅斯而言,重要的是从这些细节中推论出一种对对手的生活方式的综合性指控。

第三也是最后一条关于修辞家的法律,是一条公认的新法律,但那是因为作为一位演说家的提马库斯近来那场"富有魅力的体操表演"(1.33),使"你们"不得不给旧的法律增添新的制度,即为雅典公民大会主席(proedroi)安排特殊座席以保证公民大会的现场秩序(1.34)。这条法律在别处被认为针对的是演说家"不得体的"举止(τῆς δὲ τῶν ῥητόρων ἀκοσμίας,《驳克忒西丰》4),而通过引入这条法律,提出了同样的担忧,即要在多大程度上对公共演讲进行控制,正如色诺芬笔下的苏格拉底所讨论的那样。就在埃斯基涅斯演讲前不久,提马库斯似乎曾尝试颠覆这一法律,但却失败了,这成为(埃斯基涅斯的)一项独特的优势(比较德摩斯忒涅 25.90 和 Hansen[1983]页 30 – 32、[1987]页 37 – 39)。作为对这些法律的总结,埃斯基涅斯要求书记员大声宣布,他反复强调的是关于演说家的得体举止的法律(τοὺς νόμους περὶ τῆς εὐκοσμίας κειμένους τῶν ῥητόρων,1.34)。

尽管仍不确定这些法律、规定和程序规则的综合在多大程度上是埃斯基涅斯的单纯伪造,但关于他对语词和短语的阐释性注解,我们已经看到了足够清晰的实例,从而能够认为他对城邦文本的利用,与具有文学意识的雅典人在练习解读荷马时所使用的技巧如出一辙。因此我们似乎可以认为,当修辞家研读那些古老诗人时,他们不仅仅是

---

① 对于没有完全列举出的 1.28 – 32 处的其他那些条款,这个短语被当作对它们的总括。(由于埃斯基涅斯是我们主要的材料来源,我们不能肯定这是一个详尽的列表。)关于 Din.1 *Dem.* 71 的可疑信息,比较 Griffith(1966)页 136 注释 54,Harrison(1968 – 1971)2.204 – 205 和 MacDowell(1990)页 511。

在从事一项有助于融入共同文化和推动道德建设的活动，也发展了在法庭上使用的重要技能。但是，我并不希望把修辞家对荷马的研究，贬低为这种单纯的实用功能，因为我认为至少同样重要的是，对诗歌的公开讨论能够反映出演说者的背景、品位和性格特征。对诗歌和法律的诠释在手段上是如此相近，因为这两种活动都需要从一堆传统的[249]文本中，既为演说者也为传统构造出一种权威性的道德风貌（ethos），无论后者化身为诗人或是立法者（Law‐giver）。的确，《驳提马库斯》的后半部分表明，利用法律文本提出一种对共同标准的解读，与利用诗歌文本为城邦设计某种道德风貌是多么相近。在论述的最后部分，我将转向埃斯基涅斯对荷马、赫西俄德以及其他诗人的引用，从而说明一个人对诗歌的呈现方式同样是行为端正（eukosmia）的一部分。①

三 教授诗歌与教授法律

在结束语（1.196）和开场白（1.8）中，埃斯基涅斯总结出他在《驳提马库斯》中的任务在于"教授法律"，并考察提马库斯的生活。但我注意到，这些法律仅仅占了1–36，而对提马库斯性格的考察则在中途1.116处戛然而止。正如埃斯基涅斯所说（1.117），这场演说剩下的任务在于驳斥对手的观点，并"劝导公民过一种德性高尚的生活"（παράκλησις τῶν πολιτῶν πρὸς ἀρετήν）。正是因为这个道德劝诫，埃斯基涅斯显然希望他的演讲能被人铭记：两年后他将《驳提马库斯》归结为"我所发表的劝诫，值得永远铭记的美德宣言"（τὴν τῆς σωφροσύνης παράκλησιν...ἀειμνήστως παρακέκληκα，《论出使》[Embassy] 180–181，比较 Harris [1995] 页102–103）。"值得永远

---

① 关于作为说服的一部分的演说家的表演，参 Hall（1995）。

铭记"的说法让我们想起了不朽的诗歌传统,且恰如其分:《驳提马库斯》的后半部分呈现为一种散文体的规劝演讲(parainetic address)。埃斯基涅斯从诗歌的劝导传统中,借用了威吓的面具、道德规劝的任务和各位诗人的话语。正如常常在早期演说辞中见到的那样,在《驳提马库斯》的后半部分中,诗歌形式成为一种新的、成熟的媒介。但我尤其感兴趣的是,在埃斯基涅斯的自我意识中,那些诗歌是如何被利用和解读的。

斯基涅斯开始将这些诗人作为证人来引证,正如亚里士多德建议的那样。当他预计到对于这场(十分合法的)指控,除了流俗的传闻之外没有确凿的证据来证实提马库斯的言行时,他就在最需要的时候将诗人们作为证人引入(1.125)。① 他回应说(1.127-30),传闻通常基于事实,出于这个原因,(大写的)传闻才被视为一位神灵,无论是在城邦的祭坛上,还是在诗人的笔下。(大写的)传闻的祭坛显然是一项可靠的证明(tekmērion);为了证实诗歌中对传闻的赞美,埃斯基涅斯开始拙劣地声称,荷马[250]"经常"提到关于某个事件的"传闻传遍了整个大军",而该事件在《伊利亚特》中确实发生过。在我们的现有文本中并不存在 φήμη δ' εἰς στρατὸν ἦλθε [传闻传遍了整个大军]的表述,但埃斯基涅斯或许是在阐述荷马式用语,其中古老的 ossa [声音,演讲]一词也有传闻的含义。② 而埃斯基涅斯征引欧里庇得斯的三音步诗(865 Nauck)和赫西俄德的《劳作与时日》(*Works and Days*)行 763-764,则有着更坚实的基础,他极力指出,赫西俄德"相当明确地提到 Pheme [传闻]是一位神——对于那些喜欢聆听'他'的人而言"

---

① 流言和传闻对于埃斯基涅斯的例子来说不可缺少:Hunter(1994)页 104-106。

② 如同《伊利亚特》2.93-94:"消息神,宙斯的使者"。最接近埃斯基涅斯的表达的,是《奥德赛》24.413: ὄσσα δ' ἄρ' ἄγγελος ὦκα κατὰ πτόλιν οἴχετο πάντῃ [消息女神奥萨迅速地跑遍全城]。在我们的《伊利亚特》中没有出现 phēmē [传闻]一词。

(Ἡσίοδος καὶ διαρρήδην θεὸν αὐτὴν ἀποδείκνυσι, πάνυ σαφῶς φράζων τοῖς βουλομένοις συνιέναι, 1.129)。通过最后那个呼求民主式的"每个人"的短语，① 埃斯基涅斯开放了诗歌解读的特权，鼓励观众要有诗歌品位方面的抱负，从而避免让他自己只受到精英的拥护。② 同时他也十分巧妙地肯定了赫西俄德的权威性：

> 你们会发现，这些诗句受到了那些生活高尚之人的称赞，因为每一个渴望获取公众尊重的人都知道，名望正是来自于人们对他的评价（τούτων τῶν ποιημάτων τοὺς μὲν εὐσχημόνως βεβιωκότας εὑρήσετε ἐπαινέτας ὄντας. πάντες γὰρ οἱ δημοσίᾳ φιλότιμοι παρὰ τῆς ἀγαθῆς φήμης ἡγοῦνται τὴν δόξαν κομιεῖσθαι, 1.129)。

尽管其使用的εὐσχημόνως一词，指的是一些人在晚餐时优雅地斜躺（对比阿里斯托芬《马蜂》行1210），但对于埃斯基涅斯而言，要过"得体的"民主式生活，也就是要获得公共意见（doxa）的尊重。③ 如此一来，你就能暗中被归于那些对值得尊敬的诗人心怀敬意的一类人中去了；一个人若要成为一位好公民，无需先要成为宴饮者或者文学家。

这个例子同样表明，在讲坛上引用诗歌会有一定的风险，因为德

---

① 比较吕库尔古斯《驳列奥克拉德斯》108，在引述提尔泰奥斯（Tyrtaeus）之后：καλά γ᾽, ὦ ἄνδρες, καὶ χρήσιμα τοῖς βουλομένοις προσέχειν。[译注]：提尔泰奥斯，约活动于公元前七世纪前后，古希腊挽歌体诗人。

② 伊索克拉底告诉我们，尽管很多人觉得教诲诗人很无聊，但是所有人都愿意口头称颂他们的价值：To Nic. 2.42–43。《劳作与时日》行763也被亚里士多德在《尼各马可伦理学》（Eth. Nic.）7.13 1153b27引用，用来表达流行的信念。

③ Ehrenberg（1962）页302描述doxa作为对满天飞的kleos［传闻；谣传］的一种可接受的民主的替代物，尤其在肃剧中被使用，用于嘲笑智术师们。

摩斯忒涅后来逆转乾坤，指出赫西俄德的诗句更加适用于埃斯基涅斯自己。① 但是，引用诗歌真正的危险，在于被视为精英人士（Ober [1989] 页 171 及以下, Ober 和 Strauss [1989] 页 251－252, Wilson [1996] 页 311－313）。在《驳提马库斯》中，埃斯基涅斯 [251] 通过找出对方援引的自命不凡的诗学专家，试图躲避这项指控。

在一项被证实为无效的策略中，提马库斯曾经作为一名品德证人（character witness），声称某位不知名的将军（General）明显改善了风俗和教育。这使埃斯基涅斯得以多少有点不厚道地指控他是一个无精打采的"摔跤学校的产物"（1.132）。在有摔跤学校的地方，通常就会存在闲人之间的社交，而且时常有音乐（比较 Dover [1978] 页 41，引用了阿里斯托芬《蛙》行 729）。这位将军想必是要利用一场关于男人之间的爱的诸多精妙想法的演讲，来反对埃斯基涅斯对梭伦和赫西俄德的坚定模仿，而这种爱存在于雅典人最为珍视的歌曲和戏剧中。我们可以这样归纳（1.132－133），首先他讲述了一个故事，描述哈摩狄乌斯（Harmodius）和阿里斯托吉通（Aristogeiton）之间的情谊如何使民主制的实现成为可能；然后他过渡到荷马，声称阿喀琉斯和帕特洛克罗斯（Patroclus）之间堪称典范的友谊基于一种激情（erōs [爱欲]）；最后他以一场对美的"赞歌"作为结束，尽管这在埃斯基涅斯看来是个平庸的主题，而且要做好还需要"美德"。埃斯基涅斯说，这场优雅的陈述的重点，在于向这些头脑简单的人民展示，当他们拥有他们所有的价值观时，要惩罚提马库斯对他们来说会显得多么自相矛盾（ἄτοπον, 134）。

在这场令人印象深刻的开场白之后，这位将军开始控诉埃斯

---

① 德摩斯忒涅在 19.243 及以下用埃斯基涅斯引述的赫希俄德来反对他，而埃斯基涅斯在 2.144 及以下进行了反驳，他继续引述《劳作与时日》行 240 及以下，论述整个城邦遭受单个邪恶之人的危害；他进一步在 3.134－136 中对这个引述做了扩展，因为他发现它适合德摩斯忒涅，"就像一个神谕"。

基涅斯的虚伪：他提到后者一些过去的性丑闻，最糟糕的是他展示出（ἐπιδείξεσθαι）埃斯基涅斯曾经创作过的一些色情诗句（1.135）。埃斯基涅斯没有否认他曾经写了这些存在争议的诗歌，由此我们得知，就我们搜集到的这些诗歌而言，它们虽然带有暗示性，但并不显然就是低俗的。[①] 他所反对的是这位将军强加于他的那些曲解性的解读（τὰ δὲ ἐξαρνοῦμαι μὴ τοῦτον ἔχειν τὸν τρόπον ὃν οὗτοι διαφθείροντες παρέξονται, 1.136）。埃斯基涅斯没有以他自己对文本的解读回应他（毕竟，他的诗歌是私人性的：ἐρωτικὰ εἴς τινας ποιήματα, 1.135），取而代之的是，他列举了一系列精彩的定义，区分了"美好、道德、热爱同胞和思想健全之人"的同性恋情感与那些被认为是"放肆、傲慢而粗鲁（ἀπαιδεύτου）"之人的情感（1.137）。遗憾的是，埃斯基涅斯放弃了这次就色情短诗的解读进行争论的机会，但是在他随后对这位将军的更正中，却提供了公开的文学批评中的一次实质性的课程：关于英雄文本真正传授的是什么价值。

埃斯基涅斯声称他不得不谈到荷马，全是因为 [252] 这位将军无礼地指出陪审团毫无教养（ὡς τῶν μὲν δικαστῶν ἀνηκόων παιδείας ὄντων），但是"我们已经略知一二"（καὶ ἡμεῖς τι ἤδη ἠκούσαμεν καὶ ἐμάθομεν）。通过将自己等同于一般人，他得以自由地以一副学校校长的腔调对共和政体（republic）讲话：

> 想想吧，雅典的男人们，那些受到众人景仰的诗人，在贤德之人的贤德有情人与那些无法无天的傲慢之徒之间，划出了一条多么巨大的鸿沟啊！(1.141-142)

[①] 关于埃斯基涅斯的色情诗的可能的特征，参 Dover（1978）页 57 及以下。

然后他列举出关于阿喀琉斯和帕特洛克罗斯的两点看法：首先，他认同荷马意在让我们将他们视为情侣，但是注意到，就像这位将军未曾注意过的，他从未使用 erōs [爱欲] 一词（1.142 - 144）；另外，他们之间的爱可以被视为那种在 1.137 - 138 中描述过的完美类型，因为他们最为重视的乃是他们之间的同志情谊（comradeship）（1.147）。根据这种解读，荷马提供了一种高贵的同性恋式忠诚的典范，正如埃斯基涅斯所定义的那样（1.146）。

这其中的大部分都能十分巧妙地从文本中得到印证：由书记员宣读的引文（正如被宣读的法律），展示了阿喀琉斯忠贞的决心——即便付出生命代价也要为友人复仇（《伊利亚特》18.333 - 335），而这位英雄的勇气在忒提斯（Thetis）提醒他注意这份代价时表现得一览无余（18.95 - 99）；① 帕特洛克罗斯的魂影讲述了一段他们单独度过的美好时光，并希望能够葬于他的身旁（23.77 及以下）。② 这一切都是在语法老师（grammatistai）的层面来说的，毕竟男色关系通常并不是学校会涉及的主题。但是在埃斯基涅斯的解说中最显著的部分，就是他对二者情侣关系的繁复而精细的诠释。他说，尽管诗人只给出了暗示，并未冠之以爱的名义，但是却期待那些有素养的观众能够"理解"（τὸν μὲν ἔρωτα καὶ ἐπωνυμίαν αὐτῶν τῆς φιλίας ἀποκρύπτεται, ἡγούμενος τὰς τῆς εὐνοίας ὑπερβολὰς καταφανεῖς εἶναι τοῖς πεπαιδευμένοις τῶν ἀκροατῶν, 1.142）。

荷马从来没有明确说明 erōs 本身在这方面的联系，当然，要正确注意到这一点需要一些专业知识（关于整部《伊利亚特》的知识，正如尼克拉图斯 [Niceratus]③ 的知识那样），但更为精妙的方式是

---

① Van der Valk（1964）页 328 - 329 建议，埃斯基涅斯 18.99 的结尾，即 ὅ μοι πολὺ φίλτατος ἔσκεν, 是对 ὁ μὲν μάλα τηλόθι πάτρης 的有意更改。然而，埃斯基涅斯的要点是，荷马对这些事情从来没有明确说明。

② 关于与我们现在的荷马文本相比的变化，参 Leaf（1900—1902）。

③ [译注] 希腊将军尼西阿斯之子，能熟练背诵荷马史诗。

埃斯基涅斯那些精彩的论证，证明荷马使阿喀琉斯成了帕特洛克罗斯的有情人。虽然作为证据的文本并不那么令人抱有希望：阿喀琉斯哀痛他再也无法实现自己的承诺，即带帕特洛克罗斯回到其父亲身边（《伊利亚特》18.324 - 329）。埃斯基涅斯自己引用了这段文本（和往常一样，当他自己要引用时就用一个和缓的 που [也许]），并对文本进行了改写，声称它 [253] 显然表明阿喀琉斯要对帕特洛克罗斯负责是出于爱：

> 因为阿喀琉斯曾经保证过，如果墨诺提奥斯（Menoetius）能够让（entrust）自己的儿子陪同他去特洛伊，那么他就会把这个孩子送回奥匹斯（Opus）①；从这一点来看，很明显是出于爱（erōs）的缘故，阿喀琉斯才要监护这个男孩的（παγγειλασϑαι γὰρ εἰς Ὀποῦντα σῶν <u>ἀπάξειν</u>, εἰ συμπέμψειεν αὐτὸν εἰς τὴν Τροίαν καὶ <u>παρακαταϑεῖτο</u> αὐτῷ, ᾧ καταφανής ἐστιν, ὡς δι᾽ ἔρωτα τὴν ἐπιμέλειαν αὐτοῦ παρέλαβεν, 1.143）。

正如多弗（Dover [1978] 页 53）评论的那样，这其实并不是一个十分明显的推论。但是如果仔细阅读《伊利亚特》会发现，埃斯基涅斯立足于这样一条注解：他在转述中对 18.327 中的一个词做了手脚："他说他将会把他的儿子荣耀地送回奥匹斯"（φῆν δέ οἱ εἰς Ὀπόεντα περικλυτὸν υἱὸν <u>ἀπάξειν</u>）。在荷马那里，这个动词仅仅表明"带回家"（LSJ 词条 II），但是在埃斯基涅斯的时代它还有"归还定金"（LSJ 词条 III）的意思。当埃斯基涅斯把它用于他对毫无保障的归还（παρακαταϑεῖτο）的解释时，这层商业的意思非常明

---

① [译注] 这里的奥匹斯是帕特洛克罗斯的故乡，在中译本《伊利亚特》中为奥波埃斯（Ὀπόεις）。参荷马，《伊利亚特》，前揭，2.531、18.326 和 23.85。

显，因为墨诺提奥斯将其儿子"委托"给了阿喀琉斯。这个动词本来是表示下定金的专用术语（LSJ 词条 $παρακατατίθημι$），而一旦与 $ἀπάξειν$ 结合，就在荷马的文本中设置了一层隐而不见的关系：阿喀琉斯的话语表明，他有约在先，要"负责监护"① 墨诺提奥斯之子。这并不是埃斯基涅斯刚刚谴责过的那种对性的"购买"（1.137），而是一颗高尚的灵魂要为一个未成年人负责的典范之爱（$ἀκύρου$, 1.138）。他们之间的友谊（philia）并不是平等的（更不是像一些人主张的那样，阿喀琉斯居于下位），而是一种监护人和被监护者的关系。当然，没有一个神志清楚的父亲会与别的男人定下照看儿子的契约，除非这是一个高贵的契约，因此这种爱欲（erōs）必然是那种高贵之爱，是埃斯基涅斯经历的，而且是荷马巧妙地称赞的。

埃斯基涅斯的荷马诠释的修辞效果十分复杂：这种诠释开始采取的是对居高临下的文学的民主式反击，后来却又提出一种颇有造诣且晦涩的解读方式。通过将一个明智的（sound）市民与那些"通晓"诗歌之人等而视之，埃斯基涅斯要促使观众接受他的解读。实际上，埃斯基涅斯抛给陪审团的诱饵相当诱人，因为从广义上讲，他在这个段落中做的，是在将法庭变为一个文学沙龙。他列举并解读了很多在贵族会饮上展开和讨论过的同类文本，目的是显示与会者的智慧和学识，尤其是关于爱欲方面的话题。

柏拉图的《会饮》（Symposium）就是一个恰当的实例，其中的那群人［254］自我消遣的方式，是围绕爱的赞颂发表高见，这个主题与那位将军的（话题）一样陈腐。的确，斐德若（Phaedrus）的开篇讲辞利用了一个与埃斯基涅斯一样的文本（《伊利亚特》行

---

① 埃斯基涅斯的说法是：$δι' ἔρωτα\ τὴν\ ἐπιμέλειαν\ παρέλαβεν$；比较在 Din. 3.15 证实的官方说法：$ἡ\ τῶν\ ἐφήβων\ ἐπιμέλεια$。

18.96），来说明阿喀琉斯对帕特洛克罗斯充满男子气概的热爱（179e）。① 对于这些不同凡俗的绅士们而言，这个消遣就是将诗人或哲人的那些例证编织起来——它们或者出人意料，或者被赋予了造作的含义——从而装饰这个古老的主题。斐德若将阿喀琉斯的范例，与阿尔刻斯提斯（Alcestis）和俄耳甫斯（Orpheus）的爱情故事区分开来，巧妙地区分了各个事例在爱慕的品质和诸神回馈上的差别：阿尔刻斯提斯那男性般的勇气（比较 A. M. Dale《阿尔刻斯提斯》xi）得到了从阴间回阳的奖赏（省略欧里庇得斯的说法，其中赫拉克勒斯为她而战斗）；② 而相比之下，俄耳甫斯则死于女人之手，因为他有些过于女性化了（179d；这是一个更为精致的解读，例如与埃斯库罗斯的《狐狸》[Bassarai] 相比。[译按]：埃斯库罗斯的这个剧仅剩残篇，讲的是俄耳甫斯对酒神不敬，被酒神的女信徒们肢解的故事）。与此相并列的是一个不那么权威的说法，认为阿喀琉斯因其之爱获得的奖励是被送到了福人岛（品达，《奥林匹斯凯歌》[Ol.] 2.78 及以下，但荷马史诗中并没有这种说法）。斐德若继续展示他在荷马方面的造诣，他举出了一个显然很热门的话题：在《伊利亚特》中谁是谁的情人。他的观点是，埃斯库罗斯将阿喀琉斯设定为帕特洛克罗斯的情人简直是"一派胡言"（埃斯库罗斯《米尔弥冬人》[Myrmidons] 残篇，行 288 – 289）。如果埃斯基涅斯能够为埃斯库罗斯的观点举出一个精妙的例证，那么斐德若也同样精于从这个伟大的文本读出完全相反的含义：他注意到荷马说阿喀琉斯是"最俊俏的"

---

① 一个很明显的常被提及的段落：在《申辩》28c，柏拉图让苏格拉底引证了阿喀琉斯之前对他母亲说过的一番话，即关于没有荣誉的生活毫无价值的话（《伊利亚特》18.70 及以下）。

② 比较吕库尔古斯从欧里庇得斯的《普拉刻泰娅》（Praxithea）中引出的道德（《驳列奥克拉德斯》101）。

英雄,① 而且说他比帕特洛克罗斯年纪小(《伊利亚特》11. 786 及以下)。与诚恳的埃斯基涅斯不同,斐德若的目的在于将阿喀琉斯描绘为一个典型的被爱者(eromenos),不过,这两位表演者都在他们引述诗歌的过程中展现出了各自的品质。

就此而论,我们明白了,埃斯基涅斯和这位将军在向观众展示他们对文本的熟稔程度时,并不是在呼吁人们应普遍对荷马有所熟知。可以说,他们各自都只是试图在类似会饮的样式(sympotic fashion)中超过对方的解读。同样的观点可以用于他们对哈摩狄乌斯和阿里斯托吉通的讨论,对民主演说家而言,这并不只是一则普通的传说(比较亚里士多德《修辞术》2. 24 1401b10 及以下),而是一首具有强大功能的解释历史的饮酒歌。也许源于后克里斯提尼时代雅典的贵族式的宴饮圈子,到了公元前五世纪晚期,这个评注(scholion)成了一段流行的佳话,[255] 能够从谐剧的舞台传播到那些从来没有参加过一场正式会饮的人们那里,但其含义却并不固定,不仅继续成为历史修正主义的目标,也继续出现在会饮式的娱乐中(例如修昔底德《伯罗奔半岛战争志》1. 20,关于这一点参 Ober[1994a] 页 105)。阿里斯托芬通过将其与贵族制的 Admetou melos[未婚少女的歌] 相对比,似乎还考虑过其民主用途,② 而在柏拉图笔下宴饮后的表演者泡赛尼阿斯(Pausanias),巧妙地指出了它在社会—政治上的重要性,表明 paiderasteia[对少年男子的爱恋] 正是一种热爱自由之人的行为(《会饮》182c)。另外,这还是一项在公众中被认真对待的游戏。许佩里德斯(Hyperides)(《驳腓力庇得斯》[Against Philippides] 3)证实过一个法律,该法律禁止任何人诋毁情侣,或者"以轻蔑的口

---

① 《伊利亚特》2. 673 – 674 将会是最适合的(比较 kallistos[最俊俏的]),但是比较对埃阿斯(Ajax)的很多表达,他在 demas[身体] 和 erga[功绩] 方面仅次于阿喀琉斯(《伊利亚特》17. 279 – 280,《奥德赛》24. 17 – 18 等)。

② 因此,Reitzenstein(1893)页 26 注释 1,引述了阿里斯托芬《鹳》(Pelargoi)行 444 KA。

吻歌唱"关于他们的事情。埃斯基涅斯实际上在上演一场这个游戏的安全的民主制版本，他称他们为"城邦的恩人"，认为他们受了"合法而高尚的爱——无论人们如何称呼它"的教育（ὁ σώφρων καὶ ἔννομος, εἴτε ἔρωτα εἴτε ὄντινα τρόπον χρὴ προσειπεῖν τοιούτους ἐπαίδευσεν）。

因此，《驳提马库斯》的第二部分，以多种方式机智地利用了诗歌。首先，它为埃斯基涅斯希望推进的性欲望（sexuality）的构建，加入了荷马和其他诗人的权威。与此同时，其微妙性使那些自认为正直的人们也认为他们自身是高雅的（sophisticated），因为那些正直的观点也存在于荷马笔下，如果人们愿意以正确的方式去看待他的话。最后，它试图将那些好的行为方式，与演说者自身正确的阅读特色结合起来。埃斯基涅斯并不像将军那样是一个势利小人，但他知道人们通常对荷马的了解——他的诗歌是好的且值得模仿。即便需要某个细节来证实这一点，荷马也是小心翼翼多于不可捉摸。他不会玩弄"爱"这个字眼，他笔下的角色也不会。因此，好的评论家也是小心翼翼多于不可捉摸。像荷马一样，埃斯基涅斯对性小心翼翼，在他的"道德之爱"的版本中，有情人会推迟"谈情说爱"的时间，直到男孩到了可以恰当回应的年龄（1.140）。① 文雅呈现在一个人阅读一首诗歌、向一个男孩献殷勤或者在法庭上发言的方式中。② 所有这些品质或许可以放在"梭伦式"术语 eukosmia［行为端正］中来理解，即身体、思想和政体的适当、得体且正确的举止。③

---

① 埃斯基涅斯与提马库斯的粗鲁格格不入，这使得他在谈论提马库斯的时候很难为情，即便是用最委婉的词语。见 1.53–54。

② 参本文集 Easterling 的文章，这篇文章论述了甚至物理的嗓音都对一个表演者价值的评估具有很大的重要性。

③ 比较 1.169 对德摩斯忒涅的 akosmia［混乱；过度］——诽谤性地歪曲亚历山大（Alexander）在一次会饮上接受建议（to the Boule）而进行的表演——的指摘。在 1.189，提马库斯生活方式（tropos）的 akosmia，揭示了一种轻视伟大的法律和美德的灵魂的 hexis［状态］。

[256] 埃斯基涅斯谈论的最后一个诗歌片段，使得观众得以明白，注解并不仅仅是一场游戏，而且是为抽象或者虚构的文本赋予生命和力量的一种活动。他声称在这类活动中，证据通常并不十分重要，通过引用欧里庇得斯的《菲尼克斯》（*Phoenix*）（812 Nauck），他指出重要的是通过社会关系来评判他人。无论如何，它都已经是一个相当贴切的文本，但他还是为它的首行添加了额外的解读，"此前我曾多次被选为演讲的评审员"（ἤδη δὲ πολλῶν ᾑρέθην λόγων κριτής）。"这些话出自一位曾经在多种场合（pragmata）担任评审员的人，就像你们现在这些评审员一样"（1.153）。经常出入剧院的公民不难发现，那些原本出自英雄时代的某位英雄人物的话语，需要一些转化（translation）才能将其应用于民主的法庭。① 在这里，埃斯基涅斯希望他们能注意到，他们正在转化，因为他们的任务就是要亲自把老旧而且五花八门的法令，运用到对他们中的某个人的强力镇压中去。他们被要求对提马库斯执行的裁决，不仅是法律性的，同时也是解释性和审美性的；这是一项"解读"活动，带有一种风格的意义：他们的裁定将表明，他们不仅制定了好的法律，而且知道"如何区分公正和愚蠢"（κρίνειν τὰ καλὰ καὶ τὰ μὴ καλὰ δύνασθε, 1.118）。对于埃斯基涅斯而言，区分τὰ καλὰ καὶ τὰ μή [公正和愚蠢] 的能力，并不是一项精英主义的审美活动，而是一种体现在法律中的基本公民知识，他们在村社（demes）获得公民权时就已掌握（1.18）。② 但是这种民主地共有的评审能力，与智术师长久以来许诺要教授的关于诗歌的内容并无二致：συνιέναι ἅ τε ὀρθῶς

---

① 关于这个段落，参 Bers（1994）页 191。德摩斯忒涅也批评了这种显得知识很渊博的引述（19.245）。关于这一点，参 Wilson（1996）页 315。
② 比较埃斯基涅斯最重要的公共演说的结束语（3.260）：ὦ γῆ καὶ ἥλιε καὶ ἀρετή καὶ σύνεσις καὶ παιδεία, ᾗ διαγιγνώσκομεν τὰ καλὰ καὶ τὰ αἰσχρά [哦，我们借以分辨善与恶的大地啊、太阳啊、美德啊、智慧啊、教育啊]，以及德摩斯忒涅的迅速反击，见 18.127-128。

πεποίηται καὶ ἃ μή, καὶ ἐπίστασθαι διελεῖν τε καὶ ἐρωτώμενον λόγον δοῦναι [有能耐从诗人们所说的东西中明白，哪些是正确地作成的诗，哪些不是，而且懂得怎样解析诗，要是有人问，则能给个说法]。（柏拉图《普罗塔戈拉》339a）这就是诗歌注解对人民的效力。①

---

① 感谢 Simon Goldhill 和 Robin Osborne 组织这次关于表演的研讨会，相互的切磋使我受益匪浅。Josh Ober 极大地提升了本文的早期文稿，该文稿源自我们在给一个研讨班上课的愉快经历，这个课程是关于雅典演说的理论和实践。最后，Edward M. Harris 对我的文本中一个部分尖锐和怀疑性的批评，既产生了极大的帮助又让人倍感亲切，因为他不会同意我的很多结论；也感谢他的学生 James Mulkin，他正在准备关于《驳提马库斯》的笺注，在好几处地方都帮助我避免错误和澄清疑惑。

柏拉图与对话中的表演

冯瑞登（Sitta von Reden） 戈尔德希尔（Simon Goldhill）撰
叶友珍 译 李向利 校

[257] 苏格拉底在《王制》（The Republic，又译《理想国》）卷四中讲述了勒翁提俄斯（Leontius）的故事，同时还解释了构成灵魂的三个部分。一天，勒翁提俄斯，阿格莱翁（Aglaion）的儿子，从比雷埃夫斯（Peiraeus）上来时，看到了几具尸体，城邦的刽子手就站在旁边。他极想走近看看，但是同时又感到一阵厌恶，转过身去。他用手蒙住眼睛，内心挣扎了好一会儿，但是最终还是被想看的欲望征服了。他睁开眼睛，跑到尸体旁边，骂自己的眼睛说，"你们，你们这些魔鬼，用这样壮观的景象来满足你们自己吧"（tou kalou theamatos，《王制》439e）。在《王制》中，这一令人印象深刻的故事被引用来说明灵魂各部分之间的斗争，并确定了（灵魂的）控制欲望似乎和理性不同的第三部分：即，一种基于什么是正确和可接受的知识之上的类似羞愧和厌恶的情感（Annas［1981］页125-126；Irwin［1997］页131-132）。这被称作to thumoeides［血气］（441a）；在《王制》中，随着讨论的推进，它被更具体地描述为一种追求权力（kratein）、胜利（nikan）和名誉（eudokimein）的力量，或者to philotimon或philonikon，即"热爱荣誉或热爱胜利"（581ab）。它和理想城邦中的第二等级——战士——对应，他们是最有勇气（andreia）并对什么是正确与合法（nomimon）有着永远正确

的判断的一类人。① 有趣的是，文本中一个腐化的（corrupt）谐剧片段，可能清楚地表明勒翁提俄斯具有一种公共意识，该意识和对"类似尸体"的面色苍白、骨瘦如柴的身体的一种反常兴趣有关。② 他对眼睛欲望的满足，不只是一种病态的好奇心，也被视为一种难以抗拒的爱欲驱动。

[258] 控制和正确的事之间、眼睛和欲望之间的联系，为柏拉图提供了一个让苏格拉底讲述自己的故事的模型，这个故事用到了相同的词汇——"荣誉"和"控制"。在《卡尔米德》(*Charmides*)中，苏格拉底第一次见到卡尔米德时，这个男孩在他和克里提阿（Critias）之间坐下后，他说到（155d）：

> 他的眼睛里闪烁着一种无法描述的亮光，好像要问我话的样子。摔跤学校里的人们全都一拥而上，把我们围在了中间，亲爱的朋友啊，霎时间我的目光穿透了他宽大的外衣，感到欲火中烧，无法控制自己，暗想居狄阿斯（Cydias）真是深知爱情的，他谈到一个美少年时向另外一个人发出警告：'你胆怯的小鹿啊，不要往狮子面前跑，那样会成为它的口中之食'，因为我同样觉得我已经被这样的一头猛兽俘获了。③

---

① 429c–430c（比较 580d）。这些"荣誉的热爱者"接管了第二好的政制——它是最好的（政制）的下降，被称为 timocracy［荣誉政制］。其统治者也被描述为竞技场和狩猎的爱好者（549c）。

② Schol. Arist. Av. 1406（Theopompus Comicus, Kassel–Austin 残篇 25；比较 Kock 卷一残篇 24，都曾讨论过它和《王制》439e 的联系）。"勒翁提俄斯（Leontius）"这一名字，很可能是对不和韵律的"Leontinus"的修改。残篇的意义理解起来有点难："肤色较好，容貌美丽，就像尸体"，似乎修饰的是消瘦的、面色苍白的诗人 Leotrophides，或许，这只是勒翁提俄斯的兴趣。但是在这里都很难完全确定。

③ ［译注］中译文参王太庆，《柏拉图对话集》，北京：商务印书馆，2004。略有改动。下同。

和勒翁提俄斯一样，苏格拉底感觉到，在他想看的欲望，和另外一种说服他不要屈服于他凝视（gaze）的欲望之间，有一种明显的差异。这种不恰当的感觉让勒翁提俄斯不去看那些尸体，尽管它们对他的（性）吸引力，在苏格拉底的故事中被描述成一只小鹿，有被野兽吞噬的危险，并且，正如勒翁提俄斯的眼睛被骂为 kakodaimones ［魔鬼］一样，它们战胜了他的羞愧感，苏格拉底也感觉到他已经被一种强大的力量俘获（healōkenai）了。然而，勒翁提俄斯的故事被用来对心理进行剖析，与之不同的是，苏格拉底以第一人称来讲述的故事，却难以简单地进行归类。苏格拉底和卡尔米德的第一次相遇发生在健身房，面前有克里提阿是一个特殊的观察者，周围有很多旁观者（155d），这绝非偶然。一方面，由男子和少年们组成的沉默的观众，代表着那些"爱慕荣誉和胜利"的一部分普通人。在他们眼里，苏格拉底能够通过战胜这个少年来维护他的男子气概以及他作为男性公民的地位。另一方面，克里提阿是一个特殊的观察者，他的出名可能是由于人们对三十僭主强烈的憎恨。写这个对话的时候，尽管已经时过境迁，但克里提阿正是那个最为明确地打破社会制约框架的人，他所倡导的政体，象征着热爱荣誉（philotimia）变成了肆心（hubris）、野心变成了僭越后的境况。当看到苏格拉底奉承那个少年，但是并没有常人的那种进一步的性的发展，只是"讨论哲学"的时候，他会做何感想呢？关于对待这些少年们，一个僭主应当从这一幕中学到什么呢？①

然而，苏格拉底，一个有着全然的自我意识的第一人称叙述者，[259] 发现卡尔米德的目光让他"无法控制自己"；这样一个通常反对诗人的道德指引的人（在苏格拉底的辩护中，他一直在寻找城邦

---

① 关于僭主和他们典型的对男孩子们的虐待，参亚里士多德的《政治学》（Politics）尤其1314b。

中真正的"最智慧的人"),现在却认为,当涉及爱欲之事时,诗人居狄阿斯恰恰是"最智慧的人"。苏格拉底虽然没有当众追求爱欲,但却符合从诗歌表演中获得建议和安慰的有情人(lover)的(会饮)形象——这是哲人苏格拉底特有的反讽。总之,在看到他激动却勉强能控制自己的围观者面前,以及在通过这个对话而目睹他内心挣扎的读者或听众面前,苏格拉底扮演着双重角色。

这样一个如此大胆地展现自身戏剧风格的场景,其功能是什么呢?一方面,由于苏格拉底因为"败坏青年"(以及引入新神)而被处以死刑,人们可能会暗中假定,在某种程度上,他和克里提阿领导的三十僭主有关,因而这种哲学式的自我控制的场景,必定会被看作具有一种柏拉图为他的老师辩护的作用,即它是一种修辞,通过苏格拉底在据说被他败坏了的人们面前的 sophrosunē [节制] 表演,为他开脱罪责。而克里提阿则不可能从眼前的场景中获得教益。由于这篇对话随后的讨论围绕着节制和对知识的定义展开,因此,第一人称叙述者的节制表演,成了理解这篇对话教导主旨的一个重要部分。如何(不)做……另一方面,这个充满了"观看"的形象和词汇的情节,在表演文化的模式下,自我控制的意义似乎成了必须解决的问题。它提请人们注意——没有充分展开——观众和表演之间强有力但却又十分危险的相互作用、发生在他们之间的不同的交流,以及相互性在自我形成和公开展示中所扮演的角色。

更确切地说,它提出了这样的问题:血气(热爱荣誉或热爱胜利)可能是什么、它遵从谁的定夺(judgement),以及眼睛在塑造灵魂的政治过程和个人过程中起到了什么作用。当卡尔米德想请教治疗头痛的偏方时,他的眼睛里"闪烁着无法描述的亮光"朝苏格拉底看了一眼(155b)。卡尔米德故意用眼睛去引诱苏格拉底,以便让他传授自己的知识。(同样,苏格拉底注意到了卡尔米德绯红的双颊、咯咯的笑声和好辩的姿态。①）旁观者们笑着冲过来，围着苏格拉底听他谈论美（155b），热情地渴望学习和掌控这场交谈（exchange）。事实上，克里提阿之所以再一次 [260] 加入到对话中，正是由于他"极想在卡尔米德和其他旁观者面前赢得荣誉"（*ἀγωνιῶν καὶ φιλοτίμως πρός τε τὸν Χαρμίδην καὶ πρὸς τοὺς παρόντας ἔχων*, 162b-c），而且对这个未来的僭主来说也尤为重要，因为他不再能控制这种冲动（*μόγις δ' ἑαυτὸν ἐν τῷ πρόσθεν κατέχων τότε οὐχ οἷός τε ἐγένετο... ὁ δ' οὐκ ἠνέσχετο*）。隐含着忧虑和竞争力的 agōniōn [争胜] 和 philotimōs [热爱荣誉] 一起表明，对话表演的目的是对地位的竞争性追求。很显然，借用克里提阿的陈述和话语表演，苏格拉底这样描述这位未来僭主对其臣民（ward）的不满：*μοι ἔδοξεν ὀργισθῆναι αὐτῷ ὥσπερ ποιητής ὑποκριτῇ κακῶς διατιθέντι τὰ ἑαυτοῦ ποιήματα* [在我看来，他似乎对他很生气，就像是一个诗人面对一个笨拙的不能理解他的作品的演员]。克里提阿并不是一个像苏格拉底（拥有标准的助产术）那样的老师，而是希望他的学生复述一下讲过的课程，像一个接受戏剧家指导的演员那样。因此，苏格拉底式对话中的表演——这是对读者的挑战——和有脚本的戏剧的规范表演有所区别。同样，当之前满怀自信的克里提阿被带到苏格拉底的难题（aporia）中，"就像哈欠在观众中相互传染一样"（169c4-5），"因为他习惯了拥有好名声（*eudokimōn*）的感觉，他在围观者面前极为羞愧"，并且"试图用模糊的咕哝来掩饰他的失控"（169c: *ἅτε οὖν εὐδοκιμῶν ἑκάστοτε, ᾐσχύνετο τοὺς παρόντας... ἔλεγέν τε οὐδὲν σαφὲς ἐπικαλύπτων τὴν ἀπορίαν*）。观众的围观，加上在这种围观面前对名誉的追求，导致这个坦率的（man-to-man）直接对话最终崩溃。

相反，苏格拉底为了见到卡尔米德，假装知道治头痛的方子。（第一人称叙述的方式，再一次对有意的关系安排和对话交流中话语

---

① 例如 156a4、158c5、159b1、160e1、162e1、162b11、162d1。

和欲望之间的差异，显得极为重要，因为苏格拉底"扮演的是医生的角色"。) 他的欺骗，让他自己表现出被欲望吞噬的样子，不过也好像被另一种力量所控制。评论家们通常把卡尔米德的头痛，解读为他渴求知识的一种比喻；但是如果纯粹作为一种哲学隐喻理解的话，那么在爱欲交流（erotics exchange）中失去的是什么呢？苏格拉底和这个少年之间的这出诱惑戏，并不只是暗指哲学和欲望、知识和美，以及学习和观看之间成问题的关系，而是在与哲学过程相关的社会交流的表演中，允许欲望的危险在玩笑性的语言中回荡，因为（在此过程中）始终保持着哲学的控制的意图。与之类似，在卡尔米德进入到[261]健身房（被有情人簇拥着，看到的人则既惶恐又惊奇①）这一场景之后，苏格拉底用明显充满爱欲的语言，来描述他对这个少年灵魂的兴趣：克里提阿评价说，无论他的面孔有多美，如果他愿意脱下衣服的话，他将不仅仅是一张面孔了，他的身体无与伦比。苏格拉底立刻问道，是否他的灵魂和他的形象（form）一样美，并且当听说这个少年的确很高贵时，他说道："在我们考虑他的形体（eidos）之前，那我们为什么不脱下（apodunai）他的（灵魂的）那部分衣服，让我们看看（theāsthai）（他的灵魂）呢？"（154e）这样，灵魂就会赤裸裸地展现出来让大家看了。比喻和反讽允许欲望在语言中出现，即使是在关于自我控制的讨论（和展示）中。

勒翁提俄斯的故事和《卡尔米德》的开场都表明，柏拉图采用了一种更为复杂的方式来展现围观的政治，而不像他有时毫不含糊地批评雅典的戏剧文化时所表现的那样。在《法义》（Laws，又译《法律篇》）中，他反对把 aristocratia［贵族政制］当作"theatrocratia"［剧场政制］。他认为，当观众的喜好成为对品质的判断标准时，音乐就已经变质了。没有法度的音乐，起初被大胆地灌输给观众，让他

---

① Ekplexis［惶恐］和 thauma［惊奇］是两个用来描述观察者看到美时的心理效应的标准用语。

们认为可以在不知道好坏区别的前提下做出判断（701a）。随后，mousikē［音乐］中的自由延伸到政治中，在那里，每个人在任何事情上都对智慧很自负，这种自负使得他们无所畏惧，不再愿意听取更好的意见（701b）。因此，剧场政制的概念，一方面把民主和民主是什么——即民众的统治——联系了起来，但是另一方面，它所代表的城邦民充其量是一群乌合之众——不过是戏剧表演的观众。戏剧是民主集合体危险性的标志和催化剂。以戏剧为参照，不仅破坏了政治表演的诚意，而且使政治成为这样一种表演：不是由独立剧作家而是由评判的观众撰写的表演。

在《王制》中，旁观和评判的大部分观众，同样代表着民主制的核心内容。在这里，引入观众规则是为了讽刺民主教育，它声称可以在民主的公共讨论中进行（比较《申辩》25b 及以下）。大部分城邦民在决策过程中持续、积极地参与，以及城邦管理下的正规教育体系的缺乏，赋予了公共讨论一种不只是意识形态的教育功能（Ober［1989］，页 156 – 191；比较修昔底德 2.41.2；埃斯基涅斯 3.246）。[262] 然而，柏拉图策略性地再现或错误地再现了这种联系：首先，他将围观的观众描述为表演个体大言不惭的老师，这是一个对规范模式的反讽性转换；其次，他没有将公众的注视作为一种政治控制的方式，而是将它作为一个不受控制的欲望力量的例子（492b – c）：

> 当众人在公民大会——或在法庭，或在剧场和营地，或任何其他公共集会地——坐在一起时，总是会用呼喊和掌声这种过激的方式，来表达对他人说过的话或做过的事的责难或赞扬，并且，无论他们在哪儿，岩石和所在区域传送回来的回声，会让赞扬和责难的声音加倍……什么样的个人教育能够对抗得了呢？在这样的赞扬和责难声中，谁能够不被征服并被赶出去？

在《吕西斯》（*Lysis*）的谈话背景中——它对赞美的教育和爱欲

效果做了简要的分析,这段话(中的情况)得到了极度缓和。文中,希波泰勒斯(Hippothales),一位比较年长的爱慕年轻的吕西斯的人,由于用颂词(encomium)赞美他的爱人而受到苏格拉底的责备。因为给情伴(beloved)创造了一种他未表现出的高尚的(high-mindedness)感觉,这种赞美熄灭了少年的温顺,因此也熄灭了他对有情人或老师的兴趣(《吕西斯》206a)。另外,在一个精彩的诡辩式颠倒中,苏格拉底甚至认为,对爱人的赞美事实上只是对赞美者的赞美(205e):情伴得到的赞美越多,就越会提高成功的有情人的荣誉(kosmos),而不成功的有情人似乎就会失去更多。因此,所有的赞美都"倾向于(teinein)赞美者本人"。因而,无论赞美者还是被赞美者,都没有真正地理解不那么令人满意的赞美经济学。① 公共领域中的赞美,同样增加了被赞美者的无知。在《默涅克塞诺斯》(Menexenus)中,epiaphios logos [墓前演说] 受到了批评,因为它对观众进行吹捧,让他们认为自己比实际要好。② 然而在《王制》中,通过让观众成为舞台上的赞美者和个人的"老师",柏拉图完全颠倒了谴责和赞美。正如希波泰勒斯用过分的赞美败坏了他所爱慕的人,并且对自己的行为一无所知一样,民主制下的观众用喝彩和嘘声败坏了他们的 rhētores [修辞家]。柏拉图通过类比有情人—老师的性欲和作为老师的群氓观众的欲望,讽刺了公共教育对民主的夸耀。受到对场面的欲望的驱使,观众的目的在于控制他们所看到的表演,以便增强它的趣味,并且控制[263]它所赞美的人的情绪。传统的健身房和体育学校进行的一对一的教学,能够感知到相互的性吸引和象征的不对称性,与此背景不同,民主的公共讨论的教育模式,通过将对思想的塑

---

① 在《斐德若》中,对动态的爱欲赞美有充分的讨论,关于这一点,参 Ferrari(1986)中的列举分析。

② 尤其参《默涅克塞诺斯》235a-c;比较 Loraux(1986)页 315;Nightingale(1995)页 107。

造让渡给无法控制的大众色眯眯的（sexually）目光，腐化了老师和学生之间的等级结构。

然而，尽管柏拉图攻击民主制的戏剧性以及随之而来的健身房和会饮上颇成问题的爱欲交流，但他并没有摒弃如下文化典范：把观看作为一种理解形式，以及把欲望作为教和学的一种推动力。纳斯鲍姆（Nussbaum）曾详细指出，在整个柏拉图文集中，美作为善的化身，并不是只有灵魂的理性部分才能获得。在《王制》中，柏拉图的苏格拉底认为，真正的知识只能通过问答式的论辩才能获得，而在《斐德若》（*Phaedrus*）和《会饮》（*Symposium*）中，则更多地将欲望描述为一种能够促使灵魂接纳真理视野的力量（Nussbaum [1982] 页100及以下；比较《斐德若》251a-f）。而且，真理和灵魂的相遇，被表征为一种精彩的景象。柏拉图在神话的比喻中，① 甚至，很典型地，通过诱惑性的神话比喻——旨在反对诱惑性的比喻的地位——传达了这些景象。② 在厄尔神话（the myth of Er）中，当灵魂正在靠近天空中的判官时，被告知要"听并且看地上的一切"（ἀκούειν τε καὶ θεᾶσθαι πάντα τὰ ἐν τῷ τόπῳ, 614d）。在后面的情节中，关于"看"的词汇强烈地突出了它们和戏剧表演的关系（theas 615a、etheasmetha 615d、theamatōn 615d、tēn thean 619e）。在《斐德若》中，同样也讲述了一个神话，其中灵魂在天空中游走，目睹了很多极为快乐的景象（makariai theai, 247a）。他们将自己置身于天穹的外在边缘，四处飘走，从外面去看（thōrousi, 247c）这些景象。

在《王制》中，哲学家被描述为 philotheamōn［一个喜欢观看的

---

① 关于作为读者或听者景象的神话，以及后面的内容，参 Mattéi (1986) 页 77-78。

② 《王制》中的"洞穴喻"在这里特别重要。它迷人的难以捉摸的双重性——通过一个诱惑性的比喻，挑战了感性世界的诱惑性——既有让读者进入它的（神话）概念机制的目的，又挑战读者超越那一机制暂时的吸引力。哲学家的视域，既是这一景象的保证，也是对它的限制。

人],它和 philotheamones [很多喜欢观看的人] 相对,后者是些戏迷,用观赏色彩、形体和美妙的声音来满足他们的欲望,但其大脑却不能看到美本身(475e),但这并不是一个肤浅的类比。[264] 其差异是很明显的。一方面,有这样一些人,对美的渴望和感知引导他们走向哲学,并且他们的理性和精神能够控制基本的欲望。这些可以让他们安静地观赏美德的表演,在不断塑造他们灵魂的过程中,提升他们的羞耻感和体面(decency)感(比较《法义》816de)。另一方面,大部分的民众缺乏辨别能力,也不能控制他们不光彩的满足性欲和耳目之欢的欲望。由于在民主制中,戏剧和其他表演都是由广大观众的评判控制,因此他们对表演本身的质量以及它们的观众都产生了有害的影响。柏拉图在表演的性质和观众的性质之间,建立起了一种严格的相互关系,无论是在剧场政体的剧场还是在真理(truth)的剧场中。

如此一来,就可以在一个宽泛的范围内看待哲学对话中的表演角色的问题,以及看待在构建哲学本身过程中有关观看的角色的问题。现在,一般认为,柏拉图对 mimēsis [模仿] 的评价存在转变,并且充满了难以消解的张力:一方面,他承认观看美德的(戏剧)表演,对灵魂有积极的作用,但是,另一方面,他认为这是对真正美德的虚假和欺骗性的复制,因而对心智有害;《王制》卷三中,理想的城邦认可非轻浮的模仿艺术,而在卷十中,似乎禁止了所有的诗歌,这两卷之间的转变仍然难以解释。① 哲学家面临一个双重问题,既存在于他所在社会的文化中,又存在于以贤哲的形象为代表的智慧表演传统中(Martin [1993] 页124)。一方面,人类是唯一能够用眼睛看到美德或善的生物,但是另一方面,在人作为真实的美德的形象和他或她

---

① 《王制》393cd、395c、396cd,对比595ab、597e 及以下;参 Murray(1996)页3 及以下,相关讨论和更多精选的有用文献,参 Janaway(1995),与之不同的观点,参 Prendergast(1986)。

能够游戏性地或虚假地（或讽刺性地）践行美德之间，却存在一个先天的（a priori）难以弥合的鸿沟。从某种意义上说，柏拉图对表演的矛盾态度，在身体这一层面引出了对真理、谎言和表征之间关系问题的大量争论。

柏拉图对话传达并再现了哲学对话和表演艺术之间的冲突，在这方面存在相当多的文献。戏剧场景［265］作为任何具体对话的哲学内容的一部分，也逐渐引起了人们的关注（相关文献主要有 Ferrari［1987］、Nightingale［1995］、Halperin［1992］）。然而，本文将采取一个不同的视角，首先更广泛地研究柏拉图是如何把自己置身于一种政治文化中并反对它，在这种政治文化中，权力和权威被公共空间中的竞争性表演所决定；其次，探讨对话的表演和哲学如何就爱欲以及围绕爱欲产生冲突。一个令人颇为信服的观点是，公元前四世纪雅典的哲学家们的活动一般在室外，而非民主雅典中的那些交谈、政治和教育场所。① 因此，很容易看到，柏拉图大部分的对话，都远离或发生在政治的公共讨论场所之外：私人住所、城墙外的某些地方、健身房和体育学校中的某些半私人的角落（niches）。在定义哲学的空间时，缺乏对公共的政治场所以及战场的描述。只有《申辩》（*Apology*）将苏格拉底完全置于一个民主机构——法庭——中，然而，很明显，《申辩》展现了哲学家在竞技场中行动的限度和可能性或不可能性，在这一竞技场中，交流受民主制下的观众控制。同时，用于描述苏格拉底在讨论场所之外的谈话的标准政治术语，比如"建议"（sumbouleuō）或者"忙于政治事务"（polupragmonō），表明柏拉图有意赋予该谈话以政治价值，而它在传统意义上则是私人的和非政治性

---

① 关于一般意义上的 apragmones［闲适］，参 Carter（1986）；关于哲学家，参 Steiner（1995）、Too（1995）、Nightingale（1995）。

的。① 鉴于哲学对话具有深刻的政治特性和政治代表性，柏拉图不可能轻易地舍弃表演这一能够赋予他自己的谈话权威性的方式。

一方面是私人或半私人环境下的对话，另一方面是苏格拉底在公共的、政治（话语）空间的热情参与，这种对比让这些对话具有了*流亡表演*（performanc in exile）的形式。另外，正如令人困惑的（aporetic）对话总是通过巧妙地预示在另一地点、另一时间的进一步讨论来延迟做出结论，同样，对话小心地制定出方法，构建不同的内在观众，促进读者自己对表演的理解——就像读者也成了一个对他自己的表演有判断力和参与度的旁观者。因此，这些对话不仅在哲学谈话中引入并重新定义了"旁观"（spectatorship），而且作为一个系列，包含了与看、[266] 听和读有关的元对话（metadialogue）——它不提供结论，但鼓励观众在反观自身的过程中（look at themselves）寻找答案。正如费拉里（Ferrari）所言，对声音的多重呈现与再呈现，促使读者和这些对话进行对话，并让他意识到自己的角色是"解说性的演员"（Ferrari [1987] 页 211）。

接下来，我们将通过与伊索克拉底（Isocrates）的长篇演说辞《泛雅典娜节献词》（*Panathenaicus*）的对比，来看另外两篇柏拉图对话——《拉克斯》（*Laches*）和《吕西斯》——中表演的政治性。和《卡尔米德》类似，传统上把《拉克斯》和《吕西斯》都追溯到早期的诘难性对话。这两个对话都发生在收费高昂、半私人但具有很强政治性的场所，《吕西斯》发生在健身房，《拉克斯》发生在体育学校或附近。每一篇都描绘和讨论了一种成熟的（developed）观念，即如何在构成社会的交流中表演，并且在每一篇中，看与被看的相互作用，以及在别人的注视下表现和转换自我，都很好地融入到了作为一种场景的对话中。《拉克斯》是一个有用的起点，因为它似乎特别关

---

① 例如，参 Yunis (1996)，特别是页 154。这并不意味着柏拉图看到了一条通往真正政治之路，或旨在培养新一代的雅典政治家。

心场景的政治性,以及公民理想的构建(并因此经常被指责缺乏哲学的分量或细节)。然而,我们将看到,在运用对话来表现和探讨男性政治群体的形成时,《拉克斯》很有典型意义:它运用一个群体相互作用的动态,来分析在一个群体中对一个男人及其男子气概的认同,从而提出了一个关于公民活动的新主张。与柏拉图的男性谈话形象相反,伊索克拉底的《泛雅典娜节献词》描绘了一个和一帮学生一起工作的修辞学教师。通过呈现相互作用的不同意见、给出的解答,以及对雅典和斯巴达(Spartan)政治体制的极为正规的讲述,伊索克拉底的文本设计了一个公民身份的模型,和政治辩论表演的模型,这和柏拉图与城邦政治中心之间模糊的、变动的关系形成了鲜明的对比。最后,《吕西斯》对我们在《卡尔米德》中已经看到的爱欲交流做了进一步的探讨,揭示了爱欲冲动如何在健身房的男性中进行口头传达,这种爱欲冲动会威胁并破坏哲学声称的对话式控制和进度。另外,总体来说,这些文本都不仅展现了对民主城邦——话语的城邦——中语言交流表演的各不相同和精彩的描述,而且某种程度上提出了如下重要问题,即柏拉图在使用对话形式时持有什么样的政治和哲学立场。

二

[267]《拉克斯》的核心问题是 andreia,即"男子气的勇敢",以及它是否可以靠重装步兵(hoplite)的战斗演练获得。明确提出这一问题的背景,是儿童的教育以及代与代之间价值观的传播。律希马库斯(Lysimachus)——阿里斯泰德(Aristeides)的儿子,以及迈勒西阿斯(Melesias)——修昔底德(Thucydides)的儿子,带着他们自己的儿子,观看一个专业人士在观众面前表演重装备格斗术(machomenos en hoplois)(179d–180a;比较 183c)。阿里斯泰德和修昔

底德是伯利克勒斯（Pericles）时代著名的政治人物；律希马库斯和迈勒西阿斯都后悔比不上他们声誉卓著的父辈。他们同时还请了尼西阿斯（Nicias）和拉克斯——伯利克勒斯之后雅典最杰出的两位将军——来做他们的顾问，请教他们如何才能最好地让他们的儿子拥有 andreia。因此，他们的对话立刻被定位在了雅典社会的最高阶层，并且以热爱荣誉（philtimia）为背景，它也贯穿《卡尔米德》始终。对话正是以 tetheasthe——"你们已经看见了"① ——这个词开始，并且应该注意到 andreia，和通常的英语翻译"勇敢"（courage）不同，涵括并产生了隐含在表演文化概念之中的本质。② Andreia 传达的是男子的卓越，它和战斗中的勇敢的联系说明，这个词的特殊用法是，战场正是希腊男子气概形成的传统地方。③ 在战场上，一个希腊士兵明显地且争先恐后地维护他在集体中的位置，反过来，又正是集体授予它最勇敢的公民荣誉（timē）和荣耀（kleos）（Dover［1974］页 161 - 167；Goldhill［1986］页 145）。因此，毫不奇怪，律希马库斯最担忧的是，假如他们的儿子在 andreia 方面没有接受适当的指导，他们将会和他们的父亲一样没有荣光（aklees）（179d）。律希马库斯为他儿子寻求的，正是公民团体的赞赏，对他来说这就是 andreia 的定义。值得注意的是，律希马库斯最初关心的是从将军们那里获得建议，［268］这被说成是认识到"有些人嘲笑（katagelōsi）这样的请求，

---

① 关于最先说出的话的重要性，参 Burnyeat（1997）；在 179e 也能看到关于这个词的更多变形，etheasasthe, theasasthai, thean, suntheatas，而且这个对话中不断出现关于看（seeing）和观看（watching）的词汇。

② Stokes（1986），参照 Méron（1979），强调了区分 andreia 和 courage 的重要性，但是他用这一结论，主要是为了确立这个词的开放性，它使得苏格拉底能够在他的谈话者那里模糊这个词的确切含义；尤其参页 36 - 37 和 44 - 48。

③ Stokes（1986）页 44 - 48，概述了词典中 andreia 的意义，把它同 tolma［勇气；鲁莽］和 thrasys［勇敢的；傲慢的］进行了对比，指出后来在对话中更多使用其狭义用法，指"英勇"（bravery）或"胆大"（daring）。

只不过没有说出来"。集体对笑声的驱散（正如在《卡尔米德》中对坠入爱河的希波泰勒斯的嘲笑，以及将会在《吕西斯》看到的进一步展开的形式），为如何获得集体赞同的名声问题提供了背景。对"直率谈话"的希望——民主雅典中一个曾经有着强烈意识形态色彩的价值观——为苏格拉底的反讽建立了一个规范的社会背景。

公元前五世纪的雅典，重装步兵作战逐渐失去了它的政治象征意义，海战和轻步兵作战的优势，增加了 thetes［贫穷公民］的政治重要性。但是，重装步兵身上最明确地体现了 andreia 的价值观，以及男性公民的地位（参 Vidal – Naquet［1986］的经典论述）。同样，正是重装步兵代表了柏拉图的对话面对的阶层，而且在这些对话中苏格拉底将自己视为他们中的一员，尽管陪伴苏格拉底的很多年轻的贵族生来就是 hippeis［骑兵］。自我承担武装自己的费用奔赴战场，和在雅典的公共讨论场所之外为自己的儿子寻求私人教育，正是如同一枚硬币的两面。

律希马库斯、迈勒西阿斯、尼西阿斯和拉克斯，前来观看城邦中重装步兵的训练表演。到公元前四世纪末，在健身房和剧场进行的军事训练和重装步兵军事技能的戏剧展示，是公共资金支持 ephēbeia［成年］的核心部分。在得到广泛讨论的《雅典政制》（Ath. Pol.）章42.2 有这样的记载，人们选举两名田径教练和指导员，在健身房教男青年们如何用重装备（hoplomachein）战斗（相关讨论和有关论辩的大量参考文献，参 Winkler［1990b］页23 – 35）。第二年，在剧场举行的公民大会上，这些男青年展示他们的重装步兵技能。仪式结束的时候，他们将获得国家赠予的盾和长矛，并且两年后，他们将具有完全的公民地位。将《雅典政制》的证据回溯至古典时期早期，或者甚至古风时期，这样做被证明存在大量争议。在公元前五世纪的文本中，一位男青年誓言中的典故表明，很有可能在古典时期早期存在与之相同的吕库古青年仪式（Lycurgan ephebate），但是对于其准确的特征却并没有确凿的证据。① 鉴于色诺芬（Xenophon）提到雅典有专门的私人军事训练（色诺芬《回忆苏格拉底》3.12.5），以及公元前五世纪存在男青年的誓言，因而合理的假设是：[269] 公元前四世纪上半叶的 ephēbeia［成年］是一种实践——因此很可能是一种雄心和荣誉的标志——只有那些负担得起的人的儿子才能够参加（Winker [1990b] 页29；Pritchett [1974] 页208－213）。

由青年男性在剧场或健身房进行的重装步兵战斗戏剧表演，可以在公元前五世纪雅典的瓶画和后来的文学作品中得到证实，② 尽管这些证据还存在一些不确定性。阿忒尼乌斯（Athenaeus）③ 在谈论战争舞的起源时，并没有把某一种形式和雅典联系起来（阿忒尼乌斯14.629a－631e）。但是柏拉图在《法义》中提到，不仅克里特（Crete）和斯巴达有重装步兵铠甲舞（enhoplia paignia），雅典也有（《法义》796b）。温克勒（Winkler）认为，肃剧表演的歌队由参与军事训练的青年男子组成；博思威克（Borthwick）则提出，阿提卡的年轻男子在泛雅典娜节（Panathenaia）上表演二短音步（pyrrhic）舞蹈（Winkler [1990b]；Borthwick [1970] 页318）。如果这是事实的话，那么由青年男子表演的重装步兵战争的戏剧展示，经常把年龄层次的差异和张力以及民主社会中社会和经济不平等的差异和张力搬上舞台。

《拉克斯》中的尼西阿斯自身体现出，假如一个年轻人想在真正

---

① Loraux（1986），Siewert（1977），Winkler（1990b）页30；比较埃斯库罗斯《波斯人》行956－962；索福克勒斯《安提戈涅》行663－671；修昔底德《伯罗奔半岛战争志》1.144.4；阿里斯托芬《阿卡奈人》行995－999；《和平》行596－598。

② P Oxy. 2738；Dion. Hal. 7.72.7；Borthwick（1970），Pritchett（1974），Winkler（1990b）页55－56。

③ ［译注］活跃在公元二世纪末三世纪初的一位希腊修辞学家和文法家。

的战争中获得殊荣的话,那么重装备格斗术(en hoplois machesthai)对他来说则是一种非常有用的训练。因为在队伍被打散,一个人不得不在面对面的肉搏中证明自己时,这种格斗术将派上用场。它还将使他树立远大志向(philotimos),渴望更高成就,成为军队的领导和将军(182ab)。重装备格斗术远非一般军事训练的一部分,它被视为在充满竞争的民主社会中让自己脱颖而出的一种方式。

然而,拉克斯从自身的角度区分了这类表演和战斗中的"真实情况",指出他既没有看到任何这样的表演艺术家在战场上英勇善哉,也没有听说过这样的表演者敢于在斯巴达展示他们的艺术——重装备步兵文化的缩影和精华。另外,他回忆了斯忒西劳斯(Stesilaus)——他们一直观看他的表演(epideiknumenon),尽管他自己进行了自我吹捧(183d1)——在战争中如何违背自己的意愿做了"真实的表演"(alēthōs epideiknumenon)。因为他带着一件非同寻常的武器(介于长矛和长柄大镰刀之间),在战斗过程中,这件武器在一艘三层桨战船上和一条驶过的货船的绳索绞在了一起,他只好撒手任凭它挂在上面来回摇晃,起初只是受到货船上的人的嘲笑和鼓倒掌(gelōs kai krotos),后来连他三层桨战船上的战友也开始起哄。一个懦夫,这位将军总结说(184b-c),在出色完成他的训练之后,[270] 将因为他的真实情况而更能够一眼被认出(epiphanesteros),但是勇敢的人,肯定要做一些特别的事情,以避免在训练中由于炫耀技术而招来嫉妒。假如他在训练中因技能出众而闻名,那么只有当他做出了惊人的英雄主义的行为之后,他才不会成为别人的笑柄(katagelastos)。在 philotimos 和 katagelastos 之间,即热爱荣誉和成为笑柄之间,重装备格斗(hoplomachic)训练因此成了一种完全意义上的 andreia 竞赛,即卓越的男性气概的表演。

因此,《拉克斯》中存在争论的(at stake),远远不止是"勇气"和"教育"。它开篇就提出了这样的问题:作为一个男人怎样才能获得认可,怎样才能在一个竞争性社会的剧场中维护自己的社会地位。

律希马库斯和他的同伴并不代表普通的雅典人，不过他们希望他们的儿子能够被人关注和仰慕。与公民角色有关的训练（比如：hoplomachy［重装备作战］），可以教会人们如何成为一个值得别人关注的公民吗？假如不可以，那么又是通过什么方式使他们符合这样的公民地位呢？正如拉克斯和尼西阿斯两位将军对重装备格斗训练优点的讨论，受到争论的恰恰是社会表演的典范。

尽管他们在表演文化的模式中定义他们自己，律希马库斯和迈勒西阿斯并不认为集体能够使他们的儿子具有它自身夸耀的那种优秀品质。他们谴责他们的父亲没有关心他们的教育，尽管他们（的父亲）自己很出色（179d）；反过来，他们如今感到很惭愧，因为他们自己的餐桌旁（179b）并不能成为他们儿子的学校，因为他们没有事迹（erga）可以讲述。① 失望之余，他们邀请尼西阿斯和拉克斯和他们一起观看重装备格斗表演，并和对方讨论他们面临的问题。这里非常强调他们努力的共同性（sunparalabein, suntheatas, sumboulous, koinōnous, 179e），两位将军的正式同意，对让他们建立 koinōnia［关系］很有必要（180ab）。当拉克斯提议让苏格拉底也参与其中时，再一次以正式的方式引出了共同体。苏格拉底和律希马库斯事先存在的社会关系得到了强调（180e），他的教育能力得到了肯定（180c），并且他当士兵时的英勇——拉克斯曾经在德里乌姆战斗（the battle of Delium）中亲自目睹——得到了将军本人这样一个杰出的裁判的赞扬（181b）。用如此精心设计的社会关系来创建一个群体，［271］很显

---

① 在批判民主教育的做法上，律希马库斯和苏格拉底几乎采用的是同样的方法。比较《普罗塔戈拉》319e,《高尔吉亚》503bc、515c 及以下，《默涅克塞诺斯》93a 及以下（校按：原文注释编码有误，因духа对话通行的起讫编码为234a–249e),《阿尔喀比亚德》（前篇）118c。其中，苏格拉底对雅典的政治领袖表达了相似的批评。Stokes（1986）页 113 也注意到，在不得已的情况下，苏格拉底和律希马库斯之间比"最好的"哲学家和最好的将军有更多的共同点。关于这一点，见下文。

然是柏拉图（为其老师）辩护的一部分。苏格拉底并不仅仅是克里提阿的老师，也是往昔那些伟大的将军们的顾问，作为一个士兵，（"一个真正的人"）他因英勇无畏而受到赞扬，并被选为年轻人的教育者的顾问。苏格拉底的确被认为"保持了他父亲作为最优秀的人的地位"（ὀρθοῖς τὸν πατέρα, ἄριστον ἄνδρα ὄντα），准确地说是他实现了对他抱有殷切希望的父辈们未曾实现的愿望，并且已经赢得了"美好的赞扬"（ἔπαινος καλός），这也是这些父母对他们的孩子设定的目标。正如philia［友谊］的表演（181c）获得了展示，苏格拉底的地位也得到了赞美。

这种毫不起眼的、精心挑选的koinōnia［关系］或sunousia［聚谈］（比较196b，201c）形式，明显与随意组成的公民群体相对立——他们认为教育应该在雅典城邦中进行。① 拉克斯明确地说，在这样的聚谈中，没有必要用空洞的言辞来装点（kosmein）自己：在亲密的朋友面前，说话应该诚实和坦诚，并且不用担心会出现法庭上的那种困境（196b）。在欧里庇得斯（Euripides）的希波吕托斯

---

① Sunousiai［聚谈］，像sussitiai［共餐］一样，是半正式的、具有社会竞争性的组织，在它们中，恩惠和义务可以相互交换。除了强烈的情感投入，加入这样一个团体时隐含的不同的社会、宗教和经济功能，可以从少量保存下来的吕西阿斯（Lysias）的演讲稿中推断出来。演说者似乎已经正式地加入了一个由朋友组成的团体（8.6），为的是suneinai kai dialegesthai——"相伴和交谈"（5），他们显然也因对厄琉西斯（Eleusis）（5）的使命聚在了一起，凭靠信用相互合作（10），并期望得到对方的法律援助（18）。这种友谊已经变质，高度情绪化的言论揭示了一个基本原理——这些联合正是基于同等的教育程度、同等的财富状况、同等的声誉，以及同等的朋友数量（7）；亦参Sayre（1995）页157及以下。关于sunousiai对苏格拉底来说的政治意味，以及相关的社会背景，参Robb（1993）。在把sunousiai专门和家族之间传统的、口头的、代与代之间的教育联系起来时——和智术师们形成的职业团体相反（在公众看来，包括苏格拉底；亦参伊索克拉底，见下文的讨论）——Robb低估了sunousia如何成了一个被争夺的概念，苏格拉底就热衷对之加以改造，使之为自己的目的服务。

（Hippolytus）口中，对小群体及其对语言表演的不同要求的评论，是特权阶级自我定位的标志，是精英和大众分离的一个令人担忧的宣告。① 这里，这种宣告同样具有一种修辞效果，因为它被拉克斯用来批评尼西阿斯明显不愿意承认他自己的难题（明显与《卡尔米德》中的克里提阿相似），不情愿 γενναίως ὁμολογεῖν ὅτι οὐδὲν λέγει ［豁达地或诚恳地同意他没有高见］。"绅士之间的直接对话"，是精英群体自我认识和监督的一种思想约定。

［272］苏格拉底在由杂众（mass）组成的民主法庭为自己和自己的行为进行的失败的辩护中，也将他和他学生之间的聚谈，与假装是年轻人老师的"所有雅典人"的公民大会进行了对比（《申辩》25c）——这为拉克斯将他们的聚谈和法庭进行对比增加了某种内容。② 然而，在《拉克斯》中，对参与者的关系的强调，除了它构建的表演——作为讨论男子气概和荣誉的显著的社会背景——之外，有另外两方面的功能。一方面，它建立了一种参与者的等级性，正如拉克斯所言，使得任何的装腔作势——社会表演——都毫无必要。在年龄群和军事成就方面都存在等级性：两个儿子是 meirakia——即将接受成年训练的青少年；他们的父亲是过了军事年龄的老人，而尼西阿斯、拉克斯和苏格拉底（三个人中最年轻的，181d）则正当公民的年龄。此外，律希马库斯和迈勒西阿斯都自认为没有取得什么成就，他们的两个儿子可能也会这样，而拉克斯和尼西阿斯都是最高等级的 stratēgoi ［将军］。苏格拉底的军事成绩，以一种赞美的方式由这两个将军中的一个介绍出来，和他的地位——作为有发言权的年龄组中的一员，尽管最年轻——十分匹配。维系这个群体的友情和亲情纽带，

---

① 欧里庇得斯《希波吕托斯》行 986-998，关于这一点，例如，参 Goff（1990）页 42-43；Lloyd（1992）页 47-49；Goldhill（1986）页 233-234。

② 参《泰阿泰德》150d；以及《治邦者》257a-258a，文中对参与者之间的相互联系提供了细致的描述。

一起创造了一个言说环境,在这种环境中,参与者之间的等级性似乎没有商量的余地。另一方面,明显的层级性,为苏格拉底在对话中向最权威的位置上升提供了背景。(柏拉图的)这些辩护不仅包括苏格拉底在这个群体中的参与,而且还包括他的智慧对这个群体的主导。

不过,让我们重新开始详细地看看对这种聚谈的构建吧。律希马库斯注意到,并不是和所有人都能探讨像教育儿子这样重要的问题。有些人只会嘲笑他们(katagelōsi),当问及他们的意见(sumbouleusētai)时,他们不会说出他们的想法(οὐκ ἂν εἴποιεν ἃ νοοῦσιν),而是会猜别人想听什么,然后说些违背自己想法的话。相反,面对尼西阿斯和拉克斯,他觉得他可以自由地说话(parrhēsiazeusētai),不仅是因为他们有所需要的洞察力,而且因为他们会坦诚地发表他们的看法(178b)。Parrhēsia,"自由言说",常常是推翻和反对僭政的民主的政治口号,在这里变成了这样一个词:它定义了这个推翻和反对民主城邦中的言语交流机制的精英群体。律希马库斯 [273] 提出了三个意在获得适当建议的必要条件:(a)各位父亲之间可以自由讨论,而且对问题有共同的理解,而不是相互嘲笑;(b)提建议的人有足够的 gnōmē [判断力] 来提出建议;(c)他应说出他所想的,而不是意在讨好征求建议的人。这三个条件,尤其因为它们是用政治修辞的语言(parrhēsia, sumboulē, gnōmē 等)来表述的诉诸优秀的雅典人商议的模型,好像它是被修昔底德笔下的伯利克勒斯示范过的。① 但它们也呼应了柏拉图对哲学谈话的要求。在他的作品中,他坚持哲学家在用言语表达知识之前必须先有知识,那些在观众面前以演说而非真理为目的的人,是智术师而非哲人,而且,哲人总是被那些没有相同

---

① Yunis(1996)页 136 及以下,以及文中其他各处均表明,柏拉图对修辞的某些攻击,是对修昔底德的回应。假如人们接受《拉克斯》是早期作品,而且《原史》(Histories,又译《历史》)在公元前 390 年代能够见到,那么在这种情况下《拉克斯》就应该包含其中。

理解能力的普通人嘲笑。① 在没有这类理论支撑的情况下，律希马库斯发现他足以能够向这两个杰出的公民（将军）征求适当的建议。然而，尽管他的条件并不是从哲学的视角表达的，但是它们足够建立一种框架，在这个框架下，尼西阿斯和拉克斯失败了，而苏格拉底成功了（或者至少没有失败）。

首先，苏格拉底非常礼貌地让出了最先发言的位置：因为他最年轻、最没有经验，让尼西阿斯和拉克斯先发言是唯一正确的做法（181d）；假如他有什么要补充的，他会在后面尽力解释（didaskein），并说服（peithein）他们接受他的观点。苏格拉底用一个好公民的语言隐藏了自己，但同时表明，政治指令对他来说不是要建议同样的东西（sumbouleuein），而是施教（didaskein）。然而，虽然暂时这两位将军有权先行发言，但是如同上面所描述的，简单的竞赛（agōn）之后，律希马库斯转向了苏格拉底。通过邀请苏格拉底作为他们讨论的仲裁者，就像是在议事会上那样（καὶ γὰρ ὥσπερ τοῦ διακρινοῦντος δοκεῖ μοι δεῖν ἡ βουλή），他明确地将讨论置换到谨慎的修辞的公共空间中。由于两位将军［274］对重装备格斗技艺的益处持有相反的观点，他希望听听苏格拉底会投票支持谁（ποτέρῳ τοῖν ἀνδροῖν σύμψηφος εἶ 184d）。苏格拉底这时反击道："难道他会根据大多人的观点来做出决定吗？"他这样问，目标直指民主地做决定的要害。他并没有理会律希马库斯的问题，而是为自己确立了一个新的角色，并建立了一个新的交谈空间。首先，重新定义了讨论的范围（我们是讨论重装备格斗技艺呢还是更广泛的东西？

---

① 正如 Nightingale（1995）页 178–180 中所表明的，对于柏拉图来说，笑声是对处于不同理解层次的人们之间交流的歪曲。因此，在《王制》中，哲人在回到囚禁在洞里的人们中时会发出笑声（516e–517a）；在《泰阿泰德》中，苏格拉底注意到，那些沉浸在哲学之中的人，当他们走进法庭时，会显得非常滑稽（172c；比较 174a–175b）；比较 Mader（1977）页 31–33；Halliwell（1991），关于后来的传统，参 Goldhill（1995）页 14–20。

185bc);其次,把争论的形式从竞赛转换为对话。① 形式的改变不仅难以再与法庭和议事会进行比较,而且问题的转换遗憾地表明,律希马库斯在教育儿子这么重要的问题上在摆弄 bouleutērion [议事厅] (185a)。并且,尼西阿斯和拉克斯都心照不宣地接受了这种戏剧性的转变,他们遵守了新的条件:尼西阿斯说,在和苏格拉底谈话时,一个人要审判的不是旁人,正是他自己(187e - 188a);拉克斯鄙视所有和发言者的职责(erga)不和谐的言语(logoi),他还承认,对于老师,人们期待的应是真正的美德(aretē),而非年龄(hēlikia)或公共声誉(doxa, 189b)。民主的建议变成了有等级之分的教导,观众的评判变成了自我的评判。竞争性的发言过程——其间可能含有展示、胜利和热爱荣誉——变成了一场对话,不仅将以定义勇敢(andreia)时的难题(aporia)结束,而且许诺"明天"需要实施进一步的教育(aurion 201c bis),就像因为需要更多的思考而推迟了下论断的场景一样(因此,这既是对对话中的听众的一个挑战,也是对对话的读者的一个挑战)。

因此,对话在消除了传统等级的情况下重新开始。拉克斯和尼西阿斯都乐于服从苏格拉底的驳难,而不久就揭示,两位将军在被选为顾问和发言者方面并不称职。在面对第一个问题时,拉克斯认识到他不能说自己所想的($ἃ\ νοῶ\ μὴ\ οἷός\ τ'εἰμὶ\ εἰπεῖν$, 194b;比较上文 178c),并且他的职责和言语之间并不和谐(193e 比较上文 188d)。接下来的交谈重点围绕下述问题,即尼西阿斯能否说出点什么,或是否他说的话 [275] 只是为了辩论($λόγου\ ταῦτα\ ἕνεκα\ λέγει$, 196c)。拉克斯猛烈地攻击他的对手,以使对方败得和自己一样惨。因此,不是苏格拉底,而是他的将军朋友,责备尼西阿斯"用语言来美化自

---

① 我们并不相信 Rutherford (1995) 页 84 中所说的,他认为这仅仅只是柏拉图不喜欢做演说的一种表达形式,在演说中听者没有真正的机会打断演说者并提出问题。

己"（197c），"就好像在法庭上一样，逃避并隐藏自己的困难"（196b），假装聪明但实际只是胡说八道（195a）。事实上，尼西阿斯和拉克斯一样，也并不能说出 andreia 到底是什么（199e）。难怪这两位将军彼此争吵，而拉克斯只是觉得尼西阿斯和达蒙（Damon）——拉克斯刚刚偷用过他的聪明话——可笑（katagelan，200b；比较上文 178a），除此之外什么也没发现。尼西阿斯观察到拉克斯不能够"反观自己，只是挑剔别人"（οὐδὲν πρὸς αὑτὸν βλέπειν ἀλλὰ πρὸς τοὺς ἄλλους，200b；比较 197c）——一种"典型的人类缺陷"，从而更为坚持自己的半哲学策略。① 鉴于拉克斯一眼便能看出重装步兵作战中 andreia 的真与假，② 那么这句话中隐含的反讽，就足以促使细心的观众做进一步的思考。

然而，最终，与后来一些对话所呈现的那种崩溃不同，关系很容易地被重新建立起来，他们一致认为所有人都需要苏格拉底这样一位老师，同意组织这类教学，甚至不去计较旁人看到老人们又回头接受教育发出的嘲笑（201a–b）。因此，通过证实这种聚谈与城邦的集体及其误解不同，观众的（想象中的）嘲笑最终解决了。由于这个对话始于担心因寻求建议而被嘲笑，因此结束于一种对下述情况心甘情愿的接受：笑声或许会一直伴随着他们对理解的追求，但是它将是这个集体超越于多数人的判断的一个标志（καὶ ἡμεῖς οὖν ἐάσαντες χαίρειν εἴ τίς τι ἐρεῖ, κοινῇ ἡμῶν αὐτῶν καὶ τῶν μειρακίων ἐπιμελείαν ποιησώμεθα [因此，我们不应该在乎别人说了什么，而是安排自己和其他所有的年轻人接受教育]）。评判的框架发生了变化。

---

① 正如 Stokes 所指出的，尽管尼西阿斯可以引用一些哲学词语，但是他学习能力的欠缺和拉克斯一样严重（Stokes[1986] 页 112）。
② 参前文 181a（etheasamēn [注视] 苏格拉底在德里乌姆）、183d（etheasamēn [注视] hoplomachomenos [重装步兵作战]，在他攻击货运船的斗争中）。

Logoi 和 *erga*，即"语言/论证"和"行为/现实"之间的对立，经常作为对话的主题性关切而被评论家们所关注，这一关切又进一步把对话中的争论和一项突出的公共政治议题联系到了一起（或许也可以被看作是对 [276] 修昔底德所强调的术语的回应①）。事实上，经常反复出现的政治修辞的重要概念，比如 sumbouleuein、parrhēsia、gnōnai 等，拓宽了对话涉及的政治话语。这直接导致了两种重要的发展趋势。首先，律希马库斯试图将苏格拉底和两位将军的争论与 boulē [议事会] 中的讨论相等同，不仅允许苏格拉底反对这种比较以支持他的对话主张，而且把这种讨论确立为一种政治展示——与对话中的其他政治展示相匹敌。两位老人前来观看重装步兵格斗术（machomenos en hoplōi），随后参与了大量其他展示以及对展示的讨论，并最后得出结论：苏格拉底的展示最好。这里有一个和城邦体制相对立的政治转向，其中苏格拉底的形象起到了关键作用。

　　其次，评论家们也反复指出，在短暂的交流中几乎没有什么"哲学内容"，并且苏格拉底总是让对话在同他对话者的知识水平上进行。当然很快就能认识到存在的难题（aporia），并且承认需要进一步的讨论。一定程度上，这种情况源自苏格拉底在对话开篇的"好公民/战士"的形象，以及源自苏格拉底的问题——它们总是在谈话者说了什么之后迅速被提出来，或者是源自一般的推理——就像苏格拉底所扮演的角色。柏拉图为年轻的苏格拉底在比他年长且更有名望的人们中间，勾画了一种非常特别的表演类型。话语和职责之间的差距，是这种角色扮演的基础，正如它是苏格拉底式反讽的基础，即使它是为了照顾城邦中成年男性对表演的理解。

---

① 一些评论家注意到了 [此处] 呈现的这一主题，但是并没有将其和修昔底德联系起来。比较 Stokes (1986)；O'Brien (1963)。Yunis (1996) 页 136 及以下，令人信服地指出，修昔底德为《高尔吉亚》和《默涅克塞诺斯》提供了"一部分复杂的背景"，但是却没有讨论《拉克斯》。

斯托克斯精确地转变了《拉克斯》的意义，他注意到一个事实，在对话结束的时候，苏格拉底鼓励他的观众寻找一个比他们自己更聪明一点的人，而不是寻找 andreia，更不必说 aretē［美德］（200e）。这种寻找正是苏格拉底终其一生所从事的事情，并且柏拉图让他在《申辩》中进行了描述（Stokes［1986］页 112；比较《申辩》21b - 23b）。在开始的时候，《拉克斯》戏剧化地要寻找一个人，这个人既是孩子们也是他们的父亲希望成为的那种人，并且这个人能够成为他们最好的老师。对于两位年长的公民来说，这样一个人很有男子气概（andreios），同时，在大家的眼中他会显得极为出色。［277］这也是在公共场合观看 andreia 的表演并且对这些表演进行审查（test）对他们来说如此重要的原因。然而，在整个对话过程中，对那些 andreia 或更广意义上的美德的展示进行审查，采取了不同的方向。在第一部分，通过一系列识别 anēr［男子汉］的常规可能性（hoplomachomenos［重装步兵作战］，尼西阿斯和拉克斯的形象是杰出的将军，而苏格拉底是重装步兵），对话中建立起了一种新的寻找，不仅重新定义了要寻找的人，而且还要重新定义认出他的方式。凝视——作为感知体现出的美德的一种方式，这篇对话没对它提出质疑，因为所有集体及其代表，都被视作一种不够充分的评价框架。但是凝视迫使观众审视对他们自身的效果，以至于能辨别出表演的本质。苏格拉底并不是一个智者（a wise man），但是通过他的表演和他对自己及其他人都缺乏智慧的证明，他使得观众们都认识到他们自己缺乏智慧，并且需要寻找一位不同的老师，来重新打造他们自己。在缺少智者的情况下，必须这么做。至少，到了明天（就必须这么做）。我们可以说，这是另一种对观众的控制，这种控制既不是仿照贤哲（the sage）的模式，也不是仿照民主大众指令的模式。概而言之，《拉克斯》寻求的是通过对话树立一个新的公民表演的思想。

三

在和伊索克拉底非常有名的一篇文章进行对比后,柏拉图对话技巧中的政治性显得尤为突出。伊索克拉底的这篇文章对应该如何讨论言语交流中的表演、政治和文化策略,给出了一个不同的看法。这就是伊索克拉底最伟大的演说辞《泛雅典娜节献词》,据说始作于公元前342年,当时作者已经93岁了。[①] 演说稿以对雅典——作者的城邦——的颂扬开始,同时还包括对斯巴达的攻击。颂扬和攻击都与政治政策、体制和民族性格结合了起来。在大约199节之后,作者突然非常明显地转到写作本身的那一刻(200):"我所写的就是你们刚刚读到的内容",他写道:

> 并且与经常同我在一起的三四个年轻人一起进行了修改。在我们修改的时候,它让我们觉得很满意,只是缺少结论,这时我突然想到,可以叫来我以前的一个学生,他曾生活在寡头制之下,或许他能够指出我犯的某些错误。

[278] 尽管诗人有时也会再现创作或灵感产生的时刻,但是对于政治性的文本来说,尤其是在用两百节来论述了自己的观点之后,突然转到用这种方式再现文本的创作,显得非常奇怪。我们被带入到一个和一群学生一起进行研究的老师身旁。这个学生被叫了过来,老师对文本做了介绍,毫不吝啬地称赞了演说稿(201),但是,当问到这个学生时,对方却试图争辩说对斯巴达的呈现存在荒谬的偏见

[①] 《泛雅典娜节献词》17、268-270。关于伊索克拉底演说辞中自传性语言的精确解读,参Too(1995)。

(202),因为"斯巴达人发现了最好的生活方式并照这样的方式生活,而且将它展示给了人类"。伊索克拉底再一次呈现了文本创作的时刻,以及他学生的评论产生的效果(203):

> 这个简短而直率的评论,是我没有在我原本打算结束的地方结束我的演讲的原因。我认为,到了现在(paron),假如我对我的一个学生的蹩脚言论视而不见,对我来说将会是可耻的、可怕的。

该演说家对这个观众批评所做的回应是立刻进行反击,作者对他的学生迅速发起了无情而猛烈的攻击(204-215)(这个学生,如同虚构出的学生做的那样,非常优雅而机智地接受了)。事实上,学生坦言,他所赞美的只是斯巴达的体育运动,而且是出于他自己的困惑(aporia),因为他不能单单只是按照习惯性的做法赞美他的老师——这一评论,这位老师认为(218)"隐藏了他之前对于文化和意义的极端粗暴的言论,并且用比他之前的直言不讳(parrhēsiasamenon)克制得多的方式,为他的其他观点做了辩护"。在《拉克斯》中柏拉图的聚谈那里得到赞美的自由言说(parrhēsia),在这里却成了学生在他老师(以及作者)的权威面前缺乏教育的掩饰,因为在修辞性的自我定位中的极其谨慎,被作为一种有效参与社会话语的标准而受到强调。

起初看来,引入这个学生的形象,似乎只是大张旗鼓地把一种可能的对之前论证的反对意见戏剧化,并且使之无法立足。"你可能反对"或"有人可能会说",这种戏剧性的策略在法庭演说中非常典型。① 然而还不止这些。伊索克拉底继续指出,他将更致命性地攻击

---

① 此处关于伊索克拉底如何写作的论点,可能和演说术的传统有关,参 Gray(1994),他对这一篇演说辞的讨论,是目前来说最完整的。

斯巴达的训练，随后他详细地展示了这一攻击（218 – 229）。这使得这个"有着广泛经验并且训练有素的学生"（219）无言以对，只好离开——这反过来促使作者对观众的反应进行更深入的剖析（219 – 220）：

> 对于这一幕，周围年轻人的判断和我的不同。他们[279]赞美我，因为我的发言比他们期望的还要有力，因为高贵地（进行了）竞争（agōnizesthai）。他们同时对他表示出蔑视。然而，他们的判断是错误的，他们误解了我们两个人。

演说家拒绝了由于观众的误读而得来的演说胜利。（读懂观众，根据多种手册它是演说家的技能之一，在这部经典作品中得到了极高水平的展示。①）他的理由是，一方面，那个年轻人的聪明已经超过了斯巴达人的本性和他自己了（"他已经亲身体验过了德尔菲神庙上刻的那句话——'认识你自己'"②）；另一方面他本人虽然也振振有词（effectively），但是没有体现出他这个年纪应该有的智慧，还完全像一个毛头小子。确实，在把这篇演说口述给抄写员之后，过了三四天又平静地读了一遍，他不仅为自己对斯巴达人的极端言论感到难过，并且坦言（232）"我的言论带有轻蔑和极度的怨恨，并且完全缺乏同情"。由于语气过于极端，对这个学生的猛烈反驳——满含修辞技巧或者言不由衷？——部分被撤回了。虽然试图想擦掉或烧掉，但是由于心疼自己的老迈和花费的那些精力，他决定邀请他的学生们听听换了新结尾、删除了疑虑等措词的整个讲辞，让他们来判

---

① 例如，参亚里士多德《修辞学》1.2.3 – 6 关于这一原则的论述，以及 Gray（1994）关于与《泛雅典娜节献词》相关的这个议题的精彩讨论。

② 与柏拉图哲学的密切关系（这在伊索克拉底的演说辞中时常出现），很明显地表现在突然转向作为一种教导原则的这句德尔菲箴言，尤其是在与学习的痛苦有关的语境中。

断是否应该毁掉或是传阅。起初，或许并不出人意料的是，它得到的全是赞美和掌声，"如此成功的一篇文辞优美的文稿"（τετυχηκὼς ὥνπερ οἱ κατορθοῦντες ἐν ταῖς ἐπιδείξεσιν）（233）。

在接下来的观众讨论中，同样是那个亲斯巴达的学生，不安地开始了进一步的辩论，并且发表了一大通演说（235-263），在演说中他也后悔起之前的反应，并且用了很长的篇幅对这个演说辞进行反向解读，目的在于指出他自己的第一次解读是错的。听者的声音扮演了一种批评、一种解读，（这种声音）既包括（这个学生）之前的反应，也包括老师进一步的和之前的表演。（《泛雅典娜节献词》揭穿了大量表演性批评中含有的两种假设，即：一个观众对比如一出戏会做出直接和迅速的反应；这种反应应该得到允许。）虽然乍一看，伊索克拉底是在攻击斯巴达，但是他指出，事实上仔细一读，很容易发现伊索克拉底同样是在为斯巴达人自己骄傲的事而赞美斯巴达。我们希望关注的并不是这个学生再次解读的内容或 [280] 他的礼貌，① 而首先是他评论和证明他重新解读策略的合理性的一段文本。我们需要详细地引用（244-247）：

> 那么，正是出于这样的意图（dianoia），你采用了这种整体的演说策略。如果我认为你将不再在意已经说过的话，并且对这篇演说辞不再做批评性的修改（anepitimēton），那么我将不会再多说什么。但正如事情表明的那样，我认为你将不会担心我没有郑重声明我被召唤来是为了提供建议（sumboulos）。因为当你把我们召集到一起时，在我看来你对此事并不是很认真。相反，你（当时）已经决定创作一篇和其他不同的演说辞。对于那些漫不

---

① 关于老年的伊索克拉底敢于大胆使用这种演说结构，更多早期的相关争论，参 Tigerstedt（1965）页 179 及以下。更为细致的研究，参 Gray（1994），他对 Kennedy（1989）和 Eden（1987）逐一进行了反驳。

经心地阅读的人来说（tois rhathumōs anagignōskousin），它理解起来（katamathein）似乎很简单，很容易。对于那些非常认真地阅读、试图看清别人遗漏的内容的人，它理解起来显然很困难（duskatamathēton），充满了历史和哲学，以及各种各样的复杂性（poililia）和虚构（pseudologia）。这种虚构不是邪恶的通常会危害公民同胞的那种，而是带有教育和文化（paideia），能够为听众带来利益和快乐的那种。

这位亲斯巴达者，由于相信他已经通过演说辞的结构洞悉了伊索克拉底的意图，因此首先提出，伊索克拉底的写作决定了两个层面的解读。一方面，存在漫不经心的政治性的读者，他们会认为演说很简单很容易理解（haploun ... kai rhadion katamathein.）。另一方面，还存在一些读者，他们会把它的机巧视为一种哲学和知识的立场，认为理解起来很困难（khalepon kai duskatamathein）。其原因在于，演说辞充满错综复杂的欺骗（poikilia），所谓虚假的言说（pseudologia）并非会危害他的公民同胞（tous sumpoliteuomenous）的虚假的言说，而是带有适当的教育和文化（meta paid［e］ias），既对他们有利，又可以为他们带来快乐（ophelein kai terpnein）。修昔底德（Thucydides）之后，散文写作的目的，出现了经常被视为互斥的两极分化的现象，而伊索克拉底的演说辞则表现了这两个方面。① 伊索克拉底既能做到让人愉悦，也能做到让人受益。在公开统治的民主意识形态中，欺骗性之处的复杂性——对欺骗的承认——毫不掩饰地存在于柏拉图的"高贵的谎言"这种说法中（参本文集 Hesk 的文章）。如果共同体将坦率的直接对话视为有价值的话，[281] 那么对于承认语言需要有

---

① 这很显然涉及演说辞开头的两节，会反对建议性文本中的神话趣味性。关于尤其是历史写作中对"乐趣"和"利益"的反对，相关段落的一个有用的汇总，参 Hunter（1983）页 48–49。

间接性和操控性——包括演说者和观众——又该如何看待呢？作为一个演说家，伊索克拉底的表演，催生出了他的听众或读者们的各种不同类型的表演。事实上，在指出了（文中的）自相矛盾之后，这个学生继续说道，正是由于他阐明了这篇演说辞的策略，他可能会被指责说削弱了演说的影响力，因为对那些努力研究它的真实涵义的人来说，演说越明白越好理解，它就越不受重视（247）：

> 你会说，我没有让事情按照你设计的方式呈现。更确切地说，当我让这篇演说辞变得更清晰、更易懂的时候，我没有意识到，通过解释已说内容的力量和详述你的意图（dianoia），我让它显得没有那么出色了。因为通过让不明白的人理解，我让这篇演说辞变得平淡无奇，剥夺了它可能会得到的荣誉——那些艰苦研读它的人给予的荣誉。

尽管这意味着对隐微的或精英的理解的辩护（可以被看作对柏拉图教导策略的一种批评），但是他继续总结到，由于一个政治的原因（或类比），而不应根据这些隐藏的有局限性的方法进行创作，该学生和读者继续质疑这位老师和演说家的表演策略说（248）：

> 当你们的城邦商讨最重要的问题时，有时候那些看上去最聪明的人也会忽略要注意的问题，有时候那些被认为微不足道、不受重视的人，却会无意中想出一个解决方案，并且看上去是最好的。因此，如果在目前的情况下发生类似的事情，并不会让人感到意外。你认为，假如将你创作演说的目的隐藏足够长时间的话，你将获得最大的声誉（eudokimein）；然而，我认为，如果你能尽可能快地向大家，特别是向斯巴达人，揭示你演说的意图（dianoia）的话，你会做得更好……

由于民主的决断程序这种方式时常发生差错和误解,伊索克拉底应该去掉技巧,并且尽可能清楚地解释其中的概念——dianoia [思想、意图]、Grundgedanke [基本思想],这篇演说辞正是在此基础上创作出来的。依据商讨时的民主公开性原则,他所期待的在公共舞台中的"好名声"(eudokimein)将会最大化地实现。因此,文中这位虚构的人物,要求作者放弃虚构的面纱,要清晰明了,要直来直去。

现在,演说家们通常会发明一些对手的话语,时常想象(对方)对某次演讲可能产生的反应。但是,在这里我们有一个完全戏剧化的交流版本,其中,一个虚构的角色讨论了作者采用的虚构策略,鼓励——实际是忧虑——一种 [282] "非散漫"的阅读行为,承认"简单"和"明确"会吸引那些没有知识的人,尽管如此,却总结说,在民主制中,与政策直接相关或许更好。① 然而,看看相应的反映,伊索克拉底再一次用演说和他对现场情况的深刻理解,戏剧化地表现了一位观众的参与(264 – 265):

> 他发完言,让那些在场的人(tous parontas)发表他们对这个问题的看法——他们被召唤来正是为此,他们不仅仅只是鼓掌,像他们听到让他们高兴的演讲时的做法那样,而且大声叫喊说他讲得非常好,并且围到他周围,称赞他,羡慕他,祝贺他,完全接受他所说的。他们赞同他,并建议我去做他所要求的。我也没有沉默地站在那儿,而是称赞他的天性和良好的训练。至于其他的,我对他所讲的内容没有说一个字,既没有说他的解读(huponoiai)如何击中了我的意图(dianoia),也没有说他是如何偏离的,我让他保持着他自己形成的立场。

---

① 这种戏剧化写作空前的复杂性和长度,使得我们很难赞同 Gray (1994) 的观点,它只是简单地重述了传统的修辞策略,即把对比和警告树立为一种负面立场。

起初,所有其他的学生都七嘴八舌地称赞那个学生对老师的话语的解读,而老师自己称赞的则是他的天性和良好的训练——phusis 和 epimeleia。① 他将不会仅仅做一个旁观者,看这一大群观众集体用赞扬和祝贺,展示这个学生获得的公共认可(eudokimein)。群体的动态,在这个演说家(召集)的聚谈中得到了强调。但是随后老师将自己和集体的赞美拉开了距离:"但是除此之外,关于他表达的观点我没有说一个字,既没有说他的解读(huponoiai)如何击中了我的意图(dianoia),也没有说他是如何偏离的,我让他保持着他自己形成的立场。"作者被要求根据政策清楚地表达他的观点,他将这种呼吁戏剧化……并且用他自己故意的、继续的矛盾态度对待这一要求。② 这个演说,正如所讨论的,一方面,具有自我反思和自我意识地表现了如下空间中阅读行为的矛盾态度,这种空间是民主制倡导的公开性政治(Politics of Openness)构建的;另一方面,也从修辞学和哲学角度承认了言辞(logos)的欺骗性。[283] 尽管对一篇演说的 dianoia [意义、概念、意图]的理解是由教学交流决定的(就像图 [Yun Lee Too]表明的那样③),但是也是由所谓的阅读行为的政治性决定的。由于雅典和斯巴达被拿来比较和对比,这篇演说辞戏剧化地表现了对它本身的修辞产生不同政治反应的可能性,并且以显著的自我反思的方式,启动了不只是文本内的反向阅读(counter-readings),而且还有明显的对表现自身的策略的讨论。这个运转着的共同体是通过言辞(logoi)显示给我们的。阅读是一种由政治引导并由政治决定的

---

① Epimeleia 这个词,也是《拉克斯》中(对话)的参与者们为训练寻找的(201b5)。

② 这种矛盾态度,使得我们很难将这种情况或者视为"一个完整的翻案诗"(Tigersedt [1965] 页 196),或者只是对那个亲斯巴达者不得要领的"一种肯定",像 Gray(1994)主张的那样。

③ Too(1995),尽管她非常奇怪地没有讨论这个段落。

活动。在关键时刻，这位颇具反讽的老师不再保持权威的姿态，从而回到读者的任务，运用他或她的解读技巧，即 huponoia，来确定这篇演说辞的意义。或者更确切地说，邀请读者参与到读者共同体的阅读活动——意义的竞争（agōn），在他的指导和间接的引导下。

因此，最后，在文本的最后一段，伊索克拉底没有再次重现他关于斯巴达和雅典的政治性言论，相反，他转向了一种决定性的方法论意义上的说教，并且让他的读者们首先"不要相信他们自己的观点，也不要认为那些懒散的读者的判断正确"，其次，"不要急于散布他们不知道的东西，而是要等到他们和那些有丰富的公共表演经验（tōn epideiknumenōn）的人的观点一致时"。在伊索克拉底的聚谈中，批评的戏剧化已经成为这样的指令：避免简单判断和解读，并且通过老师圈子中的批评程序，明白对公共表演的精通如何来之不易。

我们认为，柏拉图和伊索克拉底的对比很具启发性。二者都提供了一个第一人称的叙事：在一个教导性的语境中，通过语音的场景，戏剧性地展示了一群男人的聚谈。两个文本都具有辩护性和竞争性，伊索克拉底的尤为明显。两个叙述者都用极为突出的自我意识和自我反思，调侃他们作为老师和权威的地位，尽管带着苏格拉底面具的柏拉图为再现的戏剧增加了一个层面。二者都提供了与表演有关的表演性文本。在某种程度上，二者都至少探讨了城邦中 epideixis［展示］的本质及其与声誉（eudokimein）的联系、对地位的追求（philotimia）、不同的观众的构建以及观众和表演之间的相互作用。然而，伊索克拉底与城邦的体制和话语的关系，似乎非常不同。他对雅典胜过和抵抗斯巴达的荣耀的记述（不同于柏拉图［284］在《默涅克塞诺斯》中模仿的葬礼演说），他对公民大会和法庭上的公共演说家的接受和训练，他在城邦演说领域保持他的地位和权威的愿望，简而言之，他的"公民身份"（从 Too［1995］中借用的一个词），预示了一种关系和聚谈的意义，这种意义明显地强调了柏拉图对话和城邦之间间接且困难的关系。对于通过对话衔接表演的文化来说，伊索克拉底和柏拉图显示了不同的可能性。

四

我们最后再次回到健身房，事实上是回到在巴诺波（Panops）泉附近新建的一个摔跤学校，在那里苏格拉底受邀加入到一群正在练习语言表达和锻炼身体的青年男子中间，而且那里充满了爱欲（eros）的气息。柏拉图的《吕西斯》是一篇令人困惑的（aporetic）对话，讨论了philia是什么——它通常译为"友谊"，即便不是很充分，该词至少意味着相互的、互惠的社会义务，以及家庭的纽带和职责——这种定义并不成功，但是探寻这种失败的定义的旅程却很有教育意义。并非偶然的是，这种对友谊的追求，发生在由一群青年男子构成的充满爱欲的环境中，这些青年男子进行的是一种复杂的身体活动——训练身体和自我，如福柯（Foucault）所说（Foucault［1987］、［1988］）——同样并非偶然的是，对友谊的追求由苏格拉底这位著名的美本身的丑陋有情人来引导。这个对话的难题（aporia）在于，正如苏格拉底在对话最后一段指出的，"我们以为我们彼此都是朋友，并且我把自己当作你们中的一员，但是我们还没有弄明白什么是朋友"（223b）。简而言之，在对话所描述的——"作为朋友（philos）"或"成为朋友"的表演——和它对朋友的定义的疑问之间，存在着一种张力——一种文本中绝对不可或缺的张力。我们需要从一开始就对此进行强调，因为这篇对话的标准的哲学讨论，没有提及，更不用说解释这篇作品的框架了——即在他们谈论"友谊"时，男性从事"友谊"一类事情的意义（例如，参Bolotin［1979］）。我们试图探讨对话在表演意义上的重要性，出于这个目的，我们决定强调一个典型的段落，据我们所知，这一段落尚未得到充分讨论。如果在《拉克斯》中对话表演的目的在于重新规定公民表演的图景

(map)，[285] 那么《吕西斯》则表明对话的表演如何能够质疑哲学的过程本身。

希波泰勒斯，那个邀请苏格拉底到健身房的人，深爱着吕西斯。苏格拉底询问他是如何同他爱慕的对象交谈，并且听说了希波泰勒斯如何写诗赞美他爱慕的人、他爱慕的人的才能、他的父亲以及他的家族。"希波泰勒斯，你这个可笑的家伙，"苏格拉底说道，"你为什么要在胜利之前写诗，并且唱歌赞美你自己呢？""我并没有为我自己写诗或唱歌"，那位饱受折磨的有情人反驳道。"怎么没有"，苏格拉底继续说道：

> 那些歌曲的确都是指向你。因为如果你赢得了一个那样的男孩的爱，你的话语和歌曲，以及你真正的胜利的颂词，将会是对你自己的荣誉的装饰。如果你得不到他，你越颂扬他，那么你就越会成为别人的笑话。

他渐渐地摆脱了这种危险——一个潜在有情人的这类赞扬会导致的骄傲自负。我们已经讨论过与赞美者和被赞美者之间的动态关系有关的这一段，把它视为了表演和观众之间关系的困境的范例，并且我们注意到了对成为 katagelastos——即"笑柄"——的恐惧和指责，标志着公共领域中地位的动态性：正是这个词，在整个对话的诸关键点上反复出现。希波泰勒斯被这样的观点制服了：对一个男孩的赞扬会反施予赞扬者本人。他请教苏格拉底该如何恰当地对一个情伴说话，苏格拉底明确地回答道（206c3-6）："这事不容易说明白。不过，如果你愿意让我和他谈谈，或许我可以向你展示 epideixai 你该如何和他交谈，而不是用别人说的你又说又唱的那些内容。"接下来的对话就是一种展示，一种 epideixis，即如何和你想要他作为你男友的某个人谈话。我们——希波泰勒斯和我们——像后来的很多谐剧人物一样，将要观看一个老师如何运用技巧赢得一个被爱的人……

后面有一些巧妙的安排,让吕西斯和一个同龄的男孩,默涅克塞诺斯,同苏格拉底坐在一起。首先,我们要描述一下健身房,一些男孩子在那里玩骰子,一些在院子里,一些在更衣室里。尤其是,和我们通常看到的一样,苏格拉底还看到了一群围观的旁观者(206e8-9):τούτους δὲ περιέστασαν ἄλλοι θεωρῦντες[其他人围着他们,观看(theōrountes)]。由于出众的容貌(opsis),吕西斯很容易就被认了出来,并且当苏格拉底和他的朋友们在对面一个安静的地方坐下开始讨论时,吕西斯不时地转过头看他们(θάμα ἐπεσκοπεῖτο ἡμᾶς),显然很想走过去加入他们(只是他很害羞)。只有当默涅克塞诺斯[286]看见了(eiden)他们,并且走了过来,吕西斯看见了他,然后才跟着加入到苏格拉底他们的圈子中。其他人也走过来在四周站着观看(ephistamenous),因此形成了一个新的旁观者群体。当希波泰勒斯看见了(heora)他们,他把他们当作掩护,这样吕西斯就看不见(katopsesthai)他了。因此,苏格拉底"盯着"(apoblepsas)默涅克塞诺斯,然后开始……这里有一个关于位置和目光的精心设计,清楚地说明了在健身房充满紧张、爱欲和竞争的氛围中,观看的社会礼仪和群体信息。

然而,默涅克塞诺斯很快被他的个人训练师叫走了,然后吕西斯成了苏格拉底的交谈者,被拉进了苏格拉底的驳难中,用他杰出的智术师式的天赋,证明甚至——尤其是——他的父母都不是爱他的朋友(philoi)。这种交流,建立在友谊是有用的原则之上,成了某种哲学分析的焦点(例如,参 Price[1989]页 1-14,包括参考文献),但是它的结论,像它的开篇一样,总是很遗憾地被人们忽视了(210e1-211a5):

> 我听了他的话,朝希波泰勒斯看去(apeblepsa),我几乎说走了嘴。因为我心里想跟他说:"希波泰勒斯啊,就该像这样跟你的心上人谈话——要让他谦虚,抑制他,而不要像你那样,吹

捧他，娇惯他。"我看出（katidōn）他被我们的谈话所激动（agōniōnta），露出了窘态（tethorubēmenon），我想到他不想让吕西斯看到他作为一个旁观者（parestōs）站在后面。于是我把心里想说的话咽了下去。

这显然实现了承诺的对爱欲进行展示（epideixis）的目的，从而非常重要地框住了和吕西斯的第一轮谈话。希波泰勒斯一直悄悄地听着如何赢得心上人——他的男孩儿——这一课，苏格拉底想要给他说，但是他及时地控制住了自己，以保护这种谈论和旁听爱的脆弱的三角关系。在这个辩驳中，苏格拉底似乎要让我们进入到他的思维过程，和读者分享第一人称叙事的独特方式，正如这个有情人不仅就如何赢得心上人方面补了一课，而且让他在置身事外的偷窥中，陷入了痛苦的挣扎和迷茫。就像克里提阿听卡尔米德的辩驳时一样，希波泰勒斯陷入了焦虑的竞争性的迷茫状态中。看苏格拉底式的表演会令人不安，正如苏格拉底在这里反讽地提到的那样。

就在这时，默涅克塞诺斯回来了，在吕西斯旁边他原来起身的地方坐下了（211a1-5）："吕西斯非常性感地以一种友好的神情，不让默涅克塞诺斯听到，低声地对我说'苏格拉底啊，[287] 把你对我说的话也对默涅克塞诺斯说说吧。'"这个漂亮的男孩悄悄地对苏格拉底说，更重要的是，说话的样子 mala paidikos [非常像一个男朋友、很性感]，① 以及 philikos [像一个朋友]。苏格拉底的辩证法，显然在这个男孩身上起到了预期的效果。精心设计的舞台表现——谁坐在哪儿，谁站着，谁看着谁，谁在听谁说——在老师和这个俊美少年的低语中达到了高潮。这些低语在要求苏格拉底接着和默涅克塞诺

---

① 在男—男爱欲私通中，尽管 paidika 是一个指称年少一方（欲望的对象）的常用词，一些翻译却为 paidikos 提供了"少年的"修饰语，完全不解风情。

斯进行辩论的同时，也用 mala paidikos kai philikos［既淘气又亲昵］的语气对一个年长男人进行了催促。事实上，他们俩的谈话很快就被科忒希普斯（Ctesippus）打断了，他走过来问（211c10－12）他们在窃窃私语什么，"能把你们的谈话说给大家听一听吗？"

讨论友谊的目的，在于向一个隐蔽的有情人展示如何通过贬低一个男孩来最终赢得他，当这个男孩对这种对待做出淘气和亲昵的回应时，那个旁观的有情人带着痛苦和困惑观看着。此处辩论中的爱欲很明显。这种辩论并不仅仅是关于"友谊"，像当代的哲学家们做的那样，而是如何表现"友谊"。更确切地说，它展示了苏格拉底是如何——如同他后来所说的——"在获得朋友方面绝对的性感"（πρός δὲ τὴν τῶν φίλων κτῆσιν πάνυ ἐρωτικῶς［ἔχω]）。这种措辞讽刺性地将饱含情感的语言关系，扭曲到一种几乎矛盾的程度（将 erōtikos 译为"性感"而不是更不相关的"激情"，是有意这么做）。这一幕——它细心地表现了参与者的肢体动作和反映：围成群、建立联系、坐着、站着、观看、观看谁在看、痛苦地旁听——被很好地设计来展示苏格拉底是如何对这个男孩说话，并产生了影响。因此，当苏格拉底和默涅克塞诺斯进行了辩论，并且也使得他产生了困惑之后，吕西斯用一句回答打断了我们，并且（213d3－5）"他一说完就脸红了"，苏格拉底评论说，"我突然想到，这些话是无意中从他的嘴里溜出来的，因为他是如此专注于我们的谈话——几乎全神贯注地在听"。在回应苏格拉底的结论，即真正的而不是假装的有情人应该被喜爱时，"吕西斯和默涅克塞诺斯勉强点头同意，而希波泰勒斯则表现出极大的喜悦"（222b1－2）。整个对话，［288］不仅对健身房中这个群体的微观社会，而且特别是对下述表演的身体的反应——即身心学——不断地进行认识和关注，这些表演有辩论、脸红、窃窃私语、大笑、观看、被看、看到自己被看。［这就是］身体交谈。健身房的哲人们很身体化。这其实只是一种表演。

我们想强调的是，随着对话的推进，对对话的表演的描述，不是哲学讨论的背景,不是地方性色彩,也不是支撑性材料。毋宁说,哲学的讨论明显地被打上了辞藻技巧典范的标签,即如何教导观众表演有情人的角色。因此,在对话接近尾声时,需要细致地把难题(aporia)说明白。(222b2 – 7):

> 我们解散了我们的聚会(sunousia),在他们离开时,我说,"现在,吕西斯和默涅克塞诺斯,我们已经成为别人的笑柄(katagelastoi)了,你们和我这个老人。因为这些人[围观者,hoi periestōtes]将会离开,并且会说我们认为我们相互之间是朋友(philoi)——因为我的确把我自己当作你们中的一员,但是我们依然没有发现朋友是什么。"

一方面,苏格拉底带有反讽意味地评论这个群体的动态:periestōtes[旁观者]解散了;sunousia[聚谈]散会了。① 然而,这些讨论者们相互之间已经成为朋友。而旁观者们,这个更大的群体,根据苏格拉底的自嘲,将把他们视为"笑柄"——这个群体不赞成的重要标志。在公共讨论场所,这位"老人"和年轻人的结合,变成了反讽地疏远如下期望的一部分——关于智慧的容易传递的那些期望(没有提到这一群体不赞成爱欲的任何暗示)。另一方面,失败的定义工作和成功的个人交流之间的脱节,提出了一个尖锐的关于哲学解读界限的问题。对友谊的讨论,如果脱离了对"友谊"的实际展示,就不能被很好地理解。在健身房的示范性表演,表明了哲学论证在解释这类表演时的不足。哲学,就像掷骰子、锻炼和闲聊,在这儿就是社会交流场景的一部分,就像城邦里社会交流的其他方面一样,它发现爱欲(eros)是其范围内的一个特别困难和危险的话题。总

---

① 在《拉克斯》的末尾(201c1 – 2),也使用了这个相同的短语 dialuein sunousian。

之，正是社会表演和哲学表演之间的张力，在这里起了重要作用，而且可以抑制任何一方面对柏拉图写作的歪曲。

五

[289] 柏拉图对戏剧和修辞作为民主城邦中危险的语言机制的批判，近年来引起了激烈的讨论。在本文里，我们试图表明，对话本身的表演，如何以具有广泛的政治和智识（intellectual）寓意的方式，成了柏拉图写作中的主题和问题。通过对交流场景的戏剧化、对特定的群体动态的构建、对辩论和表演之间的张力的表现、对在表演的场景中自我和旁观者的涉及，柏拉图表明了他的写作政治学中一个特殊和复杂的方面：既存在于民主的体制和语言中又反对它们。近年来，一些学者们试图使用巴赫金（Bakhtinian）提出的"对话"的概念，指出柏拉图可能并不是简单地反民主和独裁，如同很多后波普尔（post-Popperian）批评家们认为的那样。对话是对权威、单一性和控制的一种（政治化的）挑战。然而，柏拉图的写作，经常而且隐奥地布满了他对表演的政治和哲学的极度矛盾的心理，而且柏拉图的对话技巧和话语力量的结合方式，需要细致的历史和文化分析。本文试图做的，就是对那种对话的一种贡献。①

---

① 一起合作带给我们很大的愉悦。在和 John Henderson（他在多年前第一个提出将 SDG 用于《吕西斯》）、Thomas Johansen、Malcolm Schofield 和 Chris Rowe 的交流中，感谢（他们）分享（他们的研究成果）。

第四部分　仪式与邦国：
视觉性与公民身份的表演

游行表演与民主城邦

考沃拉奇（Athena Kauoulaki） 撰

李向利 译

[293] 近些年来，"表演"概念作为研究范畴和一般方法，变得极其盛行。尽管主要推力（尤其与对诸文化的研究相关）来自文化人类学，① 但是相关风气却几乎同时在众多领域流行开来。之所以出现这种结果，是因为对传统结构分析的普遍不满，以及欲求重新获得"生活质量"（living quality）——即通过强调文化现象产生意义的众多条件，（体现）文化现象的社会纬度。②

场合、观众、背景、影响，以及表演者的角色，都是表演分析关注的重点。这一分析目的在于描述社会类型，而非人类活动的本质（essence）或性质（nature）。

当前备受青睐的表演，其最大优点在于，注意到了被传统研究方法忽视的领域。在古希腊文化方面，游行一类的展示仪式是个典型的例子：尽管游行在古代世界无处不在——这在流传下来的遗迹中得到了证实，但是作为研究的对象，相对来说，它们一直以来都被忽视了，到了本世纪初（［译按］：指二十世纪）才主要出现在古物研究者的著作中（例如 Leacock［1900］，Pfuhl［1900］，Eitrem［1920］

---

① Singer（1959）创造了"文化表演"一词并大力推行。后续其他主要推手，参 Turner（1974）和（1982）; Schechner（1988）。

② 一般来说，关于人类学中的表演理论及相关学科，参 Ortner（1984）页 143-145，Bell（1992）页 37-46，Carlson（1996）页 13-75。

页 56-108)。然而,受邀为一本论古典雅典表演的书撰写游行方面的文章,这一邀请可被视为某种倾向(orientation)的风向标,这种倾向关注

> 各种不同的场合,在这些场合中,一种文化或社会反映并定义自身,把共同的神话和历史改编成戏剧,用各种替代物呈现自身,最终在其他方面保持原样的同时,在一些方面则发生了改变。(MacAloon [1984] 页1,稍有改动)

然而,在游行的例子中,表演视角 [294] 不应"从外部"采用——像一个关注社会现象的语用学(pragmatics)的方法论模型那样,而是应该从"内部"采用,当作古希腊文化仪式的定义、体验及其功能的一部分。尤其是,表演仪式与戏剧表演——最卓越的表演——都明确表示注重观看(viewing):和戏剧 [ϑέατρον] 一样,各种游行(以及众多其他场合)是"观看的场合"(ϑεωρίαι)、"壮观的场面"(ϑεωρίαι)。①

同源词语的使用,表明了观看者(viewer)在戏剧和游行中的核心角色,而且肯定了把观众视为表演基本要素的现代理论的合理性。承认(观众的)在场,在观众面前负起责任,意味着表演时有一定的意识,这种意识在两个方面起作用:表演者和观看者(spectators)(比较 Carlson [1996] 页15,38-42)。在表演和分辨表演时高度集中的意识,被认为是表演的一个具有根本性的普遍元素(参 Blau [1993] 页250-251)。除了社会和心理学因素,还存在身体的维度:

---

① 参(例如)阿里斯托芬《马蜂》(*Wasps*)行1005,色诺芬《希耶罗》(*Hiero*)1.12,泰奥弗拉斯托(Theophrastos)《人物素描》(*Characters*)5.7, Xen. Eph. 1.2.2。[译按] 这里的两个希腊语词都有"观看"、"看到的场面"等意思。

表演被打上了身体的烙印，成了身体的模型。如果巴巴（Barba）所言无误，表演的基础是前表达、心理刺激和回应，它也是一个普遍的模型（参 Barba［1991］）。至于古希腊文化中的游行表演，有证据表明它确实基于独特的运动，基于一个与众不同的运动模式，该模式把它与其他表演（和行动）区别开来，而且由于这一模式的特殊性，它可能被当成甚至被用作欺骗手段（Polyain. 5.5。 νόμῳ πομπῆς βαδίζοντες）。因此，参与游行意味着进行表演，也就是说，要在目击者面前使行为有所区别，要成为自我（the self）——一个不可见的超自然个体（entity），或者一个人类集合体。

表演定义的最后一个主要参数，是与具体背景的联系，背景就像一个"框架"，某种程度上"把"表演与其他日常活动"分开"。① 在古希腊游行的例子中，框架由具体的场合（包括时间和地点）提供，游行就发生在该背景中，比如诸神和英雄们的节日、婚礼和葬礼、[295]胜利庆典、欢迎和送别典礼。所有这些事件的核心节目，是一个有着多种不同称谓（πομπή, πρόσοδος, ἀγωγή, εἰσαγωγή, ἐκφορά, ἔκδοσις）的巡游活动，它包括集合起来的民众、艳丽的服饰，它携带着象征物和仪式道具（objects），沿着既定的路线行进，这样做的原因是为了上演重要表演，或者在行程结束时实现重大的变化。② 道具、象征物和服饰的运用，很容易引起人们的"注意"，这意味着对观看者的吸引，以及表演者与观看者之间的交流。

---

① "框架"的概念源于 Goffman（1975）；背景的重要性，得到了民俗学者、人类学家和社会学家们的一致强调；参（例如）Burke（1957），Singer（1959），Bateson（1972）和 Bauman（1986）。

② 笔者将不处理古代游行的构成、组织和线路等细节问题；Bömer（1952）在这些方面有详细的说明。笔者这里的目标是，突出游行的社会—宗教和社会—政治层面，目前为止这些层面尚未得到重视，而且涉及更为广阔的背景。

这种互动伴随整个行程的始终，或者主要在特定的场所进行——游行的队伍到达那里后，通常会停下来，伴随着祭祀一类的仪式活动，表演音乐、歌曲和舞蹈。① 色彩鲜艳的道具和经过舞蹈编排的行进产生的视觉冲击，以及器乐和常常与之相伴的声乐留下的听觉印象，显示出游行表演经过精心的筹备，具有象征意味和高度的美感。

游行可能具有的功能和效果的多样性，是众多复杂方式的（第）一个迹象（indication），古希腊文化中的表演就是根据这些方式进行的。令情况更加复杂的是，游行表演一贯且同时与其他类型的表演互动，尤其与戏剧表演明显关系密切：最基本的戏剧表演由一队人（choros [歌队，合唱队]）组成，他们沿着 parodos [旁道，剧场两旁的进出口]（对比词语 prosodos [游行]）前行，来到一个 stasis（地点）后，表演仪式性的娱神歌舞（stasimon [合唱歌]），最后离开（exodos）。② 除了观众出席的实际情况，这种基本结构——与游行仪式的结构相似，暗示了戏剧与游行的紧密联系。在戏剧情况不详的文化中，正是游行表演，提供了前戏剧（pre‑theatrical）或前戏曲（pre‑dramatic）的材料。③ 在希腊世界，诗歌的语言（logos），或更准确说，诗歌的对话（dialogos）[296]"移植"了游行的结构，促

---

① 参（例如）著名的 Molpoi 游行（Sokolowski [1955] 页 50，SIG^3 57），它包括很多站点，Gödechen (1986) 试图对它们进行追溯；去厄琉西斯（Eleusis）的游行同样如此：沿途会进行献祭 $IG\ II^2$ 1078, Plut. Alk. 34.4。[译注] Molpoi 是负责在公共祭祀上表演颂歌（Παιάν）的人员。

② 歌队（chorus）是戏剧表演的核心：比较与 chorus 有关的古典节日的组织（诗人 ᾔτει χορόν [请求歌队]，执政官 ἐδίδου χορόν [准许歌队]；参 Pickard‑Cambridge [1988] 页 84）。

③ 参 Kakouri (1974)；希腊戏剧的史前时代游行非常重要，参 Stoessl (1987)；亦可对比 Herington (1985)。

进了戏剧形式的发展。① 雅典，既有代表性又不具有代表性，是第一个建立戏剧 agōnes［竞赛］的城邦，也是在 ἄγειν μυστήρια καὶ πομπάς（神话和游行竞赛方面，Plut. lyk. 30）最好的城邦。简短地讨论了游行在不同文化和政治体系中的反复出现（recurrence）之后，值得尝试仔细研究雅典在民主制形成过程中，与众不同地弘扬表演的做法，这一研究将呈现如下。

总体图景和几点理论结论

游行既不隶属于特定的文化，也不隶属于特定的政治。在世界各地的文化中，以及在所有历史时期和政权中，都能看到它们的身影。② 现存最早的宗教材料，证实了古代亚述（Assyria）和巴比伦（Babylonia）文明中存在壮观的游行表演，在这些游行表演中，不存在宗教和世俗的截然区分，诸神和国王们在所有大型典礼中都有份（参 Pongrantz – Leisten［1994］，尤其对总体图景的介绍）。埃及的情况与此类似（参 Stadelmann［1982］），希罗多德（Herodotos，《原史》2.58）对此描述说，和希腊相比，这里的仪式表演出现得更早。

---

① 至于相关的肃剧的起源，当代的学者们认为，τραγῳδοί［肃剧演员们］的演唱，一定与游行到达的地点相关，那里可能有仪式性演唱：比较 Burkert（1966）；Seaford（1994）页 238 – 251；Sourvinou – Inwood（1994）；谐剧的情况同样如此：比较 Adrados（1975）（占据他重构中心的 kōmos［狂欢］，实际上与巡游活动有关）；Ghiron – Bistagne（1976）页 207 – 298 也论述了 kōmos 的起源。West（1990）页 21 的假设，指出了游行在凝聚共同体方面的力量。来自其他文化的详实的对比材料，显示戏剧的基础是游行表演，并从叙事和模仿行动中获得滋养；什叶派穆斯林（Shia Muslim）中形成的伊斯兰戏剧可能是最好的例子：参 Chelkowski（1985）。

② 据推测，旧石器时代它们就已经存在：Schechner（1988）页 159 – 160。比较 Burkert（1985）页 52 提供的新石器时代阳具游行的例子。

据希罗多德说,希腊 νεωστί [后来] 才开始举行游行。尽管这位历史学家言之凿凿,尽管文化移入的过程难以辨析,这一习俗在希腊世界非常古老却毋庸置疑:在米诺斯-迈锡尼(Minoan - Mycenean)广泛存在着绘有游行的图像,线形文字 B 提供了相应的文字学证据。① 古风时代(archaic times)以降,存在丰富的材料,而且整个古代,游行仪式的沿革都有迹可循。[297] 时间上大跨度往后推,在拜占庭(Byzantium)和西欧——例如,无论是在文艺复兴时期的威尼斯(Venice),还是维多利亚时期的英格兰——的游行仪式里,有趣的是,能感觉到一种绵延不绝的传统,它甚至可能滋养了现代的宗教和政治现象。② 另一方面,对已有权力类型的抵抗,也能采取游行的形式,像不计其数的激进示威表明的那样。最后,来自完全不同传统的证据,例如沙漠中的穆斯林部落或斯里兰卡(Sri Lanka)土著部落的证据(参 Bechoffer [1988]。比较 Geertz [1981],印度尼西亚),进一步证实了游行表演的普遍性,以及它在表达社会—政治和宗教生活诉求上的力量。

举行游行的需求,与生活中的空间坐标密不可分。在感知世界方面,空间是一个主要的参量;一个团体无论大小,在定义它时,很大程度上依据它拥有的空间,这一空间使它的存在成为可能。游行划分出一定空间,并象征性地占为己用。③ 游行团体建立了与空间环境的

---

① 米诺斯-迈锡尼图像:参 Marinatos(1986)页 25 - 27、32 - 35,和 Marinatos(1993)页 31 - 36、51 - 75。对于古希腊认为的 pompai [游行] 起源于克里特的观点:参 Didymos Chalk. apud Lact. Inst. 1 22. 19。语言学上的证据:θρονοελκτήρια [获得王位] 见 Pylos(PY Fr 1222),θεοφόρια [受神感召] 见 Knossos(KN Ga 1058)。

② 只提供一个相关文献样本,笔者参考了 Janin(1966),Muir(1981),Marin(1987)和 Gehring(1979)。

③ 比较公元前四世纪后期科洛普丰(Kolophon)(城邦)的法令(原文和评论见 Robert [1969]),其中领土主权结合了对诸神的感恩活动,这种感恩活动体现在 πρόσοδον καὶ θυσίαν [游行和献祭] 中。

联系，并对空间进行组织，同时也通过对游行的安排组织着自身：在共同体可资利用的空间里，形成了人类关系，权力联盟也得到巧妙处理和协调（比较 Connor［1987］页 47-49 关于梭伦改革的假说）。因此，在塑造社会相互作用的力量方面，游行扮演了工具性的角色，但潜在的游行形态（configurations），以及相应形成的众多关系，或许不计其数。在游行中以及通过游行产生的人类关系动力学，能够根据大量相互关联的因素发生变化：游行的参与者及他们的社会角色和身份、选择的游行线路及沿途地名、游行的次序和成分及参与者在其中的相对位置、象征物或用到的其他有深意的道具、它（可能）具有的纪念意义，以及它的实用维度，这就是与旁观者相互作用的模式。

　　游行仪式在地理和历史上的拓展，意味着它不只具有内在的政治特征（君主的、寡头的、民主的或其他类型的）。权力关系［298］通过游行得以表达和被表达。① 在权力关系的形成过程中，游行起着调解的作用。换句话说，游行仪式没有支持或确认事物的秩序，而是秩序通过并借助仪式活动得到了塑造。② 正是从这一点看，游行在民主雅典异常重要——不是作为一种固有的民主现象，而是作为一个政治发酵的领域，和可能引领新发展的各种竞争性利益的竞技场。

古典雅典的游行和民主政治

　　普福尔（Pfuhl）在其雅典游行研究的结尾部分总结说，雅典的

---

　　① 关于仪式与权力的关系：单向的操纵模式早已被扬弃；学者们现在关注的是"双向的交流"（Connor［1987］页 41）、"权力的诗学"（Geertz［1981］页 123）、"形式的表演"或者"救赎的霸权"（Bell［1992］页 82、84）。

　　② 关于作为一种塑造力量的仪式，可参看一般的实践理论，一部较好的有代表性的著作是 Bell（1992）；我对仪式的处理从她的分析中受益良多。

游行不同于希腊世界其他地方的游行（参 Pfuhl［1900］页 111）。普福尔提供的有限对比材料（参 Pfuhl［1900］页 108－110）并不足信，阿提卡地区之外的材料的汇总（例如尼尔森［Nilsson］1906 年的著作）证明，希腊众城邦的仪式存在较大的一致性和相似性。像帕尔克（Parker）研究斯巴达宗教时指出的那样（参 Parker［1989］），各地的道德风尚（ethos）可能因地而异，但仪式框架的基本形式却保持一致。该观点当然适用于游行仪式，该仪式在节庆历法和全体希腊城邦的生活中占有显著地位，而且通常认为它对希腊城邦的形成不无裨益。按照德·波利尼亚克（de Polignac）的模型（参 de Polignac［1995］），从中心到边缘（城外圣地）的公共游行表演，整合了社会空间，并且促进了社会主体（social body）——它周期性地重申对领土的控制权——的团结。由于泛雅典娜节游行的向心性，雅典最初看似不符合德·波利尼亚克的模型，但是近来的研究已经凸显了雅典其他离心式游行的历史和重要性（像 Oschophoria① 和 Skira② 游行，以及更重要的厄琉西斯秘仪［Eleusinian Mysteries］），并且表明了它们在阿提卡领土形成中的关键作用（参 Osborne［1994］；Sourvinou-Inwood［1997a］）。在雅典，像在其他古代城邦一样，［299］自中心向多个方向的游行，强化了领土中各个地方的统一。

不过，普福尔（他明确地把雅典的游行与雅典的文艺创新联系了起来，参 Pfuhl［1900］页 111）可能持有的一个看法，似乎能够得到以下材料的支持：雅典的游行是与众不同的——不是由于它们的性质（nature），而是由于它们的精彩——它们 κάλλισται［极其漂亮］、πολυτελέσταται［极其铺张］、σεμνόταται［极其庄严］、ἱερώτατα

---

① ［译注］古希腊秋季举行的纪念酒神狄俄尼索斯的节日。
② ［译注］俗称"白伞节"。雅典在庆祝 Ἀθήνη Σκιράς［雅典娜白伞节］时，会用大白伞给雅典娜的女祭司以及海神和太阳神的祭司们遮阳，游行队伍由卫城直到雅典郊区一个叫 Σκίρον 的地方，因此这个节日称为 Σκίρα。

[极其神圣]（阿里斯托芬《云》行307；[柏拉图]《阿尔喀比亚德后篇》148e；[色诺芬]《雅典政制》3.2；普鲁塔克 *Lyk.* 30）。一般说来，游行的形式和元素是双重过程的结果：一方面，游行是历史发展的产物，在历史上有迹可循，即归因于传统、可能的跨文化杂交过程以及环境条件等其他方面的因素；另一方面，还存在共时性偏好的影响，事件和当时历史的发展使仪式最终得以定型。在后一种意义上，盛大的雅典游行是雅典民主制的产物，该事实提醒我们，游行表演和一般的社会—政治环境之间，可能存在或本应该存在关系。

泛雅典娜节具有"重大的政治性"庆典的特征。① 这样的定位引入了现代的区分，虽然不同于古代的理解，但仍然能够说明这一盛典对雅典城邦的重要性，它不只是为了颂扬城邦的保护神，也是在庆祝当时（公元前五世纪）城邦的存在形式，即阿提卡土地的 synoikismos（统一为一个城邦）。在这样的节日背景中，游行就成了焦点，它的重要性和受欢迎度——这在现存的大量相关材料中显而易见——使它成为一个很好的分析案例，② 尽管必须注意到，它与其他 πάνδημοι ἑορταί（公共节日）里的游行具有很多相同的特征，像 τὰ ἐν ἄστει Διονύσια（城市酒神节）。

五年一次（penteteric）或一年一度的泛雅典娜节，对城邦来说是一场盛典。它由城邦官员组织，即由 hieropoioi [雅典的十个监祭官] 或后来的 athlothetai [发奖人] 组织（参 Sokolowski [1969] 页33；*Const. Ath.* 54.6 以下、60.1）。游行选取的路线是城邦的中轴线，一次游行 [300] 就能遍及共同体的商业、政治、历史和宗教中心：从

---

① 比较 Bömer（1952）页1894："man darf die Panathenaia als die grosse politische … Pompe bezeichnen" [人们可以将泛雅典娜节称为巨大的政治游行]。

② 关于对游行的历史性重建及整个节日，参 Pfuhl（1900）页3–33、Deubner（1932）页22–35、Parke（1977）页33–50；关于近来综合性的阐释，参 Neils（1992）。

狄匹隆大门（Dipylon Gate，［译按］：有两个门的意思）——位于 asty［城市］和广阔郊外之间的一个传统地点——出发，游行队伍穿过 Kerameikos，即商业区（城墙外面最著名的墓地），再穿过市场（agora）这个多功能的（商业、文化、政治、宗教①）中心，并顺着泛雅典娜节大道到达作为城邦宗教中心的卫城。这条路线整合了众多地点，并不是简单的线状和单方向。我们明确听说，厄琉西斯圣地（Eleusinion）位于去卫城的路上，而且在市场表演舞蹈的地方，有赫尔墨斯神像（Hermai），② 因此，空间焦点之间相互关系的链条随之延长了。公共空间的分界线，是选择路线的一个方面。另一方面是，成功地把聚集到城市中心市场上的公众（community）鼓动起来。因此，游行是对全体公众的召唤，将有生之人（the living）和自然环境联系了起来。

与此同时，形成游行队伍的主体正是公民主体，即公民组成的公众。无论男女老少，从年少的 kanēphoroi（提花篮者）到年老的 thallophoroi（持投枪者），在游行中都有呈现。最重要的是，呈现的是全体人，对外邦人（metics）和城邦公民一视同仁，甚至很可能还有奴隶，尽管奴隶可能不参与游行，但很可能会在市场上当 theatai（观众）。③ 参与游行也是按照平等原则组织的：那些 pompeis（游行参与者）按各自所属的德谟（deme，［译按］：古希腊的农村地区或村庄）

---

① 暗示了奥林匹斯诸神和地府神祇，而且包括死者在内。
② 路线：Thuc. 6. 56 以下、Dem. 34. 39、Paus. 1. 2. 14 等作品；考古文物已经证实了文学中的说法。路线沿途的站点和事件：Xen. *Hipparch*. 3. 2、Philostr. *V S* 2. 1. 5、Schol. Ar. *Knights* 566、Paus. 1. 29. 1；比较 Himer. 3. 12。
③ 雅典公共 pompai ［游行］中的外邦人：Ael. *Var. Hist.* 6. 1；Poll. 3. 55、Harp. s. v. σκιαδηφόροι, σκαφηφόροι、Phot. s. v. σκάφας, σκαφηφορεῖν 和 ὑδριαφόροι, Hsch. s. v. σκαφηφόροι。奴隶：根据 Bekker *Anec. Gr.* 1. 242，他们参与泛雅典娜节，抬着橡树枝穿越广场。

组织起来。① 即使并非全体居民都游行到卫城，但是大多数人也会通过观赏、跳舞以及最重要的聚餐——大量祭神的牺牲会在聚餐时分给人们吃掉——参与到盛典中来。这种包罗万象的特征也包含对美的强调：游行必须是 $\dot{\alpha}\xi\iota o\vartheta\acute{\epsilon}\alpha\tau o\varsigma$（值得观赏，Xen. Hipparch. 3.1.2）；kanēphoroi——可能人数众多——经过精心打扮，the pompeia（游行道具）都经过精挑细选，常常价值不菲，而且入选参与游行的老人也都 [301] 相貌堂堂。② 由骑兵和年轻重装步兵组成的长队，使场面更为壮观，而且把美与权力糅合了起来，而音乐家们则用他们的旋律，增加了游行的整体审美价值。③

在呈现整个社会主体时，有目共睹的壮丽景观（最典型的是泛雅典娜节，但也有其他大型的雅典游行）不可能只是简单地出于审美偏好，说它与普遍的自信（self-assertiveness）有关——这种自信来自相对年轻的民主制经历——或许也有几分真实。如果正是如此，这种联系就与等级制原则形成了对比，在等级制中，民众的等级（ordering）无处不在，而且贵族制理想深入人心：kanēphoroi 是高贵的雅典人们的女儿，走在外邦人的女儿们前面，而后者是 skiadēphoroi（持华盖者）或 diphrophoroi（带凳子者）（参阿里斯托芬《公民大会妇女》行 728 以下，《鸟》行 1550 以下，

---

① 至少在 Sokolowski (1969) 33 B（可以看到）。（比较根据部落安排的公共 ekphora [出殡]：Thuc. 2.34）。

② 人数众多的 kanēphoroi：Sokolowski (1969) 33 B.15；《十演说家生平》(Life of Ten Orators) 852 中 Stratokles 的法令；着装：Roccos (1995)。Pompeia：Thuc. 2.13.4、Andok. 4.13.4、Dem. 22.78、Paus. 1.29.16、Plut. Alk. 13、Philoch. ap. Harp. s. v.。Thallophoroi：Ar. Wasps 540 和 schol.、Ar. Ekkl. 行 728 以下、色诺芬《会饮》4.17、Hsch. 和 Phot. s. v.。

③ 军事人员：Thuc. 6.56 以下、Dem. 4.26 和 21.171 以下、Xen. Hipparch. 3.2–5 和 Hipp. 11.1–12。乐师，主要是 kitharists [竖琴手]：Poll. 8.113；比较 Haldane (1966) 页 99–101；Nordquist (1992) 页 144–154。

Ael. Var. Hist. 6.1）；城邦的官员走在前面最显著的位置，而且享有一份特殊的祭祀牺牲（与大部分人的不同）（Sokolowski［1969］页33有提及）；在卫城迎接游行队伍的雅典娜女祭司，是埃忒奥布塔戴（Eteoboutadai） genos［氏族］。同时，公共机构的权力——军队在参与者中的出现使其得到了强化，同雅典 archē（霸权、帝国）的权力——体现在殖民地（至少自公元前425或前424年起）和盟国使节对游行的参与——相互作用。① 虽然产生的相互影响非常强烈，② 但仍然位于包罗万象的背景之中，这一背景调节着统治的结构。展示和庆祝的不仅是 archē，其创造者——雅典的民众、德谟的男人（demesmen）和外邦人——也受到庆祝。试比较特维因（Twain）对维多利亚女皇周年庆典（Queen Victoria's Jubilee）的总结："资产者、工厂主、商人和工人们"在盛大的游行中没有得到体现，"他们最精微且丰富地代表了维多利亚女皇统治的物质荣耀。[302] 他们中首要创造者的缺席（强调由笔者所加），或许不是一种严重的缺陷"（*Apud* Merritt［1984］页182）。

在泛雅典娜节，（雅典）城邦 ἐν πομπεῖ［在游行］中进行庆祝，而非以检阅（parade）的形式。二者差别很大。正如雷希（Lacey, *apud* Dunlop［1932］页21）指出的那样："单单的巡游不是游行，游行意味着去某个地方做些什么事情。"检阅意味着展示给人看，或意味着检验（inspection）（比较 Marin［1987］页222-224）。一群人被组织起来依次从观看者眼前走过，目的只有一个，那就是被看和检

---

① Schol. Ar. 《云》行386，*IG* I³ 71；在 *IG* I³ 14 中出现的牛和盔甲，同样存在于 *IG* I³ 46。

② Osborne（1994a）论证了在帕特侬的雕刻程序中，"民主制和帝国主义"之间的相互影响，尤其在帕特侬雕带（Frieze）与其广阔背景的关系方面；他把雕带上刻画的游行看做泛雅典娜节游行。之后，因为有了游行图像方面的证据，Neils（1996）也支持帕特侬雕带与泛雅典娜节游行之间的关系。

验。在行程结束时，检阅队伍就到达了解散地点，成员们在那里四散而去。检阅是为了强加和制造一种印象——无论这种印象可能是什么。十月革命周年庆典期间的红场检阅，或者——在某种程度上——即使是古典雅典战争孤儿通过 orchēstra［歌舞场］的检阅（伊索克拉底《论和平》[Peace] 82，埃斯基涅斯 In Ktes. 154），都与 pompē 不同。

像泛雅典娜节这样的游行，的确是为了让人印象深刻并引人注目，但它的主要目的是与神（the divine）建立联系，这一尝试在行程的终点达到高潮，在那里会进行一项重大的活动——通常是献祭。游行是为了吸引超人类（superhuman）的注意，① 正因为如此，它承认人类社会存在不完满之处，先是聚集起来，然后寻求与神相遇并建立关系②——这种关系被认为可以向这个团体赋权。通过自我呈现，游行群体变成了一种礼物（δῶρον，［柏拉图］《阿尔喀比亚德后篇》148e），会让神或英雄以此为荣（ἀγάλλεται，阿里斯托芬《和平》行399），或者成了一种 ἀνάθημα［奉献］，像奥尔尼亚人（Orneatai）献给德尔菲（Delphi）的 pompē 和牺牲（Paus. 10. 18. 5）。③ 这些人 ἀνάκειται τῷ θεῷ［被敬献、供奉给神］，因为整群人请求神给予对双方都有益的保护：πέμπηται ἡ πομπὴ παρεσκευασμένη ὡς ἄριστα τῇ Ἀθηνᾷ καθ' ἕκαστον τὸν ἐνιαυτὸν ὑπὲρ τοῦ δήμου τῶν Ἀθηναίων［以便每年都以最好的方式举行游行，纪念雅典娜对雅典民众的恩惠］（Sokolowski，[1969] 33B. 3–5）。

---

① 指古希腊文化中的神（divine）或英雄。不过笔者一般使用"divine"（或"神性"[divinity]或"神"[deity]）一词指代这两方面，以避免"神明/英雄"的分离。

② 比较品达对这类相遇的具体看法，见 Nem. 7. 44–47，ἐχρῆν δέ τιν' ... ἡρῴαις δὲ πομπαῖς θεμισκόπον οἰκεῖν ἐόντα πολυθύτοις。

③ 关于很多花瓶和雕塑上再现的游行的还愿特色，参 Lehnstaedt（1970）页137以下。他也讨论了"Weihecharakter der Pompe"［游行的神圣特征］。

[303] 然而,游行总是一种尝试。按等级组织起来的公众,接近神以寻求帮助,但并不能保证得到神的恩惠。在《伊利亚特》(*Iliad*, 6.286 – 311)中,赫卡柏(Hekabe)带领特洛伊妇女向雅典娜乞援,但是帕拉斯·雅典娜拒绝了她们的恳求(ἀνένευε Παλλὰς Ἀθήνη)。结果,这群乞援的人一个都未能保全,包括赫卡柏及其王室家族。通过游行会实现一种不同的平等,即在全能面前的无能的平等,亦即一种民主制,在这种民主制中,德谟的权力在于,它能发起共同的运动,从而给所有人求得护佑。

同时,游行本身展示了神的权威。神的力量融入公众之中,就像携带的各种象征物暗示的那样。行进时,公众已身受神的感召。与检阅不同,游行不仅仅是寻求施加影响(impose),而且已经身受影响(imposed),不仅仅是引导,而且也接受引导——pompē,既有主动又有被动。

因此,游行建立起了一种互惠或双边的呼请与回应关系。显而易见,游行回应了神的权威,但同时也清楚表明了渴望来自神的回应。根据场合,双方运动的方向可能会受到不同的强调。eisagōgē(引入)(新神)的情形下,侧重于神的显现,准确说侧重于神的登场和行动,这就要求公众的互动。① 献祭游行则侧重于公众对神的接近和呼请。不管何种情况,都涉及神、人双方,都是对一种关系结构的支持,而且无论这样的机会是在什么时候:或者大型的公共节日,或是其他众多场合,后者可能不会引来任何宗教官员,但对于维持互惠关系来说依然必要(比较本文集中 Jameson 的文章)。在其他情况下,游行表演和要寻求的关系,可能是为了城邦内众多亚群体(sub –

---

① 参(例如)公元前 420 或前 419 年对埃斯克勒庇俄斯(Asklepios)的引入:*IG* II^2 4960;*eisagōgē* 来自厄琉忒拉(Eleutherai)的狄俄尼索斯:Paus. 1. 38. 8;Schol. Ar. *Ach*. 243(比较 εἰσαγωγὴ ἀπὸ τῆς ἐσχάρας [引入灶火]的年度庆祝:Pickard – Cambridge [1988],页 60)。

groups）的利益。例如，现存的还愿贡物，就描绘了来到神面前的不同等级的家庭（参 Van Straten［1992］页 274－281、［1995］页 60－61 各处），酬谢并祈求与神建立关系。对比不那么引人注目和不那么大范围的游行表演，公共节日综合体现了不同的利益和目的，它是共同经验和需求的自然迸发，而非单单无缘无故的壮观表演。

[304] 整合所有人的利益，把所有人包括进来，这本身就是通过和借助游行开展"对话"的成功之处，该"对话"在人和神两个层面开展。从神的角度看，如果这项活动不能理所当然地被认为是成功的，那么从人的角度来讲同样会如此。个人的利益能够通过抗议来争取。没有特定方向和目的的游行，虽能增进团结，但如果缺乏共同利益做基础，也难以如愿（比较 Bell［1992］页 221－222）。像和神的互惠关系一样，包含了人与人相互作用关系的游行表演，是一种开放的程序，它并不能确保一定能万无一失地达到目的。

公元前五世纪民主制的建立，通过尝试在城邦中心举行游行表演，本身就在"对话"或互惠方面打上了一个失败和一个成功的印记。公元前六世纪后期，在公元前 514 年的泛雅典娜大节上，僭主希帕库斯（Hipparchos）被所谓的 tyrannoktonoi［僭主杀手］刺杀了；当希庇阿斯（Hippias，他本是最初的目标）διεκόσμει ὡς ἕκαστα ἐχρῆν τῆς πομπῆς προϊέναι［编排了顺序，按照这样的顺序，游行的几个部分要往前行进］（修昔底德《伯罗奔半岛战争志》6.56 以下；比较希罗多德《原史》5.56）时，凶手被抓了出来。无论凶手行凶的原因是什么，显而易见，已经不存在团结一致的基础了。当试图增进统一性时，分裂却产生了。正是此次分裂后不久，社会改革开始了。与 tyrannoktonia［僭主杀手］形成对照，公元前五世纪末，对三十僭主分裂民主制的补偿，就是通过游行仪式进行的（Xen. Hell. 2.4.39－40，Lys. 13.80－81）（关于这个段落，也可比较 Strauss［1985］页 69－72）。被流放的民主人士，当他们在比雷埃夫斯（Peiraieus）获胜后，得以再次进入 asty［城市］。虽然精诚团结尚未实现,但推翻三十僭主后,时局(climate)对恢复团结较为有利。他们决定参与到游行中来——像泛雅典娜节游行一样——到达卫城那里,并向雅典娜献祭。向女神进献 charisteria [感恩祭] 之后,民主人士要求现场召开 ekklēsia [公民大会],在会上,言辞(logos)的力量帮助他们实现了诉求。继一段时期的 anomia [无法无天] 和 asebeia [渎神] 之后,民主制得以重新确立,秩序也得到了恢复。

在上述第二个例子中,游行与演说的有序结合,使得"话语"环境①——由游行表演帮助确立——更加明确。[305] 随着民主人士的加入,一种新的相互作用的进程开始了,这一进程最终导致了变革(transformation)和再稳定。相互作用意味着召唤与回应、作用和反作用。在这一过程中,两方面同等重要(下文讨论阿里斯托芬的《鸟》时,笔者将阐述反作用的重要性)。至于将要开始的新的相互作用进程,根本之处在于存在进入和发起表演的可能性。在三十僭主时期,不允许新的力量进入,就是为了努力控制环境和话语;同样地,把权力用于组织和控制民众的僭主们(尤其是希庇阿斯),遭遇到了反抗行动,它有可能导致采取新的(控制)措施。进入和表演的可能性,意味着新的接触条件的可能性(尤其当进入的是一个异邦的集体时),而新的接触条件可能导致某种变化。创造接纳的机会,以及创造聚集并参与新表演的可能性,意味着(且预设了)一种只有在包容的社会—政治观中才能够牢固树立和持久的开放性。在雅典,此类开放性条件的逐渐积累,为一种机制(institution)②——

---

① "话语"环境不单单是话语:笔者不同意把仪式仅仅看作一种语言,并对思想和行动进行二分。实践理论已经驳斥过这种二分法,并且通过重复仪式,探讨"仪式环境"和"仪式本身"的创造(Ortner [1984] 页 144 - 166,Bell [1992] 页 98 - 114)。

② 强调雅典最先创立了戏剧表演十分重要。希腊世界的其他地方也存在早期戏剧表演的遗迹(参 Stoessl [1987] 页 58 - 115),不过只有雅典在当时把戏剧机制化了。

戏剧节——的建立提供了可能。它在固定的周期内，允许民众以游行的方式进入公共空间，发起一场同公众的公共表演和对话。出现的最新的可能性，很可能是和雅典民主政制最相关的游行表演，这就引出了第三种关系参数，即戏剧表演。

随着新机制的建立和发展，游行表演最终成了一种新的、更为复杂的表演的背景。他们依然向公众发表讲话，与此同时，他们也与公共生活标准的游行活动，达成了一种新型的互动。在新的戏剧语境中，表演者不是来自外部，而是来自公众之中。然而，他们表演时，首次与他们的日常身份拉开了距离：仪式性打扮过的表演者，暗示了置身变革过程中的共同体（或它的一部分），化身为他人或异邦人（the Other），把自身隐藏在面具下面——这样酷似死者——用彼岸世界的经验教育生者。

试图借助仪式（特别是游行）表演，构建新的情景和相互关系，这样做意义重大：游行表演不是简单的交流，相反，它远远超出交流，或不同于交流。① 它包括并且目的在于一种新的或自新的身体、运动、生活方式和生命节奏；仪式游行影响身体和环境，它诉诸一切感觉，它激活了两个脑半球；通过传统的运动、符号和歌谣，它使得对逝者的记忆、逝者的形状和身影活灵活现，同时诉诸了存在者和离世者。

雅典戏剧中的游行②

在戏剧中表演游行，与在非戏剧情境下观看仪式相比，既相似又

---

① 实践理论发现了疑问式交流（communication problematic）的概念（Bourdieu［1977］页106、120、156；比较Rappaport［1979］页202-204），并强调仪式不同于语言交流。

② 正如上文指出的那样，该议题包罗万象，更详尽的讨论见笔者即将出版的拙著《ΠΟΜΠΑΙ：雅典肃剧中的游行》（ΠΟΜΠΑΙ：Processions in Athenian Tragedy），该书由笔者的博士论文修改而成。

非常不同。起作用的是相似的主题和类型，并且通常的结构原则主导着戏剧的扮演，不过与一般类型（的游行）相比，戏剧的游行往往更为多样、加入了新元素或者差异明显；戏剧情节以熟悉的模型为背景。更重要的是，通过仪式或由仪式塑造的关系显得很不同寻常：它们包括将神、人和远古时代的英雄直接加以对比，并将权力调整成具有不同的等级。鉴于这一原因，考虑到对剧作的诠释，尤其他们同外部政治权力的关系，从而直接类比或等同于戏剧之外的游行，有可能导致简单化甚至错误判断。即使在埃斯库罗斯《和善女神》（*Eumenides*，又译《报仇神》）的结尾这样著名的例子中，通常认为的剧中上演的仪式与一个特殊历史节日——泛雅典娜节——存在联系的说法，一方面仅仅涉及一小部分特征，① 另一方面也可能存在模糊戏剧情景方面一些重要事实的风险。

埃斯库罗斯三连剧第三部的主要议题，不是简单的奥瑞斯忒斯的无罪判定，而是超人类力量的运行：就简化了的人类生活来说，神的行为及其冲突，[307] 使得奥瑞斯忒斯得以获释，并导致了雅典即将面临的危险。从游行的安排（行 1003 以下）② 可以看出，已经完成权力的重新排序，神的力量的平衡已经实现，并且能够公开宣布。③ 正是这种平衡，可能激起人类共同体对好的（positive）结果的

---

① 自从 Headlam（1906）将 φοινιϰόβαπτα ἐσθήματα [紫色衣服] 解释为泛雅典娜庆典中外邦人的特征后，这一类比得到了过分强调。不过外邦人的角色以及他们长袍的颜色，基本上 ἐν ταῖς πομπαῖς [在这些游行中] 得到了证实，而且不仅在泛雅典娜庆典中（例如，Poll. 3. 55、Harp. s. v. σϰαφηφόροι、Suda s. v. ἀσϰοφορεῖν）。

② 与游行的组成相关的各种问题，参 Sommerstein（1989）*ad* 1021 - 1047。详尽的还原对我们这里的论证并无必要；根据剧中雅典娜的指示，只需要说雅典娜必须在游行的队首和善女神们必须在队尾已经足够。

③ 在该剧开头，地府和奥林波斯诸神之间被截然区分开，且难以逾越。对于这个问题，比较 Sidwell（1996）页 48 - 49。Lebeck（1971）页 142 注意到，涉及新老诸神之间和谐统一的序幕，预示了戏剧的解决办法。

期待。有了天上和冥界两种神力的支撑（framed），游行为对人类共同体的保护提供了某种担保。在这种语境下，雅典娜和雅典人的角色，不仅在人类关系的排序方面，而且在宇宙力量的重建方面，都显得至关重要。正是这种宇宙的平衡，保证并直接确保了奥瑞斯忒斯和雅典人的拯救。

在新的秩序中，奥林波斯诸神保住了主要角色，以雅典娜为代表，她是领路人（行1003、1022）。整个三部曲中都与死亡和鲜血有关的厄里倪厄斯（Erinyes），在游行中获得了"外邦人"（行1011）的位置，虽尊贵但某种程度上却也较为次要，或至少具有依附性。然而，雅典娜自身明白有必要保存厄里倪厄斯的力量，让她们成为社会肌体（包括诸神、人类和自然）的一部分，像游行中象征性地表现的那样。厄里倪厄斯和通常与死亡相关的力量，对维护社会的稳定不可或缺，而且在一个更为宽泛的等级秩序中，对她们的恰当敬重有益无害。在游行中，这一秩序获得了它最早的物质表现形式，开启了具有积极意义的互惠互利的可能性。

这个游行中的等级秩序，几乎与历史上泛雅典娜节游行的等级秩序毫不相干。历史上的情况是，等级是按照社会人权力的临时统治方案排定的。在戏剧世界，游行清楚地表明了宇宙权力当中的一种权力关系模型，它历时性地影响着人类共同体。这种创造的平衡，比任何立竿见影的历史方案都具有更为宽泛的潜在范围和作用。然而，戏剧场面也与现实相关，它赋予和善女神外邦人的地位，而且让法官们（Areopagites）也作为她们的人类护从（行1010－1011）。和善女神们的"外邦人"角色［308］（行1011），和作为 $ἀστῶν\ τὰ\ βέλτατα$（最好的公民，行487）的法官们，可能促进了宇宙（诗化）等级制度与社会（历史）等级制度之间的相互关系。然而，比"外邦人"一词更重要的——该词是隐喻性的，而且在一些例子中被具有居民或公民意思的词语取代（$ξυνοικήτωρ$，行833；$ξυνοικίαν$，行916；$γαμόρῳ$，行890）——仿佛是在更广阔的宇宙游行方案中，对人类代表的涵括。

法官们作为全体雅典人（λεώς，638、681）的 dikasts［陪审员］和代表，对他们的包含①为这一场景注入了社会维度，但并非完全强加给它。它主要支撑了对既有史实（historicity）与超越之间相互作用的创造，这种相互作用让这一场景具有了权威和影响，既是共时性的又是历时性的。不过，它是一种相互作用（这一点需加以强调），在肯定泛希腊的或任何其他狭义的、地区性的联系时，都不应忽视这种相互作用的重要性。

这类场景的例子，有助于深刻理解古希腊戏剧文本的复杂性，它既不是对标准的神话脚本的复制，也不是现实的反应。尽管是对过去传统仪式类型的活化，但古代戏剧清楚表达了当时的远见、梦想甚至经验——它们不可能用其他方式清楚地表达，而且足以可能洞察未来。无论戏中还是戏外，无论当前还是往昔，全体 ἀστικὸς λεώς（城邦的人民，行 997；比较行 1025 以下），可以在神圣的 pompos（引导者）的引领下，在平衡的宇宙结构之中，走向繁荣兴盛。该仪式为所有人勾勒了潜在的益处，它源自共同具有的与神灵的纽带（syntaxis），却依然要求且保留了共同的诉求：εὐφαμεῖτε πανδαμεί（"善言善语，你们所有人"，行 1038）。② 如果说该剧肯定了某种东西的话，那么就是与神圣秩序的联系，和仪式对形塑这种联系的潜在可能性，即使无法担保实现。

显而易见，即使像《和善女神》这样一个"清楚"或"容易"

---

① 游行也包括雅典娜的 prospoloi［祭司］（行 1024）；而我强调陪审员们，是因为他们被反复称为 λεώς［人民］、Ἀττικὸς λεώς［阿提卡人民］、πολισσοῦχοι［城邦守护者］等（参行 638、681、1010）；语境清楚地表明描述的是 dikastai［陪审员］。关于除陪审员之外其他的大量讨论，参 Taplin（1977）页 394 和页 412。

② 亦可比较对 euphrosyne［欢欣、快乐］的愿望，它旨在积极方面的主导，即实现互惠的结果：εὔφρονας εὔφρονες［好心好意地表示敬意］（行 992）、ὑπ' εὔφρονι πομπᾷ［热情的护送］（行 1034）、ἵλαοι καὶ εὐθύφρονες［仁慈和祥］（行 1040）。此外，当和善女神吟诵祝福的时候，雅典娜却用警告作答（行 921 以下）。

的例子，也否定了那些简单地进行联系的企图。更重要的是，它并不支持如下简单的观点：与外部现实存在一种肯定性的或颠覆性的联系。"肯定性—颠覆性"两极本身，[309]不能公正地评判肃剧的视角。① 不同于"是"或"否"的回答，古代戏剧（尤其他的仪式结构）似乎描绘更多的是"如何"（how）；② 最终与表演相关的东西不是静态的显现，而是动态的程序、运行——也可以说是时空中的游行和前进。然而，剧中仪式的实施和运行相当难以预料，它们采取的多样化的发展方向会令人出其不意，即使这些方向遵循了司空见惯的模式。欧里庇得斯的《酒神的伴侣》（Bakchai）就是一个例子。

人们常说《酒神的伴侣》的主要情节采用了节日模式，即 pompē［游行］、thysia［献祭］、agōn［竞赛］（参 Foley［1985］页 205 - 218 提到的早期参考文献）。然而，该剧并不是在高潮时刻才引入游行结构（行 965 及以下），而是游行结构构成了高潮的开始：一群宗教信徒，在酒神本人的带领下进入了城邦，为的是引入酒神的仪式（行 55 - 167）。她们的 parodos［进场歌］，是一个游行式的 eisodos［入场］和游行表演，以便与共同体互动：τίς ὁδῷ, τίς ὁδῷ; τίς/ μελάθροις;（"谁挡在路上，谁挡在路上？那是

---

① 对于表演游行总体的社会功能，存在大量的讨论，不仅在古典学家之间，更多在人类学家和社会学家之间。给出的答案，往往因为依据的是提到过的两极分化的线索。人类学家通常把表演看作对传统社会文化事实（givens）的强化，参 Turner（1982）页 20 - 60。古典学家经常讨论戏剧的民主或贵族理想。Goldhill（1990）论证了肃剧中含混的、去稳定性（de - stabilizing）的力量。持续的讨论暗示，无法获得统一的答案。近来，Easterling（1997）页 28 审慎地督促我们，应该"正确接受的是，从一开始剧本就对各种不同的政治解读持开放的态度"；总体上在那里可以看到，她处理的是肃剧中英雄氛围和公元前五世纪社会—政治问题之间的相互影响。

② 从"是什么"到"怎么样"，以及从文化的"本质"到文化实践的转变，是众多文化领域中表演视角大行其道的一个方面；参 Carlson（1996）页 191 - 197。比较 George（1989）从后现代视角得出的相似看法。

谁? 从屋子里出来", 行 68 – 69)。① 歌队在城中跳着唱着, 宣告并展示这些仪式, 呼唤共同体的回应。Choros [歌队] 以及她们的带领者的到来, 表明一种新的力量进入或侵入了忒拜 (Thebes); 剧作将通过随后的表演, 揭示这种力量可能导致的后果。

起初, 该群体及其首领的到来, 似乎没有强烈的冲击力。她们的呼吁没有得到共同体的回应, 这表明忒拜的情况非同寻常。然而, 它激起了国王的反抗和抵制 (行 233 以下)。彭透斯 (Pentheus) 的反抗, [310] 既与共同体不同, 又代表了共同体。即使忒拜已经完全处于狄俄尼索斯的影响之下, 但在戏一开始的时候, 这个共同体整体上还不认识这位神, 国王进行了抵制, 因为并不存在正面的互惠关系。② 一群外邦女人和陌生的神来了, 为的是通过仪式表演、直接的联系和交流来恢复这种情况。即使最初做了抵制, 彭透斯还是逐渐认同了这位陌生的神, 后者在关键时刻导致了游行的形成 (行 912 – 976, 对比行 1046)。有了游行, 就会导致 peripeteia [突转] ([译按]: 古希腊肃剧中常用的一种表现手法)。在游行中, 权力的平衡发生了改变。神是引导者 (行 965 和行 1047), 彭透斯就是向这位首领和主宰人物拱手让出了控制行动和路线的身份 (通过穿上酒神信徒的服装, 行 915) 和权力。显然, 权力关系已经改变了, 但是彭透斯也扮演了一个角色, 在这个角色中, 他自愿接受陌生神的引领。就此而言, 正是某种程度上的合谋 (complicity), 使变化有了发生的可能。

神得到了引导者的地位, 这个地位证明了神的至高无上的传统上归于神灵的地位: 不仅作为人类共同体的接受者, 而且也是人类共同体的首领, 像《和善女神》(行 1022) 中的雅典娜, 或

---

① 比较 Dodds (1960) *ad loc*; 亦比较 Seaford (1996) 页 37 – 39 (历史节日中游行活动的仪式背景)。

② 有迹象表明, 忒拜的男性共同体逐渐发生了变化 (行 196、441 – 451、721、770), 而彭透斯在抵抗中几乎成了孤家寡人。

者颂诗中的阿波罗（ h. Ap. 514 – 516, ἦρχε δ' ἄρα σφιν ἄναξ Διὸς υἱὸς Ἀπόλλων... οἱ δὲ ῥήσσοντες ἕποντο [阿波罗神，宙斯之子，指给他们道路……他们跟随]）。然而，该神有益的领导角色，预设了饱含尊敬的承认，以及积极的互惠关系。在《和善女神》中，和善女神们就是在这样的共同基础得到建立后，才加入了游行。与此相反，彭透斯的加入则基于错误的前提。由于孤立于共同体之外，而且为了寻求自身的满足，彭透斯缔结的关系，既不符合个人又不符合公共的利益。如果彭透斯看起来像一位僭主，那也是因为他未能从他的人民的利益出发与狄俄尼索斯建立起关系（比较 Seaford [1996] 页 47 – 48）。

或许这仅是一方面，因为通过加入神的游行，彭透斯已献身于该神，① 变成了该神的信徒和牺牲，② 即该神的 theōria [看到的场面、景象] 的参与者（比较行 1047）。③ [311] 通过彭透斯可以见证并体验到神的法力。正是彭透斯的反抗和最终的屈服以及他对 theōria 的参与，从中促成了崇拜对狄俄尼索斯的集体再定位（王室付出了巨大的代价，它最初由于抵制，未能促成城邦与神的关系）。

游行是一种 theōria，这一事实很重要。④ Theōriai（[译按]：

---

① 在准备游行时已经有了表现：σοὶ γὰρ ἀνακείμεσθα [我在你的手中了]，行 934，见 Dodds (1960) 和 Seaford (1996) ad loc。比较欧里庇得斯《赫拉克勒斯的儿女》（Herakl.）行 601：处女神走向牺牲，伊俄拉奥斯（Iolaos）承认她的身体 κατῆρκται [被献祭了]。

② 彭透斯的死从不同角度可被看作宰杀牺牲，例如参 Dodds (1960) xxvii – viii、Seidensticker (1979)、Burkert (1983) 页 176 – 178、Seaford (1996) 页 39 – 44 等多处。

③ 参与瞻仰神（行 924），参与 theōria 游行和参与基泰戎山（Mt. Kithairon）的 theōria。关于 theōria 一词，及其古代（与 theos [神] 有关）和现代（与 thea [戏剧] 有关）的词源学，参 Boesch (1908) 页 1 – 2。

④ 一般来说，关于 theōria 可参 Ziehen (1934)。关于行 1047，Seaford (1996) 不得不承认古典时期 theōria 与游行相联系，神秘观看的 theōria 只是从后来的文本中才得知。

theōria 的复数）往往组织有序，尤其在大型的泛希腊节庆上，例如德洛斯岛的阿波罗节（the Delia，关于 theōria 游行，参 Nilsson［1951］页 167 - 168）。来自不同城邦的使团（theōroi 或 theōriai），① 将会被官方送入庆典举办中心参与节庆；作为一项典型的崇拜活动，他们将会在游行中到来，并隆重地献上祭品。② 不仅如此，他们还将参与荣耀和"纪念"神的一切活动和项目（μνησάμενοι h. Ap. 150）。theōria 一词及其实践，非常紧密地把观赏和参与统一了起来：观看 heortē ［节庆］，见证正在发生的一切，意味着对节庆的实际参与。在荷马献于阿波罗的颂诗中，节日的大体情况被置于一幅图景之中，它强调了观赏的方面：神作为一个喜乐的旁观者加入了进来，③ 参与的凡人奋力用大场面取悦他（ἐπιτέρπεαι、τέρπουσι h. Ap. 146、150）（比较 Lonsdale［1993］页 51 - 72）。对于一个人类旁观者来说，人类的仪式主持者（celebrant）也似乎参与了具有神性的神灵现身的场景：φαίη κ' ἀθανάτους καὶ ἀγήρως ἔμμεναι αἰεί / ὅς τότ' ἐπαντιάσει' ὅτ' ἄονες ἀθρόοι εἶεν（"当伊奥尼亚人聚集起来，无论谁遇到他们，都可能认为他们长生不老、青春永驻"，h. Ap. 152 - 153）。之所以会出现如此融洽的神—人气氛，是基于共同的利益和欢乐；④ 节日的 theōria，意味着和神一道行乐，分享喜悦（h. Ap. 146 - 173）。在《酒神的伴侣》中，theōria 游行也引发了一个"节日"，[312] 观赏并参与展示和庆祝

---

① Theōros 一词在古希腊中的意思，参 Boesch（1908），页 5 - 6；他指出，该词意思有两个主要的方面：（1）与观看相关，（2）与宗教部门有关。
② 若举例的话，参修昔底德 3.104 中关于德洛斯岛阿波罗节的信息。一幅德洛斯岛阿波罗节 theōria 到来的生动图像：Plut. Nik. 3.5 - 6 τήν τε πομπὴν τῷ θεῷ καὶ τὸν χορὸν ἄγων（sc. Nikias）κεκοσμημένον πολυτελῶς καὶ ᾄδοντα διὰ τῆς γεφύρας ἀπεβίβαζε。
③ 根据柏拉图《法义》（laws）654a、665a，神也可能作为 synchoreutes 参与到人类共同体当中。
④ 比较一个不同的节日场面，品达残篇 94b. 3 - 4，ἥκει γὰρ ὁ Λοξίας πρόφρων ἀθανάταν χάριν Θήβαις ἐπιμείξων。

神的（主要是狄俄尼索斯的）法力。穿上酒神信徒的服装加入游行后，彭透斯开始见识到狄俄尼索斯的"其他"特性（行 920 - 922）。但对游行的形成（以及对 theōria 的参与）来说，尚不存在积极的互惠的基础，因此，体验到的不是益处，而是神巨大的、否定性的法力。

保证这种体验的程序是"景象"，即 theōria，它暗示且吸收了一切可能的有利之处：从神的角度观赏崇拜者，观赏置身于崇拜者中的神，观赏作为神或"其他"的崇拜共同体，以及认识神的法力。无论哪种视角（而且可能还有很多别的视角），每一种都有它自身的价值，而且正是观赏的价值，使得表演者（神或人类的代理人或其他）的行为——即表演，也具有了价值。多样的观赏角度，将会制止任何简单置评戏中的狄俄尼索斯活动的企图。如果在基泰戎山（Mt Kithairon）的仪式反映了该神的狂野，那么歌队的仪式同样如此，它由那些为了传播酒神崇拜而来到了忒拜的外邦女子组成。自始至终，戏中的歌队都未间断她们的表演，在忒拜城中建立了一种与众不同的狄俄尼索斯式表演的样式，这种表演不是基泰戎山 theōria 的一部分（尽管在行 977 - 1023 有所交叉），但却是戏中 theōria 的一部分。歌队的歌舞为神的那一方面提供了补充，并与戏中的其他事件相互影响（比较 Seaford [1996] 页 28 - 30），使观众的 theōria 复杂化。此外，当歌队见证神的仪式完备无损时，王室和整个忒拜却在神的影响下备受折磨。

如何观看和欣赏所有这些方面的相互影响，（它们）能够与观众世界建立什么样的联系？近来，已经有人把王室的覆灭和公共仪式的建立，看作城邦产生，尤其是民主城邦运作的一种辅助程序；① 换句话说，剧中的颠覆可能起到了确认城邦共同体共同价值的作用。实际可能就是如此。不过剧中表演的复杂的相互影响，可能为进一步的限定条件留下或创造了空间。[313] 例如，在该程序中，应如何衡量

---

① 参 Seaford（1994）和 Seaford（1996）页 44 - 52，这一观点得到了亚里士多德《政治学》1319b25 的支持。

王室的角色和付出的代价?① 与其单纯寻找答案，或者甚至与其一再问这样的问题，或许更可取的是，把注意力集中于戏剧的影响力，以便弄清楚，通过同样的表演方法——在匠心独运地运用和诠释下，该方法能带来多种多样且往往可变化的结果——某种假定的（given）情况如何形成、变化或重组。

为了说明仪式表演多方面的潜力，也为了以喜剧内容作结，我将给出一个简短的喜剧的例子。

阿里斯托芬的《鸟》，结尾部分是一场盛大的典礼，欢庆佩瑟泰洛斯（Peisetairos）② 从奥林波斯返回。成功地在"人神之战"（Gigantomachy）③ 中战胜诸神后，通过获取宙斯权力的象征物和得到（虚构的）宙斯的女儿巴西勒亚（Basileia）为妻，佩瑟泰洛斯巩固了自己的权力。由于因婚姻——它的合法性规定了继承权——取得了宙斯王位的继承人身份，他骄傲地凯旋，伴着荣耀的婚礼队伍进入了云中鸤鸠国（Nephelokokkygia），最终以开始实施和展示他的统治告终。在他到来之前，一个报信员（kēryx）宣布并描述了他的到来（οἷος οὔτε παμφαὴς/ ἀστὴρ ἰδεῖν ἔλαμψεν......［比任何明星还要灿烂］，行 1709 - 1717），要求飞鸟种族迎接他（δέχεσθε，行 1708）。他来了，鸟儿们给予他的欢迎，不单单是英雄般的，更是神一般的。字面上看：像克莱因克内希特（Kleinknecht）很久之前主张的，这是文学中最早详细描述 apotheosis［尊奉为神］的例子（Kleinknecht［1937］

---

① 对于与保存贵族制理想相关的贵族家族在肃剧中的角色，相关评价参 Griffith（1995）。

② paradosis［流传］的拼写方式，几乎一致认为是 Peisthetairos；Peisetairos 是修订后的写法（具体原因参 Dunbar［1995］页 128 - 129）。我用它，仅仅是因为在英语参考文献中它成了标准用法，不过我赞同 Kakrides 的质疑（Kakrides［1987］关于行 644）。

③ 《鸟》背后的神话类型，参 Hofmann（1976）页 79 - 90；Bowie（1993）页 152 - 166；简洁的解释，参 Dunbar（1995）页 7 - 9。

页297），这一现象往往出现在希腊和罗马时期。根据克莱因克内希特的语言分析，这种情况大量出现于宗教膜拜仪式及颂赞式的语言程式中，实际上，在现存的对希腊和罗马统治者的神化描述中，这种语言程式反复出现。然而，克莱因克内希特注意到，这种程式的运用，不是希腊及其随后时代的新奇发明，仿佛阿里斯托芬出于非凡的想象力在这里首先进行了使用；它们是广为人知的传统［表达］类型，在古风和古典时期崇奉神灵和英雄的宗教语境中得以构造和使用，尤其用于神的显灵。这里——这在现存的文献中还是首次，[314] 它们被用到了不同的语境中，即受到荣耀的是一个凡人，不是某位英雄或神。动觉的（kinaesthetic）维度，虽然在这位德国学者那里未加深究，却对这里仪式和情景的作用至关重要，它揭示了另外一个方面：佩瑟泰洛斯的入场，模仿并发展了传统的游行活动——运用了凯旋和婚礼的语境，但实质上也与神界和英雄界相关——对游行活动的加工（reworked）和重组，能够用超人类（superhuman）的荣耀迎接一个凡人——这成了后来统治者、国王和皇帝到来时的常规游行类型。

这个游行表演既是凯旋式的，又是婚礼式的。这样的一对新人不难见到，一个很好的类似例子，是赫西俄德（Hesiod）残篇 211M‑W，讲的是珀琉斯（Peleus）（［译按］：希腊神话中的英雄，色萨利地方密尔弥冬人的国王，大英雄阿喀琉斯之父）带着从伊俄科斯（Iolkos）缴获的一袋子战利品和一个妻子，返回了佛提亚（Phthia）的故事。除了胜利庆典，在众多婚礼游行的场合——与祭祀的例子相反——突出了个体（或一对夫妇）的与众不同。① 上述赫西俄德残篇中提到的极尽夸张的 μακαρισμοί［祝福］，或者类似的赫克托耳（Hektor）和安德洛马刻（Andromache）在他们婚礼游行中献于神的

---

① 不过往往发生在更广阔的宇宙等级制度的背景下；关于婚礼，参 Oakley 和 Sinos（1993）页 28–30 及其中各处（亦见图 64、65）；关于胜利庆祝，见下文。

礼物（ἴκελοι θεοῖς, Sapph. 44. 23 L-P，比较 Sapph. 111 L-P），表明了相似的氛围。然而，在这个例子中，仪式的倾向被推向了极端（喜剧的极端），其中，隐喻和相似性浑然不分。例如，在刻画 hymenaios〔婚礼〕时，神话的样式压倒了传统的其他特征，比如对新娘的赞美。这种强调很难不暗示出宙斯与赫拉（Hera）的 hieros gamos〔神圣婚姻〕与这对神样的新人之间的联系（亦可比较 Hofmann〔1976〕页 152-153）。在上下文中，新郎显得好像神一样。他地位的上升，成了这一幕及合唱歌的焦点。鲜明的婚礼符号，比如火炬，完全被淡化了，而他胜利的符号，即霹雳、雷鸣和闪电，则受到了特别的关注（行 1744-1752）。对这些象征物以及对佩瑟泰洛斯权力的大肆赞颂，也与对新娘非常简短的欢呼（只在行 1724）形成对比，尽管正常情况下她会拥有较大（或许是绝大部分）份额的赞扬。① 显而易见，在上演的这个婚礼上，不是这对夫妇（像原本理应的那样），而是配偶中的人类一方，即佩瑟泰洛斯，受到极度抬高，这样做是为了使仪式的婚姻色彩让位于仪式的胜利意味。

〔315〕如同婚礼仪式，古风和古典时代的凯旋庆典，也是游行活动的核心，杰出的个人在其中拥有突出的位置（关于艺术的再现，参 Webster〔1972〕页 152-157、Valavanis〔1991〕）。歌曲和欢呼声创造了一种喜悦气氛，而且 τήνελλα καλλίνικε（tēnella，高贵的胜利者）副歌，会让人们想起胜利者的神话原型——英雄赫拉克勒斯（Herakles）。② 佩瑟泰洛斯与赫拉克勒斯的联系——后者死后被尊为神，因为他在人神之战中对神施以援手，而且终生饱受 ponos〔苦役〕——确实在《鸟》剧的创作模式中不难察觉。然而，与赫拉克

---

① 参 Sappho 残篇 105、107、108、114、116 和 117 L-P；Theokr. 18；Cat. 61 和 52。

② 给赫拉克勒斯的光荣 prosphonesis〔献词〕，见 Archil. 残篇 324W；它在奥林匹亚中的运用：例如，参品达 Ol. 9. 1-4；比较 Buhmann（1972）页 53-56。

勒斯不同（他生前靠求助于宙斯和其他诸神才取得胜利，① 而且直到死后才跻身奥林波斯众神之列），也与普通的人类胜利庆典不同——这类庆典也被置于神或英雄的崇拜（一种 anathēsis，或者一种祭祀）活动的语境中。② 佩瑟泰洛斯在庆祝他的胜利时，对神毫无敬意，而且取代了诸神。由于赢得的不是一场与人类对手的 agōn［竞赛］，而是一场真正的 theomachia［与神的战斗］，所以在他的退场仪式中，所有的歌曲、仪式符号和馨香，都指向了他及其最新获得的属性（attributes）。宣告他上场时，用的是典型的神灵显灵时的惯用语（行 1708）：δέχεσθε τὸν τύραννον ὀλβίοις δόμοις［欢迎大王回到受福佑的殿堂］。③ 传统的回应方式获得了认可；他把它确定了下来。因此，他以一个凯旋的超神（super-god）的身份，迎来了一个神圣婚姻，而神圣婚姻则提升了他的与众不同，并且开启了属于他的时代——一种真正的胜利！当然，所有这一切发生在乌托邦的语境下，其中，获胜的英雄是一个又老又丑的鸟人，接纳他的共同体是由鸟儿们组成，主权城邦是悬在天地之间的"云中鹁鸪国"。嘲弄和荒诞不经的语

---

① 参品达 *Ol.* 10. 35-39；品达残篇 140a；索福克勒斯《特拉基斯少女》（*Trach.*）行 237-238、754。

② 例如，品达 *Ol.* 9. 112、*Nem.* 5. 53 和 Schol. ad loc.；比较 Blech (1982) 页 114；Kall. 残篇 384. 35-39；Ath. 8. 610a；比较 Pickard-Cambridge (1962) 页 37-38。Νίκη 或 νῖκαι［胜利］使得动物们成了牺牲：参 *LIMC* s. v. *Nikē* nos. 340-343。

③ 比较神的雕像出现时 δέχεσθε τὸν θεόν［迎接神］的呼喊，见 Kallimachos *Hymn* 5. 137-138。亦可比较索福克勒斯在迎接阿斯克勒庇俄斯（Asklepios）时的被称为机械降神的仪式（*TrGF* 4. T69）。在神灵现身的例子中，δέξαι［迎接］的主体是人类共同体。但在受游行影响的呼唤和回应的双向过程中（参上文，页 303），可以将这一表述修正为：从共同体到神/英雄。此类 δέξαι［迎接］主题，是赞美诗的著名传统，在品达诗歌中反复出现，尤其（但不仅仅）当神（圣地或祭坛）是 kōmos［狂欢游行］的目的（地）；参 Heath (1988) 页 190。亦可比较 Heliod. 3. 2. 3 δέρχυσο θυηπολίην；关于这一传统，亦参 Wilamowitz (1932) 2. 354。

境,成全了这部使人顿时对胜利有所领悟的喜剧,但也正是因为通过这种方式,才取得了让我们在此忍俊不禁的胜利。

[316] 之所以把胜利归功于佩瑟泰洛斯,不仅仅因为他的行动,也因为迎接他的共同体的回应(re-action)——它们情愿赋予他荣耀。歌队的积极回应,显著地反应在鸟儿们的歌中,该歌反复强调了对新城邦和鸟类种族($\gamma \acute{\epsilon} \nu o \varsigma$)的好处(行1725-1728)。一场婚姻可能已经对共同体产生了潜在的影响,这种潜在影响似乎是一个应该严肃对待的议题,而共同体能够表达其观点的场合是婚礼游行。游行呈现的整个着眼点,是激起并进而展示共同体的赞赏之情,这种赞赏之情是新"统治者"荣耀的尺度,而且是喜剧英雄胜利的证明。

共同体的回应是游行仪式的最终目标,也是游行表演的最大目的,不仅在这一情节中如此,在日常(非戏剧化)生活中的相关场合同样如此。在神明 eisagōgai [被引入] 或显灵的情况下,像那些婚礼和胜利的情况一样,一种新的势力(agent)便将被引入共同体之中;引进的这种新力量或新关系,可能会被视为对既有权力关系和平衡的威胁。因此,这种引进会尝试着用游行的模式进行,一方面有利于过渡,另一方面,对共同体的邀请(invitation)以及互动,有可能赢得共同体的认可而非排斥。① 共同体的反应,是新势力的权力和地位在新共同体中的建构和象征。因此,佩瑟泰洛斯进入时的情况,就是以如下方式筹备的:实现了积极的联系,并且组织了盛大的欢迎。

佩瑟泰洛斯遇到的集体反应,不是一时的心血来潮,而是长期过程的结果。戏刚一开始,佩瑟泰洛斯就用言辞的力量,说服($\varepsilon i \ \pi i \vartheta o \iota \sigma \vartheta \acute{\epsilon} \ \mu o \iota$ [如果你们相信我],行163,行465以下)鸟儿们接受他,巩固了他的地位,而且主要靠承诺提升它们的权力而对它们实行统治。在戏的末尾,当未曾奢望过的(以及乌托邦)成了现实,

---

① 否则共同体可能遭受相互的暴力:例如参 Oibotas of Dyme 的胜利者的例子:Paus. 6. 3. 8; phallephoria 的 aition [原因]: Schol. Ar. *Ach.* 243.

鸟儿们便把它们的权力归于表面上的至上权柄（all-powerfull）。尽管只是在最后离开之前，更认同 choreutai［手舞足蹈］的鸟儿们，才让观众确信，在阿提卡 ἡ γλῶττα χωρὶς τέμνεται（"献祭必须先割舌"，行1705），在云中鹁鸪国，佩瑟泰洛斯——此前他已经用修辞术赢得了鸟儿们，且被公开地称为 tyrannos［僭主］——［317］返回时赢得了鸟儿们全身心的爱戴！逃离（ἀνεπτόμεσθα，行35）了官司（行40-42）和债主们（行115-116）（注疏家通常忽略这个方面），得到了翅膀（行655、801-805），抛弃了雅典的营生且坐享其成（行903-1057、1337-1469），甚至（几乎）① 推翻宙斯，他的成功难道不值得一番大肆庆祝？该剧以囊括一切的 panegyris［庄严的集会］结束，紧随这位老人乌托邦式的成功，他抵制、颠覆并证实了当时雅典社会固有的众多负面倾向，他的行为——推翻了业已存在的特权和等级制，独揽了大权——助长了他的（及其他）时代的梦想和野心，并使它们颇成问题。

社会现象，前前后后都有其缘由。以往的旧账更容易被发觉，尽管在这个例子中，它们巧妙地穿插在结束一幕众多相关联的动机之中。除了总体上对 tyrannis［僭政］（行1708）的附和，② 佩瑟泰洛斯返回的具体方式，包含了一个政治性的戏仿，从而给这一幕增添了一种与众不同的基调：这部"戏"唤起了对庇西特拉图（Peisistratos）第二次回雅典的记忆，此事主要载于希罗多德《原史》1.60（关于二者的联系，亦可比较 Bowie［1993］页165）。像在庇西特拉图的例子中一样，佩瑟泰洛斯用神明显灵的方式，由一位宙斯的女儿护送着

---

① 在谐剧性颠覆的背后，宙斯的权力在这一幕中清晰可见：参 Kakrides（1987）对行1757的解读，和 Dunbar（1995）页13-14，以及对行1755、1764的解读。

② Sommerstein（1987）页3和对行1708的解读，可能有些过度；他忽略了谐剧讽刺画的要点和欺骗的成分，后者与这位谐剧英雄的天然特征相关。

返回；庇西特拉图的入城是一个花招（μηχάνημα），而佩瑟泰洛斯的成功很大程度上基于他的诡计，且主要是基于他耍手段建立了一个鸟类城邦。① 对于庇西特拉图的返回，他好像效仿了赫拉克勒斯，② 而赫拉克勒斯——正如上文所述——也在佩瑟泰洛斯胜利的荣耀背后起到了一定作用。更重要的是，为了得到接纳，庇西特拉图运用的一个仪式化的方法，与《鸟》中的极其相似：ὦ Ἀθηναῖοι, δέκεσθε ἀγαθῶι νόωι Πεισίστρατον, τὸν αὐτὴ ἡ Ἀθηναίη τιμήσασα ἀνδρώπων μάλιστα κατάγει ἐς τὴν ἑωυτῆς ἀκρόπολιν [噢，雅典人啊，热烈欢迎庇西特拉图吧，雅典娜女神给了他世间最高的荣耀，并亲自把他带回卫城来了]。③ 这个"花招"是εὐηθέστατον [最愚蠢的]（希罗多德《原史》1.60），但却成功了。[318] 在这部喜剧中，佩瑟泰洛斯的计划所向披靡，共同体给他无限荣耀，但是它们只是鸟儿（ὄρνιθες），而在现代希腊语中，ὄρνιο的意思仍然是"愚蠢"。④

---

① 但不仅限于此："内奸们"（insiders）的协作（参普罗米修斯）也功不可没。

② 如同 Boardman（1975）所做的论证。赫拉克勒斯是一个僭主样板，Isokr. *Philipp.* 109–110。

③ 亦可比较这段话的背景（Hdt. 1.61）：
ἤλαυνον ἐς τὸ ἄστυ, προδρόμους κήρυκας προπέμψαντες, οἵ τὰ ἐντεταλμένα ἠγόρευον ἀπικόμενοι ἐς τὸ ἄστυ, λέγοντες τοιάδε… οἱ μὲν δὴ ταῦτα διαφοιτῶντες ἔλεγον, αὐτίκα δὲ ἔς τε τοὺς δήμους φάτις ἀπίκετο ὡς Ἀθηναίη Πεισίστρατον κατάγει, καὶ ⟨οἱ⟩ ἐν τῶι ἄστει πειθόμενοι τὴν γυναῖκα εἶναι αὐτὴν τὴν θεὸν προσεύχοντό τε τὸν ἄνθρωπον καὶ ἐδέκοντο Πεισίστρατον. [在她出发以前，曾派了报信的人到那里去，这些人进城后，便按照给他们的指示宣告了下面的话……他们跑到四面八方去宣告这个消息，它立刻传遍了各个德谟，人们都说雅典娜女神正在把庇西特拉图带回来。城里的人也深信那个女人是真正的女神，便向她这个凡人膜拜并欢迎庇西特拉图。] [译按]：上述引文或应为 1.60。文中及注释译文，参希罗多德《历史》，王以铸译，北京：商务印书馆，1997，有改动。

④ 由于说过（哪个是硬币的这一面），我非常同意 Connor（1987）对希罗多德这个段落的分析，它显示了这样的回应是如何实现的。

以往的历史与现在和将来发展的联系，或许更令人感兴趣，但却不一定线索清晰。宗教仪式对历史形象的贡献，并非史无前例。在一些例子中，一些重要人物死后获得了英雄的荣耀，一个显著的例子是西西里僭主们的宗教仪式。① 另一个或许稍微不那么有名的例子是哈格侬（Hagnon）。作为安菲波利斯（Amphipolis）的 oikist［殖民者］，他一生中享有盛名，但布拉西达斯（Brasidas）却因后来的胜利将其取代：共同体接纳了布拉西达斯，给了他众多荣耀，好像他是位运动员一样；后来，他们又尊奉他为英雄（修昔底德《伯罗奔半岛战争志》4.121；5.11）。然而，更激烈的变化发生在公元前四世纪。大约在《鸟》上演 15 年后，据传统的说法，莱桑德（Lysander）成为第一个得到神明般荣耀的人（参 Plut. *Lys.* 18；Bommelaer［1981］）。公元前 307 年，历经了多年的民主体制之后，雅典情愿以类似接纳佩瑟泰洛斯的方式，欢迎围城者德米特里奥斯（Demetrios Poliorketes）。② 毫无疑问，之所以有这样的发展——是因为共同利益的基础——实施相互影响的诸仪式的必要条件——发生了变化。无论我们如何评价这种发展，倒退抑或进步（不管怎么说，在特定的历史条件下都是必要的），重要的是要看到，通过相互作用的方法，它们得以清晰呈现，而在不同的条件下，通过不同的行动者（agents），可能导致不同的结果。

　　那么，为什么用以结尾的仪式表演，会被放在该剧创作结构的语境中衡量——这一语境中存在大量的相互作用，甚至混合了众多的冲

---

① 参 Malkin（1987）章 6 的总体概述，以及 Malkin（1987）页 238 - 240 对西西里僭主的论述、页 230 - 232 对下面就要提到的哈格侬例子的论述。

② 参 Ath. 6. 61 - 63，提到了早期的线索（主要是 Douris）。关于统治者崇拜，参 Habicht（1970）。

突元素,① 而且是在过去和未来的历史环境中？如果上演的仪式表演，有潜力戏仿过去、针砭时弊且指示未来，而且同时——在乌托邦的语境中——能创造一个关于生活本身极富吸引力的庆典，包括一切方面和可能性，好的坏的，既有幻灭又有狂喜，难道这种潜力不值得密切关注，或许比任何 [319] 关于仪式的肯定或颠覆效果的巨大问题更值得关注？仪式活动是基于传统的诸种程序（schemata），鉴于此，它能够创造一种凝聚感和分享了文化统一性之感，不过由于它们的种类属性，有可能受到多种效果的影响。② 古代戏剧就以这些仪式程式为基础，遵从这些做法会非常有趣，而且尽力弄明白仪式表演和戏剧改编之间如何相互影响，可以有助于理解文化的运作（working）。

几点结论

戏里戏外的仪式表演，似乎暗示它不会催生出一个静态的、一成不变的结果。仪式表演能够提供引起变形的方式，但绝不会是完全的变形。在既定的场合，表演的意图能够采取一种具体的方向，不过有无数的可能性，而且在很大程度上取决于环境因素。

在游行仪式的例子中，在神力面前以及接近神力的公共 anathēsis [献祭]，似乎是为了增进共识，推广对统一的洞察。用一种包含矛

---

① 一个明显的例子是佩瑟泰洛斯厌恶雅典的 polypragmosyne [追求知识]，并挑衅鸟儿们的 polypragmosyne（亦可比较行 471）。关于该剧"缺乏连贯"和"观点不鲜明"的观点，可参看 Dunbar（1995）页 10 - 14。正是这种"松散性"（或者从另外角度说，机智和现实主义），避免了对《鸟》中角色和行动的任何肤浅评价。

② Taviani（1991）页 266 - 267 采用了 Rorschach 测试，显示可能从空间节奏、色彩和对称的角度，出现"个人的和无法预见的意义"。

盾的（oxymoronic）方式来说，就是在神力面前集体的无力，有助于赋予作为一个整体的共同体以权力。在古代雅典，这类统一性的运动带有民主的目标，只要共同体涉及卓越的领域，该领域热衷τιμή［荣誉］，但对于运行中包含了秩序和无序的兼容并蓄、交换和多样性，则留下了广阔的余地。然而，不同的情况和利益的变化，可以重塑权力的平衡，并引发社会群体的重新结合。如果统一的观点，可能看似出自传统社会中不同的游行程式，这可能是因为——像布劳（Herbert Blau）注意到的那样（参 Blau［1993］页 262）——绝对的统一体并不存在，由于这个原因，神圣的仪式倾向于唤起它。确实，在某种场合，游行表演本身可能起了爆发不同意见的主要途径的作用。

无论着眼于统一还是分裂，在古希腊社会，促使发生或大或小变化的方式，采取的是表演的渠道，该渠道含有一个仪式化的身体（一切行动、物质和精神的生物中心）结构，而且被其重新结构化，[320] 这就是仪式化的环境。在文化表演的复杂网络中，游行表演的重要性需要加以强调，不仅是因为它在体现表演的特性方面的潜力。像其他种类的表演一样，借助对环境施加影响、形塑关系和权力联盟，以及通过相互影响的方式尝试变化等方面的潜力，游行构成了一种以身体为中心的活跃力量（dynamic power）。

如果在传统的社会表演中，对身体上的相互影响和直接联系的包含，被证实对社会的塑造和变革至关重要，那么在遥远的具有全球效应的现代世界，高科技的视听媒体似乎取得了与游行相同的角色。深入比较二者的运作和影响，可能会得出非常有趣的结论。一种方法似乎暗示，既然传统表演能够既支持又颠覆和改造集体的或民主的理想，那么对于运行的视听媒体来说，存在同样的前景。因此，现在同样需要牢记，变革（依然）来自内部。

雅典宗教中的壮观与隐秘

詹姆森(Michael H. Jameson)撰

唐峰 译 李向利 校

[321] 就其本质而言,仪式是表演性的(比较 Rappaport [1979] 页175-176)。对于古希腊人,动物献祭(thusia)——语言和动作的结合——是核心的和基本的仪式,本文关注的也正是献祭。其他明显的表演行为,诸如游行和舞蹈,可以被看成是对 thusia 各方面的精细化。实际上,该词适用于整个节日。另外,还有与 orgia [秘仪](秘密的或者神秘的)相关的各种仪式,它们并不直接与动物献祭相关,而是或者以反常的方式呈现,或者干脆就没有这样的内容;实际上,这些仪式与正常献祭的期望相背。体育、音乐或者诗歌比赛,尽管都没有成为独立的仪式活动,但总是有着宗教崇拜的背景,并因而最终具有献祭的意义(关于仪式与戏剧的区别,参 Rappaport [1979] 页177)。

异教徒的宗教行为,具有公开性和展示性,这让古典希腊的阐释者对其宗教难以产生认同。宗教改革后的欧洲文化,对宗教的非私人和非自主性方面缺乏同情。长久以来,人们谈到城邦宗教时,都认为它基本是公民的或者政治的(虽然是同义反复,但的确如此),不具有严格的宗教性。秘仪和某些看起来更古老的宗教崇拜,被当作例外接受。因此,比较雅典卫城古老的雅典娜神庙仪式,和作为雅典帝国主义象征的熠熠生辉的帕特侬神庙仪式,据说"从这两种献祭的参与者来看,如果说其中哪一个有一些宗教意义的话,显然就是质朴的雅典娜'古老神庙'仪式"。①

[322] 过去几十年里，开放的前现代、非西方社会研究，促进了对这类异教的宽容和欣赏。节日、祭祀和其他公共庆典，逐渐被看成在反映、表达甚至是创造关乎社会本身及其在宇宙中地位的观念。据说，如此一来，我们最接近于从整体上理解希腊文化的本质。希腊宗教是"城邦宗教"。② 这一观点，正好符合眼下对希腊文化表演层面的有益关注，同时也是编纂本文集的初衷。该研究方法拓展了我们的理解，这一点毫无疑问。不过，通过关注公众和壮观场面——我们掌握的材料把我们引向表演的这些方面，我们可能失之于简单化，并因此忽略了其他重要的、具有互补性的维度。

让我们首先简要回顾一下祭祀作为表演的证据。一切正常的献祭，无论公开的还是私人的，都主要有如下内容：(1) 携带动物牺牲，向圣地祭坛游行（pompē）；(2) 祭祀礼仪，包括祈祷、泼洒祭酒、供奉谷物或者祭饼、宰杀动物、在祭火上焚烧某些部分并借此获得启示、参祭者吃掉烤过的内脏（splanchna）；(3) 公共祭祀中，参祭者吃完以后，或者他们把祭肉分给其他人之后，剩下的会被切成小块，作为荣誉分配给神职或者市政官员。虽然对传统祭祀的现代解释十分强调祭祀后的公餐，但是至少从古典时期大多数祭祀的各种选择来看，很清楚的是，公餐不再是仪式流程的基本特征，即便更早之前

---

① 继 Mommsen (1898) 页 119、Deubner (1932) 页 27、Simon (1983) 页 61 之后，C. J. Herington (1955) 页 32 带着同样的兴趣继续研究，发现卫城大祭坛的祭祀较少具有"宗教意义"，尽管与帕特侬神庙相关。只有 Herington 对全体泛雅典娜节仪式的宗教含义提出了质疑。

② 尤其应参考 Sourvinou-Inwood (1988)、(1990)。例如一个特殊的节日——雅典酒神大节（the Great Dionysia），就被阐释为社会规范和僭越相互作用的场合，参 Goldhill (1990)。

是这样。①

整个祭祀过程高度视觉化和戏剧化，可能远远超出了我们通过文字描述 [323] 和艺术重现所能欣赏到的，后者往往出现在阿提卡花瓶很小的瓶体上。事实上，观看仪式是参祭的基本方面。有一条被引用的雅典法令清楚地规定了规范的做法——法律禁止通奸被抓的妇女出席仪式，而甚至连外国人和女奴（更不必说那些贞洁的雅典妇女）都可以当观众和祈愿人（supplicants）。② 休伯特（Hubert）和毛斯（Mauss）认为，在正常祭祀中，实际宰杀牺牲之前的游行和表演，形成了一个神圣化的过程——祭祀者带来某些世俗世界的东西，把它献给神灵——这对于理解许多相关元素都很有用。动物牺牲（以缎带缠绕，给犄角镀金上色），头戴冠冕、身穿祭服的祭祀官，宰杀和烧烤的圣地，这一切都在概念和视觉上与一般的祭祀不同。祭祀官充分展现了诸神与共同体之间的沟通，对于他们自己来说，整个过程再现了他们对诸神毕恭毕敬的崇敬。

表演通常意味着有观众，本文集大多数研究的主题，就是表演者与观众和听众的关系。不过应当注意，存在着各种类型的牺牲，比如

---

① Robin Osborne 指出，女性在此类公共活动中扮演的重要角色也与平时不同；参 Osborne（1993a）。有大量对希腊祭祀进行重构和解释的著作，这里简要列举一些：Hubert 和 Mauss（1964，英译本；初版于 1899 年在法国发行）描述了佛陀（Vedic）活动；Burker（1893）页 3 - 7，在详细论证雄心勃勃的理论之前，也曾简单地涉及；Parker（1996a）和 Jameson（1988）所写的要点；Detienne 和 Vernant（1989）内容广泛的各篇论文；Peirce（1993）和 Van Straten（1995），专门处理了艺术中的再现情况。

② 德摩斯忒涅《反涅艾拉》（Against Neaira）59.85：θεασομένην καὶ ἱκετεύουσαν εἰσιέναι（比较埃斯基涅斯 1.183）。在此，我使用"恳求"（supplicate）一词，表达祈祷或者献祭的人们对神的致辞。事件中被控非法与不虔敬的主祭，涅艾拉（Neaira）的女儿普法诺（Phano），应被"限制出席这些仪式……不能观看（ὁρᾶν）、献祭（θύειν）以及表演任何城邦习传的活动"。

用于涤罪或者是为了获得吉兆（καλλιεϱεῖν）的仪式的那些牺牲，这些仪式中的祭品并不供食用，并且这类表演需要的是见证人（martyres）而非观众（theatai）。重要的是有人知道这些仪式已经完成，而不是有大群人参与。这方面我们会进一步加以探讨，不过现在要继续讨论标准的和目前为止最常见的仪式（关于有时称为 sphagia 的仪式，参 Burkert [1989] 页 59-60，Jameson [1988]、[1991]）。

一个小的共同体，或者一个大的共同体中的有限部分，会热情参与祭祀的第二阶段，即在圣地（的祭祀活动）。在一年一度的赫拉克勒斯（Herakles）节上，Mesogeioi [内陆的] 阿提卡组织，向官员和捐助者授予殊荣，至少可以明确的是，它一度"在祭祀之前"进行（IG II² 1244, 3-5），这表明此时正是大多数成员可能聚集在一起的时候。这是一个 [324] 回报 philotimia（"追求公共名望"）和 eusebeia（"虔敬"）的重要场合。相关的共同体进行庆祝，并且自我定位。

如何对动物牺牲的肉进行分配，即谁得到什么，具有重要的社会意义，因为它可以识别出一个人在特定共同体（并不必然等于政治共同体）中的资格、地位以及特权，荷马（比如《奥德赛》14.437）就描述了挑选烤肉做奖励的情景。在古典和希腊化时期的铭文（inscriptions）中，规定有些部分或份额，或者大量份额，经常是生肉，要分给官员和受勋者（比较 Puttkammer [1912]；J-L. Durand，见 Detienne 和 Vernant [1989] 页 104-105）。不过，分配熟肉或生肉，对于仪式并不重要，也不像面对不止一个小圈子的表演那么引人注目，这么说并非要否认认识到共同体中这一事实的重要性。

荷马描述的普洛斯人（Pylians）祭祀完波塞冬（Poseidon）之后的海滩宴饮（《奥德赛》3.4-9），展示了一个男性和"政治性"的共同体。他们在祭祀以后，直接开始烧烤和宴饮，某种程度上，整个过程是一场盛大的表演。（4500 人分成九队 [hedrai] 在海滩上举行宴饮，如此夸张的规模，以至于难以猜想真实情况有多乏味。）除去论功行赏的那几个小时，宴会是"平等的"（比如《伊利亚特》1.468），并不在意等级之分。不过即使是在荷马史诗里，也可以把肉带走，稍后在其他地方享用。所以阿喀琉斯在营帐中也有肉吃，并用来款待客人（《伊利亚特》9.205–221）。

随着希腊各共同体变得更大、更多元和更复杂，以及随着政治角色变得更加明确，共同体的组成人员（constituent elements）要求在宗教崇拜中扮演一定的角色。到了古典时期，在民主的雅典和在希腊世界相对发达的文化上或多或少盛行平等主义的城邦，祭祀的那些能够覆盖共同体的最大范围的方面，变得更加广泛和突出。这主要可以从第一阶段的游行以及第三阶段的开头看出来，在第三阶段开始时，会把无数动物的肉分给整个共同体。

我们无需赘言民主社会中游行的显而易见的壮观性（参 Graf[1996] 和本文集中 Kavoulaki 的文章）。帕特侬神庙的雕带，显示游行已经胜利侵入了神庙雕刻中。这个伟大城邦的 pompē [宗教游行] 包含了各种社会元素，既有男性也有女性，既有公民也有外邦人（metic），难免还有大量参与进来的观众（尤其参 Maurizio，即出，关于泛雅典娜节游行）。泛雅典娜节的游行路线，并不像人们期待的那样，从英雄赫卡得摩斯（Hekademos）的圣林（即阿卡德米学园）行进到卫城。它忽略了古老的市场，和卫城东部、北部更古老的市政建筑，而是从西北方向的凯拉米克斯区（Kerameikos）一带入城，[325] 大多数参祭者在那里聚集（参 Robertson[1992] 页 97–98，以及地图 2 和 3）。公元前六世纪，庇西特拉图（Peisistratids）可能刻意要走这条路线，穿过当时还空空荡荡（古典的）市场，那里有足够的地方可供集合和观赏。人们在处于泛雅典娜节游行路线上的市场上，发现了大量不同时期的浅坑，其中一些可能是用于给观众搭建露天看台或者蔽身之所的（Thompson 和 Wycherley[1972] 页 126–127；Camp[1986] 页 45–46，图 28）。

有几个细节值得注意。像在现代军事或准军事检阅中一样，个体被证明参与了集体活动很重要。我们推想雅典各村社的男人（demesmen）会一起列队行进，或者跟各自的部落一起，就像他们凭借村社（deme）成员身份得到自己的那份祭肉一样（*IG* II² 334, 25 – 27）。在一块位于伊利昂（Ilion）的希腊化时期铭文中，就要求部落男子护送部落献给雅典娜的母牛，以及献给城邦守护神宙斯的阉羊（公羊），还要运送点心（pemmata）。每个部族的名字都会写在它供献的牛身上。① 另一点是一类（a class of）仪式用的器具的发展，不管起初或名义上在圣地的仪式表演中有什么用处，后来逐渐被当成游行——即 pompē，也以 pompeia 的形式出现（比如，Andoc. 4. 29）——途中展示的最引人注目的财富。这种游行成了目的本身（比较 Kavoulaki, 前揭, 页 293 – 320）。

　　第二阶段的中心活动几乎没变：祈祷者、仪式动作、屠宰动物、行家切分动物尸体、查验征兆，这一切都要委托给可靠的专业人士。对后两个活动，雅典喜剧让人有了这样的印象：处理祭肉的专业厨师（mageiori），和解释祭祀征兆的预言家（manteis）的人数，一直在增加。然而，圣地都没有被设计成可以表演祭祀场面的剧场，尽管西西里僭主们的祭坛一个个像有巨大烟雾和味道的机器，甚至大老远就能让人看到、感觉到并惊讶于那里的祭祀活动。[326] 传统的祭司依然是重要人物，不过雅典至少赋予了市政官员和十个部族的十人代表团（尤其是不同的 hieropoioi ［祭祀官］）大量额外的祭祀任务，并且在更重要的典礼上协助祭司。任何此类偶然的任务，都能让小有野心的男子（The Man of Petty Ambition）感到愉悦（Theophr. *Char.* 21. 11）。祭祀的核心仍然是场面，不过被限制在它所应涉及的范围之内。

---

　　① 可能是用油漆、石灰水或者木炭。Sokolowski（1955）9. 20 – 24 引述了 J. Vanseveren 同 *Inscriptions de Délos* 1520 的比较：在德洛斯（Delos）的 Apollonia［阿波罗节］游行中，一头公牛身上有这样的献词："代表 Mracus Minatius 的 Beryttian Poseidoniasts 当局"（*RPh* 62［1936］页 252 – 254）。

古典时期的公祭对祭祀后的祭肉分配极为重视。保守的伊索克拉底（Isocrates）（7.29）曾抱怨到，民主制下增加的节日只是为了免费分配祭肉。事实上，相比在祭祀后立刻就地开始公餐，分配祭肉表明他们还有其他选择。祭餐只安排给神职或者市政官员，甚至可能对他们也并不总是如此。有灶台的古代城邦神庙，或者圣地的独立建筑，起到了餐室的作用。① 在随后的几个世纪，公餐还一直存在，无论是在野外还是团体的建筑里，有时小的祭祀团体也正有此意（比较 Ferguson [1944] 关于 orgeones [归化民] 的论述）。不过，大的团体，比如整个城邦，或者像雅典部族（phulē）这样的主要划分单位，这么做就行不通了。② 全体参与就意味着，所有的家庭和个人都要带上自己的动物牺牲或者其他食物，像"和蔼者宙斯的节日"（Diasia for Zeus Meilichios）（Jameson [1965] 页 159–166）和妇女们在地母节（Thesmophoria）上那样（Parker [1987] 页 145）。不过，公开分配祭肉的一个重要结果就是，大多数人可以在自己家里私下、"高贵地"吃，通常是在 andrōnes [厅堂]，这类专用餐室竟然在古典时期的私人住所中很普遍（比较 Jameson [1990] 页 188–191）。小团体宴饮，不管是官员还是私人，逐渐改变了自身的祈祷、奠酒和供奉食物仪式，紧随其后的是完全不同的会饮仪式。

神的宴饮与人的类似。[327] 一个有力的暗喻是 theoxenia，字面意思是"款待神灵"，还有其他与广为传播的罗马 lectisternium [摆榻节] 仪式相关的语言（比较新近出版的 Jameson [1994]）。摆上一张或几张卧榻，把食物放在桌上，背景可能是神龛，有神像，或者神像

---

① 关于餐室建筑，参 Goldstein（1978）、Bergquist（1990）。关于公餐，参 Bruit Zaidman（1995）的简单论述、Schmitt Pantel（1992）的全面论述，以及 Murray（1990）、Slater（1991）中的各种论文。

② 希腊捐助者提供的丰盛公餐是另一回事，有趣的是，这些场合大量的肉并非来自动物牺牲；比较公元二世纪雅典人伊俄巴克柯（Iobacchoi）的一则铭文，其中提到，契约人为公餐提供了猪肉，却没有列牺牲，$IG\ II^2\ 1368$，Sokolowski（1969）页 51，SIG^3 1109。

可能是特意取来的。这可能发生在祭祀以后，或者最简单的，可能只要求在桌上摆上食物，不需要有卧榻、神像或者牺牲。大多数时候，人们的盛宴都与神灵关系不大。某种程度上，当小团体宴饮在希腊各城邦成为广泛普及的社会仪式活动期间，无论其起源及早期历史如何，认为这一仪式很平常就不只是一个巧合了。虽然我们听说，希腊化时期在麦安德洛斯河（Maiandros，[译按] 小亚细亚境内的一条河流）沿岸的玛格涅希亚地区（Magnesia），人们在游行时抬着十二主神像，并将之安放在专为取悦它们建造的建筑物里，但是在多数情况下，整个过程没有很大的场面（SIG^3 589, Sokolowski [1959] 32. 41 – 45）。过程本身可能显得场面壮大，但大多数时候，只要人们知道过程已经完成就足够了。据说祭司会愉快地准备好桌子，让人在一个封闭的地方瞻仰和赞颂，不过每次只能接纳少数几个人。

与不在圣地聚餐的离心趋势相反，大量宗教铭文上出现了就地食肉的要求。最常见的暗示语是 οὐ φορά, οὐκ ἀποφορά——"不要带走"，或者 δαινύσθων αὐτοῦ——"让他们在这儿用餐"。① 这类暗示语是关于分配祭肉最常见的意见，不过相比在这一问题上通常的沉默，这种意见仍算少数，因为人们希望可以自由处置祭肉。团体可以在圣地以外的其他地方享用祭肉，家人可以在家享用，或者赠予朋友或亲人，或者卖到肉铺（比较 Rosivach [1994]，主要关于获得动物）。大多数祭祀里，对于仪式来说，如何分配祭肉无足轻重。不过，偶尔要求就地就餐，表明人们希望继续留在圣地，延长和完成向神献礼的"戏剧"，和仰仗神恩饱餐一顿的"戏剧"。与祭祀者正常的解散方式不同，[328] 在特定场合则不允许这样做。我们还不清楚这一要求

---

① 对于后一条，参 SIG^3 1024, Sokolowski (1969) 页 96、26。一般地，参 Goldstein (1978) 页 51 – 54、Scullion (1994) 页 99 – 112、Jameson (1994) 页 45。Dow (1965) 页 208 – 210 认为这纯粹出于世俗考虑，防止对祭礼人员的崇拜，这欠缺说服力。

为何一些祭祀适用,而其他祭祀却不适用。雅典埃尔希亚(Erchia)村社的祭祀历法中,对大量日子就作此要求,如果抛开整个文本,只根据插入的要求来判断,那么这些要求的可行性会很有争议。①

如果说"不要带走"的说法,使人注意到有人试图维持和延长祭祀的表演方面,如果不是场面方面的话,现在我们应该考虑指向不同方向的信息。这要求我们关注祭祀规定的细节。我们在公元前五世纪的两个阿提卡祭祀日历中,发现了一则简短的公告:团体祭祀的祭肉将进行出售。第一部日历仅剩残篇,属于城邦的斯卡波尼戴(skambonidai)村社,可追溯到公元前460年(IG I³ 244, Sokolowski [1969] 页10)。不过,有几次提到共享祭肉(包括 Dipolieia 节②和泛雅典娜节上的),还有两次提到出售生肉(ἀποδόσθαι ὠμά):首先是一只在卫城举行的统一节(Synoikia)上献祭的成年绵羊(C 16-19),随后是一只公绵羊或者羔羊,它可能是在皮提亚(Python)的具体情况不详的 Epize [phyra] 节上献给了阿波罗(Apollo)(C 19-22)。这两个例子中都只献祭了一只动物,无法为卫城北部附近的大量公民提供足够的肉。相比纠缠于谁该得到那么一点东西,村社决定在仪式完成后就马上把肉卖掉。③

---

① Daux(1963);SEG 21.541;Sokolowski(1969)页18。Bruit Zaidman(1995)页202曾谈及特别是古风时代城邦的那些祭祀,"在圣地食用的祭肉并不神圣,对人和神的份额的划分,某种意义上把它世俗化了。然而,当人类代表在圣地食用动物和其他食物时,兽肉中的人类那部分,就有了一种仪式价值和特殊作用"。资料没有说所谓的价值和作用是什么。

② [译注](雅典的)保卫城市的宙斯的节日,早期举行,后来废除。

③ 古代和现代学术界以忒修斯(Theseus)对阿提卡的 synoikismos [统一]来解释统一节。如果我们认为现代学术界与历史无关,那么 Noel Robertson 把(统一节的)名字与氏族的 oikoi [乡间小屋] 联系起来(1992)——特别是在页32-43——就很有吸引力。他能解释在城邦修订后的日历中,从统一节到"胞族守护神宙斯节"(Zeus Phratrios)和"胞族守护神雅典娜节"(Athena Phratria)之间两年一次的祭祀。Sokolowski(1962)页10,C31-58。不过村社在卫城的祭祀仍未得到解释。

南阿提卡的特里克斯（Thorikos）村社的历法，用不同的语言表达了同样的意图。① [329] 可能因为使用了爱奥尼亚文字，它看起来像公元前四世纪公布的，它还是被鉴别出来大约源于伯罗奔半岛（Peloponnesian）战争的第一阶段。② 用于动物牺牲的 πρατός［待售］一词出现了六次（行9、11－12、23、26、35及右边附录一行3）。③

除此之外，一旦动物牺牲献给了诸神，历法就不再关心如何

---

① 马里布的盖蒂博物馆（Getty Museum in Malibu）目前保存着记载这一历法的铭文。早期广为流传的复印本并不完美，由 Georges Daux（1983）和（1984）SEG 33.147 首先分析之后公之于众。它肯定来自南阿提卡，在涉及它时，我将把它归为特里克斯村社，虽然对此依然存疑。我希望能很快出版一个修订版。对于背景的讨论，尤其参 Whitehead（1986）页194－199、Parker（1987）。

② D. M. Lewis ZPE 60（1985）页108，注释3（比较 IG I³ 256 bis，页958）提出时间在公元前440到前430年之间。

③ 最后一则文字材料此前没有见到过。在见到石碑之前，出于研究的需要，Dunst（1977）预备了这个文本，在第27行末增补 π[ρατόν，紧跟在 πυανοψίοις——一个著名的阿波罗节日——一词后面。Labarbe（1977）页59、61 接受了这一增补，但 Parker（1987）页144 提出了质疑。Daux 确认石碑上有 pi，但却增补缺失的 Π[οσειδῶ，这样就没有空间写 ni，而且也没有在右边出现。现在很清楚，附录一的左边记载着 Ἀπόλλωνι 和为 Pyanopsia 节（［译按］雅典崇拜阿波罗的节日）准备的完全发育了的祭祀牺牲。我倾向于认为，当月的第十六日只献祭了小的，这也许与 Apatouria 节（［译按］，雅典节庆之一，成年男子在这个节庆日被接受为雅典公民）有关，而且在 Πυανοψίοις 之后的不是卖肉的要求，而是一个与节日有关的词，即 πύανα——作为这一节日特征的煮过的豆子的混合物，Deubner（1932）页198－201。关于 Posideion（31）月的乡村酒神节，记述更加简单：只有 Διονύσια，没有其他内容了。在某一点上，我们感觉必须命名节日主神的名字，祭祀也要针对该神的特点，这导致左边出现了附录一。即便 πύανα 不对，我也对增补为 π[ρατόν 有所保留，因为这就意味着，它将是这里唯一出现的一个出售一只牺牲的肉的例子，而其他牺牲的肉则都保留了下来；参见接下来的讨论。除了在锡拉（Thera）的一则希腊铭文上相当模糊地记录，"无论何时它们（即牺牲）都不卖"（ὅκα κα μὴ ὦντι πρατα...），把 πρατός 用在动物牺牲上也显得不伦不类。IG XII 3、330、227；Schwyzer（1923）页227。

处置它们；历法也没有提到祭司的酬劳，虽然我们不能就此认为祭司没有报酬。只有一个地方提到了祭肉的命运。在一个叫作 Automenai（行 15）的"启耕典礼"（Prerosia）上，人们会烧烤整只小猪（ὁλόκαυτος）献给"城邦守护者宙斯"。① 这也是唯一一次确切得知动物的来源。小猪必须是买来的，像各地绝大多数的动物牺牲那样。作此具体规定，就像是规定宰杀牺牲（holocaust），仪式动机更甚于实际动机：动物牺牲、净罪献礼都来自崇拜者圈子以外。

在六次出售祭肉的祭祀中，避免在家或者圣地食肉都没有明显的仪式原因。可能埃尔希亚村社在宙斯节时（34-35），不是在当地，[330] 而是雅典城郊的阿格莱（Agrai）神庙里，向"和蔼者宙斯"献了一只羊（SEG 21.541, 37-43。Sokolowski［1969］页 18）。如果说"城邦守护者宙斯"与冥界有关（chthonic）（本身并不要求肉食），那以闪电形式降临的"雷神宙斯"（Zeus Kataibates）就不是。他在两个曾被闪电击中的地方，接受了阉羊（阉割过的成年公羊）（行 11-12、25-26）。另外两个祭祀也出售过献给雅典娜女神的母羊，尽管第一条（行 23）从某个时候起被取消了——通过在 Ἀθηναίαι οἶν πρατόν 三个字上整齐画线的方式。在一块主要是关于赫卡托姆拜昂月（Hekatombaion）词条的石碑上，右侧附录提到了第二只母羊；附录似乎涉及了月末庆祝的泛雅典娜节，因此祭品可能是要献给雅典娜。② 紧跟在 Hekatombaion 后的一段文字的间隙，还可以看到清除后的内容（行

---

① 在同一地点向宙斯献祭了一只羔羊（行 47-48）。Daux（1983）提到了 Automenai 是地名的可能性，但没有被采纳；Parker（1987）页 144 接受了地名的说法，参 S. Scullion ZPE 121（1998）页 116-119。

② 词条还提到当地的一个地名 Μυκηνος（音调不确定），在排在日历后面的牟尼克翁月（Mounychion），狄俄尼索斯接受了一只黄褐色或者黑色的山羊（行 45-46）。泛雅典娜节是在那里而不是在雅典献祭母羊，即使不像是这样，也是可信的。我所见的原文如下，没有标出存疑的字母，Μυκηνω[ι] τέ[λεον ---/---]/ αν οἶν Παναθ[ηναί]/ οις θύεν πρατ[όν。

9），它提到最后还有一只发育完全的绵羊要出售。然而不是不可能的是，它也与泛雅典娜节有关，这个例子更明显地表明，要出售的唯一牺牲的肉，是专为这个节日准备的。在这一点上，正文和附录的关系还不清楚。有趣的是，在这个历法的六个例子中，两个含有出售祭肉要求的例子一直容易引起争论，因为一个被取消，而另一个被之前的一个条款取代了。我们注意到了在埃尔希亚对"不要带走"这一规定的修改。发生在卫城的斯卡波尼戴的祭祀——对宙斯的祭祀，和潜在的另一个特里克斯的例子有一个共同点：每次祭典只有唯一的主神和唯一的动物牺牲。如我们所知，行 23 中出现的在特里克斯对雅典娜的祭祀，发在祭祀完另外三位神之后，不过这唯一明显的例外被取消了。

在这些祭祀中都发生了什么，我们对此可以做简单的复原：适合（主持相关祭祀的）的祭司（按传统，有助手陪同）去到圣地那里——其中两个（圣地）很可能只是圈起来的雷击过的地方，而且很可能有两个（这样的圣地）在雅典城（和蔼者宙斯节，以及在城邦卫城举行的泛雅典娜节）。祭司在圣地祈祷、献祭，然后根据惯常做法，搬走属于自己的传统意义上的福利，[331] 把剩下的牺牲运送到肉店出售。（mageiros [厨师] 可能会协助祭司，在圣地把动物牺牲切碎。）帕克尔（Parker）注意到，祭祀雅典娜和宙斯是在村社以外的地方，因此"不适合 hestiasis [公餐]"（Parker[1987] 页 145）。我们还要进一步注意到，人们拒绝了在圣地或者村社中心分肉这两个选择。在城里庆祝和蔼者宙斯节和泛雅典娜节，对于当地人来说很方便（无论如何，[这些节日] 在伯罗奔半岛战争以前比以后更少），而对于住在南阿提卡的人来说，就要长途跋涉了。更何况泛雅典娜节是全阿提卡地区的很多人都会参加的节日，尽管到了公元前四世纪后期参与这个一年一度（与每四年一次不同）的节日已经需要一些宣传了。① 任何在赫卡托姆拜昂月二十九号这一天辛苦

---

① 比较 *IG* II² 334，Lykurgan 估计，为了提升每年一届的泛雅典娜节，其措施包括根据村社参加游行的人数奖励祭肉。

赶到城里的人,都能得到固定的一份牛肉,这就不用麻烦村社官员安排祭餐,或者是均分他们仅有的那一只母羊。

似乎还有一些情况是,祭祀时,虽然精心组织了仪式表演,但参与者太少,因此更可取的是把肉卖掉,把资金重新放进团体金库——毫无疑问它们将用于以后的祭祀。与此相反的要求是坚持就地食肉,这延长了祭祀群体的存在,产生了特殊效果。但这两个要求都没有表明祭餐前的公共参与是分内事。特里克斯和其他村社历法的主要目的是,精心表演复杂的祭祀流程。尽量多的成员出席仪式并不在要求之列,而且虽然参祭和精彩的表演受人欢迎,但都不是最重要的。最重要的是,在正确的时间和正确的地点举行仪式,献祭正确的牺牲。铭文本身担负起了公告和使社区认知自身职责的任务(比较本文集中 Osborne 的文章)。铭文很引人注目,尤其是公元前五世纪文本中又大又漂亮的直线排列的(stoichedon)刻字手法,强化了这一功能。

这个或许显而易见的结论,[332] 能够在下列碑铭残片中获得足够的支持:雅典人付出巨大努力,组织和展示他们的仪式职责,他们在公元前 400 年左右筹备了统一的祭祀历法,并在市场的王室柱廊(Royal Stoa)中立起了 stēlai [石碑] 墙,不过保存下来的只是令人沮丧的残片。① 古代关于(祭祀)改革的争论,在吕西阿斯(Lysias)演讲 30 中有所反映,集中在废弃或精简传统祭祀,并吸收一些新型

---

① 没有完整的碑文保存下来。Sterling Dow 做出了一些重要的初步研究,他曾预计能看到一篇完整的,不过从来没有出现。最大和最富争议的残片,是 Sokolowski (1962) 页 10 (最先由 J. Oliver 公布,*Hesperia* 4 [1939] 19 -32);亦可比较 Sokolowski (1969) 页 17。对本文来说,仪式细节的解读和 Hardy Hanson (1990) 的参考目录,是最新最有用的日历研究,虽然他的大部分研究在 1960 年代就已经完成了。Healey (1990) 细致地调查了一组厄琉西斯祭祀。对修订日历所属的法案的讨论,参 Ostwald (1986) 页 511 - 514、Roberson (1990)、Rhodes (1991)。到公元前五世纪末逐渐形成的法律体系,被雅典人认为是源于梭伦,不过最后形成的法典反映的是约公元前 400 年的目的和实践。关于梭伦历法,参 Parker (1996) 页 43 - 55。

祭祀。关于应该延续什么样的程序，他们提供了有价值的观照（glimpse）。可以合理地假设，新的祭祀日趋风靡，有望吸引大量人员参加，而几年过后，那些沦落为难得一见甚至濒临消亡的表演，其延续的可能性则更小、更难预料。不可避免的是，某些家族消亡或势力减弱以后，与之有关的一些节日也会遭到忽视。与此同时，对新宗教和仪式的开放，更具有希腊信仰的特性，而这却是大多数不立文字的（non-literate）宗教通常难以允许的（比较 Parker［1996］页 214–217；Jameson［1997］）。

尽管被指责与历法设计者（draughters）——尼柯马科斯（Nikomachos）及其助手——相悖，在检视法典残片时，令我们震惊的是，很多小的不甚明了的宗教崇拜，通过献祭一只纯洁的牺牲谨慎维持着。谁会怀疑，一头阉羊是为前克里斯提尼（pre-Kleisthenic）的戈勒昂忒斯部落（of Gleontes）和吕刻泰尼昂三牲祭（trittus of Leukotainioi）① 准备的，要在统一节主祭的前一天祭祀（Sokolowski［1962］页 10，A 31–43）？历法设计者采取的办法，像是重新排列节日历法和财务安排，以便最大限度地容纳各类祭祀。循环体系得到了精密的设计，因而一些祭祀是一年一次，一些是隔年一次或者四年一次（像大泛雅典娜节，就类似一直以来的奥林匹亚节）。在将要谈到的马拉松四城市联合区（Marathonian Tetrapolis）② 的公元前四世纪历法上，我们也能看到这类循环安排（*IG* II² 1358，Sokolowski［1969］页 20）。[333] 另一个变得"实际"的特点是，现金成为很多——可能是大多数——祭司和主祭的报酬。分配的祭肉，谷物、酒水等津贴，都忠实地记录在列，旁边就写着等值的金额。没有人会被剥夺其传统权利，它们可能一直被当作正

---

① ［译按］三牲祭包括一头公牛、一头公羊和一头公野猪，或者一头公牛、一头公野猪和一头公绵羊。

② ［译按］指由四个城市联合在一起的一个地区的总称，位于阿提卡北部的马拉松四城市联合区最为著名。

规仪式表演的一部分，但现在大多数时候用支付货币代替。毫无疑问，相比分配特别的荣誉，这对管理者来说要容易得多。大量小型祭祀的祭肉可能都被出售，所获收入归还给城邦，不过我们没有见到这种情况的发生，因为尚存的残片只记录了支出，没有收入。①

人们的印象是，除了那些负担表演任务（确定有某种形式的报酬）的雅典人，很少有人会参与被视为城邦责任的大量仪式。雅典公众大都紧盯着像泛雅典娜节这样的城邦大型节日，人们参与 pompai［宗教游行］、领祭祀的牲肉，而且观看游行和竞赛（agōnes）。所有的雅典家庭，也都能要求在市民团体（部族或者村社）的仪式中获得一席之地，而且在那些更老的公认以血缘为纽带的群体——即氏族——的仪式中获得一席之地；很多（家庭）也与 gene［宗族］、独立的 orgeones 组织（［译按］一种宗教性小团体，具体不详）和 thiasoi［敬奉酒神的狂欢歌舞队］有联系。在很多城邦和地方节日中，妇女都有自己的地位，尤其是得墨忒耳（Demeter）节和阿尔忒弥斯（Artemis）节，显然更属于她们。家庭和个人在某一场合参与多少，要根据具体情况而定，任何公共和壮观表演的参与度也同样如此，例如，当具备异常多的牺牲时，参与度毫无疑问会有提升。

不过，雅典人很清楚——更像是要求，需要维持一个非任何人都能参与的规模大得多的仪式表演体系（network）。这种情况可能就被称为"隐秘"（the obscure），即那些要在正确的时间和地点履行的职责，并且以正确的方式献祭正确的动物。人们按照祖先留下的习俗，尽心尽责地履行仪式职责，在一个接着一个的宗教法令下，向诸神传达感恩之情（καλῶς καὶ κατὰ τὰ πάτρια，比如 IG II² 1247, 6-7）。有人可能会质疑，对大多数人来说，这些仪式和神话关系不大，或者无关，它们涉及的超自然人物，可能并不准确地等同人们熟知的、［334］有限

---

① 对比 IG II² 1496，记录的是公元前四世纪有一些年份出售祭祀牺牲皮所获的收入。

的那几个泛希腊或者泛阿提卡诸神。哺育女神（Goddess Kourotrophos）就是个很好的例子（Price［1978］页101–132进行了论证；其阐释还有待商榷）。像阿提卡这样宽广的、人口众多的地方，有着许许多多的男神和女神、男英雄和女英雄，大多数人只是粗略地知道他们，但是意识到他们的存在对一个城邦的生存必不可少。事实上，一些神灵逐渐消失，一些被重新理解，同时对新神的信仰也在建立当中。

无论卫城上下的大型公共节日，还是乡村一隅简陋场所的小型祭祀，两者的一致之处在于基本的仪式行为和人员，后者只在规模和参与度上有区别。成员资格和参与祭祀的排他性，有助于团体定义自身（一个团体也可能邀请外人，以示授予荣誉）。不过也有一些群体，不是通过出生和地位定义成员身份，而是也依靠或者仅仅依靠共同的知识或经验来定义。最明显的就是秘仪（mysteries），或者是由城邦或私人团体负责——比如吕刻弥戴家族（the *genos* of the Lykomidai）的秘仪，或者是二者的结合——比如厄琉西斯秘仪（Eleusinian Mysteries）。① 观看演出（这对厄琉西斯秘仪尤其重要）和表演动作，区别开了被许可的人和被排除在外者。表演在此时十分突出，有时还很壮观，比如从雅典城到厄琉西斯的宗教游行，但主要元素被掩盖了，其具有隐秘性的事实也定义了参祭者。这个例子就是所谓的"张扬的秘密"（advertised secrecy）。②

---

① 关于古代秘仪的一般情况，参Burkert（1985）页276–304，及（1987）。关于厄琉西斯秘仪的人员组成，参Clinton（1974）。关于吕刻弥戴，参Parker（1996）页305。

② Levy（1990），尤其是页335–340。Levy研究了尼泊尔城市（Nepalese city）和古典雅典运用"张扬的隐秘"时的差异，很有启发意义。在巴德岗（Bhaktapur），秘密的知识和表演定义了各种群体，赋予了它们鲜明的特征以及它们在城市仪式生活中有所区别又相互补充的角色。（在澳大利亚北部阿纳姆地［Arnhem Land］，对秘密仪式知识的控制和它们共有元素的程度，确定了邻近社群的特性和关系，Keen［1994］）。某个雅典宗族的仪式角色，与巴德岗的群体有类似之处，他们负责特定的仪式并对外界保密，在被特别描述为秘仪以外的崇拜中，我们都没有发现声称要保密的知识。

这类隐秘性可能一度体现了承认社会内部新地位时的特征，通过游走的仪式的方式，从一个年龄层向另一个年龄层传播（对此，参 Burkert［1987］对秘仪起源的论述）。不过，在古典希腊，最有特点的是，女人的地位是通过她们独有的仪式确立的，尤其是地母节以及阿尔忒弥斯的弥尼基安节（Munychian）和布饶戎节（Brauronian）仪式。［335］厄琉西斯秘仪节有一点很特别，在祭祀得墨忒耳的主要仪式上，取消了性别的区分，节日不仅向所有雅典人和阿提卡居民开放，而且到了公元前五世纪，还积极鼓励所有讲希腊语的人参加。一个有趣的悖论是，那些得到最强烈也最喧闹的保护的雅典宗教的秘密，却是雅典人积极改信的一种宗教崇拜，而且在这方面只有泛雅典娜节和酒神节能与之相提并论。与此同时，城邦宗教最明确的一个目标是，个体参与者的宗教幸福。其复杂性映照了当代雅典的复杂性。

甚至广受认可的公共节日——不包含与秘仪有关的入会和秘密知识，也有一些隐秘的程序，古老的源头——通过习得，而不是碑铭或者官方渠道——就在这些程序中运用着秘仪的语言。这是真的，比如 Plynteria［洗衣节］——春天为卫城的雅典娜清洗外袍的节日，就包含"不可言说的仪式"（τὰ ὄργια ... ἀπόρρητα, Plut. Alc. 34.1），以及 Arrephoria（［译按］指捧着雅典娜的袍子进行的游行）——包括两个年轻女孩晚上突然从卫城下来并返回（关于它的起源，参 Deubner［1932］页 9-17）。这样，除了游行和祭祀这类常见的公共元素，还有一些特定的仪式活动，它们由特定人选在公众视野范围之外完成。雅典娜的雕像、袍子和装饰，都需要为新的一年做好准备，在做这些事情的时候，女神和城邦可能会遇到危险。公众需要被排除在外。鉴于一个大型的多少有些例行公事的仪式并不需要观众，这些"神秘的"仪式就禁止公开展示和观看。

对一个大型城邦来说，有活力的宗教生活要求一切东西，从公共仪式到公共秘密，以及各种级别的表演和对表演的认知。通过运用深入大的共同体的壮观场面，公共表演占据了连续统一体

(continuum)的一端。秘密，作为隐秘（obscurity）的极限，似乎处于对立的极端，但却主要用于为特定群体的盛大表演树立醒目的帷幕。张扬秘密本身就是一种表演。在公共场面和秘密之间，存在着大量的仪式行为，我们称之为"隐秘"——（它们）其实更普通、广泛和多样。在公元前五世纪和前四世纪的雅典，可以看到大量十分隐秘的仪式，它们形成了紧凑的圣日历法，以及稠密的圣地地图。

[336] 在一个社会或者更广阔的文化区域，作为社会群体成分的独特的仪式体系表演和知识，有助于定义这些群体，而且通过它们的互补作用，有助于形成更大型的共同体。① 这似乎与构成雅典民主制的社会单位很匹配，部族、村社、氏族和家族，尽管它们的起源和功能不同——前两个是克里斯提尼体制的必要组成部分，后两个属于前克里斯提尼体制，但却向民主制提供了社会和宗教价值。仪式活动对于任何希腊社会单位都至关重要。虽然我们强调的是社会和政治功能，但对于它的成员来说，群体的作用很可能在于，向特定的超自然人物或者人物群体献祭。

克里斯提尼（Kleisthenes）的十个新部族，其成员来自阿提卡不同地区的三组村社，为军队和每年一度的五百人议事会提供了架构。这些部落关注与它们同名的英雄的荣誉，以之为楷模，尽管以这些英雄为名的克里斯提尼部族产生以前，其中的一些英雄就已经是宗教崇拜的对象。② 克里斯提尼把整个阿提卡地区分成139个村社，它们成了雅典人身份的来源（就像公元前506年一个人的父系祖先所属的共

---

① Levy（1990）对研究古典雅典的学生特别有价值，部分是因为他所研究的社会的幅员和复杂性。

② 关于部落及其英雄，参Kron（1976）；关于克里斯提尼改革总体的宗教含义，参Parker（1996）页102–121。

同体)。① 他们收集当地的膜拜仪式，同时也涉及大量当地之外的重要地点，这就催生出了积极的共同体，这些共同体的利益，并不局限在克里斯提尼指定的村社范围内。② 比起村社的空间和仪式，某种程度上我们无法判断它们（是否）延续了传统的、地方性仪式的共同体；其他的则可能肩负起了区域团体的职责，比如马拉松四城市联合区，[337] 它在克里斯提尼改革中延续了下来，并且由四个不同部族毗连的村社组成。它拥有持久的活力，可以从刻于公元前四世纪中叶的综合祭祀历法中体现出来。③ 不过，所有尚存的村社历法，都是民主制基本组成单位的成果，在村社本身建立以后，记录了很多年。甚至四城市联合区的历法，在整体上的四城市联合区历法之外，还包括了四个村社各自的历法。

随着克里斯提尼的行政区划改组，主要村社的节日很可能起到了界定新共同体的作用（或者确认了与以前社区的联系），并且强化了市民对村社的认同（比较 Parker [1996] 页 114 - 115, Osborne

---

① 公元前 506 年村社的本质，到底是居住在一起的公民群体，还是附带着那些公民的阿提卡土地的不断扩张，这样的争论不宜在此进行。对于一个巨大的农业和乡村社会，这种区别意义不大。关于村社崇拜及其与城邦崇拜的关系，参 Mikalson (1977)、Whitehead (1986)、Parker (1987)、(1996)。

② 特里克斯人去苏尼翁 (Sounion) 祭祀波塞冬 (行 19 - 20)，也很能去阿格莱 (Agrai) 参加和蔼者宙斯节，或许也去卫城参加泛雅典娜节 (如前文的讨论)。埃尔希亚人在伊米托斯山 (Mt Hymettos) 祭祀 Zeus Epakrios (E59 - 64)，而且去阿格莱 (A37 - 43) 和雅典 (A1 - 5, B1 - 5, G13 - 18, D13 - 17)。Whitehead (1986) 页 196 - 197 讨论了特里克斯祭祀的位置。

③ IG II^2 1358，Sokolowski (1969) 页 20。相关讨论见 Whitehead (1986) 页 190 - 194。Parker (1996) 页 331 - 332。已故 Gerald M. Quinn 1971 未发表的哈佛论文，题为"马拉松四城市联合区的祭祀历法"。让人困惑不解的是，这个历法的发现地点，即在马拉松和其他三个村社西部山中一个名叫 Koukounari 的地方。需要说明的是，1965 年在发掘地有一块石碑基座 (Richardson [1895])，这反驳了把铭文带到 Koukounari 二次使用的说法。

[1996]页296-299)。修昔底德(2.16)曾谈到,直到伯罗奔半岛战争,雅典人大部分都居住在乡村(ἐν τοῖς ἀγροῖς,包括村庄以及分散的民居),他们痛苦的是:

> 要离弃他们的家园,离弃他们的圣地(heira)——他们的祖先自古老的社群时期(阿提卡的,比如在 synoikismos[统一]以前)一代一代传下来的,改变他们的生活方式,被波及的每个人都要舍弃他自己的城邦。

城外村社的宗教生活,似乎相当于小规模城邦的宗教生活。

伯罗奔半岛战争期间,关于阿提卡的聚居形态(settlement pattern)从乡村撤离的后果,有很多论争。① 在我看来似乎无法避免的是,诸多变化发生了,雅典城市中心和比雷埃夫斯(Piraeus)人口愈加稠密。祖先的村社曾是雅典人生活的地方,也是他们自身获得雅典人身份认同的地方(村社实施有登记的机制),这一点可能不再那么明确了。对于大部分村社成员来说,我们有理由怀疑他们是否会广泛参与所有节日,不过是参与一小部分主要节日罢了。

没有证据表明,克里斯提尼及后来的民主领袖[338]关心过作为共同体的村社的生存问题(viability)。村社完成祭祀职责的能力,不依赖于外部权威。公元前四世纪,埃尔希亚显然实行了这样一种机制:由五个仪式权威(liturgists)负责数量繁多——即使规模不大——的每年一度的祭祀(Dow[1965])。这个问题不可能只有埃尔希亚遇到。到了公元前三世纪,村社活动的记录急剧减少,并很快消失。同时,宗族、氏族以及独立的选民组织——orgeones[宗教团体]

---

① 在 Whitehead(1986)页349-363有公允的描述。Osborne(1985)页16-17看到,在整个古典时期,聚居形态并没有实质改变。不过,阿提卡土地持续的重要性,并不意味着人们总是同样地开发和定居。

和 thiasoi［酒神歌舞队］之类——的宗教崇拜则继续存在，甚至有所增长。考虑到阿提卡乡村的传统宗教崇拜，这种情况可能暗示，合适的仪式程序的概念以及用以维护它们的各个层次的措施，比实际参与表演更意义重大。这表明了一种宗教观，这种宗教观不仅与宗教改革后西方世界的非常不同，也与希腊传统的存在差异。

还有一个线索——它暗示了，对古典雅典来说，上文讨论过的结合紧密的传统城邦模式并不完美——是对专业知识和隐秘的使用。社会单位之间在构成整个社会的仪式和符号领域进行竞争与合作，就可能产生许多秘密和专业知识，它们或者限制在团体及其专家内部，或者有选择地与其他团体分享。在雅典，虽然很多仪式都由特定宗族的祭司负责——无疑会有对他们地位和特权的嫉妒，而且某些表演也不对公众开放，但除了极少数被特别界定为"秘仪"的膜拜仪式，我们没有发现宣称需要高级或者秘密的知识。如果频繁保证表演"根据的是祖先的做法"（$\kappa\alpha\tau\grave{\alpha}\ \tau\grave{\alpha}\ \pi\grave{\alpha}\tau\varrho\iota\alpha$），那么我们最多能知道的也就是这种模糊性。专业的仪式解释者，即人们所知的"诠释者"，他们的历史充满了争议，不过可以肯定，他们在雅典宗教生活中作用极为有限（相关文献，见 Nilsson［1967］页 636 - 637、864）。这与希腊祭司总体上十分有限的作用相一致。正如伯克特（Walter Burkert）所说，"希腊宗教几乎可以称为没有祭司的宗教"（Burkert［1985］页 95）。没有人被禁止从事祭祀——根据膜拜仪式，任何雅典人，男人或女人，都有资格跻身新的民主祭司制度（Aleshire［1994］）。祭司属于特定地点的特定宗教，比如埃尔希亚的德尔菲尼昂（Delphinion）的阿波罗德尔菲尼俄斯（Apollo Delphinios）祭司（SEG 21.541，A 23 - 30，Sokolowski［1969］页 18）。祭司控制的是空间的入口，而非知识，[339] 无论他的权威来自家族世袭的资格，还是公共机构的任命。雅典人在古典时期尽力维持的"隐秘"仪式的大型网络，其空间方面值得关注。

到了公元前四世纪，可以说，作为持续政治辩论的结果，雅典人的安排更多体现的是"政治性"而非社会性,强调了雅典人作为公民而不是村社男子的身份需要。政治决定使很多不同的宗教膜拜聚集在一部综合的城邦历法上,城邦的资金确保了村社的超自然(supernatural)利益能够得到满足。直白地说,如果城邦历法起初是为了满足雅典宗教利益的一种时间安排,那么它部分也是阿提卡的宗教地图。对地方村社来说,地点可能比时间更重要,因为城邦的历法必须优先,而至于地点,城邦则很少对村社进行干涉(在埃尔希亚或者特里克斯,我没有听说庆祝过任何的城邦宗教)。当地的历法就是包含了空间的村社宗教职责地图;通常,识别了宗教膜拜,就暗示着识别了地点,不需要对地点另作规定。

超自然的空间维度有很长的历史,有趣的是,当传统团体关系连同维系它们的膜拜仪式减弱的时候,它依然能被强烈地感知到。希腊近年来对圣地议题的关注,极大地指向了深不可测而又充满争议的城邦起源(比较 de Polignac [1995],Alock 和 Osborne [1994])。不过,空间当然还在继续发挥着社会和象征的作用。在一个得到了充分发展,或者在另一些人看来已步入衰退的城邦,圣地特征的变化是仍有待大力探索的领域,我们能指出的仅限于此。在解释古典的宗教行为和态度之时,我们既要看到过去的整个传统,又要看到现代化的当代力量。

城邦村社整体上组织、适应和保存了城邦的圣地和时间。民主制早期,似乎阿提卡全境的每个地方村社都肩负着任务,要完成必不可少却大多不可见的仪式表演。最后需要分析指出,民主政府对人民的主要责任,就是通过定期观看众多的隐秘仪式,确保公民及其家庭的超自然喜好。观看本身,大多数时候是传统的。它们在古典时代的安排,[340]是与变革中的社会保持同步的漫长过程的结果。一些活跃的村社公民,带头把他们所属的那部分阿提卡地区的常规仪式活动保存了下来。不过就像做村社成员时一样,雅典公民也逐渐意识到他们对"雅典城邦和国土[khōra]中存在的诸神和英雄"的责任

(Dem. 18. 184,比较 Din. 4. 64)。关于圣地的这一观点,既涵盖了他们自己的具体领地,又涵盖了整个阿提卡。①

---

① 我未能亲自出席会议,但 Robin Osborne 的评论,以及与 Allaire Brumfield 和 Robert Levy 的讨论,让我受益良多。我很晚才得知 Jan Bremmer 的文章,因而无法在本文中引用,这篇文章是《古典希腊的宗教秘密和隐秘性》("Religious secrets and secrecy in classical Greece"),见 H. G. Kippenberg and G. G. Stroumsa 编,《隐秘性与隐藏》(*Secrecy and Concealment*),Leiden,1995,页 71-78。

镌刻表演

奥斯本（Robin Osborne）撰

周炼　译　李向利　校

我们看到，十字架上刻着闪光的文字，"上帝是爱"。①

[341] 对于镌刻的（inscribed）雅典法令，我们究竟能从中看到什么？在本文中我关注的是，雅典人记录在石头上的内容，如何与他们在议事会和公民大会上的做法联系起来。我认为镌刻下来的只是在公民大会上所说的话的一个版本——它在被镌刻之前已经过各种编辑。而且你在镌刻的内容中读到的，绝非对接下来所发生之事的完整描述，因为成功实施一项法令，（需要）预先假定该法令本身时常无法左右的许多行动。为了尝试说明诸法令为何在它们自己的世界中起作用——这个世界既不同于公民大会上的表演，也不同于公民大会结束后的表演——我考察了在公民大会期间起支配作用的言说情况，即那些用于劝说人们支持或反对任一具体行动的论辩，与最终被镌刻下来的文字之间的关系，注意到了那些"镌刻套路"（inscribed formu-

---

① 引自 Thomas Kelly 出版于 1815 年的赞美诗《我们歌颂死去的他》（"We sing the praise of Him who died"）。Frank Collquhoun 在《赞美诗指南》（*A Hymn Companion*, London, 1985, 页84）中这样描述这几行诗：

一种具有显著想象力的手法。《福音书》告诉我们，十字架上写着"这是犹太人的王耶稣"———一句定罪的话。而在信众眼中，却刻着完全不同的内容。它变成了金字，并读作"上帝是爱"——（成了）拯救的消息。

lae)独特的沉默(现象)。我探讨了这一沉默的诸多理由,尤其参考了那些表彰法令(honorific decrees),我认为这一沉默既暴露了一种对待殊荣的独特态度——该态度同样受在竞赛中获胜的影响,也暴露了一种特殊的民主政治立场。

对下述这一点,我们颇有信心:我们知道在雅典的公民大会中事务如何进行。一旦进行完了祭祀、诅咒和祈祷,就会投票决定议事会的诸多议案中哪些需要进一步辩论,接着便就那些议案进行辩论(关于这方面,参 Strauss[1985]页74-75,Hansen[1991]页142)。[342]首先宣读议事会的动议,接着公民们响应对自愿演说者的呼召,站出来并尝试劝说大约6000位聚集起来的公民,劝他们相信议事会的这一动议是或不是个好主意,或者劝他们相信这一动议需要增加或修改一些东西。这套程序也许并非一成不变——埃斯基涅斯(Aiskhines)声称年长者曾一度被给予优先发言权[1],但很难否认这一模式至少可以回溯到公元前450年代,正是从那个时代开始,我们才有了保存下来的为数较多的镌刻法令。那么,在所有这些当中,到底什么被刻到了石头上?

在很多情况下,公民大会的决定并不会被刻在石头上。许多雅典人最重要的决定都没有成为石刻匠人的活计:最明显的就是,雅典人从未把诸多开战决定和派出舰队的决定刻在石头上,虽然这两类决定产生的代价常常被镌刻下来。通过研究传世石刻,并将之与文献资料中记载的雅典人的决定相比较,我们可以做如下推论,雅典人更倾向于把具有永久重要性和当前重要性的那些决定刻在石头上。不过,任何更进一步的结论都是成问题的,主要是因为未被记录在石头上的那些决定,只有非常重要的才在非镌刻类记载中保存了下来。

乍看之下,石头上记录的公民大会的诸多决定中,雅典人镌刻的是:做出该决定的人士(如果前述程序被毫无障碍地执行的话,那么

---

[1] 埃斯基涅斯1.22-23,参 Lane Fox(1994)页147-148,以及(本文集)前文 Ford 页246。

做出决定的就是议事会和公民)、当时执政的那些执政官、议事会提议的内容、议事会中为该提议出面之人、任何获得通过的(对该提议的)修正案,以及提出该修正案之人的名字。保存完好的公元前408或407年表彰帕莱斯基亚忒斯的奥尼亚德斯(Oiniades of Palaiskiathos)的法令,就是此类石刻中的典范之作(ML 90/ *IG* i³110/ Fornara 160)。我们很容易认为,上述这些都是这个probouleuma[法令草案]的实际内容,仅仅根据修正案所提的要求稍作修改,并且修正案记录的也是其提出者安提卡瑞斯(Antikhares)的原话。但实际情况真是我们这里认为的那样吗?还有,雅典人为什么采取"石刻"这种记录形式?①

[343] 公元前五世纪的其他一些法令表明,此中确实存在疑问。我想举三个例子并依次论证:(a)我们在石刻上看到的,也许仅仅是议事会(的某个成员)向公民大会提交的法令草案的一个经过大幅度缩写或编辑的版本;(b)或者是一项法令草案,或者是公民大会发言时的一项干预,可能会以这种方式进行编辑,以至于变得几乎不再连贯;(c)有选择地进行记录,使我们无法理解雅典人为什么做出他们所做的这个决定,而且这有效地使雅典人的决定"去政治化"(depoliticize)了,防止它们再起争端。②

(a)我从规定了雅典与法塞里斯(Phaselis)关系的法令开始,一般公认该法令的年代在公元前450年之前不久(ML 31/ *IG* i³10/ Fornara 68)。该法令一开始就自称是议事会与公民的决定,进而指明

---

① 我主要关注的是古典时期雅典的做法,这一点在下文会变得很清楚。雅典的做法本身也随着时间的推移而发生了变化,而其他地区的做法变化也相当明显。在罗马时期,有一些法令非常接近于原样,即便不是对公共会议进程的逐字记录,至少是会议的完整备忘录。参 Rhodes 和 Lewis (1997)页 561-562 所摘引的 *SEG* 12.226、24.614 和 *IG* xii. 9.906。

② 一些在此处勘验的材料,Laqueur(1927)也曾勘验过,他用这些材料得出了一个相当不同的结论,涉及文本在被镌刻之前的扩写编辑;有关他的观点及其基础,Billigheimer(1938)进行了详细讨论。

轮值的官员们——组成 prytaneis［主席团］的轮值部落、书记官和主席的名字。接着我们就读到了提议者的名字。到目前为止，一切都很符合标准，它符合亨利（Alan Henry）描述的规定（prescripts）发展的中期阶段（尽管我们会好奇亨利描述这些发展变化的动因）：

> 直到公元前四世纪的末期，规定都沿着有序且合乎逻辑的线索发展着：从对法律裁决的简单陈述开始，经过规定的职能仅仅是记录轮值的官员的阶段，到了这样一个时代——赋予石头更大的公共性，不再限制在卫城——它使日期和审判地点等细节都变得更文雅。（Henry［1997］页 105）

但是紧接着这个规定，我们就读到了一条公布的条款："为法塞里斯人镌刻该法令"。列昂（Leon）真的这样开头吗？一个要求赞同与法塞里斯签订法律条约的提议，真的会被表述成一个要求公布一项协议的提议吗？即便它的确以一个公布条款（publishment clause）开头，它真的能把接下来的内容仅仅称为"该法令"（the decree），而非"这个法令"（this decree）或"如下法令"（the following decree）？——当这个公布条款在结尾处被重复时，出现的（用语）正是"这个法令"，而在那里记录的还有轮值的官员（议事会的书记官）、镌刻的材质（一块石碑）以及立碑经费的来源（法塞里斯人）。在公元前四世纪，情况看起来是这样：雅典人，至少在某些场合，既会在记录与其他城邦的协议条款时不带任何序言（比如 Tod 101），也会单独记录［344］公民大会批准这些条款的决定，详细说明它们获得批准的一些背景。因而，在公元前 377 年与卡尔基斯（Khalkis）结盟的例子中，一份对这次结盟的记录，就遵循了一位皮厄罕德洛斯（Pyrrhandros）的提议，采纳了如下条款：

> 皮厄罕德洛斯提议：考虑到卡尔基斯人所说之事，把他们带

到参加第一公民大会的人民面前,并传达议事会的意见——议事会认为他们应该接受同卡尔基斯人的结盟……(*Tod* 124)

法塞里斯法令显示的做法,介于上述两种不同形式之间,它承认列昂是提出这个协议之人,但除了镌刻命令之外——该命令解释了为什么这些条款会出现在石头上——它去掉了所有的序言。

(b) 我的第二个例子是这样一个法令,学者们就该法令的形式展开了大量争论:这个法令是关于设立一位雅典娜胜利女神(Athena Nike)的女祭司,并在女神的神庙开展建设工作(ML 44/ *IG* i³ 35/ Fornara 93。关于建设工作,目前可参 Mark[1993])。保存下来的内容,最开始提到了民众和提议者名字的结尾。接下来,它设立了雅典娜胜利女神的一个祭祀职位,要根据卡里克拉特斯(Kallikrates)的规划(specifications)以及由 poletai[出租收税权或拍卖被充公产业的官员]负责的招标为神庙装上门(gates/doors),规定了属于祭祀职位的薪俸与津贴,还要建立一个卡里克拉特斯规划的神龛以及一个石质祭坛。然后,它记录了一位赫斯提埃奥斯(Hestiaios)提出的一项附加条款:建立一个由三位议事会成员组成的委员会,帮助卡利克拉特斯拟定那些规划,并向议事会报告招标进展。作为公元前五世纪的公民大会不加区分地决定具体措施(建设工作)和普遍规则(祭祀职位)的绝佳范例——到了公元前四世纪,后者就会变成法律事务——该石刻最引人注意的是其条款的"非逻辑"顺序。不论我们是按照马瑞特(Meritt)的观点,把此处的第一项提议当作一个附加条款,还是按照梅格思(Meiggs)和刘易斯(Lewis)的观点,把第一项提议认作实质性的措施(Merin *Hesperia* 10[1941]页 307 – 315,ML 页 101 – 111),这些条目彼此混杂的方式,都很难被还原到一次公民大会的语境中去:难道真有人站出来并用这种方式提议案?要是人们大致上已经用不同的论辩支持四、五项彼此独立的决定,而这些论辩肯定都统合了与女祭司以及神庙相关的事务,那么对提议的复述仍然遵循这种顺序吗?

(c）我的第三个例子，梅特涅（Methone）法令，又一次表明了由于省略论辩而带来的不连贯，[345] 而且也表明了那一省略的政治含义（ML 65/ *IG* i³ 61/ Fornara 128）。在这个例子中，议事会并未提出一个单独的建议，而是让公民大会在两种可选方案之间做选择：是立即重新摊派进贡，还是按照当前的评估梅特涅人仅仅应该支付 aparkhē［新鲜的供品，最早的收获］（行5-9，决定在行29-32）。复述与决定相关的因素，在像这样一个来自议事会的问题的例子中，会显得非常棘手，然而，在众多公开的法令草案的例子中却很常见——它们并不提供与讨论相关的范围，也不会暗示争论的焦点。在公元前五世纪的镌刻中，有两种形式常常被用来指明目的或动机：即"由于……"和"为了……"的形式；但是没有一个形式在此显得很明显。① 我们不妨设想，议事会提供给公民大会的两种可选方案，比起促使雅典人做出他们所做决定的原因，并没有更持久的重要性，但是仅凭（它们是）议事会的问题这一点，这件事就被刻到了石头上。通过省略相关论辩，被镌刻下来的记录模糊了政治问题：我们从中得不到任何在议事会看来支持哪种选择更重要的暗示，更不用说在公民大会的辩论中用到的种种论辩了。我们或许会推测，议事会之所以未能优先推荐某一种可选项，是因为议事会自身就在此议题上分歧重重，因此那是一个相当有生命力的问题，但镌刻记录中对那些可选项死气沉沉的表述，给那些论辩蒙上了一层面纱。阅读这些镌刻记录，将永远不会是人们对自己进行政治教育的一种方式。②

---

① 关于"由于……"，参 ML 58A. 3/ *IG* i³52/Fornara 119；关于"为了……"，参 ML 46. 8/ *IG* i³34/ Fornara 98。

② 值得注意的是，雅典人为了做出决定而需要知道的某些事情，和修昔底德《伯罗奔半岛战争志》记录的辩论情况中的言说之间，存在可资比较的差异。和梅特涅法令不同，虽然修昔底德记录下了所使用的论证，但他所记录的往往是泛泛而谈，即使记录必须呈现给雅典人具体的信息——以便他们做可行的抉择——时也一样。

碑铭研究者们往往谈论自公元前五世纪末期以来雅典镌刻的"大臣风格"(chancellery style)的发展。我怀疑使用"大臣"一词的诸多理由都是碑铭学意义上的：因为学者们中意的正是这种镌刻，他们正是试图以这些镌刻术语来解释常规或非常规的镌刻。然而，我的三个例子至少使我们开始考虑这样一种情况：被镌刻下来的内容也许的确是"大臣"，我们不能假设记录在石头上的文字和公民大会中说的话毫无差异(gap)。根据这一点，我们或许应该将奥尼亚德斯法令视作这样一个例子：并非该法令草案的内容(words)"只是根据[346]修正案中的要求而做了修改"，而是镌刻没有记录法令草案的内容。虽然此处记录的附加条款让我们看到了发生的事情，但大臣变为法令主体部分本身，至少模糊了某种政治意义。在公民大会中人们提议和论辩的东西，与记录在石头上的东西，这两者之间的差异在政治上很重要。

公民大会中所发生之事，与被记录下来的内容之间差异的政治重要性，又以雅典人自身把那些刻在石头上的内容当作"官方文本"的方式得到了强化。虽然自公元前五世纪末期以来，雅典人一直保存着公民大会诸多决定的档案，但它似乎一直就是被当作官方文本的石头上的文本。对此最好的证明之一，就是所谓的"第二雅典联盟宪章"(Charter of the Second Athenian Confederacy)(Tod 123)。这一镌刻不仅刻有要"拆除"所有可能为同盟国所不喜的石碑的条文(行31–35),[①] 而且在第12–14行，有一条条款被有意擦除了，因而，此处我们就看到了一个被当作权威的石刻，而这一石刻被以将其扭曲(falsifies)为历史文件的方式修正了，石头本身却没有记录任何命令

[①] 比较亚里士多德《雅典政制》(Constitution of the Athenians) 35.2，其中记载了三十僭主破坏厄斐阿尔忒斯(Ephialtes)和阿尔刻斯特拉图斯(Arkhestratos)制定的有关法官(Areopagites)的法律，以及随后有关重新镌刻被三十僭主毁掉的法令的记载。

它进行修正的标准。① 公民大会的决定已然转变成了一个被镌刻下来的明确记录，而这个记录本身则明显容易受到公民大会的编辑，以确保仍有当前影响力的过去的那些决定，仍然能继续准确地反映雅典当前的政治观点。

石头上的文本的特殊地位，需要结合这些石刻被放置的地方来理解。绝大多数的雅典法令——它们与某个特殊地点没有直接关系（银币铸造法与铸币场有关，谷物法与集市有关，等等）——都陈列在卫城中。我们已经逐渐认为这理所当然，但这个事实其实应该引起我们的某种惊讶。雅典卫城从来都不是一条通衢大道或一座休闲中心。人们在集市上信步闲逛，在集市柱廊下闲聊散步，正如柏拉图《默涅克塞诺斯》（Menexenos）开篇所写，集市是一个人们聚集起来听取议事会的决议的地方，或者汇集来自法庭的最新流言蜚语的地方。但是，对绝大多数雅典人来说，只有在节假日他们才有可能去卫城，[347] 而对那些卫城对其具有特殊意义的节假日而言，它们出现的频率，比在普尼克斯（Pnyx）② 召开的公民大会会议要低得多。更有甚者，那些非雅典人——他们是很多被放到卫城上的石刻所涉及的对象，（雅典）和其他非雅典人达成的协议以及授予其他非雅典人的荣誉，对他们而言有重要的示范作用——登上卫城的机会更少，除非纯粹做个观光客。

卫城对展示石刻的重要性，不可能因为它是一个方便的中心场所——我怀疑，"第二雅典联盟宪章"这样一个常常需要加以查阅的文件反而竖立在集市上，这并非偶然。卫城作为一个展示场所的重要

---

① 比较，在公元前五世纪，当公元前 433 至前 432 年重新缔结对林地尼（Leontinoi）和埃吉昂（Rhegion）的条约时，抹去了早期的序言，并代之以新序言（ML 63, 64）。更全面的论述，参 Thomas（1992）页 86、122 - 123、135，Rhodes 和 Lewis（1997）页 3 注释 4。

② ［译注］雅典公民大会会场，位于卫城西边，是在山坡上开辟出来的一个半圆形的露天会场。

性，一定与其宗教重要性有关。正如早期的那些镌刻法律都来自宗教语境——不论它们的条款是否涉及宗教（Thomas［1995/1996］；van Effenterre［1994］），并且正如处于雅典的财务记录镌刻背后的看起来是宗教的可见性（visibility）而并非权威的可解释性（accountability）一样，雅典的法令也是如此，它们不仅需要向人类公开展示，而且需要向神族公开展示（Davies［1994］）。通过镌刻法令并把碑刻树立在卫城中，政治决定被带离了争论的空间、带离了普尼克斯和集市的政治世界，重新放置在了诸神的眼前，作为需要保护的人类成就的记录。如果我们发现镌刻记录展现的去政治化非常奇怪的话，这也许是因为我们低估了卫城和雅典政治的距离。镌刻一个政治决定，在某种非常显著的意义上，就是使这一决定变得可见。但镌刻恐怕主要不是为了确保可见性，而重要的是应该成为詹姆森（Michael Jameson）的隐秘世界的一部分（［译按］：参本文集詹姆森的文章）。

如果说公民大会中的言辞和刻在石头上的文字之间存在差异，那么刻在石头上的文字与公民大会决定带来的行动之间也有差异。记录在镌刻中的文字，显然不是它们所记述的那一决定的结果的全部内容。奥尼亚德斯（所获）荣誉的一个细节特征，再次揭示了这一点。那一镌刻记录了如下决定：议事会的秘书官应该确保将表彰奥尼亚德斯为 proxenos［保护人］① 和恩人的决定刻在一块石碑上，并树立在卫城中。由于它的确被如此这般地镌刻了，因而肯定得有人为此支付费用。但镌刻并未记录有关谁来支付费用的决定，像这样的省略在公元前五世纪的法令中非常常见。保存下来的早期的有关费用的条款（例如 $IG\ i^3$ 17. 11 – 12、ML 31. 26 – 27［修复后］、49. 18 – 20、［348］52. 60 – 61，比较 45 条款 10、47. 40 – 41、87. 36、89. 43 – 44、

---

① ［译注］这个词既可泛指"保护人"；亦可指"外邦客人的保护者"，即别的城邦指派某城邦的一位公民作代表，以保护客居该城邦的本国人的权利。

94.40），倾向于支付费用的不是雅典人（不过在 IG i³ 7、IG i³ 23、IGi³ 27 这几个案例中，显然雅典人支付了费用），但是其他法令记录了 poletai ［出租收税权或拍卖被充公的产业的官员］有责任偿清镌刻费用，并记录了 kōlakretai ［残余祭品收集官们］有责任提供资金（例如 ML 69.25－26、73.51－52［附加条款］）。未能提及支付费用者这一点不能解释为：若无特别说明，程序总是一样的。当雅典在公元前五世纪表彰卡帕托斯（Karpathos）（IG i³ 1454），并决定把表彰协议的镌刻副本既放在雅典卫城，也放在卡帕托斯的阿波罗神庙中时，也没有记录有关谁该支付费用的条款，不过卡帕托斯那边的镌刻费用几乎并不能简单地通过常规渠道支付。即便在公元前四世纪，在已经有了一个支付镌刻费用的基金之后，有关谁来支付费用的决定仍然被专门记录，只是不再变化。

与镌刻文字和实际行为之间的差异有关的一个独特而有意思的问题，涉及前面所讨论的设立雅典娜胜利女神的女祭司的镌刻，与该石刻反面的镌刻（IG i³ 36，ML 71，Fornara 139）——根据秘书官的名字，可以追溯到公元前 424 或前 423 年——之间的关系。根据保存下来的内容，较早的镌刻没有关于它本身的公布以及谁来支付镌刻费用的条款，也没有谁来支付女祭司薪金的条款。而在较晚的镌刻中，则有如下记录：需要支付女祭司五十德拉克马（drachma）的人，是 kōlakretai ［残余祭品收集官们］。（薪金）总数被写成数字的形式，接着数字又被擦除了，而总数和具体规定什么人在什么时候支付的条款一起，又都用伊奥尼亚（Ionic）方言写了出来，而直到总数之前的文字都是用阿提卡（Attic）方言书写的。既然已经用阿提卡方言写到五十德拉克马了，为什么要换一位不同的镌刻人并且还换了不同的正字法？在第二个法令通过之前，女祭司的报酬问题如何解决？镌刻人的更换是反映表演上的中断，还是仅仅与某位不同的镌刻人有关——他对数字有不同的看法，接过了第一位镌刻人剩下的活？雅典人难道在第一次的时候忘了决定由谁来支付，从而使得那位女祭司直到执行第二次决定之前都一直没得到薪金？后一种情况看起来不怎么可能，如果较早的镌刻可以追溯到公元前440年代的话，而且即便较早镌刻的年代是公元前420年代早期——马丁利（Mattingly）就这么认为，我们在此也可能有望看到某种欠薪的蛛丝马迹。要是较晚的镌刻所做的，仅仅是更换支付人或者更换支付时间，那么这就将很好地证明，实际所做的比镌刻中所记载的要多。

因而，我们既不能假设记录到石头上的东西，是［349］对公民大会中言辞的清晰化和形式化，也不能假设没有被记录到石头上的东西就一定没有发生。① 被镌刻的法令在它们自己的领域中运作着，那一领域既不同于公民大会上的任何表演，也不同于公民大会结束后的

---

① 关于后一种假设，见 Rhodes（1993）页2：

> 长久以来，人们一直承认，尤其是涉及表彰个人的法令时，镌刻在石头上的文本，并非法令的官方文本（官方文本被保存在档案中）［但是参下文页352］，而仅仅是官方文本的一个抄本：看起来很显然的是，法令的镌刻文本对δοκιμασία［（对资历、公民权的）审查］条款的省略，并不证明在法令生效期间不要求δοκιμασία，并且更一般地说，我们在把论证建立在某一标准条款在特定文本中的缺失上时，必须非常小心。

比较这种说法与 Rhodes 和 Lewis（1997）页3：

> 当一个邦国（state）公布或允许某位感兴趣的人公布一个法令时，我们或许会假设，这个被公布的文本是基于某个写在莎草纸或类似材料上的原文本（但是并非一定是某个原文本的逐字完整抄录）。

以及（同上）页6：

> 甚至对于一个标准类型的镌刻法令，都不能认为是绝对完整的：我们可能有望发现的某个缺失的条款，并不保证该条款在档案的原文本里也缺失，或者即便它在原文本中也缺失（对此我们无法证实）（也不保证）这个期待的条款本该涉及的过程中的那一步，在执行缺失了这个条款的法令时被忽略了。

任何表演。消极地说，镌刻既没有充分记录公民大会的言辞，也没有充分记录这些言辞带来的行动后果。但这些省略也有积极的政治含义。在进一步探索镌刻文本表演的方式时，我想要转向如下问题：除了记录决定之外，法令还说了些什么？

早期的法令在记录决定时，既不给出任何有关背景的信息，也不给出任何有关做出该决定的理由的信息。公元前450年左右的忒斯庇斯（Thespian）和德尔菲（Delphian）proxeny［主客之谊］① 法令（*IG* i³ 23, 27），都没有指出雅典人批准它们的原因，而且雅典娜胜利女神法令也没有给出任何行动的动机或背景。其他的法令或许会给出背景，但没有给出（批准它们的）理由：神圣洗衣工（Praxiergidai）② 法令（*IG* i³ 7）响应了一个神圣洗衣工的请求，而大约公元前458年的邻族联盟（Amphiktyony，［译按］：希腊诸部落组成的联盟），则可能将自己宣布为"遵照从温泉关回来的人的宣告"。但至少大约在公元前450年之后，指出为什么采取某一措施似乎已经成为惯例。大约在公元前450年，西巨昂（Sigeion）的人民"由于他们对雅典人很友善"而受到了表彰，而对此法令的记录也被解释为"响应他们自己的要求，以使受表彰一事被写下来，使他们不会受到大陆上的哪怕一个人的不公"（*IG* i³ 17.6 - 9, 13 - 15）③。绝大多数情况下，对表彰的解释都很简短而且套路化——"因为他是一位好人，

---

① ［译注］在古希腊，城邦和外邦侨民或客人之间的主客之谊，是一种不可违背的道德准则，也是带有宗教性质的义务，宾主之间都必须遵守。城邦须尽地主之谊，不得薄待乃至虐待投奔它的客人，客人亦不得辜负主人的恩情，否则双方将受天罚，甚至祸及子孙。

② ［译注］Praxiergidai 一词的希腊文为 πραξιεργίδαι，雅典人在洗衣节（τὰ Πλυντήρια）期间，会将雅典娜女神所穿的袍子取下来洗干净，而做这些事的一类女人被称为 πραξιεργίδαι，这里暂译为"神圣洗衣工"。

③ Whitehead（1993）页44 - 47，在对雅典法令中描述的美德的分析中，他把这个法令视为早期表彰性镌刻的一个范例。

并且乐意为雅典人做好事"（*IG* i³117.4 – 8）。

> [350] 在公元前四世纪，由于表彰性法令渐渐发展出一套标准化的模式，在这套模式中，对于随后出现的所有表彰的一般理由，都由一个以 ἐπειδή［（连词，表原因）由于］开头的从句引导，因而 ἐπαινέσαι［赞扬］的条款也逐渐与 στεφανῶσαι［授予花环］的条款关系紧密起来，前者经常与后者连在一起。在这一模式中，也往往有一个概要，提及被表彰者的品性和德性，用由某个抽象名词（或多个名词）与 ἕνεκα［由于…的缘故］组成的短语来表达。(Henry [1983] 页7)

如果没有用某种理由（word）对一个表彰的正当性做出辩护，那么雅典人就永远不能表彰某个个人或群体。① 但成问题的不仅仅是那些毫无理由的嘉奖的镌刻：就如同英国的荣誉名单，嘉奖的惯例用语同样会引发问题，因为被告知"某个人对雅典人民很友善"，也就引出了这样一种请求，即恳请被告知这种友善都包括哪些方面。演说者可能会在公民大会上对受表彰者的德性大加赞扬，但是在大多数表彰性镌刻中，这些赞扬都被压缩为对他们美德的最简短的认可。一般来说，各种功劳（services）都被压缩为统一的套话和只是抽象的行为方面的好，而非在更广大的公众面前详细举例说明。

雅典镌刻的特征有其政治职责。对西巨昂请求——表彰需要被写下来——的记录，已经揭示出了给予公布所具有的价值。奥尼亚德斯表彰的附加条款——表彰他为好人，热心为雅典人的城邦做他所能做的一切，是来到斯基亚式斯（Skiathos）的雅典人的恩人——表现出

---

① 比较 Tod 167：在德摩斯忒涅 20.29 – 40 中，德摩斯忒涅讨论了表彰吕克昂（Leukon）的理由。

了一种对用来描述他的准确词语的兴趣。这种对某一描述的准确措辞的关切，可以与此前不久对尼亚波利斯（Neapolis）人的表彰相类比，其中有一个附加条款坚持他们不能被写成是"塔索斯人（Thasians）的殖民者"（ML 89.58-59，*IG* i³101）。但表彰尼亚波利斯人的这一附加条款的更有趣的地方，在于它坚持说出那些赢得这一表彰的具体功劳。虽然原始的法令仅存残篇，但清楚的是，它提及了尼亚波利斯人不愿背叛雅典、他们对雅典及其盟邦的友善，以及他们乐意为雅典说好话、做好事。虽然亚基奥克斯（Axiokhos）的附加条款向公民大会提出了一个非常尼亚波利斯式的请求，但该法令只给他们的表彰加上了 [351] 一个针对保护尼亚波利斯的雅典将军们的说明，不过在此过程中，它以长得多的篇幅重复了表彰的根据：

> 因为他们是那些对雅典人的军队与城邦都很友善的人，因为他们为帮助雅典人围攻塔索斯（Thasos）而与塔索斯人作战，因为他们在海战中帮助雅典获胜，而且他们的城邦总是加入联盟，以及因为他们以这样那样的方式使雅典人获益。

虽然镌刻的费用需要尼亚波利斯人来出，但是他们的这一付出物有所值，而且比起原先的套话，附加条款大大突出了这一法令的政治性。

其他例外地完整描述获得表彰的行为，进一步展示了其政治重要性。在公元前407或前406年，当雅典人——或许出于阿尔喀比亚德（Alkibiades）的请求——颁布法令表彰马其顿国王阿尔凯奥斯（Arkhelaos）时，对值得受此表彰的阿尔凯奥斯功劳的描述有七行之多（目前仅存部分）。而对阿尔凯奥斯的表彰，仅仅是一个有关在马其顿（Macedonia）建造船舰的提议的一部分。很显然，雅典军方需要要求雅典尽其所能促进这一提议获得通过。目前已然残缺不全的对斯特拉图（Strato）——西顿（Sidon）国王，可追溯至公元前360年代——功劳的描述，或许也曾经非常详实，但镌刻本身清楚表明，这一昭告（statement）是由斯特拉图派来的使节从雅典人那里获得的。在公元前 327 年，罗德岛岛主（Mentor of Rhodes）将一个类似的对功劳详细而明确的描述给了雅典人，这一描述就体现在镌刻对其侄子（或外甥）门侬（Memnon）的表彰的过程中。关于门侬个人行动相当多的细节，都在目前已经难以释读的那一部分镌刻中（Tod 199）。虽然雅典人行动的准确政治含义目前已经无法恢复，但显而易见的是，这些表彰至少部分是雅典人亮明他们对亚历山大（Alexander）的立场的方式。

正如我们在尼亚波利斯人的例子中看到的，附加条款放大了对光荣行为的描述，这一现象在其他例子中也存在。公元前五世纪的最初的提议，即宣布克拉泽门奈的赫拉克莱德斯（Herakleides of Klazomenai）为保护人和恩人（ML 70），被修正为给予赫拉克莱德斯拥有土地和房舍的权利，以及和其他保护人一样享受免税待遇；修昔底德（Thoukydides）的附加条款细数了赫拉克莱德斯给予出使波斯的雅典使节的种种帮助，而主议案提到的则是对雅典人标准的"善行"和友善。类似地，虽然关于帕里翁的普法诺克里托斯（Phanokritos of Parion）的法令，如今仅剩科法劳斯（Kephalos）的附加条款，但是明确的是，除了使他成为保护人——而不是仅仅将他立为恩人，这一附加条款［352］还更详细地罗列了表彰他的理由："因为他向将军们报告有舰队将要驶过，如果将军们相信了他所说的，那么敌人的三层桨座战船就会被一网打尽"（Tod 116. 11 – 15，IG ii^{2}29）。由于普法诺克里托斯实际上并没有给雅典人带来任何好处，因此强调要不是将军们（不听从他）他本可以真正立功这一点十分重要，这大概是所有阿提卡散文镌刻中唯一的非真实条件了。就像在尼亚波利斯案例中详细列出表彰理由一样，这里清晰呈现了雅典人行动的政治面貌。

对荣誉法令的详细记述，不只是作为一种记录那么简单。受表彰者经常支付镌刻他们荣誉的费用，而当原先的石碑被毁坏时，他们还会花钱重新镌刻。所以塔索斯人阿佩曼托斯（Apemantos）的一个儿子在他们原先的主客之谊石碑在三十僭主时期被毁坏之后，花钱重新镌刻了授予他们主客之谊的记录（Tod 98/IG ii^2 6）。重刻时，在镌刻那一法令之前，先刻上了五个儿子的名字。在镌刻时，更高的荣誉也不能取代（trump）较低的。当克拉泽门奈的赫拉克莱德斯（很可能）在公元前390年代早期被授予公民身份时，较早的法令被刻在授予公民身份的记录下面，即便公民身份使得之前的那些特权都已作废了（ML 70，IG ii^2 8 和 65，Osborne T 27［柏拉图《伊翁》541c-d］）。这难道是因为赫拉克莱德斯或者他的赞助人，想要确保记录他的荣誉的碑刻足够巨大？从雅典人那里不断地获得所应得的荣誉，比一次性获得所有荣誉更加荣耀？或者，在公元前400年之后不久的国内政治中，突出埃琵吕科斯和约（the Peace of Epilykos）别有深意？

对单个人来说，最宽泛的荣誉记录是 IG ii^2 360 或 SIG^3 304。这一复杂的镌刻，记录了萨拉米斯的赫拉克莱德斯（Herakleides of Salamis）所获得的两组荣誉，而在这两组荣誉之间，还有五个单独的对公民大会的行动。我们目前所拥有的这个镌刻，（1）以公元前325或324年拉姆特莱的德默克勒斯（Demokles of Lamptrai）的儿子德摩斯忒涅（Demosthenes）提出的一个法令开头，这个法令提出要将赫拉克莱德斯立为雅典的保护人和恩人，给予他在雅典拥有房舍和土地的权利，以及支付 eisphorai ［（战时）财产税］和雅典人一起上战场的义务。这里不仅详细列出了这样做的根据——在饥荒时期，（赫拉克莱德斯）以 5 德拉克马 1 麦地穆诺斯（medimnos，［译按］阿提卡容量单位，约合 54 公升）的价格，支援了雅典 3000 麦迪穆诺斯的谷物，随后又赠给雅典人 3000 德拉克马购买谷物——而且在要求镌刻这些荣誉自身的同时，还要求镌刻"对于赫拉克莱德斯的其他表扬"。于是接下来就是：（2）镌刻了阿哈尔奈的忒安格罗斯（Theangelos of Akharnai）的儿子泰勒玛科斯（Telemakhos）的提议，即授予赫拉克莱德斯金冠，并派遣使节，就侵占赫拉克莱德斯的船帆一事，向赫拉克利亚的狄俄尼索斯（Dionysios of Herakleia）提出抗议；[353]（3）同一个泰利玛科斯在公民大会上的提议，即议事会在下一次开会时讨论（关于）赫拉克莱德斯（的提议）；（4）阿哈尔奈的尤阿吉德斯（Euarkhides of Akharnai）的儿子凯普菲索多托斯（Kephisodotos）的提议，他为响应这种（表彰赫拉克莱德斯）要求，提议授予赫拉克莱德斯价值500德拉克马的金冠，因为他以5德拉克马1麦地穆诺斯的价格，向人民提供了3000麦地穆诺斯的谷物；（5）奥伊诺埃的泡萨尼阿斯（Pausanias of Oinoe）的儿子菲列乌斯（Phyleus）的提议，即由于人们要求议事会提出有关赫拉克莱德斯的提议，并且由于他在之前的善行之外，还以5德拉克马1麦地穆诺斯的价格提供了3000麦地穆诺斯的谷物，（捐赠了）3000德拉克马供雅典人购买谷物，proedroi［执行主席们］应该在下一次会议时，向公民大会提出议事会的如下看法：赫拉克莱德斯应该拥有一顶价值500德拉克马的金冠。这个镌刻以四个金冠结尾，其中两个上面写着"人民"，另外两个上面写着"议事会"。对该法令的研讨，一直倾向于或者集中在它告诉我们的关于公元前320年代粮食危机的事情，或者集中在它就流程揭示了（或没有揭示）什么。① 结合我之前对差异的讨论，的确显而易见的是，具有决定意义的公民大会法令，在修改（rewrite）法令草案的时候，竟然没有重复法令草案提到的任何事情——我们不得不回到法令草案才能查明铸造金冠到底花了多少钱。通常的情况是，当诸法令汇集在一起形成档案时，只能找到一份完整的法令（prescript）与最终的法令（decree）有关联（比较 ML 65）——只有那两个写着"人民"的金冠的出现，才表明较早的法令被批准了。尤为奇怪的一点是，认为最终法令取决于被记录下来的最后的提议，即菲列乌斯在议事会上的提议，似乎是最为经济的（e-

---

① 关于前者，参 Garnsey（1988）页 154-156；关于后者，参 Rhodes（1972）页 66-67，Rodes 和 Lewis（1997）页 24-25。

conomically）方式，但是在逻辑上，人们会期望法令草案——公民大会的决议即从其中产生，如果有的话——先于其产生的实质性决议而被记录下来，而在此处，即镌刻的末尾，对法令草案的记录似乎成了一件非常不相干的事务。*SIG* 注意到了科埃勒（Koehler）对在最终法令中用于指称较早提议的那个词语的评论是"表扬"而非"法令"："提议者用的是'表扬'，一个更多具有一般意义的词，因为人们在使用'法令'或'法令草案'时并不加区分。"① 但这引发了如下问题：为什么是这些法令草案被最终镌刻下来？回答当然是，因为被表彰者想要的正是宣扬对他的表扬，而通过一步一步地对荣誉进行追踪，之所以获得荣誉的两项行动——在命令公布其他行动的法令中，这两项行动都被提及——就被反复地称颂。[354] 荣誉需要反复展示才能建立它们持续的真实性，这一点通过以下方式进一步得到了暗示：公元前 405 年通过的对萨摩斯人的表彰，不仅他们自己在公元前 403 或 402 年重新进行了确认，而且珀塞斯（Poses）——一位看来在背后起了至关重要作用的萨摩斯人——还亲自得到了"（法令的）文本"（Tod 97.21），并获得了一个进一步的保证：先前通过投票授予的表彰仍然有效。

即便说了这么多，雅典人的表彰仍然过于简洁和缺乏信息。将雅典与其他城邦的希腊式做法相比较，会使这一点显得更加清楚。甚至只要摘录一小段公元前三世纪晚期或二世纪早期雅典对斯佩托斯（Sphettos）的卡利阿斯（Kallias）或派多洛斯（Phaidros）的表彰，或者奥尔比亚（Olbian，[译按]：位于今意大利撒丁岛）对普罗托根尼（Protogenes）的表彰，或者伊斯特利亚（Istrian，[译按]：位于今欧洲巴尔干半岛西北部）对阿伽托克勒斯（Agathokles）的表彰，就

---

① "Voce latius patente ἐπαίνους utitur rogator, quia promiscue ψηφίσματα inciduntur。"

能一清二楚。① 就拿对普罗托根尼的表彰的开头来说：

> 由议事会和人民在第二十次会议上决定；各行政长官和七人团通过：赫罗森（Heroson），普罗托根尼的父亲，曾经对城邦做出许多伟大的贡献，既耗费大量钱财也耗费个人心力，而普罗托根尼继承了他父亲对人民的友善，在其一生中向来嘉言懿行。首先当塞塔佩尔涅斯（Saitaphernes）国王来到坎居图斯（Cancytus）并为他的人民讨要贡品时……

这些共同体——甚至包括公元前三世纪的雅典——都准备长篇大论地记录财富和权势方面的成就，这一点或许是度量他们与古典时期雅典的相对平等主义的距离的尺度。

如果镌刻加上附加条款以及逐条公布的每一阶段获得的荣誉，是在雅典夸大对荣誉的描述的所有方式，那么让那些荣誉在某些公共场合得到宣传则是进一步的手段，扩大了面对的公众的范围，（使影响）不再局限于政治上活跃的人群。对那些宣传的检验，提出了一系列有关法令和表演的新问题，并让我们从作为过去表演的记录的法令，转向作为未来表演的基础的法令。

公开宣传授予个人的荣誉的做法，始于公元前五世纪晚期。在狄奥尼西亚（Dionysia）宣传对卡吕冬的忒拉绪布洛斯（Thrasyboulos of Kalydon）的表彰，是表扬刺杀寡头普律尼库斯（Phrynikhos）的那些人的诸多方式中的一种非常新颖或至少是新奇的方式——因为与这一刺杀有关的人员，也是第一批被授权可以在雅典拥有屋舍与土地的人中的一部分（ML 85.12 – 13 [宣传]，30 – 32 [有权拥有土地]）。[355] 对异邦权贵而言，宣传（他们获得的）荣誉多多少少已经变

---

① Phaidros：*IG* ii²602；Protogenes：*SIG*³495，Austin no. 98（我摘引的就是他的翻译，略有修改）；Agathokles：Moretti ii. 131，Austin 99。

成了常规（萨拉米斯的埃瓦格拉斯［Evagoras of Salamis］［SEG 29.86 on］），偶尔也用在异邦普通人身上（尤其那些也被授予雅典公民身份的人）。此后在公元前四世纪，宣传扩展到了对城邦的表彰（最早的是 IG ii² 448），和对公民的表彰上（最早的是科忒斯普隆［Ktesiphon］对德摩斯忒涅的表彰［Aiskhines 3. 34］，以及 IG ii² 1629. 190 - 201 或 Tod 200，最早的碑刻例子）。① 用于卡吕冬的忒拉绪布洛斯的模式是：宣传应该说明授予他金冠的"原因"（hõv hév/ [exa]），但四年之后，当昔兰尼的厄庇刻尔德斯（Epikerdes of Cyrene）因为捐给城邦一百米那（Mina）而被表彰时，传令官被要求做一个补充：厄庇刻尔德斯给城邦一百米那是为了帮助拯救城邦，正是因为他具有男子气概的美德和对雅典人的善意而被授予了金冠（IG i³ 125. 23 - 29）。然而，让传令官细说这样一个文本的做法并未流行开来，公元前四世纪的宣传，似乎限于用那些已经被确立为镌刻规范的常用抽象词语，提到"授予金冠"的事实，或暗示那些配得上所获荣誉的美德。

因而，宣传看起来与公民大会中导致宣传的诸多事件有一种特殊的关系。鉴于公民大会既听取提议也听取对提议的论辩，被宣传的东西，正如被镌刻的东西，在早期的厄庇刻尔德斯案例之后，就不再是论辩的总结了，而是一个非常简短而且形式化的陈述，报道一下关于金冠或荣誉的情况。② 被公民大会表彰变得好像赢得了一场运动比赛：就像胜利者会被"报道"一样，受表彰者也会被报道，而且报道的场合和报道胜利者的一模一样——在比赛性的节日上。在一个泛雅典娜节双耳细颈罐上（Panathenaic amphora）（BM B144），描绘了宣布赛马比赛的胜利者的场景，而且品达清楚地表明，在皮提亚运动

---

① 关于所有这些，参 Henry（1983）页 28 - 33。IG ii² 555 例外地安排了拜占庭的阿斯刻勒庇阿德斯（Asklepiades of Byzantion）在拜占庭被宣传的例子。

② 不论人们就法令本身怎么想（参柏拉图《斐德若》258a），宣传本身并不能为提议人带来荣誉。

会（Pythian games）中的获胜者都由传令官正式宣布（《皮托凯歌》[*Pythian*]，1.30–33）。受表彰者和胜利者之间的相似性，最强烈地表现在公元前346年授予卢克昂（Leukon）的三个儿子——斯巴托克斯（Spartokos）、派利萨德斯（Pairisades）和阿波洛尼俄斯（Apollonios）——的荣誉上。雅典人决定，在每次泛雅典娜节都表彰这些博斯普鲁斯（Bosporan，[译按]：希腊殖民地，位于今黑海地区）的统治者，并授予其金冠。那些 athlothetai [发奖人]被要求为如下事务支付费用：制造金冠，宣布授予卢克昂的儿子斯巴托克斯和派利萨德斯金冠——因为他们的杰出和对雅典人的善意，以及当金冠被献给[356]城邦守护女神时，要在金冠上镌刻如下文字："斯巴托克斯和派利萨德斯，卢克昂之子，将这些献给雅典娜，他们被人民授予金冠"（Tod 167.24–39，*IG* ii^2 212）。在泛希腊节庆上的胜利者，除了拥有桂冠和对他们的胜利的宣传之外，还可以得到为他们树立的雕像，或为他们而作的胜利颂诗。而对那些被城邦授予金冠的受表彰者来说，树立一座碑刻，就相当于给获胜者的献辞和胜利颂诗。

胜利者和受表彰者之间的这种相似性，或许有助于我们看清，为什么表扬的套话一般而言总是如此克制（reticent），几乎不涉及之所以授予奖励的那些功劳的细节。受表彰就意味着在一场美德竞赛中获胜，而荣誉就是对胜利的奖励。如同一旦实现了胜利本身，那么运动胜利的细节——跑了多远或多长时间赢得了赛跑或战车比赛，或者一场拳击比赛持续了多久——就无关紧要了，因此作为获得表彰的原因的行为细节也变得无关紧要了。我们看到这一点进一步反映在 philotimia [好胜、爱荣誉]的公式中：这些人之所以受表扬，不是因为他们捐献谷物就会鼓舞其他人也捐献谷物，而是因为他们展现了 philotimia，并且给了城邦展示其奖赏 philotimia 的机会，而这会引导其他人也展现出 philotimia（Whitehead [1983]；亦参 Henry [1996]）。

对值得表彰的公共行为采取这种态度，并不是政治上的中立

(neutral),而是政治上的中立化(neutralizing)。认为值得表彰的环境本身,也许会受到许多不同观点的影响,而不断地回到这些环境,或许会激发有关它们是否真的值得表彰的争论。有时候,甚至一项表彰本身都会争议不断,比如三十僭主毁坏表彰那些塔索斯民主人士的石碑。当然,这对于以下那些镌刻就更为真实了,这些镌刻记录了耻辱和凭借强权强加的协议,就像雅典强加于因叛乱而被推翻的伊乌里斯(Ioulis)的那一协议——该协议仿佛也记录了罪犯的名字(Tod 142)。不过在表彰或羞辱的情况下,隐瞒给予表彰的环境,至少降低了持续讨论该议题的可能性。公共表彰的标准,好像一场跑步比赛的胜利标准那样,一目了然且事先确定(preordained)。

表彰的去政治化,也许有助于解释勒普提涅斯(Leptines)的法案到底是怎么获得通过的——该法案通过废除免税权从而限制了表彰的范围。实际上,授予公民身份和 enktesis[获得土地的权利]——唯一提供持久的物质好处的表彰——的想法,以及因而[357]使得给予公民持久的物质奖励不再成为可能的想法,无疑既可以受到穷人的欢迎——因为它是保证公共收入的一种方式,也可以受到富人的欢迎——因为它将会保持住有义务履行礼拜仪式并支付(战时)财产税的人数总量,从而减少其他人被要求动用他们的财货资源来增益城邦利益的频率。但这种边际财政吸引力(marginal financial attraction)的利己诉求,看起来并不足以说服任何这样的人——他在对表彰的批准过程中,看到了一个主要的政治工具,如果充分发挥了它的潜能,就会带来足够多可能的变化。然而,对一个习惯于把受表彰视为获得一次胜利的公民大会而言,可能会完全无视这类精明。记录和宣传表彰的方式的去政治化效果,有其自身的政治后果。

对一个非常不同的镌刻以及它创立的去政治化的未来表演方式的考察,表明雅典人也许是以下技艺的大师:把政治争论保持在议事会和公民大会内部,减少事件成为公共议题的机会。SIG^3 204 或 *IG* ii^2

204 记录了雅典人在公元前 352 或前 351 年关于圣地奥尔加斯（Sacred Orgas）的决定，该地位于雅典和墨伽拉（Megara）间的边境线上。这一法令的开头已经佚失，我们现有的文本从设立一个委员会仲裁奥尔加斯的边界开始。它接下来将照看圣地奥尔加斯以及其他雅典的［圣地］的责任，指派了战神山（Areopagos）、边境上的将军、peripolarkhs［巡逻队队长］, damarkhs（［译按］: 不详）和 500 人议事会。接着，它命令议事会的秘书官拿两张相同的锡箔，在其中一张上写上最好在圣地奥尔加斯的某一特定地点建造建筑，在另一张上写上最好把那个地点留着别碰。然后议事会执行主席中的 Epistates［首席主席］拿过这两张锡箔，在上面缠满毛线，接着把它们放进一个青铜提水罐。女神的司库这时拿出一金一银两个提水罐，而议事会首席主席从青铜提水罐中取出一张锡箔放入银提水罐，取出另一张放入金提水罐。接着，Prytaneis［主席团］中的首席主席把这两个提水罐密封好，而任何雅典人只要愿意都可以再次密封（counter‐seal）它们。司库随后把这两个提水罐带到卫城。选中三个人——两个从全部雅典人中选，另外一个从议事会中选——前往德尔菲，询问雅典人究竟应该按照金提水罐中所说的去做，还是按照银提水罐中所说的去做。三人使团返回后，提水罐被取回，相关的那一张锡箔被打开并宣读。镌刻剩余的部分，涉及上述整个过程的镌刻、［358］三人使团的筛选和报酬，以及奥尔加斯的 horoi［边界］的条款。方登罗斯（Fontenrose）卓有成效地探究了这个镌刻，展示了对德尔菲神谕的态度和期望。或许，雅典在那一时期采取如此曲折的询问神谕的方式，有其特殊的原因，不过这一镌刻是关于下述方式的一个好范例：按照这种方式，既能够发布决定事务的神谕，又避免了政治化地让神谕卷入重大的决定。对于雅典人设计程序时所遵从的方式来说，它也是一个良好的范例，其程序的精心安排，清晰可见地杜绝了偏袒的可能性,尽管它也注定要含有这种不必要的复杂仪式。① 清晰可见的无偏袒性,确保了对于一件他们感到不能马上决定的事情,不会被处理为一个政治问题。在决定他们自己不做决定之后,他们设计了一种在将来达成决定的方式,该方式不会再次牵涉宗教或异邦政策问题,虽然它当然不能完全避免。他们能够这样做是通过预先写好决定,这样一旦神谕选中了某个提水罐,决定就已经做出了。

镌刻下来的法令内容,并非对立法主体所说话语的直接记录,也不是对随法令而来的未来行动的完整叙写。许多法令语言和编辑实践,或许都仅仅是在一任又一任的秘书官的个人创新中发展出来的,而且可能被认为代表了一种明智的妥协——在无所不记的记录与太过简洁以至于毫无内容的记录之间的妥协。但这种不断发展的实践,并非没有其政治含义和后果。正如凯利(Thomas Kelly)看到了刻在十字架上的东西——尽管上面其实并没有刻写东西,我们也应该看到,在雅典的公共法令中,刻有一种做政治决策的独特的民主方法。公开展示的雅典法令文本,并非在记录或撰写一种表演,而是一种独立的镌刻表演。②

---

① 在此,比较一下对该系统的精心安排——最终演化为法庭指派陪审团——是有教益的。参 [亚里士多德] 《雅典政制》63 – 65,和 Rhodes (1981) 页 704 – 705、711。

② 针对本文的一个早期文稿,Simon Hornblower、Michael Jameson、Robert Parker 和 Peter Rhodes 的不吝赐教,令我受益匪浅。

公共性与表演

——阿提卡瓶画上的美丽题刻

利萨拉格(Francois Lissarrague)著

竹子 译 李向利 校

[359]题字公开赞美一个美人,这样的做法在各种文学典故和大量碑铭里比比皆是。阿里斯托芬曾两次戏仿这一行为:他让热爱雅典民众的西徐亚国王西塔尔克斯(Sitalkes)在墙上写下"美哉!雅典人!"(Athenaioi kaloi),让热衷于陪审的菲罗克勒翁(Philokleon)在一扇门上写了"投票罐口真俊俏!"(kēmos kalos)。[①] 在这两个例子中,某个公共场所——一堵墙或者一扇门,因用"kalos"[美]这个词来描绘所爱的对象,显示了题写者的爱欲(passion)。相似的,"kalos"一词经常出现在各类涉及上述做法的希腊格言中,用以提及刻在柱廊、墙壁或树木上的那些名字(《希腊诗文选》[*Greek Anthology*] xii. 129、130)。

亚历山大里亚的克莱门特(Clement of Alexandria)讲过一则趣闻,"雅典人菲狄亚斯在奥林匹亚宙斯神像的手指上,写了'潘塔克斯好美'[Pantarkes kalos]"。带着强烈的论战情绪,克莱门特愤慨地补充道,"对他来说,世间的俊美者不是宙斯,而是他的男友(eromenos)"(Clement *Protreptikos* iv. 53. 4;比较 Overbeck [1868]页134 no. 740)。尽管这个晚出的故事较为可疑,但由于它将神的形象和尘

---

① 阿里斯托芬《阿卡奈人》(*Akharnians*)行142-143;《马蜂》(*Wasps*)行97-99。

世中的被爱者结合了起来，展现了两种迥异的审美情趣——人性之美和神性之美——的有趣融合。

尽管难以判断确切的日期，但这些饱含爱意的涂鸦（graffiti）中的大部分，都为碑铭研究者们所熟知。它们的身影遍布雅典的卫城和柱廊（Stoa Poikile），甚至出现在尼米亚（Nemea）——在通往体育场的隧道中。① 人们在锡拉（Thera）健身房上方的岩石上，发现了大量形式各样的题刻（inscriptions）：一些明显涉及情色，还有一些使用了 agathos［好］（最常用）和 aritos［高贵］这样的词，而 kalos 却只出现过一次。②

[360] 在塔索斯（Thasos）南部的阿里奇（Aliki），人们曾经在一座不知名建筑物的多里斯式廊柱的基座上，发现了使用 kalos 和 khaire 的赞词（Servais［1980］页46-49）。然而，最令人称奇的题刻，是由嘉兰（Yvon Garlan）在卡拉米湾（Kalami bay）发现的，也是位于该岛南部海岸。在靠近瞭望塔下方水域的石坡上，零零散散分布着约六十来条同一风格的题刻。它们反复吟诵着十四个年轻男子的名字，用不同的形容词描述他们。其中，kalos 的使用频率最高，其他词则诸如"光彩夺目"、"才貌双全"、"玉树临风"、"貌如冠玉"、"甜蜜可人"、"动人心魄"、"体型俊美"、"风度翩翩"、"机智幽默"和"仪表堂堂"。③

正如嘉兰和马森（Masson）在发表这些题刻时所言，这些措辞主

---

① Athenian Acropolis：*IG* i² 1403；比较 *AM* 67 (1942) pl. 9. i：Oikonomides (1984) 的修复好像很难让人接受。关于希腊的伊特鲁里亚人（Tyrrhenian），参 Gras (1985) 页583-700。关于柱廊，参 Shear (1984) 页14-15。关于尼米亚，参 Miller (1979) 页74、100-101。

② *IG* xii. 3. 536-549；536-539 使用了 οἴφειν（多里斯语为 ὀχεύειν），542 使用了 ἔραται，540 和 544-546 使用了 ἄριστος，540 和 547 用了 ἀγαθός，549 用了 καλός。

③ Garlan 和 Masson (1982)。希腊语原文是：χρυσός, ἀστεοπρόσωπος, εὐσχήμων, καλλιπρόσωπος, ἡδύς, φιλόκωμος, εὔρυθμος, εὔχαρις, ἄστεος, ἀργυροῦς.

要用于形容身体之美——尤指容貌的姣好（比如 euprosōpos，kalliprosōpos）、形容青春少年（eukharis）和一流的好身材（euskhēmōn，eurythmos），或者形容被颂扬者的魅力（khrusos，arguros）。其他措辞涉及社交方面，譬如 philokōmos（喜欢 kōmos［狂欢］的人）和 asteos（彬彬有礼的），这类措辞对于我们的研究论证至关重要。尤为难得的是，在这两组分别描述身体和社会特质的词语的交叉部分，asteoprosōpos［文质彬彬］一词揭示了理解这些题刻的背景：它不是单纯地涉及性欲，而是对包含社会和伦理意义的美的由衷赞赏。

以上这些题刻的例子，至少提出了两个问题，都涉及作为话语的赞美的结构。在大多数情况下，刻词赞美的是某个人的美丽，说话人或者作者很少提及自己。在米蒂利尼（Mytilene）发现的一块碎片上，题刻"菲斯托斯（Phaestos）很漂亮，作者如是说"，将日常口语记录了下来（*IG* xii. 2 268：Φάεστας καλός· ὡς φασὶ ὁ γράψα⟨ι⟩ς）。相似地，在尼米亚的某处涂鸦中，"阿克罗塔特（Akrotatos）很 kalos（漂亮）"的题刻，是经另一个"作者"之手刻下的，暗示了一位匿名的难以确定身份的作者。① 在这两个例子中，作者即便明显出现了，但依然是以匿名的方式。然而也有一小部分碎片上出现了作者自己的名字，这种情况下他们会用动词 dokei［（某某）认为］来介绍自己。②

---

① 不管赞词要给读者以何种感受，这类改动看起来都削弱了它的表达力。参 *SEG* 32（1982）页 366 的解释摘要。

② 所以 Agora P. 5160（*ARV* 1561/1）：Ἀλκαῖος καλὸς το[ι] δοκεῖ Μελιτι。Agora P. 30076/*Hesperia Supp.* 页 25 no. 148：Σικελε καλὲ τοι δοκεῖ τοι μοιχοῖ，在这个例子中，末尾的短语 τοι μοιχοῖ 是被另一个人加上去的，破坏了赞美。关于 τοι 的力量，参 *REG Bull.*（1994）页 278。有少量的题刻使用了动词 *dokei*：参 Munich 2447（*ABV* 425）；Louvre F38（*ABV* 174）；London B507（*ABL* 426.9）：ὁ μῦς καλὸς δοκεῖ；Agora P1386（*ABV* 351）：Εὐμάρες καλὸς Χ[αρίαι δο]κεῖ；Boston 98.922（*ABL* 117.2）：ho παῖς καλὸς ἐμοὶ δοκεῖ;；London E718（*ARV* 306）：ἀφροδίσια καλὲ τος δοκεῖ Εὐχίροι；Berlin 2316（*ARV* 1559.1）：(a) Αἰσιμίδες καλὸς (b) δοκεῖ κσυννόντι。

无论何种情况，在绝大多数题刻中，[361] 重要的是被赞扬者的名字，而不是言说者。当有人在公共场所题写时，他们是在引导读者们替他们言说刻下的话，重复说某人很漂亮，就像他们在说一样（关于通过题刻词对读者的巧妙利用这类影响，参 Svenbro［1993］）。因此，说话人的身份并不重要，重要的是赞美的对象，以及确保更多的赞美。需要补充的是，在古风文化（archaic cluture）中，毁、誉往往如影随形。大量涂鸦都因他人的添加而受损，从而降低了影响。这些破坏者要么直接进行嘲弄，要么使用侮辱和淫猥之词。最早的例子之一可以追溯到公元前七世纪的六七十年代，是在伊米托斯山（Mount Hymettos）宙斯神庙的双耳大饮杯上发现的。在其他题刻之间，可以看到 P[hil] aides katapugon［菲莱德斯淫荡］的话。正如编者所言，"污言秽语是没有教养的表现"。① 在题刻里，诋毁和赞美总是这样相互夹杂。

第二个问题是发现题刻的地点。题刻的表面往往在容易被人看到的地方，一扇门、一堵墙、一根柱子或一棵树，如警句显示的那样，都位于公开场所。一个公共场所、一座堡垒、一所体育馆、一座神庙或圣地——都是年轻男子和他们的爱慕者会经过的地方。在希腊文化中，目睹妙龄阶段的身体（参 Theognis 1335），是一种重要的审美和情欲体验，而题刻通过将年长男性有情人（lover）的个人观感变成普遍看法，则扩展了它的影响。

在粗略研究了"真实的"题刻和其中隐含的做法的基础上，我们转向绘在瓶罐上的题刻。许多对美的赞颂词，都是在阿提卡陶器上发现的。这一现象为雅典独有，由此产生的雅典中心主义便可以理解了。尽管科林斯（Corinthian）、拉哥尼亚（Laconian）或者希腊东部这三个地方的陶器上都出现有题刻，但却与雅典的毫无相似之处。雅

---

① Langdon（1976）注释 36，页 47。关于"katapugon"这个词的使用，参 Milne 和 von Bothmer（1953）。

典陶器上的赞美性题刻与表现手法融为一体，并且存在或大或小的相互影响。花瓶题刻不断探索相关背景的创作手法；瓶画家们将赞美技巧一再精细化，[362]以提升他们自己的表现体系。在锡拉、塔索斯、尼米亚或者是雅典，公共场合的题刻，从一个固定的地点向路人传递了对某人的爱慕之情。而在陶器上，题刻随着瓶罐四处周游，流入对瓶罐上的图画感兴趣的人们那里。这导致话语结构出现众多的差异，这些也是亟待探讨的地方。（因为我在此集中讨论的是少量典型例子，所以我必须提示各位，由于瓶画家在书写方面展现了极大的原创性，他们的书写方式也成为整体绘画风格的一部分，这就给普遍化的讨论带来了困难，使得观察也难以系统化。）

雅典花瓶上的很多不同的题刻类型都有待搜集。花瓶上有瓶画家和陶艺家的签名，有表明画中人物身份的说明文字和名字——写在面部附近，最后还有赞颂词。这些题刻的类型都可以在图画部分找到，它们的位置和方向本身，体现了他们语言内容的可见的、独立的重要性：文字也是一种图像（参 Lissarrague［1985、1992］以及 Hurwit［1990］）。

最早的陶器题刻不包括赞颂词。先出现的是签名、献词、个人的名字和对象的名字。弗朗索瓦（François）瓶上带有多达 130 条的题刻，是典型的在瓶罐上进行书写的例子，然而 kalos 一次也没有出现（Watcher［1991］）。瓶画赞颂词最早出现在公元前六世纪中叶爱克赛基亚斯（Exekias）的作坊里，他是醉心于研究书写在图画上的实用性的瓶画家之一（Rebillard［1991］）。从那以后，对年轻男子的赞颂词变得越来越多，在古风时期的赤陶中达到顶峰。关于这类题刻的最新发现，来自约公元前 420 年瓶画家科得罗斯（Codros Painter）制作的一只杯子。① 比兹利（Beazley）收集了这些题刻，然后列了一个长

---

① London E 94（*ARV* 1270.22）。在 Beazley 看来，近来发现的一则由梅帝亚斯（Meidias）瓶画家制作的"Ganymedes kalos"题刻（*ARV* 1313.11），"不是真正的 kalos 题刻"。

长的雅典年轻美男子目录:在141个黑陶罐上有91个不同的人名,而在851个赤陶罐上有208个不同的人名。① 因而,大约涉及一千个花瓶,虽然这在阿提卡的花瓶总数中只是一小部分,但依然不可忽视。

[363] 花瓶上的赞颂词,在瓶罐自身和它的使用者之间营造出一种有趣的对话。就像在涂鸦的情况下,赞颂者几乎从不具名(δοκεῖ 的确出现在一些花瓶上);读者——即使用花瓶的人——在识读赞颂词的时候也是在重复地赞颂。这样的情况不只限于 kalos 赞颂词,也以其他形式出现,这样观赏者或瓶罐的使用者就被言辞俘获了。最常见的这样类型的其他题刻——尤其是在"小主人酒杯"(Little Master Cups)上——是 chaire kai piei eu [敬请开怀畅饮]——一种独立于图画的邀酒词。②

有时,一些题刻混合了多种表达方式。因此,在卢浮宫(Louvre)的一个杯子上写着 epiluko [s egraph] sen kalos,在巴勒莫(Palermo)的一个杯子上,人们发现,在制陶人卡刻律利翁(Khakhrylion)的名字后面本应该出现动词 epoiesen 的地方,写着 Kha [khrul] ion kalos。而另一个在圣彼得堡(St Petersburg)的杯子,它的题刻是 pine k<a>i cha<i>re lukis kalos,把两种通常分开的赞颂词放在了一起。③

---

① 这些数据来自于 *ABV* 664 – 678、*ARV* 1559 – 1616、*Paralipomena* 317 – 318 和 505 – 508,以及 *Beazley Addenda* 2.391 – 399。我忽略了大部分女子的名字(22个黑陶中有15个,26个赤陶中有20个)。亦参 Klein(1898)页 1 – 31 的评估。

② "*Chaire* 是花瓶上最常见的词之一"(Beazley [1929] 页 364)。这类邀请也见于西西里伊阿托山(Mount Iato)一间上餐室的一块马赛克上,*Antike Kunst* 29(1986)页 72 图 3 。

③ Louvre G 10(*ARV* 83.3);Palermo V 655(*ARV* 113.3);St Petersburg 210, B1412(*ARV* 669)。参见 Lissarrague(1990)页 62 – 65,图 47F。

图 6

从言辞的角度看，这些题刻也有一些值得注意之处。我指的是那些只题有 prosagoreuō［打招呼；管（某人）叫作……］这个动词的花瓶。它孤零零的，既没有主语，也没有宾语，说的只是这个动词的动作，该动作融入陶罐中，就像其融入图画中那样。这种方式只有过短暂的流行：在饮杯和石膏制品（alabastra）上出现过十九次，比兹利将其中的大部分归于给心爱少年（Paidikos）的石膏制品系列，或者瓶画家尤埃吉德斯（Euergides Painter）的风格（*ARV* 103-104）。其中的图画场景大多展示的是运动员、狂欢者（komasts），或者与会饮有关。因而，在卢浮宫的一个杯子上（图6），画着两名边走边唱的年轻男子；他们周围题写着 prosagoreuō，但这个词并不出自歌唱者之口，也不能被解释成是他说的话；毋宁理解为，这个嵌入图像的词来自花瓶本身,是在向读者——饮酒者——言说。①

包含有 kalos 和名字的赞颂词,需要放在更大的话语背景下探讨。[364] 如果将它们与石刻中发现的涂鸦相比,就会发现两个重要的不同。就我所知,几乎没有瓶画题刻是嘲弄或者侮辱性的,相反,它们都是溢美之词。② 而那些责难性的涂鸦和陶片,则属于更正式和惯常的(institutional)种类。然而,需要注意的是,大量花瓶上的题刻在宣扬某年轻男子或男孩之美的同时,[365] 却没有给出他的名字。ho pais kalos 类型的惯用语,数量明显多于写出受赞男子名字的赞颂辞。比兹利没有列这种类型的赞颂辞,因为它们没有人物学(prosopographic)或者年代学上的意义,并且很常见。虽然目前总数依然未知,但人们完全可以在样本的基础上推测出来。波拿巴(Lucien Bonaparte)在 1892 年出版了他的《伊特鲁里亚博物馆》(Museum étrusque),书中盘点了所有发现于武尔奇(Vulci)的花瓶,并将这些花瓶上的题刻全都复制下来供人们赏读。书中 194 条题刻中,有 70 条是 kalos 题刻,而这些 kalos 题刻中仅有四条有确切的名字,大约占所有 kalos 题刻的百分之五。这一估算有待其他样本的检验,但它清楚地表明,瓶画家题写 ho pais kalos 的情况,比确切地写出具体的个

---

① Louvre G82(ARV 98.18 [瓶画家尤埃吉德斯的风格] 和 103.6)。在评论这个杯子时,de Witte(1857)页 118 - 119 和 pl.37 把这个题刻当作 ὁ παῖς καλός [这个男孩子很漂亮]。关于文字作为图像的功能,参 Lissarrague(1990)页 123 - 129。Dover(1978)页 118 认为,在布鲁塞尔一个杯子上题写的 prosagoreuō(R260 [ARV 103.4]),由年轻的手淫男子所说(在一个双耳杯前面,而不是在赫尔墨斯方形石碑前面),但是题刻的位置使这种解读不甚可靠。

② 参 Klein(1898)页 4、169 以及图 46,在 van Branthegem 的收藏中,一个杯子曾题有"kakos"[坏的,丑的]一词。Klein(1898)页 3 和 Immerwahr(1990)页 59 - 65 曾经建议比较 kalos [美丽的] 名字和陶片。参 Slater(未刊稿)。我很感激 Niall Slater 允许我阅读了他的论文手稿,他得出的结论和我的相似。

人名字的情况要频繁得多。① 这一点很重要，因为它将我们的注意力引向花瓶的一个奇特现象：没有一处涂鸦上带有 ho pais kalos 字样，这种惯用语只出现在绘有图案的陶器上。这一特有现象暗示了一种特定的用途，和那些在体育馆或者要塞中发现的花瓶不同，这种用途是从其使用和流转的环境中逐步发展而来，尤其是会饮场合。

人们在讨论赞颂辞是对谁说的问题时，常常与画上的 kalos 名字联系起来。有人猜想，这个名字在某个具体瓶画家的作品中频繁出现，表明了瓶画家与该年轻男子的某种关系。另有人认为，那些名字表明了特殊的定制。然而，这两种说法都无法解释以下现象：同样的名字反复出现在不同瓶画家的作品里，而那些花瓶的分布情况也否定了特殊定制的观点。一些含有在凯拉米克斯（Kerameikos）② 工作的工匠名字的个别例子，会被视为一种例外。这恰好证明了一种一般性的规则：kaloi 是雅典众所周知的杰出时尚的年轻男子。这是一种广告行为，也是在分享共识。ho pais kalos 类型惯用语的大量存在，证实了这种说法。它们传达的并非是瓶画家和某个年轻男子的私人关系，［366］或者订制瓶罐的人与被赞者的私人关系，而是对美的一种由衷赞颂。通过写下 ho pais kalos，瓶画家扩大了这种表达可能适用的场合：一方面，如果使用者愿意的话，他可以把自己的名字刻在适当的位置；另一方面，由于没有固定 pais［男孩］的具体身份，

---

① 在伦敦最近一册的 CVA 上（大英博物馆 CVA 9，1993），Dyfri Williams 出版了 59 个古风时代晚期的杯子，其中 9 个名字中有 kalos，11 个是 ho pais kalos。但是这些杯子中有几个是碎片，ho pais kalos 的惯用语经常在一个花瓶上重复多次。计算题刻和计算花瓶不是一回事。

② 因此 Louvre F38（*ABV* 174）包括了两个题刻：Timagoras epoiesen 和 Andokides kalos dokei Timagorai，而在斯米克罗斯（Smikros）的冷酒器皿（psykter）（J. Paul Getty Museum 82 AE. 53，Frel 1983）上的题刻是 Euphonios Leagros kalos。关于这个问题，参 R. Neer，"Pampoikilos"，博士论文，Berkeley，1998。

人们便可以任意比附——既可以指对外部世界的感知、对饮酒者侍童的称赞，又可用于图像世界，指所画的形象。在瓶画家尤埃吉德斯创作的一个杯子上（图7），绘着一个漂亮的年轻男子，他头戴花环，两手分别握着一支鲜花，他的周围环绕着题写的赞颂辞，从脚部开始，读作 ho pais kalos nai（New York 09.221.47 ［ARV 91.52］。从外表看是一个运动员）。这条短语可以被视作对画中男子的赞美，亦可用于对会饮现场的所有年轻男子的致辞。［367］这些字母规则地分布在年轻男子周围，就像男子手中的鲜花，成为整个画面的重要装饰，从语言方面增加了画面的美感。

图 7

因为 ho pais kalos 这种惯用语适用于两种不同的相关领域，所以它可以作为现实世界与再现世界的分界面；同时，通过使用者的阅读，它又增强了两个领域——现实领域和再现领域——之间的联系。在一般用法和具体用法之间并无矛盾，而是相互补充，在同一个花瓶上常常出现两种类型的身影（例如 London E 46 ［ARV 315.1，CVA

图 8

BM 9, no. 2])。在一对画着运动员的细颈壶（olpai）上，一个写着 Melieus kalos，另一个则写着 chaire pai su kalos nai。比兹利据此准确地察觉到：

> 艺术家想到的不仅仅是他的运动员：任何使用这把细颈壶的小斟酒人，都会拼出这些清晰的大字，并以为是专门为他写的。①

kalos ei［你很美］这类题刻也具备同样的效果。这种题刻更少见，但确实存在，比如在瓶画家克勒昂普拉德斯（Kleophrades Paint-

---

① Beazley（1928）页 12 涉及的两个 olpai，属于瓶画家戈卢库欧（Goluchow Painter）的作品（*ARV* 10.1 和 10.2）。

er）的作品里——他从不使用具体的 kalos 名字（比较 Immerwahr [1990] 页82）。大英博物馆收藏有他的一个作品，画了一群围着浴盆洗浴的妇女。① 背景则用刚劲的笔法写着 kalos ei，它是对看画者说的，而不是画中人。该画者的另一幅作品双耳瓶上（图8），画着一位讲台上的吟诵者，所吟为 hode pot'en tyrinthi，kalos ei 则被刻在 bēma［讲台］上（London E 270 [ARV 183.15]）。这句惯用语很显眼，它既适合于朗读者，又适用于赏画者。

图 9

关于这个例子要说的还有很多，我们必须停下来进一步思考它的题刻——它的位置不是任意的。因为用的字母很大，该题刻比起黑底紫字的题刻更加引人注目。它的位置使它看上去像真的题刻——刻在石头上，实际是画到花瓶表面的。画面上题刻的位置选择，一般都取

---

① London E 201（ARV 189.77）。比较汉密尔顿收藏品中一个展示相同主题的那不勒斯双耳喷口杯（krater），上面的题刻 kalos ei 出现在浴盆中。关于这一主题，参 Durand 和 Lissarrague (1980)。

决于瓶画家想要达到的效果。瓶画家会在器物或者一些易于辨认的表面写字，比如酒袋、盾牌，有时甚至是花瓶，这样就可以隐约地在图画所在的花瓶上做出题刻的效果。① [369] 同样，这些题刻也会出现在建筑物上——一个基座、一块石碑、一块界石、一根圆柱或者一块方形石柱界碑，这些题刻中的每一条都可以被认为属于承载它的建筑的那个部分，一如属于它们所在的花瓶的一部分。②

瓶画家安提丰（Antiphon Painter）在一只杯子上绘制的圆形图案，在这个方向上走得更远（图9）。③ 杯子上面画着一个运动员，正在往手里倒油。他的衣服放在身后的一块碑石上，石头上规则地写着三行字：ho pais naichi kalos，字母间的距离一致。在运动员的大腿上，还刻着小字 laches kalos。比兹利说，这后一条题刻显得"他就像一尊雕像"，这符合在青年男子雕像的大腿上题刻捐躯者或死者名字这一风俗（参 Richter [1970]）。然而，此处所表达的是赞美，而在任何真实的青年男子的这个部位却没有此类题刻。通过在运动员大腿上写字，瓶画家在某种程度上把人物变成了一尊雕像——一尊有着双重视觉效果的活的雕像：它既代表一名运动员，又代表了一座象征着

---

① 比较 Paris Louvre G 130（ARV 120.1），在大纪念章上写着 Euryptolemos kalos，在饮者拿的杯子上写着 kalos。在哥本哈根的一个双耳喷口杯碎片上（inv. 13 365，ARV 185.32，Lissarrague [1990] 图49），有一个杯子上写着 chaire。亦参 Berlin inv. 31. □131（ARV 176.2，Lissarrague [1990] 图42），在一个双耳大饮杯上写着 Kallias ka [los]。

② 关于基座，参 London E 298（ARV 1581.20）；关于界石，参 Moret (1979) 页6 注释13，以及 Immerwahr（1990）页 99 – 101；关于圆柱，参 Basle Antikenmuseum（para 436；Beazley Addenda 310）；关于方形石柱界碑，参 Boston 68.163（Para 402 – 403 和 506.17bis）。

③ Berlin F 2314（其中一块残篇在罗马的朱利亚别墅 [Villa Giulia]）（ARV 336.14）。Beazley（1933）页 34 no.19 提到，"杯子被保存了下来，却边缘破损……顶部仍然残缺"。我的素描用了该图片的复原图，可惜我并未见过这块碎片。

取得了胜利的运动员雕像。这幅画带来的视觉愉悦，可以和柏拉图《卡尔米德》（*Charmides*）开篇的描述相媲美：当俊美的卡尔米德去拜访苏格拉底和朋友们的时候，众人无不为之倾倒，"每个人都凝视着他，就像看一尊雕像（agalma）"。苏格拉底大声赞叹，"他拥有一张多么俊俏的脸庞啊"；另一个人接着说道，"啊，如果他愿意脱光衣服，你就不会注意他的脸了，他是如此完美"。（《卡尔米德》154c，d）运动员的身体是绝佳的审美对象，瓶画家写在运动员大腿上的赞美，将饮者两个层面的体验结合了起来——体操运动员的身体之美和著名的拉克斯（Laches）之美。柏拉图在对话开篇的语言游戏，被古风晚期花瓶上的赞扬性题刻预料到了。[370]瓶画家在作品中绘上名字或一般性的惯用语，供会饮上的饮酒者轮流目睹，重复和附和这些溢美之词。

　　对题刻的把玩（play）及其与图像的交相辉映，创造了一个公共空间，使得人们能够自由公开地议论年轻男子之美。有时被爱慕者的名字被准确地题写出来，某些古风时期雅典贵族的名字也常常位列其中；但是，大部分 pais kalos 通常是匿名的，这扩大了题刻致意的范围。题刻原本只是一种纯粹的贵族行为，后来一般性题刻急剧增多，它们只有在表演中才会具有特殊的意义。比如会饮时，饮酒者或读者读出这些赞美词，拿它当乐子，[371]并赋予它具体、精确的含义。① 酒器上的图像，展示了令饮酒者神往的形体之美。融合于图像的 kalos 类型的题刻，增添了补充性的审美层面，成为再现中的一种附加装饰。特别是在"小主人杯"的例子中，题刻本身既是一种图像，又是一种装饰（Beazley [1932]）。

---

　　① 这种从一般变化到特殊的现象，也出现在瓶画家萨普福（Sappho Painter）作品中的葬礼饰板的题刻上：人们可以看到"母亲"、"父亲"、"兄弟"等词，但是壶的使用者很清楚被怀念者的确切身份。参 Louvre MNB 901（*ABL* 229.58）。

公共性与表演 473

图 10

[372] 我将举一个看似与本文看法完全无关的花瓶的例子作结,但在我看来,它的那些独特性又证实了我的分析。慕尼黑(Munich)的一个大酒坛(图 10),只在把手的位置有装饰。① 把手黑釉上突兀地出现一块白底儿的区域,上面规则地画了十四块棕榈叶图案,棕榈叶与棕榈叶之间是弯弯曲曲的小字,忽上忽下,就像是装饰里的编织线。在这个雕带里没有出现人物形象,罕见地只由字母和装饰图案组成。题刻始于一只看上去振翅欲飞的鸟,后边萦绕着如下语句:kalos nikola dorotheoskalos kamidokeinai chateros paiskalos mennon kamoi kalos philos,可理解为一段对话:καλὸς Νικόλα. Δορόθεος καλός· καμοὶ δοκεῖ, ναι. χάτερος παῖς καλὸς, Μέμνον καμοὶ καλὸς φίλος [尼古拉斯真美。德洛忒奥斯很标致;在我看来,真的。门侬是另一个美丽的孩子。他是我的一个漂亮朋友]。在这里,呈现的是饮酒者和客人的社交场景:没有公开讲话人的身份,只是回

---

① Munich 2447 (*ARV* 425),与 London B632 的部分(class)相关。参 Kurtz (1975) pl. 57. 1,页 93 – 95。

荡着崇拜的呢喃。显著的以第一人称口吻所说的话,并不代表它出自某个特定之人。看法、名气广为传播,一致的看法使尼古拉斯(Nicolas)、德洛忒奥斯(Dorotheos)和门侬(Memnon)成了名人。

[373] 在这个大酒坛上,文字在画面上的分布,使得这些题刻具备了图像层面的价值,就如同装饰瓶(lekythos)把手上描绘的手握棕榈叶飞翔的爱神(Eros)(图11)(Berlin F 2252 [*ARV* 263.54,瓶画家许里斯刻斯(Syriskos Painter)])。飞翔的爱神和交谈甚欢的宾客,是表达爱欲欲望的两种互补的方式。瓶画家综合图画和文字,对香水瓶和会饮器皿进行装饰,呼应了会饮或摔跤场上年轻男子带来的审美愉悦。

图 11

这种审美价值产生于古风时期末的雅典绘画中,而 ho pais kalos 类型题刻的广泛使用,使它得到了极大的强化。通过从具体的名字——通常是贵族的名字——中解放出来,观赏者可以赋予这些题刻任何合适的含义，将它们按照他们喜欢的方式运用到所有特定场合。这样的做法与将花瓶作为爱欲表达方式的考塔博（kottabos）游戏①极其相似。

---

① ［译注］即泼酒游戏。雅典青年在宴饮时，将杯中残酒泼到铜盆里，如果全部泼进且声音清脆，则最为吉利。这种游戏创始于西西里，后盛行于雅典。

引用文献

Abbate, C. (1991) *Unsung Voices: Opera and Musical Narrative in the Nineteenth Century*. Princeton.
Adam, J.-M. (1991) *Langue et littérature. Analyses pragmatiques et textuelles*. Paris.
Adams, C. D. (1912) 'Are the Political "Speeches" of Demosthenes to be Regarded as Political Pamphlets?', *TAPA* 43: 5–22.
Adams, C. D. (1919) *The Speeches of Aeschines*, Cambridge, Mass. and London.
Adkins, A. (1960) *Merit and Responsibility*. Oxford.
Adrados, F. R. (1975) *Festivals, Comedy and Tragedy*. Leiden.
Ahl, F. (1991) 'Pindar and the Sphinx: Celtic Polyphony and Greek Music', in Wallace and MacLachlan (1991) 131–50.
Ahl, F. (1991a) *Sophocles' Oedipus: Evidence and Self-Conviction*. Ithaca and London.
Alcock, S. and Osborne, R., eds. (1994) *Placing the Gods. Sanctuaries and Sacred Space in Ancient Greece*. Oxford.
Aleshire, S. (1994) 'The Demos and the Priests: the Selection of Sacred Officials at Athens from Cleisthenes to Augustus', in Osborne and Hornblower (1994) 325–37.
Anderson, W. D. (1966) *Ethos and Education in Greek Music*. Cambridge, Mass.
Anderson, W. D. (1994) *Music and Musicians in Ancient Greece*. Ithaca and London.
Annas, J. (1981) *An Introduction to Plato's Republic*. Oxford.
Anonymous (1996) *Primary Colours: a Novel of Politics*. London.
Arias, P. E. (1940) *Mirone*. Florence.
Arieti, J. A. (1991) *Interpreting Plato: the Dialogues as Drama*. Maryland.
Armstrong, A. MacC. (1958) 'The Methods of the Greek Physiognomists', *Greece and Rome* 5: 52–6.
Auberson, P. and Schefold, K. (1972) *Führer durch Eretria*. Bern.
Auger, D. (1979) 'Le théâtre d'Aristophane: Le mythe, l'utopie et les femmes', in *Aristophane et les femmes*. Les Cahiers de Fontenay 17: 71–97.
Austin, J. (1962) *How to Do Things with Words*. Oxford.
Austin, J. L. (1975) *How to do things with words*. 2nd edn. Cambridge, Mass.
Bachelard, G. (1964) *The Poetics of Space*. Boston.
Bachofen, J. J. (1867 [1954]) *Myth Religion, and Mother Right. Selected Writings of J. J. Bachofen*, tr. R. Manheim. Princeton.
Bacon, H. H. (1994/5) 'The Chorus in Greek Life and Drama', *Arion* 3.1: 6–24.

Bain, D. M. (1975) 'Audience Address in Greek Tragedy', *Classical Quarterly* 69: 13–25.
Bakhtin, M. (1968) *Rabelais and his World*. Cambridge, Mass.
Bakhtin, M. (1981) *The Dialogic Imagination*, ed. M. Holquist. Austin.
Bal, M. (1996) *Double Exposures: the Subject of Cultural Analysis*. London and New York.
Bamberger, Joan (1974) 'The Myth of Matriarchy', in *Women, Culture, and Society*, eds. M. Z. Rosaldo and L. Lamphere, 263–80. Stanford.
Barba, E. (1991) 'Introduction', in Barba and Savarese (1991).
Barba, E. and Savarese, N., eds. (1991) *A Dictionary of Theatre Anthropology: the Secret Art of the Performer*, tr. R. Fowler. London and New York.
Barker, A. (1984) *Greek Musical Writings: I The Musician and his Art*. Cambridge.
Barlow, S. (1986) *The Imagery of Euripides* 2nd edn. Bristol.
Barlow, S. (1986a) 'The language of Euripides' monodies', in Betts, Hooker and Green (1986–8) vol. I: 10–22.
Barner, W. (1971) 'Die Monodie', in Jens (1971) 277–320.
Baron, D. (1986) *Grammar and Gender*. New Haven and London.
Barrett, W. S. (1964) *Euripides: Hippolytos* (Oxford).
Barthes, R. (1977) *Image, Music, Text*, tr. S. Heath. New York.
Barton, T. (1994) *Power and Knowledge: Astrology, Physiognomics and Medicine Under The Roman Empire*. Ann Arbor.
Bartsch, S. (1989) *Decoding the Ancient Novel: the Reader and the Role of Description in Heliodorus and Achilles Tatius*. Princeton.
Bateson, G. (1972) *Steps to an Ecology of Mind*. San Francisco.
Battcock, G. and Nickas, R., eds. (1984) *The Art of Performance*. Toronto.
Bauman, R. (1986) *Story, Peformance, and Event: Contextual Studies in Oral Narrative*. Cambridge and New York.
Baurain, Cl., Bonnet, C. and Krings, V., eds. (1991) *Phoinikeia Grammata*. Liège/Namur.
Beazley, J. D. (1928) *Greek Vases in Poland*. Oxford.
Beazley, J. D. (1929) 'Some Inscriptions on vases – II', *American Journal of Archaeology* 33: 361–7.
Beazley, J. D. (1932) 'Little-master cups', *JHS* 52: 167–204.
Beazley, J. D. (1933) *Campana Fragments in Florence*. Oxford.
Beazley, J. D. (1955) 'Hydria-Fragments in Corinth', *Hesperia* 24: 305–19.
Bechoffer, W. (1988) 'Processions and Urban Form in a Sri Lankan Village', *Traditional Dwellings and Settlements Review* 1(1): 39–48.
Bélis, A. (1986) 'La Phorbéia', *Bulletin de Correspondance Hellénique* 110: 205–18.
Bell, C. (1992) *Ritual Theory, Ritual Practice*. Oxford.
Benveniste, E. (1963) 'La philosophie analytiane et le langage', *Et. philos* 1 (1963) 3–12 reprinted in E. Benveniste, *Problèmes de la linguistique générale*. Paris. 267–76.
Béquignon, Y. (1937) *La Valleé du Spercheios*. Paris.
Bergquist, B. (1990) 'Sympotic space: a functional aspect of Greek dining-rooms', in Murray (1990) 37–65.
Bernardini, P. A. (1979) 'La dike nella lira e la dike dell'atleta', *Quaderni Urbinati di Cultura Classica* 2: 79–85.

Bernheimer, C. (1989) *Figures of Ill Repute: Representing Prostitution in Nineteenth-Century France*. New York.
Berry, P. (1989) *Of Chastity and Power: Elizabethan Literature and the Unmarried Queen*. London.
Bers, V. (1985) 'Dikastic *Thorubos*', in Cartledge and Harvey eds. (1985) 1–15.
Bers, V. (1994) 'Tragedy and Rhetoric', in Worthington (1994).
Betts, J., Hooker J. and Green J. R., eds. (1986–8) *Studies in honour of T. B. L. Webster*. Bristol: I 1986; II 1988.
Billigheimer, A. (1938) 'Amendments in Athenian Decrees', *American Journal of Archaeology* 42: 456–85.
Blaise, F., Judet de la Combe, P. and Rousseau Ph., eds. (1996) *Le métier du mythe. Lectures d'Hésiode*. Lille.
Blass, F. (1865) *Die Griechische Beredsamkeit*. Berlin.
Blau, H. (1990) 'Universals of performance; or amortizing play', in Schechner and Appel (1990).
Blau, H. (1993) 'Universals of Performance; or Amortizing Play', in Schechner (1993) 250–72.
Blech, M. (1982) *Studien zum Kranz bei den Griechen*. Religionsgeschichte Versuche und Vorarbeiten Berlin.
Blomquist, J. (1982) 'Human and Divine Action in Euripides' *Hippolytus*', *Hermes* 110: 398–414.
Blundell, M. W. (1989) *Helping Friends and Harming Enemies: a Study in Sophocles and Greek Ethics*. Cambridge.
Boardman, J. (1956) 'Some Attic Fragments: Pot, Plaque and Dithyramb', *JHS* 76: 18–25.
Boardman, J. (1975) 'Herakles, Peisistratos and Eleusis', *JHS* 95: 1–12.
Boegehold, A. (1996) 'Resistance to Change in the Law at Athens', in Ober and Hedrick (1996).
Boegehold, A. (1997) 'Group and Single Competitions at the Panathenaia', 95–105 in Neils (1997).
Boegehold, A. and Scafuro A., eds. (1994) *Athenian Identity and Civic Ideology*. Baltimore and London.
Boesch, P. (1908) ΘΕΩΡΟΣ: *Untersuchung zur Epangelie Griechischer Feste*. Berlin.
Bollack, J. (1990) *L'Oedipe roi de Sophocle. Le texte et ses interprétations*. 4 volumes. Lille.
Bolotin, D. (1979) *Plato's Dialogue on Friendship: an Interpretation of the* Lysis, *with a new translation*. Ithaca, N.Y.
Bömer, F. (1952) 'Pompa', *RE* 21.2: 1878–947.
Bommelaer, J.-F. (1981) *Lysandre de Sparte: histoire et traditions*. Bibliothèque des écoles françaises d'Athènes et de Rome; fasc. 240. Paris and Athens.
Bond, G. (1981) *Euripides: Heracles*. Oxford.
Bonner, R. J. (1933) *Aspects of Athenian Democracy*. Berkeley.
Bonzon, S. (1990) 'Sur la "mise en récit" du dialogue chez Platon', in Bonzon et al. (1990).
Bonzon, S. et al., eds. (1990) *La Narration. Quand le récit devient communication. Lieux Théologiques* 12: 205–16.

Borthwick, E. K. (1970) 'P. Oxy. 2738: Athens and the Pyrrhic dance', *Hermes* 98: 318–31.
Bosworth, A. B. (1980) *Commentary on Arrian's History of Alexander* Vol. I. Oxford.
Bourdieu, P. (1977) *Outline of a Theory of Practice*. tr. R. Nice. Cambridge.
Bourdieu, P. (1984) *Distinction: A Social Critique of the Judgment of Taste*, tr. R. Nice. Cambridge, Mass.
Bowie, A. M. (1993) *Aristophanes: Myth, Ritual and Comedy*. Cambridge.
Bowie, E. (1986) 'Early Greek Elegy, Symposium, and Public Festival', *JHS* 106: 13–35.
Bradeen, D. (1969) 'The Athenian casualty lists', *Classical Quarterly* 19: 145–59.
Braund, D. (1993) 'Dionysiac tragedy in Plutarch, *Crassus*', *CQ* 43: 468–74.
Bremer, J. M. (1981) 'Greek Hymns', in Versnel (1981) 193–215.
Bremmer, J. ed. (1987) *Interpretations of Greek Mythology*. London.
Bremmer, J. (1991) 'Walking, standing and sitting in ancient Greek culture', in Bremmer and Roodenburg (1991).
Bremmer, J. and Roodenburg, H., eds. (1991) *A Cultural History of Gender*. Cambridge.
Brennan, T. and Jay, M., eds. (1996) *Vision in Context*. New York and London.
Brijder, H., Drukker, A. and Neeft C., eds. (1986) *Enthousiasmos: essays on Greek and Related Pottery presented to J. M. Hemelrijk*. Amsterdam.
Bristol, M. (1989) *Carnival and Theatre*. London.
Brock, R. (1990) 'Plato and Comedy', in Craik (1990).
Browning, R. (1963) 'A Byzantine treatise on tragedy', in *Geras: Studies Presented to George Thomson on the Occasion of his 60th Birthday* eds. L. Varcl and R. F. Willetts: 67–81. Prague.
Bruit Zaidman, L. (1995) 'Ritual eating in archaic Greece. Parasites and paredroi', in *Food in Antiquity* eds. J. Wilkins, D. Harvey and M. Dobson: 196–203. Exeter.
Bruit Zaidman, L. and Schmitt Pantel, P. (1992) *Religion in the Ancient Greek City*, tr. P. Cartledge. Cambridge.
Buhmann, H. (1972) *Der Sieg in Olympia und in den anderen panhellenischen Spielen*. Munich.
Burian, P. ed. (1985) *Directions in Euripidean Criticism*. Durham N.C.
Burke, K. (1957) *The Philosophy of Literary Form*. New York.
Burkert, W. (1962) 'Γόης: zum griechischen "Schamanismus"' *RhM* 105: 36–55.
Burkert, W. (1966) 'Greek Tragedy and Sacrificial Ritual', *GRBS*: 87–121.
Burkert, W. (1983) *Homo Necans: The Anthropology of Ancient Greek Sacrificial Ritual and Myth*, tr. P. Bing. Berkeley.
Burkert, W. (1985) *Greek Religion: Archaic and Classical*, tr. John Raffan. Oxford.
Burnett, A. P. (1989) 'Performing Pindar's Odes', *CP* 84: 283–94.
Burns, E. (1972) *Theatricality*. London and New York.
Burnyeat, M. (1997) 'First Words: a valedictory lecture', *PCPS* 43: 1–20.
Burton, R. W. B. (1980) *The Chorus in Sophocles' Tragedies*. Oxford.
Butler, J. (1990) *Gender Trouble: Feminism and the Subversion of Identity*. New York and London.

Butler, J. (1993) *Bodies That Matter*. New York and London.
Butler, J. (1997) *Excitable Speech: A Politics of the Performative*. New York and London.
Buzard, J. (1993) *The Beaten Track: European Tourism, Literature, and the Ways to 'Culture' 1800–1910*. Oxford.
Cairns, D. (1993) *Aidōs: The Psychology and Ethics of Honour and Shame in Ancient Greek Literature*. Oxford.
Caizzi, F. D. ed. (1966) *Antisthenis Fragmenta*. Milan.
Calame, C. (1977) *Les choeurs de jeunes filles en Grèce archaïque I. Morphologie, fonction religieuse et sociale*. Rome. See also Calame (1997).
Calame, C. (1992) 'La festa', in Vegetti (1992) 29–54.
Calame, C. (1994/5) 'From Choral Poetry to Tragic Stasimon: the Enactment of Woman's Song', *Arion* III. 3 1994/5: 136–54.
Calame, C. (1995) *The Craft of Poetic Speech in Ancient Greece*. Ithaca.
Calame, C. (1996a) 'Vision, Blindness and Mask: the Radicalization of the Emotions in Sophocles' *Oedipus Rex*', in Silk (1996) 17–37.
Calame, C (1996b) 'Le proème des *Travaux* d'Hésiode, prélude à une poésie d'action', in Blaise (1996) 169–89.
Calame, C. (1996c) *Thésée ou l'imaginaire athénien. Légende et culte en Grèce antique*, 2nd edn. Lausanne.
Calame, C. (1996d) *L'Eros dans la Grèce antique*. Paris.
Calame, C. (1997) *Choruses of Young Women in Ancient Greece. Their Morphology, Religious Role, and Social Functions*, 2nd edn. Lanham and London.
Camp, J. M. (1986) *The Athenian Agora. Excavations in the Heart of Classical Athens*. London.
Campbell, D. A. (1993) *Greek Lyric V: The New School of Poetry and Anonymous Songs and Hymns*. Cambridge, Mass. and London.
Campbell, M. (1988) *The Witness and the Other World: Exotic European Travel Writing 400–1600*. Ithaca and London.
Carey, C. (1994) 'Rhetorical Means of Persuasion', in Worthington (1994) 26–45.
Carey, C. and Reid, R. A. (1985) *Demosthenes: Selected Private Speeches*. Cambridge.
Carlson, M. (1996) *Performance: A Critical Introduction*. London and New York.
Carpenter T. H. and Faraone C. A., eds. (1993) *Masks of Dionysus*. Ithaca and London.
Carrière, J. (1979) *Le Carnaval et la Politique*. Paris.
Carson, A. (1990) 'Putting her in her place: Woman, Dirt, and Desire', in Halperin, Winkler, and Zeitlin (1990) 135–69.
Carter, L. B. (1986) *The Quiet Athenian*. Oxford.
Cartledge, P. A. (1985) 'The Greek religious festivals', in Easterling and Muir (1995).
Cartledge, P. A. (1990) 'Fowl Play: a Curious Lawsuit in Classical Athens', in Cartledge, Millett and Todd (1990) 41–62.
Cartledge, P. A. (1990a) *Aristophanes and his Theatre of the Absurd*. Bristol.
Cartledge, P. A. (1993) *The Greeks: a Portrait of Self and Others*. Oxford.
Cartledge, P. A. and Harvey, F. D., eds. (1985) *CRUX: Essays in Greek History Presented to G. E. M. de Ste. Croix on his 75th Birthday*. London.

Cartledge, P. A., Millett, P. and Todd, S., eds. (1990) *Nomos: Essays in Athenian Law, Politics and Society*. Cambridge.
Case, S-E. (1990) 'Introduction', in Case ed. (1990).
Case, S-E. ed. (1990) *Performing Feminisms: Feminist Critical Theory and Theatre*. Baltimore.
Castle, T. (1986) *Masquerade and Civilization: the Carnivalesque in eighteenth-century Culture and Fiction*. Stanford.
Castriota, D. (1992) *Myth, Ethos and Actuality: Official Art in Fifth-Century B.C. Athens*. Madison.
Cawkwell, G. L. (1969) 'The Crowning of Demosthenes', *Classical Quarterly* 19: 163–80.
Cerbo, E. (1993) 'Gli inni ad Eros in tragedia: struttura e funzione', in Pretagostini (1993) 645–56.
Chelkowski, P. (1985) 'Shia Muslim Processional Performances', *The Drama Review* 29 (3): 18–30.
Christ, M. (1992) 'Ostracism, Sycophancy and Deception of the Demos: [Arist.] *Ath. Pol.* 43.5', *Classical Quarterly* 42: 336–46.
Christ, W. (1875) 'Die Parakataloge im griechischen und römischen Drama', *Abhandlungen der philosophisch-philologischen Classe der königlichen bayerischen Akademie der Wissenschaften* 13.3: 153–222.
Christo and Jean-Claude (1996) *Wrapped Reichstag: Berlin 1971–95*. Cologne.
Clairmont, C. (1983) *Patrios Nomos: Public Burial in Athens during the fifth and fourth centuries B.C.* London.
Clark, T. (1984) *The Painting of Modern Life*. Princeton.
Clay, J. S. (1992) 'Pindar's Twelfth Pythian: Reed and Bronze', *AJP* 113: 519–25.
Clément, C. (1988) *Opera: or the Undoing of Women*, tr. B. Wing. Minneapolis.
Clifford, J. (1986) 'Introduction: partial truths', in Clifford and Marcus (1986).
Clifford, J. and Marcus, G., eds. (1986) *Writing Culture: the Poetics and Politics of Ethnography*. Berkeley.
Clinton, K. (1974) *The Sacred Officials of the Eleusinian Mysteries*. Philadelphia.
Cockle, W. E. H., ed. (1987) *Euripides, Hypsipyle. Text and Annotation based on a Re-Examination of the Papyri*. Rome.
Cohen, D. (1987) 'Law, Society and Homosexuality in Classical Athens', *Past and Present* 117: 1–21.
Cohen, D. (1991) *Law, Sexuality and Society: the Enforcement of Morals in Classical Athens*. Cambridge.
Cohen, D. (1995) *Law, Violence and Community in Classical Athens*. Cambridge.
Cohen, M. and Prendergast, C., eds. (1995) *Spectacles of Realism: Gender, Body, Genre*. Minneapolis.
Cole, P. and Morgan, J., eds. (1975) *Syntax and Semantics 3: Speech Acts*. New York.
Cole, S. G. (1993) 'Procession and celebration at the Dionysia', in Scodel (1993).
Cole, T. (1988) *Epiploke: Rhythmical Continuity and Poetic Structure in Greek Lyric*. Cambridge, Mass. and London.
Collard, C. (1975) *Euripides' Supplices*. Groningen.

Collard, C. (1991) *Euripides' Hecuba*. Warminster.
Collard, C., Cropp, M. and Lee, K. (1995) *Euripides: Selected Fragmentary Plays I*. Warminster.
Comotti, G. (1980) 'Atene e gli auloì in un ditirambo di Teleste (fr. 805 P.)' *Quaderni Urbinati di Cultura Classica* 15: 57–71.
Comotti, G. (1989) *Music in Greek and Roman Culture* (English translation of original 1979 Italian edition). Baltimore and London.
Connelly, J. (1996) 'Parthenon and *Parthenoi*: a mythological interpretation of the Parthenon frieze', *American Journal of Archaeology* 100: 53–80.
Connor, W. R. (1971) *The New Politicians of Fifth-Century Athens*. Princeton.
Connor, W. R. (1987) 'Tribes, Festivals and Processions: Civic Ceremonial and Political Manipulation in Archaic Greece', *JHS* 107: 40–50.
Connor, W. R. (1989) 'Early Greek land warfare: a symbolic expression', *Past and Present* 119: 3–18.
Cooke, L. and Wollen, P. (1995) *Visual Display: Culture Beyond Appearance*. Seattle.
Copjec, J. (1994) *Read My Desire: Lacan against the Historicists*. Cambridge, Mass.
Corbin, A. (1990) *Women for Hire: Prostitution and Sexuality in France after 1850*, tr. A. Sheridan. Cambridge, Mass.
Cornford, F. (1914) *The Origins of Attic Comedy*. Cambridge.
Coulson, W., Palagia, O., Shear, T., Shapiro, H. and Frost, F., eds. (1994) *The Archaeology of Athens under the Democracy*. Oxford.
Coventry, L. (1990) 'The Role of the Interlocutor in Plato's Dialogues', in Pelling (1990).
Craik, E. M. ed. (1990) *Owls to Athens. Essays Presented to Kenneth Dover*. Oxford
Crary, J. (1990) *Techniques of the Observer: on Vision and Modernity in the Nineteenth Century*. Cambridge, Mass.
Crary, J. (1994) 'Unbinding vision', *October* 68: 21–44.
Cropp, M. (1995) *Erechtheus*, in Collard, Cropp and Lee (1995) 148–94.
Crowther, N. B. (1985) 'Male "Beauty" Contests in Greece: the Euandria and Euexia', *AC* 54: 285–91.
Crowther, N. B. (1991) 'Euexia, Eutaxia, Philopoina: Three Contests of the Greek Gymnasium', *ZPE* 85: 301–4.
Csapo, E. and Slater, W. J. (1995) *The Context of Ancient Drama*. Ann Arbor.
Daltrop, G. (1980) *Il Gruppo Mironiano di Atena e Marsia nei Musei Vaticani*. Vatican.
Daltrop, G. and Bol, P. C. (1983) *Athena des Myron*. Frankfurt.
Damen, M. (1989) 'Actor and Character in Greek tragedy', *Theatre Journal* 41: 316–40.
Damen, M. (1990) 'Electra's monody and the role of the choros in Euripides' *Orestes* 960–1012', *TAPA* 120: 133–45.
Daraki, M. (1985) *Dionysus*. Paris.
Daux, G. (1963) 'La grande démarchie: un nouveau calendrier sacrificiel d'Attique', *BCH* 87: 603–34.
Daux, G. (1983) 'Le calendrier de Thorikos', *AC* 52: 150–74.
Daux, G. (1984) 'Sacrifices à Thorikos', *Bulletin of the J. Paul Getty Museum* 12: 145–52.

David, E. (1984) *Aristophanes and Athenian Society of the Early Fourth Century B.C.* Leiden.
Davidoff, L. (1983) 'Class and gender in Victorian Britain', in Newton, Ryan, and Walkowitz (1983).
Davies, J. K. (1978) *Democracy and Classical Greece.* Hassocks.
Davies, J. K. (1994) 'Accounts and accountability in Classical Athens', in Osborne and Hornblower (1994) 201-12.
Davis, N. (1987) *Society and Culture in Early Modern France.* Cambridge.
Dawe, R. D. (1982) *Sophocles: Oedipus Rex.* Cambridge.
de Bolla, P. (1989) *The Discourse of the Sublime: History, Aesthetics and the Subject.* Oxford.
de Bolla, P. (1995) 'The Visibility of Visuality: Vauxhall Gardens and the Siting of the Viewer', in Melville and Readings (1995).
de Bolla, P. (1996) 'The Visibility of Visuality', in Brennan and Jay (1996).
de Bolla, P. (forthcoming) 18th Century Gardens.
de Jong, I. and Sullivan, J., eds. (1994) *Modern Critical Theory and Classical Literature.* Leiden.
de Polignac, F. (1995) *Cults, Territory, and the Origins of the Greek City-State*, tr. J. Lloyd. Chicago and London.
de Romilly, J. (1975) *Magic and Rhetoric in Ancient Greece.* Cambridge, Mass. and London.
de Romilly, J. (1980) 'Réflexions sur le courage chez Thucydide et chez Platon', *REG* 93: 307-23.
de Witte, J. (1857) *Elite des Monument Céramographiques*, vol. II. Paris.
Debord, G. (1967) *La Société du spectacle.* Paris. [Retranslated by D. Nicholson-Smith, New York, (1994).]
Décharme, P. (1893) *Euripides et l'esprit de son théâtre.* Paris.
Degrassi, N. (1967) 'Meisterwerke frühitaliotischer Vasenmalerei aus einem Grabe in Polcoro-Herakleia', in Neutsch (1967) 193-231.
della Porta, D. and Mény, Y., eds. (1997) *Corruption and Democracy in Europe.* London.
Demargne, P. (1984) 'Athena', *LIMC* II.
Derrida, J. (1988) *Limited Inc.*, ed. G. Graff. Evanston.
Des Places, E. (1959) 'La prière cultuelle dans la Grèce ancienne', *Revue des Sciences Religieuses* 1: 343-59.
Desclos, M. L. (1992) 'La fonctions des prologues dans les dialogues de Platon', *Recherches sur la philosophie et le langage* 14: 15-29.
Detienne, M. (1967) *Les maîtres de vérité dans la Grèce archaique.* Paris.
Detienne, M. (1989 [1986]) *Dionysos at Large*, tr. A. Goldhammer. Cambridge, Mass. and London.
Detienne, M. and Vernant, J.-P. (1989) *The Cuisine of Sacrifice among the Greeks.* Chicago.
Detienne, M., ed. (1988) *Les Savoires de l'Ecriture en Grèce ancienne.* Paris
Deubner, L. (1932) *Attische Feste.* Berlin.
Dhoulgeri-Indzessilogou, A. (1994) 'Οι νεότερες αρχαιολογικές έρευνες στην περιοχή των αρχαίων Φερών', in Midhrahi-Kapon, R. (1994) 71-92.
Diamond, E. (1996) 'Introduction', to Diamond (1996).
Diamond, E., ed. (1996a) *Performance and Cultural Politics.* London and New York.

Dieterle, R. (1966) 'Platon, Laches und Charmides. Untersuchungen zur elenktischen Struktur der platonischen Frohhdialoge'. Phil. Dissertation, Freiburg.

Diggle, J. (1974) 'On the Heracles and Ion of Euripides', *PCPS* 20: 3–36.

Diggle, J. (1984) *Euripides: Fabulae* I. Oxford.

Dihle, A. (1981) *Der Prolog der 'Bacchen' und die antike Überlieferungsphase des Euripides-Textes*. Heidelberg.

Dindorf, L. ed. (1880–1) *Historici Graeci Minores*. Leipzig.

Doane, M. (1987) *The Desire to Desire: The Woman's Film of the 1940s*. Bloomington.

Dodds, E. R. (1960) *Euripides: Bacchae*. 2nd edn. Oxford.

Dodds, E. R. (1966) 'On Misunderstanding the *Oedipus Rex*', *Greece and Rome* 13: 37–49, reprinted in Dodds (1973) 64–77.

Dodds, E. R. (1973) *The Ancient Concept of Progress and Other Essays on Greek Literature and Belief*. Oxford.

Dolan, J. (1987) 'The Dynamics of Desire: Sexuality and Gender in Pornography and Performance', *Theatre Journal* 39: 156–74.

Dolan, J. (1993) 'Geographies of learning: Theatre studies, Performance and "the Performative"', *Theatre Journal* 45: 417–41.

Dorjahn, A. P. (1927) 'Poetry in Athenian courts', *CP* 32: 85–93.

Dorjahn, A. P. (1929–30) 'Some Remarks on Aeschines' Career as an Actor', *Classical Journal* 25: 223–9.

Dorjahn, A. P. (1935) 'Anticipation of Arguments in Athenian Courts', *TAPA* 66: 274–95.

Dougherty, C. and Kurke, L., eds. (1993) *Cultural Poetics in Archaic Greece*. Cambridge.

Douglas, M. (1966) *Purity and Danger*. London.

Dover, K. J. (1968) *Lysias and the Corpus Lysiacum*. Berkeley.

Dover, K. J. (1968a) *Aristophanes' Clouds*. Oxford.

Dover, K. J. (1972) *Aristophanic Comedy*. Oxford.

Dover, K. J. (1974) *Greek Popular Morality in the Time of Plato and Aristotle*. Oxford.

Dover, K. J. (1978) *Greek Homosexuality*. London.

Dover, K. J. (1993) *Aristophanes. Frogs*. Oxford.

Dow, S. (1965) 'The Greater Demarkhia of Erchia', *BCH* 89: 180–213.

Drerup, E. (1898) *Ueber die bei den Attischen Rednern Eingelegten Urkunden*. *Jahrb f. Cl. Phil.*, Supplementband 24.

Dreyfus, H. and Rabinow, P., eds. (1983) *Michel Foucault: Beyond Structuralism and Hermeneutics*. Chicago.

Dunbar, N. (1995) *Aristophanes: Birds*. Oxford.

Dunlop, D. C. (1932) *Processions: A Dissertation together with Practical Suggestions*. London.

Dunn, L. and Jones, N., eds. (1994) *Embodied Voices: Representing Female Vocality in Western Culture*. Cambridge.

Dunst, G. (1977) 'Der Opferkalendar des attischen Demos Thorikos', *ZPE* 25: 243–64.

Dupont-Roc R. and Lallot J. (1980) *Aristote: La Poétique*. Paris.

Durand, J. L. and Lissarrague, F. (1980) 'Un lieu d'image? L'espace du louterion', *Hephaistos* 2: 89–106.

Dyck, A. R. (1985) 'The Function and Persuasive Power of Demosthenes' Portrait of Aeschines in the speech *On the Crown*', *Greece and Rome* 32: 42–8.
Easterling, P. E. (1982) *Sophocles. 'Trachiniae'*. Cambridge.
Easterling, P. E. (1988) 'Women in Tragic Space', *BICS* 34: 15–26.
Easterling, P. E. (1988a) 'Tragedy and Ritual: "Cry 'Woe, Woe' but may the good prevail"', *Mètis* 3: 87–109.
Easterling, P. E. (1991) 'Euripides in the Theatre', *Pallas* 37 (1991) 49–57.
Easterling, P. E. (1994) 'Euripides outside Athens: a Speculative note', *ICS* 19: 73–80.
Easterling, P. E. (1997) 'Constructing the Heroic', in Pelling (1997) 21–37. Oxford.
Easterling, P. E. ed. (1997) *The Cambridge Companion to Greek Tragedy*. Cambridge.
Easterling, P. E. and Muir, J. eds. (1985) *Greek Religion and Society*. Cambridge.
Ebener, D. (1966) *Rhesos. Tragödie eines unbekannten Dichters*. Berlin.
Eco, U. (1979) *Lector in fabula. La cooperazione interpretativa nei testi narrativi*. Milan.
Eco, U. (1992) *Interpretation and Overinterpretation. Umberto Eco with Richard Rorty, Jonathan Culler and Christine Brooke-Rose*. Cambridge.
Eden, K. (1986) *Poetic and Legal Fiction in the Aristotelian Tradition*. Princeton.
Eden, K. (1987) 'Hermeneutics and the Ancient Rhetorical Tradition', *Rhetorica* 5: 59–86.
Eder, W. ed. (1995) *Die Athenische Demokratie im 4. Jahrhundert v. Chr.* Stuttgart.
Ehrenberg, V. (1962) *The People of Aristophanes*. New York.
Eitrem, S. (1920) *Beiträge zur griechischen Religionsgeschichte* 3. Kristiania.
Eitrem, S., Amundsen, L. and Winnington-Ingram R. P., eds., (1955) 'Fragments of unknown Greek Tragic texts with Musical notation (P. Oslo inv. no. 1413)', *SO* 31: 1–87.
Ellis, H. (1929) *Man and Woman*. 2nd edn. Boston.
Else, G. F. (1986) *Plato and Aristotle on Poetry*. Chapel Hill/London.
Elsner, J. (1992) 'Pausanias: a Greek Pilgrim in the Roman World', *Past and Present* 135: 3–29.
Emerson, C. (1997) *The First Hundred Years of Mikhail Bakhtin*. Princeton.
Emlyn-Jones, C. (1996) *Plato: Laches*. Warminster.
Evans, E. C. (1969) *Physiognomics in the Ancient World*. Philadelphia (= *TAPS* 59.5).
Faraone, C. A. (1995) 'The "Performative Future" in Three Hellenistic Incantations and Theocritus' Second Idyll', *CP* 90: 1–15.
Farrar, C. (1992) 'Ancient Greek Political Theory as a Response to Democracy', in J. Dunn ed. *Democracy: the Unfinished Journey, 508 B.C to A.D 1993*. Oxford. 17–46.
Fehling, D. (1968) 'Νυκτὸς παῖδες ἄπαιδες. A. Eum. 1034 und das sogenannte Oxymoron in der Tragödie', *Hermes* 96: 142–55.
Felman, S. (1980) *Le Scandale du corps parlant: Don Juan avec Austin ou La séduction en deux langues*. Paris.
Ferguson, W. S. (1944) 'The Attic orgeones', *HThR* 37: 61–140.

Ferrari, G. R. F. (1987) *Listening to the Cicadas: a Study of Plato's Phaedrus*. Cambridge.
Figueira, T. and Nagy, G., eds. (1985) *Theognis of Megara*. Baltimore and London.
Finley, M. (1973) *Democracy Ancient and Modern*. London.
Finley, M. (1983) *Politics in the Ancient World*. Cambridge.
Fish, S. (1980) 'How to Do Things with Austin and Searle', in *Is There A Text In This Class?* Cambridge, Mass.
Fisher, N. (1992) *Hybris: A Study in the Values of Honour and Shame in Ancient Greece*. Warminster.
Flashar, H. (1967) *Aristoteles Problemata Physica*. Berlin.
Foley, H. P. (1982) 'The Female Intruder Reconsidered: Women in Aristophanes' *Lysistrata* and *Ecclesiazousae*', *CP* 77: 1–21.
Foley, H. P. (1985) *Ritual Irony: Poetry and Sacrifice in Euripides*. Ithaca and London.
Foley, H. P. (1993) 'The Politics of Tragic Lamentation', in Sommerstein, Halliwell, Henderson, and Zimmermann (1993) 101–43.
Fontenrose, J. (1978) *The Delphic Oracle*. Berkeley.
Ford, A. (1997) 'The Inland Ship: Problems in the Performance and Reception of Early Greek Epic', in *Written Voices, Spoken Signs: Tradition, Performance, and the Epic Text*. ed. E. Bakker and A. Kahane. Cambridge, Mass.
Förster, R., ed. (1893) *Scriptores Physiognomici Graeci et Latini*. 2 vols. Leipzig.
Forte, J. (1990) 'Women's performance art: feminism and post-modernism', in Case (1990).
Foucault, M. (1977) *Discipline and Punish*, tr. A. Sheridan. Harmondsworth.
Foucault, M. (1987) *The Use of Pleasure*, vol. II of *The History of Sexuality*, tr. R. Hurley. London.
Foucault, M. (1988) *The Care of the Self*, vol. III of *The History of Sexuality*, tr. R. Hurley. London.
Foxhall, L. and Lewis A. D. E., eds. (1996) *Greek Law in its Political Setting: Justification not Justice*. Oxford.
Fraenkel, E. (1950) *Aeschylus. Agamemnon*. Oxford.
Frel, J. (1983) 'Euphronios and his fellows', in *Ancient Greek Art and Iconography* ed. W.G. Moon. Madison, Wisconsin.
Fried, M. (1980) *Absorption and Theatricality: Painting and Beholder in the Age of Diderot*. Chicago.
Froning, H. (1971) *Dithyrambos und Vasenmalerei*. Würzburg.
Frontisi-Ducroux, F. (1991) *Le dieu-masque: une figure du Dionysos d'Athènes*. Paris and Rome.
Frontisi-Ducroux, F. (1994) 'Athéna et l'Invention de la Flûte', *Musica e Storia* 2: 239–67.
Fuhrmann, M. ed. (1966) *Anaximenis Ars Rhetorica*. Leipzig.
Gabrielsen, V. (1994) *Financing the Athenian Fleet: Public Taxation and Social Relations*. Baltimore and London.
Garber, Marjorie. (1992) *Vested Interests*. New York.
Gardeya, P. (1981) *Das Problem des 'Besten' in Platons Laches*. Würzburg.
Garlan, Y. and Masson, O. (1982) 'Les acclamations pédérastiques de Kalami (Thasos)', *Bulletin de Correspondance Hellénique* 106: 3–22.

Garnsey, P. (1988) *Famine and Food Supply in the Greco-Roman World.* Cambridge.
Garrod, H. W. (1920) 'The Hyporcheme of Pratinas', *Classical Review* 34: 129-36.
Garver, E. (1994) *Aristotle's Rhetoric: an Art of Character.* Chicago.
Garvie, A. (1969) *Aeschylus' Suppliants: Play and Trilogy.* Cambridge.
Gebhard, E. (1973) *The Theater at Isthmia.* Chicago.
Geertz, C. (1981) *Negara: The Theatre State in Nineteenth-century Bali.* Princeton.
Gehring, G. (1979) *American Civic Religion: an Assessment.* Society for the Scientific Study of Religion 3. Storrs, Conn.
Gentili, B. (1979) *Theatrical Performances in the Ancient World.* Amsterdam/Uithoorn.
Gentili, B. (1990) 'Die pragmatischen Aspekte der archaischen griechischen Dichtung', *Antike und Abendland* 36: 1-17.
Gentili, B. and Luisi, F. (1995) 'La Pitica 12 di Pindaro e l'aulo di Mida', *Quaderni Urbinati de Cultura Classica* 49: 7-31.
George, D. (1989) 'On Ambiguity: Towards a Post-Modern Performance Theory', *Theatre Research International* 14: 71-85.
Gevaert, F. A. and Vollgraff, J. C., eds. (1901-3) *Les Problèmes musicaux d'Aristote.* Ghent.
Gevaert, F. A. (1875-81) *Histoire et théorie de la musique dans l'antiquité.* 2 vols. Ghent.
Ghiron-Bistagne, P. (1976) *Recherches sur les acteurs dans la Grèce antique.* Paris.
Gibson, P. and Gibson, R., eds. (1993) *Dirty looks: Women, Pornography, Power.* London.
Gill, C. (1996) *Personality in Greek Epic, Tragedy and Philosophy.* Oxford.
Gill, C. and McCabe, M. M., eds. (1996) *Form and Argument in Late Plato.* Oxford.
Gilula, D. (1996) 'A Singularly Gifted Actor', *Quaderni di Storia* 44: 159-64.
Giuliani, L. (1996) 'Rhesus between Life and Death: on the Relation of Image to Literature in Apulian Vase-Painting', *BICS* 41: 71-86.
Gleason, M. W. (1990) 'The Semiotics of Gender: Physiognomy and Self-Fashioning in the Second Century C.E.', in Halperin, Winkler and Zeitlin (1990) 389-415.
Gleason, M. W. (1995) *Making Men: Sophists and Self-Presentation in Ancient Rome.* Princeton.
Gödecken, K. (1986) 'Beobachtungen und Funde an der Heiligen Strasse zwischen Milet und Didyma, 1984', *ZPE* 66: 217-53.
Goff, B. (1990) *The Noose of Words. Readings of Desire, Violence, and Language in Euripides'* Hippolytos. Cambridge.
Goff, B. ed. (1995) *History, Tragedy, Theory: Dialogues on Athenian Drama.* Austin.
Goffman E. (1969) *The Presentation of Self in Everyday Life.* Harmondsworth.
Goffman, E. (1975) *Frame Analysis: an Essay on the Organization of Experience.* London.
Goldberg, R. (1988) *Performance: Live Art 1909 to the Present.* London.
Goldhill, S. (1986) *Reading Greek Tragedy.* Cambridge.

Goldhill, S. (1990) 'The Great Dionysia and civic ideology', in Winkler and Zeitlin (1990) 97-129.
Goldhill, S. (1991) *The Poet's Voice: Essays on Poetics and Greek Literature*. Cambridge.
Goldhill, S. (1994) 'The failure of exemplarity', in de Jong and Sullivan (1994).
Goldhill, S. (1995) 'Representing democracy: women at the Great Dionysia', in Osborne and Hornblower (1995).
Goldhill, S. (1996) 'Collectivity and Otherness. The Authority of the Tragic Chorus: Response to Gould', in Silk (1996) 244-56.
Goldhill, S. (1996a) *Foucault's Virginity: Ancient Erotic Fiction and the History of Sexuality*. Cambridge.
Goldhill, S. (1997) 'The Audience of Greek Tragedy', in Easterling (1997).
Goldhill, S. (1997a) 'The language of tragedy: rhetoric and communication' in Easterling (1997) 127-50.
Goldhill, S. (Unpublished) 'Reading, Politics and the Body.'
Goldstein, M. S. (1978) 'The Setting of the Ritual Meal in Greek Sanctuaries: 600-300 BCE' Dissertation, University of California, Berkeley.
Gomperz, H. (1912) *Sophistik und Rhetorik*. Leipzig.
Gould, J. (1996) 'Tragedy and Collective Experience', in Silk (1996) 217-43.
Graeser, A. (1975) 'Zur Logik der Argumentationsstruktur in Platon's Dialogen *Laches* und *Charmides*.', *Archiv fhr Geschichte der Philosophie* 57: 172-81.
Graf, F. (1996) 'Pompai in Greece. Some considerations about space and ritual in the Greek polis', in *The Role of Religion in the Early Greek Polis* (Swedish Institute at Athens; ActaAth-80, XIV) ed. R. Hägg. Stockholm.
Gras, M. (1985) *Traffics tyrrhéniens archaïques à Rome*. Rome.
Gray, V. J. (1994) 'Images of Sparta: writer and audience in Isocrates' *Panathenaicus*', in A. Powell and S. Hodkinsion (1994) *The Shadow of Sparta*. London. 223-71.
Green, J. R. (1994) *Theatre in Ancient Greek Society*. London.
Greenblatt, S. (1980) *Renaissance Self-Fashioning: From More to Shakespeare*. Chicago.
Greenblatt, S. (1991) *Marvellous Possessions: The Wonder of the New World*. Oxford.
Greenwood, L. H. G. (1953) *Aspects of Euripidean Tragedy*. Cambridge.
Grenfell, B. P. and Hunt, A. S., eds. (1906) *The Hibeh Papyri*. London.
Grice, P. (1975) 'Logic and conversation', in Cole and Morgan (1975).
Griffith, G. T. (1966) 'Isegoria in the Assembly at Athens', in E. Badian ed. *Ancient Society and Institutions*. Oxford.
Griffith, M. (1995) 'Brilliant Dynasts: Power and Politics in the *Oresteia*', *Classical Antiquity* 14: 62-129.
Griffith, M. and Mastronarde, D., eds. (1990) *Cabinet of the Muses*. Atlanta.
Griswold, C. ed. (1986) *Platonic Writings, Platonic Readings*. London.
Grize, J.-B. (1990) *Logique et Langage*. Paris.
Gruber, W. (1986) *Comic Theatre. Studies in Performance and Audience Response*. Athens and London.
Guillory, J. (1993) *Cultural Capital: The Problem of Literary Canon Formation*. Chicago.

Guthrie, W. K. C. (1971) *A History of Greek Philosophy*, vol. III. Cambridge.
Guthrie, W. K. C. (1975) *A History of Greek Philosophy*, vol. IV. Cambridge.
Gutting, G. ed. (1994) *The Cambridge Companion to Foucault*. Cambridge.
Habicht, C. (1970) *Gottmenschentum und griechische Städte*. Zetemata 14. 2nd edn. Munich.
Haldane, J. (1966) 'Musical Instruments in Greek Worship', *Greece and Rome* 13: 98–107.
Hall, E. (1989) *Inventing the Barbarian: Greek Self-definition through Tragedy*. Oxford.
Hall, E. (1989a) 'The Archer scene in Aristophanes' *Thesmophoriazusae*', *Philologus* 133: 38–54.
Hall, E. (1995) 'Lawcourt Dramas: the Power of Performance in Greek Forensic Oratory', *BICS* 40: 39–58.
Hall, E. (1995a) 'Drowning by nomes: the Greeks, swimming, and Timotheus' *Persians*', in H. A. Kahn ed. (1995) *The Birth of the European Identity* (*Nottingham Classical Literature Studies* vol. II). Nottingham. 44–80.
Hall, E. (1996) 'Is there a polis in Aristotle's *Poetics*?', in Silk (1996) 295–309.
Hall, E. (1996a) *Aeschylus' Persians*. Warminster.
Hall, E. (1997) 'The sociology of Athenian tragedy', in Easterling (1997) 93–126.
Hall, E. (forthcoming) 'Female figures and metapoetry in Old Comedy', in F. D. Harvey ed. *The Rivals of Aristophanes* (forthcoming).
Halleran, M. (1995) *Euripides: Hippolytus*. Warminster.
Halliwell, S. (1984) 'Plato and Aristotle on the Denial of Tragedy', *PCPS* 30: 50–8.
Halliwell, S. (1991) 'Comic Satire and Freedom of Speech in classical Athens', *JHS* III: 48–70.
Halliwell, S. (1994) 'Philosophy and Rhetoric', in Worthington (1994) 222–43.
Halliwell, S. (1997) 'Between Public and Private: Tragedy and the Athenian Experience of Rhetoric', in Pelling (1997) 121–42.
Halperin, D. (1992) 'Plato and the erotics of narrativity', in *Innovations of Antiquity*, ed. R. Hexter and D. Selden, 95–126. New York and London.
Halperin, D. M. (1989) 'The Democratic Body: Prostitution and Citizenship in Classical Athens', *South Atlantic Quarterly* 88.1: 149–60; revised version in Halperin (1990) 88–112.
Halperin, D. M. (1990) *One Hundred Years of Homosexuality: And Other Essays on Greek Love*. New York.
Halperin, D. M., Winkler, J. J. and Zeitlin F. I., eds. (1990) *Before Sexuality: the Construction of Erotic Experience in the Ancient Greek World*. Princeton.
Handley, E. and Green, J. R. (1995) *Images of the Greek Theatre*. London.
Hansen, H. (1990) *Aspects of the Athenian Law Code of 410/09–400/399 BCE* New York and London.
Hansen, M. H. (1975) *Eisangelia: the Sovereignty of the People's Court in Athens in the Fourth Century BCE and the Impeachment of Generals and Politicians*. Göttingen.
Hansen, M. H. (1976) *Apagoge, Endeixis and Ehpegesis against Kakourgoi, Atimoi and Pheugontes*. Odense University Classical Studies 8.

Hansen, M. H. (1983) *The Athenian Ecclesia: a collection of articles (1976–1983)*. Copenhagen.
Hansen, M. H. (1984) 'Two Notes on Demosthenes' Symbouleutic Speeches', *C&M* 35: 57–70.
Hansen, M. H. (1987) *The Athenian Assembly in the Age of Demosthenes*. Oxford and New York.
Hansen, M. H. (1989) *The Athenian Ecclesia: a collection of articles (1983–1989)*. Copenhagen.
Hansen, M. H. (1990) 'Solonian Democracy in Fourth-century Athens', in W. R. Connor *et al. Aspects of Athenian Democracy*. Copenhagen, 1990, 71–99.
Hansen, M. H. (1991) *The Athenian Democracy in the age of Demosthenes*. Oxford.
Hanson, A. and Armstrong, D. (1986) 'The virgin's voice and neck: Aeschylus, *Agamemnon* 245 and other texts', *BICS* 33: 97–100.
Harder, A. (1985) *Euripides' Kresphontes and Archelaos*, (*Mnemosyne*, Supp. 87). Leiden.
Harding, P. (1994) 'Comedy and rhetoric', in Worthington (1994).
Harris, E. M. (1994) 'Law and Oratory', in Worthington (1994).
Harris, E. M. (1995) *Aeschines and Athenian Politics*. London.
Harris, W. V. (1989) *Ancient Literacy*. Cambridge, Mass.
Harrison, A. R. W. (1968–71) *The Law of Athens*, 2 vols., Oxford.
Harvey, F. D. (1985) '*Dona Ferentes*: some Aspects of Bribery in Greek Politics', in Cartledge and Harvey (1985) 76–117.
Harvey, F. D. (1990) 'The Sykophant and Sykophancy: Vexatious Redefinition', in Cartledge, Millett and Todd (1990) 103–21.
Haslam, M. W. (1972) 'Plato, Sophron, and the Dramatic Dialogue', *BICS* 19: 17–38.
Headlam, W. (1906) 'The Last Scene of the *Eumenides*', *JHS* 26: 268–77.
Healey, R. F. (1990) *Eleusinian Sacrifices in the Athenian Law Code*. New York and London.
Heath, M. (1988) 'Receiving the κῶμος: The Context and Performance of Epinician'. *AJP* 109: 180–95.
Hedreen, G. (1992) *Silens in Attic Black-figure Vase-painting: Myth and Performance*. Michigan.
Hedrick, C. W. (1994) 'Writing, Reading and Democracy', in Osborne and Hornblower (1994).
Helmholtz, H. L. F. (1885) *On the Sensations of Tone as a Physiological Basis for the Theory of Music*. 2nd English edn. London.
Henderson, J. (1987) 'Older Women in Attic Old Comedy', *TAPA* 117: 105–29.
Henderson, J. (1996) *Three Plays by Aristophanes: Staging Women*. London.
Henderson, L. D. J. (1976) 'Sophocles' *Trachiniae* 878–92 and a principle of Paul Maas', *Maia* 28: 19–24.
Henrichs, A. (1978) 'Greek Maenadism from Olympias to Messalina', *HSCP* 82: 121–60.
Henrichs, A. (1984) 'Loss of Self, Suffering, Violence: the Modern View of Dionysus from Nietzsche to Girard', *HSCP* 88: 205–40.

Henrichs, A. (1990) 'Between Country and City: Dionysus in Attica' in Griffith and Mastronarde (1990) 257-77.
Henrichs, A. (1993) 'The Tomb of Aias and the Prospect of Hero Cult in Sophokles', *Classical Antiquity* 12: 165-80.
Henrichs, A. (1994/5) '"Why should I dance?" Choral Self-referentiality in Greek Tragedy', *Arion* 3.1: 56-111.
Henrichs, A. (1996) '*Warum soll ich denn tanzen?*' *Dionysisches im Chor der griechischen Tragödie*. Stuttgart and Leipzig.
Henrichs, A. (1996a) 'Dancing in Athens, Dancing in Delos: Some Patterns of Choral Projection in Euripides', *Philologus* 140: 48-62.
Henry, A. S. (1977) *The Prescripts of Athenian Decrees*. Leiden.
Henry, A. S. (1983) *Honours and Privileges in Athenian Decrees*. Hildesheim.
Henry, A. S. (1996) 'The Hortatory Intention in Athenian State Decrees', *ZPE* 112: 105-19
Herington, C. J. (1955) *Athena Parthenos and Athena Polias*. Manchester.
Herington, C. J. (1985) *Poetry into Drama: Early Tragedy and the Greek Poetic Tradition*. Berkeley, Los Angeles and London.
Herman, G. (1987) *Ritualised Friendship and the Greek City*. Cambridge.
Herman, G. (1993) 'Tribal and Civic Codes of Behaviour in Lysias 1', *Classical Quarterly* 43: 406-19.
Herman, G. (1994) 'How violent was Athenian society?', in Osborne and Hornblower (1994).
Herman, G. (1996) 'Ancient Athens and the Values of Mediterranean Society', *Mediterranean Historical Review* 11: 5-36.
Hesk, J. (1997) 'Deception, Democracy and Ideology. The rhetoric of Self-Representation in Classical Athens', Ph.D dissertation. Cambridge.
Hesk, J. (forthcoming) *The Rhetoric of Self-Representation: Deception and the Collective in Classical Athenian Culture*. Cambridge.
Hilgard, A. (ed.), (1991) *Scholia in Dionysii Thracis Artem Grammaticum* (= *Grammatici Graeci* Part 1 vol. III) Leipzig.
Hirschkop, K. and Shepherd, D. eds. (1989) *Bakhtin and Cultural Theory*. Manchester.
Hofmann, H. (1976) *Mythos und Komödie: Untersuchungen zu den Vögeln des Aristophanes*. Hildesheim and New York.
Holquist, M. (1990) *Dialogism: Bakhtin and His World*. London.
Hölscher, U. (1975) 'Wie soll ich noch tanzen? Über ein Wort des sophokleischen Chores', in Köhler (1975) 376-93.
Hornblower, S. (1990) 'When was Megalopolis founded?', *ABSA* 85: 71-7.
Hornblower, S. (1991) *A Commentary on Thucydides: books i-iii*. Oxford.
Hose, M. (1990) *Studien zum Chor bei Euripides* vol. 1. Stuttgart.
Hoy, D. ed. (1986) *Foucault: a critical Reader*. Oxford.
Hubert, H. and Mauss, M. (1929) 'Essai sur la nature et fonction du sacrifice', in the authors' *Mélanges d'histoire des religions* (2nd edn. Paris): 1-130. (First published in 1899, in Année Sociologique 2: 29-138. English tr. by Halls, W. D. 1964. *Sacrifice: Its Nature and Function*. Chicago).
Huchzermeyer, H. (1931) *Aulos und Kithara in der griechischen Musik bis zum Ausgang der klassischen Zeit*. Emsdetten.

Hughes, A. (1996) 'Comic Stages in Magna Graecia: the Evidence of the Vases', *TRI* 21: 95-107.
Humphreys, S. (1985) 'Social Relations on Stage: Witnesses in Classical Athens', *History & Anthropology* 1: 313-69.
Hunningher, B. (1956) *Acoustics and Acting in the Theatre of Dionysus Eleuthereus = Mededelinger der koninklijke Nederlandse Akademie van Wetenschappen, afd. Letterkunde* 19.9, 303-38. Amsterdam.
Hunt, E. (1982) *Holy Land Pilgrimage in the Later Roman Empire*. Oxford.
Hunt, L. ed. (1993) *The Invention of Pornography*. Cambridge, Mass.
Hunter, I., Saunders, D. and Williamson, D., eds. (1993) *On Pornography: Literature, Sexuality and Obscenity Law*. London.
Hunter, R. L. (1983) *A Study of* Daphnis and Chloe. Cambridge.
Hunter, V. J. (1994) *Policing Athens: Social Control in the Attic Lawsuits, 420-320 BCE* Princeton.
Hurwit, J. (1990) 'The Word in the Image: Orality, Literacy and Early Greek Art', *Word and Image* 6.2: 180-97.
Immerwahr H. (1990) *Attic Script*. Oxford.
Itzin, C. ed. (1990) *Pornography: Women, Violence and Civil Liberties*. Oxford.
Jakobson, R. (1961) 'Linguistics and communication theory', *Structure of Language and its Mathematical Aspects. Proceedings of Symposia in Applied Mathematics* 12: 245-52.
Jakobson, R. (1963) *Essais de Linguistique Générale*. Paris.
Jameson, M. H. (1965) 'Notes on the Sacrificial Calendar from Erchia', *BCH* 89 (1965) 154-72.
Jameson, M. H. (1988) 'Sacrifice and Ritual: Greece', in *Civilization of the Ancient Mediterranean: Greece and Rome* II, ed. M. Grant and R. Kitzinger: 959-79. New York.
Jameson, M. H. (1990) 'Private space in the Greek city', in Murray and Price (1990) 169-93.
Jameson, M. H. (1991) 'Sacrifice before Battle', in *Hoplites. The Classical Greek Battle Experience*, ed. V. Hanson. London.
Jameson, M. H. (1994) 'Theoxenia', in *Ancient Greek Cult Practice from the Epigraphical Evidence* (Swedish Institute at Athens; ActaAth-80, 13, Stockholm, 1994), ed. R. Hägg: 35-57.
Jameson, M. H. (1997) 'Religion and the Athenian Democracy', in *Democracy 2500? Questions and Challenges* (Archaeological Institute of America, Colloquia and Conference Papers, No. 2), eds. I. Morris and K. Raaflaub: 171-95. Boston.
Janaway, C. (1995) *Images of excellence. Plato's Critique of the Arts*. Oxford.
Janin, R. (1966) 'Les processions religieuses de Byzance', *REB* 24: 68-89.
Janko, R. (1992) *The Iliad: books 13-16*. Cambridge.
Jay, M. (1993) *Downcast Eyes: the Denigration of Vision in Twentieth-century French Thought*, Berkeley.
Jens, W. ed. (1971) *Die Bauformen der griechischen Tragödie*. Munich.
Johansen, H. F., and Whittle. E. W. eds. (1980) *Aeschylus: The Suppliants*. Copenhagen.
Jones, C. P. (1991) 'Dinner Theater', in Slater (1991) 185-97.

Jones, N. (1995) *Soundbites and Spin Doctors. How Politicians Manipulate the Media and Vice Versa*. London.
Kahn, C. H. (1983) 'Drama and Dialectic in Plato's Gorgias'. *OSAPh* 1: 75-121.
Kaimio, M. (1970) *The Chorus of Greek Drama within the Light of the Person and Number Used*. Helsinki.
Kakouri, K. (1974) Προϊστορία τοῦ Θεάτρου: ἀπό τή σκοπιά τῆς Κοινωνικῆς Ἀνθρωπολογίας. Athens.
Kakrides, F. I. (1987) Ἀριστοφάνους: Ὄρνιθες. 2nd edn. Athens-Ioannina.
Käppel, L. (1992) *Paian. Studien zur Geschichte einer Gattung*. Berlin.
Kappeler, S. (1986) *The Pornography of Representation*. Cambridge.
Karp, I. and Lavine, S., eds. (1991) *Exhibiting Cultures: the Poetics and Politics of Museum Display*. Washington and London.
Kasper-Butz, I. (1990) *Die Göttin Athena im klassischen Athen: Athena als Repräsenntantin des demokratischen Staates*. Frankfurt.
Kassel, R. ed. (1971) *Aristotelis Ars Rhetorica*. Berlin.
Katsouris, A. G. (1989) Ρητορική Ὑπόκριση. Ioannina.
Kavoulaki, A. (1996) 'ΠΟΜΠΑΙ: Processions in Athenian Tragedy', Dissertation Oxford.
Keen, I. (1994) *Knowledge and Secrecy in an aboriginal Religion*. Oxford.
Kennedy, G. (1963) *The Art of Persuasion in Greece*. London.
Kennedy, G. A. (1989) 'Ancient Antecedents of Modern Literary Theory', *AJP* 110: 492-8.
Klein, W. (1898) *Die Griechischen Vasen mit Lieblingsinschriften*. Leipzig.
Kleingünther, A. (1933) Πρῶτος εὑρετής. Philologus Supplement 26,1.
Kleinknecht, H. 1937. 'Zur Parodie des Gottmenschentums bei Aristophanes', *ARW* 34: 294-313.
Köhler, E. ed. (1975) *Sprachen der Lyrik. Festschrift für Hugo Friedrich*. Frankfurt a. M.
Koller, H. (1963) *Musik und Dichtung im alten Griechenland*. Bern and Munich.
Konstan, D. (1997) *Friendship in the Classical World*. Cambridge.
Konstan, D. and Dillon, M. (1981) 'The Ideology of Aristophanes' *Wealth*' *AJP* 102: 371-94.
Kotsidu, H. (1990) *Die musischen Agone der Panathenäen in archaischer Zeit: Eine historisch-archäologische Untersuchung*. Munich.
Kovaks, D. (1994) *Euripidea*. Leiden.
Kranz, W. (1933) *Stasimon. Untersuchungen zu Form und Gehalt der griechischen Tragödie*. Berlin.
Kristeva, J. (1982 [1980]) *Powers of Horror: an Essay on Abjection*, tr. L. Roudiez. Columbia.
Kron, U. (1976) *Die zehn attischen Phylenheroen* (Athenische Mitteilungen, Beiheft 5). Berlin.
Krummen, E. (1993) 'Athens and Attica: *Polis* and Countryside in Greek Tragedy', in Sommerstein, Halliwell, Henderson and Zimmermann (1993) 191-217.
Kuhn, H. (1941-2) 'The True Tragedy: On the Relationship between Greek Tragedy and Plato', *HSCP* 52: 1-40 and *HSCP* 53: 37-88.
Kurtz, D. C. (1975) *Athenian White Lekythoi*. Oxford.

Kyle, D. G. (1992) 'The Panathenaic Games: Sacred and Civic Athletics', in Neils (1992) 77–101.
Labarbe, J. (1977) *Fouilles de Thorikos, I: Les testimonia*. Ghent.
Lane Fox, R. (1994) 'Aeschines and Athenian Democracy', in Osborne and Hornblower (1994) 135–56.
Langdon, M. (1976) *A Sanctuary of Zeus on Mount Hymettos*, Hesperia Supplement 16. (Princeton).
Lanni, A. (1997) 'Spectator Sport or Serious Politics? οἱ περιεστηκότες and the Athenian Lawcourts', *JHS* 117: 183–9.
Laqueur, R. (1927) *Epigraphische Untersuchungen au den griechischen Volksbeschlüssen*. Leipzig.
Larson, J. (1995) *Greek Heroine Cults*. Madison, Wisconsin.
Lasserre, F. (1954) *Plutarque, De la musique: texte, traduction, commentaire*. Lausanne.
Lavency, M. (1964) *Aspects de la logographie judiciaire attique*. Louvain.
Lawrence, A. (1991) *Echo and Narcissus: Women's voices in Classical Hollywood Films*. Berkeley.
le Guen, B. (1995), 'Théâtre et cités a l'époque hellenistique: "Mort de la cité" – "Mort du Théâtre"?', *REG* 108: 59–90.
Leacock, A. G. (1900) 'De rebus ad pompas sacras apud Graecos pertinentibus: Quaestiones Selectae'. *HSCP* 11: 1–45.
Leaf, W. (1900–02) *The Iliad*, edited with English notes and Introduction. 2nd edn, 2 vols. London.
Lebeck, A. (1971) *The Oresteia: A Study in Language and Structure*. Washington, D.C. and London.
Leclercq-Neveu, B. (1989) 'Marsyas, le Martyr de l'Aulos', *Mètis* 4: 251–68.
Lefkowitz, M. (1981) *Lives of the Greek Poets*. London.
Lefkowitz, M. and Fant, M. (1992) *Women's Life in Greece and Rome: A Sourcebook in Translation*. 2nd edn. London.
Lehnstaedt, K. (1970) 'Prozessionsdarstellungen auf attischen Vasen'. Dissertation Munich.
Levi, M. and Nelken, D., eds. (1996) *The Corruption of Politics and the Politics of Corruption*. Oxford.
Levine, D. (1985) 'Symposium and the *polis*', in Figueira and Nagy (1985).
Levinson, S. (1983) *Pragmatics*. Cambridge.
Levy, R. I. (1990) *Mesocosm. Hinduism and the Organization of a Traditional Newar City in Nepal*. Berkeley.
Lévy, Edmond. (1976) 'Les Femmes chez Aristophane', *Ktèma* 1: 99–112.
Lewis, D. M. (1993) 'Oligarchic Thinking in the Late Fifth Century', in R. Rosen and J. Farrell eds. *Nomodeiktes: Greek Studies in Honor of Martin Ostwald*. Ann Arbor.
Lewis, S. (1996) *News and Society in the Greek Polis*. London.
Lissarague, F. (1987) *Un flot d'images: une esthétique du banquet grec*. Paris.
Lissarague, F. (1985) 'Paroles d'images: remarques sur le fonctionnement de l'écriture dans l'imagerie attique', in *Ecritures II* ed. A. M. Christin: 71–93. Paris.
Lissarague, F. (1990) *The Aesthetics of the Greek Banquet: Images of Wine and Ritual*. tr. A. Szegedy-Maszak. Princeton.

Lissarrague, F. (1990a) 'The Sexual Life of Satyrs', in Halperin, Winkler, and Zeitlin (1990) 53–81.
Lissarrague, F. (1990b) 'Why Satyrs are Good to Represent', in Winkler and Zeitlin (1990) 228–36.
Lissarrague, F. (1992) 'Graphein: écrire et dessiner', in *L'image en jeu*, eds. Ch. Bron and E. Kassapoglou: 189–203. Lausanne.
Lissarrague, F. (1993) 'On the Wildness of Satyrs', in Carpenter and Faraone (1993) 207–20.
Lissarrague, F. and Frontisi-Ducroux, F. (1990) 'From Ambiguity to Ambivalence: A Dionysiac Excursion through the "Anakreontic" Vases', in Halperin, Winkler, and Zeitlin (1990) 211–56.
Lloyd, G. E. R. (1970) *Early Greek Science: Thales to Aristotle*. London.
Lloyd, G. E. R. (1979) *Magic, Reason and Experience: Studies in the Origin and Development of Greek Science*. Cambridge.
Lloyd, G. E. R. (1983) *Science, Folklore and Ideology*. Cambridge.
Lloyd, G. E. R. (1987) *The Revolutions of Wisdom: Studies in the Claims and Practice of Ancient Greek Science*. Berkeley.
Lloyd, M. (1992) *The Agon in Euripides*. Oxford.
Lloyd, M. (1994) *Euripides: Andromache*. Warminster.
Lonis, R. ed. (1992) *L'Etranger dans le monde grec*. Vol. II. Nancy.
Lonsdale, S. 1993. *Dance and Ritual Play in Greek Religion*. Baltimore and London.
Loraux, N. (1981) *L'Invention d'Athènes*. Paris.
Loraux, N. (1981a) *Les enfants d'Athéna. Idées athéniennes sur la citoyenneté et la division des Sexes*. Paris (see also Loraux (1993)).
Loraux, N. (1986) *The Invention of Athens*. Cambridge Mass. (Eng. trans. of Loraux (1981)). 115–39.
Loraux, N. (1990) 'Gloire du Même, prestige de l'Autre', *Le genre humain* 21: 115–39.
Loraux, N. (1991) 'Aristophane et les femmes d'Athènes. Réalité, fiction, théâre. Note preliminaire', *Métis* 6: 119–30.
Loraux, N. (1993) *The Children of Athena*, tr. C. Levine, Princeton.
Loraux, N. (1993a) 'Aristophane, les femmes d'Athènes et le théâtre', in E. Degani ed. *Aristophane. Entretiens sur l'Antiquité Classique*, vol. 38: 203–44. Vandoevres–Geneva.
M.-Klein, B. (1988) 'Die myronische Athena – im Weggehen begriffen?', *Boreas* 11: 43–7.
Maas, M. and Snyder, J. (1989) *Stringed Instruments of Ancient Greece*. New Haven and London.
Maas, P. (1929) *Griechische Metrik*, = A. Gercke and E. Norden eds. *Einleitung in die Altertumswissenschaft*, vol. 1.7. Leipzig and Berlin.
Maas, P. (1962) *Greek Metre*. Oxford.
MacAloon, J. ed. (1984) *Rite, Drama, Festival, Spectacle: Rehearsals toward a Theory of Cultural Performance*. Philadelphia.
MacDonald, B. R. (1982) 'The Import of Attic Pottery to Corinth and the Question of Trade during the Pelonnesian War', *JHS* 102: 113–23.
MacDowell, D. M. (1971) *Aristophanes' Wasps*. Oxford.
MacDowell, D. M. (1978) *Law in Classical Athens*. London.

MacDowell, D. M. (1990) *Demosthenes: Against Meidias*. Oxford.
MacDowell, D. M. (1995) *Aristophanes and Athens: an Introduction to his Plays*. Oxford.
MacKinnon, C. (1987) *Feminism Unmodified*. Cambridge, Mass.
MacKinnon, C. (1993) *Only Words*. Cambridge, Mass.
Macran, H. (1912) *The Harmonics of Aristoxenus*. Oxford.
Mader, M (1977) *Das Problem des Lachens und der Komödie bei Platon*. Stuttgart.
Malkin, I. (1987) *Religion and Colonisation in Ancient Greece*. Studies in Greek and Roman Religion. Leiden.
March, J. (1990) 'Euripides the Misogynist', in Powell (1990) 32-75.
Marin, L. 1987. 'Notes on a Semiotic Approach to *Parade, Cortege,* and *Procession*', in *Time out of Time: Essays on the Festival*, ed. A. Falassi: 220-30. Albuquerque.
Marinatos, N. (1986) *Minoan Sacrificial Ritual: Cult Practice and Symbolism*. Stockholm.
Marinatos, N. (1993) *Minoan Religion*. New York.
Mark, I. S. (1993) *The Sanctuary of Athena Nike in Athens. Architectural Stages and Chronology*. Hesperia Supplement 26. Princeton.
Marrou, H.-I. (1956) *History of Education in Antiquity*. New York.
Marrou, H.-I. (1964) *Histoire de l'éducation dans l'Antiquité I. Le monde grec*. 6th edn. Paris.
Martens, H. H. (1954) *Die Einleitungen der Dialoge Laches und Protagoras*. Kiel.
Martin, R. (1993) 'The Seven Sages as Performers of Wisdom', in Dougherty and Kurke (1993).
Martin, V. and de Budé, D. (1927) *Aeschine. Discours I*. Paris.
Marx, F. (1933) 'Musik aus der griechischen Tragödie', *Rh. M* 82: 230-46.
Masqueray, P. (1895) *Théorie des formes lyriques de la tragédie grecque*. Paris.
Mastronarde, D. (1994) *Euripides: Phoenissae*. Cambridge.
Mattéi, J.-F. (1986) 'The Theatre of Myth in Plato', in Griswold (1986).
Maurizio, L. (forthcoming) 'The Panathenaia: Processing Notions of Athenian Identity', in *Democracy, Empire and the Arts*, ed. K. Raaflaub and D. Boedeker. Cambridge, Mass.
Melville, S. and Readings, W., eds. (1995) *Vision and Textuality*. London.
Méron, E. (1979) *Les idées morales des interlocuteurs de Socrate dans les dialogues platoniciens de jeunesse*. Paris.
Merriam., A. (1964) *The Anthropology of Music*. Northwestern University Press.
Merritt, C. (1984) '"The Greatest Spectacle": Processions in the Works of Mark Twain', *American Literary Realism* 17.2: 180-92.
Metzger, H. (1951) *Les représentations dans la céramique attique du IVe siècle*. Paris.
Michaelides, S. (1978) *The Music of Ancient Greece: An Encyclopaedia*. London.
Midhrahi-Kapon, R. ed. (1994) *La Thessalie: Quinze années de recherches archéologiques, 1975-1990*. Athens.
Mikalson, J. (1975) *The Sacred and Civil Calendar of the Athenian Year*. Princeton.
Mikalson, J. (1977) 'Religion in the Attic Demes', *AJP* 98: 424-35.
Miller, M. C. (1997) *Athens and Persia in the Fifth Century BCE. A study in Cultural Receptivity*. Cambridge.

Miller, S. (1991) *Arete: Greek Sports from Ancient Sources*. Berkeley.
Miller, S. G. (1979) 'Excavations at Nemea, 1978', *Hesperia* 48: 71-103.
Millett, P. (1991) *Lending and Borrowing in Ancient Athens*. Cambridge.
Milne M. and von Bothmer D. (1953) 'Katapugon, katapugaina', *Hesperia* 22: 215-24.
Mommsen, A. (1898) *Feste der Stadt Athen in Altertum*. Leipzig.
Monro, D. B. (1894) *The Modes of Ancient Greek Music*. Oxford.
Moravscik, J., and Temko, P., eds. (1982) *Plato on Beauty, Wisdom and the Arts*. New Jersey.
Moret, J.-M (1979) 'Un ancêtre du phylactère: le pilier inscrit des vases italiotes', *RA* (1979) 3-34, 235-58.
Moretti, J.-Ch. (1991, 1992, 1993) 'L'Architecture des théâtres (1980-1989)', *Topoi* 1(1991), 7-38 (Mainland Greece); 2(1992) 9-32 (Asia Minor); 3(1993) 72-100 (Sicily & S. Italy).
Morrison, J. (1984) 'Hyperesia in Naval Contexts in the Fifth and Fourth Centuries BC', *JHS* 104: 48-59.
Mossé, C. (1995) 'La classe politique à Athènes au IVème siècle', in Eder (1995).
Moutsopoulos, E. (1962) 'Euripide et la philosophie de la musique', *REG* 75: 96-452.
Muir, E. (1981) *Civic Ritual in Renaissance Venice*. Princeton.
Müller, D. (1987) *Topographisches Bildcommentar zu den Historien Herodots: Griechenland*. (Tübingen).
Mulvey, L. (1989) *Visual and Other Pleasures*. London.
Murphy, C. T. (1938) 'Aristophanes and the Art of Rhetoric', *HSCP* 49: 69-114.
Murray, G. (1933) *Aristophanes: A Study*. Oxford.
Murray, J. S. (1988) 'Disputation, Deception and Dialectic: Plato on the True Rhetoric (*Phaedrus* 261-266)', *Philosophy and Rhetoric* 21: 279-89.
Murray, O. and Price, S., eds., (1990) *The Greek City from Homer to Alexander*. Oxford.
Murray, O. ed. (1990) *Sympotica: A Symposium on the Symposium*. Oxford.
Murray, P. (1996) *Plato on Poetry*. Cambridge.
Murray, T. ed. (1997) *Mimesis, Masochism and Mime: The Politics of Theatricality in Contemporary French Thought*. Ann Arbor.
Nagy, B. (1992) 'The Athenian Athlothetai', *GRBS* 19: 307-13.
Nagy, G. (1979) *The Best of the Achaeans*. Baltimore and London.
Nagy, G. (1990) *Pindar's Homer. The Lyric Possession of an Epic Past*. Baltimore and London.
Nagy, G. (1994/5) 'Transformations of Choral Lyric Traditions in the Context of the Athenian State Theater', *Arion* 3.1: 41-55.
Nagy, G. (1996) *Poetry as Performance. Homer and Beyond*. Cambridge.
Nead, L. (1988) *Myths of Sexuality: Representations of Women in Victorian Britain*. Oxford.
Neer, R. (1998) 'Pampoikilos', PhD dissertation, Berkeley.
Neils, J. (1992) 'The Panathenaia: an introduction', in Neils ed. (1992).
Neils, J. (1996) 'Pride, Pomp and Circumstance: the Iconography of Processions' in J. Neils, ed., *Worshipping Athena: Panathenaia and Parthenon*. Madison, Wisconsin. 177-97.

Neils, J. ed. (1992) *Goddess and Polis: the Panathenaic Festival in Ancient Athens*. Princeton.
Neils, J. ed. (1996) *Worshipping Athena: Panathenaia and Parthenon*. Madison, Wisconsin.
Neubecker, A. (1990) 'Altgriechische Musik 1958–1986', *Lustrum* 32: 99–176.
Neutsch, B. ed. (1967) *Herakleiastudien*. *MDAI* (R) Ergänzungsheft 11. Heidelberg.
Newton, J., Ryan, P. and Walkowitz, J., eds. (1983) *Sex and Class in Women's History*. London.
Nightingale, A. W. (1995) *Genres in Dialogue*. Cambridge.
Nilsson, M. P. (1906) *Griechische Feste von Religiöser Bedeutung: Mit Ausschluss der Attischen*. Leipzig.
Nilsson, M. P. (1951) 'Die Prozessionstypen im griechischen Kult', in *Opuscula selecta ad historiam religionis Graecae*, vol. I: 166–214. Lund.
Nilsson, M. P. (1957) *Griechische Feste von religiöser Bedeutung mit Ausschluss der Attischen*. Stuttgart.
Nilsson, M. P. (1967) *Geschichte der griechischen Religion*. I^3. *Die Religion Griechenlands bis auf die griechische Weltherrschaft*. Munich.
Nochlin, L. (1989) *The Politics of Vision*. New York.
Nock, A. D. (1944) 'The Cult of Heroes'. *HThR* 37: 141–73.
Nordquist, G. C. (1992) 'Instrumental Music in Representations of Greek Cult', in *The Iconography of Greek Cult in the Archaic and Classical Period: Proceedings of the First International Seminar Ancient Greek Cult (Delphi 16–18 November 1980)*. Kernos Supplément 1, ed. R. Hägg: 143–68. Athènes and Lièges.
North, H. (1952) 'The Use of Poetry in the Training of the Ancient Orator', *Traditio* 8: 1–33.
North, H. (1966) *Sophrosyne: Self-Knowledge and Self-Restraint in Greek Literature*. Ithaca.
Nouhaud, M. (1982) *L' utilisation de l' histoire par les orateurs attiques*. Paris.
Nussbaum M. (1982) '"This Story isn't True": Poetry, Goodness and Understanding in Plato's *Phaedrus*', in Moravscik and Temko (1982).
Nussbaum, M. (1986) *The Fragility of Goodness*. Cambridge.
O'Brien, M. J. (1963) 'The Unity of the *Laches*', *JCS* 18: 133–47.
O' Regan, D. (1992) *Rhetoric, Comedy and the Violence of Language in Aristophanes' Clouds*. Oxford.
O'Sullivan, N. (1992) *Alcidamas, Aristophanes and the Beginnings of Greek Stylistic Theory*. Hermes Einzelschriften Heft 60. Stuttgart.
Oakley, J. H. and Sinos, R. (1993) *The Wedding in Ancient Athens*. Wisconsin.
Obbink, D. (1993) 'Dionysus Poured Out: Ancient and Modern Theories of Sacrifice and Cultural Formation', in Carpenter and Faraone (1993) 65–86.
Ober, J. (1989) *Mass and Elite in Democratic Athens: Rhetoric, Ideology and the Power of the People*. Princeton.
Ober, J. (1994) 'Power and Oratory in Democratic Athens: Demosthenes 2, *Against Meidias*', in Worthington (1994) 85–108.
Ober, J. (1994a) 'Civic Ideology and Counterhegemonic Discourse: Thucydides on the Sicilian Debate', in Boegehold and Scafuro (1994).
Ober, J. (1998) *Political Dissent in Democratic Athens: Intellectual Critics of Popular Rule*. Princeton.

Ober, J. and Hedrick, C., eds. (1996) *Dēmokratia. A Conversation on Democracies, Ancient and Modern*. Princeton.
Ober, J. and Strauss, B. (1990) 'Drama, political rhetoric and the discourse of Athenian Democracy', in Winkler and Zeitlin (1990) 237–70.
Oeri, B. (1948) *Der Typ der komischen Alten in der griechischen Komödie*. Basle.
Oikonomides, A. (1984) 'An Etruscan in Fifth-Century Athens', *Ancient World* 10: 127–8.
Ophir, A. (1992) *Plato's Invisible Cities: Discourse and Power in the Republic*. London.
Ortner, S. B. (1984) 'Theory in Anthropology since the Sixties', *Comparative Studies in Society and History* 1: 126–66.
Osborne, M. J. (1981–3) *Naturalization at Athens*. 4 vols in 3. Brussels.
Osborne, R. (1985) *Demos: the Discovery of Classical Attika*. Cambridge.
Osborne, R. (1985a) 'Law in Action in Classical Athens', *JHS* 105: 40–58.
Osborne, R. (1987) 'The Viewing and Obscuring of the Parthenon Frieze', *JHS* 107: 98–105.
Osborne, R. (1990) 'Vexatious Litigation in Classical Athens: Sykophancy and the Sykophant', in Cartledge, Millett and Todd (1990) 83–102.
Osborne, R. (1993) 'Competitive festivals and the polis: a context for dramatic festivals in Athens', in Sommerstein, Halliwell, Henderson, and Zimmermann eds. (1993).
Osborne, R. (1993a) 'Women and Sacrifice in Classical Greece', *Classical Quarterly* 43: 392–405.
Osborne, R. (1994) 'Archaeology, the Salaminioi, and the Politics of Sacred Space in Archaic Attica', in Alcock and Osborne (1994).
Osborne, R. (1994a) 'Democracy and Imperialism in the Panathenaic Procession: The Parthenon Frieze in its Context', in Coulson et al. (1994) 143–50.
Osborne, R. (1996) *Greece in the Making 1200–479 BCE*. London.
Osborne, R. and Hornblower, S., eds. (1994) *Ritual, Finance, Politics. Athenian Democratic Accounts Presented to David Lewis*. Oxford.
Østerud, S. (1970) 'Who sings the Monody 669–79 in Euripides' *Hippolytus*?', *GRBS* 11: 307–20.
Ostwald, M. (1986) *From Popular Sovereignty to the Sovereignty of Law: Law, Society and Politics in Fifth-Century Athens*. Berkeley.
Ousterhout, R. (1990) *The Blessings of Pilgrimage*. Urbana.
Overbeck, J. (1868) *Die antiken Schriftquellen zur Geschichte der bildenden Künste bei den Griechen*. Leipzig.
Owen, A. S. (1936) 'The date of Sophocles' *Electra*', in *Greek Poetry and Life: Essays Presented to Gilbert Murray on his Seventieth Birthday*. Oxford. 145–57.
Page, D. L. (1936) 'The elegiacs in Euripides' *Andromache*', in *Greek Poetry and Life: Essays Presented to Gilbert Murray on his Seventieth Birthday*. Oxford. 206–30.
Palmer, C. (1975) *Miklós Rózsa: A Sketch of his Life and Work*. London and Wiesbaden.
Pantos, P. (1994) 'La Vallée du Spercheios ... aux Epoques Hellénistiques', in Midhrahi and Kapon (1994) 221–8.
Paquette, D. (1984) *L'Instrument de musique dans la céramique de la Grèce antique: études d'Organologie*. Paris.
Parke, H. W. (1977) *Festivals of the Athenians*. London.

Parker, A. and Sedgwick, E., eds. (1995) *Performativity and Performance*. London and New York.
Parker, D. (1967) *Aristophanes, The Congresswomen*, tr. D. Parker. Ann Arbor.
Parker, L. P. E. (1997) *The Songs of Aristophanes*. Oxford.
Parker, R. (1987) 'Myths of Early Athens', in Bremmer (1987) 187–214.
Parker, R. (1987) 'Festivals of the Attic demes', in *Gifts to the Gods* (Boreas, 15) eds. T. Linders, and G. Nordquist: 137–47. Uppsala.
Parker, R. (1989) 'Spartan Religion', in A. Powell, ed. *Classical Sparta*. London. 142–72.
Parker, R. (1996) *Athenian Religion: A History*. Oxford.
Parker, R. (1996a) 'Sacrifice, Greek', in *Oxford Classical Dictionary*. 3rd edn: 1344–5. Oxford.
Patterson, R. (1982) 'The Platonic Art of Comedy and Tragedy', *Philosophy and Literature* 6: 76–93.
Patterson, R. (1985) *Image and Reality in Plato's Metaphysics*. Indianapolis.
Pavis, P. (1987) *Dictionnaire du théâtre* 2nd edn. Paris.
Pavloskis, Z. (1977–8) 'The Voice of the Actor in Greek Tragedy', *Classical World* 71: 113–23.
Pearson, L. (1941) 'Historical Allusions in the Attic Orators', *CPh* 36: 209–29.
Pearson, L. (1962) *Popular Ethics in Ancient Greece*. Stanford.
Pearson, L. (1990) *Aristoxenus. Elementa Rhythmica*. Oxford.
Peirce, S. (1993) 'Death, Revelry, and Thysia', *Classical Antiquity* 12: 219–78.
Pélékidis, C. (1962) *Histoire de l'Ephébie Attique*. Paris.
Pelling, C. B. R. ed. (1990) *Characterization and Individuality in Greek Literature*. Oxford.
Pelling, C. B. R. ed. (1997) *Greek Tragedy and the Historian*. Oxford.
Pellizer, E. (1990) 'Sympotic entertainment', in Murray (1990).
Pembroke, S. (1965) 'The Last of the Matriarchs: A Study in the Inscriptions of Lycia', *Journal of Economic and Social History of the Orient* 8.3: 217–47.
Pembroke, S. (1967) 'Women in Charge. The Functions of Alternatives in Early Greek Tradition and the Ancient Idea of Matriarchy', *Journal of the Warburg and Courtauld Institute* 30: 1–35.
Penley, C. ed. (1988) *Feminism and Film Theory*. New York and London.
Peretti, A. (1939) *Epirrema e tragedia*. Florence.
Perlman, S. (1961) 'The Historical Example, Its Use and Importance as Political Propaganda in the Attic Orators', *SH* 7: 150–66.
Perlman, S. (1964) 'Quotations from Poetry in Attic Orators of the Fourth Century BCE', *AJP* 85: 155–72.
Petrey, S. (1990) *Speech Acts and Literary Theory*. New York and London.
Pfeiffer, R. (1968) *History of Classical Scholarship: From the Beginnings to the End of the Hellenistic Age*. Oxford.
Pfuhl, E. (1900) *De Atheniensium pompis sacris*. Berlin.
Phelan, P. (1993) *Unmarked: the Politics of Performance*. London.
Phelan, P. (1997) *Mourning Sex*. London.
Pickard-Cambridge, A. (1962) *Dithyramb, Tragedy, and Comedy*, 2nd edn, revised by T. B. L. Webster. Oxford.

Pickard-Cambridge, A. (1968) *The Dramatic Festivals of Athens*, 2nd edn. Oxford.
Pickard-Cambridge, A. (1988) *The Dramatic Festivals of Athens*, 2nd edn, revised with supplement and corrections by J. Gould and D. Lewis. Oxford.
Pintacuda, M. (1978) *La Musica nella tragedia Greca*. Maggio.
Poizat, M. (1992) *The Angel's Cry: Beyond the Pleasure Principle in Opera*, tr. A. Denner. Ithaca and London.
Polacco, L. et al. (1981, 1990) *Il teatro greco di Siracusa* (i, Rimini; ii, Padua).
Polignac, de F. (1995) *Cults, Territory and the Origin of the Greek City-State*. Chicago.
Pollitt, J. J. (1974) *The Ancient Greek View of Greek Art*. New Haven.
Pongratz-Leisten, B. (1994) *Ina Sulmi Irub: die kulttopographische und ideologische Programmatik der akitu-Prozession in Babylonien und Assyrien im I. Jahrtausend v. Chr*. Baghdader Forschungen. Mainz.
Popp, H. (1971) 'Die Amoibaion', in Jens (1971) 221–75.
Popper, K. (1966) *The Open Society and its Enemies, vol. 1, The Spell of Plato*, 5th edn. London.
Possetto, P. and Sartoro, G., eds. (1995) *Teatri Greci e Romani*. Rome.
Pötscher, W. (1959) 'Die Funktion der Anapästpartien in der Tragödien des Aischylos', *Eranos* 57: 79–98.
Powell, A. ed. (1990) *Euripides, Women, and Sexuality*. London.
Pratt, M. (1977) *Towards a Speech-Act Theory of Literary Discourse*. Bloomington.
Pratt, M. (1992) *Imperial Eyes: Travel Writing and Transculturation*. London.
Prendergast, C. (1986) *The Order of mimesis*. Cambridge.
Pretagostini, R. ed. (1993) *Tradizione e innovazione nella Cultura greca da Omero all' età ellenistica. Scritti in onore di Brunto Gentili*. Vol. II. Rome.
Price, A. W. (1989) *Love and Friendship in Plato and Aristotle*. Oxford.
Price, T. H. (1978) *Kourotrophos. Cults and Representations of the Greek nursing Deities*. Leiden.
Pritchett, W. K. (1974) *The Greek State at War*. Vol. II. Berkeley.
Pucci, P. (1977) 'Euripides: the Monument and the Sacrifice', *Arethusa* 10: 165–95.
Pucci, P. (1992) *Oedipus and the Fabrication of the Father*. Baltimore and London.
Pucci, P. (1996) 'Auteur et destinataire dans les *Erga* d'Hésiode', in Blaise et al. (1996) 191–210.
Puttkammer, F. (1912) 'Quo mode Graeci victimarum carnes distribuerint.' Dissertation Königsberg.
Radermacher, L. (1951) *Artium Scriptores*. Vienna.
Randall, J. H. (1970) *Plato: Dramatist of the Life of Reason*. New York.
Rappaport, R. A. (1979) *Ecology, Meaning, and Religion*. Richmond, California.
Rau, P. (1967) *Paratragodia: Untersuchung einer komischen Form des Aristophanes Zetemata* 45. Munich.
Raven, D. S. *Greek Metre: an Introduction*. 2nd edn. London.
Rebillard, L. (1991) 'Exékias apprend à écrire', in Baurain et al. (1991) 549–64.
Redfield, J. (1985) 'Herodotus the Tourist', *CP* 80: 97–118.
Reeve, C. D. C. (1989) *Socrates in the Apology*. Indianapolis.

Reinelt, J. and Roach, J., eds. (1992) *Critical Theory and Performance.* Ann Arbor.
Reiner, E. (1983) *Die Rituelle Totenklage bei den Griechen.* Tübingen.
Reitzensten, R. (1893) *Epigramm und Skolion.* Giessen. Reprint, 1970. Hildesheim.
Rhodes, P. J. (1972) *The Athenian Boule* (revised edn 1985). Oxford.
Rhodes, P. J. (1979) 'ΕΙΣΑΓΓΕΛΙΑ in Athens', *JHS* 99: 103–14.
Rhodes, P. J. (1991) 'The Athenian Code of Laws, 410–399 BCE', *JHS* 111: 87–100.
Rhodes, P. J. (1981) *A Commentary on the Aristotelian* Athenaion Politeia (reissued with addenda 1993). Oxford.
Rhodes, P. J. (1993) 'One treasurer oligarchic, many treasurers democratic?', in *Tria Lustra* eds. H. D. Jocelyn and H. Hurt: 1–3. Liverpool.
Rhodes, P. J. with Lewis, D. M. (1997) *The Decrees of the Greek States.* Oxford.
Rhodes, R. (1995) *Architecture and Meaning on the Athenian Acropolis.* Cambridge.
Richardson, N. J. (1975) 'Homeric Professors in the Age of the Sophists', *PCPS* 21: 65–81.
Richardson, R. B. (1895) 'A Sacrificial Calendar from the Epakria', *AJA* 10: 209–26 (also in *Papers of the American School of Classical Studies at Athens* 6 [1890–97] 374–91).
Richter, G. M. A. (1970) *Kouroi: Ancient Greek Youths.* London.
Richter, L. (1983) 'Die Musik der griechischen Tragödie und ihre Wandlungen unter veränderten historischen Bedingungen,' in *Die griechische Tragödie in ihrer gesellschaftlichen Funktion.* ed. H. Kuch: 115–39. Berlin.
Ridley, F. F. and Doig, A., eds. (1995) *Sleaze: Politicians, Private Interests and Public Reaction.* Oxford.
Ridley, F. F. and Thompson, B., eds. (1997) *Under the Scott-light: British Government Seen Through the Scott Report.* Oxford.
Ritchie, W. (1964) *The Authenticity of the Rhesus of Euripides.* Cambridge.
Robb, K. (1994) *Literacy and Paideia in Ancient Greece.* Oxford.
Robert, L. 1969. *Opera minora selecta: epigraphie et antiquités grecques*, vol. II. Amsterdam.
Roberts, D. H. (1987) 'Parting Words: Final Lines in Sophocles and Euripides', *Classical Quarterly* 81: 51–64.
Roberts, J. T. (1994) *Athens on Trial: the Anti-Democratic Tradition in Western Thought.* Princeton.
Robertson, N. (1990) 'The laws of Athens, 410–399 BCE: The evidence for review and publication', *JHS* 110: 43–75.
Robertson, N. (1992) *Festivals and Legends: The Formation of Greek Cities in the Light of Public Ritual.* (Phoenix, Supplementary Volume 31). Toronto.
Roccos, L. J. (1995) 'The Kanephoros and her Festival Mantle in Greek Art', *American Journal of Archaeology* 99: 641–62.
Roesch, P. (1982) *Etudes Béotiennes.* Paris.
Roesch, P. (1989) 'L'aulos et les aulètes en Béotie', in *Boiotika* ed. H. Beister and J. Buckler: 203–14. Munich.
Romer, F. E. (1983) 'When Is a Bird Not a Bird?', *TAPA* 113: 135–42.

Romm, J. (1992) *The Edges of the Earth in Ancient Thought*. Princeton.
Roos, E. (1951) *Die Tragische Orkhestrik im Zerbild der Altattischen Komödie*. Lund.
Rose, P. (1992) *Sons of the Gods, Children of Earth: Ideology and Literary Form in Ancient Greece*. Ithaca and London.
Rosen, S. (1993) *The Quarrel between Philosophie and Poetry*. New York.
Rosivach, V. (1994) *The System of Public Sacrifice in Fourth-Century Athens* (American Classical Studies, 34). Atlanta.
Rösler, W. (1986) 'Michail Bachtin und die Karnevalekultur in antiken Griechenland', *Quaderni Urbinati di Cultura Classica* 23: 25–44.
Rothwell, K. (1990) *Politics and Persuasion in Aristophanes' Ecclesiazousae*. Leiden.
Rouse, J. (1994) 'Power/Knowledge', in Gutting (1994).
Rowe, C. J. (1996) 'The *Politicus*: Structure and Form', in Gill and McCabe (1996).
Rowe, G. (1966) 'The Portrait of Aeschines in the *Oration on the Crown*', *TAPA* 97: 397–406.
Ruschenbusch, E. (1957) '*Dikastērion pantōn kurion*', *Historia* 6: 257–74.
Russell, D. and Winterbottom, M. (1972) *Ancient Literary Criticism*. Oxford.
Rutherford, I. (1994/5) 'Apollo in Ivy: the Tragic Paean', *Arion* 3.1: 112–35.
Rutherford, R. B. (1995) *The Art of Plato*. London.
Ryder, T. T. B. (1975) 'Introduction', in Saunders (1975).
Ryle, G. (1966) *Plato's Progress*. Cambridge.
Saïd, S. (1979) 'L'Assemblée des Femmes: Les femmes, l'économie et la politique', in *Aristophane et les femmes. Les Cahiers de Fontenay* 17: 33–60.
Saïd, S. (1987) 'Travestis et travestissements dans les comédies d'Aristophane' *Cahiers du groupe interdisciplinaire du théâtre antique* 3: 217–46.
Saïd, S. (1993) 'Tragic Argos', in Sommerstein, Halliwell, Henderson and Zimmermann (1993) 167–89.
Sanford, E. and Green, M. (1965) Translation of Augustine *City of God*. Cambridge, Mass.
Sansone, D. (1975) 'The Third Stasimon of the Oedipus Tyrannos', *CP* 70: 110–17.
Sansone, D. (1988) *Greek Athletics and the Genesis of Sport*. Berkeley.
Saunders, A. N. W. (1975) *Demosthenes and Aeschines* (translations of Demosthenes 18 and 19, Aeschines 2 and 3). Harmondsworth.
Saxonhouse, A. (1992) *Fear of Diversity. The Birth of Political Science in Ancient Greek Thought*. Chicago.
Sayre, K. M. (1995) *Plato's Literary Garden. How to Read Platonic Dialogue*. Notre Dame and London.
Schachter A. (1981) *Cults of Boiotia. 1. Acheloos to Hera. Bulletin of the Institute of Classical Studies* Supplement 38.1. (London).
Schadewaldt, W. (1926) *Monolog und Selbstgespräch: Untersuchungen zur Formgeschichte der griechischen Tragödie*. Berlin.
Schauenberg, K. (1958) 'Marsyas', *RömMitt* 65: 42–66.
Schauenberg, K. (1972) 'Der besorgte Marsyas', *RömMitt* 79: 317–22.
Schechner, R. (1977) *Performance Theory*. London and New York.

Schechner, R. (1988) *Performance Theory*, revised and expanded edition. London and New York.
Schechner, R. (1990) 'Magnitudes of performance', in Schechner and Appel (1990).
Schechner, R. ed. (1993) *The Future of Ritual*. London.
Schechner, R. and Appel, W., eds. (1990) *By Means of Performance*. Cambridge.
Schlegel A. W. (1846) *Sämtliche Werke V. Vorlesungen über dramatische Kunst und Literatur* vol. I ed. E. Böcking. Leipzig.
Schlesier, R. (1993) 'Mixtures of Masks: Maenads as Tragic Models', in Carpenter and Faraone (1993) 89–114.
Schlesinger, K. (1939) *The Greek Aulos*. London.
Schlesinger, K. (1959) *The Greek Aulos: A Study of its Mechanism and of its Relation to the Modal System of Ancient Greek Music*. London.
Schmitt Pantel, P. (1992) *La cité au banquet, histoire des repas publics dans les cités grecques* (Collection de l'école française de Rome, 157).
Schmitter, P. (1972) *Die Hellenistische Erziehung im Spiegel der New Komodia und der Fabula Palliata*. Bonn.
Schneider, R. (1996) 'After us the savage goddess: feminist performance art of explicit body staged, uneasily, across modernist dreamscapes', in Diamond (1996).
Schwyzer, E. (1923) *Dialectorum Graecorum exempla epigraphica potiora*. Leipzig.
Scodel, R. ed. (1993) *Theater and Society in the Classical World*. Ann Arbor.
Scott, W. C. (1984) *Musical Design in Aeschylean Theater*. Hanover and London.
Scott, W. C. (1996) *Musical Design in Sophoclean Theater*. Hanover and London.
Scullion, S. (1994) 'Olympian and Chthonian', *Classical Antiquity* 13: 75–119.
Seaford, R. (1977–8) 'The "Hyporchema" of Pratinas', *Maia* 29: 81–94.
Seaford, R. (1988 [1984]) *Euripides: Cyclops*. Oxford.
Seaford, R. (1994) *Reciprocity and Ritual. Homer and Tragedy in the Developing City-State* (Oxford).
Seaford, R. (1994a) Review of Rabinowitz 'Woman as Fetish', *TLS* 4787.
Seaford, R. (1995) 'Historicizing tragic ambivalence', in Goff (1995) 203–21.
Seaford, R. (1996) *Euripides: Bacchae*. Warminster.
Searle, J. (1969) *Speech Acts*. Cambridge.
Searle, J. (1977) 'Reiterating the differences', *Glyph* 1: 198–208.
Searle, J. (1983) 'Review of J. Culler *On Deconstruction*', in *New York Review of Books* Oct. 27th: 74–9.
Segal, C. (1965) 'The Tragedy of *Hippolytos*: the Waters of Ocean and the Untouched Meadow', *HSCP* 70: 117–69.
Segal, C. (1981) *Tragedy and Civilization: an Interpretation of Sophocles*. Cambridge, Mass.
Segal, C. (1988) 'Theatre, Ritual, and Commemoration in Euripides', *Hippolytus*', *Ramus* 17: 52–74, reprinted in Segal (1993) 110–35.
Segal, C. (1993) *Euripides and the Poetics of Sorrow. Art, Gender, and Commemoration in Alcestis, Hippolytus, and Hecuba*. Durham N.C.
Segal, C. (1994) 'The gorgon and the nightingale: the voice of female lament and Pindar's twelfth *Pythian Ode*', in Leslie C. Dunn and Nancy A. Jones, *Embodied Voices: Female Vocality in Western Culture*. Cambridge.

Segal, C. (1995) 'Perseus and the Gorgon: Pindar Pythian 12.9-12 Reconsidered' *AJP* 116: 7-17.
Segal, C. (1995a) *Sophocles' Tragic World. Divinity, Nature, Society.* Cambridge, Mass.
Segal, C. (1995b) 'Classics, Ecumenicism, and Greek Tragedy', *TAPA* 125: 1-26.
Seidensticker, B. (1979) 'Sacrificial Ritual in the *Bacchae*', in *Arktouros: Hellenic Studies presented to Bernard M. W. Knox on the occasion of his 65th birthday*, eds. G. Bowersock, W. Burkert, and M. C. J. Putnam: 181-90. Berlin and New York.
Servais, J. (1980) *Aliki*. Vol. 1. Paris.
Shapiro, H. A. (1992) 'Mousikoi Agones: Music and Poetry at the Panathenaia', in Neils (1992) 52-76.
Shear, T. L. (1984) 'The Athenian Agora: Excavations of 1980-1982', *Hesperia* 53: 1-57
Sidwell, K. (1992) 'The Argument of the Second Stasimon of the Oedipus Tyrannus', *JHS* 112: 106-22.
Sidwell, K. (1996) 'Purification and Pollution in Aeschylus' *Eumenides*'. *Classical Quarterly* 46: 44-5.
Siewert, P. (1977) 'The Ephebic Oath in Fifth-century Athens', *JHS* 97: 102-11.
Sifakis, G. (1967) *Studies in the History of Hellenistic Drama.* London.
Silk, M. S. ed. (1996) *Tragedy and the Tragic. Greek Theatre and Beyond.* Oxford.
Silverman, K. (1988) *The Acoustic Mirror: The Female Voice in Psychoanalysis and Film.* Bloomington.
Simon, E. (1983) *Festivals of Attica: an archaeological commentary.* Madison.
Simon, G. (1988) *Le Regard, l'être et l'apparence dans l'optique de l'antiquité.* Paris.
Sinclair, R. K. (1988) *Democracy and Participation in Athens.* Cambridge.
Singer, M. ed. (1959) *Traditional India: Structure and Change.* Philadelphia.
Sinos, R. (1993) 'Divine selection: epiphany and politics in Archaic Greece', in Dougherty and Kurke (1993).
Sivan, H. (1988) 'Holy Land Pilgrimage', *Classical Quarterly* 38: 528-35.
Slater, N. (unpublished) 'The vase as ventriloquist: *Kalos*-inscriptions and the Culture of Fame'.
Slater, N. (1989) 'Lekythoi in Aristophanes', *Ecclesiazousae, Lexis* 3: 43-51.
Slater, W. ed. (1991) *Dining in a Classical Context.* Ann Arbor.
Slings, S. R. ed. (1990) *The Poet's I in Archaic Greek Lyric.* Amsterdam.
Snyder, D. (1980) 'Plato's Symposium as Dionysiac Festival', *Quaderni Urbinati de Cultura Classica* 33: 41-56.
Snyder, J. M. (1979) 'Aulos and Kithara on the Greek Stage,' 75-95 in T. Gregory and A. Podlecki eds. *Panathenaia: Studies in Athenian Life and Thought in the Classical Age.* Kansas.
Sokolowski, F. (1955) *Lois sacrées de l'Asie Mineure.* Paris.
Sokolowski, F. (1962) *Lois sacrées des cités grecques. Supplément.* Paris.
Sokolowski, F. (1969) *Lois sacrées des cités grecques.* Paris.
Sommerstein, A. (1984) 'Aristophanes and the Demon Poverty', *CQ* 34: 314-33.

Sommerstein, A. (1987) *Aristophanes: Birds*. Warminster.
Sommerstein, A. (1988) 'Notes on Euripides' *Hippolytos*', *BICS* 35: 23–41.
Sommerstein, A. (1989) *Aeschylus: Eumenides*. Cambridge.
Sommerstein, A. (1994) *Aristophanes Thesmophoriazousai*. Warminster.
Sommerstein, A. (1997) 'The Theatre Audience, the *demos*, and the *Suppliants* of Aeschylus', in Pelling (1997) 63–80.
Sommerstein, A., Halliwell, S., Henderson, J. and Zimmermann, B., eds. (1993) *Tragedy, Comedy and the Polis*. Bari.
Sourvinou-Inwood, C. (1988) 'Further Aspects of Polis Religion', *AnnNap* 10: 259–74.
Sourvinou-Inwood, C. (1990) 'What is polis religion?', in Murray and Price (1990) 295–322.
Sourvinou-Inwood, C. (1994) 'Something to do with Athens: tragedy and ritual', in Osborne and Hornblower (1994) 269–90.
Sourvinou-Inwood, C. (1997) 'Tragedy and Religion: Constructs and Readings', in Pelling (1997) 161–86.
Sourvinou-Inwood, C. (1997a) 'Reconstructing Change: Ideology and Ritual at Eleusis', in *Inventing Ancient Culture: Historicism, Periodization and the Ancient World*, eds. M. Golden and P. Toohey. London and New York.
Sperber, D. and Wilson, D. (1986) *Relevance: Communication and Cognition*. Cambridge.
Sprague, R. K. (1973) *Plato, Laches and Charmides*, trs. with introduction and notes. Indianapolis and New York.
Stadelmann, R. (1982) 'Prozessionen', in *Lexicon der Ägyptologie* 4: 1160–3.
Stallybrass, P. and White, A. (1986) *The Politics and Poetics of Transgression*. London.
Stehle, E. (1997) *Performance and Gender in Ancient Greece*. Princeton.
Steiner, D. T. (1994) *The Tyrant's Writ: Myths and Images of Writing in Ancient Greece*. Princeton.
Steiner, W. (1995) *The Scandal of Pleasure*. Chicago.
Stephanis, I. E. (1988) ΔΙΟΝΥΣΙΑΚΟΙ ΤΕΧΝΙΤΑΙ. ΣΥΜΒΟΛΕΣ ΣΤΗΝ ΠΡΟΣΩ-ΠΟΓΡΑΦΙΑ ΤΟΥ ΘΕΑΤΡΟΥ ΚΑΙ ΤΗΣ ΜΟΥΣΙΚΗΣ ΤΩΝ ΑΡΧΑΙΩΝ ΕΛΛΗΝΩΝ. Herakleio.
Stewart, A. (1990) *Greek Sculpture: an Exploration*. Vol. I. New Haven and London.
Stinton, T. C. W. (1990) *Collected Papers on Greek Tragedy*. Oxford.
Stoessl, F. (1987) *Die Vorgeschichte des griechischen Theaters*. Darmstadt.
Stokes, M. C. (1986) *Plato's Socratic Conversations. Drama and Dialectic in Three Dialogues*. London.
Strauss, B. (1986) *Athens after the Peloponnesian War. Class, Faction, and Policy, 404–386 BCE*. London.
Strauss, B. S. (1985) 'Ritual, Social Drama and Politics in Classical Athens', *American Journal of Ancient History* 10: 67–83.
Stumpf, H. C. (1896) 'Die pseudo-Aristotelischen Probleme über Musik', *Abhandlungen der königlichen Akademie der Wissenschaften zu Berlin* 1896, no. 3, 1–85.
Sutton, D. (1987) 'The Theatrical Families of Athens', *AJP* 108: 9–26.
Sutton, D. (1989) *Dithyrambographi Graeci*. Munich and Zurich.

Svenbro, J. (1993) *Phrasikleia: an Anthropology of Reading in Ancient Greece*. Ithaca and London.
Taaffe, L. K. (1993) *Aristophanes and Women*. London and New York.
Taillardat, J. (1965) *Les images d'Aristophane: Etudes de langue et de style*, 2nd edn. Paris.
Taplin, O. (1977) *The Stagecraft of Aeschylus: The Dramatic Use of Exits and Entrances in Greek Tragedy*. Oxford.
Taplin, O. (1993) *Comic Angels and Other Approaches to Greek Drama through Vase-painting*. Oxford.
Taplin, O. (1996) 'Comedy and the Tragic', in Silk (1996) 188–202.
Taplin, O. (1998) 'Narrative variation in vase-painting and tragedy: the example of Dirke', *Antike Kunst*.
Taviani, F. (1991) 'Views of the Performer and the Spectator', in Barba and Savarese (1991) 256–67.
Taylor, A. E. (1926) *Plato. The Man and his Work*. London.
Taylor, A. E. (1934) *Philosophical Studies*. London.
Tennenhouse, L. (1986) *Power on Display: The Politics of Shakespeare's Genres*. New York and London.
Thalheim, T. (1901) *Lysiae orationes*. Leipzig.
Thalmann, J.-P. (1980) 'Recherches aux Thermopyles', *Bulletin de Correspondance Hellénique* 104: 757–60.
Thomas, R. (1992) *Literacy and Orality in Ancient Greece*. Cambridge.
Thomas, R. (1994) 'Law and the Lawgiver in Athenian Democracy', in Osborne and Hornblower (1994).
Thomas, R. (1995/1996) 'Written in stone? Liberty, equality, orality and the codification of law', *BICS* 40 (1995), reprinted in Foxhall and Lewis (1996) 9–31.
Thompson, H. A. and R. E. Wycherley (1972) *The Athenian Agora, XIV: The Agora of Athens*. Princeton.
Thür, G. (1995) 'Die athenischen Geschworenengerichte – eine Sackgass?', in Eder (1995).
Tigerstedt, E. N. (1965) *The Legend of Sparta in Classical Antiquity*. Vol. 1. Uppsala.
Todd, S. C. (1990) 'The purpose of evidence in Athenian Courts', in Cartledge, Millett and Todd (1990) 19–39.
Todd, S. C. (1993) *The Shape of Athenian Law*. Oxford.
Todd, S. C. (1996) 'Lysias *Against Nikomakhos*: The Fate of the Expert in Athenian Law', in Foxhall and Lewis (1996).
Todd, S. C. and Millett, P. (1990) 'Law, Society and Athens', in Cartledge, Millett and Todd (1990) 1–18.
Todorov, T. (1984) *Mikhail Bakhtin: The Dialogic Principle*, tr. W. Godzich. Manchester.
Too, Y. L. (1995) *The Rhetoric of Identity in Isocrates: Text, Power, Pedagogy*. Cambridge.
Trendall, A. D. (1967) *The Red-Figured Vases of Lucania, Campania and Sicily*. Oxford.
Trendall, A. D. (1986) 'Two Apulian calyx-kraters with representations of Amphion and Zethos' in Brijder, Drukker and Neeft (1986) 157–66.

Trendall, A. D. (1988) 'Masks on Apulian Red-Figured Vases', in Betts, Hooker and Green (1988) 137–54.
Trendall, A. D. (1991) 'Farce and tragedy in South Italian vase-painting', in *Looking at Greek Vases* eds. T. Rasmussen and N. Spivey: 151–82. Cambridge.
Trevett, J. (1992) *Apollodoros the Son of Pasion*. Oxford.
Tschiedel, Hans J. (1984) 'Aristophanes und Euripides. Zur Herkunft und Absicht der Weiberkomödien', *Gräzer Beitrage* 11: 29–49.
Turner, V. (1967) *The Forest of Symbols*. Ithaca.
Turner, V. (1969) *The Ritual Process*. Chicago.
Turner, V. (1974) *Dramas, Fields and Metaphors*. Ithaca.
Turner, V. (1982) *From Ritual to Theatre*. New York.
Turner, V. (1990) 'Are there universals of performance in myth, ritual, and drama?', in Schechner and Appel (1990).
Tyrrell, W. (1984) *Amazons: A Study in Athenian Mythmaking*. Baltimore.
Uhlig, G. ed. (1983) *Dionysii Thracis Ars Grammatica* (= *Grammatici Graeci* Part 1 vol. 1) Leipzig.
Usher, S. (1965) 'Individual Characterization in Lysias', *Eranos* 63: 99–119.
Usher, S. (1976) 'Lysias and his Clients', *GRBS* 17: 31–40.
Usher, S. and Edwards, M. (1985) *Greek Orators 1: Antiphon and Lysias*. Warminster.
Ussher, R. G. (1960) *The Characters of Theophrastus*. London.
Ussher, R. G. (1973) *Aristophanes: Ecclesiazousae*. Oxford
Vahlen, J. (1903) *Ennianae Poesis Reliquiae*. Leipzig.
Valavanis, P. 1991. 'Τήνελλα Καλλίνικε: Prozessionen von Panathenäensiegern auf der Akropolis', *AA*: 487–98.
Valesio, P. (1980) *Novantiqua: Rhetorics as a Contemporary Theory*. Bloomington.
Van der Valk, M. H. (1964) *Research on the Text and Scholia of the Iliad*. Vol. II. Leiden.
Van Effenterre, H. and van Effenterre, M. (1994) 'Ecrire sur les murs', in *Rechtskodifizierung und soziale Normen im interkulturellen Vergleich*, ed. H.-J. Gehrke. Tübingen.
Van Gennep, A. (1960) *The Rites of Passage*, tr. M. Vizedom and G. Caffee. London.
Van Straten, F. T. (1992) 'Votives and Votaries in Greek Sanctuaries', in *Le Sanctuaire grec*. Entretiens sur l' antiquité classique 37: 247–90.
Van Straten, F. T. (1995) Hiera Kala: *Images of Animal Sacrifice in Archaic and Classical Greece*. Religions in the Graeco-Roman World 127. Leiden, New York, and Cologne.
Vegetti, M. (1988) 'Dans l'ombre de Thoth. Dynamiques de l'écriture chez Platon', in Detienne (1988).
Vegetti, M. (1992) *Introduzione alle culture antiche III. L'esperienza religiosa antica*. Turin.
Vernant, J.-P. (1980) *Myth and Society in Ancient Greece*, trans. J. Lloyd. Brighton.
Vernant, J.-P. (1985) *La mort dans les yeux*. Paris.
Vernant, J.-P. and Vidal-Naquet P. (1972) *Mythe et tragédie en Grèce ancienne*. Paris.

Vernant, J.-P. and Vidal-Naquet, P. (1988) *Myth and Tragedy in Ancient Greece*, tr. Janet Lloyd. New York.
Versnel, H. (1981) *Faith, Hope and Worship. Aspects of Religious Mentality in the Ancient World*. Leiden.
Versnel, H. (1987) 'Greek Myth and Ritual: The Case of Kronos', in Bremmer (1987).
Versnel, H. (1994) *Inconsistencies in Greek and Roman Religion*. Vol. II. Leiden.
Vickers, B. (1988) *In Defence of Rhetoric*. Oxford.
Vidal-Naquet, P. (1979) 'Preface, Aristophane et les femmes', *Les Cahiers de Fontenay* 17: 5–6.
Vidal-Naquet, P. (1984) 'La Société platonicienne des dialogues', in *Aux origines de l'Hellénisme. La cîte et la Grèce. Hommage à H. van Effenterre*. Paris.
Vidal-Naquet, P. (1986) *The Black Hunter: Forms of Thought and Forms of Society in the Greek World*. Princeton.
Vidal-Naquet, P. (1992) 'Note sur la place et le statut des étrangers dans la tragédie grecque', in Lonis (1992) 297–313.
von Möllendorf, P. (1995) *Grundlagen einer Ästhetik der Alten Komödie*. Tübingen.
von Reden, S. (1995) *Exchange in Ancient Greece*. London.
von Reden, S. (1997) 'Money, Law and Exchange: Coinage in the Greek Polis', *JHS* 117: 154–76.
Vos, M. F. (1986) 'Aulodic and Auletic Contests', 122–130 in Brijder, Drukker and Neeft (1986) Amsterdam.
Wachter, R. (1991) 'The Inscriptions on the François Vase', *Museum Helveticum* 48: 86–113.
Walkowitz, J. (1980) *Prostitution and Victorian Society*. Cambridge.
Wallace, R. W. (1994) 'Private Lives and Public Enemies: Freedom of Thought in Classical Athens', in Boegehold and Scafuro (1994).
Wallace, R. W. (1995) 'Speech, Song and Text, Public and Private. Evolutions in Communications Media and Fora in Fourth Century Athens', in Eder (1995) 199–218.
Wallace, R. W. and MacLachlan, B., eds. (1991) *Harmonia Mundi: Musica e Filosofia nell' Antichità. Biblioteca di Quaderni Urbinati di Cultura Classica 5*. Rome.
Wankel, H. (1976) *Demosthenes: Rede für Ktesiphon über dem Kraus*. Heidelberg.
Webster, T. B. L. (1967) *The Tragedies of Euripides*. London.
Webster, T. B. L. (1970) *The Greek Chorus*. London.
Webster, T. B. L. (1972) *Potter and Patron in Classical Athens*. London.
Weis, A. (1992) 'Marsyas', *LIMC* VI.
West, M. L. (1966) *Hesiod. Theogony*. Oxford.
West, M. L. (1987) *Introduction to Greek Metre*. Oxford.
West, M. L. (1987a) *Euripides' Orestes*. Warminster.
West, M. L. (1990) *Studies in Aeschylus*. Beiträge zur Altertumskunde 1. Stuttgart.
West, M. L. (1992) *Ancient Greek Music*. Oxford.
West, M. L. (1992a) 'Analecta Musica', *ZPE* 92: 1–54.
West, W. C. (1989) 'The Public Archives in Fourth-Century Athens', *GRBS* 30: 529–43.

Whitehead, D. (1983) 'Competitive Outlay and Community Profit', *Classica et Medievalia* 34: 55–74.
Whitehead, D. (1986) *The Demes of Attica*. Princeton.
Whitehead, D. (1993) 'Cardinal Virtues. The Language of Public Approbation at Athens', *Classica et Medievalia* 44: 37–75.
Wilamowitz, U. (1932) *Der Glaube der Hellenen*, 2 vols. Berlin.
Wiles, D. (1997) *Tragedy at Athens*. Cambridge.
Wilkins, J. (1993) *Euripides: Heraclidae*. Oxford.
Williams, L. (1993) 'A provoking agent: the pornography and performance art of Annie Sprinkle', in Gibson and Gibson (1993).
Willink, C. (1989) 'The Reunion Duo in Euripides' *Helen*', *CQ* 39: 45–69.
Wilson, P. J. (1991) 'Demosthenes 21 (*Against Meidias*): Democratic Abuse', *PCPS* 37: 164–95.
Wilson, P. J. (1996) 'Tragic Rhetoric: the Use of Tragedy and the Tragic in the Fourth Century', in Silk (1996) 310–31.
Wilson, P. J. (1997) 'Leading the Tragic *Khoros*', in Pelling (1997) 81–108.
Wilson, P. J. (forthcoming) *Choregia*. Cambridge.
Wilson, P. J. and Taplin, O. (1993) 'The "Aetiology" of Tragedy in the Oresteia', *PCPS* 39: 169–180.
Winkler, J. J. (1990) *The Constraints of Desire: the Anthropology of Sex and Gender in Ancient Greece*, New York/London.
Winkler, J. J. (1990a) 'Laying Down the Law: the Oversight of Men's Sexual Behaviour in Classical Athens', in Halperin, Winkler and Zeitlin (1990) 171–209.
Winkler, J. J. (1990b) 'The Ephebes' Song: *Tragōdia* and the *Polis*', in Winkler and Zeitlin (1990) 20–62.
Winnington-Ingram, R. P. (1963) *Aristidis Quintiliani de Musica Libri Tres*. Leipzig.
Wœrn, I. (1960) 'Greek Lullabies', *Eranos* 58: 1–8.
Worthington, I. ed. (1994) *Persuasion: Greek Rhetoric in Action*. London and New York.
Young, J. (1993) *Holocaust Memorials and Meaning*. New Haven.
Yunis, H. (1996) *Taming Democracy: Models of Political Rhetoric in Classical Athens*. Ithaca and London.
Zanker, P. (1996) *The Mask of Socrates: The Image of the Intellectual in Antiquity*, tr. A. Shapiro. Berkeley.
Zarilli, P. (1986) 'Towards a Definition of Performance Studies I and II', *Theatre Journal* 38: 372–6; 493–6.
Zeitlin, F. I. (1978 [1995]) 'The Dynamics of Misogyny: Myth and Mythmaking in the *Oresteia*', *Arethusa* 11: 149–84. (Also in *Women in the Ancient World: The Arethusa Papers*, ed. J. Peradotto and J. P. Sullivan (Albany, N.Y.) 1984).
Zeitlin, F. I. (1981) 'Travesties of Gender and Genre in Aristophanes' *Thesmophoriazousae*', in *Reflections of Women in Antiquity*, ed. Helen Foley, 169–217. [Revised in Zeitlin 1995.]
Zeitlin, F. I. (1985) 'The Power of Aphrodite: Eros and the Boundaries of Self in the *Hippolytus*', in Burian (1985) 52–110 and 198–207, reprinted in Zeitlin (1995) 219–84.

Zeitlin, F. I. (1990) 'Thebes: Theater of Self and Society in Athenian Drama', in Winkler and Zeitlin (1990) 130–67.
Zeitlin, F. I. (1993) 'Staging Dionysus between Thebes and Athens', in Carpenter and Faraone (1993) 147–82.
Zeitlin, F. I. (1995) *Playing the Other: Gender and Society in Classical Greek Literature*. Chicago.
Zeitlin, F. I. (1995a) 'Art, memory, and *kleos* in Euripides', *Iphigeneia In Aulis*', in Goff (1995).
Ziehen, L. (1934) 'Theoria', in *RE* 5.A2: 2228–33.
Zimmermann, B. (1992) *Dithyrambos: Geschichte einer Gattung*. Göttingen.

索 引

abuse, 361, 364; in law-courts, 156–60
Academy, 325
acclamations, on vases, 359–73; on buildings and rocks, 359–60
Achilles, 251–4, 324
Acropolis, at Athens, 21, 25, 60–2, 78 n.73, 300, 304, 321, 325, 328, 330–1, 334, 335, 336 n.49, 346–7, 357, 359
actors, status of, 23, 161; manliness of, 113; famous individual, 35; singing by, 26, 27, 102–3; as virtuoso performers, 103–4, 113, 121; separation from spectators, 125; in public life, 154–66, 225
Adonis, 333
adultery, 323
Agathon, 37, 42, 89
age, 246–7, 274, 276, 288, 361
agōn, 2–3, 8, 25, 168
agora, essential feature of city, 34–5; at Athens, 25, 300, 325, 331, 346
Agrai, 329
Agyrrhios, 169
Aigai, 42
Aischines, 8, 22; as actor, 37; attacked by Demosthenes, 210–15, 224, 228–9, 250; on Demosthenes, 86; 154; (1) *Against Timarchus*, 155, 213, 231–2; 240 n.26, 241–56, 342; (2) *False Embassy*, 206–7, 249; (3) *Against Ktesiphon*, 154–5, 163–4, 210, 215–16, 246, 247 n.56, 256 n.89, 355. *See also* Demosthenes
Aischylos, 2, 67, 150; in Sicily 41; on *aulos*, 69; which characters, sing in, 108–9, 112, 118–19, 122; *Oresteia*, 172, 190–4; *Agamemnon*, 115, 187 n.43; *Choephoroe*, 109; *Eumenides* 40, 49, 52, 67, 115, 191–3, 306–7; *Bassarai*, 254; *Myrmidons*, 254; *Persians*, 52, 96–7, 100, 117, 118–19, 122; *Seven Against Thebes*, 50; *Suppliants*, 50, 52, 118–19
Alexander of Pherae, 116

Alexander, the Great, 351
Aliki, Thasos, 360
Alkibiades, 234, 351; and *aulos*, 59, 82, 87–91
Alkman, 43, 131
amazons, 195
ambassadors, 9, 158
amendments, to decrees, 342, 344, 346, 351, 352–3, 354
Amphiktyony, 349
Anacreon, 24
anapaests, 106, 115–16, 139, 147
Anaximenes, *Ars Rhetorica*, 209–11
Andocides, (i) *On the Mysteries* 228–9; (iv) *Against Alkibiades*, 325
andreia, 267–70, 275–7
apate, see deceit
Apatouria, 329 n.29
Apemantos, of Thasos, 352
Apollo, and *aulos* 88, 93; singing by, 111
Apollodorus, 221–6
apotheosis, 313–14
Apulia, vases from 39–41, 55
Archelaos, king of Macedon, 351; *see also* Euripides, *Archelaos*
archives, at Athens, 346
Areopagos, 307–8, 346 n.13, 357; *see also* Aischylos, *Eumenides*
Aristides Quintilianus, 113
Aristogeiton, 251, 254
Aristophanes, 8, 12; and Athenian politics, 176; on sophists, 214; *Acharnians*, 9, 75, 79, 217, 230, 359; *Birds*, 172, 181, 191, 313–18; *Clouds*, 110, 237 n.20, 239 n.25; *Ecclesiazousai*, 167–97; *Frogs*, 50, 84, 99, 109–10, 112, 114, 170 n.13, 233, 234; *Knights*, 7, 230; *Lysistrata*, 46, 171 n.14, 177–8, 186, 190 n.53; *Pelargoi*, 255; *Ploutos*, 182, 195 n.62; *Thesmophoriazousai*, 99, 119, 171 n.14, 177–8, 186; *Wasps*, 85 n.102, 99, 106, 250, 359

索引 513

Aristotle, 231; on playing *aulos*, 82; on prose lacking *schema*, 5; on rhetoric, 216, 218; *Poetics*, 99–100, 104, 113, 128, 141; *Politics*, 92, 93–4, 109, 110–11, 185, 243 n.43; *Problems*, 96, 100, 103, 107; *Rhetoric*, 104, 120, 165 n.33, 207 n.16, 218, 219 n.53, 227, 235, 279 n.43
Aristoxenus, 104–5
Arrephoria, 335
artichokes, effect of eating, 114
assembly, at Athens, as site of performance, 1–3, 6, 239, 241, 244–8, 284, 304; parodied, 169–70, 184, 186–8, 194; language of decrees of, 341–58
Assyria, 296
astynomoi, regulating *aulētrides*, 84
Athena, and Marsyas, 59–69; and *aulos*, 88, 94; old temple of at Athens, 321; Nike, 344, 348–9; *see also* Parthenon
Athenaios, 269; on *auloi*, 62–3, 66, 86–7
Athenian Empire, 8, 133, 301; and tragedy, 121–2
athletics, 2, 5, 78, 278, 321, 355–7, 363, 367, 369
athlothetai, 355
audience, politics of membership of, 5–9
Augustine, *City of God*, 182, 193
aulētai, costume and status, 72–4, 79, 81, 82–5, 88, 90, 94; foreign origin, 58–9, 64, 78–80, 88–9; leading choros, 106
aulos, 26–7, 29, 210; at Athens, 58–95; invention, 60–1; description of, 69–70; and *tekhnē*, 67, 69; iconographic significance of, 76; 80; and sexuality, 70, 72, 83–5; Mariandynian, 117
Austin, J. L., and performance studies, 13–14

Babylonia, 296
Bacchylides, 43, 131
Bachofen, J., 189
Bakhtin, Mikhail, 11–12, 152, 289
barbarians, singing, 117–21
beards, 169–70, 186
beauty, 359–61, 367, 369
Benveniste, E., 126
body, of citizen, 24, 26–7, 64–5, 241–8, 288, 294
Brasidas, 318
Brauron, 334–5
Brauronia, 232
burial, public at Athens 21, 25, 80, 159
Butler, Judith, 14–15, 168–9

calendars, sacred, 20, 328–9, 331–2, 335, 337, 339; *see also* festivals

carnival, Bakhtin on, 11
cavalry, 301
Chalkis, 344
chorēgoi, legal regulation of, 243
choros, 21, 23, 27, 28, 38; of melic poetry, 127–8, 130, 131, 151–3; of dithyramb, 64, 68–9, 70, 75–6; of drama, 75–8, 96; role of in tragedy, 96, 125–53; contrasting with author, 150–1; contrasting with protagonist, 130, 134–5; describing action, 129, 142–3, 146, 148, 149; displaying emotions, 129, 141, 144, 147, 148; involving audience, 130, 137, 140, 147, 149; movements of, 295; self-reference of, 130–1, 135–7; use of performative language by, 126–7, 133, 135, 139–40, 141–4, 148–9, 153
citizen, rights and duties of 6–7; appropriate behaviour of, 241–56
citizenship, defined by performance, 1–8, 21–2, 25–6
city, essential features of, 34–5
Clement of Alexandria, 359
Cleon, 7, 235, 247
Codros Painter, 362
comedy, spread of, 34 n.2; travesty of epic in, 232; and democracy 167–97; *see also* Aristophanes
competition, *see agōn*, festivals
contests, *see agōn*
corruption, as political charge, 201–2
Council, 336; formulation of decrees by, 341–58
courage, *see andreia*
courting, of boys, 1; at symposium, 24; *see also* homosexuality; *kalos* inscriptions
Crary, Jonathan, on vision, 17–18
Crassus, 114
cross-dressing, 167–97, 310
crowns, 352–3, 355–6
curses, 206, 341

Damon, 92, 113, 275
dance, 178–9, 295, 321
dancing, 300; of choros, 135–6
deceit, and oratory, 28, 201–30, 280
decrees, language of, 331–58
Delia, 311
Delium, 270
Delphi, 67, 133–4, 136–7, 182, 302, 349, 357–8
Demades, comparing Athenians to *auloi*, 86
demes, 256, 300, 301, 325, 328–31, 336–40, 357; theatres in 36–7, 39, 155, 161, 164

Demeter, 333, 335; *see also* Eleusis
Demetrios Poliorketes, 318
democracy, development of, 10; and participation, 9; and elite behaviour, 23–4; and processions, 305–6; and theatre, 261–4; and tragedy, 34, 52–4; and comedy, 167–97; illuminated by performance, 1–2; modern, and spectacle, 16–17
Demosthenes, 8, 355; attacked by Aeschines, 22, 206–7, 210–16, 224; on Aeschines, 6, 154–60; on Meidias, 23; on Stephanos, 4, 220–6; (5) *On the Peace* 161–2; (18) *On the Crown*, 154–6, 158–9, 210, 256 n.89, 340; (19) *False Embassy*, 155, 157–8, 160–3, 213, 225, 229, 256 n.88; (20) *Against Leptines*, 350 n.20; (21) *Against Meidias*, 208–9; (22) *Against Androtion*, 245 n.49; (25) *Against Aristogeiton I*, 220–1; (35) *Against Lakritos*, 215; (37) *Against Pantainetos*, 225; (40) *Against Boeotus II*, 226–7; (45) *Against Stephanus I*, 220–6; (59) *Against Neaira*, 323 n.6; *see also* Aischines
desire, and *kalos* inscriptions, 360–1, 373–4; *see also* gaze; philosophy
dialogue, Platonic, 26, 28; performance of, 257–89
Diasia, 326, 329, 331
Dinarchos, 212, 340
dining rooms, 326–7, 363 n.19
Dionysia, Great, 8, 22–3, 26, 37, 47, 64, 72, 73, 75, 164, 299, 335, 354; rural 36–7, 39, 329 n.29
Dionysios of Syracuse, 35
Dionysos, 310–12; and *aulos*, 67–8; *see also* Dionysia
Dipolieia, 328
dithyramb, 61, 63–8, 70, 100
dokimasia, 246–8, 349
Douris (painter), 233 n.5
Douris (historian), on Alkibiades and *aulos*, 88–9
Draco, 242
drama, spread of 26, 27, 28, 33–57, 164
dress, in comedy, 27; *see also* cross-dressing
drunkenness, 160

eating, and the voice, 114
education, 155–6, 242–3, 246, 259, 267–72, 277–80; *see also* music
egalitarianism, of *Ekklesiazousai*, 174–7, 188
Egypt, 35, 296

eisphora, 352, 357
Eleusinion, 300
Eleusis, 334–5
enktesis, 352, 356
ephebes, 268–9, 361
Ephialtes, 346 n.13
epic poetry, travestied in comedy, 232; *see also* Homer, Homeric epic
epideixis, 2–4, 8, 21; 56, 168, 279, 283, 285–6
Epikerdes of Cyrene, 355
epiphany, divine, 313, 315–16
equality, fantasy of sexual equality, 174–5, 178
Erchia, 328, 330, 336 n.49, 338–9
Eteoboutadai, 301
Euergides Painter, 363
eukosmia, 245–6, 248, 255
Euripides, 67, 84–5; in *Thesmophoriazousai*, 178, 186; which characters sing in, 108–10, 112–19, 121; popularity of songs of, 99; plays with and without allusion to Athens, 49; and Macedonia, 41 n.26, 42, 101; in Syracuse, 42, 44, 52; in Thessaly, 42, 44–6, 48; and scenes on vases, 40–1; misogyny in, 100; *Alkestis* 45, 114, 254; *Andromache*, 45, 50, 105, 112, 121 n.119; *Andromeda*, 99, 102–3, 113; *Antiope*, 41, 51, 105; *Archelaos*, 42, 43; *Bacchae*, 44, 100, 114, 309–12; *Cyclops*, 111; *Electra*, 110, 114–15; *Erechtheus*, 49, 117; *Hekabe*, 44, 49, 100, 109, 119–20; *Helen*, 49, 50, 114, 117; *Herakleidai*, 41, 49; *Herakles*, 51; *Hippolytos*, 49, 50, 106, 112, 117–18, 121, 131, 141–9, 152, 271; *Hypsipyle*, 110 n.72, 113–14; *Ion*, 49, 50, 109; *IA*, 100, 116; *IT*, 49, 40, 117; *Medea*, 5, 49, 50, 106, 116; *Melanippe Desmotis*, 100; *Orestes*, 50, 100, 109, 112, 117, 118–19; *Phoenix*, 256; *Phoinissai*, 51, 112; *Rhesus*, 97, 108, 111; *Supplliants*, 49, 50, 52, 113; *Troades*, 44, 49, 109, 113, 116
Evagoras, of Salamis, 355
execution, public, 257
Exekias, 362
expression, facial, 4

female voice, in drama, 16
festivals, frequency of at Athens, 8, 20; performance at, 1–2; spectators at, 6; and participation, 1–2; competitive, 21–2, 321, 355–6; dramatic, 27; and dancing, 136; and processions, 294–5, 298, 303, 305; panhellenic, 53; *see also* Panathenaia
Foucault, Michel 16–17

索引 515

François vase, 362
Freud, Sigmund, and theatre, 14
funeral orations, at Athens, 9, 21, 235, 262
funerals, 294; *aulos* at, 58, 80; *see also* burial, public
funerary monuments, 187

gaze, Lacanian model of, 14; and desire, 257–61, 263; 285–7; of citizens 4–6, 220–2, 262–9, 276–7, 285, 294
gender, as performative, 14–15, 168–70; as staged, 18; stability of, 169–170
gene, 333, 336, 338–9
glossai, Homeric, 236–41, 249–56; of laws, 239–48
Goffmann, Erving, and performance studies, 13–14
gossip, 222 n.63, 227
grain, gift of to Athens, 352–3
gymnasium, 1, 3, 23–4, 26, 34–5, 258, 261, 263, 265, 266, 268, 284–5, 288, 359, 361, 365

Hagnon, 318
Harmodios, 251; 254
Hekabe, 303; *see also* Euripides, *Hekabe*
Heraclitus, 233
Herakleides, of Klazomenai, 351–2
Herakleides, of Salamis, 352–3
Herakles, 41, 45–6, 315; Attic festival of, 323
herald, 118, 156, 158, 313, 355
herm, 369
Hermai, 300
hero-cult, 45, 49
Herodotos, 3, 37, 79, 150, 296, 317
Hesiod, 2, 165, 180, 184, 234 n.8, 314; *Works and Days*, 250
Hibeh Papyrus, 113
hieropoioi, 326
Hipparchos, 304
Hippias, 304–5
Homer, 2, 67–8, 72, 165, 180; universalizing value of, 56; as *paideia* of the Greeks, 232–6; cited by orators, 26, 28, 231–2, 235–41, 249–56; performance of 22–3, 47; identified with democratic festivals, 232; *Iliad*, 24, 116, 220 n.54, 237–9, 250, 252–4, 303, 324; *Odyssey*, 324
Homeric epic, 121
Homeric Hymn to Apollo, 111, 311
homosexuality, 258, 285–7, 241–4, 247, 251–5, 359–73; and politics, 169, 178
honorific inscriptions, 342, 347–57
hoplites, and *aulos*, 80–1

horses, race, 355
hubris, 2, 244, 258
Hymettos, sanctuary of Zeus, 361
hymn, cletic, 133
Hypereides, 229, 255

Ilion, 325
initiatory cults, 155–6
inscription, of time and space, 331; *see also* calendars, sacred
inscriptions, language of, 28–9; relationship to performance, 341–58
Ioulis, 356
Isokrates, 9; on teachers of athletics, 5; (4) *Panegyrikos*, 233; (7) *Areopagiticus*, 326; (12) *Panathenaicus*, 266, 277–84; (17) *Trapezeticus*, 6

Jacobson, R., 127
Juba II, of Mauretania, 114

Kalami, Thasos, 360
Kallias of Sphettos, 354
Kallikrates, 344
kalos inscriptions, 28, 359–73
Karpathos, 348
katapugon, 361
katharsis, 14, 127 n.7, 128, 152
Kekrops, age of, 181–4, 189–93, 195–6
Kelly, Thomas, 341n.
Kerameikos, 300, 325, 365
Kithairon, 312
kithara, 61, 78, 84, 246 n.52; *see also* lyre
Kleisthenes, 336–8
Kleophrades Painter, 367
knowledge, and perception, 7–8
kolakretai, 348
koryphaios, 131, 134, 135 n.18, 139–40, 141–4, 148, 153
kottabos, 373
kouroi, 369
Kourotrophos, 334
Kritias, 82, 86, 213, 258–61, 271
Kronia, at Athens, 180, 182
Kronos, age of, 180–2, 184, 189

labour, to sound of *aulos*, 81
Lacan, Jacques, 14
lament, ritual, 113
language, of men different from that of women, 168
law suits, frequency of at Athens, 8
law-courts, 25, 284; organisation of, 177; fantasy abolition of, 174; citation of Homer in, 26, 28, 231–2, 235–41, 249–

law-courts (*cont.*)
    56; in *Eumenides*, 194-4; and status negotiation, 219
lawgivers, *see* Solon, Draco
laws, need to gloss, 239-48
Lenaia, 22-3, 35, 75
Leontinoi, 346 n.14
Leptines, 356
Lesbians, and music, 84
lesbiazein, sense of, 84-5, 109
Leukon, 350 n.20, 355-6
libations, 322
Linear B, 296
Little Master Cups, 363, 371
liturgies, 6, 22
locality, references to: in melic and lyric poetry, 42-3; in tragedy, 44-52; 133, 138
Lykourgos, *Against Leokrates*, 240 n.26, 250 n.66, 254 n.79
Lykomidai, 334
lyre, 76, 84, 87, 92, 105; *see also* kithara
lyric poetry, importance of singing it, 98
Lysander, 115
Lysias, (10) *Against Theomnestos*, 239; (30) *Against Nikomakhos*, 332

Maas, Paul, on song in tragedy, 108-12
Macedon, 351; performance of tragedy in, 36, 42, 44, 51, 101, 164
mageiroi, 325, 327, 331
Magnesia, on the Maiandros, 327
manhood, contests of, 2
manteis, 325
Marathon, 235
marriage, invention of, 183, 190; fantasy abolition of, 172, 176-7, 184
Marsyas, 59-69, 72, 90-1, 88, 93
masculinity, and citizen 258, 266; and political activity, 169-71, 178, 186, 191, 196; social performance of, 23
masks, 76-8, 121, 125, 129, 130, 152, 187 n.44; function of in tragedy, 55 n.57
masturbation, 363 n.22
meat, availability of 324, 326 n.16, 327-31, 333; division of in sacrifice, 322, 324, 326-31, 333
Megara, 357
Meidias, 22
Melanippides, *Marsyas*, 61, 63-7
Mentor, of Rhodes, 351
Mesogeioi, 323
Methone, 344-5
metics, 23, 300, 301, 306 n.60, 307-8, 324
military display, 3

military training, and gymnasium, 24; *see also ephebeia*
mimesis, 126 n.3, 128, 132, 149, 168, 264; Plato on, 92-3
modes of music, 92, 96
monody, 96-122
mother, status of, 188-90
mouth, of citizen, 58, 84-6, 158
Munychia, 334
museum, producing image of culture, 15
music, place of at Athens, 58-95, 149; competitions in, 22-3; and symposium, 24; in theatre, 261; and processions, 295, 301; expressing social distinctions, 96; modern reconstructions of ancient music, 97-8
Myron 60-2
mysteries, 228, 321, 334-5, 338
myth, as model for comedy, 27; on vases as evidence for tragedy, 40
Mytilene, 7, 360

Neapolis, 350-2
Nemea, 359, 360, 362
New Music 63, 119
Nikomachus (arithmetician), 104
Nikeratos, son of Nikias, 233-4, 252
Nikias, son of Nikeratos, 233, 267, 270, 272, 273-4
Nikomachos, 332

Olympia, 332
obscenity, 361; of Aristophanes, 177, 186-7
oikos, invention of, 183-4
Oiniades, of Palaiskiathos, 342, 345, 347, 350
Old Oligarch, 8, 20
Olympic games, 2, 24
omens, 322-3, 325
orator, cleverness in, 209-11, 214-18; sophistry of, 211-18; voice of, 26, 27, 28, 154-66, 224; body-language of, 247-8
oratory, at Athens, 154-66; 201-56; parodied in comedy, 168-9, self-reflexivity in, 206-7, 227-9, 231, 282
Orestes, at Delphi, 40
Orgas, Sacred, 357-8
orphans, 20, 302
Orpheus, 254
Oschophoria, 298

Paidikos' alabastra, 363
Panathenaia, 21-2, 24, 26, 63, 72, 78, 177, 232, 240 n.26, 269, 299-302, 304, 306,

325, 328, 330, 331, 332–3, 335, 336 n.49, 355
Pandora, 180
panhellenism, 47, 51; and tragedy, 121
Parrhasius, 4
parrhesia, 272–3, 278
Parthenon, 21, 301 n.44, 321; sculptures of, 172, 182 n.36, 195–6, 324
Patroklos, 2, 251–4
Pausanias, 60, 302
Peisistratids, 232, 325
Peisistratos, 10, 317
performance art, 15
performance studies, review of, 11–20, 33
performance, value as a category, 1, 33; Bakhtin on politics of, 11–12; of drama, 16, 26–7, 33–57; scrutinized by comedy, 167–97
performers, see *technitai*
Pericles, 247, 267, 273; funeral speech of, 9, 21; building programme of, 25
Persia, 351
Persians, and *aulos*, 79
Phaidros of Sphettos, 354
Phanokritos, of Parion, 351–2
Phaselis, 343–4
Pheidias, 359
philia, 284–8
Philip II of Macedon, 37, 42, 111, 154–5, 161–4
philosophy, and desire, 258–64, 266, 284–8
philosophy, performance of, 28, 29
Philostratos, 86, 112 n.81
philotimia, 257–60, 267, 269–70, 274, 356
phorbeia, 70–2
phratry, 336, 338
Phrygia, and *aulos*, 61, 80, 92
Phrynichos (tragedian), 37, 118 n.109, 150
Phrynikhos (oligarch), 354–5
physiognomics, 4, 220–6, 229
Pindar, 43–4, 47, 48, 52, 68, 114, 131, 233, 254, 302 n.48, 315 n.94, 355
Piraeus, 25, 57, 257, 304, 337
Plato, 8, 231; and *theoria* 6, and gymnasium, 25; and performance of dialogue, 28, 257–89; on rhetoric, 216–17; on *philotheamones*, 7; on theatre, 38–9, 53, 55; on Homeric poems, 234; *Apology*, 234, 254 n.77, 265, 272, 276; *Charmides*, 258–61, 266, 267, 268, 271, 369; *Gorgias*, 237; *Laches*, 266–78, 284; *Laws*, 233, 261, 264, 269; *Lysis*, 262, 266, 268, 284–8; *Menexenos*, 262, 284, 346; *Phaedrus*, 217, 263, 355 n.25; *Protagoras*, 233, 235, 246 n.52; *Republic*, 92–3, 113, 171 n.15, 257, 261–3, 273 n.35; *Symposium*, 89–92, 253–5, 263; *Theaetetos*, 273 n.35
playwrights, non-Athenian, 35
pleasure, of viewing, 7
ploughing, 329
Plutarch, 114–15, 116; on *aulos*, 65, 72, 87–9
Plynteria, 335
Pnyx, 53, 347; see also assembly
poetry, popular debate about, 234; citation by orators, 235–6; see also Homer
poletai, 344, 348
Policoro (Herakleia), vases from, 41
Pollux, 158 n.16
pornography, 15
praise, 277–9, 283–5; economics of, 262; for beauty, 359–73; see also honorific inscriptions
Praxiergidai, 349
prayer, at sacrifice, 322, 325, 330, 341; in tragedy, 132–4, 141, 146; at assembly, 156
priest(ess), 326, 330, 338, 344, 348
processions (*pompai*), 21–2, 28, 177, 293–325, 333
proclamation, of honours, 354–6
proedria, 54, 353
Prometheus, 180–1
Pronomos, 39, 59, 89
property, fantasy abolition of, 172, 184
prostitution, male, 241–2, 244
Protogenes of Olbia, 354
proxeny, 347, 349, 351
Psellos, *On Tragedy*, 107 n.60
Pyanopsia, 329 n.29
Pylaia, 46
pyrrhike, 78, 269
Pythagoreans, on music, 104
Pythian games, 355
Python, 328

rhapsodes, 23, 233–4, 236, 367
Rhegion, 346 n.14
rhetoric, display of 3; formal study of, 3; theory of, 10; use of in law-courts, 25; and deception, 28; of anti-rhetoric, 201–20; see also orator, oratory
rites of passage, 12
rumour, 249–50; see also gossip

sacrifice, 22, 295, 303, 315, 316–17, 321–41; *aulos* at, 58, 79; fantasy abolition of, 176
Salamis, 235
Samians, 354

Sappho Painter, 371 n.36
Sappho, 24, 109, 314
satyr-plays, 65
satyrs, 82–3; at festivals, 21; and *aulos*, 59, 65, 71 n.56; *see also* Marsyas
schēma, 2, 4–5, 8, 168–9, 221–2, 224 n.69, 225, 247, 250
Schlegel, A. W., on choros, 125–7
sculpture, on temples, 21
Scythians, 359
Second Athenian Confederacy, 346–7
self, construction of, 9–10
servants, metre used by, 106; *see also* slaves
sexuality, comic view of female, 175, 179, 183–6
Sicily, drama in, 164
Sigeion, 349–50
silenoi, 90; *see also* satyrs
Simonides, 43, 52; on *phorbeia*, 72
singing, 23, 24, 110, 285, 295, 363; *see also* actors, song
siren, orator as, 154, 160, 163, 164
Sirens, 210, 215
Skambonidai, 328, 330
Skira, 298
slaves, 23, 177; playing *aulos*, 58, 75, 79, 81, 82–4, 88–9; singing, 160; in theatre, 53, 54; representation of in drama, 77; only sing in tragedy if freeborn, 109–10
Socrates, 4, 107, 113, 121, 182 n.36, 213, 216, 237–9, 257–77, 284–9; and *aulos*, 89–93
Solon, 297 n.23; and *theoria* 6; as performer, 10; recited by Aeschines, 158; as founder of festivals, 232; laws of, 232, 239–40, 242, 245–7, 255
song, in tragedy, 26, 27, 96–122
sophistry, overtones of, 211–18
sophists, 256
Sophokles, 315 n.94; as actor, 105; and Thessaly, 46, 48; on *aulos*, 71; which characters sing in, 108–9, 112, 117–18, 121; *Aias*, 49, 50, 117, 121; *Electra*, 115, 117; *OK*, 49, 50, 52, 112; *OT*, 132–40, 149, 109; *Philoktetes*, 46; *Trachiniai*, 46, 112, 118; *Thamyris*, 105
sophrosyne, 242, 245, 249, 259, 261
Sounion, 336 n.49
South Italy, drama in, 164
space, and procession, 297–8
Sparta, 266, 277–80, 283, 298
Spartokos, 355
spectacle, and democracy 6–8; *see also theoria*
spectator, ideal, 127–8, 130, 137, 140
Sri Lanka, 297

Stephanus, 221–6, 230
Stesichoros, 68
Stesimbrotos, 234
Stoa Poikile, 25, 359
Strato, king of Sidon, 351
surveillance, 16–17
symposium, as site of performance 1, 23–4, 26, 53, 253–5, 326, 363, 365–6, 370; *aulos* at, 58, 71 n.56, 82–4; Homeric poetry at, 233–4; singing at, 110–11, 115; democratization of, 84; material culture of, 28
Synoikia, 328, 332
synoikismos, 299, 328 n.26, 337
Syracuse, drama at, 35, 36, 42–3, 47, 51

technitai, 35, 36, 37, 38, 155, 158, 161, 164–5
Telestes, *Argo*, 66–8
Tetrapolis, Marathonian, 332, 336–7
Thasos, 350–2, 356, 360, 362
theatre, 22–3, 33; Renaissance, 16; and Greekness, 23; essential feature of city, 34–5; attendance at, 53; gender of audience, 38 and n.16, 53, 54, 171; as image of government, 168; and viewing, 294; culture of attacked by Plato, 261, 263–5, 289
theatres, spread of 36; scale of, 53–4
Thebes, 44, 47, 309–12; as setting for tragedies, 49, 50–1; and *aulos*, 59, 61, 74–5, 79, 80, 82, 87–8
Theodoros, 103–4
Theognidea, 229
Theognis, 233, 361
Theophrastos, *Characters*, 111–12, 326
theoria, 2, 5–8, 17, 168, 285, 310–11
theoric fund, 6
theoxenia, 327
Thera, 329 n.26, 359, 362
Thesmophoria, 173, 326, 334
Thespiai, 349
Thessaly, tragedy in, 42, 44–8, 50
Thirty Tyrants, 258, 304, 346 n.13, 352, 356
Thorikos, 328–31, 336 n.49, 339
Thrayboulos of Kalydon, 354–5
Thucydides, 56–7, 230, 276, 280, 318, 337, 345 n.12; on Cleon, 7, 214, 247; speeches of, 217
Timotheos, *Persians*, 119; *Scylla*, 100
tragedy, and Athenian identity, 33–4, 48–52, 121–2; and democracy, 52–4; outside Athens, 105; relationship to reality, 120; social class in, 96–7, 100; attractions of, 54–7; *auloi* of, 70; dialect

of, 52; indicators of status in, 96–7, 108–10; reperformance of in fifth century, 37
tribes, 22, 23, 64, 325–6, 332, 336, 343
tribute, paid to Athens, 8–9
triremes, *aulos* on, 58, 80–1
Turner, Victor, on rituals 12–14, 19
tyrannicides, 304; *see also* Harmodios, Aristogeiton
Tyrtaeus, marching songs of, 106

utopia, Aristophanic, 167–97

Varro, 182
vase-painting, evidence for drama, 38–9, 54; 55; evidence for sacrifice, 323
vases, inscriptions on, 359–73
Veblen, Thorsten, on leisure, 18
violence, over *aulētrides* 84; *see also hubris*
voice, of actors/orators, 154–66, 224
votive offerings, 303

walking, style of, 4, 221–3, 225
warfare, 24–5, 267–9

wedding, 53, 294, 314–16; *aulos* at, 58, 70
wine, competition to drink, 20
witchcraft, of orator, 211–13
witnesses, poets as, 249–50
women, as *aulos* players, 71 n.56, 79, 82–4, 88–90; of tragic choros, 127–8, 130, 132, 141–8; tragic monodies by, 112–16, 121; using anapaests, 115–16; and funerals, 80, 100; in processions, 324; and sacrifice, 322 n.5, 323, 333, 334–5; in theatre, 38 and n.16, 53, 54, 171; political conservatism of, 172–3, 179; political disempowerment of, 182–3, 189; sexual behaviour of, 175, 179, 183–6, 189–90; singing at symposia, 160; masquerading as men, 167–97

Xenophon, on Socrates, 4; *Hiero*, 7, 8; *Hipparch.*, 300; *Memorabilia*, 182, 237–9, 268; *Symposion*, 107, 111, 233

Zeus, portrayal of, 110–11; statue of at Olympia, 359

图书在版编目（CIP）数据

表演文化与雅典民主政制/（英）戈尔德希尔、（英）奥斯本编；李向利等译. —北京：华夏出版社，2014.2
（西方传统：经典与解释）
书名原文：Performance Culture and Athenian Democracy
ISBN 978-7-5080-7927-1

Ⅰ.①表… Ⅱ.①戈… ②奥… ③李… Ⅲ.①表演艺术－关系－民主－政治制度－研究－古希腊 Ⅳ.①D754.59

中国版本图书馆 CIP 数据核字（2014）第 000106 号

Performance Culture and Athenian Democracy, 1st edition (ISBN-13: 9780521604314) by Simon Goldhill, Robin Osborne first published by Cambridge University Press 2004.
All rights reserved.
This Simplified Chinese edition for the People's Republic of China is published by arrangement with the Press Syndicate of the University of Cambridge, Cambridge, United Kingdom.
© Cambridge University Press & Huaxia Publishing House 2014
This book is in copyright. No reproduction of any part may take place without the written permission of Cambridge University Press and Huaxia Publishing House.
This edition is for sale in the People's Republic of China (excluding Hong Kong SAR, Macau SAR and Taiwan Province) only.
此版本仅限在中华人民共和国境内（不包括香港、澳门特别行政区及台湾地区）销售。

北京市版权局著作权合同登记号：图字 01-2011-4083

表演文化与雅典民主政制

编　　者	[英]戈尔德希尔、[英]奥斯本	
译　　者	李向利、熊宸等	
责任编辑	王霄翎	
责任印制	刘　洋	
出版发行	华夏出版社	
经　　销	新华书店	
印　　刷	北京建筑工业印刷厂南厂	
装　　订	三河市李旗庄少明印装厂	
版　　次	2014 年 2 月北京第 1 版	2014 年 4 月北京第 1 次印刷
开　　本	880×1230　1/32	
印　　张	17	
字　　数	445 千字	
定　　价	69.00 元	

华夏出版社　地址：北京市东直门外香河园北里 4 号　邮编：100028
　　　　　　　网址：www.hxph.com.cn　　　电话：(010)64663331(转)
若发现本版图书有印装质量问题，请与我社营销中心联系调换。

西方传统：经典与解释

古今丛编

在西方的目光下
[英]康拉德 著

大学与博雅教育
落崖 编

恐惧与战栗
[丹麦]基尔克果 著

探究哲学与信仰——基尔克果与苏格拉底
[美]郝岚 著

穆佐书简
[奥]里尔克 著

撒路斯特与政治史学
刘小枫 编

民主的本性——托克维尔的政治哲学
[法]马南 著

希罗多德的王霸之辨
吴小锋 编/译

梅尔维尔的政治哲学——《切雷诺》及其解读
李小均 编/译

第二代智术师——罗马帝国早期的文化现象
安德森 著

英雄诗系笺释
[古希腊]荷马 著

统治的热望
——修昔底德笔下的阿尔喀比亚德和帝国政治
[美]福特 著

席勒美学的哲学背景
[美]维塞尔 著

雅典谐剧与逻各斯
——《云》中的修辞、谐剧性及语言暴力
[美]奥里根 著

菜园哲人伊壁鸠鲁
罗晓颖 选编

果戈里与鬼
[俄]梅列日科夫斯基 著

托尔斯泰与陀思妥耶夫斯基（第一卷）
[俄]梅列日科夫斯基 著

托尔斯泰与陀思妥耶夫斯基（第二卷）
[俄]梅列日科夫斯基 著

西方传统：经典与解释
Classici et Commentarii
HERMES
刘小枫◎主编

自传性反思
[德]沃格林 著

黑格尔与普世秩序
[美]希克斯 等著

新的方式与制度
——马基雅维利的《论李维》研究
[美]曼斯菲尔德 著

论埃及神学与哲学——伊希斯与俄赛里斯
[古希腊]普鲁塔克 著

凯撒的剑与笔
李世祥 编／译

纪念苏格拉底——哈曼文选
刘新利 选编

科耶夫的新拉丁帝国
[法]科耶夫 等著

夜颂中的革命和宗教——诺瓦利斯选集卷一
[德]诺瓦利斯 著

大革命与诗话小说——诺瓦利斯选集卷二
[德]诺瓦利斯 著

《利维坦》附录
[英]霍布斯 著

巨人与侏儒
[美]布鲁姆 著

或此或彼（上、下）
[丹麦]基尔克果 著

海德格尔与有限性思想（重订版）
刘小枫 选编

海德格尔式的现代神学
刘小枫 选编

走向古典诗学之路
——相遇与反思：与伯纳德特聚谈
[美]伯格 编

论宗教大法官的传说
[俄]罗赞诺夫 著

上帝国的信息
[德]拉加茨 著

双重束缚
[美]基拉尔 著

俄耳甫斯教祷歌
吴雅凌 编译

俄耳甫斯教辑语
吴雅凌 编译

黑格尔的观念论
[美]皮平 著

古今之争中的核心问题
[德]迈尔 著

浪漫派风格——施莱格尔批评文集
[德]施莱格尔 著

神圣的罪业
[美]伯纳德特 著

论永恒的智慧
[德]苏索 著

宗教经验种种
[美]詹姆斯 著

尼采反卢梭
[美]凯斯·安塞尔-皮尔逊 著

施米特对自由主义的批判
[美]约翰·麦考米克 著

舍勒思想评述
[美]弗林斯 著

诗与哲学之争
[美]罗森 著

基督教理论与现代
[德]特洛尔奇 著

亚历山大的克雷蒙
[意]塞尔瓦托·利拉 著

伊壁鸠鲁主义的政治哲学
[意]詹姆斯·尼古拉斯 著

神圣与世俗
[罗]伊利亚德 著

中世纪的心灵之旅——波纳文图拉神学著作选
[意]圣·波纳文图拉 著

弓弦与竖琴——从柏拉图解读《奥德赛》
[美]伯纳德特 著

论古人的智慧
[英]培根 著

希伯莱圣经历代注疏

希腊化世界中的犹太人
[英]威尔逊 著

第一亚当和第二亚当
[德]朋霍费尔 著

卢梭集

论哲学生活的幸福
[德]迈尔 著

致博蒙书
[法]卢梭 著

政治制度论
[法]卢梭 著

哲学的自传——卢梭的《孤独漫步者的遐思》
[法]卢梭 著

文学与道德杂篇
[法]卢梭 著

设计论证——卢梭的《社会契约论》
[美]吉尔丁 著

卢梭的自然状态
[美]普拉特纳 等著

卢梭的榜样人生——作为政治哲学的《忏悔录》
[美]凯利 著

柏拉图注疏集

理想国
[古希腊]柏拉图 著

谁来教育老师——《普罗塔戈拉》发微
刘小枫 编

立法者的神学——柏拉图《法义》卷十绎读
林志猛 编

柏拉图对话中的神
[德]薇依 著

厄庇诺米斯
[古希腊]柏拉图 著

智慧与幸福——柏拉图的《厄庇诺米斯》
程志敏 选编

论柏拉图对话
[德]施莱尔马赫 著

柏拉图《美诺》疏证
[美]克莱因 著

神话诗人柏拉图
张文涛 选编

人应该如何生活
[美]布鲁姆 著

阿尔喀比亚德
[古希腊]柏拉图 著

叙拉古的雅典异乡人
——柏拉图《书简七》探幽
彭磊 选编

阿威罗伊论《王制》
[阿拉伯]阿威罗伊 著

《王制》要义
刘小枫 选编

柏拉图的《会饮》
[古希腊]柏拉图 等著

苏格拉底的申辩
[古希腊]柏拉图 著

苏格拉底与政治共同体
[美]尼科尔斯 著

政制与美德——柏拉图《法义》疏解
[美]潘戈 著

《法义》导读
[法]卡斯代尔·布舒奇 著

论真理的本质
[德]海德格尔 著

哲人的无知
[德]费勃 著

米诺斯
[古希腊]柏拉图 著

亚里士多德注疏集

品格的技艺
[美]加佛 著

亚里士多德德基本概念
[德]海德格尔 著

《政治学》疏证
[意]托马斯·阿奎那 著

尼各马可伦理学义疏
——亚里士多德与苏格拉底的对话
[美]伯格 著

哲学之诗——亚里士多德《诗学》解诂
[美]戴维斯 著

对亚里士多德的现象学解释
[德]海德格尔 著

城邦与自然——亚里士多德与现代性
刘小枫 编

论诗术中篇义疏
[阿拉伯]阿威罗伊 著

哲学的政治——亚里士多德《政治学》疏证
[美]戴维斯 著

莱辛注疏集

汉堡剧评
[德]莱辛 著

关于悲剧的通信
[德]莱辛 著

《智者纳坦》研究版
[德]莱辛 等著

启蒙运动的内在问题——莱辛思想再释
[美]维塞尔 著

莱辛剧作七种
[德]莱辛 著

历史与启示——莱辛神学文选
[德]莱辛 著

论人类的教育——莱辛政治哲学文选
[德]莱辛 著

色诺芬注疏集

居鲁士的教育
[古希腊]色诺芬 著

驯服欲望——施特劳斯笔下的色诺芬撰述
[法]科耶夫 等著

论僭政——色诺芬《希耶罗》义疏
[美]施特劳斯 著

色诺芬的《会饮》
[古希腊]色诺芬 著

施特劳斯集

霍布斯的宗教批判
[美]列奥·施特劳斯 著

斯宾诺莎的宗教批判
[美]列奥·施特劳斯 著

门德尔松与莱辛
[美]列奥·施特劳斯 著

哲学与律法——论迈蒙尼德及其先驱
[美]列奥·施特劳斯 著

迫害与写作艺术
[美]列奥·施特劳斯 著

柏拉图式政治哲学研究
[美]列奥·施特劳斯 著

阅读施特劳斯
[美]斯密什 著

《会饮》讲疏
[美]列奥·施特劳斯 著

柏拉图《法义》的论辩与情节
[美]列奥·施特劳斯 著

什么是政治哲学
[美]列奥·施特劳斯 著

古典政治理性主义的重生
[美]列奥·施特劳斯 著

施特劳斯与流亡政治学
[美]谢帕德 著

犹太哲人与启蒙
——施特劳斯演讲与论文集：卷一
[美]列奥·施特劳斯 著

苏格拉底问题与现代性
——施特劳斯演讲与论文集：卷二
[美]列奥·施特劳斯 著

回归古典政治哲学——施特劳斯通信集
[美]列奥·施特劳斯 著

隐匿的对话——施米特与施特劳斯
[德]迈尔 著

苏格拉底与阿里斯托芬
[美]列奥·施特劳斯 著

尼采注疏集

尼采与基督教——尼采的《敌基督》论集
刘小枫 编

尼采眼中的苏格拉底
[美]丹豪瑟 著

尼采的使命——《善恶的彼岸》绎读
[美]朗佩特 著

尼采与现时代——解读培根、笛卡尔与尼采
[美]朗佩特 著

动物与超人之间的绳索
[德]A.彼珀 著

维吉尔注疏集

《埃涅阿斯纪》章义
王承教 选编

维吉尔的帝国
阿德勒 著

品达注疏集

幽暗的诱惑——品达、晦涩与古典传统
[美]汉密尔顿 著

新约历代经解

属灵的寓意
[古罗马]俄里根 著

赫西俄德集

神谱笺释
吴雅凌 撰

赫西俄德：神话之艺
[法]居代·德·拉孔波 等著

赫拉克勒斯之盾笺释
罗逍然 译笺

莎士比亚绎读

莎士比亚笔下的爱与友谊
[美]布鲁姆 著

莎士比亚戏剧与政治哲学
彭磊 选编

莎士比亚的政治盛典
[美]阿鲁里斯/苏利文 编

丹麦王子与马基雅维利
罗峰 选编

古希腊诗歌丛编

阿尔戈英雄纪
[古希腊]阿波罗尼俄斯 著

阿里斯托芬集

《阿卡奈人》笺释
[古希腊]阿里斯托芬 著

但丁集

但丁的圣约书
[美]霍金斯 著

美国宪政与古典传统

美国1787年宪法讲疏
[美]阿纳斯塔普罗 著

修昔底德集

修昔底德笔下的人性
[加]欧文 著

修昔底德笔下的演说
[美]斯塔特 著

古希腊政治理论
格雷纳 著

塔西佗集

塔西佗的政治史学
曾维术 编

古典学丛编

表演文化与雅典民主政制
[英]戈尔德希尔、奥斯本 编

西方古典文献学发凡
刘小枫 编

古典语文学常谈
克拉夫特 著

古希腊文学常谈
[英]多佛 等著

古希腊肃剧注疏集

希腊肃剧与政治哲学
[美]阿伦斯多夫 著

中国传统：经典与解释
Classici et Commentarii
刘小枫 陈少明 主编

中国传统：经典与解释

皇清经解提要
[清]沈豫 撰

冬灰录
[明]方以智 著

从公羊学论《春秋》的性质
阮芝生 撰

药地炮庄笺释·总论篇
[明]方以智 著

松阳讲义
[清]陆陇其 著

起凤书院答问
[清]姚永朴 撰

青原志略
[明]方以智 原编

冬炼三时传旧火——港台学人论方以智
邢益海 编

药地炮庄
[明]方以智 著

周礼疑义辨证
陈衍 撰

经学通论
[清]皮锡瑞 著

韩愈志
钱基博 著

论语辑释
陈大齐 著

《庄子·天下篇》注疏四种
张丰乾 编

荀子的辩说
陈文洁 著

古学经子——十一朝学术史述林
王锦民 著

经学以自治——王闿运春秋学思想研究
刘少虎 著

《铎书》校注
孙尚扬 肖清和 等校注

大学素质教育读本

古典诗文绎读 西学卷·古代编（上、下）
古典诗文绎读 西学卷·现代编（上、下）

经典与解释辑刊（刘小枫 陈少明 主编）

1 柏拉图的哲学戏剧
2 经典与解释的张力
3 康德与启蒙
4 荷尔德林的新神话
5 古典传统与自由教育
6 卢梭的苏格拉底主义
7 赫尔墨斯的计谋
8 苏格拉底问题

9 美德可教吗
10 马基雅维利的喜剧
11 回想托克维尔
12 阅读的德性
13 色诺芬的品味
14 政治哲学中的摩西
15 诗学解诂
16 柏拉图的真伪
17 修昔底德的春秋笔法
18 血气与政治
19 索福克勒斯与雅典启蒙
20 犹太教中的柏拉图门徒
21 莎士比亚笔下的王者
22 政治哲学中的莎士比亚
23 政治生活的限度与满足
24 雅典民主的谐剧
25 维柯与古今之争
26 霍布斯的修辞
27 埃斯库罗斯的神义论
28 施莱尔马赫的柏拉图
29 奥林匹亚的荣耀
30 笛卡尔的精灵
31 柏拉图与天人政治
32 海德格尔的政治时刻
33 荷马笔下的伦理
34 格劳秀斯与国际正义
35 西塞罗的苏格拉底
36 基尔克果的哲学与政治
37 《理想国》的内与外
38 诗艺与政治
39 律法与政治哲学
40 古今之间的但丁
41 柏拉图式的拉伯雷

刘小枫集

诗化哲学［重订本］
拯救与逍遥［修订本］
走向十字架上的真
这一代人的怕和爱［增订本］
现代性与现代中国：现代性社会理论绪论
沉重的肉身
圣灵降临的叙事［增订本］
罪与欠
西学断章
现代人及其敌人
儒教与民族国家
栋尽寒枝
施特劳斯的路标
重启古典诗学
共和与经纶
设计共和
卢梭与我们
好智之罪：普罗米修斯神话通释
民主与爱欲：柏拉图《会饮》绎读
民主与教化：柏拉图《普罗塔戈拉》绎读
巫阳招魂：《诗术》绎读

编修［博雅读本］

凯若斯：古希腊语文读本［全二册］
古希腊语文学述要
雅努斯：古典拉丁语文读本
古典拉丁语文学述要
危微精一：政治法学原理九讲
琴瑟友之：钢琴与古典乐色十讲